国家社会科学基金青年项目"元代朱子易学研究史"
(项目批准号:14CZS050)成果

元代朱子易学研究史

YUANDAI ZHUZI YIXUE YANJIUSHI

谢辉 ◎ 著

人民出版社

序

陈垣先生对于元代学术文化有一段精彩的论断，他说："以论元朝，为时不过百年，今之所谓元时文化者，亦指此西纪一二六〇年至一三六〇年间之中国文化耳。若由汉高、唐太论起，而截至汉、唐得国之百年，以及由清世祖论起，而截至乾隆二十年以前，而不计其乾隆二十年以后，则汉、唐、清学术之盛，岂过元时！"[①] 他从一个独特的视角，即分别以立国之100年进行比较，以见元朝的儒学、文学、宗教、礼俗、艺术之发达，远胜汉唐和清代。其精辟见解，不仅正确无误，亦超凡脱俗而非常人所及。然而，尽管陈垣先生数十年前已有这样的论断，但近世以来，对于元代文化成就的认识，依然有许多缺失。

以元代经学而论，其总体状况就处于被轻视、被忽略的地位。许多经学史著作只在宋明经学、宋明理学中将元代内容附带一过，有的甚至不置一辞，由宋至明直接跨越。另外，还存在两种倾向，一是只提元代理学，似乎元代已不存在传统的汉唐传疏经学；二是认为元人株守宋人之书，于经学几无所得。这些成见，必须通过实事求是的分析和深入细致的研究成果予以改变。

首先，元代的经学著作虽因朝代短暂，著述总量不及宋明，然现存仍有240余种之多[②]，虽然还有一些见于其他著录而后来亡佚的著作，但这已是传世数量甚为可观的一批经学遗产了。更为重要的是，元代经学历时虽短，其成果的学术水平却不低。就以对元代经学评价较为苛刻的皮锡瑞而言，他也

[①] 陈垣《元西域人华化考》，上海古籍出版社，2008年，第133页。
[②] 据中国古籍总目编委会编《中国古籍总目》经部之著录，中华书局、上海古籍出版社，2009年。

认为"论宋、元、明三朝之经学，元不及宋，明又不及元"①。为了说明明代经学多因袭元人之书，谫陋尤甚，他引顾炎武及《四库全书总目》之考订，指出明代官修《五经大全》各书实乃抄录元人诸书。其中《易》以董真卿、胡炳文等诸家之书拼凑而成，《书》则抄袭陈栎《尚书集传纂疏》和陈师凯《书蔡传旁通》，《礼》以陈澔《礼记集说》为主，《诗》乃全袭刘瑾《诗传通释》，《春秋》亦抄自汪克宽《春秋胡传纂疏》。② 当然，这是比较极端的例子，然而至少已可证明元代经学在明代经学之上，不应被轻视和忽略。

至于以为元代经学只有理学的看法，也是偏见。事实上，在理学还未北传的蒙元初年，由于宋金长期对峙，南北之道隔绝，载籍互不相通，北方许多地区承习的经学仍是以训诂传疏为主的汉唐经学遗风。元代理学大儒许衡、刘因早期研习的正是以汉唐传疏为主的经学，就是理学北传，许多儒生转向性理议论之学以后，秉持汉唐训释传统的经学学脉依然不绝。其原因在于元代科举考试的内容并不仅限于朱子的《四书章句集注》，也有经学旧传旧疏之义。元代科举恢复于元仁宗皇庆二年（1313），仁宗在诏书中规定了科考程式与科目，除规定所有人等的第一场考试在"四书"中出题，用朱子《四书章句集注》之义作答外；汉人、南人还要考"经义"一道，考生各治一经，"五经"之中"《礼记》用古注疏"，其他则"兼用古注疏"③，可见元代科考内容并未完全放弃经学中的汉唐注疏。另外，元代传统经学的存在，还由于不少儒生仍坚持以传统的经学传疏之法治学，从而为元代经学留下许多重要的著作。以《四库全书》经部为例，其中就有不少非理学家的著作。如治《易》者，有龙仁夫《周易集传》八卷，原书十八卷，四库馆臣称其书"颇能抒所心得，非如胡炳文等徒墨守旧文者也"④。治《书》者，如朱祖义《尚书句解》十三卷，此书虽"专为启迪幼学而设"，但"以视附会穿凿、浮文妙要，反以晦蚀经义者，此犹有先儒笃实之遗矣"⑤。治《诗》者，有梁益《诗传旁通》十五卷，四库馆臣认为朱熹《诗集传》详于作诗之意而疏于名

---

① （清）皮锡瑞《经学历史》，中华书局，2004 年，第 205 页。
② （清）皮锡瑞《经学历史》，第 209—210 页。
③ （明）宋濂等《元史》卷八十一《选举一》，中华书局，1976 年，第 2019 页。
④ （清）永瑢等《四库全书总目》卷四《经部·易类四》，中华书局，1965 年，第 25 页。
⑤ （清）永瑢等《四库全书总目》卷十二《经部·书类二》，第 98 页。

物训诂，梁益书则"仿孔、贾诸疏证明注文之例"，阐明《诗经》故实；在音韵上也对朱熹之说加以辨析，其说"亦间有与朱子之说稍异者"；总之，馆臣认为梁书用传统经学传疏之法对朱子著作有补有正，与那些株守朱学，"言言附合"者"相去远矣"。① 此外，治《礼》者如毛应龙《周官集传》十六卷，虽《四库总目》对其褒贬各半，但仍认为该书汇聚宋后诸家之说，"蒐辑之功，固亦非尠矣"②。治《春秋》者则有李廉《春秋诸传会通》二十四卷，四库馆臣对此备极赞扬，认为对宋代胡安国《春秋传》"驳正殊多"，"持论俱明白正大"。③ 总之，从上述所言察之，元代传统经传注疏之学虽不如理学彰显于世，然也不乏著述和人才，值得重视。

元代经学虽未能像宋代一样涌现出一批大师，但绝非仅仅株守宋人之学，而是对宋代经学有很多补充和驳正，也出现不少名士和佳作。除上述提到的李廉、梁益、龙仁夫等人对宋人著作的补正之外，又如金履祥的《尚书表注》，贯通经史，参稽互核，考辨伪作，不盲从旧说。《四库总目》称其书"与蔡沈《集传》颇有异同"，征引古注考辨"亦确有根源"。④ 金氏还撰有《论语集注考证》《孟子集注考证》等，黄百家在《宋元学案》中称其"发朱子之所未发，多所抵牾"⑤。抵牾者，对朱熹之义有抵触、反对也。元儒许谦则著有《读书丛说》六卷，其书"博核事实，不株守一家"，对蔡沈《书集传》也多有辩正；他作《诗集传名物钞》八卷，也"未尝株守一家"；"考名物音训，颇有根据"，补朱熹《诗集传》多处缺遗。⑥ 元代名儒吴澄撰有《易纂言》《书纂言》《礼记纂言》《春秋纂言》等书，世人统称为"五经纂言"。《元史》称其"于《易》、《春秋》、《礼记》各有纂言，尽破传注穿凿，以发其蕴，条归纪叙，精明简洁，卓然成一家言"⑦。他的《书纂言》明确指出《古文尚书》作伪，乃清儒辨伪之先声，全祖望评论《书纂言》云，"宋人多

① （清）永瑢等《四库全书总目》卷十六《经部·诗类二》，第127页。
② （清）永瑢等《四库全书总目》卷十九《经部·礼类一》，第154页。
③ （清）永瑢等《四库全书总目》卷二十八《经部·春秋类三》，第227页。
④ （清）永瑢等《四库全书总目》卷十二《经部·书类二》，第96页。
⑤ （清）黄宗羲等《宋元学案》卷八十二《北山四先生学案》，中华书局，1986年，第2738页。
⑥ 以上见分别见永瑢等《四库全书总目》卷十二《经部·书类二》，第96页；卷十六《经部·诗类二》，第126页。
⑦ （明）宋濂等《元史》卷一百七十一《吴澄传》，第4014页。

疑《古文尚书》者，其专主今文，则自草庐始。是书出世，人始决言《古文》为伪而欲废之"①。充分肯定了吴澄在《古文尚书》辨伪上的作用。此外，还有学界所熟知的马端临在《文献通考·经籍考》中对朱熹诗学的批评和驳正，等等。可见元儒在传统的经学传疏上不墨守前说，尤其对宋儒著述的考订补正甚多。

在理学范畴上，元代理学继承了宋代理学思想的基本原则，通过天道观、心性观、知行论等理学观念的阐述，建立了元代理学的体系。元代理学也不是仅仅对宋代理学的一味承袭，而是有继承也有更新。比如，在明心求理的方法上，元代理学具有"和会朱陆"的特点，即在性理关系方面承袭朱熹的思想；而在识见天理的方法上，多采用陆九渊"直求本心"的简易途径。此外，元代理学对于宋末理学高谈性理、流于空疏的风气有很多批评和抵制，反映了更为务实致用的倾向。比如许衡就提出著名的"治生"论，认为"为学者治生最为先务。苟生理不足，则于为学之道有所妨。彼旁求妄进，及作官嗜利者，殆亦窘于生理之所致也"②。指出学者不能坐而论道，首先要有谋生的本领。他的观点在一定程度上突破了程朱理学言义不言利的思想界限，无疑是一种进步。元初的郝经也提出了"道贵乎用，非用无以见道"的一系列主张③。理学家刘因则表达了理学要以六经为本的思想，指出"世人往往以《语》《孟》为问学之始"，"不亦背驰矣乎"？问学需先求六经，"六经既毕，反而求之，自得之矣"。他亦批评宋人舍六经传疏而只读宋儒议论的做法，认为"传注疏释之于经，十得其六七"；"故必先传注而后疏释，疏释而后议论"。④以上数人践履笃实的思想不仅反映在各自的著作中，还对元代其他学者有很大影响，促进了元代经世致用学风的形成。

综上所述，可见元代经学的历史成就，及其不僵化保守而充满活力的怀疑和创新精神，其对古代经学发展的贡献显而易见。当然，正如前文所言，对于元代经学的成就，仅仅从宏观上的分析和认识还不够，更需要从具体的

---

① （清）黄宗羲等《宋元学案》卷九十二《草庐学案》，第 3053 页。
② （元）许衡《许衡集》，吉林文史出版社，2010 年，第 207 页。
③ （元）郝经《郝文忠公陵川文集》卷二十四《上紫阳先生论学书》，《儒藏精华编》第 245 册上，北京大学出版社，2016 年，第 427 页。
④ 以上见刘因《刘因集》卷二十八《叙学》，人民出版社，2017 年，第 467—469 页。

经学范畴上做细致深入的研究和证明，谢辉博士的《元代朱子易学研究史》就是这样颇具代表性的一部重要专著。

《元代朱子易学研究史》一书共七章，50余万字。作者从元人研究朱子易学的视角，首次全面梳理元代易学的发展面貌，考察元代学者对朱熹易学著作及其象数易学、易学哲学、易学史观的疏解、阐发、考辨与研究。总结元代易学的发展特征，从而得出元代易学以研究朱子易学为核心，而元代朱子易学的研究又以革新为主流的重要论断，弥补了以往对元代易学缺乏系统深入探究的遗憾，具有多方面的学术价值。

该书从元儒阐释朱子易学著作入手，系统展示了元代易学从胡方平的"尊朱子之说"；到张清子、熊良辅的"广朱子之说"，胡炳文、熊禾的"发朱子所未发"；再到丁易东、张理、俞琰、郝经、雷思齐、胡一中、钱义方、吴澄、李简、王申子、赵汸、黄超然等人从各自不同的角度对朱子象数易学、易图说、易学哲学和易学史观的辩驳、反对和提出新见。当然，书中也揭示了元代学者对其他宋儒——周敦颐、邵雍、洪迈、史绳祖等人学说的一些批评和更新。从而在元代易学创新发展的论证中，深刻有力地证明了元代经学绝非株守宋人而无所发明。

在研究元代朱学易学史的过程中，作者发挥了当代中国史学的优良传统，把学术史放到历史的总相中去考察。比如，该书在讨论元代朱子易学发展背景时，就和元代科举的恢复联系起来，指出《周易》是元代科举备受重视的经典，应举者多举朱子易学之义作答，因此科举在相当程度上促进了元代朱子易学的发展；而该书也很重视对元人科场程文中易学内容的分析。在论述朱子易学的传承流变时，作者又与元代南北多地的地域特征联系起来，剖析朱子易学在元代的传播路径及地域学派的特征，指出北方的发展明显落后于南方，南方在新安、金华、福建、江西、四川等地因地域人文传承而形成不同的流派，这些学派又因其开放的学风和彼此交流，推动了易学的发展。总之，从历史总相的交互影响中去分析朱子易学在元代的发展，不仅能呈现更为具象化的历史场景，也能更深入地探寻一些深层的内蕴或原因。

在易学的考证和阐释方面，作者以自身深厚扎实的古文献学功底和易学素养，钩稽考辨元代易学文献，精密推演各种象数易图，大大提升了该书的学术高度。为了更全面地把握元代易学的发展，作者广稽博采各类文献，除利用易学专著外，还涉及文集、类书、信札、科场文选，等等。为保证文献的原真性和可靠性，作者充分运用版本、校勘、辑佚等古文献学的方法，精选版本、校勘史料。特别是在考论胡一桂的《易本义附录纂注》一书时，作者注意到该书的传世本是初定本，并不能反映胡氏成熟定型的易学思想，而后定本又早已失传。为保证研究成果的可信度和说服力，作者专门从他书中辑出后定本的主要内容来展开研究。为具体阐述元代朱子易学的主要成就，书中各章分别对胡方平父子、张清子、胡炳文、董真卿、曾贯等十余人所撰专著，进行了精细的个案研究。其中所涉易学的内容广博精深，不仅有深奥的义理，还有晦涩难懂的象数和易图，特别是后者，不精通古代数学、天文、历法和易图符号，则一筹莫展。作者没有回避这些难题，而是对大量象数体例和易图展开精密的推演和运算，并附易图 53 幅、表格 18 张，用以论证元代易学在象数、易图上对朱子易学的辨正和发展，这些难得的研究成果，充分反映了作者精深的学力和严谨的学风。

作者谢辉博士年轻有为，在随我攻读博士学位时就已有"学霸"之称。他博识明辨，淡泊清逸，为人则热诚信诺，乐于相助，有古君子之风。他嗜学近乎成癖，藏书逾万册，辟专室妥为收藏，然是否有藏书楼号则尚未得知。2011 年他博士毕业时，学位论文《元代易学对朱子易学的传承与更新》就得到专家的一致好评，后该选题又获国家社科基金立项。他在学位论文的基础上拓展文献和研究视野，新增和修订内容超过原文的 50%，其结项成果《元代朱子易学研究史》被鉴定专家评为优秀，足见该书乃研究元代易学之力作。也可预见，该成果对于深化元代经学、朱子学和中国易学史的研究将发挥重要的作用。

《元代朱子易学研究史》将要付梓，谢辉君邀序于我，余乐见其成，信手写了自己的一些感想。并祝贺他又一学术成果问世！祝愿他岁月不负，精进不止，在学术和生活上并获丰收！

是为序。

周少川
己亥夏写于京师园

目　　录

绪　论

在我国历史上，元代是一个较为特殊的朝代。它享国不足百年，但却处在一个历史单元结束、另一个历史单元开始的时期。它的出现，结束了自唐朝衰亡以来长达四百年的分裂割据局面，实现了继秦、隋二朝以来的第三次大一统。正因为其特殊的历史地位，元代的历史虽然短暂，但其文化却如学者们所言，是"继唐、宋之后我国文化的又一个高潮时期"①。而在元代文化的发展中，以朱子易学为核心的易学的繁荣，又是其中的一个重要的组成部分。

对于元代易学的重要价值，前代学者早有意识。清修《四库全书》，收元代易学著作二十八种，虽然较宋易之五十部左右的规模为小，但大部分存世之作均囊括其中。其中《读易举要》、《周易象义》、《易纂言外翼》、《易精蕴大义》、《易学变通》乃是自《永乐大典》中辑出，另有不少以抄本传世的罕见之作，如《周易衍义》、《周易程朱传义折衷》等也被收入，可见其重视元代易学的程度。但近代以来，不少研究者囿于"元人则株守宋儒之书"②的观念，对这些著述不甚措意。随着研究的深入，这种忽视元代易学的情况在近年来有所改观，相关的研究成果，主要可分为三个方面。

第一，对元代易学发展总体面貌的研究。此方面的成果主要有：台湾学者徐芹庭《易经源流》（中国书店 2008 年），其中专设《元代之易学》一节，将元代易学著作分为理学派、图书象数派、集解派等加以论述。其资料多来源于《经义考》等二手文献，论述也欠深入，但不失为一项较具启发意义的研究。梁韦弦《宋易在元代的发展》（《周易研究》1992 年第 3 期），从元人

---

① 陈高华等《元代文化史》，广东教育出版社，2009 年，第 4 页。
② （清）皮锡瑞《经学历史》，中华书局，2004 年，第 205 页。

之尊朱、义理易学、图书学派、道教易学等方面，对元代易学作了概括。黄沛荣《元代易学平议》（《元代经学国际研讨会论文集》，第159—194页），除讨论元代易学特色与成就之外，重点考察了元代的易学资料，考得易学著作二百四十种，确有流传者五十七种。韩格平《元人现存易学著作的文本考察》（"第九届中国经学国际学术研讨会"发表）又将存世者订正为四十二种。此外，黄、韩二文，还谈到元人文集、序跋中的易学内容，从而进一步拓展了研究资料。王冉冉《元代易学思想研究》（北京师范大学博士论文，2012年）将元代易学分为蒙古四汗时期、元前期、元后期三个阶段加以论述，并旁及易学与元代士人、社会的关系等方面。何素婷《元代帝王信仰与易学神秘旨归》（《周易研究》2017年第2期）则将元代皇族对术数的崇尚，与元代易学"象数优先"的特征结合起来，并进而认为元代是易学史上的"逆流"时期，由宋代易学的哲学形态回到了汉易占筮形态，其研究角度颇具启发意义。

第二，对元代易学中某一流派、专题的研究。流派方面，较具代表性者为常桂兰、刘成群《元代新安理学的易学思想》（《内蒙古农业大学学报（社会科学版）》，2009年第6期。）。该文讨论了朱子易学在元代新安易学中的地位，指出以胡一桂、胡炳文为代表的第一代新安易学家，其易学以宗朱为主；而以郑玉、朱升等为代表的第二代新安学者，则在宗朱的基础上融入了新的因素。李育富《元代婺源胡氏易学研究》（厦门大学博士论文，2011年）将研究重点集中于新安学派的胡方平、胡一桂、胡炳文三人，在分论其易学的基础上，总结了其共同特点。专题方面，赖文婷《朱熹〈周易本义〉之元代研究述略》（福建师范大学硕士论文，2012年），以元代六部注释阐发朱子《易本义》的著作（黄超然《周易通义》、张清子《周易本义附录集注》、胡一桂《易本义附录纂注》、胡炳文《周易本义通释》、熊良辅《周易本义集成》、刘霖《易本义童子说》）为研究对象。台湾学者许维萍《宋元易学的复古运动》（台湾东吴大学博士论文，2000年），则关注了胡一桂、吴澄、董真卿在"恢复古《易》"的风气下，对古《易》沿革、经传编排、文字讹误等问题的讨论。涂世元《元代易学的时位观》（政治大学硕士论文，2003年）对许衡、刘因、胡一桂、俞琰、吴澄、雷思齐、张理等人的时位观进行研究，并归纳出"以位为本"、"以德充位"的趋势。

第三，对专书专人的研究。作为一种基本的范式，此类研究久已有之。例如，潘雨廷《读易提要》（上海古籍出版社，2003 年）为元人的二十二部易学著作撰写了提要。朱伯崑《易学哲学史》第三卷（华夏出版社，1995 年），对雷思齐、俞琰、张理、萧汉中四人的象数之学作了概述。徐志锐《宋明易学概论》（辽宁古籍出版社 1997 年），则论及张理、黄泽、胡一桂、吴澄、俞琰、王申子等人。林忠军《象数易学发展史》第二卷（齐鲁书社，1998 年），涉及的元代学者有俞琰、丁易东、雷思齐、胡一桂、吴澄、张理等。近年以来，此方面研究发展更加兴盛。现按研究对象分别列之于下：

吴澄

章伟文《略析吴澄易学中的阴阳卦对思想》，《周易研究》1997 年第 3 期。

章伟文《略析吴澄的易学象数思想》，《周易研究》1998 年第 2 期。

詹海云《吴澄的〈易〉学》，《元代经学国际研讨会论文集》，"中央研究院" 中国文哲研究所筹备处，2000 年。

杨自平《吴澄〈易〉学研究——释象与象例》，《元代经学国际研讨会论文集》。

杨自平《吴澄〈易纂言〉之句读判断与训诂方法》，《中央大学人文学报》，2000 年。

章伟文《试论吴澄易学的理气论思想》，《中国哲学史》2001 年第 4 期。

王新春《吴澄理学视野下的易学天人之学》，《周易研究》2005 年第 6 期。

张国洪《谈项安世易学对吴澄的影响》，《周易研究》2006 年第 2 期。

吴立群《试论元代理学中 "太极" 之究竟义——吴澄理气论探析》，《周易研究》2010 年第 1 期。

杨效雷《吴澄的卦统、卦主、卦变说》，《周易研究》2012 年第 5 期

吴正岚《焦竑〈易筌〉对吴澄易学的沿革及其学术史意义》，《周易研究》2013 年第 2 期。

林在圭、张悦《丁若镛与吴澄的〈周易〉解释方法比较》，《周易研究》2016 年第 2 期。

马慧《吴澄卦变思想研究与反思》，《周易研究》2018 年第 3 期。

涂云清《吴澄易学研究》，台湾大学硕士论文，1998 年。

章伟文《吴澄易学思想初探》，北京师范大学硕士论文，1998 年。

张国洪《吴澄的象数义理之学》，山东大学博士论文，2006 年。

杨自平《吴澄之〈易经〉解释与易学观》，花木兰文化出版社，2009 年。

胡方平

李育富《胡方平〈易学启蒙通释〉刍议》，《周易研究》2012 年第 1 期。

谷建《胡方平生平及著作考订》，《儒家典籍与思想研究》，2013 年。

李磊《胡方平〈易学启蒙通释〉思想研究》，山东大学硕士论文，2018 年。

胡一桂

李秋丽《胡一桂易学观研究》，《周易研究》2008 年第 4 期。

李秋丽《胡一桂"四圣易象说"探研》，《周易研究》2010 年第 5 期。

李秋丽《论胡一桂占筮识度下的易象观》，《东岳论丛》2010 年第 11 期。

钟彩钧《胡方平、一桂父子对朱子〈易〉学的诠释》，《元代经学国际研讨会论文集》①。

陈咏琳《宋末元初"述朱"脉络下的易学与术数学——胡一桂〈周易启蒙翼传·外篇·焦氏易林〉刍议》，《当代儒学研究》2017 年总第 23 期。

陈咏琳《胡一桂〈周易启蒙翼传·外篇〉文献考述——以"卜筮类"、"丹道类"为探讨对象》，《高雄师大学报》2018 年第 27 期。

何子皿《胡一桂易学思想研究》，安徽大学硕士论文，2012 年。

李秋丽《胡一桂易学思想研究》，山东大学博士论文，2006 年。

胡炳文

郭振香《论胡炳文对朱熹〈周易本义〉的推明与发挥》，《安徽大学学报（哲学社会科学版）》2010 年第 2 期。

杨泽《论胡炳文易学的时中观》，《周易研究》2015 年第 6 期。

---

① 按：此文分论胡方平、胡一桂二人易学，今暂附于此。

袁丽《元代新安理学家胡炳文对易学的贡献》，《兰台世界》2015 年第24 期。

杨自平《胡炳文〈易〉学学统的建立与以〈本义〉会通众说析论》，《成大中文学报》2017 年第 58 期。

高新满《胡炳文易学思想研究》，山东大学硕士论文，2008 年。

熊良辅

李关勇《〈周易本义集成〉叙录》，《山东图书馆季刊》2005 年第 4 期。

杨自平《熊良辅〈周易本义集成〉治〈易〉特色析论》，《淡江中文学报》2017 年第 36 期。

张清子

莫建强《〈周易本义附录集注〉文献学研究》，北京大学硕士论文，2013 年。

俞琰

詹石窗《正传别传二重化——俞琰〈易〉说浅析》，《福建师范大学学报（哲学社会科学版）》1988 年第 1 期。

林志孟《程子卦才说对俞琰〈周易集说〉之影响》，《孔孟月刊》1995 年第 11 期。

萧汉明《论俞琰易学中的道教易》，《道家文化研究》1997 年第 11 辑。

章伟文《试论俞琰道教易学的内丹修炼学》，《中国道教》2000 年第 4 期。

孙剑秋《俞琰易学思想探微》，《国立台北师范学院学报》2001 年第 14 期。

郭彧《俞琰卦变说辨析》，《象数精解》，巴蜀书社，2004 年。

段致成《俞琰的丹道易学思想研究》，《台湾宗教研究》2005 年。

谢绣治《俞琰丹道易学探微》，《嘉南学报·人文类》2007 年第 33 期。

章伟文《全阳子俞玉吾的道教易学思想》，《全真道研究》2013 年。

高新满《俞琰易学的义理思想探微》，《周易研究》2012 年第 1 期。

高新满《俞琰生卒年新考》，《泸州职业技术学院学报》2013 年第 3 期。

李秋丽《论俞琰理不外象、援易入丹的易学诠释取向》，《周易研究》

2014 年第 4 期。

杨自平《从〈周易集说〉、〈读易举要〉论俞琰的〈易〉学观及治〈易〉特色》,《政大中文学报》2015 年第 23 期。

高新满《俞琰易学发微》,《周易研究》2015 年第 5 期。

苏建强《俞琰丹道易学视域下之太极说》,《周易研究》2016 年第 2 期。

苏建强《定经·注经·解经三维度视域下的俞琰易学理路》,《宁夏社会科学》2016 年第 3 期。

苏建强《易象视域下的俞琰易学思想探究》,《武汉大学学报(人文科学版)》2016 年第 3 期。

苏建强《俞琰对易数、河洛之书的驳斥与考辩》,《中国石油大学学报(社会科学版)》2017 年第 1 期。

林文镇《俞琰生平与易学》,台湾师范大学硕士论文,1991 年。

安一硕《俞琰〈周易集说〉版本及称引诸家易说考》,中国人民大学硕士论文,2013 年。

苏建强《儒道会通视野下的俞琰易学思想研究》,山东大学硕士论文,2015 年。

林志孟《俞琰易学思想研究》,文化大学博士论文,1995 年。

高新满《俞琰易学研究》,山东大学博士论文,2012 年。

王坤坤《俞琰〈周易集说〉研究》,中国人民大学博士论文,2014 年。

李攀《俞琰易学思想研究》,武汉大学博士论文,2016 年。

王申子

刘云超《觉即复——易学视野下王申子工夫论探析》,《孔子研究》2016 年第 6 期。

刘云超《王申子〈大易缉说〉探微》,山东大学硕士论文,2005 年。

刘云超《元代易学家王申子易学哲学初探》,山东大学博士论文,2008 年。

刘云超《天人之际与易学诠释》,齐鲁书社,2015 年。

董真卿

许维萍《董真卿〈周易会通〉在复古〈易〉运动中的意义》，《元代经学国际研讨会论文集》。

熊禾

谢静芳《熊禾〈易经训解〉易学思想评析》，福建师范大学硕士论文，2013 年。

龙仁夫

冯鹏《龙仁夫〈周易集传〉易象学思想初探》，《周易研究》2014 年第 1 期。

雷思齐

章伟文《试论雷思齐的道教易思想》，《中国道教》1999 年第 3 期。
郑万耕《空山先生的太极观》，《中国道教》2002 年第 1 期。
林庭宇《雷思齐易学中的宇宙观》，《中国学术年刊》2010 年。
苏泓萌《雷思齐易学研究》，高雄师范大学硕士论文，2013 年。
蒋承伟《雷思齐易学思想研究》，山东大学硕士论文，2016 年。

张理

章伟文《试论张理易图学思想与道教的关系》，《中国道教》2006 年第 6 期。
陈睿宏《元代张理大衍筮法析论》，《彰化师大国文学志》2013 年第 27 期。
陈睿宏《图书易学的延续与开展：论元代张理图书易学之重要内涵》，《东华汉学》2014 年第 19 期。

梁寅

柯佳仪《梁寅〈易参义〉之研究》，高雄师范大学硕士论文，2008 年。
赵青青《梁寅〈周易参义〉研究》，福建师范大学硕士论文，2012 年。

保八①

陈少彤《关于〈易源奥义〉一书的哲学思想》，《哲学研究》1981 年第 12 期。

陈少彤《保巴生平、著作及其哲学思想》，《孔子研究》1988 年第 1 期。

陈少彤《保巴及其易著中的哲学思想》，《周易研究论文集》第三辑，北京师范大学出版社，1990 年。

唐城《保巴的哲学思想与元代理学的发展》，《集美大学学报（哲学社会科学版）》2008 年第 3 期。

李秋丽《论保巴解〈易〉思想理路》，《周易研究》2011 年第 6 期。

黄鸣《论元代蒙古族学者保巴易学的象数学特点》，《中华易学》第 1 卷，人民出版社，2018 年。

黄泽

金生杨《黄泽易学探微》，《地方文化研究辑刊》2012 年。

李洁《黄泽〈易学滥觞〉考论》，《周易文化研究》2013 年。

丁易东

林忠军《丁易东象数易学》，《周易研究》1998 年第 2 期。

周益民《丁易东易学思想研究》，《传奇·传记文学选刊（理论研究）》2010 第 10 期。

陈伯适《丁易东大衍数理论述评》，《国际易学大会第 23 届台北年会大会论文集》，"中华"易学杂志社，2011 年。

陈睿宏《丁易东大衍数说联结图书易学析论》，《东吴中文学报》2014 年第 27 期。

陈睿宏《释述丁易东稽考历代重要之大衍数说》，《国际易学大会成立 30 周年庆暨 2014 年国际易学大会第 26 届台北年会大会论文集》，"中华"易学杂志社，2014 年。

游经顺《丁易东易学研究》，政治大学硕士论文，2014 年。

---

① 保八又作保巴、宝巴，皆为清人所改，今从其本名。

陈睿宏《宋元时期易图与数论的统合典范：丁易东大衍数说图式结构化之易学观》，文史哲出版社，2014 年。

陈应润

向世陵《陈应润对图书学的质疑和批评》，《周易研究》2014 年第 6 期。

涂溍生

姜龙翔《元涂溍生〈周易经疑〉拟题之部析探》，《高雄师大国文学报》2014 年第 20 期。

以上共统计得近年来学界关于元代十九位易学家的研究论著九十余篇（部），其研究范围已覆盖元代有易学著作传世者之大半，特别是对于吴澄、俞琰等重要人物，已先后出现多篇博硕士论文。此外还有一些对相关学者生平、理学思想等方面的研究，因并非与易学直接相关，故未纳入其中。如算上这一部分，则成果更加丰富。然而，尽管有如此之多的研究成果，但尚有一个根本性的问题未得到解决，即：元代易学发展有何共同特征，其较前代有何独有的特色与价值？不阐明这一问题，元代易学即无法摆脱宋易附庸、无所发明的标签。针对此问题，此前学者或谓象数易学，或谓道教易学，都有一定道理，然最为切中肯綮者，当属梁韦弦《宋易在元代的发展》中的一段论述：

> 由于程朱理学地位的确立，元儒说《易》多以程朱为宗，但就其实际情况来看，则更为尊朱。由于朱熹的易学本是兼言义理与象数的，所以元人的易学发展了南宋义理之学与象数之学合流的倾向，邵雍等人的象数学和道教易学都得到了进一步的阐发。不过，元代的一些易学家已经开始更加注意图书学的渊源和传授系统，对其与《周易》的关系提出异议，这就开了明清学者考辨易图并对图书学进行批评的先河①。

所谓"元儒说《易》多以程朱为宗"，包括两种情况，一种是赵采、董真卿等折中程朱二家者，另一种是胡方平、胡一桂等专主朱子者。后者较具

---

① 梁韦弦《宋易在元代的发展》，《周易研究》1992 年第 3 期。下段所引凡未注明者，皆出此文。

优势，故云"就其实际情况来看，则更为尊朱"。朱子易学兼言义理象数，尤重易图，由此在元代产生两方面影响：一是象数易学发展繁荣，特别是出现了一批易图学专著，其中有拥护阐发朱子之说者，也有对其提出怀疑者。二是义理易学与象数易学的合流，所谓"由于朱学的深刻影响，元人讲义理的易学著作往往也兼象数而言之"。由于"至南宋则有朱熹这样重要的人物去注《周易参同契》"，故道教易学在元代也有了长足发展。总之，元代学者不论在易学的哪个方面进行的研究，都不同程度地涉及朱子之说，某种意义上，可以将朱子易学看作元代易学的核心问题。这与前代学者所提出的"元代之新儒学，实际上即朱子之新儒学，朱子学自始至终即统驭有元一代"① 的宏观论述，正相一致。此种在朱子影响下展开易学研究的态势，才是元代易学最重要的标志。本研究即立足于这一前人较少关注的角度，致力于阐明元代学者如何注释朱子易学著作，折中程朱二家，其在象数义理各方面对朱子观点的拥护或反对，以及在朱子之说基础上发展起来的新说。由此揭示元代易学在这一层面上的独特价值。

在研究范围上，本文虽将时代限定在元代，但历史研究中所说的元代，通常是指自忽必烈于至元八年（1271）建国号为元，至至正二十八年（1368）元顺帝败逃北方这不足百年的历史而言，且与其之前的金代、宋代及之后的明代严格划分开来。而本文作为一种学术史研究，虽然主体在元代，但鉴于元朝享国时间较短这一特殊因素，为了顾及学术传承的完整性，也兼顾了宋元、金元及元明之交的朱子易学研究状况。如丁易东、雷思齐、王申子，均为由宋入元，李简约生活在金末元初，而赵汸、朱升则均由元入明，但这些人的易学著作基本都完成于元代，论及元代学者对朱子易学的研究，不应略而不论。因此，本文所论及的元代，乃是上起宋、金之末，下至元末明初，是一个较为宽泛的时间概念。凡是形成于这一时期的对朱子易学进行讨论的学说与著作，都得以包括在内。

第一章 朱子易学的兴起及其早期传播

第一节 朱子学中的易学

一、朱子易学的主要内容

朱熹（1130—1200），字元晦，号晦庵，南宋时期著名理学家，宋代理学的集大成式人物。其为学广博，在文学、史学、哲学，以及政治、经济、教育等方面，都取得了极大的成就。而在其庞大的学术体系中，易学无疑是一个重要的组成部分。

据记载，朱子幼年便对《周易》颇感兴趣，五岁时即有"以沙列八卦象，详观侧玩"[①] 之事。此记载或有夸张之嫌，但至迟在青少年时期，朱子已颇致力于对《周易》的研究，这却是可以肯定的。《南宋馆阁续录》记载，绍兴十八年（1148），朱子登进士第，所治之经即为《易经》[②]，是年朱子方十九岁，有学者据此推断："在参加科举考试之前的数年间，《周易》当是他学习的焦点。"[③] 当得其实。朱子早年师从刘勉之、胡宪、刘子翚，三人均为二程后学而深于《易》，朱子从其所传者大致为程子之易学。此后又钻研周敦颐之《太极图说》、《通书》，及邵雍先后天之学，并在与张栻、吕祖谦、陆九渊、蔡元定、袁枢、林栗等人的易学交流与辩论中，逐渐形成并完善了自己富有

---

① （宋）李方子撰，束景南辑《紫阳年谱》，见束景南《朱熹年谱长编》，华东师范大学出版社，2001 年，第 1511 页。

② （宋）佚名《南宋馆阁续录》，中华书局，1998 年，第 381 页。

③ 王峰《朱熹易学研究》，中国社会科学院博士论文，2004 年，第 44 页。

特色的易学体系。晚年时撰述并反复修改《易本义》、《易学启蒙》两部著作，集中阐述了自己的易学思想，直至去世前五日，尚为门人讲授《太极图》。可以说，治《易》之活动贯穿了朱子的一生。

朱子治《易》时间既长，易学著述亦多。流传至今者，主要有《周易本义》、《易学启蒙》、《蓍卦考误》、《周易参同契考异》、《太极图说解》、《通书解》等，除此之外，尚有大量论说易义的文章、序跋、书信、师友问答等，保存在其文集与语录中。这些著述构成了朱子易学的主体部分，但并非全部内容，实际上，朱子的其余许多著作都包含有易理，或能与其易学思想相印证。易学作为一门专学，已融入了朱子的学术之中，与朱子之学合为一体、圆融无碍，在朱子之学中随处可见易学的影子。

概括而言之，朱子的易学，主要包括以下几方面内容：

第一，在象数易学方面，承认象数存在的必要性，并推崇图书之学。在朱子看来，《易》中的象数都是确实存在的。他对王弼的"爻苟合顺，何必坤乃为牛；义苟应健，何必乾乃为马"之说大不以为然，认为"《易》之有象，其取之有所从，其推之有所用，非苟为寓言也"①，治《易》者必须通过易象，方能推得易理，这实际上相当于将象数之学赋予了一个在易学中必不可少的地位。在此精神的指引下，朱子本人在解《易》的时候，不仅多用易象，且在一定程度上应用了卦变、互体、卦气等象数方法。而对于象数之学中的图书之学，朱子更是大力推崇，在其主要易学著作之一的《易本义》卷首，朱子列出了九幅易图，认为这些易图"最宜深玩，可见作《易》本原精微之意"②。其余《易学启蒙》及《太极图说解》等著作，也都体现出据图说《易》的特点。如当今学者所总结的那样，朱熹对图书之学的态度是"重视图书对《易》的形成和发展所起的重要作用，以图书为象数之源，图书中蕴涵着易理"③。由此可以看出，象数之学在朱子的易学体系中占据了很大分量，因此有学者认为，朱子的整体易学取向是"倾向于取象一派"④，是"把北宋

---

① （宋）朱熹《易象说》，《晦庵先生朱文公文集》卷六十七，《朱子全书》第 23 册，上海古籍出版社、安徽教育出版社，2002 年，第 3255 页。

② （宋）朱熹《易本义·上经第一》，《朱子全书》第 1 册，第 28 页。

③ 蔡方鹿《朱熹经学与中国经学》，人民出版社，2004 年，第 322 页。

④ 王铁《宋代易学》，上海古籍出版社，2005 年，第 216 页。

以来新创的象数学看作是易学的基本要义"①，此看法确有一定道理。

第二，在义理易学方面，提出"《易》只是一阴一阳"与"推其本则太极生阴阳"。朱子认为，一阴一阳之理是作《易》之本源，同时构成《易》书的象、数、辞亦无不有阴阳，《易》中变易、交易之理，也是借阴阳的变化表现出来，朱子阐述这一观点说："圣人作《易》之初，盖是仰观俯察，见得盈乎天地之间，无非一阴一阳之理。"② 又说："如奇耦、刚柔，便只是阴阳做了《易》。"③ 此即所谓"《易》只是一阴一阳"。但这是从阴阳之理与阴阳之气合一的角度出发而得出的结论，若从本末的角度而言，则理本而气末，理能生气。此理气关系，朱子即借《易》中太极两仪之说来加以表述说："《易》者阴阳之变，太极者其理也。"④ 又说："《易》有太极，便有个阴阳出来，阴阳便是两仪。"⑤ 此处朱子将阴阳之理称作"太极"，将阴阳之物称为"阴阳"，二者的关系即是所谓"推其本则太极生阴阳"。朱子的义理易学，即在此两个基本观点的基础上展开，在认识论、心性论、道德论等方面皆有论述，并进而以此阐述"天人一物，内外一理"的天人合一论，力图将天道与人道统一于易理。

第三，在易学史观方面，提出"《易》本卜筮之书"与"分别四圣之《易》"的观点。所谓"《易》本卜筮之书"，其含义大致是"以卦爻辞为占筮之辞，不以其为讲哲理的文字"⑥，如朱子自己所说的那样："圣人因做《易》，教他占，吉则为，凶则否。"⑦ 但《易》虽为卜筮而设，却并非止于卜筮，其中亦有义理。此理固非圣人作《易》之本意，但却自然寓于《易》占之中，决定《易》占的吉凶，亦即朱子所说的"《易》以卜筮用，道理便在里面"⑧。而所谓"分别四圣之《易》"，则是说，按照朱子的看法，《周易》的形成经历了四个阶段：伏羲画卦，文王作卦辞，周公卦爻辞，孔子作十篇

① 王铁《宋代易学》，第 220 页。
② （宋）黎靖德《朱子语类》卷六十七，中华书局，2004 年，第 1646 页。
③ （宋）黎靖德《朱子语类》卷六十五，第 1605 页。
④ （宋）朱熹《易本义·系辞上传第五》，《朱子全书》第 1 册，第 133 页。
⑤ （宋）黎靖德《朱子语类》卷七十五，第 1929 页。
⑥ 朱伯崑《易学哲学史》第二卷，华夏出版社，1995 年，第 420 页。
⑦ （宋）黎靖德《朱子语类》卷六十六，第 1620 页。
⑧ （宋）黎靖德《朱子语类》卷六十六，第 1635 页。

《易传》。四圣之《易》虽然前后相因，但各有差别，如文王周公之《易》便不同于伏羲之《易》，而是"文王周公自说他一般道理"①；至于孔子，所说又有不同，又非文王之《易》。因此，后人在读《易》的时候，应将其分而观之，如朱子所说的那样："今人读《易》，当分为三等，伏羲自是伏羲之《易》，文王自是文王之《易》，孔子自是孔子之《易》。"② 这种分别四圣之《易》的观点，落实在注《易》的活动上的最明显的表现，便是主张经传分离，以恢复《周易》的本来面貌。在撰写其主要易学著作《易本义》时，朱子没有采用经传合一的王弼本，而是使用了吕祖谦所定的《古周易》之本，将《周易》分为《上经》、《下经》、《彖上》、《彖下》、《象上》、《象下》、《系辞上》、《系辞下》、《文言》、《序卦》、《说卦》、《杂卦》共十二个部分，其中上、下经的部分为"伏羲之画，文王、周公之辞"③，其余十篇则为孔子之传，可以说以自己的行动实践了其分别四圣之《易》的观点。

二、朱子易学的特点及其在朱子学术中的地位

作为我国易学史上著名的易学家，朱子的易学有着许多不同于前人的显著特点，约略而言之，可以总结为以下三个方面：

首先，提出了许多富有新意的观点。以上所论述的朱子易学的三方面内容，大都在前人的论述基础上，又有较大创新。如关于"《易》本卜筮之书"的论述，有学者即认为，这种说法本身并不能算是新发现，宋代时期的学者对《周易》多持此种看法，但朱子却对此命题赋予了新的内涵，将其作为一种解《易》的"占学方法"。正因为如此，朱子后学多称朱子易学为"象占之学"④。又如分别《周易》经传的举动，在宋代可以说极为流行，据学者统计，两宋时期各种类型的"古易"性质的著作，有二十余种之多，在朱子之前及与朱子同时的，也有十余种⑤，因此，朱子的主张亦不能称作创见。但值

---

① （宋）黎靖德《朱子语类》卷六十六，第1629页。
② （宋）黎靖德《朱子语类》卷六十六，第1629页。
③ （宋）朱熹《易本义·上经第一》，《朱子全书》第1册，第30页。
④ 王峰《朱熹易学研究》，第13—19页。
⑤ 许维萍《宋元易学的复古运动》，东吴大学中国文学系博士论文，2001年，第47—50页。

得注意的是，朱子倡导的分别经传，并非是简单地追求复原《周易》古本，而是要借此区分四圣之《易》，从而更好地理解《周易》之本义。以此而言，此主张意义之深刻，便显然超越了前人。在朱子以后，由其提出的这些新观点，为易学界所广泛接受，在易学史上产生了深远的影响。

其次，折中象数、义理二派，构建了规模庞大、结构精密的新型易学体系。朱子之易学，并不专主于前代某家某派，而是将各家之说兼容并包，吸收了汉易的象数之学、宋代刘牧以来的图书之学、周敦颐的太极图、邵雍的先后天之学，以及以程颐为代表的理气心性的论述。这些前代之说原本自成体系，互相不能融通，有些甚至相互对立，但朱子却以"体用一源"的理论为契机，较为完满地解决了各家之间的冲突，从而最大程度地整合了前人的成就。朱子这一易学体系出现之后，易学的发展就基本告别了象数、义理两派分道扬镳的局面，而进入了"象数义理派"的时代。此后即便是专主象数之易学著作，亦多以理气本末之说为其理论基础；同样，专谈义理的著作，也大多不废易图、卦变等象数之说。从这一点来讲，朱子的易学体系无疑奠定了此后易学发展的基本格局。同时，由于朱子的易学体系较为开放，既能容纳象数之学，又能容纳义理之学，因此后世治《易》者，无论从象数还是从义理立论，大都愿意从朱子易学出发，援朱子之说为据。朱子易学在其后数百年间流行不衰，可以说在一定程度上是得益于此。

第三，易学与理学紧密结合，圆融无间。朱子之易学，与朱子的理学思想并非相互隔绝，而是密切地联系在一起。如上文所述，朱子的整体易学结构，就是建立在"体用一源"的理学命题之上。具体而言之，其易学体系中大量象数之说的存在，是基于其象数与义理不可分离、学者当由象数以求理的思想，亦即朱子所说的"有是理则有是象，有是象则其数便自在这里"[1]，"就他那象上推求道理"[2]。而这种思想，实际上又是来源于其理学中"有是理即有是气"[3] 的理气论，以及"就那形而下之器上便寻那形而上之道"[4] 的认识论。义理易学中对太极阴阳关系的阐述，对"阴阳"含义的分析，所讨

---

① （宋）黎靖德《朱子语类》卷六十七，第 1646 页。
② （宋）黎靖德《朱子语类》卷六十六，第 1641 页。
③ （宋）朱熹《答程可久》，《晦庵先生朱文公文集》卷三十七，《朱子全书》第 21 册，第 1643 页。
④ （宋）黎靖德《朱子语类》卷六十二，第 1498 页。

论的实际上都是理学命题。即便是在其分别四圣之《易》的观点上，也能窥出理学的内涵，有学者即认为，朱子将伏羲《易》置于四圣之《易》之首，实际上相当于建立了一个以伏羲为首的新道统传承系统，其意义在于"朱熹一旦置伏羲和《周易》于道统之首，其理学便如人身有首一样了"①。同时，从另一个角度而言，也可以说朱子的理学根源于易学，如朱伯崑先生所论述的那样："朱熹哲学所依据的思想资料是《四书》和《周易》经传。其哲学体系的核心即本体论，是通过对《周易》经传的解释和阐发而建立起来的。朱熹哲学中的重要问题，如理气问题、理事问题、人性问题、动静问题，都是从其易学命题中引申出来的。朱熹哲学中的最高范畴太极，也是通过对筮法的解释而提出的。朱熹关于世界发展规律的学说更是从其易学中推衍出来的。"② 由此可见，朱子的易学与理学，在某种程度上可以说是一而二、二而一的关系。

朱子易学既有以上三个方面的显著特点，其在朱子整体学术中，亦占据了极为显要的地位。此前有学者基于朱子大力提倡四书学的事实，认为在朱子的学术体系中，四书要重于《周易》。这种看法未见得符合实际情况。固然，朱子说过"《易》非学者之急务也，某平生也费了些精神，理会《易》与《诗》，然其得力则未若《语》、《孟》之多也，《易》与《诗》中所得，似鸡肋焉"③ 一类的话，但此说的实际上是儒家经典的难易程度与为学之序，而不是重要程度。对此问题，朱子曾自己论述说："河南程夫子之教人，必先使之用力乎《大学》、《论语》、《中庸》、《孟子》之书，然后及乎六经。盖其难易、远近、大小之序，固如此而不可乱也。"④ 其含义是说四书易而六经难，学者当由四书入手以求六经，由此可见，四书只是"六经之阶梯"⑤，六经的重要性显然要在四书之上。而在六经之中，则又以《易》之地位为最高，如

① 王风《朱熹新道统说之形成及与易学之关系》，《哲学研究》2004 年第 11 期。
② 朱伯崑《易学哲学史》第二卷，第 437 页。
③ （宋）黎靖德《朱子语类》卷一百四，第 2614 页。
④ （宋）朱熹《书临漳所刊四子后》，《晦庵先生朱文公文集》卷八十二，《朱子全书》第 24 册，第 3895 页。
⑤ （宋）黎靖德《朱子语类》卷一百五，第 2629 页。

朱子所说的那样"上古之书莫尊于《易》"①，"是圣人事，非学者可及也"②。而其之所以如此，是因为《易》中包含了天地万物无穷之理，如朱子言："《易》不比《诗》、《书》，它是说尽天下后世无穷无尽底事理。"③。其他经典虽然也说理，但都滞于固定的一物一事，而不能大通；《易》则"不黏着物上"④，不泥于物，因而能包无穷之事，其他经典所说之理，当然亦能包含在其中。可以说，在朱子的心目中，《易》能总摄其余一切经典，在朱子学术中实际上居于一种总领性、纲要性的地位。

第二节　南宋时期的朱子易学

一、朱子易学著作在南宋的广泛传播

作为朱子学术的重要组成部分，朱子易学早在南宋，即颇受学者关注。这首先突出地表现在，朱子在易学方面的三种主要著作，即《易传》、《易本义》、《易学启蒙》，在南宋均流传甚广。以下分别述之。

《易传》十一卷，束景南以为成于淳熙四年（1177），即此前各种朱子年谱所记载的《易本义》成书之年⑤。陈振孙曾藏有此书，并记其与《本义》之异同云："初为《易传》，用王弼本，复以吕氏《古易经》为《本义》。其大旨略同，而加详焉。"⑥ 从其记载来看，似乎应为刻本。嘉泰二年（1202）陆游作《跋朱氏易传》⑦，眉山杨仲禹约于嘉定五年（1212）刊《易传》⑧，

---

① （宋）黎靖德《朱子语类》卷六十七，第1659页。
② （宋）黎靖德《朱子语类》卷六十七，第1658页。
③ （宋）黎靖德《朱子语类》卷六十七，第1659页。
④ （宋）黎靖德《朱子语类》卷六十七，第1647页。
⑤ 束景南《朱熹年谱长编》，第594—595页。
⑥ （宋）陈振孙《直斋书录解题》卷一，上海古籍出版社，2005年，第21页。
⑦ （宋）陆游《陆游集》，中华书局，1976年，第2264页。
⑧ （宋）度正《书易学启蒙后》，《性善堂稿》卷十四，《景印文渊阁四库全书》第1170册，台湾商务印书馆，2008年，第263—264页。

学者亦多以为即此书①。但朱子对此书实有不肯轻出之意，其在淳熙六年（1179）致皇甫文仲书信中即说："所喻《易说》，实未成书，非敢有所吝于贤者，然其义理不能出《程传》，但节得差简略耳。"②此后朱子改用经传分离之本，对此据王弼本所作之旧注，想必更不欲其传世。白寿彝先生据朱子与孙季和书信中谓"旧读此书，尝有私记，未定而为人传出摹印，近虽收毁，而传布已多"③，以为《易传》是被人窃出盗印的④。王风亦赞成此说，且进一步认为，朱子《答刘君房》谓"《本义》未能成书，而为人窃出，再行模印"⑤，《杨伯起》云"读《易》想亦有味……某之谬说本未成书，往时为人窃出印卖，更加错误，殊不可读。不谓流传已到几间，更自不足观也"⑥，也都是指《易传》被盗印之事⑦。其说颇有可能。此尚有一旁证，即与《易传》同年而成的《论语集注》等，也被盗出印行。朱子曾对门人杨道夫说："《论语集注》盖某十年前本，为朋友间传去，乡人遂不告而刊，及知觉，则已分裂四出，而不可收矣。"⑧明戴铣《朱子实纪年谱》也将《论孟集注》、《或问》之成书，列于淳熙四年，注云："时书肆有窃刊行者，亟请诸县官追索其板。"⑨以此推之，《易传》与《论语集注》同时被盗印，是很有可能的事情。作为早年所草的未定之稿，《易传》不仅在成书之后迅速传播，且在朱子身后亦有流传，朱子易学在南宋的影响力由此可见一斑。

《易本义》十二卷，为朱子主要的易学著作。据王风考证，朱子曾长期修改《本义》底稿，直至约六十九岁，方初步写定⑩，而生前可能未必正式刊行。但应有抄本，在门人与朋友间流传。《答孙敬甫》谓："《易传》初以未

---

① 束景南《朱熹作〈易传〉考》，《朱熹佚文辑考》，江苏古籍出版社，1991年，第645—651页。廖名春《前言》，朱熹《周易本义》，中华书局，2009年，第5页。

② （宋）朱熹《皇甫文仲》，《晦庵先生朱文公别集》卷五，《朱子全书》第25册，第4925页。撰写时间见陈来《朱子书信编年考证（增订本）》，三联书店，2007年，第174—175页。

③ （宋）朱熹《孙季和》，《晦庵先生朱文公别集》卷三，《朱子全书》第25册，第4885页。此信写于绍熙二年（1191），见陈来《朱子书信编年考证（增订本）》，第352页。

④ 白寿彝《周易本义考》，《白寿彝文集》第7卷，河南大学出版社，2008年，第14页。

⑤ （宋）朱熹《答刘君房》，《晦庵先生朱文公文集》卷六十，《朱子全书》第23册，第2886页。

⑥ （宋）朱熹《杨伯起》，《晦庵先生朱文公别集》卷六，《朱子全书》第25册，第4965页。

⑦ 王风《〈易传〉与〈周易本义〉关系考辨》，《朱熹易学散论》，商务印书馆，2017年，第109、113页。

⑧ （宋）黎靖德《朱子语类》卷十九，第438页。

⑨ （明）戴铣《朱子实纪年谱》卷一，《朱子全书》第27册，第44页。

⑩ 王风《从〈朱子语类〉看〈周易本义〉成稿过程》，《朱熹易学散论》，第117页。

成书，故不敢出。近觉衰耄，不能复有所进，颇欲传之于人，而私居无人写得，只有一本，不敢远寄。俟旦夕抄得，却附便奉寄。"① 此信约写于庆元二年（1196）②，所谓《易传》当即是《本义》。此应是孙氏致信朱子，求《本义》之书，而朱子允抄寄一册，以此推论，此种抄寄友人之举，当时应颇为不少。《朱子语类》中，记载了不少朱子与门人以《本义》相问答之语，则门人亦当有抄录。朱子身后，《本义》之刊刻日广。如朱子门人黄榦《答胡伯量书》，提及胡泳所刻《易本义》，称为"今所印本"③，束景南考证黄氏此书约作于嘉定四年（1211），并以此本为《本义》之最早刻本④，颇有可能。其后此本还可能修版重印，朱子另一重要门人陈淳，除曾见胡本外，还见过所谓"别换一版"者⑤，盖即后印本。嘉定十年（1217），冯椅撰《厚斋易学》，卷前自序言："天开我宋，圣道日明。康节邵氏首定经传之序，吕氏微仲、晁氏以道从而订之，近日吴斗南复是正之，沙随程可久、晦庵朱文公先生皆以注解传，虽名义微有未尽当，而文王之全经，则天高日白矣。"⑥ 卷末《先儒著述》又谓："《本义》前有九图，后有《五赞》、《筮仪》。"⑦ 可知冯氏已经看到了经传分离、附有九图的《本义》，亦应是刻本。此外如朱子之孙朱鉴亦曾刊《本义》⑧，按朱鉴编《晦庵先生朱文公易说》，卷前识语谓成于守富川时⑨，即端平间（1234—1236），其刻《本义》疑当在此之前。王庚官兴化军文学时也曾刻之⑩，据刘克庄记载，王氏于景定四年（1263）来为福清县令，

①　（宋）朱熹《答孙敬甫》，《晦庵先生朱文公文集》卷六十三，《朱子全书》第23册，第3066页。

②　陈来《朱子书信编年考证（增订本）》，第424页。

③　（宋）黄榦《复胡伯量书二》，《全宋文》第288册，上海辞书出版社、安徽教育出版社，2006年，第59页。按书中曰："榦以贫故无笔力，且在考亭借书以读，以故无本。"可见黄榦因家贫，不能雇人抄录《本义》，故在朱子逝世多年后，手头仍无其书。此从侧面证实，《本义》在朱子生前确未刊刻。

④　束景南《朱熹作〈周易本义〉与〈易九图〉、〈筮仪〉真伪考》，《朱熹佚文辑考》，第639、637页。

⑤　（宋）陈淳《答廖师子晦书三》，《全宋文》第295册，第10页。按书中云"某向者庚申春，首自考亭传《本义》来"，庚申为庆元六年（1200），即朱子卒年。然玩其文意，陈氏彼时所得者似非刻本。

⑥　（宋）冯椅《厚斋易学》卷首《厚斋易学自序》，《景印文渊阁四库全书》第16册，第3页。

⑦　（宋）冯椅《厚斋易学》附录一《先儒著述上》，《景印文渊阁四库全书》第16册，第820页。

⑧　（宋）朱鉴《易吕氏音训跋》，程敏政《新安文献志》卷二十三，黄山书社，2004年，第509页。

⑨　（宋）朱鉴《晦庵先生朱文公易说》卷首，《中华再造善本》影印元刻本，北京图书馆出版社，2004年。

⑩　（宋）刘克庄《跋郡学刊文章正宗》，《全宋文》第329册，第369页。

此前已"教莆、杭、福三州"①，故其刻《本义》必在是年之前，较吴革刻本还要早一些。南宋著名藏书家如陈振孙、尤袤、赵希弁等，也都收藏过《本义》②。时至今日，仍有两种不同版本的宋刻《本义》流传下来。其一为七行十五字本，傅增湘先生疑刻于浙③，今存二部：一部为明代项笃寿、毛晋等旧藏，清代收入内府，《天禄琳琅书目后编》曾有著录。今经传分藏国家图书馆与辽宁省图书馆，卷前易图则于1996年在嘉德拍卖会上拍出④。另一部为明代杨慎、清代汪士钟、陈鳣、蔡廷桢等递藏，亦即傅增湘先生所经眼者，今存台北傅斯年图书馆⑤。或据此本卷中避讳至"敦"字，疑为朱子生前的宋光宗时所刻⑥，虽未必然，但大致应较早为出。此本之后，尚有一知名度较高之本，即咸淳元年（1265）吴革刻本，国家图书馆、上海图书馆有藏⑦。该本半页六行十五字，行格舒朗，为宋刻中所罕见，亦可反映出刊刻者对朱子易学的推崇。

《易学启蒙》四卷，据卷前序文所题，应成于淳熙十三年（1186）左右。此书为朱子生前亲命刊刻者，在《答胡季随》中，朱子提到："《易》书刊行者，只是编出象数大略，向亦以一本浼叔纲，计必见之。今乃闻其有亡奴之厄，计此必亦已失去矣。别往一本，并《南轩集》，幸收之也。"⑧ 所谓"编出象数大略"，应即指《启蒙》，此信作于淳熙十四年（1187）⑨，则《启蒙》成书后可能随即刊刻。朱子曾将《启蒙》刻本广泛寄于友人，如绍熙二年（1191）《孙季和》云"又尝作《启蒙》一书，亦已板行，不知曾见之否？今往一通，试看如何"⑩，绍熙四年（1193）《答郑仲礼》云"至于画卦揲蓍之

① （宋）刘克庄《福清县重建谯楼记》，《全宋文》第330册，第318页。
② （宋）陈振孙《直斋书录解题》卷一，第21页。（宋）赵希弁《读书附志》，《郡斋读书志校证》，上海古籍出版社，1990年，第1089页。（宋）尤袤《遂初堂书目》，中华书局，1985年，第1页。
③ 傅增湘《藏园群书经眼录》，中华书局，2009年，第10页。
④ 刘蔷《天禄琳琅知见书录》，北京大学出版社，2017年，第24—25页。
⑤ 傅斯年图书馆善本书志编纂小组《傅斯年图书馆善本书志·经部》，"中央研究院"历史语言研究所，2013年，第7页。
⑥ 刘蔷《天禄琳琅知见书录》，第24页。
⑦ 中国古籍总目编纂委员会《中国古籍总目·经部》，中华书局、上海古籍出版社，2012年，第80页。
⑧ （宋）朱熹《答胡季随》，《晦庵先生朱文公文集》卷五十三，《朱子全书》第22册，第2515页。
⑨ 陈来《朱子书信编年考证（增订本）》，第269页。
⑩ （宋）朱熹《孙季和》，《晦庵先生朱文公别集》卷三，《朱子全书》第25册，第4885页。

法，则又尝有一书模印以传，名曰《启蒙》，不知贤者曾见之否？今以奉寄，试详考之，复以见喻，幸也。"① 都明言所寄者为刻本。此外如朱子《答陆子美》谓"近又尝作一小卜筮书，亦以附呈"②，《答陈肤仲》谓"《易启蒙》、《太极》、《西铭》、《通书解义》、《学记》各一本谩往"③，《答应仁仲》谓"《启蒙》、《小学》二书，偶未有本，后便续寄去"④，《答程可久》谓"《易学启蒙》当已经省览矣"⑤，楼钥《答朱晦庵书》"《易学启蒙》之书，反复熟观"⑥，虽未言明，但也应均为刻本。值得注意的是，《启蒙》在朱子在世时，可能不止一次刊刻。《答苏晋叟》云："易图昨亦有书粗论其意，后来有少改更，修版未毕，它日当寄去。"⑦ 此书约写于淳熙十五年（1188）⑧，王风认为"易图"即《易学启蒙》⑨，甚是。《叶永卿吴唐卿周得之李深子》谓"《启蒙》近复修改一两处未毕，俟印得即奉寄"⑩，亦作于淳熙十五年⑪，所言当为一事。可见《启蒙》在撰成并刻印后一两年时间内，便已考虑修版重印。又如《答蔡季通》云："《启蒙》中欲改数处，今签出奉呈，幸更审之，可改即改为佳，免令旧本流布太广也。"⑫《答蔡伯静》云："《启蒙》上册三十六版注中'围一'，'围'当作'径'。下册第二版前十卦'占贞'、后十卦'占悔'，两'占'字并当作'主'。可便改却此三字，更子细看过为佳。"⑬ 所述的也都是朱子修订《启蒙》，拟重印之事。后一信约写于庆元三年（1197）⑭，可见此工作一直持续到朱子晚年。朱子辞世后，《启蒙》在宋代仍

---

① （宋）朱熹《答郑仲礼》，《晦庵先生朱文公文集》卷五十，《朱子全书》第 22 册，第 2318 页。作书时间见陈来《朱子书信编年考证（增订本）》，第 364—365 页。

② （宋）朱熹《答陆子美》，《晦庵先生朱文公文集》卷三十六，《朱子全书》第 21 册，第 1563 页。

③ （宋）朱熹《答陈肤仲》，《晦庵先生朱文公文集》卷四十九，《朱子全书》第 22 册，第 2270 页。

④ （宋）朱熹《答应仁仲》，《晦庵先生朱文公文集》卷五十四，《朱子全书》第 23 册，第 2549 页。

⑤ （宋）朱熹《答程可久》，《晦庵先生朱文公文集》卷三十七，《朱子全书》第 21 册，第 1646 页。

⑥ （宋）楼钥《楼钥集》卷六十四，浙江古籍出版社，2010 年，第 1126 页。

⑦ （宋）朱熹《答苏晋叟》，《晦庵先生朱文公文集》卷五十五，《朱子全书》第 23 册，第 2633 页。

⑧ 陈来《朱子书信编年考证（增订本）》，第 286 页。

⑨ 王风《〈易传〉与〈周易本义〉关系考辨》，《朱熹易学散论》，第 116 页。

⑩ （宋）朱熹《叶永卿吴唐卿周得之李深子》，《晦庵先生朱文公别集》卷六，《朱子全书》第 25 册，第 4967—4968 页。

⑪ 陈来《朱子书信编年考证（增订本）》，第 294 页。

⑫ （宋）朱熹《答蔡季通》，《晦庵先生朱文公续集》卷二，《朱子全书》第 25 册，第 4692 页。

⑬ （宋）朱熹《答蔡伯静》，《晦庵先生朱文公续集》卷三，《朱子全书》第 25 册，第 4714 页。
按："围当作径"四字，整理本置于校勘记中，然实应为正文，今回改。标点亦略有调整。

⑭ 陈来《朱子书信编年考证（增订本）》，第 455—456 页。

不断翻刻。上文所述眉山杨仲禹与朱子之孙朱鉴，在刻《易传》、《本义》时，都并刻《启蒙》。又赵汝廪曾刻于涪陵①，陈森又刻于莆阳②，也均为宋刻。宋刻《启蒙》到清代可能还有流传，如黄丕烈《百宋一廛书录》即曾著录一部，云为昆山徐氏旧藏③，检《传是楼书目》未见，具体情况不详。《百宋一廛赋》注云："朱子《易学启蒙》上下卷，每半叶七行，每行十五字，卷首自序一通。"④ 盖即此本。《藏园订补郘亭知见传本书目》所载宋刻，行款与黄氏所述相同⑤，当亦是据此著录。可知宋刻《启蒙》今虽已不传，但在南宋后期，其刊刻流传还是非常普遍的。

二、朱子易学思想在南宋的传习与讨论

在朱子易学著作广为刊布的同时，朱子的易学思想，也在南宋广泛传播开来，成为当时易学界的显学之一。其流传的途径，大致可分为以下三种：

第一，士人为科举应试而研究朱子易学。南宋时期，朱子易学虽然还未被立为官学，但仍很受士子欢迎。朱子《易传》被盗印，有学者即认为与科举有关⑥。南宋末年魏天应编《论学绳尺》，四库馆臣称其"辑当时场屋应试之论"⑦，可见为科举用书。其中吴有元《河图洛书经纬如何论》一文，即多据朱子河十洛九之说，故批者云："立论本之于《易学启蒙》。"⑧《宝祐寿昌乘》记载寿昌军南湖书院中藏有《易本义》与《易学启蒙》⑨，大约也是备士子应举使用者。宋末元初浙江学者戴表元叙其早年求学经历，谓"于时朱氏书犹未盛行浙中，时从人传抄之，以相启发……及甲辰、乙巳间，有用其说

---

① （宋）阳枋《赵使君汝廪刊易学启蒙于涪属予为跋》，《全宋文》第 325 册，第 435—436 页。
② （宋）陈宓《跋易学启蒙》，《复斋先生龙图陈公文集》卷十，《续修四库全书》第 1319 册，上海古籍出版社，2002 年，第 360—361 页。
③ （清）黄丕烈《黄丕烈藏书题跋集》，上海古籍出版社，2013 年，第 977 页。
④ （清）黄丕烈《黄丕烈藏书题跋集》，第 959 页。
⑤ （清）莫友芝撰，傅增湘订补《藏园订补郘亭知见传本书目》，中华书局，2009 年，第 16 页。
⑥ 王风《〈易传〉与〈周易本义〉关系考辨》，《朱熹易学散论》，第 109 页。
⑦ （清）永瑢等《四库全书总目》卷一百八十七，中华书局，2003 年，第 1702 页。
⑧ （宋）魏天应《论学绳尺》卷十，《景印文渊阁四库全书》第 1358 册，第 535 页。
⑨ （清）文廷式辑《寿昌乘》，《宋元方志丛刊》第 8 册，中华书局，1990 年，第 8399 页。

取甲科者，四方翕然争售朱学。而吾乡以远僻，方获尽见徽文公所著书"①。所谓甲辰、乙巳，应为淳祐四、五年（1244—1245）。其言朱子诸书当时在浙江流传不广，可能是据其故乡一地的情况而言，或有些偏颇，但所述士人有以朱义中举，引起研习朱子的热潮的情况，应当是可靠的。这也从一个侧面反映了科举对朱子易学发展的推动作用。

第二，朱门后学对朱子易学的传习。朱子门人弟子中治《易》者不少，朱彝尊仅收集"作《易传》、《五经说》，及以《易》义问答，见于语录者"②，就得一百余人。《经义考》卷三十一所载，自陈淳《周易讲义》以下二十余种，大都是朱子及门弟子的易学著作。再传以下治《易》者亦多。如阳枋与族侄阳岊从学于朱子门人度正、晏渊③，深研朱子易学。尝避地泸南而绝粮，"惟《易本义》一编未尝去手"④，年八十尚玩《本义》不辍⑤。曾辑朱子《易》说精要，为《文公进学善言》⑥，又有《易正说》二卷⑦。他如陈沂、黄以翼皆学于陈淳，饶鲁学于黄榦，徐几学于蔡渊，是为朱子再传⑧；吕大圭学于陈淳门人杨昭复，是为朱子三传⑨。这些朱门后学于《易》皆有著作，其在治《易》过程中，均应或多或少地受朱子影响，其中一部分人且对朱子极为推崇。例如，陈淳即称道《易本义》曰：

> 至我宋康节邵子之图出，于是乎伏羲之精，画卦以示者，始可得而见。伊川程子之《传》出，于是乎文王、周、孔之蕴，因卦以发者，始

① （元）戴表元《于景龙注朱氏小学书序》，《戴表元集》卷七，吉林文史出版社，2008年，第91页。

② （清）朱彝尊撰，林庆彰等主编《经义考新校》卷二百八十三，上海古籍出版社，2010年，第5135页。

③ （宋）阳少箕、阳炎卯《纪年录》，《字溪集》卷十二，《景印文渊阁四库全书》第1183册，第432页。

④ （宋）阳少箕、阳炎卯《有宋朝散大夫字溪先生阳公行状》，《字溪集》卷十二，《景印文渊阁四库全书》第1183册，第442页。

⑤ （宋）阳少箕、阳炎卯《纪年录》，《字溪集》卷十二，《景印文渊阁四库全书》第1183册，第437页。

⑥ （宋）阳少箕、阳炎卯《纪年录》，《字溪集》卷十二，《景印文渊阁四库全书》第1183册，第435页。

⑦ （宋）阳少箕、阳炎卯《有宋朝散大夫字溪先生阳公行状》，《字溪集》卷十二，《景印文渊阁四库全书》第1183册，第470页。

⑧ （清）朱彝尊撰，林庆彰等主编《经义考新校》卷三十七，第653—654页。

⑨ （清）朱彝尊撰，林庆彰等主编《经义考新校》卷三十八，第667—668页。

可得而明。今晦翁先生《本义》之书，盖又发挥邵图之法象，而申明程《传》之旨趣，本末兼该，精粗具举，推本四圣所以作述本然之义，而《易》道之盛，至是无余蕴矣。其纲领备于《五赞》，未可直以占法视之也。抑程子昔以《传》示门人，曰："只说得七分，后人更自体究。"若晦翁是书，其补程子之三分，而上以达于四圣之心也欤①！

陈淳认为，《易》经羲、文、周、孔四圣始备，而宋代之前《易》道不彰，或溺于象数，或泥于文义。至宋，邵雍作卦图，程子阐义理，《易》义始明。而朱子《本义》，又超越二家，上接四圣。其所以然之故，陈氏在另一文中讲得更明白：

> 此朱文公《本义》之书作，所以必表伏羲图象冠诸篇端，以明作《易》根原之所自来，一出于天理之自然，而非人为智巧之私。又复古经传次序，推原四圣所以成书之本意。递相解释，而惟占法之明，随人取决，而无偏辞之滞。而天下义理为之磨刮精明，依然涵萃于其中，本末精粗，兼该具举。近以补程《传》之所不足，而上以承四圣之心。所谓开物成务之大用，至是又益周备，而《易》道之盛，于此无余蕴矣。学者当因是书，各就四圣一贤本义稍详。果能知其因时设教，所以为心者，盖并行而不相悖，然后于易学可进。而《易》书之广大悉备，有天道焉，有人道焉，始可与提纲张目，偏观而尽识。至所谓和顺于道德而理于义，穷理尽性以至于命者，其根原脉络归宿，皆由是其可通乎②。

此处陈氏指出《本义》之贡献有三：一是作河洛先后天等图，以明《易》之本；二是经传分离，恢复古《易》；三是以占筮解《易》。有此三者，故能超越前代。学者学《易》，亦必尊是书。其对《本义》的推尊，已经达到了无以复加的地步。在陈氏文集中，有不少论《易》文字，如《易讲义》一卷，包括《原画》、《原辞》、《原旨》、《天行健君子以自强不息》四篇，又有《河图洛书说》、《四象数说》、《先天图说》、《后天图说》等，大致均依傍或推广朱子之说。如《河图洛书说》一文，全从《易学启蒙·本图书》而

---

① （宋）陈淳《易本义大旨》，《全宋文》第295册，第301页。
② （宋）陈淳《原辞》，《全宋文》第295册，第324—325页。

出。其与师友以《易》义问答时，亦多据朱子之说。如答郭叔云问先天后天之说，谓"若逆顺之说，则在《启蒙》、《本义》，解释已极分明，恐读之未详，请更子细消悉"①。此种大力弘扬，对朱子易学在南宋的传播，无疑起到了重要作用。

与陈淳等尊朱派学者相比，南宋时期另有一批朱子后学，对朱子之说并不一味遵从，而是颇有异同于其间。如蔡渊为朱子的重要门人之一，易学著作今传者有《易象意言》、《周易卦爻经传训解》，而陈淳却对其说颇有微词，谓"蔡伯静《易解》，大概训诂依《本义》，而逐字分析，又太细碎。及大义则与《本义》不同，多涉玄妙，终不能脱庄列之习，岂真知《易》之所以为《易》？良可叹矣"②。又如被誉为"朱门颜曾"的黄榦，解《易》亦不尽同朱子。其说家人卦《大象传》曰：

> 风自火出，明内齐外之义。今曰"身修家治"，则于风自火出之象有所未明。火在内卦为明内，明身修也；风在外卦为齐外，齐家治也。上九一爻，是其义也③。

"身修家治"乃朱子《本义》语，黄榦认为其释"风自火出"未明，而改以"明内齐外"释之，可见其不愿拘泥朱子之意。至其门人饶鲁，此种倾向更加明显，阳枋曾批评其图学云："近又有双峰《五行先后次序图说》，某亦见其不必如此。此公学问粹明，不知如何亦然。"④ 可能也与其不尊朱子之说有关。

然而，从另一个角度来看，此派不尽同朱子的学者，实际在一定程度上推动了朱子易学的发展与完善。如朱门四友之一的冯椅，辑《厚斋易学》五十卷，何孟春称其"本吴斗南，颇与朱子异"⑤。但其在经传编排方面，"以程沙随、朱文公虽本古《易》为注，犹未及尽正孔传名义。乃改'彖曰'、'象曰'为'赞曰'，以系卦之辞即为彖，系爻之辞即为象。王弼本'彖曰'、'象曰'，乃孔子释彖、象，与商飞卿说同。又改《系辞》上下为《说卦》上

---

① （宋）陈淳《答郭子从问目》，《全宋文》第295册，第351—352页。
② （宋）陈淳《答郭子从书一》，《全宋文》第295册，第38页。
③ （宋）黄榦《易说》，《全宋文》第288册，第364页。
④ （宋）阳枋《与宋东山书》，《全宋文》第325册，第340页。
⑤ （清）朱彝尊撰，林庆彰等主编《经义考新校》卷三十一，第552页。

中，以《隋经籍志》有《说卦》三卷云。"① 实际是在朱子基础上，对古《易》篇章问题作出的新探索。此种补正发明，也形成了南宋时期朱门后学中传承朱子易学的另一派。

第三，朱门之外的学者对朱子易学的讨论。南宋时期另有一批学者，从学术谱系上来讲，并不源出朱门。但对朱子易说较感兴趣，因而在自己的著作中加以援引、阐发甚至批驳，由此也形成了研究朱子易学的一派力量。例如，南宋时期的著名理学家魏了翁，虽与朱子门人辅广交好，并从其得朱子诸书，但并无师徒之实，故《宋元学案》亦仅称为"私淑朱张之学"②。其对朱子易学即颇有研究，曾评价之曰：

> 朱氏《易》则大槩本诸邵子。《启蒙》明述先天图，而赞《易》之词谓"邵明羲《易》，程演周经"，此意可见。曾亲闻辅汉卿广之说，《易》须是识得辞、变、象、占四字。如初九"潜龙"云云，此辞也。有九则有六，此变也。潜龙即象，勿用即占。人谓《本义》专主占筮者，此未识先生之意。某每以此看《本义》，诚是精密③。

其论朱子易学源出邵子，《本义》不止于占筮，都是建立在对朱子易学的深入理解基础之上。其所编《大易集义》六十四卷，辑周敦颐以下宋代十余人之说，朱子即为其中之一。且所收不止《本义》，还于其后附以语录等相关内容，可见对朱子还是较为重视。又如李心传之学术谱系，为谯定传冯时行，冯传李舜臣，李心传则为舜臣之子，大致与程门蜀学一系关系比较密切。虽然史传谓其父舜臣著《易本传》三十三篇，"朱子晚岁每为学者称之"④，但大概也只是朱子得见其书，且并非十分满意，常评之曰"他是胡说"⑤，除此之外并无太多联系。尽管如此，李心传却对朱子易学颇为尊崇，谓：

> 晦庵书最后出，世之学者往往未究其蕴，而反以象占之说为疑。同志者于此傥有取焉，然后知程、朱二传，不可相无，而晦庵之为书，其

---

① （元）马端临《文献通考经籍考》，华东师范大学出版社，1985 年，第 96 页。
② （清）黄宗羲原著《宋元学案》卷八十，中华书局，2007 年，第 2650 页。
③ （宋）魏了翁《答丁大监齎书》，《全宋文》第 309 册，第 395 页。
④ （清）黄宗羲原著《宋元学案》卷三十，第 1087 页。
⑤ （宋）黎靖德《朱子语类》卷六十八，第 1691 页。

条理愈密，其意味愈长，诚未可以骤窥而轻议也①。

甚至其父李舜臣之说，在李心传看来，亦"类多与晦庵合，第先君子专自圣人画卦之意求之，晦庵兼自圣人命爻之意求之，此为小异，要亦相表里耳"②。其所作《丙子学易编》，以四家之说为主，朱子即为其中之一，且在经传编排方面全取朱子，可谓深受其影响。其余南宋学者受朱子易学影响者尚多，有易学著作存世者如易祓《周易总义》、方实孙《淙山读周易》等，散佚者如谢升贤《易通》"大意皆推本朱文公之言"③，方逢辰《周易外传》"盖发明程朱之说"④，都与朱子有不同程度的关联。

比较起来，由于非朱子一系的学者较少门户束缚，故而也更能够在治《易》过程中，提出一些与朱子不同的说法。例如，在河图洛书问题上，朱元升即明确表示不同意朱子的十图九书之说，而支持刘牧的九图十书说。其言曰：

> 若夫关子明以四十五数为洛书，以五十五数为河图，与刘长民所述不同。朱子文公黜长民之说而是子明，愚也本夫子之辞而符长民。匪曰敢自异于先生长者，亦惟其是而已耳⑤。

朱氏所著《三易备疑》，多受朱子影响，其中不乏对朱子的称赞，如论及先天方圆图时，其即说："邵子所以有功于作《易》之圣人。虽然，微朱子孰明其蕴？是亦有功于作《易》之圣人也欤。"⑥但在遇到河图洛书这种分歧较大的问题时，其亦不惮表明自己不能盲从朱子的态度。至于魏了翁，索性将朱子的河洛体系完全打破。在与蒋山（字得之）的信件中，其提出：

> 至朱文公，始以九图十书为刘长民托之陈图南，辞而辟之，而引邵子为证。然邵子不过曰"圆者河洛之数，方者图书之文"，第言圆方，不

---

① （宋）李心传《丙子学易编序》，《丙子学易编》卷首，《通志堂经解》第2册，江苏广陵古籍刻印社，1996年，第196页。
② （宋）李心传《丙子学易编序》，《丙子学易编》卷首，《通志堂经解》第2册，第196页。
③ （清）朱彝尊撰，林庆彰等主编《经义考新校》卷三十五，第613页。
④ （元）俞琰《读易举要》卷四，《景印文渊阁四库全书》第21册，第470页。
⑤ （宋）朱元升《三易备疑》卷一，《景印文渊阁四库全书》第20册，第744页。
⑥ （宋）朱元升《三易备疑》卷二，《景印文渊阁四库全书》第20册，第761页。其图亦不尽同于朱子。

言九十……今得之断然谓河图则先天图也，洛书则五行生成数也，戴九履一图，不过太一下行九宫数耳。此不为无见①。

在魏氏看来，朱子的十图九书之说，与刘牧九图十书说一样值得怀疑。而蒋山之说，以先天图为河图，以五行生成图为洛书，九宫图别为一图，反而更为有据。下文即引《参同契》等以证成之，最终得出河图、洛书、九宫图"起数虽异，其论则一"的结论②。这就把《易》之源头，由河洛二图扩展为三图，从而实现了对朱子的超越。总的来看，此种不愿拘泥于朱子的情况，在非朱子派学者中普遍存在，是其较为显著的一个特色。相较于朱门中不甚尊朱之一派，其补正朱子的作用更为明显。如项安世小朱子二十余岁，与朱子交而不列于门人。其自言易学本诸程子，但"其文无与《易传》合者"③，乃是综合了包括朱子在内的诸家之说，故徐之祥谓"其于《本义》多所发明，惜书成于《本义》二十年之后，朱子未及见也"④。

三、研究朱子易学的专著的出现

在朱子易学著作大量刻印、易学思想广泛传播的背景下，一批以研究朱子易学为主的著作，在南宋后期逐步出现。今传世且影响较大者有三，即税与权《易学启蒙小传》、朱鉴《朱文公易说》与董鼎《周易传义附录》，此外尚有已亡佚之作若干，足见南宋时期朱子易学发展之繁盛。

1. 税与权《易学启蒙小传》

税与权，字巽甫，巴郡人，生平不甚详。《鹤山师友雅言序》谓"予登鹤山先生之门，盖历二纪……及先生返自南迁，起家镇泸，予执经从之，相携入京"⑤，此文写于嘉熙元年（1237），上推二纪，则约在嘉定六年（1213）

---

① （宋）魏了翁《答蒋得之》，《全宋文》第 309 册，第 335 页。
② （宋）魏了翁《答蒋得之》，《全宋文》第 309 册，第 336 页。
③ （宋）项安世《周易玩辞序》，《周易玩辞》卷首，《通志堂经解》第 2 册，第 26 页。
④ （元）徐之祥《周易玩辞序》，《周易玩辞》卷首，《通志堂经解》第 2 册，第 26 页。
⑤ （宋）税与权《鹤山师友雅言序》，《全蜀艺文志》卷三十一，线装书局，2003 年，第 824—825 页。

左右，已为魏氏门人。其后随魏氏入南宋首都杭州，魏氏卒后辗转多地。如嘉熙四年（1240）在"建邺议舍"①，盖今南京一带。后又到淮东西制置使李曾伯处佐幕三年②，按李氏于淳祐二年（1242）到淮，四年（1244）改荆湖制置使③，税氏佐淮幕，可能即在这一时期。淳祐八年（1248），与友人史子翚会于杭州④。九年（1249），李曾伯知静江府⑤，税氏盖复往依之，故《桂胜》载淳祐十年（1250），李氏与诸人往游龙隐山，提及税氏⑥。宝祐元年（1253），与阳枋通信，论《易学启蒙小传》⑦。其后事迹便鲜有记载。

税氏著作颇多，然大都不传，《易学启蒙小传》是其为数不多的传世之作。其书约成于淳祐八年，俞琰《读易举要》有著录⑧。今传本《小传》后尚有《周易古经发题》一卷，有俞琰跋，谓借陈笑闲写本抄录⑨，则《小传》亦可能为俞氏所抄。《通志堂经解》本即从此出，《四库全书》本讹误颇多，但也属于这一系统。其书虽名《启蒙小传》，然并非为《易学启蒙》作传，而是希望在朱子的基础上再推进一步，以"九"数为核心，将河图洛书、先后天卦图等联系起来，以解决朱子在后天图上"不能得其所以安排之意"⑩的问题。其论大致谓河图洛书皆为九位，乾坤二卦合为九画。八卦以乾带三男、坤带三女，总画数均为十八画，乃二九之数。六十四卦以反对计之，为三十六卦，上下经各得十八，亦为二九之数。此外如以一一至九九环布，排为圆图，说明九为究数；又将大衍之数五十分为天数一二三四五、地数五六七八九，以说明大衍数亦止于九。总之力图证明象数皆自九而起。这些说法，前人多已发之，如其所谓"九为究数图"，实际来源于蔡沈⑪。其较具创新性

① （明）李日华《味水轩日记》卷八，上海远东出版社，1996年，第539页。
② （宋）李曾伯《钱税巽甫》，《可斋杂稿》卷三十二，《景印文渊阁四库全书》第1179册，第487页。
③ 张静《李曾伯年谱》，上海大学硕士论文，2008年，第41、45页。
④ （宋）史子翚《跋》，《易学启蒙小传》卷末，《通志堂经解》第2册，第209页。
⑤ 张静《李曾伯年谱》，第55页。
⑥ （明）张鸣凤《桂胜》卷七，中华书局，2016年，第133页。
⑦ （宋）阳少箕、阳炎卯《纪年录》，《字溪集》卷十二，《景印文渊阁四库全书》第1183册，第435页。
⑧ （元）俞琰《读易举要》卷四，《景印文渊阁四库全书》第21册，第470—471页。
⑨ （元）俞琰《跋》，《周易古经发题》卷末，《通志堂经解》第2册，第212页。
⑩ （宋）朱熹《答袁机仲》，《晦庵先生朱文公文集》卷三十八，《朱子全书》第21册，第1676页。
⑪ 林忠军《象数易学发展史》第2册，齐鲁书社，1998年，第369页。

的观点，当属以天地之数配八经卦而生十二辟卦之说。税氏曾作有《奇偶图》与《生成图》，现录于下。

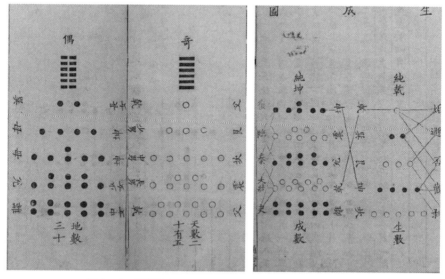

图 1-1　奇偶图　　　　　　　　　　图 1-2　生成图①

在《奇偶图》中，税氏将五十五数按天地之数分列。天数一、三、五、七、九分别配乾、艮、坎、震、乾，地数二、四、六、八、十则配巽、坤、坤、兑、离。至于《生成图》，又变为按生数一至五、成数六至十分排，而所配之卦，其位置因亦改变。生数所配五卦中，乾依次交巽、艮、坤，巽坤、艮坤又分别相交，得姤、遁、否、观、剥五卦。生数之坤四又与成数之坤六相交，得六画之坤。成数五卦中，坤依次与震、兑、乾交，震乾、兑乾又分别相交，得复、临、泰、大壮、夬五卦。成数之乾九又与生数之乾一相交，得六画之乾。此外，如将奇偶图之次序重排，天数排为九、一、七、三、五，地数排为四、六、二、八、十，则震巽分居五数之中，与下之艮兑交，得颐、小过、大过、中孚四卦不反对者。这样就将天地之数与辟卦、不反对之卦联系了起来。

从税氏的论述中，可以发现，其参与变化之数极于九，坎五与离十都不在其内，本质上仍是其"九"为核心之说的一种衍伸。潘雨廷先生已经指出，

---

① （宋）税与权《易学启蒙小传》，《通志堂经解》本，哈佛大学图书馆藏。

此说应是自纳甲法得到启发①，天地之数所配之卦，实际上多是依据八卦纳甲十干之数。如乾纳甲壬，甲为一，壬为九，故《奇偶图》中乾配一、九。然如全按纳甲法，又与税氏所希望得到的结果不同，故其不得不加以调整。此点阳枋已经发现，在与税氏信件中，其即指出："所画《奇偶图》，奇图甚稳，偶图二属乙，十属癸，此两数俱归坤。今乃止言离巽，更有说否？"② 总的来看，牵强之处颇多，并不十分圆融。但从易学史上来看，确实也可视为对朱子象数之说的一种补充发展，是朱子易学影响下的产物。故而税氏即自称其书是"补朱文公《启蒙》之所未及"③，而四库馆臣亦谓之"阐邵子之说，以补《启蒙》之未备"④。

2. 朱鉴《朱文公易说》

《朱文公易说》，宋朱鉴撰。鉴字子明，为朱子长孙，生平见刘克庄《朱鉴墓志铭》⑤。据朱氏识语，此书乃其"假守富川时所会粹"⑥，而《楚辞集注》、《诗传遗说》卷末端平二年（1235）朱氏跋文，皆题"孙承议郎权知兴国军兼管内劝农营田事节制屯戍军马"⑦。兴国军治所在永兴，而富川为永兴旧名⑧。可推知朱氏编《文公易说》，应在端平前后。成书后曾刻之于建阳，约在淳祐十二年（1252）又刻一次，但这两个本子都没有流传下来。今传世最早者为元刻本，今藏国家图书馆。该本卷中有毛晋钤印，乃毛氏旧藏。入清后归张金吾，卷一已阙，张氏为之抄补⑨。后又归汪士钟，即《艺芸书舍宋元本书目》所载元本⑩。末归瞿氏铁琴铜剑楼，瞿氏且觅得其佚失之首卷⑪，

①　潘雨廷《读易提要》，上海古籍出版社，2003 年，第 233 页。

②　（宋）阳枋《与税巽父书》，《全宋文》第 325 册，第 391 页。

③　（宋）税与权《易学启蒙小传》，《通志堂经解》第 2 册，第 207 页。

④　（清）永瑢等《四库全书总目》，第 18 页。

⑤　（宋）刘克庄《朱鉴墓志铭》，《全宋文》第 331 册，第 388—390 页。

⑥　（宋）朱鉴《晦庵先生朱文公易说》卷首。

⑦　（宋）朱熹《楚辞后语》卷末，《朱子全书》第 19 册，第 313 页。（宋）朱鉴《诗传遗说》卷末，《通志堂经解》第 7 册，第 592 页。

⑧　（宋）欧阳忞《舆地广记》卷二十五，四川大学出版社，2003 年，第 729 页。

⑨　（清）张金吾《爱日精庐藏书续志》卷一，中华书局，2012 年，第 643 页。

⑩　（清）汪士钟《艺芸书舍宋元本书目》，《丛书集成初编》，中华书局，1985 年，第 25 页。

⑪　（清）瞿镛《铁琴铜剑楼藏书目录》卷一，上海古籍出版社，2000 年，第 28 页。

于是全书复完。清《通志堂经解》本据云出自"汲古元本"，盖即此本①。国图另有一清抄本，钤"翰林院印"大方印，乃四库进呈本。按《编修励第一次至六次交出书目》有此书②，而此本卷中有"信天庐"印，乾隆曾御书此三字赐励守谦氏之父宗万③，可知即励氏进呈者。另有"臣绍丞印"、"北平黄氏万卷楼图书"等钤印，可知还曾经黄叔琳、俞绍丞收藏过，后归罗振玉所有④。《四库全书总目》谓四库本从励氏进呈本出⑤，但今见此本，与四库本差距很大。如卷一《河图洛书》，抄本第一条即无"阁皂甘君叔怀"云云以下，第二至四条全阙，而四库本皆不阙。可知四库本必不出此抄本，更可能是出自通志堂本。

《朱文公易说》采用分类纂集的方式，收录朱子与友人弟子论《易》文字。其中涉及《周易》经传者，以《易本义》经二篇、传十篇为类，此外又另立"河图洛书"、"太极"、"两仪"、"四象"等十九类。在此书之前，黄士毅于嘉定十二年（1219）编《朱子语类》，其中已有分类纂集朱子易说的部分。但今传在黄本基础上增补而成的徽州本《语类》，与《文公易说》从次序到内容上并不十分一致。次序上，徽本《语类》不为《彖传》、《象传》、《文言传》单独立卷，朱子的相关语录仅附见于各卦之下，这一编排方式也为后来的黎靖德辑本继承下来。而《文公易说》则一尊朱子所定古《易》，有关《易传》的语录全部单独立卷，比《语类》的分类更为精细。内容上，《文公易说》中的不少语录都不见于徽本《语类》，如《文公易说》卷一舒高录"或问河图自五之外"云云一条，即不见于徽本卷六十五《河图洛书》，而黎靖德辑本则有之⑥。又如卷七吕辉录"问乾元统天"一条，徽本亦无，黎本则引作吕焘录⑦。束景南教授曾从《文公易说》中辑出周偰、黄有开、

① （清）翁方纲《通志堂经解目录》，《丛书集成初编》，中华书局，1985年，第3页。
② 吴慰祖校订《四库进呈书目》，商务印书馆，1960年，第174页。
③ 杨钟羲《雪桥诗话余集》卷三，《雪桥诗话全编》第4册，人民文学出版社，2011年，第2297页。
④ 王国维《罗振玉藏书目录》，《王国维全集》第2册，浙江教育出版社、广东教育出版社，2009年，第808页。
⑤ （清）永瑢等《四库全书总目》卷三，第18页。
⑥ （宋）黎靖德《朱子语类》卷六十五，第1611页。
⑦ （宋）黎靖德《朱子语类》卷六十八，第1699页。

黄显子、吕辉等记语录多条①，多是不见于徽本与黎本《语类》者。可见《文公易说》在朱子语录部分，至少不会是全部取材自已有的黄士毅编《语类》，还是有相当的一部分资料为其自行搜集补充。此外，《文公易说》不仅取"门人记录问答之语"②，还广泛收录朱子书信、诗文、论著中有关《周易》的部分。如卷一《河图洛书》，即收文章《书河图洛书后》，与廖德明、程大昌、郭雍等书信，以及《感兴诗》等内容，为研究朱子易学的学者提供了更多资料。故明人杨士奇即评价之曰："凡杂著及门人所记口授之言，其精义皆在此书……学《易》之士所不可无者。"③

3. 董楷《周易传义附录》

《周易传义附录》，宋董楷撰。董楷生平，《台学源流》有传曰："董克斋名楷，字正翁，临海人，御史亨复之子，尝从潜室陈器之得晦翁再传之学。宝祐四年举进士，为绩溪簿，直冤狱，赈饥馑，修城捍水。未几擢守洪州，有惠政。终吏部郎中。所著有《克斋集》。"④ 不甚详尽。今按：《宋季三朝政要》载董楷于景定三年（1262）分司安吉公田⑤，《癸辛杂识》亦谓"董正翁楷为公田"⑥，可为旁证。约在咸淳三年（1267）提举松江市舶司，楷自言"咸淳五年八月，楷忝命舶司，既逾二载"可证⑦。咸淳七年（1271），又改知瑞州⑧。后为湖南转运使，《舒阆风先生行状》谓"故人董正翁楷除湖南转运"⑨，舒氏祭文亦曰"君漕湖湘"⑩，均指此事。按文天祥《通董提举启》"常平使者之新鹯，公念南湘"⑪，而文氏于咸淳九年（1274）任提点荆湖南路刑狱公事，应在董氏到任之前，故为启以贺之。董氏于咸淳十年（1275）

---

① 参见束景南辑《语录抄存》，《朱子全书》（修订本）第26册，第467—483页。
② （宋）朱鉴《晦庵先生朱文公易说》卷首。
③ （明）杨士奇《东里续集》卷十六，《景印文渊阁四库全书》第1238册，第579页。
④ （明）金贲亨《台学源流》卷六，《续修四库全书》第515册，第261页。
⑤ （元）佚名撰，王瑞来笺证《宋季三朝政要笺证》卷三，中华书局，2010年，第291页。
⑥ （宋）周密《癸辛杂识》后集《向氏书画》，中华书局，2004年，第80页。
⑦ （宋）董楷《受福亭记》，《全宋文》第355册，第158页。
⑧ （宋）董楷《锦江桥记》，《全宋文》第355册，第159页。
⑨ （宋）刘庄孙《舒阆风先生行状》，《阆风集》卷末，民国四年（1915）《嘉业堂丛书》本。
⑩ （宋）舒岳祥《祭董正翁文》，《全宋文》第353册，第37页。
⑪ （宋）文天祥《通董提举楷启》，《全宋文》第359册，第4页。此文标题下有小注曰："号克斋，永嘉人，前知瑞州。"知董是从瑞州改任。

跋《皇王大纪》，有"漕治"等语①，亦可证其到任应在咸淳九、十年间。其后董氏似受贾似道援引，方回在德祐元年（1275）后上书，弹劾贾似道时，即提及"董朴、董楷虽才，不近人情，号为刻吏，而以为人品"②。可能在此之后，董氏即罢官归里。舒岳祥诗称之为"寺丞"③，似乎其官尚不止于吏部郎中。此诗约作于景炎二年（1277）④，此时董氏仍然在世。舒岳祥卒于元大德二年（1298），而能为文以祭董氏，是董氏卒于其前。其知洪州时间不详，《万历新修南昌府志》系于淳祐八年（1248）⑤，此时董氏尚未举进士，显然有误。

从学术谱系上来看，董氏学于朱子门人陈埴，盖因陈氏为永嘉人，与董氏里贯相近之故。但其还曾游于吴子良之门，舒岳祥祭文云"癸卯之秋，仆游霞城，荆溪座中，识君弟兄"可证⑥。而吴子良为叶适门人，陈埴早年间也曾从学于叶适，故董氏之学，亦不专主朱子。其所编《周易传义附录》，实际是以并尊程朱为其基本宗旨。在卷前序言中，其引用陈淳《原辞》之说云："《易》之作本于占筮，自占筮之既立，则理又寓于占筮之内，而不可以精粗二其用也。此正程子所谓体用一源、显微无间者。若偏于象占而不该夫理义，则孔子之意泯；一于理义而不及夫象占，则羲文周公之心，亦几乎息矣。"⑦陈氏此语，本来是意在推崇朱子，强调学者不能重义理而轻象占，故下文盛称《本义》，谓学者当因是而求圣贤之心。而董氏节取其说，则转为程朱并重、象理兼通之意，实际与陈氏原意有一定距离。后文又引陈淳语，谓程朱"未可以优劣校之"。但此语是陈淳答陈沂问《论语》之文，与《易》无涉。董氏的此种有意无意的断章取义，颇能体现出其不同于正统朱子后学的倾向。

在并尊程朱思想的指引下，董楷即着手将二家易说汇编为一书。其困难主要有二：一是，程氏《易传》用经传合一之王弼本，朱子《本义》则用经

---

① （宋）董楷《皇王大纪跋》，《全宋文》第 355 册，第 156 页。
② （元）方回《乙亥后上书本末》，《全元文》第 7 册，凤凰出版社，2004 年，第 485 页。
③ （宋）舒岳祥《八月十九日得董正翁寺丞书兵疫后城中故旧十丧八九怆怀久之顾我已多幸矣》，《阆风集》卷三。
④ 邱鸣皋《舒岳祥年谱》，上海古籍出版社，2012 年，第 61 页。
⑤ （明）范涞修，章潢纂《万历新修南昌府志》卷十二，书目文献出版社，1985 年，第 206 页。
⑥ （宋）舒岳祥《祭董正翁文》，《全宋文》第 353 册，第 37 页。
⑦ （宋）董楷《周易程朱先生传义附录》卷首，《中华再造善本》影印元延祐二年圆沙书院刻本，北京图书馆出版社，2004 年。

传分离之古《易》文本，篇章编排并不一致。对此问题，董氏在卷前《凡例》中提出解决办法：

> 今不敢离析程《传》，又不敢尽失朱夫子之意。于是仿节斋蔡氏例，以《彖传》、大小《象》、《文言》各下经文一字，使不与正经紊乱，而程《传》及朱子《本义》又下一字，程子、朱子附录又下一字，则其序秩然矣①。

董氏从蔡渊《周易经传训解》得到启发，以程《传》为主，而将合于上下经的《彖传》、《象传》、《文言》低经文一格，以示区别，从而在一定程度上保留朱子经传分离的面貌。另一问题是，程朱注《易》，文句起止有时并不一致。如蒙卦《彖传》，程《传》分为三段，分别于"志应也"、"渎蒙也"、"圣功也"后作注，而朱子则分为两段，自首至"险而止，蒙"为一段，余别为一段。遇到此种情况时，董氏即以一家为主，而在另一家注文中注明经文起止。如上述蒙卦《彖传》，董氏先依程《传》分三段，各段下附以程子注文，再将《本义》相对应的部分，连经文带朱注整体采入，附于其后，以保存朱子之分段。又如《系辞上传》第一章，董氏则依朱子分为八段，而将程子说附于第一段下，注明"天尊地卑止天下之理得而成位乎其中矣"②。四库馆臣所说的"其《本义》无所附丽者，则仿诸经疏文某句至某句之例，朱书其目以明之"③，即指此而言。

除了合编《传》、《义》之外，董氏还首创了"附录"之法，即将程朱论《易》之文章语录搜集起来，附于相应的注文之下。其体例为：

> 二程《文集》、《遗书》、《外书》，及于《易》者殊少，已悉行铨次。朱子《文集》之有及于《易》者，亦取其精切之语以附。若朱子语录，则纪录者多，其间有重复而微不同者，则择存其一。或初说后说之不同，则悉以《本义》折衷去取。或有与《本义》不同，而不可删去者，则备录以俟参考④。

---

① （宋）董楷《周易程朱先生传义附录》卷首《周易程朱氏说凡例》。
② （宋）董楷《周易程朱先生传义附录·周易系辞朱氏说卷之上》。
③ （清）永瑢等《四库全书总目》卷三，第20页。
④ （宋）董楷《周易程朱先生传义附录》卷首《周易程朱氏说凡例》。

这一体例概括了董氏编制"附录"的几个原则：第一，二程有关于《易》之论述尽量全收。第二，朱子附录不限于语录，还包括文集中相关部分，此点与朱鉴《朱文公易说》是一致的。第三，朱子语录为择要收录，并非全收。第四，朱子语录中遇前后之说不同时，取合于《本义》者，也兼存一些与《本义》不同之说。如《朱子语类》中收录一条朱子解"介于石"之语录，谓"两石相摩击而出火"，乃"介然之顷，不待终日，而便见得此道理"之意①。此说与《本义》"其介如石"之说全然不同，故《传义附录》未收。而朱子另有一条论师卦上六"大君有命，开国承家，小人勿用"之语录，谓《本义》不可封小人以爵土之说不妥，因另作新说，但未改入《本义》。此条语录《传义附录》予以收录②，应属董氏认定的"与《本义》不同而不可删去"的范围。

董楷此种合会程朱的尝试，招致了一些非议，如元人吴师道即说："天台董楷集程朱《传》、《义》，而附以门人所录，已有可议。"③ 但从另一个角度来看，其"纂集程子《易传》、朱子《本义》并或问，萃为一书"④ 的合编方式，确实也有便于观览的好处。在董氏之前，纂集朱子易说者，已有朱鉴《文公易说》，但为单独成书，未附《本义》以行。而程子论《易》之文字，尚无人搜集整理。潘雨廷先生已指出："程子之《易》，除《易传》外，其说尚散在集中，而董氏此书乃什九辑入，辅以朱说，可谓备程朱说理之全。凡读程《传》后，此书不可不读。辑而未作，其资料已可贵焉。"⑤ 此外，其在卷前易图部分，辑入朱子《易学启蒙》的相关内容，又搜集程朱总论《易》义之说，编为《纲领》，置于卷前，都较有特色，亦多为后世同类著作所效仿。故而其书约于咸淳二年（1266）撰成之后，即颇受欢迎。传世有元刻本多种，可分为两个系统。

第一系以上海图书馆藏元刻残本为代表。该本仅存四册，册一为《朱氏论程传》、《程子上下篇义》、《上经卷一》（乾卦）、《杂卦》（残存一页，至

---

① （宋）黎靖德《朱子语类》卷七十，第1771页。
② （宋）董楷《周易程朱先生传义附录》卷三。
③ （元）吴师道《与刘生论易书》，《吴师道集》，吉林文史出版社，2008年，第224页。
④ （元）俞琰《读易举要》卷四，《景印文渊阁四库全书》第21册，第469页。
⑤ 潘雨廷《读易提要》，第246页。

"遁则退也")、《五赞》(残存一页,自"筮斯得"起,至篇末止)、《序卦》(残存二页,自"有天地然后有万物,有万物然后有男女"起,至卷末止),册二为《朱子易图说》、程子《易传序》、《程子易纲领》、《上经卷四》(泰至大有),册三为《上经卷五》(谦至临)、《上经卷六》(观至剥),册四为《上经卷七》(复至大畜)、《上经卷八》(颐至离)。半页十一行二十一字,小字双行二十四字。黑口,四周单边,双鱼尾。版心题篇卷数、页数及字数,卷端题"周易程朱氏说"。卷前有路慎庄、朱善旂跋文。此本存世篇幅尚不及原书一半,但其经文、传文、注文、附录的内容,严格按照《凡例》中行格高下之法编排,在存世元刻中为仅见者。可见应是较为早出,或渊源有自。路慎庄跋文谓"以昭文张氏《藏书志》考之,知为元至正刊本"①,按张金吾《爱日精庐藏书志》所载者,乃居敬书堂本②,行款与行格高下与此本皆不同,路氏之说显然不确。

第二系包括延祐二年(1315)圆沙书院刻本、至正二年(1342)居敬书堂刻本、至正九年(1349)庐陵竹坪书堂刻本,国家图书馆皆有藏。其卷帙大致为上、下经十五卷,《系辞传》上下、《说卦》、《序卦》、《杂卦》单独计卷,合为二十卷。卷前有《朱子易图说》、《程子易纲领》、《朱子易纲领》、《朱氏论程传》等内容,卷末附《程子上下篇义》、《朱子周易五赞》、《朱子筮仪》。行款皆为半页十二行二十二字,小字双行同。此三本为求简省,已经不再遵照董氏《传》、《义》分列的体例,而是在经文之下接排《传》、《义》,《传》、《义》后又接排附录。后二本甚至将卷前凡例中"于是仿节斋蔡氏例"以下删去,正因为其所述行格高下之法,此二本已不再遵从。张元济先生谓"此必覆刻者知刊本款式已尽改易,不欲存之,以自形其矛盾也"③,洵得其实。

总的来看,《传义附录》在宋元时期应较为流行,故很多书坊尽管因其卷帙较繁而变易格式,但还是一再刻印,仅在延祐二年到至正九年的三十多年之间,"是书坊刻流传至于今日者,尚有三版"④,可见其受欢迎程度。此后

① 陈先行、郭立暄《上海图书馆善本题跋辑录》,上海辞书出版社,2017年,第7页。
② (清)张金吾《爱日精庐藏书续志》卷一,第643页。
③ 张元济《涵芬楼烬余书录》,《张元济全集》第8卷,商务印书馆,2009年,第180页。
④ 张元济《涵芬楼烬余书录》,《张元济全集》第8卷,第180页。

又从该书中衍伸出删去附录，仅存《传》、《义》之本，以及程《传》、《本义》之单刻本①，在后世产生了深远影响。

4. 亡佚的朱子易学研究著作

除了上述三书之外，南宋时期还有一些研究朱子易学的著作，今已不传，但尚可从序跋等相关材料中推知其内容。这些著作多以汇编朱子文集语录中论《易》之说为主，与《朱文公易说》、《周易传义附录》有一定相似之处。例如，何基著有《朱子系辞发挥》二卷，其自言该书之内容曰：

> 始愚读大传《说卦》诸篇，见其渊微浩博，若无津涯，而说者类皆汗漫不精，涣散无统。及得朱子《本义》之书，沉潜反覆，犁然有会于吾心，洙泗微旨，乃可得而寻绎。然其辞尚简严，未能尽达也。因徧阅文集语录诸书，凡讲辩及此者，随章条附于《本义》之后，首尾毕备，毫析缕解，疑义罔不冰释②。

可见其书是将朱子文集、语录中有关《易》的部分辑出，附于《本义》之下。俞琰谓"何基朱氏《大传发挥》，纂朱子《系辞》、《说卦》、《序卦》、《杂卦》"③，似其所辑仅限于《系辞传》以下的《易传》部分。何氏自己并无论说，故门人王柏曰："晚年纂集朱子之绪论，羽翼朱子之成书，不敢自加一字。"④ 另有《启蒙发挥》二卷⑤，似即是王柏所说"引《本义》之象辞，参于变占之后，使千百年离而未合者，两无遗憾"⑥，亦即以《本义》注《启蒙》。元代程端礼编《程氏家塾读书分年日程》，将何氏此二书与胡一桂《易本义附录纂注》、朱鉴《朱文公易说》并列，作为节抄朱子论《易》文字的重要来源⑦，可见其书之性质。又如，李心传曾拟作《本义笺》，其与黄榦信件中说：

---

① 顾永新《经学文献的衍生与通俗化》，北京大学出版社，2014年，第319—336页
② （宋）何基《系辞发挥序》，《何北山先生遗集》卷一，《续修四库全书》第1320册，第70页。
③ （元）俞琰《读易举要》卷四，《景印文渊阁四库全书》第21册，第469页。
④ （宋）王柏《系辞发挥后序》，《何北山先生遗集》卷四，《续修四库全书》第1320册，第83页。
⑤ （宋）王柏《何北山先生行状》，《何北山先生遗集》卷四，《续修四库全书》第1320册，第87页。
⑥ （宋）王柏《系辞发挥后序》，《何北山先生遗集》卷四，《续修四库全书》第1320册，第83页。
⑦ （元）程端礼《程氏家塾读书分年日程》卷一，黄山书社，1992年，第42页。

心传旧作《学易编》，今考语录及他书，亦间有与《本义》不同者。恐学者不知所言先后，有误讲习。妄欲纂集入《本义》之下，仍加以音释训诂，谓之《本义笺》，不识可乎？虽不当以门人耳受之语，易先生手著之书，然《本义》在先，语录在后，其间十数条意义尤密。又《启蒙》所引沙随占法，不无差互，未经改正，恐学者以为疑。既非大义所关，不知可宜卷末作今案附见否？皆乞指教。古书与《本义》暗合者，妄意亦欲表出之。如汉玄儒娄先生碑云"父安贫守贱，不可荣以禄"之类①。

从李氏的叙述中可以得知，《本义笺》除了将朱子语录及相关著作中的易说纂集入《本义》之外，又加以李氏自作的音释训诂，以及前代之说有合于《本义》者，卷末还附录一些正误的内容。与何基之"不敢自加一字"相比，李氏的态度要积极一些，但仍不出以朱注朱的窠臼。《本义笺》不知最后成书与否，但黄榦对其构想尚属推崇，谓："今若考订精密，亦先师之意、后学之幸也。因古书可以互见，正当拈出，前辈考经，此类亦多，不可失也。"②

结　　语

从朱子辞世至南宋灭亡，其间不过七八十年，但在这一段相对短暂的历史时期，朱子易学作为朱子学术的重要组成部分，已经蓬勃地发展起来。朱子易学著作被一再翻刻，对其易学思想的探讨，也在朱子门人后学等群体间广泛展开，此外还出现了研究朱子易学的专门著作。元人治朱《易》之多方面内容，都发源于这一时期。具体而言，可分为以下四点：

第一，随着理学地位的提升，朱子易学开始逐步受到应举者的关注。南宋末年，理学逐渐占据科举主流，程朱所注儒家经典诸书，以及文集语录之类，"士子场屋之文，必须引用以为文，则可以擢巍科、为名士。否则立身如

① （宋）李心传《丙子学易编》卷首，《通志堂经解》第 2 册，第 196 页。
② （宋）李心传《丙子学易编》卷首，《通志堂经解》第 2 册，第 196 页。

温国，文章气节如坡仙，亦非本色也。"① 淳祐四年（1244），汤巾门人徐霖"以《书》学魁南省，全尚性理，时竞趋之，即可以钓致科第功名，自此非四书、《东西铭》、《太极图》、《通书》、语录不复道矣。"② 在此背景下，士人习朱子易学以应试者渐成风气。元代科举以朱义为取士标准，由此推动传习朱子易学的热潮，一定程度上即导源于此。

第二，朱门后学成为传承朱子易学的主要力量，但在传承过程中也逐渐出现分化。朱子身后，黄榦、陈淳、胡泳、蔡渊等门人，积极刊刻其易学著作，弘扬其易学思想，对朱子易学在南宋的发展，起到了重要的推动作用。其影响力一直延续至元代，元代研究朱子易学的诸多学者，其师承关系均可追溯至此，详见下图所示。

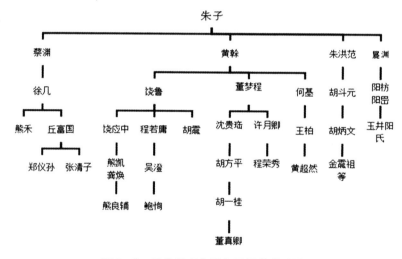

图1-3　元代学者传授朱子易学谱系图

另一方面，南宋朱子门人在传承朱子易学时，已经有尊朱与不甚尊朱之别。至于元代，此种分化表现得更加明显。例如，蔡渊一派自蔡氏《周易经传训解》不用朱子古《易》文本始，历徐几、丘富国至张清子③，遂出现了元代唯一一部以经传合一之本为基础，集注朱子《本义》之作《周易本义附

---

① （宋）周密《癸辛杂识》续集下《道学》，第169页。
② （宋）周密《癸辛杂识》后集《太学文变》，第65页。
③ 按：张清子与丘富国无明确师承关系记载，但张氏所著《周易本义附录集注》中，大量援引丘氏之说，从此点而言，可将其视为蔡渊一派在元代的代表性人物。

录集注》。而黄榦门人董梦程与朱子从孙朱洪范，《宋元学案》皆归入《介轩学案》，以"训诂之学"为其特色①，较为保守。元初传人胡方平等，亦延续了这一特色，至胡一桂晚年与董真卿时，方有所转变。此种不同学派间的差别，不少都发轫于南宋时期。

第三，"以朱注朱"类著作的出现，启发了元人此方面的研究。南宋时期出现的《朱文公易说》、《系辞发挥》等，其基本思路，都是辑录朱子文集、语录的相关内容，以羽翼阐发朱子易学著作。这一思路被元人继承下来，并发扬光大，由此出现了张清子《周易本义附录集注》、胡一桂《易本义附录纂注》、熊良辅《周易本义集成》等一批类似的著作。且其书不止于辑录朱说，还添入了朱子之外的诸家解说与辑录者自作之说，较南宋时期又有了明显发展。

第四，董楷《周易传义附录》折中程朱的尝试，对元人产生了深远影响。元代较具代表性的同类著作中，赵采《周易程朱传义折衷》于经文后列程朱《传》、《义》，《传》、《义》后又分别附以语录诸书，似乎即是从董氏书得到灵感，区别仅在于不明确列出"附录"部分而已。董真卿《周易会通》虽然对董书颇有微辞，谓其"据王弼本分为高下字行，以别四圣二贤之《易》，已不能尽行于《系辞》诸篇"②，实则深受其启发，《会通》中程朱附录，很大一部分都来自董书③。可见，元人在易学方面合会程朱之风，也能在南宋时期找到源头。

当然，南宋后期作为朱子易学兴起的阶段，其发展尚未至于全盛。专门研究朱子易学的著作，数量不仅较少，且多为简单辑录朱子《本义》、《启蒙》外易说之作，尚停留在资料收集时期。全面深入地对朱子易学展开讨论，由此在易学界内掀起尊崇朱子、研究朱子之风的任务，仍有待于元代学者予以完成。

---

① （清）黄宗羲原著《宋元学案》卷八十九，第2970页。

② （元）董真卿《周易经传集程朱解附录纂注序》，《周易会通》卷首，《中国易学文献集成》第65册，国家图书馆出版社，2013年，第2页。

③ （元）董真卿《周易会通凡例》，《周易会通》卷首，《中国易学文献集成》第65册，第10—11页。

第二章　科举与朱子易学在元代的发展

元朝建立之后，虽屡次讨论科举问题，但数十年间并未开科取士，甚至在开科之后，还曾一度废止，在科举历史上较为少见。然元代科举虽前后仅十六科，取进士不过一千余人，对学术文化各方面却产生了深远影响，与朱子易学在元代后期的发展演变亦息息相关，值得加以探讨。

第一节　科举对元代易学的推动

元皇庆二年（1313），元仁宗颁布诏书，宣布自延祐元年（1314）起实行科举取士，同时颁布了考试程式。其中与易学有关系的为：汉人、南人第一场明经，试经义一道，《周易》以程颐、朱熹为主，并可兼用古注疏①。此时《周易》在科举中的地位，并非十分主要。蒙古、色目人所试二场科目中，头场经文五条，自"四书"中出题，二场时务策一道，全然不及《周易》。汉人、南人所试三场中，《周易》也仅仅是头场经义中应试者选治的本经之一，除此之外尚有自"四书"出题的经疑二问。二场试诏诰章表等文，与《易》无关。三场试策一道，自经史时务内出题，虽然偶有与《易》相关之题目，如延祐七年（1320）江西乡试策为"河图错综之文、洛书纵横之数与羲画禹畴何异，太极图、《皇极经世书》与河图洛书何同"②，但数量并不多。至于后至元元年（1335），元顺帝诏罢科举，六年（1340）又诏复之，并调整了相关科目，其中较重要者为"减蒙古、色目人明经二条，增本经义，易汉、南

---

① （明）宋濂等《元史》卷八十一，中华书局，1976年，第2019页。
② （元）刘贞《新刊类编历举三场文选》壬集《目录》，日本静嘉堂文库藏元刻本。

人第一场四书疑一道为本经疑"①。从易学的角度来看，这一调整一方面意味着蒙古、色目人也有可能选择《周易》作为本经应试，另一方面也使得治《易》为本经的汉人、南人，除习经义外还需兼习经疑，一定程度上提高了《周易》在科举中的地位，但仍然难称首要。

　　尽管从科目设置上来看，《周易》的地位并不算高，但开科本身仍是诸多治《易》者期盼已久之事。在此之前，元代易学的中坚力量，是由宋入元的遗民。他们或因逃避战乱而读《易》自娱，或因家族师承而传习易学，似乎与元朝政府保持一定距离。但其中有不少人，在宋代曾经参加过科举考试并取得功名，如胡一桂在景定间即曾中乡贡进士。在其内心深处，对于科举还是有所期待的。俞琰有一段记述，即颇具代表性：

　　　　德祐丧乱之余，我辈无所用心，但闭门静坐读《易》而已。近解后黄渊道，闲话月试赋题，出天地数五。予不觉技痒，遂破云："理寓乎数，阳奇者天，地有五以合也，位相参于自然。"再破云："数焉有十，五者为阳，五者为阴。两而配诸，一则曰天，一则曰地。"渊道曰："诸卷并无此作。盖天数五，地数五，凡两五，以为一五，则非《易》之旨矣。《易》题最难下笔，其造语用事，自是一样格调，非知《易》而精于赋者不能也。文章天下之公器，安可诬也？"因语渊道曰："予自此赋绝笔矣。徒费思作此无用之文，不若留气以煖脐也。"渊道曰："选场开则有用矣。"予笑曰："何代无美锦，但恐后来花样翻腾，别有新制耳。有如我辈陈人之陈言，决不复用也。"②

　　俞氏此段记载，应作于元初未开科举时。尽管其自称"无所用心"，但谈及科举中《易》题时，仍不由得技痒而拟作二道破题，作毕后又自嘲为"无用之文"。实际其真实心态，无非如黄渊道所说，期盼"选场开则有用"。秉持这一心态的士子，在当时应颇为不少。故科场一开，治《易》者即纷纷应试，代不乏人。综合日本与国内所藏三种《三场文选》，以及国内的相关研究成果（如陈高华《两种〈三场文选〉中所见元代科举人物名录》、余来明

---

① （明）宋濂等《元史》卷八十一，第2026页。
② （元）俞琰《书斋夜话》卷四，《宛委别藏》第72册，第83—85页。

《元代科举与文学》第八章《元代进士题名徵略》、萧启庆《元代进士辑考》、沈仁国《元朝进士集证》等），目前可考的元代乡、会试各科以《易》应举的名录如下：

延祐元年（1314）乡试、二年（1315）会试（8人）

包植，字德立，江阴州人，江浙乡试第十四名。

李晋，字易仲，乐平人，乡试名次不详①。

李丙奎，字文可，袁州人，江西乡试第二名。

杨景行，字贤可，泰和州人，江西乡试第九名，会试第三十四名。

牛文炳，字俊章，南康路人，江西乡试第十三名。

李路，字遵道，江西瑞州上高县人，乡试名次不详，会试第三十二名。

窦衙翁，全州路人，湖广乡试第十六名。

许云翰，字图南，保定人，燕南乡试第一名②。

延祐四年（1317）乡试、五年（1318）会试（8人）

俞镇，字伯贞，嘉兴路崇德人，江浙乡试第一名。其弟俞锐，以《诗》中至治三年江浙乡试第十二名③。

邵宪祖，字文度，贵溪人，江浙乡试第二十八名④。

祝尧，字君泽，江浙信州路上饶县人，乡试名次不详，会试第七名。

萧应元，庐陵县人，江西乡试第二名。

尹梦锡，永新州人，江西乡试第七名。

熊良辅，字任重，南昌人，乡试名次不详⑤。

何元同，浏阳州人，湖广乡试第六名，会试名次不详。

---

① （清）董莘荣、梅毓翰《同治乐平县志》卷七，清同治九年（1870）翥山书院刻本。

② 本科凡未注明出处者，皆见刘贞《新刊类编历举三场文选》乙集卷一。

③ （元）刘贞《新刊类编历举三场文选》丁集卷四。

④ 吴澄《送邵文度仕广东宪府序》谓"文度以其家传易学中延祐四年乡贡，次年会试于京师，未能成进士"，《临川吴文正公集》卷十六，《元人文集珍本丛刊》第3册，新文丰出版公司，1985年，第308页。名次见刘贞《新刊类编历举三场文选》庚集卷二。或有谓其至正十四年中进士者，见沈仁国《元朝进士集证》，中华书局，2016年，第577页。

⑤ 熊良辅《周易本义集成》卷前自序谓"丁巳以《易》贡"，《通志堂经解》第4册，第115页。

李岳，河间路河间人，乡、会试名次均不详①。

延祐七年（1320）乡试、至治元年（1321）会试（6人）

张纯仁，字景范，弋阳人，江浙乡试第三名，会试第二名。

方君玉，字则大，浮梁州人，江浙乡试第五名，会试第二十四名。

赵庭芝，字德瑞，松江路华亭人，会试第十五名②。

李佪，龙兴人，江西乡试第一名。

牛文炳，江西乡试第十四名。延祐元年已以《易》举江西乡试第十三名。

陈明之，临江人，江西乡试第二十一名③。

至治三年（1323）乡试、泰定元年（1324）会试（9人）

夏日孜，字仲善，吉水人，江浙乡试第一名④。

祝垓，杭州人，江浙乡试第六名。

叶现，字有道，江浙处州青田县人，乡试名次不详，会试第三十一名。

张复，字伯阳，建宁路人，乡试名次不详，会试第四十五名。

赵宜中，字心道，徽州路婺源人，乡、会试名次均不详⑤。

曾翰，字仲巽，永丰人，江西乡试第十七名。

杨升云，泰和州人，江西乡试第二十名，会试名次不详⑥。

蒲绍简，潭州人，湖广乡试第一名。

王炳，常德人，湖广乡试第八名⑦。

---

① 吴澄《送舒庆远南归序》谓"往年河间李岳及吾门，以治《周易》义应举"，《临川吴文正公集》卷十六，《元人文集珍本丛刊》第3册，第311页。参沈仁国《元朝进士集证》，第80页。本科凡未注明出处者，皆见刘贞《新刊类编历举三场文选》乙集卷二。

② 沈仁国《元朝进士集证》，第140—141页。

③ 本科凡未注明出处者，皆见刘贞《新刊类编历举三场文选》乙集卷三。

④ （元）刘楚《夏日孜传》，《全元文》第57册，第301页。

⑤ 吴澄《送赵宜中序》谓"以《易》义试进士科"，《临川吴文正公集》卷十八，《元人文集珍本丛刊》第3册，第339页。参沈仁国《元朝进士集证》，第210页。

⑥ 按：杨氏或谓名衢，字升云。刘崧《扬州判挽诗》："公讳衢，字升云……以《易》登泰定甲子进士第。"《槎翁诗集》卷五，《景印文渊阁四库全书》第1227册，第375页。参沈仁国《元朝进士集证》，第202—203页。

⑦ 本科凡未注明出处者，皆见刘贞《新刊类编历举三场文选》乙集卷四。

泰定三年（1326）乡试、四年（1327）会试（5人）

闵达，浮梁州人，江浙乡试第二名。

徐容，字仲容，江浙人，乡试名次不详，会试第二名，廷试第三名①。

徐用宏，江浙人，乡试名次不详，会试第四十六名。

龚善翁，字舜元，建昌新城县人，江西乡试第八名②，会试第十二名。

李瑾，武昌人，湖广乡试第一名③。

天历二年（1329）乡试、三年（1330）会试（8人）

冯勉，字彦思，池州人，江浙乡试第一名。

黄璋，字仲珍，华亭人。江浙乡试第十五名④。

夏日孜，江西乡试第一名⑤，会试第二十四名。至治三年已以《易》举江浙乡试第一名。

解蒙，吉安人，江西乡试第五名。

曾贯，吉安人，江西乡试第十九名。

曹师孔，茶陵人，湖广乡试第二名。

王炳，常德人，湖广乡试第七名。至治三年已以《易》举湖广乡试第八名。

冯三奇，河南安庆路人，乡试名次不详，会试第四名⑥。

至顺三年（1332）乡试、元统元年（1333）会试（10人）

雷杭，字彦舟，建宁路建安人，江浙乡试第一名，会试第四十八名⑦。

宇文公谅，湖州路归安县人，江浙乡试第二十二名，会试第十六名⑧。

---

① （元）欧阳玄《喜门生中状元》称"探花郎徐容"，《欧阳玄集》，吉林文史出版社，2009年，第17页。参沈仁国《元朝进士集证》，第248—249页。

② 或以为乡试第一，见余来明《元代科举与文学》，武汉大学出版社，2013年，第386页。

③ 本科凡未注明出处者，皆见刘贞《新刊类编历举三场文选》乙集卷五。

④ （明）方越贡《崇祯松江府志》卷三十四，书目文献出版社，1991年，第860页。《志》谓"至正再举鲍恂榜十三名，许瑗榜二十四名"。许瑗榜为至正四年，黄溍《华亭黄君墓志铭》谓"璋以天历二年、至正四年两取乡荐"，至黄溍主会试之至正八年"再荐而来"（见《全元文》第30册，第394页），可见其应于至正四年、七年又分别中乡试。

⑤ （元）刘楚《夏日孜传》，《全元文》第57册，第301页。

⑥ 本科凡未注明出处者，皆见刘贞《新刊类编历举三场文选》乙集卷六。

⑦ 萧启庆《元代进士辑考》，"中央研究院"历史语言研究所，2012年，第86页。

⑧ 萧启庆《元代进士辑考》，第85页。

解观，字伯中，吉安人。江西乡试第四名①。

李炳，字炳文，龙兴路新建县人，江西乡试第二十名，会试第二名②。

艾云中，字翼□，龙兴路录事司人，江西乡试第九名，会试第三十六名③。

韩玙，字廷玉，大都人，大都乡试第三名，会试第九名④。

张崇智，字惠贞，邓州人，大都乡试第六名，会试第四十三名⑤。

于及，字企贤，山东益都路人，乡试名次不详，会试第三名⑥。

张文渊，字希颜，汴梁路尉氏县人，河南乡试第五名，会试第十九名⑦。

李毂，字中父，高丽国杨广道韩州人，征东道乡试第一名，会试第五十名⑧。

后至元元年（1335）乡试（4人）

鲍恂，字仲孚，嘉兴崇德州人，江浙乡试第一名⑨。

李节之，龙兴富州人，江西乡试第二名。

黄应魁，龙兴人，江西乡试第七名。

涂溍生，字自昭，抚州路宜黄县人，江西乡试第十名⑩。

至正元年（1341）乡试、二年（1342）会试（16人）

拜普化，汉名沙彦博，江浙乡试右榜第四名⑪。

---

① 按，《新刊类编历举三场文选》甲集卷六载其曾于天历二年中江西乡试第四名，或亦以《易》举。
② 萧启庆《元代进士辑考》，第80页。其天历二年曾中乡试第二十一名，或亦以《易》举。
③ 萧启庆《元代进士辑考》，第95页。
④ 萧启庆《元代进士辑考》，第84页。其泰定三年曾中乡试第十名，或亦以《易》举。
⑤ 萧启庆《元代进士辑考》，第88页。
⑥ 萧启庆《元代进士辑考》，第95页。
⑦ 萧启庆《元代进士辑考》，第97页。
⑧ 萧启庆《元代进士辑考》，第81页。其泰定三年曾中乡试第三名，或亦以《易》举。本科雷杭、解观、李炳、于及的情况，参见刘贞《新刊类编历举三场文选》乙集卷七。
⑨ 按，徐一夔《西溪隐居记》谓鲍恂"尝三荐于乡"，其中一次"间会辍科而止"，当即是指本科。见《始丰稿校注》卷二，浙江古籍出版社，2008年，第28页。《非程文》谓"鲍恂在榜中，十四名全赖妻父"，所指乃至正四年江浙乡试，似鲍氏此年复中十四名，或亦以《易》。见陶宗仪《南村辍耕录》卷二十八，中华书局，2004年，第344页。
⑩ 本科凡未注明出处者，皆见刘贞《新刊类编历举三场文选》乙集卷八。按，此科无会试。
⑪ （明）方岳贡《崇祯松江府志》卷三十四，第860页。《志》载至正四年又中江浙右榜第四名。

董彝，字宗文，饶州路乐平州人，江浙乡试第四名①。

陆以衙，常州路无锡州人，江浙乡试第七名。

傅贵全，饶州路德兴县人，江浙乡试第十六名，会试不详。

吴适，台州路录事司人，江浙乡试第二十五名。

舒庆远，抚州路乐安县人，江西乡试第四名。

涂浯生，江西乡试第八名。后至元元年已以《易》举江西乡试第十名。

刘偰，抚州路金溪县，江西乡试第十二名，会试不详②。

谭圭，天临路攸州人，湖广乡试第一名，会试不详。

李庚，武昌人，湖广乡试第六名。

陈颐③，浏阳人，湖广乡试第八名。

李原同，浏阳人，湖广乡试第十二名。

区德元，浏阳人，湖广乡试，名次不详。

许进，湖广乡试，名次不详。

傅亨，字子通，大都人，乡、会试科名不详④。

虞执中，字伯权，安庆路望江人，河南乡试第一名，会试名次不详⑤。

至正四年（1344）乡试、五年（1345）会试（6人）

许瑗，字栗夫，乐平人，江浙乡试第一名⑥。

俞鼎，平江人，中江浙乡试备榜⑦。

---

① 按，董氏后于至正四年、七年再中乡试，或亦以《易》举。参沈仁国《元朝进士集证》，第511页。

② 按，"刘偰"，周旉《皇元大科三场文选·周易疑》目录作"禊"，正文则作"偰"。或作"刘杰"，见沈仁国《元朝进士集证》，第434页。

③ 按，陈颐一作"陈颐孙"，见沈仁国《元朝进士集证》，第536页。

④ 按，傅与砺《送傅子通赴山北书吏序》（《全元文》第49册，第264页）谓傅亨得中元统三年乡试，或亦以《易》取。参见沈仁国《元朝进士集证》，第440—441页。

⑤ 沈仁国《元朝进士集证》，第442—443页。本科凡未经注明者，皆见周旉《皇元大科三场文选·易义》与《周易疑》，日本内阁文库藏元刻本。

⑥ 《非程文》："许瑗作魁，三百定卖几千株之木。"陶宗仪《南村辍耕录》卷二十八，第345页。《太祖实录》卷八（"中央研究院"历史语言研究所，1962年，第98页）云："瑗字栗夫，饶之乐平人，读书聪敏强记，元至正中，两以《易经》举于乡，皆第一，及会试不第。"本科当为其中之一。

⑦ 《非程文》："乱《周易》之阴阳，平江俞鼎。"可见鼎以《易》举。见陶宗仪《南村辍耕录》卷二十八，第345页。

陶安，字主敬，当涂人，中江浙乡试，名次不详①。

汪绎，字新民，乐平人，中江浙乡试②。

胡善，字子纯，婺源人，中江浙乡试③。

吴从彦，永新人，江西乡试第一名，会试不详④。

至正七年（1347）乡试、八年（1348）会试（4人）

徹里帖木儿，汉名马定国，江浙乡试右榜第十五名⑤。

傅常，字仲常，铅山州人，中江浙乡试，乡、会试名次不详⑥。

傅箕，字拱辰，龙兴路进贤人，江西乡试第一名，会试名次不详⑦。

徐中，字成中，乐平人，中江浙乡试⑧。

至正十年（1350）乡试、十一年（1351）会试（1人）

段镇，字元鼎，乐平人，中江浙乡试⑨。

至正十三年（1353）乡试、十四年（1354）会试（3人）

博颜帖木儿，汉名沙彦约，江浙乡试右榜第十五名。此前曾中至正四年江浙乡试备榜第二名⑩。

陈麟，字文昭，温州路永嘉人，乡试名次不详，会试登二甲进士第⑪。

段天祥，昆明人，乡、会试名次不详⑫。

---

① （清）夏炘《明翰林学士当涂陶主敬先生年谱》，《北京图书馆藏珍本年谱丛刊》第37册，北京图书馆出版社，1999年，第283页。

② （清）董萼荣、梅毓翰《同治乐平县志》卷七。《南村辍耕录》卷二十八《非程文》引作"汪绰"。

③ 沈仁国《元朝进士集证》，第479页。

④ 沈仁国《元朝进士集证》，第472页。

⑤ （明）方越贡《崇祯松江府志》卷三十四，第860页。

⑥ （元）佚名《新刊类编历举三场文选·易义》。参沈仁国《元朝进士集证》，第502页。

⑦ 沈仁国《元朝进士集证》，第503页。

⑧ （清）董萼荣、梅毓翰《同治乐平县志》卷七。

⑨ （清）董萼荣、梅毓翰《同治乐平县志》卷七。

⑩ （明）方越贡《崇祯松江府志》卷三十四，第860页。

⑪ 沈仁国《元朝进士集证》，第566—567页。

⑫ 沈仁国《元朝进士集证》，第571—572页。

至正二十二年（1362）乡试、二十三年（1363）会试（1人）

张谊，字叔方，钱塘人，中江浙乡试，名次不详①。

至正二十五年（1365）乡试、二十六年（1366）会试（1人）

王钝，字士鲁，太康人，中河南乡试，乡、会试名次不详②。

以上共考得元代各科以《易》应举的乡、会试进士九十人次。其中牛文炳、王炳、涂潜生、夏日孜等确知曾以《易》两次得中，其余屡中者尚多，但不敢保证其不换经应试，为审慎故，暂未列入。此外还有一些存疑者，如高骧疑以《易》举延祐五年进士③，至治元年进士杨舟深于《易》④，至正十一年进士刘承直治《周易》⑤，至正二十三年进士闻人枢从鲍恂、夏日孜得通易学⑥，《周易演说》作者石伯元曾中陕西乡试第一⑦，《周易图说》作者钱义方亦曾中举⑧，这些人都可能以《易》应举。又如元代建安雷氏一族，世代治《易》，除雷杭以《易》中元统元年进士之外，其余延祐五年进士雷机，弟乡贡进士栱，雷机子至正二十三年进士燧，燧弟至正十年乡贡进士灿，燧子二十六年进士埏，也颇有可能是以《易》得中⑨。由于元人并不一定以所长之经应举，如延祐元年江浙乡试第六名吴存，学于易学名家齐梦龙，著有《程朱易传本义折衷》，却是以《尚书》得中⑩，故仅能存疑。

从以上的数据统计中，可以看出，与治别经者相比，治《易》之人数并非最多。以记载较为完整的元统元年会试计算，是年共取士百名，蒙古、色目人五十名除外，汉人、南人五十名，内三人本经不详，其余四十七人中，

---

① 《非程文》："张谊罔知《彖》、《象》，皆徐中造就之私。"可见谊以《易》举。见陶宗仪《南村辍耕录》卷二十八，第346页。参徐一夔《送张叔方序》，《始丰稿校注》卷二，第49—50页。

② 沈仁国《元朝进士集证》，第607—608页。

③ 余来明《元代科举与文学》，第346页。沈仁国以为不可信，见《元朝进士集证》，第111页。

④ 萧启庆《元代进士辑考》，第201页。

⑤ 萧启庆《元代进士辑考》，第118页。

⑥ 沈仁国《元朝进士集证》，第598—599页。

⑦ （元）王祎《周易演说序》，《全元文》第55册，第318—319页。

⑧ 钱义方《周易图说序》称"前进士"，其序作于至正六年（1346），不应为南宋进士，当是元代中举。见《景印文渊阁四库全书》第26册，第619页。

⑨ 萧启庆《元代进士辑考》，第169页。

⑩ （元）危素《吴仲退先生墓表》，《全元文》第48册，第496页。

治《诗》与《书》者各十三人，治《春秋》者十一人，而治《易》者仅九人①，数量上即不如前三经之多。但另一方面，《周易》也非最冷僻之经。元人应举时最不愿修习者，当属《礼记》，元统元年会试治此经者仅一人，虞集亦云："今制《周官》不与设科，治《戴记》者又绝不见。"② 治《易》者尚不至于如此之少，大体仍能与《诗》《书》《春秋》相抗衡，在科举考试中还保有相当的影响力，由此也在一定程度上推动了易学在元代的发展。

元代科举对易学的推动作用，首先表现为促进易学在北方与高丽的传播。元代易学的发展，总体呈现北弱南强的趋势，科举未开之前，北方治《易》可考者不过数人。较有名者如：金末元初东平地区李简、张特立、刘肃相与论《易》，李简有《学易记》，至今尚存，张特立《易集说》、刘肃《读易备忘》则已佚。元初河北武安人胡祇遹有《易直解》三卷③，下邳薛微之有《易解》、《皇极经世图说》等④，亦均已佚。此外元初北方名儒许衡，虽有《读易私言》一卷传世，但与四书之学相比，易学并非其最为关注的对象。其门人姚燧，传世有《周易》经义一道《天地交泰后以财成天地之道辅相天地之宜》，以造化之和与圣人用中立说⑤，后人称其"排比之中，饶能辨折，足以追攀宋之王安石、苏辙，而笔有余爽，义无剩蕴，胜为古文也"⑥。总的来看，文辞较胜，而义理不出宋人范畴，亦无其他易学著述传世。开科取士之后，这一形势即有了一定改变。上文所考得的乡、会试以《易》应试名录中，属于北方地区者，即有许云翰、李岳、冯三奇、韩玙、张崇智、于及、张文渊、傅亨、虞执中、王钝十人。由于本名录的主要来源为现存的三种《三场文选》，而《三场文选》以收录江浙、江西、湖广地区的程文为主，故北方地区治《易》应举的实际人数，恐远不止此。由此也必然对易学在北方的发展，产生一定的推动作用。同时，以《易》中试的士人中，尚有高丽国李穀一人。

① 萧启庆《元代进士辑考》，第77—97页。

② （元）虞集《熊与可墓志铭》，《全元文》第27册，第595页。

③ （元）刘赓《紫山大全集序》，（元）王恽《紫山先生易直解序》，《胡祇遹集》，吉林文史出版社，2008年，第636—637页。

④ （元）程钜夫《薛庸斋先生墓碑》，《程钜夫集》，吉林文史出版社，2009年，第92—93页。

⑤ （元）姚燧《天地交泰后以财成天地之道辅相天地之宜》，《姚燧集》卷三十一，人民文学出版社，2011年，第466页。

⑥ 钱基博《中国文学史》，中华书局，1993年，第769页。

李毂字仲父，为高丽名儒。其子李穑，登至正十四年进士第，自言："《易》，家学也。"① 可见曾从其父得易学传授，后又随李毂同年宇文子贞治《易》。由李氏父子两世治《易》，均登元朝进士第这一点，也可看出科举对易学在高丽的传播，发挥了一定影响。特别是元代程朱易学初入高丽，学者修习很少，故高丽学者禹倬出使元朝，尚对元顺帝云："臣国无《易》。"即指无程朱易学。程《传》入高丽后无人能解，禹倬闭门月余，方能以其学教授生徒②。而元代科举考试中，《周易》特重程朱，故高丽士人治《易》应举，可能对程朱易学在高丽的流传影响尤大。

除了流传范围的扩大，士人治《易》与以易学相传授的热情，也因科举而有所提高。一方面，元代以《易》应举的士人中，不乏易学名家之门人。如李路、李岳、舒庆远均曾从吴澄游，吴氏在《跋曾翰改名说》中谓："乙卯进士李路、戊午进士李岳往年从余游。"③ 又在《送舒庆远南归序》中谓："往年河间李岳及吾门，以治《周易》义应举……豫章舒庆远，侍其亲至京师，亦治《周易》义。予试之难题，剖析密微，敷畅明白，得经之旨。"④ 均可证。后至元元年江浙乡试头名鲍恂，亦"受《易》于临川吴澄"⑤。泰定四年会试第四十五名张复，曾"师事郑仪孙学《易》"⑥，郑氏之学出于丘富国，丘氏又为徐几弟子，自宋至元世代以《易》相传授。同时，还出现了治《易》应举的家族，如天历二年江西乡试第五名解蒙、至顺三年江西乡试第四名解观为兄弟，而俞镇与鲍恂分别于延祐四年和后至元元年，以《易》中江浙乡试头名，则为翁婿关系⑦。这些士人或师从名家，或以家族治《易》，至少在一定程度上是出于科举的影响。另一方面，一部分中式者其后在易学方

---

① ［高丽］李穑《朴子虚贞斋记》，《全元文》第 56 册，第 551 页。

② ［韩］吴锡源《韩国儒学的义理思想》，复旦大学出版社，2014 年，第 177—179 页。

③ （元）吴澄《跋曾翰改名说》，《临川吴文正公集》卷二十八，《元人文集珍本丛刊》第 3 册，第 483 页。

④ （元）吴澄《送舒庆远南归序》，《临川吴文正公集》卷十六，《元人文集珍本丛刊》第 3 册，第 311 页。

⑤ （清）张廷玉等《明史》卷一百三十七，中华书局，1974 年，第 3946 页。

⑥ （明）黄仲昭《八闽通志》卷六十五，福建人民出版社，2006 年，第 751 页。

⑦ 《非程文》谓"鲍恂在榜中，十四名全赖妻父"，下小字注"建德知事俞镇"。陶宗仪《南村辍耕录》卷二十八，第 344 页。

面颇有成就。如鲍恂著有《易学举隅》、《卦爻要义》①，前者一名《太易钩玄》，今有抄本传世，后者已佚，《永乐大典》残卷中存有鲍氏《易会要》二条②，或即其书。此外解蒙著有《易精蕴大义》，曾贯有《易学变通》，今均存世，祝尧《大易演义》③、雷杭《周易注解》④ 则已佚。另有一部分中式者出任学官，并以《易》授徒。如鲍恂后为温州路儒学学正，以《易》授连山陈亮，亮授建安赵志道，道授黄州陈蕃⑤。赵木仲曾从叶现游，后以《易》、《诗》教授荆扬间，从之者甚众⑥，项昕又从二人学《易》⑦。其之所以能够著书立说、传授易学，也与科举密不可分。即便对于应举前已有一定名望的学者而言，科举的作用仍不可小视。如熊良辅在延祐四年中乡贡进士之前，即已撰成《周易本义集成》，但正是因其中式，才出现"同志益信其僭说，闵其久勤，间出工费，勉锓诸梓"⑧ 的情况。某种程度上而言，熊氏之书得以刊刻，正是因科举之故。科举对时人重视易学、传习易学的促进作用，由此可见一斑。

需要指出的是，元代科举除了对易学发展起了推动作用之外，也不可避免地产生一些负面影响。例如，元代科举不能无舞弊者，此风亦波及易学。至正四年江浙乡试，以《易》中式者如许瑗、俞鼎，考官如夏日孜，皆受讥刺。至正二十二年，江浙张谊与其师徐中亦遭批评。这些指责未必十分公允，且元代科举中秉公取士者亦复不少，如元统元年会试第十六名宇文公谅以《易》应举，乡试时即是由易学名家龙仁夫力荐，方得中式⑨。但其弊端仍不可掩，故李治安先生即说："以上揭露，有些是言之凿凿，基本可以相信，有些则很可能是在江南三省南人中选率颇低的情势下，部分落第举子的愤懑过

---

① （元）徐一夔《西溪隐居记》，《始丰稿校注》卷二，第28—29页。

② （明）解缙等《永乐大典》卷一三八七五、卷一五一四三，中华书局，1986年，第5983、6868页。

③ （明）张士镐等《嘉靖广信府志》卷十七，《四库全书存目丛书》史部186册，齐鲁书社，1996年，第153页。

④ （清）黄虞稷《千顷堂书目》卷一，上海古籍出版社，2001年，第16页。其云"《大全》尝引其说"，检《大全》所引雷氏乃佚名，排列于宋末，恐非其人。

⑤ （明）朱权《太易钩玄序》，《太易钩玄》卷首，《续修四库全书》第3册，第1页。

⑥ （元）贡师泰《送赵木仲东归序》，《贡氏三家集》，吉林文史出版社，2010年，第294页。

⑦ （元）戴良《抱一翁传》，《戴良集》，吉林文史出版社，2009年，第223页。

⑧ （元）熊良辅《周易本义集成序》，《周易本义集成》卷首，《通志堂经解》第4册，第115页。

⑨ （元）陶宗仪《南村辍耕录》卷二十八，第351页。

激之辞,掺有一定的感情色彩和主观臆测成分。尽管如此,乡试作弊迄元末已十分严重,是可以肯定的。"① 这对于治《易》应试及易学发展也必然不利。另外一个较为明显的问题是,科举在提高元人研究易学的热情的同时,也对其思想产生了一定的束缚,故元代以《易》中式者,虽然著述不少,但特色鲜明者则不多。相反,很多立说较新的著作,其作者往往又并非出身科举,如著有《易象图说》的张理,即是举茂才异等,后为学官②。但尽管如此,科举对元代易学的推进仍不容忽视,特别是元代中后期出现了一批旨在指导士人治《易》应试的著作,更是与科举密切相关,值得加以关注。

第二节　科举影响下出现的治《易》应试类著作

元代以指导士人治《易》应试为宗旨的著作,数量颇为不少,其中一部分今已亡佚。如与吴澄同岁之杨文龙,开科举时年已六十余,欣然应试,屡举不第,年近八十犹未已。其所编《易说纲要》,以程朱为本,附以他说③,可能即带有较强的科举色彩,其书已不传。又如《明经书院录》载至治三年(1323)考试录,其中有《易义》四十五卷④,当是从学于明经书院者拟科举程文之作,也未见流传。但传世者尚有多种,大致可分为应试程文、拟题类著作,以及从科举角度注《易》类著作三种。

一、应试程文

科举兴起后,有书贾等将各科中式的文章编集起来,以供后来应举者揣摩,由此即形成了应试程文类著作。此类著作中较具代表性的,当属传世的三种《三场文选》,现分别予以叙述。

---

① 李治安《元代行省制度》,中华书局,2011 年,第 127 页。
② (明)管大勋修,刘松纂《隆庆临江府志》卷十二,《天一阁藏明代方志选刊》,上海古籍书店,1962 年,第 26 页。
③ (元)吴澄《易说纲要序》,《临川吴文正公集》卷十二,《元人文集珍本丛刊》第 3 册,第 241 页。
④ (明)程美《明经书院录》卷二,台湾"国家图书馆"藏明正德十年(1515)刻本。

《新刊类编历举三场文选》十集，首一卷，元刘贞编集，元至正元年
（1341）余氏勤德堂、虞氏务本堂刻本，今藏日本静嘉堂文库。其乙集为《易
义》八卷，自延祐元年乡试、二年会试始，至后至元元年乡试止，每科一卷，
收当科中式之《周易》经义文，先乡试，后会试，多附考官评语于前。其具
体内容依次为：卷一包植、李丙奎、杨景行、牛文炳（以上三篇附未署名考
官批）、窦衜翁、许云翰乡试文，杨景行、李路会试文，总计八篇。卷二俞镇
（附初考龚教授、覆考张县丞批）、萧应元、尹梦锡、何元同（以上三篇附未
署名考官批）乡试文，祝尧会试文，总计五篇。卷三张纯仁（附初考郑县丞
批）、方君玉（附考官□司丞批）、李倜（附初考甘县尹、覆考张教授、覆考
龙提举批）、牛文炳（附未署名考官批）、陈明之乡试文，张纯仁、方君玉会
试文，总计七篇。卷四祝垓（附初考汤教授弥昌、覆考宋提举民望、考官傅
金事汝砺批）、曾翰、杨升云（皆附考官李将仕批）、蒲绍简（附考官刘教
授、龙提举批）、王炳（附考官刘教授批）乡试文，叶现、张复会试文，总计
七篇。卷五闵达（附初考汪推官、覆考倪教授批）、龚善翁（附祝初考、李覆
考批）、李瑾（附考官虞州判檗、彭县丞士奇批）乡试文，徐容、龚善翁、徐
用宏会试文，总计六篇。卷六冯勉（附考官程□修、曹待制批）、解蒙（附考
官何县尹槐孙批）、曾贯（附考官甘县尹批）、曹师孔（附考官高提举若凤、
又未署名考官批）、王炳（附未署名考官批）乡试文，冯三奇、夏日孜会试
文，总计七篇。卷七雷杭（附考官龙提举仁夫批）、解观（附考官龚□事善
翁、何县尹贞立批）乡试文，李炳、于及会试文，总计四篇。卷八鲍恂（附
初考项县尹仲升、考官柳提举贯、考官干知州文传批）、李节之（附考官俞教
授震、吴将仕存、汪推官泽民批）、黄应魁（附考官俞教授震、吴主簿存、汪
推官泽民批）、涂潜生（附考官李县尹粲、吴主簿存、汪推官泽民批），总计
四篇。全书计收文四十八篇。

《皇元大科三场文选》十五卷，元周勇辑，元至正四年（1344）刻本，
全本今藏日本内阁文库。收录至正元年乡试、二年会试程文，按照经义、经
疑及诏表赋策等科目分编。其中《易义》卷收舒庆远、涂潜生、刘偰①、董

---

① 按，本卷卷前目录中有涂潜生，而卷中舒庆远之后、刘偰之前，有未署名文一篇，当即属涂
氏。刘偰文卷中有，而目录则未载。

彝（附黄子兰、陈正德、柳道传批）、陆以衙（附陈正德批）、傅贵全（附张景范、黄晋卿批）、谭圭、陈颐、李原同、区德元、许进乡试文、虞执中、傅亨、谭圭、傅贵全会试文，总计十五篇。《周易疑》卷收舒庆远、涂潘生、刘偰、傅贵全（附张景范、黄晋卿批）、吴适（附林清源、柳道传批）、谭圭、李庚、陈颐、李原同、许进乡试文，虞执中会试文，总计十一篇。国家图书馆藏此书残本二部，其一《易义》与《周易疑》部分皆存，另一部则脱去《易义》谭圭文后半以下。

《新刊类编历举三场文选》元刻残本，卷数与编者皆不详，仅存《易义》部分。今藏国家图书馆，与上述《皇元大科三场文选》的后一残本合订一处。其卷端题"易义第十一科，丁亥乡试"，可见所收者当是至正七年乡试、八年会试的程文，与日本所藏同名著作非一书，或即前书之增补本。其书收本科傅常乡试文一篇，前附初考官李推官炳文、考官林知府宗起批语，又会试文一篇，未著作者，可能亦出于傅氏。

以上三书共收元代以《易》中式的程文总计七十篇，其中一部分并非全文，如日本藏《新刊类编历举三场文选》卷四王炳乡试文、卷五徐用宏会试文，即均为节录，但大多数首尾俱全。又《永乐大典》残卷引《周易》经义、经疑文四十余篇，部分已见于上述三书。如所引傅贵全、吴适①，即见于《皇元大科三场文献·周易疑》。而解观②、冯勉之文③，则见于日本藏《新刊类编历举三场文选》乙集卷七、卷六。余或无考，或未必为元人，如沈应丑、左梦高之名，见于嘉定十六年（1223）蒋重珍榜④，柳正孙则见开庆元年（1259）周梦炎榜⑤。为审慎起见，暂不将其列入讨论范围。

二、拟题类著作

此类著作大致为仿照科举考试的命题形式，拟为经义、经疑等题目若干

---

① （明）解缙等《永乐大典》卷一四九九八，第6756页。
② （明）解缙等《永乐大典》卷一四九九八，第6763页。
③ （明）解缙等《永乐大典》卷三○○八，第1767页。
④ （宋）陈耆卿《嘉定赤城志》卷三十三，《宋元方志丛刊》第7册，第7538页。（明）林庭㭿《嘉靖江西通志》卷二十六，《四库全书存目丛书》史部183册，第331页。
⑤ （宋）杨潜《绍熙云间志》卷中，《续修四库全书》第687册，第44页。

并作答，其代表性著作为涂溍生撰《周易经义》与《周易经疑》。涂溍生，字自昭，宜黄人。《嘉靖江西通志》谓其"三举上春官，连不第，授赣州濂溪书院山长"①。据前文所列元人以《易》中式名录，涂氏曾分别中后至元元年（1335）江西乡试第十名与至正元年（1341）江西乡试第八名。按虞集谓："今岁圣天子科诏兴贤……涂自昭、张直方皆再举。"② 涂自昭即涂溍生，所谓"圣天子科诏兴贤"指元顺帝于后至元元年诏罢科举，至于六年（1340）又诏复科举，次年为至正元年，即举行乡试。虞氏明言此年涂氏再举，可知后至元元年、至正元年为涂氏前两次中式。其后至正三年（1343），有建言用下第举人充学正、山长者，获得元朝政府同意③，涂氏既为濂溪书院山长，当是在此之后又应举一次，是为第三举，而终未能得中进士，故援例授山长，其具体科第则不可考。由此可知，涂氏当是活动在元代中后期，《千顷堂书目》谓其"入元不仕"④，似乎是由宋而入元者，实不确。

涂氏精于易学，后至元元年、至正元年两次乡试均以《易》应试得中，且以"易庵"为号，可见其对易学的崇尚。但对其易学著作，历代记载一直较为混乱。明初杨士奇称其有"《易主意》一册"，乃"专为科举设"者⑤。《文渊阁书目》又载有佚名所著《易疑拟题》一册⑥，《千顷堂书目》作《周易疑拟题》⑦，以为涂氏所作，全祖望据《永乐大典》亦以为然。《千顷堂书目》又载其有《易义矜式》一书⑧。而今传世者，又有《周易经义》、《周易经疑》二种。对于此五者的关系，可谓众说纷纭。如全祖望谓《拟题》为问目，《主意》为答《拟题》之疑，《矜式》为应举程式文字⑨，是《拟题》《主意》《矜式》三者各为一书。清代吴翌凤疑《周易经义》即《易主意》⑩，

①　（明）林庭㭿《嘉靖江西通志》卷二十一，《四库全书存目丛书》史部第183册，第112页。
②　（元）虞集《送乡贡进士孔元用序》，《全元文》第26册，第195页。
③　参见陈高华等《元代文化史》，广东教育出版社，2009年，第382页。
④　（清）黄虞稷《千顷堂书目》卷一，第14页。
⑤　（明）杨士奇《易主意》，《东里续集》卷十六，《景印文渊阁四库全书》第1238册，第583页。
⑥　（明）杨士奇《文渊阁书目》卷二，《明代书目题跋丛刊》，书目文献出版社，1994年，第18页。
⑦　（清）黄虞稷《千顷堂书目》卷一，第14页。
⑧　（清）黄虞稷《千顷堂书目》卷一，第14页。
⑨　（清）全祖望《题涂氏易疑拟题》，《全祖望集汇校集注》上海古籍出版社，2008年，第1268页。
⑩　（清）吴寿旸《拜经楼藏书题跋记》卷一，上海古籍出版社，2007年，第27页。

瞿镛疑《周易经义》即《易疑拟题》①，阮元、柯劭忞又疑《周易经疑》即《易主意》或《易义矜式》②。今人又有将《周易经义》与《周易经疑》混为一谈者，如《中国古籍总目》即将此二书合并为同一条目③。对此纷繁复杂之说，需加以详细考察。

首先，现存的《周易经义》、《周易经疑》实为不同的两种著作。此点胡玉缙先生早已指出，其说曰：

> 是编名《经义》，与《经疑》别为一书……考《元史·选举志》科目，仁宗皇庆二年定科场考试程式，汉人、南人第一场，明经、经疑二问，经义一道，各治一经，是当时以经疑、经义并试④。

今传世的《皇元大科三场文选》，记载了至正元年江浙、江西、湖广乡试与至正二年会试的题目，即是经义、经疑并存者。大抵经义为取诸经中一段文字为题，令考生加以疏释，而经疑则取诸经中疑难之处发问，令考生作答。涂氏之书，《周易经疑》包括一百多道问目与三十多道作答，《周易经义》则取《易》中经文七十二段为之疏释，二者区别至为明显，而学者多因此二书皆为三卷，书名又仅差一字，故混而为一，并不准确。

其次，《易疑拟题》与《周易经疑》实为一书。今《永乐大典》引涂溍生《易疑拟题》十条，大部分皆见于《周易经疑》。例如，《大典》引有"十三卦之制作"四题，其中两题有作答⑤，即均见于《经疑》卷三。又同人卦题目四条，其中一题有作答⑥，均见于《经疑》卷一。只有关于贲卦一题："贲初九何以有舍车而徒之象？六二在下体，何以取象于须？六四阴柔得位，何以有匪寇婚媾之占？六五君位，何以有丘园束帛之吝？贲者，饰也。上九何以白贲而无咎欤？"⑦ 此不见于今本《经疑》，但《经疑》卷前目录，于卷

---

① （清）瞿镛《铁琴铜剑楼藏书目录》卷一，上海古籍出版社，2000年，第41页。
② （清）阮元《揅经室集》外集卷四，中华书局，1993年，第1260页。《续修四库全书总目提要·经部》，中华书局，1993年，第34页。
③ 中国古籍总目编纂委员会编《中国古籍总目·经部》，中华书局、上海古籍出版社，2012年，第94页。
④ 胡玉缙《四库未收书目提要续编》，上海书店，2002年，第5页。
⑤ （明）解缙等《永乐大典》卷一一八七，第566—567页。
⑥ （明）解缙等《永乐大典》卷三〇〇八至三〇一〇，第1756，1767，1781，1789页。
⑦ （明）解缙等《永乐大典》卷一三八七五，第5977页。

一有"问贲卦"一题，当即是此题。之所以有目无文，盖今本《经疑》在流传过程中有缺失之故。全祖望谓《易疑拟题》仅为问目，《易主意》为答拟题之疑，然今本《经疑》与大典所引《拟题》，除问目外亦间有作答，可知全氏将问目与作答分为二书之说并不准确。

最后，关于《易义矜式》与《易主意》，今虽未见佚文，但从书名上推断，元代名"矜式"之科举著作传世尚多，如王充耘《书义矜式》、林泉生《明经题断诗义矜式》等，皆先举经文为题，后附拟答之程文，与《周易经义》体例完全一致，张金吾亦谓《经义》"与王充耘《书义矜式》俱可考见当时经义体制"①。据此推之，《易义矜式》应即是今所传《周易经义》②。至于《易主意》则比较复杂，明初杨士奇对此书有一段记载，其说曰：

> 《易主意》一册，元临川乡贡进士涂渭生著，专为科举设，近年独庐陵谢子方有之，以教学者，于是吾郡学《易》者皆资于此③。

所谓"近年独庐陵谢子方有之"，或以为是谢氏得涂渭生《易主意》以教学者。然今《中国古籍总目》尚载谢子方《易义主意》五卷附一卷，上海图书馆与北京大学图书馆有藏④。经查北大藏明刻残本，其卷端题"庐陵谢子方著"，似是谢氏自著之书，或谢氏得涂氏之书而加以损益，总之与涂氏《易主意》应非一书。其书是一种经义类著作，与涂氏《周易经义》比较接近。但其特点在于，经文之后除拟答外，还要对题目及作法加以分析，如解《系辞上传》"极天下之赜者存乎卦"至"存乎德行"一段曰："此题大概分两截作，其实一串意思，大讲中如化裁推行、神明默而成之、不言而信等字眼，更要讲得透彻，说得明白，又要相关，方见手段。朱《传》所谓卦爻所以变通者在人，人之所以神而明之者在德，此两语最紧要，即此发明，便是主意。"⑤ 相比之下，涂氏《周易经义》则只有拟答之程文，没有分析的部分。又元代王充耘除《书义矜式》之外，尚别有《书义主意》一书，同样是附有

---

① （清）张金吾《爱日精庐藏书志》卷一，中华书局，2012年，第19页。
② 参见姜龙翔《元涂渭生〈周易经疑〉拟题之部析探》，《高雄师大国文学报》第20期。
③ （明）杨士奇《易主意》，《东里续集》卷十六，《景印文渊阁四库全书》第1238册，第583页。
④ 中国古籍总目编纂委员会编《中国古籍总目·经部》，第96页。
⑤ （明）谢子方《易义主意》卷三，北京大学图书馆藏明正统十一年（1446）海虞魏佑刻本。

分析，如解《尧典》"帝曰夔"一段，即曰"此题只与命皋陶者对看，便见得分晓"云云①。由此推断，涂氏《易主意》应也是一种经义类著作，但并非是今所传《周易经义》，而应如谢子方《易义主意》、王充耘《书义主意》一样有批讲分析的内容。综上所述，涂氏之易学著作共有三种，即：经义拟题类著作《周易经义》三卷（一名《易义矜式》），经疑拟题类著作《周易经疑》三卷（一名《易疑拟题》），以及附有批讲之经义类著作《易主意》。

涂氏的这三种易学著作，在后世流传并不广泛。《易主意》自明初杨士奇记载之后，便鲜有提及者，盖亡佚已久。《周易经疑》明代尚有，但清初已不易得，故全祖望自《永乐大典》辑出一本，今不知所在。传世者唯有阮元抄本，后收入《宛委别藏》，其目录前题"至正己丑三月印行"②，盖从元刻影抄，而元刻底本今亦未见。《周易经义》有元刻本，有吴翌凤跋，谓"己亥十月望日，得此册于鬻古书者"③，己亥为乾隆四十四年（1779），当时此书已非常罕见，故吴氏曾以其质询于著名藏书家朱奂（字文游），而朱氏"亦未之见"④。此后该本转归张金吾，即《爱日精庐藏书志》所载者；又转归瞿氏铁琴铜剑楼，即《铁琴铜剑楼藏书目录》所载者，今该本卷前尚有"瞿启文印"、"瞿秉渊印"、"铁琴铜剑楼"等多枚瞿氏钤印。今藏国家图书馆，以目录核之，阙文甚多，除卷一上下经七篇完足之外，卷二《系辞上传》三十二篇仅存约二十四篇，卷三《系辞下传》二十七篇仅存约十篇，《说卦传》六篇则仅存最后一篇末尾的一小段文字，各篇前后缺失与文字漫漶之处亦极多。吴骞曾从此本抄录一部，谓"惟书中间有阙文，无从补录"⑤，可见吴翌凤收得时盖已残缺。吴骞抄本傅增湘先生尚曾见之⑥，今亦不知所在。由此言之，《周易经疑》与《周易经义》均可谓以孤本传世。

除了上述涂氏二书外，元代还有一些著作，并非专门指导治《易》应试者，但其中包含有《易》的部分。较具代表性者，为梁寅《策要》。其书之

---

① （元）王充耘《书义主意》卷一，《四库未收书辑刊》第10辑第1册，北京出版社，1997年，第556页。
② （元）涂溍生《周易经疑》卷首，《续修四库全书》第4册，第1页。
③ （元）涂溍生《周易经义》卷末，《中华再造善本》影印元刻本，北京图书馆出版社，2004年。
④ （元）涂溍生《周易经义》卷末。
⑤ （清）吴寿旸《拜经楼藏书题跋记》卷一，第27页。
⑥ 傅增湘《藏园群书经眼录》，第14页。

宗旨为"稽之经史以待策问"①，主要教授应试者如何作答策问。其中卷一《易经》、《易传》、《图书》、《先天》、《后天》等篇，属于《周易》的范畴。卷六《太玄》、《潜虚》、《皇极经世》等，与《易》也有比较密切的联系。其体例大致为，每一篇先列与本篇主题相关的经史原文，下为拟答。如《易传》篇，先引《隋书经籍志》、《文中子》等书对《子夏易传》、《淮南九师道训》等的著录，下则叙述传《易》源流，自汉代丁宽、焦延寿等，至王弼、孔颖达，再至程朱②。由于元代策问类著作较少，故《策要》涉及《周易》部分虽然不多，但却颇值得重视。

三、从科举角度注《易》类著作

相比于上述两类与科举直接相关者，本类著作从表面上来看，仅为一般的注释《周易》之作。但如对其内容进行深入分析，则可看出其中蕴含着浓厚的科举色彩，甚至可以说其注释在很大程度上即是从科举角度而作，目的也是为了服务于士人应举。其代表性著作为解蒙《易精蕴大义》与曾贯《易学变通》。

1. 解蒙《易精蕴大义》

解蒙字求我，江西吉水人。据前文所列元人以《易》中式名录，曾举天历二年（1329）江西乡试第五名，《嘉靖江西通志》载至正四年（1344）贡额外遴选与十六年（1356）乡试，亦有其名③。其兄解观，原名子尚，字观我，入试改今名，吴澄更字之曰伯中④。亦深于《易》，与解蒙同中天历二年乡试，其后亦屡举于乡，曾与修宋、辽、金三史，议不合而归，建东山书院授徒。陈友谅以书聘之，不赴，后于朱元璋攻破江州时死于战乱⑤。其名当出

---

① （元）梁寅《梁氏书庄记》，《全元文》第49册，第634页。

② （元）梁寅《策要》卷一，《宛委别藏》第72册，第3—4页。

③ （明）林庭㭬《嘉靖江西通志》卷二十七，《续修四库全书》史部第183册，第352—353页。

④ （元）吴澄《解观伯中字说》，《临川吴文正公集》卷七，《元人文集珍本丛刊》第3册，第164页。

⑤ （明）解缙《伯中公传》，《文毅集》卷十一，《景印文渊阁四库全书》第1236册，第753—756页。

于解蒙之上。而其易学著作《周易义疑通释》不传于世，仅有《周易》经义文一篇，保存于《新刊类编历举三场文选》中。其弟解泰，字季通，有《易义》①，亦不传。解蒙《易精蕴大义》同样流传甚稀，明代与清初各类典籍均罕有著录，仅《嘉靖江西通志》载解氏"有《易经精蕴》行于世"②，朱彝尊《经义考》因之，而注曰"佚"，盖当时已不传。清修《四库全书》，自《永乐大典》中辑得一本，编为十二卷，此书方重现于世。以今存《永乐大典》残卷核之，四库辑本并不十分精良，如同人卦初九爻下，《大典》先引解蒙《精蕴大义》曰："蒙谓：同人之道，在外而无疏昵之偏，则虽同而非比异矣。"后附注曰："所引'先儒曰'，见前田畴《学易蹊径》。"③ 可见解氏书于此爻本引田畴《学易蹊径》，《大典》因前文已收其说，不欲重复，故此处略去。四库辑本此处仅录解氏自注，未录田畴说，显为漏辑。其余讹脱衍倒，亦不一而足。然今《大典》主体部分已佚，此书又无别本行世，故四库辑本仍为唯一可据之本，传世各本亦均属此系统。如北京大学图书馆藏清抄本，为翰林院抄四库底本④。日本静嘉堂文库藏清陆心源抄本⑤，广东省立图书馆藏清孔氏岳雪楼抄本⑥，则均抄自文澜阁《四库全书》本。

《易精蕴大义》的主要内容大致有二：一是于《周易》经传之下，引用前人之说，而不署名氏，仅以"先儒曰"概括之。盖所引非一家，而是兼取诸家之说而成，故难以逐一标举。《四库全书总目》谓"虽不能尽考其由来，要皆宋元以前诸经师之绪论也"⑦，今按其可考者，有王弼、孔颖达、杨万里、苏轼、王安石、蔡渊、丘富国、耿南仲、李舜臣、李椿年、李元量、郭雍、张汝弼、徐几、冯椅、李过、项安世、朱震、李开、毛璞、王宗传、赵汝楳、兰廷瑞、杨时、郑汝谐、郑东卿、林栗、张栻、张载、吕祖谦、易祓、程迥、冯时行、胡允、陈友文、熊禾、张清子、胡一桂、田畴等三四十家，程朱之

① 杨士奇《解季通易说》，《东里续集》卷十六，《景印文渊阁四库全书》第1238册，第583页。
② （明）林庭㭿《嘉靖江西通志》卷二十九，《续修四库全书》史部第183册，第419页。
③ （明）解缙等《永乐大典》卷三〇〇九，第1783页。
④ 北京大学图书馆编《北京大学图书馆藏古籍善本书目》，北京大学出版社，1999年，第3页。
⑤ 严绍璗《日藏汉籍善本书录》，中华书局，2007年，第20页。
⑥ 阳海清《中南、西南地区省、市图书馆馆藏古籍稿本提要》，华中理工大学出版社，1998年，第476页。
⑦ （清）永瑢等《四库全书总目》卷四，第26页。

说亦偶有引及。其中很大一部分应是自张清子《周易本义附录集注》与董真卿《周易会通》转引而来，但也有不少为二书所无，可能为解氏添入。二是解氏自己的见解，多附于先儒说之后，而以"蒙谓"二字别之。但对于某一段较长的经文，有时亦会将其分为若干部分，各作解说，再于全段之后附入先儒之说，最后为解氏总括整段含义的按语。其自注较为简略，大都不过寥寥数语。这两方面内容中，解氏自注类似于经义时文的破题，具有很明显的科举色彩。如坤卦《彖传》"牝马地类，行地无疆，柔顺利贞，君子攸行"四句下，解氏自注曰：

> 尽坤之道，以言其形载之功；显地之象，以明其顺健之德。而人兼体之也。此按程《传》说，连含弘至此为义也。取诸物以明其顺健之象，施诸人而法其顺健之德，乃发明坤道之见于人事者如此也。此按《本义》说，专释此四句①。

此处注文实际为两条，中间插有解氏的解说。按其说，第一条乃取程子《易传》，解"含弘光大"至"君子攸行"六句。以"尽坤之道，以言其形载之功"解"含弘光大，品物咸亨"，说本于程子"以含弘光大四者形容坤道……有此四者，故能成承天之功，品物咸得亨遂"。以"显地之象，以明其顺健之德"解"牝马地类，行地无疆"，说本于程子"取牝马为象者，以其柔顺而健行，地之类也"②。末则以"而人兼体之也"一句，解"柔顺利贞，君子攸行"。第二条则取朱子《本义》，解"牝马地类"至"行地无疆"四句。以"取诸物以明其顺健之象"解"牝马地类，行地无疆"，说本于朱子"马，乾之象，而以为地类者，牝阴物，而马又行地之物也。行地无疆，则顺而健矣"。以"施诸人而法其顺健之德"解"柔顺利贞，君子攸行"，本于朱子"柔顺利贞，坤之德也。君子攸行，人之所行如坤之德也"③。此种依傍程朱之说，以二三语囊括题意，且多用偶句的形式，正是破题的典型样式。此外，书中所引诸家解说，以宋元时期演说义理者为多，说较平实，创见不多，

---

① （元）解蒙《易精蕴大义》卷一，《景印文渊阁四库全书》第25册，第557页。
② （宋）程颐《周易程氏传》卷一，《二程集》，中华书局，2004年，第707页。
③ （宋）朱熹《易本义·彖上传第一》，《朱子全书》第1册，第91页。

大致也是备应试者作文时采择。故《四库全书总目》称其"为场屋经义而作"①，洵得其实。

2. 曾贯《易学变通》

曾贯字传道，江西泰和人。据前文所列名录，曾于天历二年（1329）以《易》中江浙乡试第十九名，此外又于至正元年（1341）以《书》得中江西乡试②。明代尹昌隆谓贯"两以《易》中进士举"③，不确。中举后曾任绍兴路照磨，后家居④，约在至正十二年（1352）左右"应达监州辟，御龙泉寇"⑤。所谓"达监州"乃达理马识礼，于至正九年（1349）到任泰和。至正十二年闰三月，陈友谅破吉安，达理马识礼率军民固守，其中即"命绍兴照磨曾贯、永新州判刘穆戍观背以遏上横"⑥。至正十四年（1354）冬，"寇之聚龙泉者始悉众大出，由石洲观背奄至城西门外"⑦，曾贯等拒战不克，遂死于是役。

曾氏家族乃泰和望族，而曾贯亦以学行有名于当世。如杨士奇即称其"以《易经》为学者所宗"⑧。元代著名学者吴师道亦曾为之赋诗曰："桂花庄上昔年秋，送子曾偕计吏游。望气此邦终得剑，济河今度决焚舟。兴文已信关天运，积学深期为道谋。京邑相逢乍分手，春风迟宴曲江头。"⑨ 所著书有《易学变通》《四书类辩》《庸学标注》，其中《四书类辩》已佚，《庸学标注》尚有佚文数段，保存在《永乐大典》中⑩。此外尚有曾氏天历二年乡试《易》义文一篇，保存于《新刊类编历举三场文选》；至正元年乡试《书》义

---

① （清）永瑢等《四库全书总目》卷四，第26页。
② （元）周勇《皇元大科三场文选·书义》。
③ （明）尹昌隆《曾九韶先生墓志铭》，《尹讷菴先生遗稿》卷五，《四库全书存目丛书》集部第26册，第482页。
④ （明）杨士奇《曾春龄墓表》，《东里续集》卷三十二，《景印文渊阁四库全书》集部第1239册，第83页。
⑤ （清）冉棠修，沈澜等纂《泰和县志》卷十七，国家图书馆藏清乾隆十八年（1753）刻本。
⑥ （元）刘楚《达理马识礼传》，《全元文》第57册，第285页。
⑦ （元）刘楚《达理马识礼传》，《全元文》第57册，第286页。
⑧ （明）杨士奇《曾春龄墓表》，《东里续集》卷三十二，《景印文渊阁四库全书》集部第1239册，第83页。
⑨ （元）吴师道《送曾贯还江西应试》，《吴师道集》，第141页。
⑩ （明）解缙等《永乐大典》卷五五一至五五六，第106、117、120、126、133、137、141、145、152、161页。

文一篇，保存于《皇元大科三场文选》。而其比较完整地流传至今的著作，则仅有《易学变通》一种。

《易学变通》成书后流传并不广泛，明初《文渊阁书目》著录"抄《易学变通》，一部，一册，阙"①，可见彼时该书的刻本已不易得。其后明代与清初公私藏书目录，对该书亦罕见著录，清乾隆间修《四库全书》时，馆臣将其从《永乐大典》中辑出，析为六卷，此书方重行于世。目前存世的《变通》诸本，都属于此六卷辑本系统。如湖南省图书馆藏清抄残本，存卷四至六，乃四库底本。南京图书馆藏丁丙八千卷楼抄本，为自文澜阁传抄②。民国间胡思敬辑《豫章丛书》，收录《变通》，所据之本为"自江南图书局钞得"③，江南图书局为南图前身，故胡氏所抄盖即丁氏抄本，仍然为四库本系统。又瞿氏铁琴铜剑楼藏抄本④，今存国家图书馆。经目验，该本分卷、内容与四库本皆同，也是自四库本而出。其余如张金吾所藏抄本⑤，以及今存广东省立中山图书馆的孔氏岳雪楼抄本⑥，均明言传抄或影抄自文澜阁《四库全书》本。今存日本静嘉堂的陆心源旧藏抄本⑦，嘉业堂旧藏艺海楼抄本⑧，以及沈氏抱经楼藏抄本⑨，皆为六卷，推测也应出于四库本。与《易精蕴大义》的情况类似，《易学变通》之四库辑本同样不甚精。今存《永乐大典》残卷中，尚有《变通》之坤、贲、泰、兑四卦的部分章节，与四库本相校，可见四库本于贲卦有二处脱文，总计脱去近六十字⑩。但该书并无更为精善之传本，仍仅能据四库本展开讨论。

比较起来，《易学变通》的科举特征不如《易精蕴大义》明显，但仍与科举有着密切联系。这主要表现在，其书采用了一种别具一格的"问答体"，于每一卦下，设为问题若干，自问而自答之。其问题大略可分为三类，即：

---

① （明）杨士奇《文渊阁书目》卷二，《明代书目题跋丛刊》，第18页。
② （清）丁丙《八千卷楼书目》卷一，《续修四库全书》第921册，第66页。
③ （清）胡思敬《元三家易说跋》，《豫章丛书》第1册，江西教育出版社，2004年，第293页。
④ （清）瞿镛《铁琴铜剑楼藏书目录》卷一，第41页。
⑤ （清）张金吾《爱日精庐藏书志》卷一，第18页。
⑥ 阳海清《中南、西南地区省、市图书馆馆藏古籍稿本提要》，第476页。
⑦ （清）陆心源《皕宋楼藏书志》卷三，《续修四库全书》第928册，第36页。
⑧ 缪荃孙等《嘉业堂藏书志》卷一，复旦大学出版社，1997年，第130页。
⑨ （清）沈德寿《抱经楼藏书志》卷二，中华书局，1990年，第25页。
⑩ （明）解缙等《永乐大典》卷一三八七五，第5983页。

问卦爻辞中的疑难部分，兼举一卦或数卦中相似或相关的经传之词而问其异同，问前代《易》说。此种设问而作答的方式，颇类似于科举考试中的经疑，甚至其具体的问目，都与元代经疑拟题非常接近。如对于屯卦，曾氏问曰："屯六二'匪寇婚媾'，睽上九'匪寇婚媾'，贲六四'匪寇婚媾'，刚柔不同，而同为'匪寇婚媾'，何也？"[1] 而涂溍生《周易经疑》则有一拟题曰："屯六二曰'匪寇婚媾'，贲六四曰'匪寇婚媾'，睽上九曰'匪寇婚媾'，其旨同否？"[2] 几乎同出一辙。当然，除此之外，《易学变通》中还有对象数、图书等多方面内容的讨论，但如从科举的角度来看，《变通》仍可看作以经疑方式注《易》的代表，与以经义注《易》的《易精蕴大义》，共同构成了元代科举易学的一个重要方面。

第三节　朱子易学在元代科举中的地位

按照元朝官方的规定，科举考试中《周易》以程、朱为主，兼用古注疏。但此仅是一个较为宽泛的规定，士人在应试时，尚需根据具体情况决定，是参酌诸家之说，还是在三家中取一家为主。此种选择在一定程度上，能够反映出此三家在科举中此消彼长的情况，特别是朱子易学较其他二家地位究竟如何，值得加以深入探讨。

一、古注疏地位的衰落

从现有的资料来看，以《易》应举许用的三家中，以古注疏的地位最低，中式士人鲜有据其作答者。仅有的几个用注疏的例子中，以延祐元年燕南乡试头名许云翰较为典型。是年题目为"大君有命，开国承家，小人勿用"，许氏文曰：

　　　圣人制报功之令，固知赏之及人者其分殊；圣人推保功之心，斯知

---

① （元）曾贯《易学变通》卷一，《景印文渊阁四库全书》第26册，第9页。
② （元）涂溍生《周易经疑》卷一，《续修四库全书》第4册，第9页。

戒于任人者其意严。盖大臣有功，圣人固不能不致其赏；大臣任人，圣人尤不能不致其戒。徒知人主之制令也，于功臣而殊其恩，不知人主之施令也，于小人而戒其用，乌足语圣人也？有致赏之命，功之大者开之以国，功之小者承之以家，曰国曰家，其分殊矣。然大臣之功，虽已赏之于先，宁不思保之于后乎？是故尔之国于是而开矣，尔之家于是而承矣，彼小人者，尔可用之乎？不戒则已，戒则直曰"勿用"，其戒严矣。始焉观开国承家之辞，于以见大君报大臣之功；终焉味小人勿用之语，于以见大君保大臣之功。非师之大君，畴能如此①?

此说谓大君以开国承家赏赐大臣，并戒大臣勿用小人，与程朱均不同。其最大区别在于，程朱以小人亦在大臣之列，因谓大君行赏之时，小人虽有功亦不得用。而孔疏则曰："大君谓天子也。言天子爵命此上六，若其功大，使之开国为诸侯，若其功小，使之承家为卿大夫。小人勿用者，言开国承家，须用君子，勿用小人也。"② 正与许氏说同。但在此之后，以《易》应举者主注疏作答的情况，即比较少见，甚至如至正七年江浙乡试傅常"主朱子《本义》，而兼用注疏"者都不多③。在拟题类与受科举影响之易学著作中，这种轻注疏的趋势也同样存在。如涂溍生《周易经疑》，仅在"合大象而观，或言君子，或言先王，或称大人，或称上与后，又何欤"一题下引孔疏，但同时亦引程子④。解蒙《易精蕴大义》，在引用先儒之说的部分尚涉及注疏，如旅卦卦辞下曰："旅不足以全夫贞吉之道，唯足以为旅之贞吉，故特重曰'旅贞吉'也。"⑤ 乃取王弼说。至其自作类似破题之注释，则极少有用注疏义者。特别是在注疏与程朱说不同时，多取程朱而弃注疏。如丰卦六五爻下，解氏自注曰："以阴柔之主，来贤明之才，则天下蒙其福矣。"以"来章"为六五求贤明之才。程子注曰："五以阴柔之才，为丰之主，固不能成其丰大，若能来致在下章美之才而任用之，则有福庆，复得美誉。"⑥ 朱子曰："质虽柔暗，

---

① （元）刘贞《新刊类编历举三场文选》乙集卷一。
② （魏）王弼注，（唐）孔颖达疏《周易正义》卷二，北京大学出版社，2004 年，第 53 页。
③ （元）佚名《新刊类编历举三场文选·易义》。
④ （元）涂溍生《周易经疑》卷一，《续修四库全书》第 4 册，第 7 页。
⑤ （元）解蒙《易精蕴大义》卷八，《景印文渊阁四库全书》第 25 册，第 678 页。
⑥ （宋）程颐《周易程氏传》卷四，《二程集》，第 988 页。

若能来致天下之明，则有庆誉而吉矣。"① 解氏说正同于二家。而王弼则注曰："以阴之质，来适尊阳之位，能自光大，章显其德，获庆誉也。"② 以"来章"为六五以阴爻居阳位，即未被解氏采用。

二、应举程文中程朱并尊、朱义略胜的趋势

古注疏既不受重视，程朱之学即成为元人治《易》应举之主流。从元人应试程文来看，二家地位尚属相当，应试者有据朱义者，有据程义者，还有合二家之说以作答者。但比较起来，朱子之说还是要略胜一筹。例如，至治三年江西乡试题目为"广大配天地，变通配四时，阴阳之义配日月，易简之善配至德"，出自《系辞上传》，《新刊类编历举三场文选》此题下收程文二篇，即都用朱子之说。如第二十名杨升云之文曰：

> 有天之《易》，有人之《易》。夫《易》者，天人之会也。舍天人固无以见《易》，舍《易》亦无见天人。《易》与天人，其道一也。是故其广大悉备也，则足以配夫天地；其变通趣时也，则足以配夫四时。阳奇而实，阴偶而虚，则足以配夫日月；易而不杂，简而不繁，则足以配夫至德。《易》之广大变通，与夫阴阳之义、易简之善，配之天道人事者如此③。

朱子注"广大配天地"四句曰："《易》之广大变通，与其所言阴阳之说、易简之德，配之天道人事则如此。"④ 从天道人事两个角度加以解说。杨氏文以天人立说，正本乎此，且末句直接套用《易本义》原文，更可看出其与朱子之关系。下文具体解说时，杨氏重点讨论了两个问题：一是何谓天之《易》与人之《易》，其说曰："盖广大配天地，变通配四时，阴阳之义配日月，以《易》而配之天也。易简之善配至德，以《易》而配之人也。"全取朱子语录之文："'广大配天地，变通配四时，阴阳之义配日月'，以《易》

---

① （宋）朱熹《易本义·下经第二》，《朱子全书》第 1 册，第 80 页。
② （魏）王弼注，（唐）孔颖达疏《周易正义》卷六，第 227 页。
③ （元）刘贞《新刊类编历举三场文选》乙集卷四，下文所引杨氏说及考官批语同。
④ （宋）朱熹《易本义·系辞上传第五》，《朱子全书》第 1 册，第 128 页。

配天。'易简之善配至德'，以《易》配人之至德。"① 二是关于"配"字，杨氏解为"齐准"，有类似之意，亦出于朱子。朱子语录载林学履问："'广大配天地'，配莫是配合否？曰：配只是似。且如下句云'变通配四时'，四时如何配合？四时自是流行不息，所谓变通者如此。又问'易简之善配至德'，曰：易简是常行之理，至德是自家所得者。"② 杨氏说正由此而来，故考官李将仕批云："《易》义识朱子之旨，不以配为合。"另一篇文章出自第十七名曾翰，其破题云："《易》道之大也，而可于天道人事见之。"同样不出于朱子天道人事说之外，但接下来的论述则与杨氏有所不同：

> 夫《易》者，贯通天人之书也。求《易》于《易》，而《易》之道不可见；求《易》于天道人事之间，而《易》之道深可见。岂所以至微之理，而形之至著之象也哉？何则？广大变通，《易》之道也。阴阳之义，《易》之道也，而不可见也。以配之天地四时，日月之明焉，则可以于天道而求吾《易》也。易简之善，《易》之道也，而不可见也，以配之至德之人焉，则可以于人事而求吾《易》也。一显一微，混合无间，《易》之道其大乎哉③！

与杨氏相比，曾氏之文多了一层显微无间的意思，即以《易》道为至微之理，以天道人事为至著之象，求《易》道者当自天道人事观之。其说同样来自于朱子。在语录中，朱子说："欲见其广大，则于天地乎观之。欲见其变通，则于四时乎观之。欲知其阴阳之义，则观于日用可见。欲知其简易，则观于圣人之至德可见。"④ 正为曾氏所本。此种一场之中，两篇中式程文均用朱义的情况，颇能说明朱子在当时受重视的程度。且此种情况并非个案，后至元元年江西乡试，题目出《说卦传》"昔者圣人之作《易》也"至"立人之道曰仁与义"。朱子解此段文字，要点有二：一是以"顺性命之理"之"顺"解作"发挥"，所谓"昔者圣人之作《易》，将以顺性命之理，圣人作《易》，只是要发挥性命之理"⑤。二是以三才之道即性命之理，亦即一太极之

---

① （宋）黎靖德《朱子语类》卷七十四，第1906页。
② （宋）黎靖德《朱子语类》卷七十四，第1906页。
③ （元）刘贞《新刊类编历举三场文选》乙集卷四。
④ （宋）黎靖德《朱子语类》卷七十四，第1907页。"日用"之"用"似当作"月"。
⑤ （宋）黎靖德《朱子语类》卷七十七，第1969页。

理。故其答门人问曰："性命之理便是阴阳、刚柔、仁义否？曰：便是顺性命之理。"① 又说："道一而已，随事著见，故有三才之别，而于其中又各有体用之分焉，其实则一太极也。"② 本科第二名李节之、第七名黄应魁、第十名涂潜生，即都取朱子之说。李节之云："故圣人作《易》，无非以顺乎性命之理而发挥之……然而三材之道，何莫非性命之理哉？"黄应魁云："夫《易》之所发挥者，一理而已。理具于《易》书，而分见于三材，其曰两而立者，未始不以一为宗也。是故古圣人之作《易》也，无他焉，将以发挥性命之理耳。"涂潜生云："三材之道，是即性命之理也。非圣人作《易》以发挥之，抑何以见其原于一而成于两哉？"③ 都不出朱子所说两点之外。

以上所举，为直用朱子说之例。除此之外，还有一些程文，虽然没有直接搬用朱子的解说，但却以朱子为基础加以阐发，或在宏观上继承朱子的精神。例如，泰定三年湖广乡试题目为"天地定位，山泽通气，雷风相薄，水火不相射，八卦相错"，出《说卦传》。头名李瑾文云：

> 《易》卦之对待者体之常，《易》卦之交变者用之妙。交变者非对待不能以自立，对待者非交变不能以自行。此先天体用之学也。苟徒观其卦画自相为用，以周夫大《易》之书，何以见体立用行之妙哉？大《易》八卦之象，天地山泽雷风水火也。而各居其方，或异位一定而不移，或异气往来而交通，或异势激迫而相助，或异用既济而不相制，此大《易》对待之体也。八卦虽各相为用，然卦画不交错，则□于八卦，何以成六十四卦之妙也哉？必也天地雷风山泽水火，不待于定位、通气、相薄、不相射而已。八者互相为用，以成六十四卦，此所谓大《易》交变之用也④。

李氏此文以体用立说，而朱子注"天地定位"一段曰："邵子曰：此伏羲八卦之位。乾南、坤北、离东、坎西，兑居东南，震居东北，巽居西南，艮居西北。于是八卦相交而成六十四卦，所谓先天之学也。"⑤ 将八卦对待与相

---

① （宋）黎靖德《朱子语类》卷七十七，第1969—1970页。
② （宋）朱熹《太极图说解》，《朱子全书》第13册，第76页。
③ 以上三家引文皆见刘贞《新刊类编历举三场文选》乙集卷八。
④ （元）刘贞《新刊类编历举三场文选》乙集卷五。下文彭士奇批语同。
⑤ （宋）朱熹《易本义·说卦传第八》，《朱子全书》第1册，第153—154页。

交分作前后两段解说。李氏可能即是从此处得到启发，从而衍伸出以"天地定位"至"水火不相射"为对待之体，以"八卦相错"为交变之用的说法。此段文字程子无注，孔疏有之，其说以"天地定位"以下四句为天地万物交变，"八卦相错"为圣人仿效之而将八卦相重，所谓"圣人重卦，令八卦相错，乾、坤、震、巽、坎、离、艮、兑，莫不交互而相重，以象天地雷风水火山泽莫不交错"①。说与朱子不同，李氏亦未采用。场中或有用他说者，且遭到考官彭士奇的批评："不误以八卦相错为后天，则就以八卦相错为通气、相薄、不相射之义，皆失经旨。"所谓"就以八卦相错为通气、相薄、不相射之义"，盖指孔疏而言。与之类似的，还有天历二年江西乡试第五名解蒙。是年的题目为"观变于阴阳而立卦"至"穷理尽性以至于命"，解氏破题云："观圣人之作《易》，既有备以至著之象，尤有以尽至微之理。"② 乃是从象与理体用一源、显微无间的角度立说，朱子并无此意。但朱子注云："穷天下之理，尽人物之性，而合于天道，此圣人作《易》之极功也。"③ 解氏即抓住"此圣人作《易》之极功"一句，通篇皆讲圣人作《易》事。故尽管其具体解说并非有取于朱子，但还是得到了考官何槐孙的称赞："《易》义只说圣人作《易》之极功，并不及圣人用与学者体，篇末方言圣人之事，深得朱氏之旨。"

当然，朱子在元代科举中的广受欢迎，并不意味着程子之说即无人问津，用程而不用朱的情况，在《易》类程文中也不少见。如元统元年会试题目为"益动而巽，日进无疆"至"凡益之道，与时偕行"，第二名李炳云："卦之益有动而顺理之义焉，故造化之益万物，圣人之益天下，皆理之自然也。"第三名于及云："动而顺理，益无穷矣。天地圣人之大皆然也。"④ 都是从天地之益与圣人之益两方面作答。程子注曰："天地之益无穷者，理而已矣。圣人利益天下之道，应时顺理，与天地合。"⑤ 正为李、于二家所本。朱子云："动、巽二卦之德，乾下施，坤上生，亦上文卦体之义，又以此极言，赞益之

---

① （魏）王弼注，（唐）孔颖达疏《周易正义》卷九，第327页。
② （元）刘贞《新刊类编历举三场文选》乙集卷六。下文何槐孙批语同。
③ （宋）朱熹《易本义·说卦传第八》，《朱子全书》第1册，第153页。
④ （元）刘贞《新刊类编历举三场文选》乙集卷七。
⑤ （宋）程颐《周易程氏传》卷三，《二程集》，第913页。

大。"① 则与其了不相似。又如延祐四年江浙乡试，出题"知至至之，可与几也，知终终之，可与存义也"。程子注曰："知至至之，致知也。求知所至而后至之，知之在先，故可与几，所谓始条理者，知之事也。知终终之，力行也。既知所终，则力进而终之，守之在后，故可与存义，所谓终条理者，圣之事也。"② 本科头名俞镇文云："先明诸心知所养，而后力行以求至焉，此圣学始终之条理也。"③ 正是括程子之意而成，故初考龚教授称"此篇专主程氏"。此外，还有的应举者兼主程朱二家，而非简单地以一家为主，如至正元年湖广乡试头名谭圭，在作答本科《易》疑题目时，即并举程朱之说，而谓："合二说而互言之，明问可无疑矣。"④ 但总的来看，倾向于用朱子者，比用程子者还是要略多一些。有些程文即便以程为主，但与朱子并不相悖，且具体论述时也会参用朱子。如天历二年江浙乡试，题目出同人卦《彖传》"同人于野，亨"至"唯君子为能通天下之志"，头名冯勉云：

> 圣人明大同之义，而见天德之用周；又推大同之道，而见人心之理一。大同之义，见于《易》卦者，自然而然；大同之道，会于君子者，亦何往而非当然哉？然非天德之用无不周，固无以尽《易》之大同；非人心之理无不一，亦无以尽君子之大同矣⑤。

此是从"明大同之义"与"推大同之道"两方面立说，乃取诸程子："天下之志万殊，理则一也。君子明理，故能通天下之志。圣人视亿兆之心犹一心者，通于理而已。文明则能烛理，故能明大同之义。刚健则能克己，故能尽大同之道。然后能中正，合乎乾行也。"⑥ 但值得注意的是，朱子解说虽与此不尽同，但却在语录中称赞程子之说曰："程《传》说得'通天下之志'处极好，云'文明则能烛理，故能明大同之义。刚健则能克己，故能尽大同之道'，此说甚善。"⑦ 可见朱子对程子之说也是认同的。在文章之末，冯氏

---

① （宋）朱熹《易本义·象下传第二》,,《朱子全书》第1册，第100页。
② （宋）程颐《周易程氏传》卷一，《二程集》，第700—701页。
③ （元）刘贞《新刊类编历举三场文选》乙集卷二。下文龚教授批语同。
④ （元）周勇《皇元大科三场文选·周易疑》。
⑤ （元）刘贞《新刊类编历举三场文选》乙集卷六。下文引冯氏说同。
⑥ （宋）程颐《周易程氏传》卷一，《二程集》，第764页。
⑦ （宋）黎靖德《朱子语类》卷七十，第1765页。

又引入了"太极"之说，谓："同人之理，一太极而已。太极不离乎阴阳，而阴阳一太极也，此《易》所以明同人之义焉。太极不离乎人心，而人心一太极也，此君子所以尽同人之道焉。故曰：一物各具一太极也，万物统体一太极也。"这些对于"太极"的论述，明显来自于朱子，如"一物各具一太极，万物统体一太极"二语，即取自《太极图说解》①。总之，在元代《易》类程文中，程朱的地位，大致呈现一种二家并尊，而朱义略胜的态势。

三、其他科举易学著作中重视朱子的倾向

通过上文的论述，可以看出，在应试程文中，朱子易说较程子仅是略有优势。但在拟题类著作与从科举角度注《易》类著作中，此种优势即体现得较为明显。现存著作中，涂溍生、梁寅、曾贯三家之作，均更多地表现出了对朱子的关注。

作为较具代表性的易学拟题类著作，涂溍生《周易经义》、《周易经疑》，即含有浓重的尊朱意味。一方面，《周易经疑》的拟题，有一部分直接针对朱子之说发问。如对于师卦上六与既济九三，涂氏既举其爻辞，问行师论功皆勿用小人之故，又问："《本义》于既济九三云：'占法与师上六同。'所谓同者又何欤？"②此即直问朱子《易本义》之说。另有一些题目，表面上是单纯地问经传之文，但实际也与朱子有关。如对于蛊卦，涂氏问曰：

> 蛊者俱谓前人已坏之绪。初以阴柔之才，而"有子，考无咎，厉终吉"；九三以阳刚得位，而反"小有悔，无大咎"，何欤？六四"往见吝"者，阴柔之才也；六五以阴柔而反用誉，何欤？③

此处涂氏以"前人已坏之绪"解释蛊卦，正取朱子《易本义》之说："蛊者，前人已坏之绪，故诸爻皆有父母之象，子能干之，则饬治而振起矣。"④程子则未发此义。《朱子语类》中记载朱子与门人潘柄问答曰："问：

---

① （宋）朱熹《太极图说解》，《朱子全书》第13册，第74页。
② （元）涂溍生《周易经疑》卷一，《续修四库全书》第4册，第10页。
③ （元）涂溍生《周易经疑》卷一，《续修四库全书》第4册，第14页。
④ （宋）朱熹《易本义·上经第一》，《朱子全书》第1册，第47页。

幹父之蛊，程《传》云：初居内而在下，故取子幹父蛊之象。《本义》云：蛊者前人已坏之事，故诸爻皆以子幹父蛊为言。柄谓，若如此说，惟初爻为可通，若他爻则说不行矣。《本义》之说，则诸爻皆可通也。曰：是如此。"①可见朱子亦以自己"前人已坏之绪"之说为优，而不以程子之说为然。涂氏于此取朱子之说发问，正表明了其对朱子的重视。相比之下，《经疑》中问及程《传》的部分不仅数量较少，且多与朱子并举，问二家的异同，鲜有单独问及程《传》者。

另一方面，在《经疑》、《经义》的拟答中，涂氏也较多采用朱了之说。例如，《经疑》中有一题目："《易》六十四卦，重卦皆取重义，惟乾、坤不然，何欤？"对此涂氏即答曰：

> 重卦皆取重义，而乾、坤不然者，天地各一而已。天无二天，地无二地故也。然天之行也，今日一周，明日又一周，地势顺倾，而高下相因，则虽不言重，而重义在其中矣②。

此说即来源于朱子《易本义》中对乾、坤二卦《象传》的注释："凡重卦皆取重义，此独不然者，天一而已，但言天行，则见其一日一周，而明日又一周，若重复之象，非至健不能也。""坤之象，亦一而已，故不言重，而言其势之顺，则见其高下相因之无穷。"③涂氏将两处注文合一，略加调整，即成为自己的作答。《经义》的情况亦与此类似，如乾卦《文言传》"君子体仁足以长仁"至"故曰乾元亨利贞"一段，涂氏破题曰："尽人事之当然，以明天德之自然，非至健之功不能行也。"④按《朱子语类》云："'元者善之长'以下四句，说天德之自然，'君子体仁足以长人'以下四句，说人事之当然。"⑤涂氏之说正从此出。又如，《系辞传》"爻象动乎内，吉凶见乎外，功业见乎变，圣人之情见乎辞"一段，涂氏共拟二答，前一破题曰："变具于蓍卦之中，而天下之事已形；占决于蓍卦之后，而圣人之意可见矣。"⑥此即

---

① （宋）黎靖德《朱子语类》卷七十，第 1775 页。
② （元）涂溍生《周易经疑》卷一，《续修四库全书》第 4 册，第 7 页。
③ （宋）朱熹《易本义·象上传第三》，《朱子全书》第 1 册，第 105 页。
④ （元）涂溍生《周易经义》卷一。
⑤ （宋）黎靖德编《朱子语类》卷六十八，第 1708 页。
⑥ （元）涂溍生《周易经义》卷三。

《易本义》"内谓蓍卦之中，外谓蓍卦之外"之说①。后一破题曰："蓍之变微，而天下之务已形；卦之辞显，而圣人之心可见。"② 此即《朱子语类》"内外字犹言先后微显"之说③。当然，《经疑》、《经义》中的拟答，也有一些是取自程子。例如，在《周易经义》中，涂氏曾以师卦九二爻爻辞及《小象传》"在师中吉"至"怀万邦也"一段拟题，而作答曰："爻以处师而尽善者获宠命之蕃，象以专事而成功者示怀威之道。盖师之九二，专主其事，处之尽而善者也。非人君宠任之，何以有专征之权，而成安天下之功哉?"④ 其要点在于，以九二爻为处师而尽善者，以"承天宠"为人臣受君之宠任。而程子此处注文曰："既处之尽其善，则能成功而安天下。""天谓王也。人臣非君宠任之，则安得专征之权，而有成功之吉?"⑤ 正与涂氏说合，可见其有取于程子。但此类情况显然不如用朱子者之多。

作为元代为数不多的策问类著作，梁寅《策要》虽然谈《易》的部分较少，但也表现出了对朱子的推尊。如其在《易传》篇中说：

> 迨程子作《易传》，《易》之义理始大明；朱子作《本义》，《易》之象占始益著。盖程子之《易》，发挥孔子之十翼者也。朱子之《易》，则推三圣教人卜筮之旨者也。若乃朱子画卦揲蓍之法、先天后天之义，又皆祖述邵子而推明之，尤为有功于《易》道云⑥。

此篇内容，梁氏主要谈传《易》源流。按其所说，丁宽的训诂之学，焦延寿的阴阳灾异之说，后人伪托的《子夏易传》，无补于经义的《淮南九师道训》，以及王弼之祖尚清虚，孔颖达随文敷衍，都无足道。至于宋代而程朱出，一明义理、一主象占，《易》道始大明。而相比之下，朱子又尤为有功于《易》道。以下论河图洛书，先天后天，也多采朱子之说，如《后天》篇"盖自乾南坤北而交"云云一段⑦，全取朱子《易学启蒙》原文。其推崇之

① （宋）朱熹《易本义·系辞下传第六》，《朱子全书》第 1 册，第 138 页。
② （元）涂溍生《周易经义》卷三。
③ （宋）黎靖德《朱子语类》卷七十六，第 1942 页。
④ （元）涂溍生《周易经义》卷一。
⑤ （宋）程颐《周易程氏传》卷一，《二程集》，第 734—735 页。
⑥ （元）梁寅《策要》卷一，《宛委别藏》第 72 册，第 4 页。
⑦ （元）梁寅《策要》卷一，《宛委别藏》第 72 册，第 11 页。

情，灼然可见。

与以上诸书类似，带有经疑色彩的曾贯《易学变通》，同样较为重视和推崇朱子之说。《变通》中涉及朱子对卦爻辞的具体解说十余处，对这些解说，曾氏多数表示赞同，并在其基础上进一步加以阐释，如其论观卦卦辞"有孚颙若"曰：

> 曰："有孚颙若"，乃下观而化之意。《本义》反以为后说，何也？曰：前说则以阳实为孚，主九五而言也。后说以虚中为孚，指四阴而言也。但前说主为观之义，于名卦为切。后说主观光为义，乃推广之意也①。

"有孚颙若"一语，朱子《易本义》共设二说，一谓在上者"孚信在中而颙然可仰"，一谓"在下之人信而仰之"②。曾氏即对此作出解释，谓前一说主九五爻而言，乃本卦得名之本意，后一说主下四阴而言，乃推广之意，可见其对朱子所作二说及先后次序都是认同的。相比之下，对于程子之说，曾氏则讨论得较少，且多与朱子合参。如其论归妹卦《象传》"君子以永终知敝"曰：

> 曰：归妹"永终知敝"，程、朱之说，孰为当乎？曰：归妹本有"征凶"之占，圣人于《大象》所以反其凶而为吉者也。盖归妹不能永终者，由其不正而终有敝也。君子体《易》，欲有以永其终，则当知其敝而戒之矣。以此而观，则天下之事，凡欲求其终而无敝者，皆当知其敝，而后能革其敝也③。

对于此段文字，程子注曰："夫妇之道，当常永有终，必知其有敝坏之理而戒慎之……天下之事，莫不有终有敝，莫不有可继可久之道。"④ 而朱子则曰："君子观其合之不正，知其终之有敝也。"⑤ 曾氏此处论述，即兼取朱子的"不正而终有敝"，与程子的"知有敝而戒慎之"二说而成，相当于合二

---

① （元）曾贯《易学变通》卷三，《景印文渊阁四库全书》第26册，第26页。
② （宋）朱熹《易本义·上经第一》，《朱子全书》第1册，第49页。
③ （元）曾贯《易学变通》卷六，《景印文渊阁四库全书》第26册，第52页。
④ （宋）程颐《周易程氏传》卷四，《二程集》，第979—980页。
⑤ （宋）朱熹《易本义·象下传第四》，《朱子全书》第1册，第119页。

家为一，也没有取程而遗朱。当然，在《变通》中，曾氏对朱子也提出了不少补正批评意见，如对于"《易》本卜筮之书"、河洛图式、卦变之法，均在朱子的基础上有所发展或改易。但此一方面是由于曾氏之书并非专门为科举而作，仅是带有科举色彩，故其观点还能保留一定独立性。另一方面，补正与批评，实则也是一种形式的关注。相比于对程子无论是赞同还是批评均较少的情况，曾氏对朱子的重视程度，显然是更高的。

　　与上述偏重于尊朱的著作相比，解蒙《易精蕴大义》显得较为特殊一些。其书兼取程朱之说，态度大致持平。例如，姤卦九四爻"包无鱼，起凶"，解氏注曰："己所当遇而不遇，由其失德而下离也。"① 此即取程子说："四与初为正应，当相遇者也。而初已遇于二矣，失其所遇，犹包之无鱼，亡其所有也。四当姤遇之时，居上位而失其下，下之离，由己之失德也。"② 而同卦九五爻"以杞包瓜，含章，有陨自天"，解氏注则曰："以阳刚中正之主，防始生必溃之阴，静以制之，则可以回造化矣。"③ 又转取朱子之说："五以阳刚中正，主卦于上，而下防始生必溃之阴，其象如此。然阴阳迭胜，时运之常，若能含晦章美，静以制之，则可以回造化矣。"④ 某些时候，解氏还会将程朱二家结合起来，形成自己的解说。如其注剥卦上九爻曰：

　　　　阳无可尽之理，而人有思治之心。故圣人于剥之极，深明君子小人所处之不同，而圣人之情益可见矣⑤。

　　此段注文中，"阳无可尽之理，而人有思治之心"二句来自于程子。程子曰："然阳无可尽之理，变于上则生于下，无间可容息也……阴道盛极之时，其乱可知，乱极则自当思治，故众心愿载于君子。"⑥ 解氏说正从此化出。其后则径取朱子《易本义》之文："君子小人其占不同，圣人之情益可见矣。"⑦ 仅略作改易而已。由此可见，解蒙对程朱的基本态度是择善而从，并非主于

---

① （元）解蒙《易精蕴大义》卷六，《景印文渊阁四库全书》第 25 册，第 653 页。
② （宋）程颐《周易程氏传》卷三，《二程集》，第 927 页。
③ （元）解蒙《易精蕴大义》卷六，《景印文渊阁四库全书》第 25 册，第 653 页。
④ （宋）朱熹《易本义·下经第二》，《朱子全书》第 1 册，第 70 页。
⑤ （元）解蒙《易精蕴大义》卷四，《景印文渊阁四库全书》第 25 册，第 610 页。
⑥ （宋）程颐《周易程氏传》卷二，《二程集》，第 816 页。
⑦ （宋）朱熹《易本义·上经第一》，《朱子全书》第 1 册，第 52 页。

一家，与偏重于朱子的涂溍生、曾贯等人有所不同。

总的来看，元代拟题类与从科举角度注《易》类著作中，以朱子之说为主者占了大多数。尽管有解蒙《易精蕴大义》这样的特例，但其书也是程朱并重，没有废朱而言程。而涂溍生、曾贯、梁寅之书，在主于朱子的同时，用程子处就比较少。相比于应试程文，在其他科举易学类著作中，朱子易学较程子的优势地位表现得更加明显。

四、应举者对程朱之说的突破

尽管元朝政府规定科举考试中《易》以程朱为主，应试者也大都遵行之，但这并不意味着一味株守二家而无所发明，自出新意与兼采别家的情况，在元代科举易学著作中也常有体现。例如，泰定四年会试题目为《系辞上传》"归奇于扐以象闰"至"故再扐而后挂"，第四十六名徐用宏文曰：

> 圣人所以极天下之数，不过乎参五以变者也。故夫阴阳之变无穷，未有能越乎三五之数焉。参天两地而倚数，一而三，三而五，天之生数至此而极，此筮之所以一挂之后，第三节一归奇，第五节再归奇；历之所以一闰之后，第三岁一置闰，第五岁再置闰也。三五之变，历法筮法，岂有余蕴哉①？

徐氏此说的特点在于，以"参伍以变"解揲蓍归奇象闰，其说远远超出朱子。朱子解"参伍"，尽管也认为讲的是揲蓍求卦之事，但具体解说时仅谓："参者，三数之也。伍者，五数之也。"② 从未将其与揲蓍时一变第三节一归奇、第五节再归奇联系起来。朱子之外，程子无注，注疏谓"或三或五，以相参合，以相改变"③，差距更大。而至正二年会试时，傅亨作答"圣人立象以尽意"至"鼓之舞之以尽神"一题，则在具体论述中直接搬用了不少别家之说。如其谓："以一卦而言，乾坤交者，泰之象。乾坤不交者，否之象。

---

① （元）刘贞《新刊类编历举三场文选》乙集卷五。
② （宋）朱熹《易本义·系辞上传第五》，《朱子全书》第1册，第132页。
③ （魏）王弼注，（唐）孔颖达疏《周易正义》卷七，第284页。

通塞之象立，而治乱之象尽矣。以酒①爻而言，初而潜者为无用之象，上而亢者为不知进退之象。上下之象立，而潜退之意尽矣。"② 乃采自杨万里《诚斋易传》③，仅个别文字略有改易。又谓："人之用《易》，方其未占，则人心有疑而不敢为。既占，则使人作兴振起，亹亹而不厌，迁善而不知。"则取丘富国之语④。类似的情况，在涂溍生的两部拟题类著作中也有体现。例如，涂氏在《周易经义》中，先举乾卦《文言传》"云从龙，风从虎，圣人作而万物睹"一句为题，而后答曰：

> 二气以同类而应于物，一人以出类而感乎人。夫人物感应一机耳，而气之所应者独，而圣人所感者众，何哉？物不离其类，圣人则出乎其类也⑤。

此处涂氏以"物不离其类，圣人出乎其类"作为立论之本，乃是取杨万里之说："所谓各从者，一物亲一物而已。至于圣人作而万物咸睹，无一物不亲者，何也？圣人者，三才之宗主，万物之天地，所谓出乎其类者。出乎其类，故统乎万类。"⑥ 朱子注曰："圣人，人类之首也。故兴起于上，则人皆见之。"⑦ 虽然也含有这方面的意思，但相比之下，显然以杨万里之说，为涂氏立说的直接来源。又如，在《周易经疑》中，涂氏先举师、比、恒、解、巽诸卦，问其爻辞有取于田猎之故，而后作答曰：

> 先儒有曰：师以坎为害田之豕，六五用师以猎禽也。比因坎象，师之反体，故取三驱之象。下四阴所得之禽，上阴则所失之禽也。解九二之获三狐，亦有坎。巽六四之获三品，则有离，离为雉。独恒四无禽，于坎、离皆无取耳⑧。

---

① 按，原文如此，疑有误。《诚斋易传》作"一"。
② （元）周莘《皇元大科三场文选·易义》。下文同。
③ （宋）杨万里《诚斋先生易传》卷十七，《儒藏精华编》第 4 册，第 202 页。
④ （元）张清子《周易本义附录集注》卷七，《日本宫内厅书陵部藏宋元版汉籍选刊》第 2 册，上海古籍出版社，2012 年，第 518 页。
⑤ （元）涂溍生《周易经义》卷一。
⑥ （宋）杨万里《诚斋先生易传》卷一，《儒藏精华编》第 4 册，第 20 页。
⑦ （宋）朱熹《易本义·文言传第七》，《朱子全书》第 1 册，第 148 页。
⑧ （元）涂溍生《周易经疑》卷一，《续修四库全书》第 4 册，第 10 页。

此处涂氏所引的先儒之说，实际是元代学者胡一桂的说法。其说曰："师六五田有禽，以其有坎，为害田之豕也。恒九四田无禽，以应则初阴深入于下，既不可得，又于坎体无取。他如比、解皆有坎体，巽有互离，离为雉，亦在所可取。恒虽有巽鸡、兑羊、震龙，皆非所当猎者，故独曰无禽。"① 涂氏仅略作改易而已。由此可见，元代科举风气总体尚属宽松自由，以《易》应举者虽以程朱为主，但也不排斥在其基础上加以引申发挥，或兼取别家之说以羽翼之。故明初谢子方说："古今谈《易》，何止百余家……若邵子之数学，周子之《通书》，朱子之《启蒙》，横渠之《正蒙》，皆与经文相为表里，与传义互相发明，不可不知考也。又若江陵项氏，新安郢氏，益斋胡氏，荆公王氏，与夫张清子之所辑，胡一桂之所编，草庐吴氏之所纂，亦皆有以明夫经文之遗意，有志于进取者，诚能博览该贯，而折衷以程朱之法度，非惟有助于场屋，亦可谓通经之士矣。"② 即是此种风气在明代初年的延续。全祖望评价涂溍生《周易经疑》曰："贯穿古人之说而质难之，极为博雅，非如近日科举之所谓拟题也。"③ 很大程度上也是基于其能博采众说而言。

第四节　元代以《易》应举者尊朱之原因

通过上文的描述，可以看出，易学在元代科举中的总体面貌为：古注疏衰落；程朱之说并尊，而朱子又较占优势；官方规定之外的前代诸家也有一席之地。其中朱子易学实居于首要地位，为治《易》应举者普遍推尊。这一局面的出现并非偶然，而是有其内在原因。

一方面，从元代诸家易学的发展情况来看，朱子即占有较为明显的优势。元代开科取士之前，朱子易学在南方的新安、建安等地，通过师徒传授、父子相传、朋友讲习等多种途径，形成了稳固的传承，并产出了一批羽翼朱子的成果。如胡方平《易学启蒙通释》与胡一桂《周易本义附录纂注》初定本皆成于至元二十五年（1288）左右，此后胡一桂又于至大元年（1308）重辑

① （元）董真卿《周易会通》卷七，《中国易学文献集成》第66册，第23页。
② （明）谢子方《读诸儒易说纲领》，《易义主意》卷末。
③ （清）全祖望《题涂氏易疑拟题》，《全祖望集汇校集注》，第1268页。

《纂注》，张清子《周易本义附录集注》约成于大德七年（1303），都在开科之前。相比之下，古注疏与程子易学则在朱子的冲击下流传日稀。如李简《学易记》约成书于蒙古中统元年（1260），书中多采程子之说，但在图书之学方面，即已明显受到了朱子的影响。总之，在开科之前，朱子易学之发展已经超越程子与古注疏，故在科举考试中亦较受推崇。

开科之后，作为朱子易学重镇的江浙、江西等地，同时也是科举的热点地区，参与科举的人数较多，水平亦较高，其中不乏有熊良辅这样较为知名的朱子易学学者。另有胡炳文等一批朱门后学，虽未参加科举考试，但却担任书院山长，授徒应举。其在以《易》教授门人时，亦多推尊朱子之说。如程端礼学于史蒙卿，属四明朱学一派。其所撰《程氏家塾读书分年日程》中，即论读《易》云：

> 治《周易》。钞法：一依古《易》十二篇，勿钞《彖传》、《象传》附每段经文之后。先手钞四圣经传正文，依古《易》读之。别用纸依次钞每段正文。次低正文一字，钞所主朱子《本义》，次低正文一字，钞所主程子《传》。其连解《彖传》、《象传》者，须截在《彖传》、《象传》正文后钞。次低正文一字，节钞所兼用古注疏。次低正文二字，附节钞陆氏《音义》。次节钞胡庭芳所附朱子语录、文集，何北山《启蒙》、《系辞发挥》，朱子孙鉴所集《易遗说》，去其重者。次低正文二字，节钞董氏所附程子语录、文集。次低正文三字，节钞胡庭芳所纂朱子解，及胡云峰《易通》，及诸说精确而有裨朱子《本义》者。其正文分段，以朱子《本义》为主。每段正文既钞诸说，仍空余纸，使可续钞。其读《易》纲领及先儒诸图及说，钞于卷首。图在《启蒙》者不可移。读法：其朱子《本义》、程子《传》、所节古注疏，并依读四书例，尽填读经空眼簿如前法。须令先读《五赞》、《启蒙》及《发挥》，次《本义》毕，然后读程子《传》毕，然后读所节古注疏。其所附钞亦玩读其所当读者，余止熟看参考。其程子《传》、古注疏与朱子《本义》，训诂指义同异，以玩索精熟为度，异者以异色笔批抹，每卦作一册①。

---

① （元）程端礼《程氏家塾读书分年日程》卷一，第42页。标点略有调整。

《分年日程》初成于科举方兴的延祐二年，程氏自言其书为"首遵科制，参朱子读书法，以其先后本末节目，分之以年，程之以日，悉著于编，以为学校教法"①，具有浓厚的科举色彩。其后"国子监以颁示郡邑校官，为学者式"②，更成为了被广泛遵行的标准。其所主张的治《易》之法，主要内容包括：抄《周易》正文时要依照朱子所定的经传分离之古《易》文本；正文下所抄三家注文，《本义》居首，程《传》次之，最后古注疏仅为节抄；注文下所抄二家附录，同样为朱子在前、程子在后；附录下所抄诸家解说，则全为胡一桂、胡炳文等羽翼朱子者；读《易》时先自朱子《五赞》、《启蒙》入手，次读《本义》，最后方及程《传》与古注疏。在这一教学体系中，朱子毫无疑问居于首位。持类似观点的，在元代不乏其人。如陈绎曾即谓："读《周易》，先晓《启蒙》，次《本义》九图，次《五赞》，次《系辞》、《说卦》，乃可读上下经、《彖》、《象》、《文言》、《序卦》、《杂卦传》本义，然后读程朱传。"③"读《易》，先将《启蒙》看透图书之理，原卦画、明蓍策、考变占之说。"④ 同样主张学《易》自朱子入手。士人遵照其指导以治《易》应举，自然会偏向朱子一方。

另一方面，元代科举考试元代士人在以《易》应举时，还面临一个现实的问题，即所谓"程子无传"。程子《易传》仅注上下经与分附经文的《彖传》、《象传》、《文言传》，《序卦传》于每卦之前略作解说，《系辞传》、《说卦传》、《杂卦传》则无注，仅在《河南程氏经说》等处保留了一些解说。古注疏虽然通注全经，但在元代并不流行。此种情况下，应试者如遇题目出自程子无注的三篇《易传》时，朱子《本义》便理所当然地成为其据以作答的首选。而在元代科举中，题目出自《系辞传》等的情况又颇为不少。今据现存的三种《三场文选》，整理元代乡、会试各科《周易》经义类题目如下：

延祐元年（1314）乡试、二年（1315）会试

江浙：天地交，泰，后以裁成天地之道，辅相天地之宜，以左右民。（上

---

① （元）程端礼《送冯彦思序》，《全元文》第 25 册，第 500 页。
② （明）宋濂等《元史》卷一百九十，第 4343 页。
③ （元）陈绎曾《文说》，《陈绎曾集辑校》，人民文学出版社，2017 年，第 211 页。
④ （元）陈绎曾《文说》，《陈绎曾集辑校》，第 213 页。

经·泰卦卦辞)

江西：君子藏器于身，待时而动。(系辞下传)

湖广：富有之谓大业，日新之谓盛德，生生之谓易，成象之谓乾，效法之谓坤。(系辞上传)

燕南：大君有命，开国承家，小人勿用。(上经·师卦上六)

会试：乾道变化，各正性命，保合大和，乃利贞。(上经·乾卦彖传)

延祐四年（1317）乡试、五年（1318）会试

江浙：知至至之，可与几也。知终终之，可与存义也。(上经·乾卦文言传)

江西：日月得天而能久照，四时变化而能久成，圣人久于其道，而天下化成。(下经·恒卦彖传)

湖广：一阴一阳之谓道，继之者善也，成之者性也。(系辞上传)

会试：日月丽乎天，百谷草木丽乎土，重明以丽乎正，乃化成天下。(上经·离卦彖传)

延祐七年（1320）乡试、至治元年（1321）会试

江浙：易有太极，是生两仪，两仪生四象，四象生八卦。(系辞上传)

江西：阖户之谓坤，辟户之谓乾，一阖一辟谓之变，往来不穷谓之通。(系辞上传)

会试：日月得天而能久照，四时变化而能久成，圣人久于其道，而天下化成。(下经·恒卦彖传)

至治三年（1323）乡试、泰定元年（1324）会试

江浙：精义入神，以致用也，利用安身，以崇德也。(系辞下传)

江西：广大配天地，变通配四时，阴阳之义配日月，易简之善配至德。(系辞上传)

湖广：黄帝尧舜氏作，通其变，使民不倦，神而化之，使民宜之。(系辞下传)

会试：易与天地准，故能弥纶天地之道。(系辞上传)

泰定三年（1326）乡试、四年（1327）会试

江浙：范围天地之化而不过，曲成万物而不遗，通乎昼夜之道而知，故神无方而易无体。（系辞上传）

江西：九四，由豫，大有得，勿疑，朋盍簪。象曰：由豫，大有得，志大行也。（上经·豫卦九四爻）

湖广：天地定位，山泽通气，雷风相薄，水火不相射，八卦相错。（说卦传）

会试：归奇于扐以象闰，五岁再闰，故再扐而后挂。（系辞上传）

天历二年（1329）乡试、三年（1330）会试

江浙：同人于野，亨，利涉大川，乾行也。文明以健，中正而应，君子正也。唯君子为能通天下之志。（上经·同人彖传）

江西：观变于阴阳而立卦，发挥于刚柔而生爻，和顺于道德而理于义，穷理尽性以至于命。（说卦传）

湖广：列贵贱者存乎位，齐小大者存乎卦，辨吉凶者存乎辞，忧悔吝者存乎介，震无咎者存乎悔。（系辞上传）

会试：上古结绳而治，后世圣人易之以书契，百官以治，万民以察，盖取诸夬。（系辞下传）

至顺三年（1332）乡试、元统元年（1333）会试

江浙：天之所助者顺也，人之所助者信也。履信思乎顺，又以尚贤也。是以自天祐之，吉无不利。（系辞上传）

江西：九二，包荒，用冯河，不遐遗，朋亡，得尚于中行。（上经·泰卦九二爻）

会试：益动而巽，日进无疆，天施地生，其益无方，凡益之道，与时偕行。（下经·益卦彖传）

后至元元年（1335）乡试

江浙：刚健笃实辉光，日新其德，刚上而尚贤，能止健，大正也。不家

食吉，养贤也。利涉大川，应乎天也。（上经·大畜象传）

江西： 昔者圣人之作易也，将以顺性命之理。是以立天之道曰阴与阳，立地之道曰柔与刚，立人之道曰仁与义。（说卦传）

至正元年（1341）乡试、二年（1342）会试

江西： 与天地相似，故不违。知周乎万物，而道济天下，故不过。旁行而不流，乐天知命，故不忧。安土敦乎仁，故能爱。（系辞上传）

江浙： 乾坤其易之门邪。乾，阳物也。坤，阴物也。阴阳合德而刚柔有体，以体天地之撰，以通神明之德。（系辞下传）

湖广： 天地以顺动，故日月不过而四时不忒。圣人以顺动，则刑罚清而民服。（上经·豫卦象传）

会试： 圣人立象以尽意，设卦以尽情伪，系辞焉以尽其言，变而通之以尽利，鼓之舞之以尽神。（系辞上传）

至正七年（1347）乡试、八年（1348）会试

江浙： 易穷则变，变则通，通则久。是以自天佑之，吉无不利。黄帝尧舜垂衣裳而天下治，盖取诸乾坤。（系辞下传）

会试： 九五，有孚惠心，勿问元吉，有孚惠我德。象曰：有孚惠心，勿问之矣。惠我德，大得志也。（下经·益卦九五爻）

以上三种《三场文选》中所载元代十科乡、会试经义题目共三十五道，出自《系辞传》与《说卦传》者多达二十一道，其中至治三年乡试、泰定元年会试共四道题目全出《系辞传》。在经疑类题目中，这种倾向也同样存在。如至正元年乡试与二年会试中，江西乡试题为："《大传》曰：阴阳不测之谓神。又曰：利用出入，民咸用之谓之神。《说卦》曰：神也者，妙万物而为言者也。兹三言者，同欤异欤？"[1] 所问者全为《系辞传》和《说卦传》的内容。此外湖广题目问及《系辞传》，会试题目问及《说卦传》，仅有江浙仅问泰卦与否卦初九爻异同，未及于此。此种趋势也反映在元末明初一些指导应

---

① （元）周勇《皇元大科三场文选·周易疑》。

试的著作中。如涂溍生《周易经义》，自上下经部分拟题仅七篇，而自《系辞传》与《说卦传》所拟者多达六十五篇。明初谢子方《易义主意》五卷，卷三自《系辞上传》拟题三十四道，卷四自《系辞下传》拟题二十四道，卷五自《说卦传》拟题七道，基本覆盖了此二篇《易传》的全部内容。由此可见，《系辞传》与《说卦传》为元代科举考察的重点，而此部分程子又恰好无注，故应试者自然会选择朱义作答。实际上，一部分元代考官已经发现并指出了这一现象，如至正七年乡试傅常文下，考官林宗起即批曰："《易》义今制，《易》主程朱，兼用古注疏。此题程子无传，朱子《本义》惟曰乾坤变化而无为……此作主朱子《本义》，而兼用注疏，盖今制所许者也。"① 可见，因程子无注而用朱的情况，是受考官认可的，因之也使朱子易学的地位得到一定程度的提高。

当然，元代科举中《周易》之尊朱，只是一种相对的情况。程子之影响力虽然稍弱，但却远未消失，总体上仍能与朱子保持抗衡态势。故而元代多流行程朱《传》、《义》合刻之本②，开科之后也出现几部旨在合会程朱的著作，如董真卿《周易会通》、梁寅《周易参义》等，这与科举中程朱并尊的态势，可能都有一定关系。明初谢子方谈及程朱二家时说："程《传》发明义理，《本义》推原卜筮，固各有所主矣。要知理寓于象，象具夫理，必如陈北溪之说，而后知二先生所主，未始不相发明也……大抵时流进取科目之明经，则不混《传》、《义》于一致。若有志于古人之明经，又不可分《传》、《义》为两途也。"③ 只说二家各有所长，科举考试中不应混同，而未说程不如朱。陈绎曾亦云："程朱异同处，不可作是非论，只是各有取用。朱子是明经，程子是借经明道。"④ 此种"不可作是非论"的作答思路，在实际应试时是得到了贯彻的。如王寔答江浙乡试策论时即说："河南程夫子者出，以斯道之传主于理而明夫《易》者也。邵子之数未尝昧于理，程子之理未尝不寓夫数也。若考亭子朱子所谓卜筮者尚其占，易占者尚其辞，而又推辞考卦以立其义，

① （元）佚名《新刊类编历举三场文选·易义》。
② 参见顾永新《经学文献的衍生和通俗化》，第321—329页。
③ （明）谢子方《易义主意》卷五《读程传本义纲领》。
④ （元）陈绎曾《文说》，《陈绎曾集辑校》，第211页。

可谓知变矣。"① 以为邵子主于数，程子主于理，朱子主于变，而并无优劣于其间。然而，科举中重视朱子的趋势，毕竟已于此时初露端倪。此后明人"厌程《传》之多，弃去不读，专用《本义》"②，甚至就《传》、《义》合刻本削去程《传》，形成"注从朱而书则从弼"的四卷本《本义》③，未始不发源于此。

---

① （元）王宦《策一道》，《全元文》第49册，第63页。按，此策问未署时间，或以为至正元年，参见邱居里《元代文献探研》，北京师范大学出版社，2014年，第143页。

② （清）顾炎武著，黄汝成集释《日知录集释》卷一，上海古籍出版社，2006年，第4页。

③ （清）朱彝尊撰，林庆彰等主编《经义考新校》卷三十一，第541页。参见顾永新《经学文献的衍生和通俗化》，第329—332页。

第三章　从胡方平到胡一桂：
朱子易学在元代的家族传承与思想转变

　　胡方平、胡一桂父子皆为朱门正传，两世治朱子易学，且皆有注释朱子的作品传世，在元代可谓绝无仅有。其所著《易学启蒙通释》、《易本义附录纂注》、《周易本义启蒙翼传》三书，在一定程度上，可谓代表了元代前中期朱子易学研究的最高水平，同时也可以窥见胡氏父子之思想转变，由早期的独尊朱子演变为兼采诸家、惟真是从的过程。

第一节　胡方平与《易学启蒙通释》

一、胡方平的生平与著述

　　胡方平（？—1289），字师鲁，号玉斋，婺源梅田人。曾馆于休宁之新洲，受业门人有吴霞举、李伟等，并与汪深、胡次焱等人交好。所著除《易学启蒙通释》外，尚有《外易》（一作《外翼》）四卷，乃"考象求卦，明数推占"之书①，今未见流传。又有《易余闲记》，《胡玉斋方平传》载其名，继之以"其言曰"云云，或以为即其佚文。但今按其文，实为胡氏《易学启蒙通释序》之前半，《新安文献志》又题作《书易启蒙后》②。盖《胡玉斋方平传》"其言曰"以下，乃别起一段，与上文所称之《易余闲记》并不连属。

---

① （元）汪幼凤《胡玉斋方平传》，《新安文献志》卷七十，第 1724 页。
② （元）胡一桂《书易启蒙后》，《新安文献志》卷二十三，第 513—514 页。

有学者据此以为《易余闲记》仅为一段文字①，恐未必是。生平见《新安文献志》卷七十《胡玉斋方平传》、《新安学系录》卷十《胡玉斋》，《弘治徽州府志》卷七《儒硕》，内容大同小异，大致皆从至正间汪幼凤《星源续志》而出②。

《易学启蒙通释》为胡方平传世的唯一著作。据《易学启蒙序》及胡一桂跋文，可知本书之撰述，前后历经二十余年，至至元二十五年（1288）精修一过，二十六年（1289）仲春撰为序言，方最后成书，而胡氏旋亡。其子胡一桂携书入闽，在刘泾的资助下，于至元二十九年（1292）将此书刊成③，是为初刻本。日本尊经阁文库藏有"前至元版"④，有至元二十九年刘泾及熊禾跋，不知是否即是此初刻本。其后又有致和元年（1328）环溪书院覆刻本，日本东京都立中央图书馆有藏。此二本皆十行二十一字，左右双边，黑口，双鱼尾⑤，与国内所存元刻明修本同，或有一定关联。此外又有锦江精舍本，日本京都大学附属图书馆藏有清原宣贤据其钞录之本，较别本多胡方平《易学启蒙序》及胡一桂识语，是其显著不同之处。明代据元刻本修板重印者甚多，国家图书馆、北京大学图书馆等皆有收藏⑥，均未闻有胡方平序，如国图藏本卷前仅残存熊禾跋一页，北大藏本卷前亦仅有刘泾、熊禾跋，可能多出自至元初刻本一系。清代有《通志堂经解》本，此本据纳兰性德序文，乃自"元建阳刘泾所梓，有泾及熊禾去非序"之本付刻⑦，当属初刻本系统，然颇多讹误。例如，卷二"四象生八卦"一段，通志堂本云：

> 又离，朱子曰：太阴太阳交而生艮兑，少阴少阳交而生震巽。坎离不交，各得本画。此离之交在第二画，两仪生四象时交了。老阳过去交离，老阴过来交阳，便是兑艮上第三画。少阴少阳交，便是震巽上第三

---

① 谷建《胡方平生平及著作考订》，《儒家典籍与思想研究》第5辑，北京大学出版社，2013年，第180页。

② 参见谷建《胡方平生平及著作考订》，《儒家典籍与思想研究》第5辑，第178—181页。

③ （元）胡一桂《跋》，《易学启蒙通释》卷末，《儒藏精华编》第5册，第132页。

④ 尊经阁文库编《尊经阁文库汉籍分类目录》，1934年铅印本，第1页。

⑤ 严绍璗《日藏汉籍善本书录》，第16—17页。

⑥ 中国古籍总目编纂委员会编《中国古籍总目·经部》，第201页。

⑦ （清）纳兰性德《周易启蒙通释序》，《通志堂集》卷十，华东师范大学出版社，2008年，第207页。

画。所以知其如此者，他这位次相换傍①。

以国图藏元刻明修本与《朱子语类》卷六十五校之，仅此一段文字之中，即有四处讹误："又离"之"离"当作"按"，"此离之交"之"此"当作"坎"，"老阳过去交离"之"离"当作"阴"，"相换傍"之"换"当作"挨"。元刻明修本虽然较漫漶，但这些内容大部分尚可辨识，如通志堂本确从此出，似乎不应讹误至此。颇疑《通志堂经解》编刻者未见真元刻，而是从源自元刻的某个不甚精审之抄本付刻。《传是楼书目》著录《通释》抄本一部②，不知通志堂本是否与此有关。《四库全书荟要》据通志堂本缮录，校以元新安本、刘泾本③，然仍多改之未尽者，且所谓"元新安本"亦不知为何本，未必可靠。《四库全书》本钞自内府藏本，其误处与通志堂本多同。如卷上"《易大传》曰：河出图，洛出书"一段，通志堂本"如□□之世"④，"如"下阙二字，四库本亦阙⑤。可见亦源出于通志堂本。此外又有嘉庆十七年（1812）庆余堂刻本，卷前胡方平序仅存前半，题"开庆己未端阳前一日新安胡方平书于明经书院"，注文较别本多出近四十处。据今人谷建考证，此本当源自明末胡烈徽等刻本，乃是自《性理大全》裁出单行者，实不足据⑥。

此外，明人朱谧还曾作《易学启蒙通释述解》，今有明刻本传世，藏南京图书馆。该本半页十二行二十字，小字双行同。黑口，四周双边，双鱼尾。全书二卷，又图一卷。卷前有刘泾、熊禾跋，总题《启蒙通释序》，继为《启蒙所引姓氏》、《通释所引姓氏》，以及朱子《启蒙通释序》。卷端题"朱子易学启蒙，新安后学胡方平通释，永嘉后学朱谧述解"。书中朱子《启蒙》正文作大字，胡方平《通释》为小字双行低一格，以黑盖子"通释"标出。朱氏说又低一格，以黑盖子"述解"标出。作者朱谧，字思宁，永嘉人，洪武间贡士。《万历温州府志》有传，曰："性敏嗜学，与人谈论，皆极性理之奥，行谊修饰，乡邦式之。仕为邛州学正致仕，以著述为务，有《四书述解》、

① （元）胡方平《易学启蒙通释》卷上，《通志堂经解》第2册，第7页。
② （清）徐乾学《传是楼书目》卷一，《续修四库全书》第920册，第638页。
③ 江庆柏等整理《四库全书荟要总目提要》，人民文学出版社，2009年，第115页。
④ （元）胡方平《易学启蒙通释》卷上，《通志堂经解》第2册，第3页。
⑤ （元）胡方平《易学启蒙通释》卷上，《景印文渊阁四库全书》第20册，第663页。
⑥ 谷建《胡方平生平及著作考订》，《儒家典籍与思想研究》第5辑，第185—190页。

《正蒙述解》，梓于郡斋。"① 南图藏本为丁丙旧藏，卷中多有丁氏钤印，卷前有其跋文。另有"金吴之印"、"孔昭氏"二印②，则不知出自何人。

二、《易学启蒙通释》对朱子的捍卫与发挥

从学术谱系上来看，胡方平之学源出朱子。其在《易学启蒙通释序》中叙述其家世与求学，谓其曾伯祖胡昂与朱子之父朱松有同年同邑之好，曾祖胡溢又与朱子为世好。胡氏早年受业于董梦程、沈贵珤，而董梦程为朱子门人董铢之从子，又曾学于黄榦，足见与朱子渊源之深③。故其《易学启蒙通释》，亦以维护与阐发朱子易学为宗旨。胡氏认为，朱子《易本义》"阐象数理义之原，示开物成务之教，可谓深切著明矣"，而《易学启蒙》又为读《本义》而设，故其著《通释》以疏解《启蒙》，使读者能"由此进于《本义》之书"④，从而将朱子易学发扬光大。全书二卷，上卷为《本图书》、《原卦画》，下卷为《明蓍策》、《考变占》。卷前另有《附图》一卷，收《伏羲则河图以作易图》等胡氏自作图式十幅。书中每段朱子原文之下，以胡氏己说结合朱子论《易》之语录文字，并引前代诸家之说通释之。在卷前的《通释所引姓氏》中，其列出了引用的黄榦、董铢、刘爚、陈植、蔡渊、蔡沉、蔡模、徐几、翁泳九家，皆为朱子后学。此外在注释过程中还引用了一些邵雍之说，以及"偶举及注疏，唐人刘禹锡、僧一行，其他学派如张行成的说法"⑤。其说主要包括三个方面：

第一，捍卫朱子之说。例如，朱子论揲蓍，主张三变皆挂，而批判后二变不挂之说。胡氏即于卷前特作《近世揲蓍后二变不挂图》（见下页图 3–1）。

在此图中，胡氏列出了以后二变不挂法揲蓍时，求得四象之概率。如一变除挂扐后左三右一，二、三变不挂，亦皆左三右一，为老阳之一；一变除挂扐左三右一，二变左二右二，三变左三右一，为老阳之二。依此计算，得

---

① （明）汤日昭《万历温州府志》卷十一，《四库全书存目丛书》史部第 211 册，第 12 页。
② （清）丁丙《善本书室藏书志》卷一，《续修四库全书》第 927 册，第 163 页。
③ （元）胡方平《易学启蒙通释序》，《易学启蒙通释》卷末，《儒藏精华编》第 5 册，第 131 页。
④ （元）胡方平《易学启蒙通释序》，《儒藏精华编》第 5 册，第 131 页。
⑤ 钟彩钧《胡方平、一桂父子对朱子易学的诠释》，《元代经学国际研讨会论文集》，第 208 页。

老阳、少阴者二十七，得少阳者九，得老阴者一。其概率与丁易东、张理所计者不同，是由于丁、张二家采用揲左不揲右之法，左手余二则右手承之以六，合为八数，而没有左二右二的情况（详见第五章第二节）。胡氏据此认为，如后二变不挂，则"三变之后，阴阳变动皆参差不齐，无复自然之法象矣"①。此外，其操作方法也存在者"六扐而后挂，三营而成易，于再扐四营之义不协"的问题②。由此鲜明地表达出支持朱子之意。

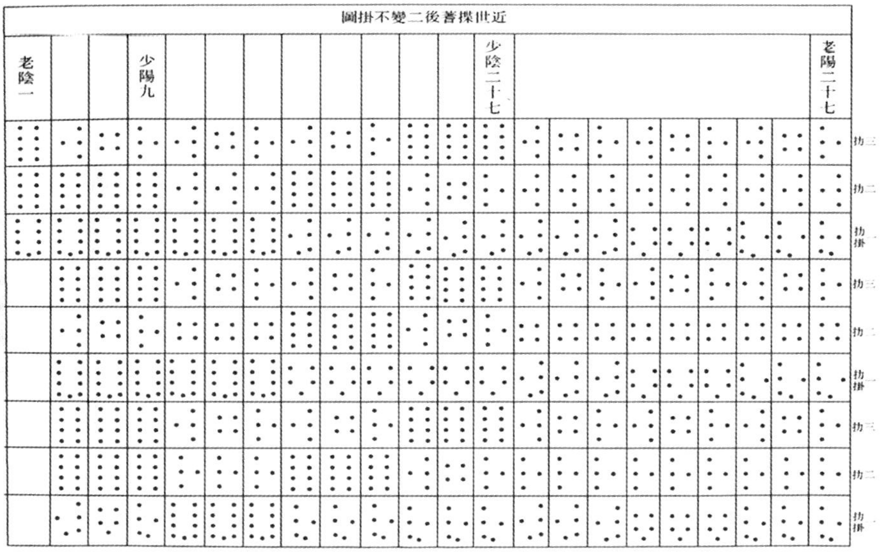

近世揲蓍后二变不挂图

老陰一　少陽九　少陰二十七　老陽二十七

扐三　扐二　扐掛　扐三　扐二　扐掛　扐三　扐二　扐掛

图3-1　近世揲蓍后二变不挂图③

第二，调和朱子与别家之说。例如，在四象问题上，胡氏即对朱子与邵雍之说的不同之处，作了很多弥合。按照朱子的说法，"四象"为太阳、太阴、少阳、少阴，其中太阳为阳，太阴为阴，少阳为刚，少阴为柔。以八卦分属四象言之，乾、兑属太阳，艮、坤属太阴，四卦生于二太，为天之四象；离、震属少阴，巽、坎属少阳，四卦生于二少，为地之四象。但邵子之说，却与此多有不同。其说一方面"以太阳为阳，少阴为阴，少阳为刚，太阴为柔"④，太阳、少阳之说与朱子同，而少阴、太阴之说则与朱子完全相反。另

---

① （元）胡方平《易学启蒙通释》卷首，《儒藏精华编》第5册，第18页。
② （元）胡方平《易学启蒙通释》卷首，《儒藏精华编》第5册，第18页。
③ （元）胡方平《易学启蒙通释》卷首，《儒藏精华编》第5册，第19页。
④ （元）胡方平《易学启蒙通释》卷上，《儒藏精华编》第5册，第50页。

一方面，在八卦分属四象的问题上，邵子说为"太阳为乾，太阴为兑，少阳为离，少阴为震，四卦天四象；少刚为巽，少柔为坎，太刚为艮，太柔为坤，四卦地四象"①，不仅在朱子之说外，又添出太刚、太柔、少刚、少柔，以配巽、坎、艮、坤四卦，且在天四象与地四象的论述上，与朱子也是"其言乾、兑、巽、坎同，而言离、震、艮、坤异"②。二家的差异，可用下表来进行表示：

表 3-1　邵雍天地四象表

地之四象				天之四象			
坤	艮	坎	巽	震	离	兑	乾
太柔	太刚	少柔	少刚	少阴	少阳	太阴	太阳
柔		刚		阴		阳	
阴仪				阳仪			

表 3-2　朱子天地四象表

天之四象		地之四象				天之四象	
坤	艮	坎	巽	震	离	兑	乾
太阴		少阳		少阴		太阳	
阴仪				阳仪			

对二家的这种差异，胡方平解释说：

> 盖四象、八卦之位，邵子以"阴阳刚柔"四字分之，朱子唯以"阴阳"二字明之。其论四象既殊，则论八卦亦异。邵子以乾、兑、离、震为天四象者，以此四卦自阳仪中来；以巽、坎、艮、坤为地四象者，以此四卦自阴仪中来。朱子则以乾、兑、艮、坤生于太阳、太阴，故属其象于天；离、震、巽、坎生于少阴、少阳，故属其象于地。二者各有不同也。但详玩邵子本意，谓阴阳相交者，指阳仪中之阴阳；刚柔相交者，指阴仪中之刚柔。是以老交少、少交老，而生天地四象，其机混然而无间。朱子易阳为太阳，阴为太阴，刚为少阳，柔为少阴。二太相交而生

① （元）胡方平《易学启蒙通释》卷上，《儒藏精华编》第 5 册，第 50 页。
② （元）胡方平《易学启蒙通释》卷上，《儒藏精华编》第 5 册，第 50 页。

天四象，二少相交而生地四象，其分粲然而有别。朱子之说虽非邵子本意，然因是可以知图之分阴分阳者，以交易而成象之或老或少，初不易其分也。朱子尝言文王后天八卦，震东、兑西为长少相合于正方，巽东南、艮东北为长少相合于偏方，以长少之合为非其偶。必若伏羲先天八卦，震以长男而合阴长之巽，为雷风不相悖；艮以少男而合阴少之兑，为山泽通气。以长合长、少合少为得其偶。又言"无伏羲底，做文王底不成"，其归却在伏羲上。今邵子说四象之交，即文王之说也。朱子说四象之交，即伏羲之说也。观朱子说，实广邵子未尽之意。而观邵子说者，亦庶乎有折衷矣①。

在这一段文字中，胡方平清晰地表达了其调和朱子与邵子之意。他认为，邵子与朱子之间的差异，是由于其想要表达的含义各不相同。邵子以朱子所称的太阳为阳、少阴为阴，少阳为刚、太阴为柔。这样，邵子所说的阴阳相交而生天四象，乃是太阳、少阴相交，同样，刚柔相交而生地四象为少阳、太阴相交，所表达的是老少交互相合而生物之意，亦即所谓"其机混然而无间"。朱子则改易邵子之说，以阳为太阳，阴为太阴，刚为少阳，柔为少阴。太阳、太阴相交而生天四象；少阳、少阴相交而生地四象，所体现的是二老、二少各自相合，而非老交少、少交老，这就将二老与二少明确地区分了开来，亦即所谓的"其分粲然而有别"。因此，二家之说虽不同，而皆可通。与此同时，胡氏又提出，邵子所提出的老少相合之法，合于文王后天八卦；而朱子将邵子之说改为长合长、少合少，正符合于伏羲先天八卦。从这一角度而言，朱子之说不仅与邵子能相通，而且还将邵子之说更向前推进了一步，由后天之学推到了先天之学。可见，此处胡方平一方面弥合了朱子与邵子说法之间的差异，另一方面又将朱子的说法归为先天之学，置于邵子之上，在调和之中又透露出尊朱的意味。

第三，补充、引申朱子未尽之意。此方面胡氏较具代表性的论说有二：一是以河图洛书配先后天八卦，这一说法主要是为完善朱子的河图生八卦之说而提出。按照朱子的看法，河图为八卦之源，同时洛书与河图的关系是

---

① （元）胡方平《易学启蒙通释》卷上，《儒藏精华编》第5册，第50—51页。

"时虽有先后，数虽有多寡，然其为理则一而已"①，二者是相通的。因此，从河图洛书中必然能导出八卦之象。但具体而言之，河图是以何种方式生成八卦的？对此问题朱子只说"析四方之合以为乾、坤、坎、离，补四隅之空以为兑、震、巽、艮"②，至于如何析、如何补，以及八卦之象与河洛之数究竟有什么关系，则语焉不详。胡氏正是针对这一问题提出了一种新的思路，即"以卦配数"之法。其专门作有三幅图式，现录之于下：

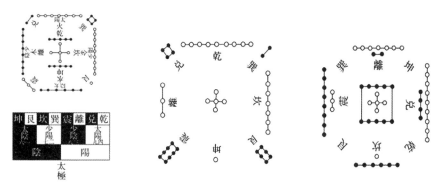

图3-2　伏羲则河图以作易图　图3-3　先天八卦合洛书数图　图3-4　后天八卦合河图数图③

从图中可以看出，胡氏配卦的具体方式是：以四象而言之，乾、兑属太阳，其数为四九；离、震属少阴，其数为三八；巽、坎属少阳，其数为二七；艮、坤属太阴，其数为一六。以此数将八卦配于河图之数，则艮、坤数一六，河图北方之数亦一六，因此便将其配于北方；同样，离、震与河图东方之数均为三八，则居于东方。但乾、兑之数为四九，却将其配于南方之二七，巽、坎之数为二七，却配以西方之四九，二者互换，其原因用胡氏之话来说，便是"阴之老少主静而守其常，阳之老少主动而通其变"④。按其说法，艮、坤为太阴，离、震为少阴，阴为小，主常而不能变，故二者皆居本数之位；乾、兑为太阳，巽、坎为少阳，阳为大，能通其变，故二者位置相互交换。且从配卦上来看，乾于《说卦传》为金，而居于南方火位，坎于《说卦传》为赤，亦有火象，而居于西方金位，也代表了金火互通之妙。这样就实现了先

①　（宋）朱熹《易学启蒙》卷一，《朱子全书》第1册，第215页。
②　（宋）朱熹《易学启蒙》卷一，《朱子全书》第1册，第215页。
③　以上三图均见《易学启蒙通释》卷首，《儒藏精华编》第5册，第11—12页。
④　（元）胡方平《易学启蒙通释》卷首，《儒藏精华编》第5册，第11页。

天八卦图与河图的配合，如第一图《伏羲则河图以作易图》所示。再以此法推之于洛书，北方之一与西北方之六，配以其数同为一六的坤、艮，其余则东方之三与东北之八配离、震，南方之九与东南之四配乾、兑，西方之七与西南之二配坎、巽，与第一图皆同。所不同者，洛书中乾、兑与坎、巽亦各居本数之位，不需要再作换位。由此形成的则为先天八卦配洛书之图，亦即第二图《先天八卦合洛书数图》所示者。而第三幅图《后天八卦合河图数图》，则以五行数将后天八卦与河图配合。河图北方一六为水数，因此配以属水之坎卦，南方二七为火数，故配以属火之离卦。东方三八为木数，故配以属木之震、巽，而以震居东，巽居东南；西方四九为金数，故配以属金之乾、兑，而以兑居西，乾居西北。中央五与十为土数，则配以属土的艮、坤，而将其置于余下的东北、西南两个位置。由此可见，胡方平的这种方法，是以八卦四象之数与河图五行之数为基础的，前者是从朱子小横图中推来，后者则直接本之于朱子之说。胡氏的贡献在于，他在朱子之说的基础上，以"数"为契机，将八卦与河图洛书联了起来，而这种联系方法是朱子未想到的。胡氏对朱子的发展之处，也正在于此。

胡方平发展朱子之说的另一个方面，是其以大圆图配卦气之说，这同样也是朱子已经讨论过但尚不完善的一个问题。在卦气问题上，朱子吸收了汉易的十二消息卦卦气说，并用其来解释邵子的伏羲六十四卦大圆图。但这种解释的不足之处，在于其论卦气疏密不均。如从大圆图的左半圈来看，由十一月之复卦顺行，经十六卦方得十二月之临卦，又经八卦得正月泰卦，又经四卦得二月大壮，又经一卦得三月之夬，而四月之乾卦则直接与夬卦相接，消息卦的运行呈现一种由疏到密的趋势；右半圈的情况与左半圈恰好相反，自五月之姤卦以下，其趋势乃是由密到疏。对这一问题，朱子也未能拿出完满的解释，只说："某亦尝如此理会来，尚未得其说。阴阳初生，其气固缓，然不应如此之疏，其后又却如此之密。大抵此图布置，皆出乎自然，不应无说，当更共思之。"[1] 而胡方平则为解决朱子遗留下来的这一问题，而提出了一种新的卦气说，并曾作有图式（见下图3-5）。

此种说法的思路是，不从十二消息卦配十二月入手，而是将大圆图的六

---

① （宋）黎靖德《朱子语类》卷六十六，第1619页。

十四卦配以二十四节气。其中二分、二至、四立共八个节气，分别配以两卦，其余十六个节气则各配以三卦。这样推演出的卦气说，各节气之间的距离较为均衡，可以说在一定程度上弥补了朱子之说的疏漏。但尽管此说与朱子不甚相同，胡方平却并没有打算以此说改朱子之说。他认为，他的说法是从邵子"冬至子时半"之说推广而来，而邵子之说是朱子所承认的。由此推出的二十四气卦气说，是所谓的"伏羲说话"，属于先天易学的部分；而朱子的十二消息卦卦气说，则"自是文王说话，不可交互求合也"①，属于后天之学。二者虽然说法不尽相同，但其理未尝不相通，不存在谁对谁错的问题。

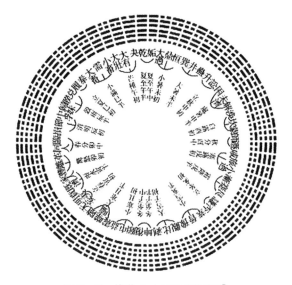

图 3-5　伏羲六十四卦节气图②

　　总的来看，作为现存较早的一部系统注释《易学启蒙》之作，《易学启蒙通释》"根据朱子之书，反复诠释"③，以紧贴朱子原文、阐释朱子本意为宗旨，而没有太过泛滥的引申与发挥。学者亦多以此而称道之，谓其"于《启蒙》原文之疏释，极详细精密"④，"所衍说尚不至如他家之竟离其宗"⑤。而其书也成为了后世学者读《启蒙》时的重要参考著作，被学者称为"是诚读

---

① （元）胡方平《易学启蒙通释》卷上，《儒藏精华编》第5册，第48页。
② （元）胡方平《易学启蒙通释》卷首，《儒藏精华编》第5册，第13页。
③ （清）永瑢等《四库全书总目》卷三，第20页。
④ 潘雨廷《读易提要》，第248页。
⑤ （清）永瑢等《四库全书总目》卷三，第20页。

《易》者不可阙之书①，"朱子《易学启蒙》，惟胡方平本最善"②。今日《启蒙》之宋元单刻本无一传世，而《通释》之元刻及明修本流传甚多，本身即说明其在易学史上的重大影响力，以及其在继承弘扬朱子易学方面的重要作用。但需要指出的是，胡氏此书并非一味"笃守朱子之说"③，而是有比较明显的补充发挥，也引起过一些争议。如胡次焱为《通释》作序时，即曾对八卦配河图洛书问题评论曰：

> 世之为图书说者，何纷纷乎？彼惟于十数中求所谓八卦者，而见其夐不相干，于是创说以强通之。幸有一节偶合，矜以自喜，而于他节不合者，辄变例易辞，牵挽傅会抑勒之，俯就其说，虽穿凿支离不恤也……何必执泥四方强配八卦，而规规然曰：此属乾、坤、坎、离，彼属震、巽、艮、兑。至其窒碍牴牾，则呕心断肠，巧辞牵合，弃坦途，行荆棘，何乃自苦如此④？

在胡次焱看来，图书与八卦的关系，不过是圣人据其奇耦、四象等数画卦而已，除此之外，一切配卦之说，都属穿凿附会。此序作于胡方平生前，盖《通释》已成书而未刻，胡方平以其质之于胡次焱，胡次焱遂书以为序，实际上隐含着对《通释》的批评之意。胡方平虽然说："此所谓言近指远者，而吾注偶未及之，请书为序。"⑤但内心未必认同，今刊本无胡次焱序，或与此有关。此批评尚属隐晦，至于清代方孝标，则直接指出："尝即其说，以先天之横图、圆图考之，老阴居北，其数六，以六为坤是也。而以一为艮，何义也？少阴居东，其数八，以八为离是矣。而以三为震，何义也？至老阳居西，其数九，是九当为乾矣。而乃以为坎，何也？少阳居南，其数七，是七当为坎矣。而乃以为乾，何也？至以二补东南而为兑，以四补西南而为巽，抑又何也？"⑥明言其以四象之数比附河图与八卦，也终有不通之处。而钱义

---

① （元）刘泾《跋》，《易学启蒙通释》卷末，《儒藏精华编》第5册，第133页。

② （明）杨士奇《易学启蒙》，《东里续集》卷十六，《景印文渊阁四库全书》第1238册，第579页。

③ （清）永瑢等《四库全书总目》卷三，第20页。

④ （元）胡次焱《启蒙通释序》，《全元文》第8册，第231—232页。

⑤ （元）胡次焱《启蒙通释序》，《全元文》第8册，第231—232页。

⑥ （清）方孝标《与胡菊潭先生问易第一书》，《方孝标文集》，黄山书社，2007年，第326页。

方则对《通释》的卦气说提出批评：

> 此图稽之经传，他无可见，特以至日一辞推广之，而得其大槩如此耳。而玉斋胡氏乃以六十四卦分配二分二至四位各两卦，外十六气各三卦，合之为六十四卦。夫节气周于天，卦象周于图，本无间也。而何有于两卦三卦多少之分哉？吁，泥矣①。

钱氏认为，大圆图配卦气，只是以复卦"先王以至日闭关"一说推之，约略如此而已。其所作之图，仅以二分、二至、四立配八宫。胡方平必欲将二十四节气与六十四卦一一配合，反而显得泥而不通。这些批评从一个侧面反映出，《通释》已经在诸多问题上超越了朱子的范围，故而引起学界的关注和讨论。当然，此种超越并不意味着对朱子的背离和否定，尊朱仍然是贯穿《通释》始终的主旨。有学者曾评论之曰："从整个胡方平对《易学启蒙》的注疏来看，都是认同朱子之说，顺朱子之意而阐述，对朱熹易解未有半点微言，可见其对朱子易学的执著与信奉。"② 大致是符合实际的。但由此却可以看出，胡方平在尊朱的同时，也不愿局限于对朱子易学著作进行简单的疏释，而是主动地加入自己的见解，以补朱子之阙、发朱子之蕴。其后胡一桂对朱子进行大规模补充发挥，甚至开始显斥其误，一定程度上即导源于此。

第二节　胡一桂两注《易本义》及其思想变化

胡一桂，字庭芳，号双湖，婺源梅田人。胡方平之子。生于南宋淳祐七年（1247）③，景定五年（1264）年十八，以易学领乡荐，试礼部不第，退而讲学④。与闽中熊禾、休宁陈栎等交好⑤。卒年未详，台湾学者许华峰考证为

---

① （元）钱义方《周易图说》卷下，《景印文渊阁四库全书》第26册，第648页。

② 李育富《胡方平〈易学启蒙通释〉刍议》，《周易研究》2012年第1期。

③ （明）胡士贤《双湖先生行实》，《双湖胡先生文集》卷首，《续修四库全书》第1322册，第544页。（清）胡朝贺《明经胡氏七哲集传》，第9页，清咸丰五年（1855）刻本。

④ （元）汪幼凤《胡玉斋方平传》，《新安文献志》卷七十，第1724页。参见胡士贤《双湖先生行实》。

⑤ 有关胡一桂之交游，可参见史甄陶《家学、经学和朱子学》，华东师范大学出版社，2013年，第41—46页。

延祐元年至二年（1314—1315）间①。今据《韩鲁齐三家诗考》卷前胡一桂序题"延祐甲寅秋"②，可知胡氏于延祐元年（1314）秋天尚在世；又据陈栎《祭胡双湖文》云"先生之寿，垂及古稀"③，可知胡氏卒时未及七十，则当在延祐三年（1316）前。陈氏祭文又曰："近者秋孟，先生赐访，留仅七日，莫淹归鞅。期以秋季，为我再来……十月下旬，董君走伻，报公捐馆。"④可知胡氏辞世当年之七月尚曾拜访陈栎，至十月下旬，陈氏已接胡氏讣闻。由此推断，则胡氏之卒年，最有可能在延祐二年（1315）八月至十月间。生平见《新安文献志》卷七十《胡玉斋方平传》附胡一桂传，《元史》卷一八九《儒学传》，明代胡士贤《双湖先生行实》、清代胡朝贺《明经胡氏七哲集传·双湖先生传》等也可参考。著有《易本义附录纂注》、《周易本义启蒙翼传》、《诗集传附录纂疏》、《十七史纂古今通要》、《人伦事鉴》、《历代编年》等，后人辑有《双湖先生文集》，前二书作为其学术上的代表著作，集中体现了胡氏在研究朱子易学方面的成就。

作为朱子学在元代的正统传承者之一，胡一桂以毕生精力投入了对朱子易学著作与易学思想的研究之中，特别是先后两次对朱熹《易本义》进行注释，在朱子易学研究史上颇为引人瞩目。今传本《易本义附录纂注》作为其初注《本义》的成果，学界已有一定研究⑤，但对于其再注《本义》的重定本《易本义附录纂注》，则鲜有人知。故有必要对胡氏两注《本义》的过程、前后两部《纂注》之间的同异，以及由此体现出的胡氏思想变迁，作一详尽研究。

---

① 许华峰《论陈栎〈书解折衷〉与〈书蔡氏传纂疏〉对〈书集传〉的态度》，《元代经学国际研讨会论文集》，第 396 页。

② （宋）王应麟《韩鲁齐三家诗考》卷首，《中华再造善本》影印元刻本，北京图书馆出版社，2006 年。

③ （元）陈栎《祭胡双湖文》，《陈定宇先生文集》卷十四，《元人文集珍本丛刊》第 4 册，第 441 页。

④ （元）陈栎《祭胡双湖文》，《陈定宇先生文集》卷十四，《元人文集珍本丛刊》第 4 册，第 441 页。

⑤ 较具代表性者有：林忠军《象数易学发展史》第二卷第十四章《胡一桂象数易学思想》，齐鲁书社，1998 年。钟彩钧《胡方平、一桂父子对朱熹易学的阐释》，载《元代经学国际研讨会论文集》，台湾"中央研究院"中国文哲研究所，2000 年。李秋丽《胡一桂易学思想研究》，山东大学博士学位论文，2006 年。李育富《元代婺源胡氏易学研究》，厦门大学博士学位论文，2011 年。史甄陶《家学、经学和朱子学》第二章《胡一桂对朱子学的继承和发展》。

一、胡一桂两注《本义》考实

1. 初注《本义》与今传初定本《纂注》

早在胡一桂年轻的时候，即在其父胡方平的指导下开始研习朱子易学著作。胡方平《易学启蒙通释序》谓："沉潜反覆二十余年，著为《通释》一编，以授儿辈诵习。"① 虽为谦辞，但其以朱子《易学启蒙》等书教授胡一桂，当是实情，亦与胡一桂自言"五六岁而读父书"② 相合。十八岁中举之后，胡一桂一度在政治上有所抱负，自谓"年少气锐，粗以为有志于当世者"③。但此后南宋政权覆亡，胡氏心灰意冷，遂转而"专心致志于学"④，《易本义附录纂注》的撰述，大概即在这一时期开始。其之所以欲注《本义》，一方面是有感于"《本义》提纲振领，而节目未详"⑤，内容太过简略，有必要加以补充疏释；另外一方面，也有接续其父胡方平之事业，对朱子易学著作进行全面注释的意思，在《周易启蒙翼传自序》中，胡氏说："先君子惧愚不敏，既为《启蒙通释》以诲之，愚不量浅陋，复为《本义附录纂疏》以承先志。"⑥ 继承父志之意卓然可见。在撰述过程中，胡氏除了利用自家收藏的易学著作之外，还广泛走访当地学者以搜集资料，其叙述这一经历说："愚家藏《周易》传注，自程朱外仅十余家，闻吾州桂岩戴君梦荐晋翁伯仲、城居滕君羽山矅家多书，踵门而请，获观数十余家。继又访诸前集贤学士鄱阳初庵傅公左塾，邂逅王君希旦葵初，最嗜谈《易》，多见所未尝。"⑦ 此外也得到一些同仁的帮助，如胡方平之门人李伟，《新安学系录》记载："双湖注《易传本义附录》，多伟相与讲论。"⑧ 可见对《纂注》的撰述也起了一定

---

① （元）胡方平《易学启蒙通释序》，《易学启蒙通释》卷末，《儒藏精华编》第 5 册，第 131 页。
② （元）胡一桂《上谢叠山先生书》，《新安文献志》卷十，第 295 页。
③ （元）胡一桂《上谢叠山先生书》，《新安文献志》卷十，第 295—296 页。
④ （元）胡一桂《上谢叠山先生书》，《新安文献志》卷十，第 296 页。
⑤ （元）胡一桂《上谢叠山先生书》，《新安文献志》卷十，第 296 页。
⑥ （元）胡一桂《周易启蒙翼传自序》，《周易本义启蒙翼传》卷首，《儒藏精华编》第 5 册，第 479 页。
⑦ （元）胡一桂《周易本义启蒙翼传·中篇》，《儒藏精华编》第 5 册，第 593 页。
⑧ （明）程曈《新安学系录》卷十六，黄山书社，2006 年，第 294 页。

作用。

约在至元二十五年（1288）冬，《易本义附录纂注》纂成。成书之后，胡一桂受胡方平之命，于次年春天携此书与胡方平所著《易学启蒙通释》入闽访学。关于此点，胡一桂在为《易学启蒙通释》所作的跋文中有清晰的记载："先君戊子冬精加修定是书，其时一桂《附录》录成。明年春正月，命一桂携书千里拜考亭夫子祠下，证文献于是邦。"① 熊禾跋《易学启蒙通释》谓："己丑春，余读书武夷山中，有新安胡君庭芳来访，出其父书一编，曰《易学启蒙通释》，其穷象数也精深，其析义理也明白，且其间有言先、后天方位暗与图、书数合者，不符而同，然后知天下之公理非但一人之私论也。"② 正与之相合。有的胡氏传记谓胡一桂在入闽访学之后方撰《纂注》，如汪幼凤即云："尝入闽博访诸名士，以求文公绪论。建安熊禾去非，方读书武夷山中，与之上下议论。归则裒集诸家之说，疏朱子之言，为《易本义附录纂疏》、《本义启蒙翼传》。"③ 实不确。本次胡氏入闽，为时约三到四个月，其中一大收获，即是在武夷山洪源书院结识熊禾，熊氏所说"君初来洪源三月"④，即指胡氏此行。在此期间，二人"相与考订，推象数之源，极义理之归"⑤，所讨论者除胡方平《通释》之外，应也包括《纂注》。且胡氏在这段时间内，还曾致信谢枋得，求为《纂注》作序。其书信首题"二月六日新安学生前乡贡进士胡一桂"⑥，未题何年，今按，应为至元二十六年（1289）事。盖胡氏于至元二十五年冬纂成《纂注》，次年春入闽结识熊禾，而熊禾又与谢枋得交好，偰处约《勿轩熊先生传》记载二人交往事曰："叠山谢氏，忠义人也……闻先生之名，义不辞远涉，自江右而至。及会，共诉宋亡之恨，

---

① （元）胡一桂《跋》，《易学启蒙通释》卷末，《儒藏精华编》第 5 册，第 132 页。

② （元）熊禾《跋》，《易学启蒙通释》卷末，《儒藏精华编》第 5 册，第 135 页。

③ （元）汪幼凤《胡玉斋方平传》，《新安文献志》卷七十，第 1724 页。

④ （元）熊禾《送胡庭芳归江东序》，《重刊熊勿轩先生文集》卷一，《宋集珍本丛刊》第 91 册，线装书局，2004 年，第 221 页。

⑤ （元）熊禾《送胡庭芳序》，《重刊熊勿轩先生文集》卷一，第 220 页。

⑥ （元）胡一桂《上谢叠山先生书》，《新安文献志》卷十，第 293 页。此文又见于《新刊重订叠山谢先生文集》卷二与《双湖先生文集》卷三，《双湖先生文集》题"上谢叠山先生求作翼传序书"，然按其内容，胡氏乃为《易本义附录纂注》求序，非为《周易本义启蒙翼传》，其题名不确，内容亦有后人羼入者，考证见谷建《胡一桂双湖先生文集小考》（《儒家典籍与思想研究》第六辑，北京大学出版社，2014 年，第 77—78 页），故不予采用。

因相与抱持而哭。既而曰：'今天下皆贼也，所不为贼者惟足下与我耳。'道义相合，不能卒别，遂相与讲论夫子之道，而于旧所闻者益以明，旧所未达者通以彻。"① 可见二人相知之深。胡氏求序于谢枋得，很可能是在结识熊禾时，由熊氏介绍而为之。但至元二十五年九月，谢氏已为魏天祐强征北行，前往大都，次年四月即卒于大都②。熊禾与胡一桂对此可能并不知情，故胡氏书信中还有"兹者恭闻蛰神龙于九渊，翔凤凰于千仞，俭德自持，而爵禄不足以移，高尚自立，而王侯不足以屈"③ 之类的文字，仍称赞谢氏坚守臣节，义不仕元。而胡氏致书时，谢氏早已离开建阳北上，未必收到书信，故胡氏求序之事终未能成。

当胡一桂结束在武夷山的访学，约于至元二十六年夏返回新安时，其父胡方平已去世。胡一桂继承遗志，于至元二十八年（1291）九月再度入闽，为时长达十个月，亦即熊禾所说"再来洪源，游云庄，又十月"④。其目的除了谋求刊刻胡方平《易学启蒙通释》之外，也希望能设法刻印自己所著的《易本义附录纂注》。至于至元二十九年（1292）夏，二书皆已刻成。胡氏叙述这一过程说："一桂承兹付授，不敢失坠，辛卯九月，再入闽关，历壬辰季夏，两书录梓皆成。"⑤ 所谓"两书"，即指胡方平《通释》与胡一桂《纂注》。由此可知，《纂注》之初刻本，当是至元二十九年刻于福建。此次刊刻，熊禾应助力甚多。《通释》之刻，即是熊氏向刘泾推荐，谓其为"读《易》者不可阙之书"⑥，故刘氏方"捐金造就"⑦，则《纂注》的刊刻，可能也是由熊禾代为谋划。由于此本是胡氏首次注释《本义》的成果，故可称为"初定本"。

初定本《纂注》刻成之后，在当时流传颇广。元代新安学者陈栎在致信胡氏时曾说："癸巳之冬，先辱谦翰……今年夏，书坊之所有刊《易本义》，亟不论钱买之，研朱焚香，每一展玩，每一景仰，方此梅边细读，见梅见

---

① （元）偰处约《勿轩熊先生传》，《全元文》第38册，第549—550页。
② 俞兆鹏《谢枋得年谱》，江西教育出版社，1989年，第145—166页。
③ （元）胡一桂《上谢叠山先生书》，《新安文献志》卷十，第295页。
④ （元）熊禾《送胡庭芳归江东序》，《重刊熊勿轩先生文集》卷一，第221页。
⑤ （元）胡一桂《跋》，《易学启蒙通释》卷末，《儒藏精华编》第5册，第132页。
⑥ （元）刘泾《跋》，《易学启蒙通释》卷末，《儒藏精华编》第5册，第133页。
⑦ （元）胡一桂《跋》，《易学启蒙通释》卷末，《儒藏精华编》第5册，第132页。

《易》，如获见君。"① 此处陈氏所谓《易本义》，以上下文意推之，可能即指《易本义附录纂注》。如此则在至元三十年（1293）之后不久，新安地区即有翻刻《纂注》者。退一步讲，即便陈氏所说《易本义》并非翻刻本《纂注》，但其在信中已提到《本义附录纂注》之名②，可见至少在此时其已见过此书。又如，与胡方平、胡一桂父子同宗且交好的宋末元初学者胡次焱，约在至元二十九年，曾收得胡一桂所赠之《易学启蒙通释》，并为之作跋，跋文中称："玉斋既为《通释》，双湖又为《本义附录》，非惟桥梓相映，楂梨兼美，且将突过烟楼，此又贺临以来所无者。"③ 也已提及《纂注》，很可能是胡一桂将新刻成之初定本《纂注》与《通释》一并赠予胡次焱。在此之后，同成于至治二年（1322）的吴澄《易纂言》与熊良辅《周易本义集成》，也都对初定本《纂注》有所引用，可见其书在元代应颇为流行。

2. 再注《本义》与已亡佚之重定本《纂注》

在初定本《易本义附录纂注》刻成之后的一段时间，胡一桂曾一度将研究的重点转向朱子《诗经》学方面，并未对《纂注》作进一步的修订。在《赠师鲁学易序》中，胡氏说："予曩客东山，汪君淮与予游，时予《易纂》梓本已质诸海内同气，方从事乎温柔敦厚之教。"④ 此段"从事乎温柔敦厚之教"的确切时间不甚可知，但从陈栎元贞二年致胡一桂书信中，谈及胡氏附注《诗传》，谓"兼闻入闽之期已的，恐一刊印后，改正便难"⑤，似乎本年胡氏《诗集传附录纂疏》已经成书，即将入闽刻印。则其研究朱子《诗集传》，当大致在至元二十九年到元贞二年间。值得注意的是，在这段时间内，胡氏的思想已经开始发生变化，其注朱子《诗集传》，即不再一味墨守朱子，而引入了大量与朱子相异甚至相反的观点，这令陈栎颇为不满，以至于有"左右释《诗》，多有可疑，读《诗》之功，不逮《周易》"⑥的评价，并劝

① （元）陈栎《又答双湖书》，《陈定宇先生文集》卷十，《元人文集珍本丛刊》第4册，第379页。
② （元）陈栎《又答双湖书》，《陈定宇先生文集》卷十，《元人文集珍本丛刊》第4册，第380页。
③ （元）胡次焱《跋胡玉斋启蒙通释》，《全元文》第8册，第238页。
④ （元）胡一桂《赠师鲁学易序》，《新安文粹》卷二，《四库全书存目丛书》集部第292册，第433页。
⑤ （元）陈栎《又答双湖书》，《陈定宇先生文集》卷十，《元人文集珍本丛刊》第4册，第380页。
⑥ （元）陈栎《又答双湖书》，《陈定宇先生文集》卷十，《元人文集珍本丛刊》第4册，第379页。

告胡氏说："左右于《易》，不十分自立说，其附己见者，不过十之一二耳。今释《诗》亦须如此，前辈之说灼然未尽未明，而我之说灼然稳当明白者则出之，不然不如其已，不必过于求奇，以来云云也。"[①] 但胡氏并未听从陈栎的劝告，反而在完成了《诗集传附录纂疏》之后，又按照自己新的学术观点，再次对《易本义》进行注释，并由此形成了重定本《易本义附录纂注》。

重定本《纂注》的撰述时间，约在至大元年（1308），对此胡氏在其另一部易学著作《周易本义启蒙翼传》中，有明确记载："一桂愚不肖，又尝附录纂注《本义》，书梓行有年，尚恨孤陋寡闻，象释疏略。岁在戊申，复谋之先同志鄱阳汪君标国表，得其手编诸家《易》解一钜集……又自搜访二十余家，重加纂辑，毗于附录，用溃于成。"[②] 此处言及之汪标，与胡一桂同为宋末元初人，登咸淳十年（1274）进士第，宋亡后于至元二十二年（1285）前后，曾与徐明善同任龙兴路学官，后辞官不出，"大肆力于群书，会心处辄抄纂，巾箱充牣，棐净棜疏，宾送日月于庭户，不知须发之缟。"[③] 其易学著作名《经传通解》，以冯椅《易解》为本，又博求诸家之说增入，胡一桂之初定本《纂注》也在其采录之中。由于其与胡氏"先世为懿戚"[④]，故胡氏得见其书，并用以增补《纂注》。关于此次再注《本义》，胡氏及其门人董真卿曾不止一次提起过。如胡氏在《周易本义启蒙翼传》卷前序文中说："愚不量浅陋，复为《本义附录纂疏》以承先志，今重加增纂之余，又成《翼传》四篇。"[⑤] 所谓"重加增纂"，指的就是重定本《纂注》。董真卿谓"先师凡两著《本义附录纂疏》"[⑥]，说得更加明白。可见胡氏再注《本义》之事，应无可疑。

值得注意的是，作为胡氏再注《本义》之成果的重定本《纂注》，其影响似乎远不如初定本之大。今传世诸本《纂注》中，北京保利拍卖有限公司

---

　①　（元）陈栎《又答双湖书》，《陈定宇先生文集》卷十，《元人文集珍本丛刊》第4册，第379—380页。

　②　（元）胡一桂《周易本义启蒙翼传·中篇》，《儒藏精华编》第5册，第593—594页。

　③　（元）徐明善《汪县令墓志铭》，《全元文》第17册，第287页。

　④　（元）胡一桂《周易本义启蒙翼传·中篇》，《儒藏精华编》第5册，第594页。

　⑤　（元）胡一桂《周易启蒙翼传自序》，《周易本义启蒙翼传》卷首，《儒藏精华编》第5册，第479页。

　⑥　（元）董真卿《周易经传集程朱解附录纂注序》，《周易会通》卷首，《中国易学文献集成》第65册，第3页。

于 2016 年拍出之元刻本、香港藏元刻残本、清《通志堂经解》本与《四库全书》本，均是初定本。四川省图书馆藏另一元刻残本，虽未能寓目，但其版式行款与香港藏元刻残本全同，推测也是初定本。而重定本则未见流传。元人言及《纂注》者，除俞琰《读易举要》谓"新安胡一桂庭芳纂注朱子《本义》，庭芳所自注，则附于《纂注》每卦每爻下"①，未明言是初定本抑或重定本，其余如吴澄《易纂言》引胡氏说二条②，均出自初定本《纂注》。熊良辅《周易本义集成》引胡氏说约八十条，绝大部分亦自初定本《纂注》而出，仅有少数一两条例外。如《集成》卷一讼卦卦辞下，熊氏引新安胡氏曰："讼所以兴，必己有由中之信实，为他人所室塞，不得已而讼，亦须恐惧而不敢自安，所以获吉。"③ 此条即不见于今传初定本《纂注》，但也同样不见于董真卿《周易会通》所引重定本《纂注》，或今传本有所脱漏，或熊氏所引有误，并不能说明熊氏得见重定本。吴氏、熊氏之书皆成于胡一桂身后，但对胡氏晚年新纂的重定本《纂注》均未引用，其书流传之不广可见一斑。

目前唯一可以较为完整地探知重定本《纂注》面貌的途径，当属胡氏门人董真卿所著《周易会通》。其书约成于天历元年（1328），大量采用了胡氏《纂注》中的资料。如对于朱子语录，其即"多用先师胡先生所编"④；而对于程、朱以外的诸家之解，亦"以先师《纂疏》为本"⑤。此外还出于尊崇师说的目的，对《纂注》中胡氏自注尽量采录。这些内容多不见于今传初定本《纂注》，应即是出于重定本。对于此点，清人王懋竑已有所觉察。其在《读书记疑》中说："双湖胡氏《附录纂注》，其自解甚略，考之《大全》所载，删削几过半。鄱阳董氏言双湖两著《附录纂注》，今刻岂其后删本耶？"又谓："双湖'筮必有室'条，今所刻《附录纂注》本不载，则今刻非全本也。"⑥ 其以今传本《纂注》为"后删本"、"非全本"，显然不确，但指出了主要取材于《周易会通》的《周易传义大全》，所载胡氏自注大大超过今本《纂

① （元）俞琰《读易举要》卷四，《景印文渊阁四库全书》第 21 册，第 470 页。
② 王新春等《易纂言导读》，齐鲁书社，2006 年，第 436、483 页。
③ （元）熊良辅《周易本义集成》卷一，《中华再造善本》影印元刻明修本，北京图书馆出版社，2005 年。
④ （元）董真卿《周易会通凡例》，《周易会通》卷首，《中国易学文献集成》第 65 册，第 11 页。
⑤ （元）董真卿《周易会通凡例》，《周易会通》卷首，《中国易学文献集成》第 65 册，第 13 页。
⑥ （清）王懋竑《读书记疑》卷一，《续修四库全书》第 1146 册，第 151 页。

注》，则是实情。对《会通》所载的这些胡氏自注进行分析，可以很明显地看出其出于重定本《纂注》的痕迹。如困卦九五爻下，《会通》引胡氏说曰：

> 赤绂则《诗·候人》"三百赤绂"，《采菽》"赤绂在股，天子所予"，《车攻》"赤绂金舄"，《记·玉藻》"一命缊绂幽衡，再命赤绂幽衡，三命赤绂葱衡，大夫以上赤绂乘轩"，则赤绂为臣下服明矣。若朱绂，则《采芑》云"方叔受其命服，朱芾斯皇"，乃方叔受命之服。方叔，周宣王卿士。《斯干》云"朱芾斯皇"，乃宣王所生子之服。程《传》未知何据，惟《白虎通》云："芾者，蔽也，行以蔽前。天子朱芾，诸侯赤绂。"注疏家亦云："天子、诸侯、大夫、士绂各有制。"程《传》想本此，但于经无证耳。芾、韍、绂并通用。此愚初编所述，今诸家可以参考。祭享取坎，有幽阴之象。兑为巫、为口舌，亦有事神之象。岂困之时固自有祷祠之事耶①？

此段注文自"芾、韍、绂并通用"以上，皆见于今本《纂注》②，而胡氏亦于其下言"此愚初编所述"，可见所谓"初编"即是今传初定本《纂注》，而此条加以增补的注文，亦必出自重定本无疑。举此一例，即可见《会通》所据者乃重定本《纂注》。

《周易会通》成书之后，重定本《纂注》的流传更加稀少。明初所纂《永乐大典》，其残本引《纂注》约十九条，全部为初定本③，同时亦引《周易会通》之文，其中有重定本《纂注》的内容。由此可知，明初纂修《大典》诸臣已不可见重定本《纂注》原书，否则不必从《会通》转引。同样成书于明初的《周易传义大全》，引用《纂注》235 条④，多出于重定本。但据学者研究，《大全》乃是以《周易会通》为基础纂修而成⑤。今按，《会通》中有编纂失误之处，《大全》亦沿袭之。如中孚卦《象传》下，今传初定本《纂注》先引徐几之说，后附以胡一桂"愚谓《象》言刑狱五卦"云云一段

---

①　（元）董真卿《周易会通》卷九，《中国易学文献集成》第 66 册，第 225—226 页。

②　（元）胡一桂《易本义附录纂注·下经第二》，《儒藏精华编》第 5 册，第 240—241 页。

③　（明）解缙等《永乐大典》，第 576、588、1789、1979、1995、5934、5936、5955、5962、5964、5971、5977、6772、6837、6841、6847、6854、6858、6866 页。

④　陈恒嵩《〈五经大全〉纂修研究》，花木兰文化出版社，2009 年，第 66 页。

⑤　陈恒嵩《〈五经大全〉纂修研究》，第 68 页。

自注①,《易纂言》与《周易本义集成》引此段自注,亦均标明为胡一桂之说。但《周易会通》却将胡氏自注与徐几注文合为一条,仅标以"徐氏曰"②,明显是脱漏了胡氏的姓名,而《大全》即袭其误。由此可证《大全》确实本之于《会通》,则所收重定本《纂注》亦应转引自《会通》。经核查,此二百余条注文虽有删减分合、移换位置,但大部分见于《会通》,仅有少数几条需加以进一步讨论,如在坤卦六二爻《小象传》下,《大全》引双湖胡氏曰:

> 六二之动,直以方也。欲知其直方,当于动处观之。地之生物也,藏于中者毕达于外,而无所回隐,此可以见其直。其成物也,洪纤高下,飞潜动植,随物赋形,而各有定分,此可以见其方。若其大则地之无不持载,固不待言而可见矣。地道之光,自然而然,人之德能如地道之内直外方,而又盛大,则岂待学习而后利乎③?

此条注文,明代胡珙补辑元儒胡炳文《周易本义通释》时,将其作为胡炳文之说收入,今按《永乐大典》引胡炳文此处注文作"坤至柔而动也刚,此曰六二之动,动字当玩"④,与之全然不同,可知乃胡珙误辑。但也不见于今本《纂注》与《会通》,是否为胡一桂之说仍然存在疑问。又如蛊卦卦辞下,《大全》亦引胡一桂之说曰:

> 蛊者,事也,坏也。事欝而不发者谓之蛊。草之欝也,其久必腐。木之欝也,其久必蠹。未有事而不坏者也。蛊之所以元亨者,以能饬之尔,饬之则不坏矣。《易》穷则变,变则通,是以事之坏者,又当振而起之⑤。

此处今传初定本《纂注》无注,《会通》引重定本《纂注》作"'利涉大川'亦取互体震木行兑泽象"⑥,与其不同。其余尚有部分文字相异之处,而

---

① (元)胡一桂《易本义附录纂注·象下传第四》,《儒藏精华编》第 5 册,第 333 页。
② (元)董真卿《周易会通》卷十一,《中国易学文献集成》第 66 册,第 407 页。
③ (明)胡广《周易传义大全》卷二,《景印文渊阁四库全书》第 28 册,第 106 页。
④ (明)解缙等《永乐大典》卷三五〇七,第 1992 页。
⑤ (明)胡广《周易传义大全》卷七,《景印文渊阁四库全书》第 28 册,第 230 页。
⑥ (元)董真卿《周易会通》卷四,《中国易学文献集成》第 65 册,第 573 页。

以此两处差异最为明显。

　　但尽管存在着这些差异，也不能说明《大全》所引重定本《纂注》是直接引自原书，而非转引《会通》。众所周知，《大全》纂修不精，引文标注错误的情况时有发生。例如，小畜卦九二爻爻辞下，《大全》引胡一桂之说曰："九二以阳刚应五，五虽刚阳居上，而体本阴柔，非制畜之极，不能逆己之进，故得牵连而复，所以得吉者，居中之故也。"[1] 此条注文《会通》中亦有，但标为"胡氏曰"[2]，凡《会通》引胡一桂之说，必作"双湖先生"以示尊敬，故此"胡氏"必非胡一桂。经查，此乃节引自胡瑗《周易口义》，《大全》标引有误。以此推之，上文两条胡一桂之说也未必无误。此外，《大全》改窜诸家之说的情况也不少见，如蒙卦之下，《大全》引胡一桂曰："乾坤之后，屯主在震初九一爻，蒙主在坎九二一爻，此长子代父，长弟次兄之象。艮为少男，方有待于开发，此屯、蒙次乾、坤之义。屯建侯，有君道焉。蒙求我，有师道焉。天地既位，君师立矣。"[3] 此条《会通》亦引，但"有师道焉"之后尚有"载观文王为卜筮演《易》"云云一段[4]，《大全》略去，而窜入"天地既位，君师立矣"二句，乃源自张清子《周易本义附录集注》[5]。由此可见，《大全》不尽可信，其与《会通》所引重定本《纂注》之文存在差距，也不足以认定其别有所据。

　　总之，从重定本《纂注》成书的至大元年，到《周易会通》成书的天历元年的二十年间，重定本《纂注》之文尚未见于各家引用。而《会通》成书之后，明初的《永乐大典》与《周易传义大全》引用重定本《纂注》，又都是自《会通》转引。此外，元末尚有解蒙《易精蕴大义》等书，对重定本《纂注》有所援引，如《系辞上传》第五章之下，解氏引先儒曰"此章专明阴阳之道"云云一段即是[6]。但解氏天历二年（1329）才得中江西乡试，《易

---

①　（明）胡广《周易传义大全》卷四，《景印文渊阁四库全书》第28册，第165页。

②　（元）董真卿《周易会通》卷三，《中国易学文献集成》第65册，第449页。

③　（明）胡广《周易传义大全》卷三，《景印文渊阁四库全书》第28册，第124页。

④　（元）董真卿《周易会通》卷二，《中国易学文献集成》第65册，第374—375页。

⑤　（元）张清子《周易本义附录集注》卷一，《日本宫内厅书陵部藏宋元版汉籍选刊》第2册，第58页。

⑥　（元）解蒙《易精蕴大义》卷九，《景印文渊阁四库全书》第25册，第706页。

精蕴大义》的撰述可能还要远在此后①，其时《会通》应已成书并刊布，故解氏所引亦未必不出自《会通》。由此可推知，约在元末明初之际，重定本《纂注》的原本可能已无流传。

3. 今传初定本《纂注》版本考

初定本《易本义附录纂注》于至元二十九年在福建刊刻后，在元代一度颇为流行，目前所知，尚有元刻十五卷本一部与残本二部传世。现分别叙述如下。

《纂注》之元刻十五卷本，于北京保利国际拍卖有限公司 2016 年春季拍卖会拍出。据该公司网站消息，此本一函八册，卷帙依次为：《卦图》、《周易上经第一》、《周易下经第二》、《彖上传第一》、《彖下传第二》、《象上传第三》、《象下传第四》、《系辞上传第五》、《系辞下传第六》、《文言传第七》、《说卦传第八》、《序卦传第九》、《杂卦传第十》、《五赞第十一》、《筮仪第十二》。框高十九点六公分，宽十二点四公分。半页十行二十字，小字双行二十四字。细黑口，双鱼尾，左右双边。有衬及手书补版。卷中避"筐"、"贞"、"恒"、"玄"等宋讳。卷端先顶格题"周易上经第一"等，换行低三格题"朱子本义"，又换行低七格题"新安后学胡一桂附录纂注"。钤有"晋江黄氏父子藏书"、"朱氏□藏书印"、"吴氏楚英"、"蒲坂书楼"、"姚钧石藏书"、"民国庚辰"诸印。其中"晋江黄氏父子藏书"白文印，疑为明末清初黄居中、黄虞稷父子藏印。但黄虞稷《千顷堂书目》著录此书，作"胡一桂《周易本义通释附录纂疏》十四卷"②，题名与卷数均有出入，其故未详。"蒲坂书楼"、"姚钧石藏书"等印，则属近代澳门藏书家姚钧石。姚氏生平不甚可考，约在清末民初生活于广州，后到澳门。国家图书馆藏有民国七年（1918）铅印本《游台湾日记》，为姚氏所撰，载其于是年随日本驻广州总领事太田、台湾银行行长小笠原去台湾游历之事。卷前《自序》云：

> 余素具远志，喜浏览山川名胜及制造场，而研究实业之学识。尝读

---

① 按，解氏之生卒年及《易精蕴大义》的撰述时间不详，但解缙《伯中公传》记载解蒙与其兄解观同中天历二年乡试，而解观在三十余年之后的至正二十一年（1361），方因陈友谅攻破江州而死（见《文毅集》卷十一，《景印文渊阁四库全书》第1236册，第753—756页）。由此可推知解蒙中举时应较为年轻，未必会有所著述。

② （清）黄虞稷《千顷堂书目》卷一，第15页。

《史记》，观其雄文伟论，全由阅历而生，恒心焉慕之。方愚初见日本之驻广州总领事上野君也，余年尚少，蒙谆谆以游学劝勉。及上野君去任，而濑川总领事来，仍以游学相勖，谓今日世界，以科学为重，耳闻究不如目见。及濑川君去任，而赤塚总领事来，谓人无学问，与物何异，并殷殷勉以游学日本，其学业必更大进。奈未能辍业远行，徒付之虚愿①。

此处姚氏所提及之"上野君"为上野专一，约在1906年到任广州领事馆。"濑川总领事"为濑川浅之进，约于1908年到任。"赤塚总领事"为赤塚正助，于1912年到任②。姚氏谓上野到任时其年尚少，可见其应是生于清末光绪年间。至于赤塚到任时，劝姚氏游学日本，而姚氏谓"未能辍业远行"，似当时已成年并有其事业。王伊同谓"羊城姚君钧石，积二世之雄资，善货殖，持筹而算，亿则屡中"③，可见姚氏之父为商人，姚氏继承其业，亦经商有成。《中华医学会医史学会60年大事记》于1941年3月又载"蒙澳门姚钧石医师慨捐国币一万元，供出版中华医史书籍之用"④，又于1947年载姚氏与伍连德等人共同当选中华医史学会名誉会员，则姚氏在经商之外，或又兼行医。其藏书楼名"蒲坂书楼"，乃"溯源舜德"⑤，亦即以传说中的舜都蒲坂而命名。早在广州时，姚氏已有藏书，后毁于兵火，仅有先运澳门者保存下来。此后姚氏又着力搜求，特别是于1942年左右，以四万葡币购得藏书家徐信符南州书楼旧藏⑥，成为其收藏的主体。今见此元刻《纂注》卷前，尚有模糊不清之朱文方印"□□书楼"一方，颇疑所阙者即"南州"二字，由此而言，此本亦有可能为徐信符旧藏，而后归姚氏者。1959年，姚氏藏书由何炳棣先生为介，出售于加拿大英属哥伦比亚大学，总计三千二百余种，四万五千余册⑦，而此元刻《纂注》不在其中。此本最大的价值在于卷前有《卦图》部分，为存世其余诸本所无，学者多未之见，故仅能据相关资料加以推

①　姚钧石《游台湾日记》，民国七年（1918）铅印本，第1页。
②　曹大臣《近代日本在华领事制度》，社会科学文献出版社，2009年，第11页。
③　王伊同《王伊同学术论文集》，中华书局，2006年，第354页。
④　朱建平《中国医学史研究》，中医古籍出版社，2003年，第225页。
⑤　王伊同《王伊同学术论文集》，第354页。
⑥　王洁玉《南州书楼藏书聚散之管见》，《岭峤春秋：徐信符研究文献集》，广东人民出版社，2004年，第62页。
⑦　沈伽《普通人：甲乙堂收藏札记》，山东画报出版社，2009年，第241页。

测。如清人王懋竑即说：

> 双湖不载九图，此今刻之脱误。其书后自作四图三论，云"不敢列于九图，附《五赞》后"，是固有九图矣①。

此元刻本卷前之《卦图》，正可证王氏"今刻脱误"之说甚确。从目前披露的部分来看，各图之下同样有集注性质的"附录"、"纂注"部分，与全书体例一致。如卦变图下，胡氏先引朱子语录"卦变刚来柔进"云云一条，列于"附录"，后附以"愚谓《彖传》中《本义》中所释卦变"云云自注一段，其自注又见于胡氏门人董真卿《周易会通》所引②。又《卦图》之末云："愚按，九图外有卦象、爻象、卦序、卦互体，今为图并说，悉附《五赞》后云。"此指卷末胡氏自作的四图三论，胡氏于卷末图说前云："愚按《易》有卦象、爻象，有卦序，有卦互体，《本义》皆未有图。今为图并说，及有《文言辨》、《十翼论》各一篇，不敢列于九图，悉附《五赞》后云。"③亦能与之相呼应，可见此《卦图》确为《纂注》的组成部分。惜资料有限，详情不得而知。但大体而言，此本仍是较为完备而最值得注意的一个传本。

除了上述元刻全本之外，《纂注》尚另有二部元刻残本传世。其一为香港中文大学图书馆藏十卷残本，存《象传》上下，《系辞下传》、《文言传》、《说卦传》、《序卦传》、《杂卦传》、《五赞》、《筮仪》、《朱子本义后图》④。日本学者阿部隆一定为"元建安坊刻本"⑤。钤"慎独斋"、"蓟北李氏"、"东海郡图书印"、"云间徐地"、"张子望印"、"张子望文房印"等，沈津先生谓前四印甚旧⑥，然不能考知为何人，丁丙谓"当为明代收藏家"⑦。其后转归汪宪，卷中钤"汪鱼亭藏阅书"印可证，《振绮堂书目》著录之曰："《周易

---

① （清）王懋竑《易本义九图论后》，《白田杂著》卷一，《景印文渊阁四库全书》第859册，第649页。

② （元）董真卿《周易会通》卷首，《中国易学文献集成》第65册，第193页。

③ （元）胡一桂《易本义附录纂注·图象第十三》，《儒藏精华编》第5册，第443页。

④ 香港中文大学图书馆编《香港中文大学古籍善本书录》，香港中文大学出版社，1999年，第6页。

⑤ ［日］阿部隆一《中华民国"国立中央图书馆"等藏宋金元版解题》，《中国访书志》，汲古书院，1976年，第296页。

⑥ 沈津《中国珍稀古籍善本书录》，广西师范大学出版社，2010年，第1页。其中"云间徐地"一印，沈先生释为"云间徐氏"，今按书影，似仍当作"地"为妥。

⑦ （清）丁丙《善本书室藏书志》卷一，《续修四库全书》第927册，第163页。

十传》五册，十三卷。元胡一桂撰，云间徐氏藏元刊本。"① 可见汪氏收得时，该本上下经部分已佚。约在咸丰十一年（1861）之后，此本又转归丁丙，故卷中有"泉堂丁氏竹舟申松丙辛酉以后所得"诸印，丁氏收得时复佚《象传》上下与《系辞上传》，仅存十卷。清末丁氏藏书转归江南图书馆，此本亦在其中，故傅增湘先生谓"江南图书馆存十卷"②，柳诒徵于 1928 年主持编纂之《盋山书影》亦收录此本书影四幅③。约于抗日战争时期流出至香港④。另一元刻残本今存四川省图书馆，仅存《周易下经》与《象传》上下，共计三卷。卷中有"东瀛所得"、"六朝金石堪"钤印⑤，按杨守敬有"杨惺吾东瀛所得秘籍"等印，又精于金石之学，未知此本是否与其有关。据记载，此二本版式行款与前文所述元刻全本悉同⑥，大致为同一版本。

由元入明之后，《纂注》的传本日渐稀少。有明一代，《纂注》不仅未闻曾有重刻，甚至连公私藏书目录中都罕见著录。直至清康熙年间，纳兰成德等编刻《通志堂经解》，收入《纂注》，此书方大行于世。通志堂本所据之底本，丁丙谓即其所旧藏、今归香港之元刻残本。其说曰："《通志堂经解》中有此书，其图录《卦序图》、《卦互体图》、《易十翼论》、《文言辨》、《本义启蒙论》原缺之字，即此帙纸敝字灭之处，当时即据此以登木者也。"⑦ 今按《盋山书影》中所收元刻本书影，卷十五《卦象图》、《爻象图》后胡一桂解说，"如同人"下缺一字，"畜"下缺三字，"震坎颐"下缺六字⑧，通志堂本缺文大体皆同⑨。然亦有元刻本缺而通志堂本不缺者，如"谨遵遗"下，元刻本缺三字⑩，通志堂本则有"训而以"三字⑪；"然则易之取象"下，元刻

---

① （清）汪远孙《振绮堂书目》卷一，民国十六年（1927）铅印本，第 3 页。
② 傅增湘《藏园订补邵亭知见传本书目》，中华书局，2009 年，第 23 页。
③ 南京国学图书馆编《盋山书影》，北京图书馆出版社，2003 年，第 195—200 页。
④ 沈津《中国珍稀古籍善本书录》，第 1 页。
⑤ 四川省图书馆编《四川省图书馆馆藏古籍目录·经部》，四川省图书馆油印本，1958 年，第 13 页。
⑥ 香港中文大学图书馆编《香港中文大学古籍善本书录》，第 6 页。翁连溪《中国古籍善本总目》，线装书局，2005 年，第 15 页。
⑦ （清）丁丙《善本书室藏书志》卷一，《续修四库全书》第 927 册，第 163 页。
⑧ 南京国学图书馆编《盋山书影》，第 199—200 页。
⑨ （元）胡一桂《易本义附录纂注》卷十五，《中国易学文献集成》第 58 册，第 72—73 页。
⑩ 南京国学图书馆编《盋山书影》，第 199 页。
⑪ （元）胡一桂《易本义附录纂注》卷十五，《中国易学文献集成》第 58 册，第 71 页。

本缺二字①，通志堂本则有"实至"二字②。此种情况或是后人以意补之的结果，故时有错误，如"谨遵遗"下所缺三字，通志堂本补以"训而以"，然按诸《周易会通》，实当作"训掇拾"③。此外还有元刻不缺而通志堂本反缺的情况，如《文言传》"九三曰君子终日乾乾"一段下，胡氏于"纂注"部分引程子说，有"终日乾乾夫大□事"一句④，"大"下空一格，当是缺文，而元刻则作"终日乾乾大小大事"，并无缺文。按，"大小大"乃宋代理学家习用之语，犹言"多么"、"那么"。后人不明此意，遂改"大"为"夫"，又缺一字，实乃传讹。总之，从缺文的整体情况来看，说通志堂本出于丁丙旧藏元刻应无问题，但其中尚存在着细微的差别，可能是由于通志堂本在刊刻时校补元刻本而产生。另外，通志堂本的卷帙情况为：上、下经各一卷，十篇《易传》十卷，《五赞》、《筮仪》各一卷，《周易本义图录》一卷，合计十五卷，而没有卷前的卦图部分，可见刻《经解》时所据元刻之卦图已佚。从这一点而言，通志堂本亦是不全之本。

通志堂本《易本义附录纂注》刻成之后，随即成为该书的通行版本而广泛流传。不仅中国学者多有收藏，且还曾远传欧洲。今梵蒂冈图书馆藏有通志堂本《纂注》一部⑤，应与清代来华之耶稣会士傅圣泽有关。梵蒂冈另有抄本图书目录一部，伯希和称为"装箱上船书目"⑥，盖即傅圣泽返回欧洲时携带图书之目录，其中即有"《易附录纂注》一套"。傅氏曾在康熙的安排下，与白晋共同研究《周易》⑦，此书应为其参考著作之一。此外，通志堂本还传到日本，并于文化十一年（清嘉庆十九年，1814）在日本翻刻。今见日本国立国会图书馆藏本，除版心不题"通志堂"与刻工、字数之外，其余与通志堂本全同，卷末题"文化十一年刊"，并有牌记"学问所御藏板，制本颁行所，浅草新寺町和泉屋庄二郎，横山町三丁目同金右卫门，浅草新堀同茂

① 南京国学图书馆编《盉山书影》，第 200 页。
② （元）胡一桂《易本义附录纂注》卷十五，《中国易学文献集成》第 58 册，第 73 页。
③ （元）董真卿《周易会通》卷首，《中国易学文献集成》第 65 册，第 205 页。
④ （元）胡一桂《易本义附录纂注》卷九，《中国易学文献集成》第 58 册，第 8 页。
⑤ ［法］伯希和编《梵蒂冈图书馆所藏汉籍目录》，中华书局，2006 年，第 28 页。
⑥ ［法］伯希和编《梵蒂冈图书馆所藏汉籍目录》，第 55 页。
⑦ 张西平《康熙朝重要的来华传教士：傅圣泽》，《东西流水终相逢》，三联书店，2010 年，第 230—233 页。

助，池之端仲丁冈村庄助"。此本流传同样很广，不限于日本，乃至俄罗斯等地皆有收藏①。清乾隆间纂修《四库全书荟要》，收录《纂注》乃"依内府所藏通志堂刊本缮录"②。稍后纂成的《四库全书》，所收《纂注》乃据"内府藏本"抄录③，此所谓内府藏本，当亦是通志堂本。崔富章已指出："《故宫所藏殿版书目》载《易本义附录纂注》十五卷，元胡一桂撰，二册，纳兰成德刊《通志堂经解》本，即库书所据之本也。"④此二本虽同出通志堂本，但仍有一定区别，特别是通志堂本阙文之处，荟要本大都一仍其旧，而四库本则作了一些校补。然其校补似多出己意，未必有所依据。例如，卷十五《卦互体图》部分，通志堂本于"揭中四爻以明"下有阙文⑤，荟要本同⑥，而四库本则补"卦之有互体"五字⑦。然按董真卿《周易会通》，此处阙文实当为"之仍以先天"五字⑧，与上下文连读，作"揭中四爻以明之，仍以先天卦位为次"。可见四库本之妄补，尚不如荟要本之不补为妥。

总之，今传初定本《纂注》的几个版本，其彼此之间的关系大致为：通志堂本自香港藏元刻残本出，而荟要本与四库本又自通志堂本出。从版本价值而言，自以元刻十五卷本为最高，但难以得见。退求其次，则通志堂本虽阙卷前卦图，但出于元刻，又较少妄改之弊，是较为值得依据之本。

二、初定本与重定本《纂注》之异同

1. 内容之异同

胡一桂两次注释《易本义》，虽然在具体内容上差异较大，但所采用之体例应大体一致，均为元代流行的纂疏体。《四库全书总目》概述其体例曰：

---

① Б. Б. Вахтин. каталок фонда китайских ксилогра фов института востоноведения АН СССР. М. : ГРВЛ，1973. p. 53.

② 江庆柏等整理《四库全书荟要总目提要》，第 120 页。

③ （清）永瑢等《四库全书总目》卷四，第 22 页。

④ 崔富章《四库提要补正》，杭州大学出版社，1990 年，第 22 页。

⑤ （元）胡一桂《易本义附录纂注》卷十五，《中国易学文献集成》第 58 册，第 84 页。

⑥ （元）胡一桂《易本义附录纂注》卷十五，吉林出版集团有限责任公司，2005 年，第 194 页。

⑦ （元）胡一桂《易本义附录纂注》卷十五，《景印文渊阁四库全书》第 22 册，第 192 页。

⑧ （元）董真卿《周易会通》卷首，《中国易学文献集成》第 65 册，第 213 页。

"取文集、语录之及于《易》者附之，谓之附录；取诸儒《易》说之合于《本义》者纂之，谓之纂疏。"① 其注文主要包括以下三部分：

第一，附录。在《易本义》的朱子注文下，胡氏摘取了朱子语录与文集中的相关部分，编于每条相对应的注文下，名为"附录"。所附录的内容都标有出处，如出自语录，则标明所录之人的姓名，出自文集者则标明所属的文章，以便于查考。同时，在摘取的过程中，胡氏还根据具体情况，对朱子的原文作出一定的剪裁，去掉其中不必要的部分。如临卦卦辞附录："问：八月有两说，孰长？曰：前说是周正八月，后说是夏正八月，恐文王系卦时，只用周正纪之，不可知也。"② 而《朱子语类》中所载的此条，在"八月有两说"句后，尚有"前说自复一阳之月，至遁二阴之月，阴长阳遁之时，后说自泰至观，观二阳在上，四阴在下，与临相反，亦阴长阳消之时"一段③，胡氏即将此段文字裁去不录。由此可见，胡氏对附录的剪裁去取，还是比较精细的。

第二，纂注。在附录了朱子语录与文集的相关内容后，胡氏又选择前代各家之易说，纂于附录之下，称为"纂注"。胡氏自作的解说，也置于这一部分中，附在所纂诸家之后。与"附录"的情况类似，胡氏在纂辑诸家之说时，对所引的内容也有一定的删改。如需卦初九爻，胡氏引程子曰："君子之需时也，安静自守，志虽有需，而恬然若将终身焉，乃能用恒也。虽不进而志动者，不能安其恒也。"④ 实际上，在程子《易传》中，"虽不进而志动者，不能安其恒也"一句，本在"君子之需时也"之上，且此前还有"处旷远者不犯冒险难而行也"云云一段文字⑤。胡氏对其既作了内容上的删改，又作了次序上的调整。

此外，在"附录"与"纂注"中，还有一种较为特殊的情况，即是胡氏所称的"总论"与"通论"。大致而言，对于"附录"与"纂注"中一些从总体上论述一卦或某几卦几爻大义的内容，胡氏在引录时就会将其标为"总

① （清）永瑢等《四库全书总目》卷四，第 22 页。
② （元）胡一桂《易本义附录纂注·上经第一》，《儒藏精华编》第 5 册，第 187 页。
③ （宋）黎靖德《朱子语类》卷七十，第 1775—1776 页。
④ （元）胡一桂《易本义附录纂注·上经第一》，《儒藏精华编》第 5 册，第 162 页。
⑤ （宋）程颐《周易程氏传》卷一，《二程集》，第 725 页。

论"，如讼卦上九"附录"中，胡氏引语录曰："问：观讼一卦之体，只是讼
不可成。初只不永所事；二不克讼；三守旧居正，非能讼者；四不克讼，而
能复就正理，渝变心志，安处于正；五听讼元吉；上虽有鞶带之锡，而不免
有终朝之褫。首尾皆是不可讼之意，故《象》曰'讼不可成也'。曰：然。"①
又如小畜上九"纂注"，胡氏引蔡氏曰："小畜下三爻受畜者也，上三爻为畜
者也。四柔下畜三刚，本难也。而得五与合志，故畜得住。五又得四为畜主，
四五相与，而后能畜。至上九，则小畜之道成矣。"② 这两段文字都是对一卦
的总体论述，故胡氏皆称为"总论六爻"。而所谓"通论"，则一般指在论述
某卦某爻时，连类而涉及另一卦或另一爻。如坤卦初六"附录"曰："如得乾
卦，上五爻不变，而初爻变，示人以勿用之理也。得坤初爻变，告人以履霜
之渐也。"③ 这是因论坤初六而并及乾初九，故胡氏称为"通论乾初九爻"。
又如比卦《象传》"纂注"，胡氏引丘富国曰："蒙内卦坎为初筮，《象》释之
曰'以刚中'，谓九二也。比外卦坎为原筮，原，再也，《象》释之曰'以刚
中'，谓九五也。"④ 这是因论比卦而兼论蒙卦，故胡氏称为"通论蒙比卦"。
"总论"与"通论"的存在，同样也大大加强了胡氏集注的精细程度，可称
胡氏著作的特色之一。

　　第三，"四图三论"。在初定本《纂注》的最后，胡氏作有《卦象图》、
《爻象图》、《卦序图》、《卦互体图》四幅图式，是为"四图"。此外，胡氏又
作《易十翼论》、《文言辨》、《本义启蒙论》三篇专论。《十翼论》主要阐述
十篇《易传》的重要意义，驳斥欧阳修《易传》非圣人作之说；《文言辨》
专论《文言传》为孔子所作；《本义启蒙论》则主要阐述朱子《本义》、《启
蒙》在易学发展中的重大作用。是为"三论"。这些内容是朱子《易本义》
中所没有的，但在胡氏看来又较为重要，因此特地以易图与专论的形式附于
书末，也是对朱子易学著作的一处集中补充。此部分内容，董真卿《周易会
通》亦有引录。其谓胡氏四图"元附卷末"⑤，可见在重定本《纂注》中，四

① （元）胡一桂《易本义附录纂注·上经第一》，《儒藏精华编》第5册，第164页。
② （元）胡一桂《易本义附录纂注·上经第一》，《儒藏精华编》第5册，第170页。
③ （元）胡一桂《易本义附录纂注·上经第一》，《儒藏精华编》第5册，第153页。
④ （元）胡一桂《易本义附录纂注·彖上传第一》，《儒藏精华编》第5册，第278页。
⑤ （元）董真卿《周易会通》卷首，《中国易学文献集成》第65册，第195页。

图三论也是附于全书之末。且内容较初定本并无明显变化，应是胡氏认为比较成熟、不需修订的一个部分。

总之，以上三个部分的基本结构，在初定本与重定本《纂注》中应是一脉相承，并无改变。二者的主要差距，在于"纂注"部分援引诸家与胡氏自作解说的数量。

在援引诸家方面，据初步统计，初定本《纂注》所采前代之说，约在三十家上下，包括王弼、韩康伯、孔颖达、蔡渊、程子、丘富国、徐几、刘翔、刘弥邵、毛璞、晁说之、徐直方、张汝明、张汝弼、张栻、郑汝谐、游酢、冯椅、李过、冯时行、杨万里、黄以翼、张载、李舜臣、郭雍、赵汝楳、王安石、石介、潘梦旂、吴氏（可能为吴绮）等。而在重定本中，援引各家的数量应有大幅上升。胡氏曾叙述其修订《纂注》的过程云："岁在戊申，复谋之先同志鄱阳汪君标国表，得其手编诸家《易》解一钜集……又自搜访二十余家，重加纂辑，毗于附录，用溃于成。"[1] 可见重定本较初定本增益的诸家解说，至少要在二三十家以上。今重定本虽已佚，然仍可设法考得一些增补之说。例如，胡氏在《周易本义启蒙翼传》中，谈到东乡助《周易物象释疑》时，曾说："助说象好处亦多，已采入《本义纂注》云。"[2] 今初定本未见有引东乡氏之说，盖即重定本增入者。董真卿《周易会通》引东乡氏一条[3]，即是据重定本采入。又如，《周易会通》所引重定本《纂注》中胡氏自作之说，多有对前代诸家加以评论者，此诸家亦皆应在重定本的采录之中。如蒙卦九二爻爻辞下，胡氏注曰：

> 按：兰氏自上包之说，以包初六为言耳。《本义》统治群阴，则初所宜包也。卦有互震，震为冡嗣，亦有子克家象[4]。

此注文初定本《纂注》无，应是重定本增入。注文中提及"兰氏"，乃宋人兰廷瑞，有《渔樵易解》十二卷。所谓"兰氏自上包之说"，指兰氏对此爻之注释："凡《易》之言包者，皆自外而包内。泰之包荒，否之包承，姤

① （元）胡一桂《周易本义启蒙翼传·中篇》，《儒藏精华编》第5册，第594页。
② （元）胡一桂《周易本义启蒙翼传·中篇》，《儒藏精华编》第5册，第559页。
③ （元）董真卿《周易会通》卷二，《中国易学文献集成》第65册，第404页。
④ （元）董真卿《周易会通》卷二，《中国易学文献集成》第65册，第378页。

之包有鱼、包瓜，皆自上包也。"① 可见此条注文，重定本《纂注》必有采用，而初定本则未采兰氏之说，故兰廷瑞即是重定本所增入的诸家之一。类似的情况，还有程直方、李衡、谢枋得、项安世、程迥、胡允、齐梦龙、龚原、王大宝、朱震、王宗传、洪迈、钱时、林栗等十余家，也都应是重定本增补者。

值得注意的是，重定本《纂注》在引录诸家方面对初定本的增补，不仅表现于数量的增长，还表现在内容的扩充上。例如，冯椅和李过为初定本与重定本均有援引的二家，但在重定本中，胡氏引二家解说噬嗑卦六二爻之文云：

> 冯氏椅曰：肤，皮之表也。噬者治狱之人，肤、肉、腊、肺，囚也。爻取噬为治狱之象，又取肤为狱囚之象。二之灭鼻无咎者，指治狱也。初之无咎，囚可无咎也。二、三、五之无咎，囚不得而咎之也。中四爻，治狱者也。初、上，囚之始恶怙终者也。

> 李氏过曰：以六爻之位言之，五，君位也，为治狱之主。四，大臣位也，为治狱之卿。又其下也，为治狱之吏。颐中之物最大，干肺是也。六二体柔，以噬肤之道噬之，自伤其鼻，然亦无咎也。治狱者也，故咎不在己②。

此二条解说之下，胡氏自注云："如冯、李说，则治狱者噬囚肤，而自没其肤，其义已通。若证以初爻屦校灭因趾，噬鼻灭因肤，文势似亦可通。"③ 可见重定本《纂注》必有之。而今传初定本《纂注》，此爻下仅有蔡氏纂注一条，无此二家④。由此可知，冯椅、李过二家之说，胡氏虽于初定本《纂注》已经采入，但在本爻下却并未引录其说，至重定本方补入。总的来看，重定本《纂注》在采录各家的数量和内容上，都较初定本有极大增加。

在胡氏自作解说方面，胡氏初撰《纂注》时，以引据朱子与诸家解说为主，很少加入自己的见解，故陈栎即称"左右于《易》，不十分自立说，其附己见者，不过十之一二耳"⑤。今检初定本《纂注》，胡氏之说仅一百四十余条，数量确不算多。但到了重定本《纂注》，胡氏自作解说的数量，就有了大幅增长。董真卿《周易会通》中引录胡氏之说，有近五百条之多，除了部分

---

① （元）董真卿《周易会通》卷二，《中国易学文献集成》第 65 册，第 378 页。
② （元）董真卿《周易会通》卷五，《中国易学文献集成》第 65 册，第 615 页。
③ （元）董真卿《周易会通》卷五，《中国易学文献集成》第 65 册，第 615 页。
④ （元）胡一桂《易本义附录纂注·上经第一》，《儒藏精华编》第 5 册，第 191 页。
⑤ （元）陈栎《又答双湖书》，《陈定宇先生文集》卷十，《元人文集珍本丛刊》第 4 册，第 380 页。

来源于胡氏另一著作《周易本义启蒙翼传》，大部分都是出自重定本《纂注》。其对初定本的增补，主要体现在两个方面：

一是增入新说。对于《易本义》的一些章节，胡氏初撰《纂注》时并未加以自注，至于重定本，则加入了自己的见解。如在乾卦初九爻下，胡氏即说：

> 乾六爻取六龙象，固以纯阳之物而象纯阳之爻，然亦实取其变也。龙之为物，灵变不测，能大能小，能隐能见，潜则入于渊，飞则升于天，亦犹乾为纯阳之卦，若其动而变，则六爻可变三百七十八爻，真活动不拘尔①。

此处今传初定本《纂注》无胡氏自注，盖即重定本增入者。二是改易旧说。对于初定本《纂注》已有的自注，胡氏在重定本中常有修改。其修改多表现为对旧注的补充增益，如对于随卦上六爻，胡氏注曰：

> 以卦体言，震动而兑随，是以兑随震也。以六爻言，初、二、三、四、上皆随五者也。分阴阳言，随之世阴柔不能自立，必附阳而后能有立，故三阴爻皆言系，取依系于阳而后能立之象。如是则一卦取象，阴随阳之义又多也②。

初定本《纂注》此处虽亦有注，但仅有"随之世"以下③，其余均为重定本所补。此外在某些情况下，胡氏在重定本中还会提出与初定本大不相同的新说，以取代旧注。如其注屯卦初九爻曰：

> 屯、豫建侯，固以震，亦以坤为国邑也。若初九一爻虽重，尽当卦辞，然不曰"为侯"，必曰"利建侯"，利建之者谁乎？重又在五君矣。磐石，一阳象。艮阳在上为小石，则震阳在下为磐石矣④。

此处初定本注曰："愚谓屯卦惟初九一爻最重，故卦辞所谓利贞、利建侯，惟初九爻当之。"⑤乃是沿袭了朱子"象辞一句，盖取初九一爻之义，为

---

① （元）董真卿《周易会通》卷一，《中国易学文献集成》第65册，第228页。
② （元）董真卿《周易会通》卷四，《中国易学文献集成》第65册，第567页。
③ （元）胡一桂《易本义附录纂注·上经第一》，《儒藏精华编》第5册，第184页。
④ （元）董真卿《周易会通》卷二，《中国易学文献集成》第65册，第359页。
⑤ （元）胡一桂《易本义附录纂注·上经第一》，《儒藏精华编》第5册，第157页。

成卦之主"的说法，以本爻为全卦最重者，象辞"利贞"、"利建侯"皆指本爻而言。但到了重定本，胡氏即改变了看法，认为初九虽重，但所谓"利建侯"乃是九五建其为侯，如从此点来看，则九五又较初九为重，故其注文亦与初定本完全不同。

需要指出的是，尽管在重定本中，胡氏对其自注作了大量修订，但仍有部分注文未加修改。如屯卦六四爻下，胡氏有自注"《本义》云下求婚媾"云云一段，初定本与重定本即大致相同①。但此种未经任何修改的自注相对较少，大多数情况下，胡氏在重定本《纂注》中，对初定本的自注，都进行了不同程度的修改补充。

2. 独尊朱子，补充易象——初定本《纂注》的思想特征

（1）以朱子为断

初定本《易本义附录纂注》成书于胡一桂四十一岁时，代表了其早期的思想特征与学术倾向。总的来说，这一时期胡氏的治《易》态度，可以用《四库全书总目》的一句评价来进行概括："其去取别裁，惟以朱子为断。"②

胡氏此种早年的思想特征，与其学术传承及家世背景有着很大关系。朱子易学自黄榦传于董梦程，历经沈贵珤、胡方平传至胡一桂，可以说胡一桂是朱子易学在元代名副其实的嫡传。而胡一桂之父胡方平，更是朱子易学的坚定拥护者，于朱子《易学启蒙》沉潜二十余年，著为《易学启蒙通释》，并以此授之胡一桂，希望其"由此进于《本义》之书"③。受此影响，早年的胡一桂亦以传习与维护朱子易学为己任。其一方面自谓"紫阳夫子之《易》，门庭幸而获入"④，另一方面又在拜见熊禾时，相与握手慨叹"文公殁且百年，门人传习寖益失真"⑤，由此自觉地以朱子易学传承者的身份，担负起了捍卫朱学、廓清异说的职责。在其看来，朱子易学著作的地位是极为尊崇而

---

① （元）胡一桂《易本义附录纂注·上经第一》，《儒藏精华编》第5册，第158页。（元）董真卿《周易会通》卷二，《中国易学文献集成》第65册，第364页。

② （清）永瑢等《四库全书总目》卷四，第22页。

③ （元）胡方平《易学启蒙通释序》，《易学启蒙通释》卷末，《儒藏精华编》第5册，第131页。

④ （元）胡一桂《上谢叠山先生书》，《新安文献志》卷十，第293页。

⑤ （元）熊禾《送胡庭芳序》，《重刊熊勿轩先生文集》卷一，《宋集珍本丛刊》第91册，第220页。

不可及的，所谓"有天地矣，可无《易》乎？不可也。有《易》矣，可无《本义》、《启蒙》乎？不可也。""孔圣以来，朱夫子有功于《易》，断断乎其不可及者。"① 将朱子易学推到了与孔子相同的高度上，以至于其在自作四幅易图时，都不敢将其与朱子九图并列。在这种态度的指引下，其所著的初定本《纂注》，实际上是一种"众言殽乱折诸圣"之作②，亦即以朱子之说为标准，来选取各家之说。

初定本《纂注》"以朱子为断"的态度，首先从其所纂各家的学术师承与编排方式上，即明显地反映出来。在学术师承方面，初定本《纂注》采录前代易说约三十家，其中很多都是朱子后学。如蔡渊为朱子门人蔡元定之子，本身亦从学于朱子；徐几、刘寿翁为蔡氏弟子，丘富国又为徐几弟子。冯椅亦为朱子门人，黄以翼为朱子门人陈淳之弟子，徐直方则曾问学于朱子门人董铢。这些朱子后学之说，特别是蔡渊与徐几的说法，可以说占了全书的大部分篇幅，其余各家除了程子之说，在数量上能与蔡氏徐氏基本持平之外，每家大多不过数条，显然未占主要地位。这种以朱门后学为主的做法，不仅含有尊朱的意味，还可以体现出胡氏对朱学源流的分辨与固守，如《四库全书总目》所说的那样："盖宋末元初讲学者门户最严，而新安诸儒于授受源流辨别尤甚。"③ 当然，蔡渊、徐几等人之说，亦非尽同于朱子，甚至在某些方面与朱子有比较明显的分歧。而《总目》之论也有过甚其辞之嫌，如其采陈栎之说，谓"一桂此书于杨万里《易传》无半字及之"④，而实际上，在归妹上六爻的"纂注"中，胡氏还是引用了一条杨氏之说。但总的来看，初定本《纂注》对朱子易学上的对手林栗，以及为朱子所排斥的刘牧、袁枢、朱震、苏轼等人之说，则确实未见采用，甚至还指责其中一些人的说法是"惑世诬民"⑤。可见，在对前代说《易》诸家进行选择的时候，胡氏还是体现出了明

---

① （元）胡一桂《本义启蒙论》，《易本义附录纂注·图录第十三》，《儒藏精华编》第5册，第464—465页。

② （元）胡一桂《本义启蒙论》，《易本义附录纂注·图录第十三》，《儒藏精华编》第5册，第464页。

③ （清）永瑢等《四库全书总目》卷四，第22页。

④ （清）永瑢等《四库全书总目》卷四，第22页。陈栎说见《问杨诚斋易传大概如何》，《陈定宇先生文集》卷七，《元人文集珍本丛刊》第四册，第330页。

⑤ （元）胡一桂《本义启蒙论》，《易本义附录纂注·图录第十三》，《儒藏精华编》第5册，第466页。

显的以朱子为指归的态度。在编排方式上，胡氏将所纂诸家之说置于"纂注"中，不仅低于《易本义》原文，且在朱子文集、语录等"附录"之下。特别是对于程子之说，亦"释要以取，退入纂注"[1]。可见在胡氏心目中，不仅朱子后学之易说不能与朱子相提并论，即便是作为朱子前辈的程子，亦当抑置朱子之下。与程朱并列、兼尊二家的董楷《周易传义附录》相比，胡氏独尊朱子的态度可谓至为明显。

其次，初定本《纂注》之尊朱，还表现在其注释《易本义》时，对朱子易说主要采取了一种依从的态度。一方面，在引用各家之说时，胡氏大都是以朱子之说作为自己去取的标准。同于朱子之说，或在遵从朱子之说的基础上进行一定程度的发挥的别家之说，占了胡氏"纂注"的绝大部分，其"纂注"也因此被后人总结为"纂诸儒之说不悖于《本义》者"[2]。例如，在注释临卦六三爻"甘临，无攸利，既忧之，无咎"时，胡氏即引蔡氏之说曰：

> 爻柔而位不正，兑体而迫于刚，故以甘说邪佞而临乎二也。然刚长以正，又岂甘说邪佞之所利也？能顺刚长之正理，忧惧知变，不为甘说之态，虽咎亦不长也[3]。

此爻朱子注曰："阴柔不中正，而居下之上，为以甘说临人之象。其占固无所利，然能忧而改之，则无咎也。勉人迁善，为教深矣。"[4] 两相比较，二者都将"甘临无攸利"释为以甘悦临人而无所利，将"既忧之无咎"释为忧惧此甘悦之行为而改之则无咎，其说可谓如出一辙。正因为蔡氏之注文忠实地遵从了朱子之说，故而胡氏才加以采录。另一方面，胡氏自己的注文，大多数情况下也是本之于朱子之说。如对于屯卦六四爻"求婚媾"，胡氏即自注曰：

> 愚谓：《本义》云"下求婚媾"，是指初九在下，来求四为婚媾，求者在彼，往者在我，故吉。不然，岂有阳不倡而阴反倡，男不行而女先行，以是为"吉无不利"者乎[5]？

---

[1] 潘雨廷《读易提要》，第 269 页。
[2] （清）周中孚《郑堂读书记补逸》卷二，第 1221 页。
[3] （元）胡一桂《易本义附录纂注·上经第一》，《儒藏精华编》第 5 册，第 188 页。
[4] （宋）朱熹《易本义·上经第一》，《朱子全书》第 1 册，第 48 页。
[5] （元）胡一桂《易本义附录纂注·上经第一》，《儒藏精华编》第 5 册，第 158 页。

对于此爻的含义，朱子在语录中曾经有过一段解说："问：六四'求婚媾'，此婚媾疑指初九之阳。婚媾是阴，何阳亦可言？曰：婚媾通指阴阳，但程《传》谓六四往求初九之婚媾，则恐其未然也。"① 言下之意是说，不能把"求婚媾"理解成六四求初九，而应该解为初九求六四。胡氏之自注，即遵从了朱子的这一说法，同时还在此基础上提出，之所以不能说六四求初九，是因为这种说法违反了阳倡阴和之理。这就不仅是简单地重复朱子之说，而且进一步证明了朱子说法的合理性。这种在选择各家之说与自己立说时主要依从朱子的做法，鲜明地反映出了胡氏尊朱的基本态度。

最后，初定本《纂注》对朱子之说的尊崇，还体现在其辨正朱子的过程中。虽然初定本《纂注》是一部以维护朱子《易本义》为主旨的著作，但在胡氏所采的各家之说与其自作之说中，还是包含了一些兼存异说与辨正讹误的内容，并非像前人所说的那样"笃守一先生之言，而不敢稍越尺寸"②。而这些辨正，仍包含有强烈的尊朱的意味。一方面，从形式上而言，胡氏在辨正朱子时，大都没有明确指朱子之说为有误。如其于比上六"比之无首，凶"引徐氏曰："首，先也，无首，不先也。众皆比五，上独后之，比不先也，故有'无首凶'之象。"③ 此说以"无首"为不先比下，而朱子却以为"阴柔居上，无以比下"④，二说并不一致。因此胡氏特意在徐氏之说后加以自注曰："愚谓：徐说与《本义》微异，然以六爻观之，自九五一爻称'显比'外，余五爻皆称'比之'之辞。初'比之无咎'，二、四'比之贞吉'，皆以其比五也。独三'比之匪人'而伤，上'比之无首'而凶，是三、上自相为比，而不比五也。如是则上六'无首凶'，正与象辞'后夫凶'应，亦足以发《本义》未发之旨。"⑤ 从胡氏的注文中可以看出，他是较为赞成徐氏之说的，但他没有说《本义》的说法不确，却反过来说徐氏的说法发明了《本义》未发之旨。又如，在遁卦六二爻，胡氏提出了一条与《本义》不同的说法：

① （元）胡一桂《易本义附录纂注·上经第一》，《儒藏精华编》第5册，第158页。按：《朱子语类》（卷七十，第1744页）引此条语录，"程《传》谓六四"之"四"作"二"。然程《传》明言六二之婚媾乃正应之九五，无六二下求初九之说。《语类》显误，故今从《纂注》所引。

② （清）周中孚《郑堂读书记补逸》卷二，第1221页。

③ （元）胡一桂《易本义附录纂注·上经第一》，《儒藏精华编》第5册，第167页。

④ （宋）朱熹《易本义·上经第一》，《朱子全书》第1册，第39页。

⑤ （元）胡一桂《易本义附录纂注·上经第一》，《儒藏精华编》第5册，第168页。

愚谓：遯以四阳之遯得名。初遯则厉，二不言遯，三、四、五、上皆言遯，是阴爻无取于遯之义也。二以近三，阴阳相得，固结而不可解，所以六二言执，而九三言系，未见其有遯之义也①。

此爻朱子谓有"必遯之志"②，而胡氏以为无遯义，显与朱子不同。但值得注意的是，其并未敢明斥朱子之非，而是说："愚非敢求异也，姑记其说如此。"③ 通观《纂注》全书，凡胡氏提出异说或新说时，多言："实先儒所未发，而愚偶有见焉耳。"④"姑附臆说于此。"⑤ 其尊崇朱子而自加谦抑之意即明显可见。

另一方面，从内容上来看，胡氏对朱子的纠正，很多情况下也都是以朱子自己的说法为依据。如同人上九"同人于野，无悔"，朱子认为此爻之意是"居外无应，物莫与同，然亦可以无悔"⑥，言下之意是以为此爻平平，仅得无悔，并无吉兆。胡氏则对此看法提出怀疑说："尝疑此爻之旨，而以诸爻例观之……若初之'同人于门'，上之'同人于郊'，郊对门而言，卦之首末可见。曰'无咎'，则同人之初，已无疵之可咎；曰'无悔'，则同人之终，又无过之可悔。此皆同人之善者也。今《本义》以为无可与同，以其无应而言耳，然上虽无应之可同，而爻辞实有同人之义，况初九一爻亦无应，此例可推。"⑦ 这是以初九的情况对上九进行推论，朱子注初九曰："同人之初，未有私主。以刚在下，上无系应，可以无咎。"⑧ 乃是以无应为吉，而上爻与初爻的情况类似，却以无应为不吉，两说之间存在着明确矛盾，因此胡氏才敢于提出质疑。这在一定程度上，也可以说是一种"以朱子改朱子"的行为，并不见得能视为对朱子之说的针锋相对的辩驳。由此可见，即便是在辨正朱子的时候，胡氏仍然秉持了其"以朱子为断"的原则，从而表现出明显的尊朱特色。

（2）对"四圣之象"的区分与对取象方法的总结

---

① （元）胡一桂《易本义附录纂注·下经第二》，《儒藏精华编》第5册，第215页。
② （宋）朱熹《易本义·下经第二》，《朱子全书》第1册，第61页。
③ （元）胡一桂《易本义附录纂注·下经第二》，《儒藏精华编》第5册，第215页。
④ （元）胡一桂《易本义附录纂注·说卦传第八》，《儒藏精华编》第5册，第425页。
⑤ （元）胡一桂《易本义附录纂注·说卦传第八》，《儒藏精华编》第5册，第428页。
⑥ （宋）朱熹《易本义·上经第一》，《朱子全书》第1册，第43页。
⑦ （元）胡一桂《易本义附录纂注·上经第一》，《儒藏精华编》第5册，第178页。
⑧ （宋）朱熹《易本义·上经第一》，《朱子全书》第1册，第43页。

尽管初定本《纂注》以尊朱为主旨，但也并非一概"笃守朱熹义，建树甚少"①，对朱子的补充发展之处仍有不少。而最为突出者，即是对朱子易象之说的推明与发挥。在此方面，胡氏提出了两个值得重视的观点，即"分别四圣之象"与"圣人取象非一端"。

所谓"分别四圣之象"，指对伏羲、文王、周公、孔子四圣人之易象，当分别观之，不能混为一谈。在《周易》的作者问题上，胡氏继承朱子之说，以伏羲画卦，文王作卦辞，周公作爻辞，孔子作"十翼"。此四圣人"其人非一时，其书非一手，其取象非一端"②，不能捏合一处，必须加以分别，方能"观取象之同异"③。为说明其观点，胡氏作有《卦象图》，现录之于下：

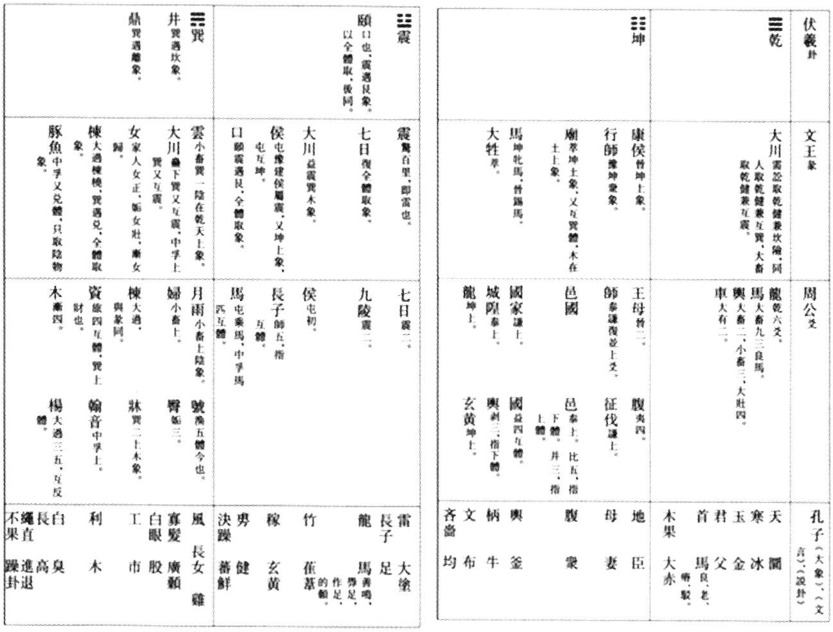

图 3-6 卦象图（部分）④

通过上图可以看出，四圣之象前后有一定承继关系。如孔子之象，有总括文王、周公之象而为之者，上图中震卦部分，孔子取象中有马，周公所取

---

① 朱伯崑《易学哲学史》第三卷，第4页。
② （元）胡一桂《易本义附录纂注·图录第十三》，《儒藏精华编》第5册，第453页。
③ （元）胡一桂《易本义附录纂注·图录第十三》，《儒藏精华编》第5册，第454页。
④ （元）胡一桂《易本义附录纂注·图录第十三》，《儒藏精华编》第5册，第444—445页。

爻象中亦有马，即是孔子有取于周公之象。但总体而言，四圣所取之象，区别远远大于联系，绝大部分情况下是不能互通的。如胡氏自己所说的那样："羲之象在卦中，文之象取其大纲。周公虽本之文王，已多其所自取。夫子虽本之文王、周公，然其同者间见，而其所自取者，抑不止如周公之多于文王矣。"① 在这种情况下，论象的时候就必须要将四圣之象分别而论，绝不能"执周公之象以求之文王"、"执夫子之象以求之文王、周公"②。如果不遵循这一原则，而将四圣之象混杂而论，就会出现前后论象不一的情况，如文王称坤为马，周公称震、坎为马，孔子又称乾为马之类。各卦所取之象无法统一，最终不是归于义理派的一概忘象，就是归于象数派的牵合附会。因此，在胡氏来看，分别四圣之象，是纠正前代"扫象言理"与拘泥象数的错误倾向的最佳途径，而这一原则实际上即是来自于朱子。朱子所倡导的解《易》的一个根本原则，便是分别四圣之《易》，他常说："伏羲自是伏羲《易》，文王自是文王《易》，孔子自是孔子《易》。"③ 胡一桂正是从此处得到启发，他说："朱子尝谓四圣之《易》各有不同，不可作一例看，故今列为此图，天地人物之象毕具，而羲、文、周、孔取象之同异，皆于此可见云。"④ 可见其是在朱子之说的基础上推进一步，由笼统说四家之《易》有所不同，落实到了论象的具体层面上。

"分别四圣之象"不仅是胡氏易象之学的基本观点，也是其在论象过程中始终贯彻的基本原则。初定本《纂注》对易象的具体解说，很多都体现了这一观点。例如，对于离卦卦辞"畜牝牛吉"，胡氏即注曰：

> 愚谓文王于坤取牝马象，于离取牝牛象，固自不同也。后之言象者，但见《说卦》乾为马、坤为牛，于是坤之马反欲求之乾，离之牛反欲求之坤，未免胶泥而有不通者。岂知夫子于《说卦》取象，又自有所见，本不必尽同于先圣，岂可以夫子之象，为文王、周公之象哉⑤？

胡氏认为，卦辞为文王所作，故坤卦卦辞"利牝马之贞"以坤为牝马，

① （元）胡一桂《易本义附录纂注·图录第十三》，《儒藏精华编》第5册，第455页。
② （元）胡一桂《易本义附录纂注·图录第十三》，《儒藏精华编》第5册，第455页。
③ （宋）黎靖德《朱子语类》卷六十七，第1645页。
④ （元）胡一桂《易本义附录纂注·图录第十三》，《儒藏精华编》第5册，第443页。
⑤ （元）胡一桂《易本义附录纂注·上经第一》，《儒藏精华编》第5册，第209页。

离卦卦辞"畜牝牛吉"以离为牝牛，乃文王之象。至于孔子作《说卦》，以乾为马，坤为牛，又自是孔子之象。后儒不明此理，说坤卦牝马必求之乾，说离卦牝牛必求之坤，故窒碍难通。应该说，胡氏此说确实在一定程度上揭示出前代论象之弊。以离卦而言，此前论牝牛象者，或谓"二阴皆坤，坤为母牛"①，或谓"离再索于坤，得坤中气，故亦象乎牛"②，总之多牵合坤卦为说。而胡氏依据"分别四圣之象"的观点，直接取离为牛，则避免了这种"委曲牵合傅会以幸其中"之失③。

"分别四圣之象"是胡氏在朱子影响下提出的易象总原则，而胡氏的另一观点"圣人取象非一端"，则是其鉴于朱子论易象多有缺略的情况，而在取象方法上对朱子的补充完善。

《易本义》在论象的时候，绝大多数情况下采用的只有上下二体之象、阴阳爻位之象、乘承比应之象，以及卦主及卦德之说，用卦变法及卦气说取象的情况都很少。同时，其论述往往又过于简略，如其论坤初六爻"履霜坚冰至"之象，只说"此爻阴始生于下"④，论六五"黄裳"，亦只说"六五以阴居尊"⑤；甚至还对一些难于解通的易象，直接注明取象之意未详，而作阙疑处理。这种不过分纠缠于释象的思路，虽然符合朱子对易象"不深求亦不遽忘"的原则，但毕竟讲得不够深入，而有隔靴搔痒之嫌。有鉴于此，胡氏在集注《易本义》的时候，补充易象便成为了其所关注的重要内容。他提出：

> 圣人取象非一端，有取之全体者，有取之各体者，有取之互体者，有取之似体者，有取之应体者，有虽无其象而取卦名义者，有取之逐爻者，有取之远近、取之阴阳之爻者⑥。

此处胡氏总结了九种具体的取象方法。所谓"取之全体"指以一卦之全体取象，如井卦有井象，大过有飞鸟象等。"取之各体"即以一卦之上下二体

---

① （宋）杨万里《诚斋易传》卷八，《儒藏精华编》第4册，第84页。
② （宋）冯椅《厚斋易学》卷十七，《景印文渊阁四库全书》第16册，第333页。
③ （元）胡一桂《易本义附录纂注·图录第十三》，《儒藏精华编》第5册，第452页。
④ （宋）朱熹《易本义·上经第一》，《朱子全书》第1册，第32页。
⑤ （宋）朱熹《易本义·上经第一》，《朱子全书》第1册，第33页。
⑥ （元）胡一桂《易本义附录纂注·图录第十三》，《儒藏精华编》第5册，第454页。

取象，如蒙卦六五"童蒙"，胡氏自注曰："童蒙，艮少男象。"① 即是所谓各体之象。互体如屯卦二至四互坤为国，故取建侯象②。似体如无妄初至四似离为牛，故六三爻谓"或系之牛"③。应体如睽卦三至五互坎为马，初九与其无应，故爻辞称"丧马"④。卦名义如损卦言"二簋"，本无其象，乃是因损卦之名而取⑤。其余逐爻、远近、阴阳爻，皆指爻象而言。如姤卦九四"包无鱼"，胡氏引徐氏之说曰："四与初为正应，宜相遇也。遇先于近，初柔近二，二'包有鱼'矣，四远而不遇，虽应而无得，故曰'包无鱼'。"⑥ 此处皆以爻象取象，若具体而言之，初柔爻为鱼之象，即是"取之阴阳之爻"；二近于初而称"包有鱼"，四远于初而称"包无鱼"，即是"取之远近"。

在总结取象方法的基础上，胡氏即运用这些方法，从易象角度开展了对朱子的补正。一方面，对于《易本义》中释象缺略之处，胡氏多加以补充。如其解无妄六三爻"无妄之灾，或系之牛，行人之得，邑人之灾"说：

> 愚谓牛，离象，初至四似离。系，艮止义，二至四互艮。行人，震动象。邑人，艮止象⑦。

此处《易本义》仅云："卦之六爻皆无妄者也。六三处不得正，故遇其占者，无故而有灾，如行人牵牛以去，而居者反遭诘捕之扰也。"⑧ 对于"系"、"牛"、"行人"、"邑人"等象都没有说明。而胡氏则用各体之震、互体之艮、似体之离，一一予以指明。另一方面，在有限的辨正朱子之处，胡氏亦多以易象为据。例如，对于贲六四"贲如皤如，白马翰如"，朱子注曰："四与初相贲者，乃为九三所隔而不得遂，故皤如，而其往求之心，如飞翰之疾也。"⑨ 亦即是以"白马翰如"为六四与初九相求。但胡氏却对此说法并不同意，并

---

① （元）胡一桂《易本义附录纂注·上经第一》，《儒藏精华编》第 5 册，第 160 页。
② （元）胡一桂《易本义附录纂注·上经第一》，《儒藏精华编》第 5 册，第 157 页。
③ （元）胡一桂《易本义附录纂注·上经第一》，《儒藏精华编》第 5 册，第 201 页。
④ （元）胡一桂《易本义附录纂注·图录第十三》，《儒藏精华编》第 5 册，第 455 页。按：此处胡氏原文作"明夷互坎无应而称丧马"，然明夷卦无丧马之辞，当作睽卦为是。
⑤ （元）胡一桂《易本义附录纂注·图录第十三》，《儒藏精华编》第 5 册，第 455 页。
⑥ （元）胡一桂《易本义附录纂注·下经第二》，《儒藏精华编》第 5 册，第 236 页。
⑦ （元）胡一桂《易本义附录纂注·上经第一》，《儒藏精华编》第 5 册，第 201 页。
⑧ （宋）朱熹《易本义·上经第一》，《朱子全书》第 1 册，第 53 页。
⑨ （宋）朱熹《易本义·上经第一》，《朱子全书》第 1 册，第 51 页。

提出了自己的看法，他说：

> 愚谓：马，震、坎象，皆取互体，指九三言也。翰如，言九三求六四之心，如飞翰之疾也①。

他将"白马翰如"解释成九三求六四，与朱子的六四求初九之说，可谓了不相似。其之所以敢于提出此种不同于朱子的说法，正是基于易象的考虑。贲卦二至四爻互坎，三至五爻互震，在《说卦传》中，坎、震皆为马，而九三爻同时处于这两个互体卦之中，故"白马翰如"必指九三。作为一部以尊朱为主旨的著作，初定本《纂注》能够据易象以辨朱子之失，则易象在此时胡一桂心目中的重要性，亦可想而知。

总之，对易象的重视，可谓初定本《纂注》之最大特色，而学者亦多以此称道之。如潘雨廷即评价之曰："一言以蔽之，能知取象焉。取象者，《易》之本，汉易之可贵，即此而已。朱子之不足，亦在乎此。今胡氏以之注《本义》，诚得其所。"② 台湾学者钟彩钧亦说："此书在精神上固步武朱子，但更彻底地以象解《易》，对于象的推求超过了《本义》的范围。"③ 当然，此时的胡一桂受尊朱思想的影响，在解说易象时仍多有保留，不愿意过分悖离朱子。其"分别四圣之象"之说，是从朱子"分别四圣之《易》"中推出；其总结并使用的九种取象方法，朱子亦多有运用，而纳甲、飞伏等朱子认为"皆支蔓不必深泥"④ 之法，胡氏亦不取之。但尽管如此，易象仍是初定本《纂注》超越《易本义》的主要方面。胡氏晚年放弃墨守朱子的立场，倒向象数一派，其思想的发展已于此时初露端倪。

3. 广备异说，以象为主——重定本《纂注》的思想特征

（1）独尊朱子立场的松动与对诸家异说的广泛采录

从《纂注》之初定本到重定本成书的二十年间，胡一桂的思想发生了明显的变化。在这一时期，尽管胡氏作为朱子后学，并未改变尊朱的基本立场，

---

① （元）胡一桂《易本义附录纂注·上经第一》，《儒藏精华编》第5册，第193页。
② 潘雨廷《读易提要》，第270页。
③ 钟彩钧《胡方平、一桂父子对朱子易学的诠释》，《元代经学国际研讨会论文集》，第223页。
④ （宋）黎靖德《朱子语类》卷六十七，第1669页。

在谈到朱子易学时，仍然称其"金声玉振集大成"①、"继往圣，开来学"②。但在对《周易》经传的具体解说上，其已经不再像初注《本义》时一字一句必谨遵朱子，而是以更加广阔的视野，广泛地纳入与朱子相异甚至相反的诸家解说。在稍后成书的《周易本义启蒙翼传》中，胡氏曾感叹道："安得尽阅前书，取其有补于卦爻象占者，以翼圣经，以存讲习之为得哉？"③ 可见在很大程度上，其已经破除了独尊朱子的门户之见，对于一切"有补于卦爻象占"的解说均乐于接受。而重定本《纂注》亦正体现了胡氏的这一思想转变。

首先，重定本《纂注》增入诸家的家数，已经不能尽尊朱子。重定本《纂注》较初定本增入诸家解说，可考者十余家，已见前文所述。此十余家不仅多非朱子后学，且有不少曾经遭到朱子的批评，甚至与朱子为学术上的对手。如其于咸卦初六引林栗之说曰：

> 拇只取下体初象。解九四"解而拇"，亦指初也。林黄中谓艮为指，初在下体之下，拇象。然于他卦无艮而称拇多不通④。

此处胡氏之本意，虽然在于批评林栗以艮卦解说"拇"象之不通，但由此可看出，其在撰述重定本《纂注》时，是参考过林氏之说的。今《周易会通》中引用林栗之说多处，未必不是出自重定本《纂注》。林栗与朱子论《易》不合，进而弹劾朱子，故一向为朱子后学所排，即胡氏早年亦斥为"陋儒妄作，异论蜂起"⑤。但在重注《本义》时，已经能比较平和地参考与评价其说。在《周易本义启蒙翼传》中，也对林氏评论道："林于说象及文义处多有可采，只是于象数之源、画卦之大纲领自不能晓。"⑥ 其态度的转变还是非常明显。又如，对于朱震，朱子曾指斥之曰："朱子发解《易》如百衲袄，不知是说甚么。"⑦ 胡氏在初定本《纂注》中也未采用。但至于重定本，不仅采录甚多，且时称"汉上说象密矣"⑧。《周易本义启蒙翼传》亦称"观其取象，

① （元）胡一桂《周易本义启蒙翼传·中篇》，《儒藏精华编》第 5 册，第 552 页。
② （元）胡一桂《周易本义启蒙翼传·中篇》，《儒藏精华编》第 5 册，第 593 页。
③ （元）胡一桂《周易本义启蒙翼传·中篇》，《儒藏精华编》第 5 册，第 594 页。
④ （元）董真卿《周易会通》卷七，《中国易学文献集成》第 66 册，第 4 页。
⑤ （元）胡一桂《易本义附录纂注·图录第十三》，《儒藏精华编》第 5 册，第 465 页。
⑥ （元）胡一桂《周易本义启蒙翼传·中篇》，《儒藏精华编》第 5 册，第 582 页。
⑦ （宋）黎靖德《朱子语类》卷六十七，第 1676 页。
⑧ （元）董真卿《周易会通》卷十一，《中国易学文献集成》第 66 册，第 382 页。

亦甚有好处"①。总之已不再拘于门户之见而排斥其说,对其"多有可采"、"甚有好处"者均纳入书中。

其次,对于一些与朱子不同的诸家解说,重定本《纂注》亦多有采录。如在大有卦《彖传》"其德刚健而文明,应乎天而时行,是以元亨"下,胡氏自冯椅处转引储氏、庄氏说云:"六五应九二,在乾体,故曰天。"并加以自注曰:

> 《本义》释应天指六五,盖本程《传》,以为应天时而行也。然厚斋引储、庄说,亦未尝不是。载观彖辞,自柔得尊位以下,专主六五一爻,以论人君之位,能有众阳之大。自其德刚健以下,实兼上下两体,以论人君之德,能致元亨之治也。唯一阴居尊位,故可以全体归之②。

此处朱子《易本义》谓:"应天指六五也。"③ 而储、庄二家解"应天",却以六五爻应下卦乾体九二爻为说,与朱子不同。面对此种差异,胡氏不但未排斥储、庄之说,而将其采入重定本《纂注》,还明确认为其说"未尝不是",并在此基础上进一步提出,《彖传》此段文字,是兼上下二体而言,非仅指六五爻。此种情况在重定本《纂注》中颇不少见,如鼎卦九二爻,胡氏引不同于朱子的张载、子夏、胡瑗、耿南仲、石介等多人之说,而谓"石说为优"、"余说以备参考"④。中孚六三爻曰:"今纂注诸家之说,皆与《本义》不同,然其义自通,故备载之。"⑤ 值得注意的是,胡氏引用这些异说,并非皆为辨正朱子,很多都是出于"广异义"的目的。如震卦六三爻,胡氏先引朱震、程迥之说,以"震苏苏"为"反生"或"神气之复",而后评价曰:

> 汉上、沙随姑备其说,看来二当震来厉之时,仅丧其贝,三既隔二,不当至于绝而复苏,《本义》得矣⑥。

---

① (元)胡一桂《周易本义启蒙翼传·中篇》,《儒藏精华编》第5册,第571页。
② (元)董真卿《周易会通》卷四,《中国易学文献集成》第65册,第526页。
③ (宋)朱熹《易本义·彖上传第一》,《朱子全书》第1册,第93页。
④ (元)董真卿《周易会通》卷九,《中国易学文献集成》第66册,第264页。
⑤ (元)董真卿《周易会通》卷十一,《中国易学文献集成》第66册,第403页。
⑥ (元)董真卿《周易会通》卷十,《中国易学文献集成》第66册,第283页。

胡氏认为，本卦下卦二、三爻皆受初爻之震，六二与初九密比，仅丧其贝，六三与初九间，尚隔六二一爻，如说其受震动程度深于六二，乃至于绝而复苏，似无其理。这实际是不同意朱震、程迥的说法，还是以朱子"缓散自失"① 之说为得。但为了姑备一说，其还是将二家采录进来。其广存异说以备参考的主张，由此体现得至为明显。

最后，重定本《纂注》所载胡氏自注，同样表现出了其不愿墨守朱子的态度。在重定本《纂注》中，胡氏对于其所认为的一些朱子说法未妥之处，已经不再像初定本时尚语带保留地说"非敢求异"云云，而是旗帜鲜明地主张过则当改。如既济卦九五爻"东邻杀牛，不如西邻之禴祭"，朱子采程子之说，以"东邻"为九五，"西邻"为六二，又谓此爻"当文王与纣之事"②。对于此说，胡氏并不能认同，并据先天图离东坎西之说，提出"东邻"当为六二，"西邻"当为九五，又在此基础上进一步指出：

> 若夫卦体自有东西邻象，未必为文王与纣事。况当周公时，周家既已伐而取其国，又何必为抑扬之辞，载于经乎？此是先儒说经之过。《本义》因仍未革，亦俟后之人耳③。

胡氏认为，既济卦说"东邻"、"西邻"，只是据本卦固有之象，未必和文王与纣事有关。且爻辞为周公作，其时周已代商而有天下，何必再举文王与纣而抑扬其间？故朱子说不确。此处胡氏不仅指旧说为"先儒说经之过"，且从"俟后之人"一语中，还明确表达出了其勇改《本义》之决心。与引诸家之说的情况类似，胡氏自注对朱子亦非一意求异，对于《本义》说较佳之处，亦称其"已尽卦义"④、"此爻大旨《本义》已尽之矣"⑤。但对于《本义》有误之处，其亦不惮改之，并不曲为之说。

从以上三个方面，可以看出，在撰述重定本《纂注》时，胡一桂的思想，已实现了由尊朱向求真的转变。正是基于此种转变，其才会将多家不同于朱子的学说引入其书中，并能用一种较为平等的态度，在朱子与诸家之说间选

---

① （宋）朱熹《易本义·下经第二》，《朱子全书》第 1 册，第 76 页。
② （宋）朱熹《易本义·下经第二》，《朱子全书》第 1 册，第 87 页。
③ （元）董真卿《周易会通》卷十一，《中国易学文献集成》第 66 册，第 428—429 页。
④ （元）董真卿《周易会通》卷七，《中国易学文献集成》第 66 册，第 3 页。
⑤ （元）董真卿《周易会通》卷八，《中国易学文献集成》第 66 册，第 140 页。

择去取。对朱子说较优之处固不吝阐扬，但对诸家可通之说，亦兼存之以广异闻，对朱子说不妥之处，更勇于为之辨正。这对于身为朱子后学的胡一桂而言，不得不说是一个巨大的转变。

（2）对易象的空前重视与论象方面对朱子的突破

胡一桂对易象的重视，早在其撰述初定本《纂注》时，即有明确体现。这一思想在重定本《纂注》中不仅得以传承，且进一步发扬光大，从而成为胡氏晚年易学的重要特征。在《周易本义启蒙翼传》中，胡氏曾明言，其之所以要重注《本义》，在很大程度上是由于感觉此前所著"象释疏略"①。而在重定本《纂注》中，胡氏则更进一步，提出"《易》莫难于象"的观点。其说曰：

> 文王于乾无所取象，盖以乾卦画即象，而元亨利贞直占辞耳。周公始象六爻以六龙，至孔子《大象》方有天之名，《说卦》方有马之名，而为首、为君、为父、为玉、为金之类始大备。后之象学者，各据三圣而论，庶无惑于纷纭之多端也。大抵《易》莫难于象，象明则占焕，而辞变亦有不难通者矣②。

此处胡氏在其早期"分别四圣之象"之说的基础上，进而指出，《易》之辞、变、象、占四者，惟象最为难明，能明象，则其余三者均不难通。当然，作为朱子后学，胡氏在论述象占关系时，总体上仍坚持朱子的以占为主之说，谓"若惟举占，则象辞变在其中。此四者之序由轻归重，辞变统于象占，象又统于占。所以《本义》举象占而统论《易》书，一以贯之曰占"③，"圣人之道虽四，圣人之教本一，一者何，占是也"④。但另一方面，其又言"象明则占焕"，是占虽为本，然唯有因象方能明之。易象在其易学体系中的重要地位，也灼然可见。

基于对易象的此种认识，胡一桂在重注《本义》时，即在论象方面实现了对朱子的显著突破。首先，胡氏扩大了《周易》经传中象数之说的范畴。他指出：

---

① （元）胡一桂《周易本义启蒙翼传·中篇》，《儒藏精华编》第 5 册，第 594 页。
② （元）董真卿《周易会通》卷一，《中国易学文献集成》第 65 册，第 241—242 页。
③ （元）胡一桂《易本义附录纂注·图录第十三》，《儒藏精华编》第 5 册，第 466 页。
④ （元）董真卿《周易会通》卷一，《中国易学文献集成》第 65 册，第 224 页。

朱子《五赞》中，谓孔子十翼专用义理发挥经言。切意《彖》、《象》、《系辞》、《说卦》、《杂卦》专论象数，乃用《易》之括例，惟乾、坤《文言》纯以义理发之，其次则《序卦》只用卦名发其次序之义，而不及象数也①。

朱子在《五赞》中说："乃作《彖》、《象》，十翼之篇，专用义理，发挥经言。"② 认为十篇《易传》均为义理之说。而胡一桂并未遵从朱子，反而认为，《易传》中的《彖传》、《象传》、《系辞》、《说卦》、《杂卦》皆专论象数，论义理者仅有《文言》与《序卦》。故其注诸篇《易传》时，亦多以象数为主。如对于观卦《彖传》"观天之神道而四时不忒，圣人以神道设教而天下服"时，胡氏即解之曰：

观以坤遇巽成卦，必以观名者，自西南角坤右转至东南角巽，拱得南离中间，离为目，故有观义。二阳居五、上为天，有天神道之象。互艮为冬春之交，巽为春夏之交，坤为夏秋之交，坤伏乾为秋冬之交，又有四时不忒之象。九五以阳刚中正之圣人，以神道而施风教，四阴皆以柔顺巽入听从于下，又有天下服之象焉。夫子尝曰："居则观其象而玩其辞。"如以玩辞而已，无得于象，未足与语此③。

此段传文属于朱子认定的"专用义理"的范围，故其解说亦以义理为主，谓："极言观之道也。四时不忒，天之所以为观也。神道设教，圣人之所以为观也。"④ 而胡一桂则以象数释之，谓观卦上巽下坤，后天卦位坤居西南、巽居东南，拱南方离卦为目，故称"观"；五、上天位阳爻居之，即"天之神道"；卦体上巽下坤，互艮伏坤，四卦为四时之交，是为"四时不忒"；九五圣人居上，四阴顺听于下，是为"圣人以神道设教而天下伏"。按照胡氏的看法，此种对《易传》的象数化诠释，方符合孔子观象玩辞的精神。这样一来，《周易》经传中论象的部分即占大多数，而此前以义理诠释为主的《易传》部分，也多可转用象数解说，可谓是对朱子提出的象数适用范围的一次较大突破。

---

① （元）董真卿《周易会通》卷一，《中国易学文献集成》第65册，第263页。
② （宋）朱熹《易本义·五赞》，《朱子全书》第1册，第164页。
③ （元）董真卿《周易会通》卷五，《中国易学文献集成》第65册，第609页。
④ （宋）朱熹《易本义·彖上传第一》，《朱子全书》第1册，第95页。

其次，在取象方法的种类上，重定本《纂注》较朱子有很大超越。在初注《本义》时，胡一桂对象数的态度尚有所保留，不愿碰触一些过分流于繁琐，且不为朱子所认同的取象方法，但到了重注《本义》时，胡氏的此种保留可谓一扫而空，乃至在稍后成书的《周易本义启蒙翼传》中声称"变、互、伏、反、纳甲之属，皆不可废"①。具体而言之，重定本《纂注》超越朱子的取象方法主要有三，即飞伏、卦位、爻位。

飞伏即认为某卦下伏有与其阴阳爻完全相反的一卦。此法作为象数学派惯用的方法，颇受朱子怀疑与排斥，称："王辅嗣又言纳甲、飞伏，尤更难理会。纳甲是震纳庚、巽纳辛之类，飞伏是坎伏离、离伏坎、艮伏兑、兑伏艮之类也。此等皆支蔓，不必深泥。"② 而在重定本《纂注》中，采用飞伏之处却屡见不鲜。如其注同人卦卦辞"利涉大川"云"大川，离伏坎象"③，注鼎卦初六"得妾以其子"谓"下巽伏震，长子之象也"④。此法不仅限于三画卦与上下二体，对于六画卦及互体也都可用。如同人九五"大师克相遇"，胡氏注曰："全体伏师。"⑤ 就是六画卦之飞伏。鼎卦互乾豕、伏坤牛，为鼎实之象⑥，即互体之飞伏。

卦位法即以八卦之先后天方位取象。胡氏在初定本《纂注》中，对此法仅偶有涉及，而在重定本中不仅多有采用，且运用的范围更广。如对于颐卦卦辞"颐，贞吉，观颐，自求口实"，胡氏注曰："愚观首震终艮，后天八卦之序，今震、艮合颐为口象，东西南北包罩，以见生齿之众大，春夏秋冬流转，以见生齿之悠久。乾马、坤牛、坎豕、兑羊、巽鸡、离雉皆圉其间，又见天生万物，为养人之具。中四爻两互坤体，惟寓致养之义。震、艮合颐之象至哉！"⑦ 此是以震、艮居后天八卦之首末，包罩其余六卦，以解说二卦合颐之象，不再简单地以全卦外实中虚，有口之象为说。又如恒卦《象传》"君

---

① （元）胡一桂《周易本义启蒙翼传·中篇》，《儒藏精华编》第 5 册，第 571 页。
② （宋）黎靖德《朱子语类》卷六十七，第 1669 页。
③ （元）董真卿《周易会通》卷四，《中国易学文献集成》第 65 册，第 504 页。
④ （元）董真卿《周易会通》卷九，《中国易学文献集成》第 66 册，第 263 页。
⑤ （元）董真卿《周易会通》卷四，《中国易学文献集成》第 65 册，第 510 页。
⑥ （元）董真卿《周易会通》卷九，《中国易学文献集成》第 66 册，第 262 页。
⑦ （元）董真卿《周易会通》卷六，《中国易学文献集成》第 65 册，第 708 页。

子以立不易方"，胡氏注曰："虽巽先震，依然同处东南，故有不易方象。"①
此以后天八卦巽居东南、震居东方，二卦相邻为说。此外，胡氏还开始运用
"拱卦"之法，即以先后天八卦方位中，位于某两卦之间的一卦取象。如大畜
卦卦辞"不家食吉，利涉大川"，胡氏注曰："后天八卦，由乾而艮，拱得坎
卦在中间，饮食大川象皆可取。"②此是说后天八卦中，乾位西北，艮位东北，
即拱得位于其间的北方坎卦，可以坎卦论饮食大川之象。与一般的卦位法相
比，此法更具有强烈的象数学派特征。

爻位法即以一卦六爻之阴阳爻位相合，取坎、离之象。胡氏叙述此法说：
"一卦六位，初、三、五为位之阳，二、四、上为位之阴，则下体初、二、三
之位有离象，上体四、五、上之位有坎象，乃六十四卦之通例。"③如乾卦九
三爻爻辞有"终日"、"夕"，乃离卦之象，而卦体正、互、伏皆无离卦，在
胡氏看来，此即"分明以离位取象"④。此法亦可以互体论，如临卦六五爻
"知临"，胡氏注曰："三、四、五互离位，亦知象。"⑤此即是以爻位三、五
为阳而四为阴，互得离卦之象。此法严格来说，并非胡氏首创，但颇受其推
崇，乃至于在稍后成书的《周易本义启蒙翼传》中，专辟《爻有以六位取象
者》一章，对其加以阐述⑥。

以上三种取象方法，不仅朱子基本未有应用，也不包含在初定本《纂注》
总结的九种取象方法里，而在重定本中均有大量应用。除此之外，还有一些
方法，胡氏于重定本中仅偶一用之，如反体、卦气等，也多为朱子与初定本
所很少涉及。总的来看，在取象方法上增益甚多。

再次，对取象方法的运用更加精细复杂。虽然在初定本《纂注》中，胡
氏已经提出了多达九种取象方法，但在具体解说《周易》经传时，大都仅用
其中一两种方法，解其中较为明显的易象。到了重定本，胡氏则开始综合运
用多种取象方法，对某一条卦爻辞中所有的易象，作穷尽式的解说。例如，

---

① （元）董真卿《周易会通》卷七，《中国易学文献集成》第 66 册，第 26 页。
② （元）董真卿《周易会通》卷六，《中国易学文献集成》第 65 册，第 696 页。
③ （元）董真卿《周易会通》卷一，《中国易学文献集成》第 65 册，第 232 页。
④ （元）董真卿《周易会通》卷一，《中国易学文献集成》第 65 册，第 233 页。
⑤ （元）董真卿《周易会通》卷五，《中国易学文献集成》第 65 册，第 593 页。
⑥ （元）胡一桂《周易本义启蒙翼传·下篇》，《儒藏精华编》第 5 册，第 604 页。

渐卦初六爻"鸿渐于干,小子厉,有言,无咎",初定本仅注曰:"小子,艮象。"① 而重定本则注曰:

> 鸿,全体象。互离为飞鸟,互坎为水居,又自坎北而离南,象鸿之迁徙,离目艮身,俨然一飞鸿也。小子,艮象。言,伏兑象②。

比较之下,初定本仅以下卦艮卦说"小子"之象,而重定本则将互体坎、离及下卦艮卦结合起来,从形象、习性等多个角度说"鸿"之象,又以艮伏有兑卦说"言"之象。另有不少卦爻辞,初定本并未加以自注,而重定本则补入了极为繁复的易象之说。如睽卦六三爻"见舆曳,其牛掣,其人天且劓,无初有终",重定本注曰:

> 互离为见,互坎为舆,上离为牛,三位为人,其人就三言,三自见舆曳牛掣,其人又为上所天劓也。曳、掣恐皆自后言之,舆既曳,则牛自掣而不行矣。二自后牵挽之象。二才动,变成互艮故也③。

此爻初定本并无胡氏自注,盖因已引蔡氏说,以舆为二,牛为四④,说象已足,不需要再作补充。至于重定本,胡氏则综合运用互体、爻位、比应、爻变等多种方法,对爻辞中"见"、"舆"等一切凡可取象者均加以解说。其说象之详尽缜密,已俨然象数派学者之风。

最后,胡氏对朱子之说的存疑与辨正,大都以易象为依据。在重定本《纂注》中,胡氏通过引用前人与自作解说,提出了多处与朱子不同的观点,甚至直指朱子之说为非,其具体情况已见上文所述。而这些观点的提出,多数是基于对易象的解析。如其解随卦六二爻"系小子,失丈夫"即说:

> 圣人系爻,偶见一卦三阴三阳,各有随系,下四爻自为一节取象,上二爻又自为一节取象。小子、丈夫只是指初与四。初阳在下为小子,四阳在上为丈夫。二与初比而相系,故失四之丈夫;三与四比而相系,故失初之小子。二与三皆不论应。大概三阴各随三阳,皆是阴阳之情近

---

① (元)胡一桂《易本义附录纂注·下经第二》,《儒藏精华编》第5册,第252页。
② (元)董真卿《周易会通》卷十,《中国易学文献集成》第66册,第308页。
③ (元)董真卿《周易会通》卷八,《中国易学文献集成》第66册,第100页。
④ (元)胡一桂《易本义附录纂注·下经第二》,《儒藏精华编》第5册,第224页。

而相得，则相系。二系初，三系四，上系五，皆以近而相随也，相随则相系矣。或曰：与《本义》小异如何？曰：胡潜斋解述此爻凡七家，皆与《本义》不同，愚只易一字，谓失丈夫为失四耳。不论应者，以六三亦无应之可论也①。

此爻朱子解之曰："初阳在下而近，五阳正应而远，二阴柔，不能自守以须正应，故其象如此。"② 是以"系小子"为六二系初九，"失丈夫"为失九五正应。而胡氏则提出，随卦之取象，是下四爻与上二爻分别取之。下四爻以初九为小子，九四为丈夫。六二言"系小子，失丈夫"，指系初九而失九四；六三言"系丈夫，失小子"，指系九四而失初九。总之皆以相比而论，不论相应。之所以如此，是由于六三与上六无应，故朱子解六二谓与九五相应，至于解六三则不得不改谓与九四相比，前后不能一致，不如全论相比为妥。此处胡氏对朱子的修正，完全是通过推导易象而得出的。

总之，与初定本相比，重定本《纂注》可谓是以补充发明易象为主的一部全新著作。对于义理虽非一概不言，但大多数情况下是采用朱子、程子等人的成说，不再作过多阐发。如其注解卦九二爻，仅补释爻辞中田猎、三狐、黄矢之象，于辞义仅言"其义则程子尽矣"③。在此意义上而言，可以说重定本《纂注》已大大超越了注释《易本义》的范围，而更多地表现出象数学派著作的特色。

第三节　《周易本义启蒙翼传》
对朱子易学的全面阐发

在重定本《纂注》完成约五年后，胡一桂又于皇庆二年（1313）编成《周易本义启蒙翼传》。此时胡氏已六十七岁，约两年后即辞世，可谓其晚年之作。在卷前自序中，胡氏曾概述其撰述此书的目的曰："诚以去朱子才百余

①　（元）董真卿《周易会通》卷四，《中国易学文献集成》第65册，第562—563页。
②　（宋）朱熹《易本义·上经第一》，《朱子全书》第1册，第46页。
③　（元）董真卿《周易会通》卷八，《中国易学文献集成》第66册，第126页。

年，而承学浸失其真。如图书已厘正矣，复仍刘牧之谬者有之。《本义》已复古矣，复循王弼之乱者有之。卜筮之教炳如丹矣，复祖尚玄旨者又有之。"①可见仍是以维护朱子、辟除异说为主。但其所维护者，已不再局限于朱子对《周易》的具体解说，而是撮举朱子主要的易学观点，在其基础上展开疏释发明，亦即余懋孳所说"盖因朱子之《本义》、《启蒙》，而旁引博证以阐发之"②。而胡氏晚年重视易象的特点，亦在此书中较为明显的体现出来。

一、《翼传》的刊刻

《翼传》撰成后，早在元代即有刊刻，今尚有元刻三部传世。其中国内所存的一部，今藏上海图书馆，有"安乐堂藏书记"、"徐乃昌读"、"结一庐藏书印"、"子清校读"诸印，乃怡府、朱学勤等旧藏，《结一庐书目》曾有著录③。《中华再造善本》、《中国易学文献集成》影印者，皆是此本。日本内阁文库藏有全本和残本各一部。全本八册，乃宝胜院、昌平学等旧藏，卷前有安永丙申（1776）河内茂八题记，卷中多有批语。残本仅存一册，为外篇《焦氏易林》以下至卷末，亦为昌平学旧藏④。以上三本版式行款相同，皆为半页十一行二十一字，黑口，四周双边，外篇之末均题"男思绍校正"，应为一版所印。《经籍访古志》称为"胡氏原本"⑤，可见颇有可能是胡氏撰成后，随即付刻的初刻本。但上图藏本残损很多，如中篇之首《三代易》缺二页，《传注》部分宋以下几乎全缺，部分版面亦较漫漶，不如内阁文库藏全本之善。

入明之后，《翼传》的版本分化为二系。其一为明正德间刻本，北京大学图书馆、天一阁博物馆等皆有收藏。北大藏本乃李盛铎旧藏，傅增湘曾经

① （元）胡一桂《周易启蒙翼传自序》，《周易本义启蒙翼传》卷首，《儒藏精华编》第 5 册，第 479 页。
② （明）余懋孳《重刻周易翼传序》，《双湖先生文集》卷五，《续修四库全书》第 1322 册，第581 页。
③ （清）朱学勤《结一庐书目》卷一，《丛书集成续编》第 68 册，第 1052 页。
④ 严绍璗《日藏汉籍善本书录》，第 15 页。
⑤ ［日］涩江全善、森立之等《经籍访古志》，上海古籍出版社，2014 年，第 15 页。

眼①。卷中有馆臣夹签，谓原一套八册，乾隆五十三年（1788）发下改二册，且误定为元刻②。颇疑此即《天禄琳琅书目》著录之本③。天一阁藏本仅存上、下、外篇，有"郑甲莘春"、"鄞蜗寄庐孙氏藏书"等钤印。郑甲字莘春，号雪桥，慈溪人，郑性之孙④。可知旧为郑氏二老阁所藏，后归孙家淅，辗转进入天一阁。以上二本行款与元刻相同，卷末题"男思绍校正"亦同，而黑口变为白口。卷前胡氏自序，元刻为行书，此本则改为正书。其余字体与细节方面亦多有不同，如卷前目录，元刻于"上篇"、"中篇"、"下篇"、"外篇"上，均有花鱼尾装饰，而此本即无。特别值得注意的是，天一阁藏本卷末有残缺不全之跋文一篇，作者与撰述时间均阙。然嘉庆十七年（1812）庆余堂本亦收此跋，恰可据以补足。现据二本录其文于下：

> 右先正胡庭芳父《周易本义启蒙翼传》四篇，篇分上、中、下、外。其名书分篇之意，载诸自序者，为明备矣。然刻本已久，且不盛传，四方学者有不得而见者。乾元蒙恩起废，承乏闽臬，持宪建宁，暇因以所编《周易本义》旧文，质订于春官郎杨君乾叔。乾叔文敏杨公裔孙也。博学多闻，积书犹富，于是发其书笥，得解《易》者数十家。而是书专为发明《本义》、《启蒙》而著，诚所谓羽翼乎传者也。乾元始获假观焉，而恨其传之弗广，见之弗蚤也。既以订正《本义》旧文，复命缮写而并刻之，以广其传。夫《易》更四圣而大备，至朱子而大明。由朱子而前，解《易》者无虑数百家，唯《本义》、《启蒙》足以发明作《易》之本旨。由朱子而后，解《易》者无虑数百家，唯《周易翼传》足以发明《本义》、《启蒙》之要义。於乎！四圣古《易》，乱而复正，正而复乱者，实由《本义》之存亡也。《本义》之旧文不复，则古《易》终不可见矣。学《易》者欲考复《本义》之旧文，舍《翼传》奚所参订哉？然则是书也，殆将揭日月而行天，乃犹自托诸萤磷，增辉于太阳，岂其然乎，岂其然乎。正德己卯秋九月甲寅万安后学萧乾元谨识。

---

① 傅增湘《藏园群书经眼录》，第11页。
② 李盛铎《木犀轩藏书题记及录》，北京大学出版社，1985年，第60页。
③ （清）彭元瑞等《天禄琳琅书目》卷五，第119页。
④ 虞浩旭《文献世家郑氏二老阁藏书文化的历史轨迹》，《天一阁文丛》第2辑，宁波出版社，2005年，第85页。

天一阁本跋文，至"《本义》之旧文不复"句中"本义"二字而止，以下采自庆余堂本。此前部分，庆余堂本与天一阁本文字微有不同，如"先正"作"先生"之类，可能是翻刻时出现的异文，但大致不差。由此可知，天一阁本残缺的跋文，实应为正德十四年（1519）萧乾元所作。书贾将末页割去，以充元刻。北大藏本无此跋文，也应是书贾出于射利的目的而撤去。这给版本鉴定造成了很大影响，如北大藏本长期以来被泛定为明刻，天一阁本甚至被误定为元刻①，近日方加以改正②，实则一本而已。此外尚有过云楼旧藏一部，或谓元刻③，但以卷前序言比对，其字体与末页板框断裂之处，与此本全合，实为同一版本。上海图书馆亦藏一部，仅残存外篇，虽因破损未能亲见，然据著录当亦是此本④。从萧氏跋文中，可以得知，此本是其在为官福建时，得之于杨荣后人字乾叔者。从其版式行款等来看，虽应出于元刻，但讹误颇多。如中篇《传注》部分，此本脱去"李翱易诠七卷"至"王廙周易注十卷"整整一页的内容。又"刘牧周易解"条下，元刻有小字附注"易置图书之非，余已辨之，见后《辨惑》"；"宋咸易补注"条下，亦有附注"咸，屯田郎中"。此本皆脱去。然其在明代较为早出，故影响力颇大，其后诸本多有从此而出者，又可分为抄本、刻本二支。

抄本一支以上海图书馆藏明红格抄本为代表。此本乃天一阁旧藏，存上、中、外篇。半页十一行二十一字，卷前有胡一桂序文与目录，卷末题"男思绍校正"，又有跋文一篇，即上所引萧乾元跋之半，至"以广其"止。卷中有"吴济时"、"三桥书屋珍阁"、"谷宜长生安乐"、"吴兴抱经楼藏"、"御赐承学堂"、"德寿金石长年"、"谷宜过目"、"药盦"、"黄裳藏本"等钤印。目录后有题识："此天一阁皮纸朱丝阑钞本，后归吴兴沈氏。余所收此种书多矣，多系子部道家者言，只此尚是甲部。其下篇已佚去。然明时红格写本，今日已稀若星凤，安可轻弃耶？当重装之。乙未立春检书记。"下钤"黄裳"印。可知为沈德寿、吴济时、黄裳递藏。卷中讹误多同于正德本，应即是从

---

① 中国古籍善本书目编辑委员会《中国古籍善本书目·经部》，上海古籍出版社，1998 年，第60 页。

② 天一阁博物馆编《天一阁博物馆藏古籍善本书目》，国家图书馆出版社，2016 年，第 7 页。

③ 陈海燕《过云楼藏书书目图录》，凤凰出版社，2014 年，第 48—53 页。

④ 中国古籍总目编纂委员会《中国古籍总目·经部》，第 201 页。

彼抄出。

　　刻本一支中，以通志堂本与正德本关系比较密切。何焯谓通志堂本出自"汲古元本"①，但以元、明二刻校之，通志堂本一些比较明显的脱误，皆同于正德本，如上文所举三例即是，而元刻皆不误，故何说不确。但另一方面，通志堂本误而正德本不误的情况也不少见，如"麻衣道者正易心法"条"则佛者之幻语"，通志堂本"佛"误作"使"，而元刻与正德本皆不误。从这一点推断，通志堂本可能是源自于从正德本翻刻或抄出的某本，虽非直接自正德本出，但仍属于这一系统。通志堂本较别本有一明显区别，即卷前目录与上篇之首，均题"周易发明启蒙翼传"。此"发明"之名，不见于元刻与正德本，而见于《绛云楼书目》②，或与其有一定关系。通志堂本后，又有四库本，其脱误多与通志堂本同，盖即从彼抄出。此外上图尚藏有一清抄本，仅存外篇，半页十一行二十字。书衣题"周易外篇，道光岁次强圉协洽病月子敏主人装潢"，钤"诺津之印"、"敏斋珍玩"、"蘷宧"、"毋欺心自安"，卷中尚有"霜松雪柏之轩藏书记"、"存诚堂珍藏"等钤印，并有大量朱墨笔批注。其内容多为批判《翼传》外篇中的术数之说，如《又论龙虎上经》后批曰：

　　　　术数之学，支离百出，莫不托名于《易》，惟《参同契》能识其本。故长生之术，行之有效，非其余诬妄者比也。盖坎离交媾，尊阳卑阴，天地用以生物，圣人用以尽性至命，立纲陈纪，而道家用以炼精气。圣人自明其理，所以使人心不死，而天地常存。道家炼其形，亦能使一身不绝，而精魄常存。虽大小精粗，相去天渊，而以之自为，则窃乎至道之毫末，亦真有所得力也。至其以八卦为鼎炉，六十四卦为火候，则皆形似之言。第虽援圣经以张大其说，彼黄冠羽客，尚自知其以《易》为借词庾语。而我儒反据以解《易》，岂不大乱圣经，而反为彼术之所笑哉？

　　其余批注大致类此。诺津不知为何人，中山大学图书馆藏抄本《谶纬书》

---

　　①　（清）翁方纲《通志堂经解目录》，中华书局，1985年，第4页。
　　②　（清）钱谦益《绛云楼书目》卷上，《稿抄本明清藏书目三种》，北京图书馆出版社，2003年，第275页。

十七种，亦有其钤印①。此本讹误多同于通志堂本，如"京氏易传"条，《浑天六位图》后"京氏传曰"，此本"京"误作"言"，与通志堂本同，而元刻与正德本皆不误。可知是自通志堂本抄出。其版本价值虽未必很高，但却可看出通志堂本在清代的流行程度。

《翼传》在明代刊刻的另外一系，为万历间胡之珩刻本，今藏清华大学图书馆②。此本未能亲见，但可以通过由之而出的庆余堂本与今人研究等，略窥其一二。今庆余堂本收有冯时来、余懋孳为《翼传》所作二篇序文，又见于《双湖先生文集》③。冯氏序云：

> 予少时既已习闻其说，恨不得是书而表章之。幸承乏仙乡，私淑孔迩，且塈是门者为瑶圃余公，震直青琐，著声易学，素能阐扬斯志。一日，偕其裔孙烈徵、锦鳌，出是传而属序于余。

序末题"万历乙卯岁孟秋吉旦温陵冯时来题于星源公署"。余氏序曰：

> 愚未学《易》，而从使闽，见是编，欣然向往，惜字久而蚀，几不可读。会先生裔孙烈徵、锦鳌辈，欲广其传，属余雠校。遂不敢辞，而僭题其简端。

序末题"万历乙卯五月庚午邑后学裔婿余懋孳谨序"。此二序皆作于万历四十三年（1615），应是出于胡本。据序文所述，此本乃是余懋孳在福建所得，由胡一桂后裔胡烈徵、锦鳌等付刻，而正德本亦是萧乾元得之于福建。但胡本与正德本似并无关系，以源出于胡本的庆余堂本证之，上文所述正德本三处脱漏，庆余堂本皆不缺，其余正德本误而元刻不误处，庆余堂本亦往往同于元刻。由此可推知，胡本可能直接出自元刻，与正德本相比，有一些文字较优之处。但其问题亦较为明显，今人谷建已指出，其在中篇《传注》部分，添出"胡明经公昌翼"著作三种，《传注》末尾胡氏按语亦羼入数语，都属妄改④。

---

① 中山大学图书馆编《中山大学图书馆古籍善本书录》，中山大学图书馆，1982 年，第 31 页。
② 清华大学图书馆编《清华大学图书馆藏善本书目》，清华大学出版社，2003 年，第 5 页。
③ （元）胡一桂《双湖先生文集》卷五，《续修四库全书》第 1322 册，第 580—581 页。
④ 谷建《胡一桂〈双湖先生文集〉小考》，《儒家典籍与思想研究》第 6 辑，北京大学出版社，2014 年，第 83 页。

胡本之后，自其所出者有清嘉庆十七年庆余堂刻本。此本今存上海图书馆，半页九行二十一字，白口，左右双边，单鱼尾。版心上题"周易本义启蒙翼传某篇"，中题"卷之某"及页数，下题"庆余堂"。书名页题"周易本义启蒙翼传，嘉庆壬申年重镌，庆余堂藏版"。卷前有胡一桂皇庆二年《周易本义启蒙翼传序》，冯时来、余懋孳万历四十三年（1615）序，以及《周易本义启蒙翼传目录》。目录后又有校订姓氏题名一页，题"俞氏升潜字用初，余氏元旭字道周，王氏笔帜字颖先，汪氏栋字伯阳海阳人，俞氏有廉字顽夫，余氏鹏拎字宇昂，后裔梦元字麟瑞"。卷末题"裔日照锦川、日照华川校刊"，并有正德十四年萧乾元跋文。清姚鼐述庆余堂本曰："胡氏三书旧于婺源有雕本，今皆残缺，而昆山徐氏所刻《通志堂经解》，则三书具存。今玉斋先生裔孙华川□□，取家藏残本，与通志堂本校其异同，而择从其善，复刻此三书于婺源。"① 所谓"旧于婺源有雕本"，应即是胡本。上文所述的胡本两处妄改，亦均见于此本，可以为证。但庆余堂本也非简单翻刻胡本，除了以通志堂本参校之外，尚有其他一些删改。如中篇《传注》部分"胡明经公昌翼"条，庆余堂本作：

> 胡明经公昌翼《周易传注》三卷《周易解微》三卷见后《易传摘疑》一卷。公字宏远，登后唐同光乙酉明经都魁进士，义不仕。倡明经学，为世儒宗。尤邃于《易》，尝谓学者曰：知象中有理，则显微无间，知理中有象，则体用一源。后周广顺癸丑，征辟不就，赐号明经公，是为吾家鼻祖云。

此条乃《翼传》原书所无，而胡本补入者。然胡本于"公字宏远"下，尚有"唐昭宗太子，因避朱温之难，托姓于胡"十五字，庆余堂本即删去。

总的来看，《翼传》在胡一桂的诸多著作中，当属刊刻传抄最广、传世版本最多的一种，可见其书的影响力之大。其存世诸本之谱系，可见下图所示。

---

① （清）姚鼐《胡玉斋双湖两先生易解序》，《惜抱轩诗文集》，上海古籍出版社，1992年，第250页。

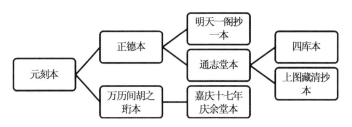

图 3－7 　《周易本义启蒙翼传》版本谱系图

二、对朱子"分别列代之《易》"的发展

在朱子易学的庞大体系中，对列代之《易》进行区分，无疑是较为重要的观点之一。这一观点认为，《周易》的各个部分形成的时代不同，思想亦彼此互异，因此，必须将列代之《易》区分开来，才能在此基础上进而求得《周易》之"本义"。作为资深的朱子易学学者，胡一桂对朱子这一思想早有接受，早在撰写《易本义附录纂注》时，胡氏就将此观点运用到了易象之学的领域中，提出了著名的"分别四圣之象"的理论。而到其晚年，胡氏对朱子的这一观点，又有了更加深入的理解，并试图以自己的理解在一定程度上发展朱子之说。具体而言之，其发展主要表现在三个方面：一是对列代之《易》的划分方式与内容进行明确规定，二是阐发列代之《易》中相关部分的深刻含义，三是对在区分列代之《易》的过程中出现的一些异说进行辩驳。

首先，胡氏明确规定了列代之《易》的划分方式与具体内容。在此之前，朱子虽然已经提出了区分列代之《易》的主张，但在具体划分上却显得比较混乱，同时对各代之《易》应该包括的内容的论述也较为零散。而胡氏则将朱子的划分法进行合并整理，归纳出了一个较为全面的划分方式，即总体上分为"天地自然之《易》"与"四圣之《易》"两大部分，"四圣之《易》"中又分为伏羲《易》、文王《易》、周公《易》、孔子《易》四个小部分，并对每部分所包括的具体内容加以明确规定。其规定如下表所示：

表 3 – 3　《周易本义启蒙翼传》划分列代之《易》示意表

天地自然之《易》	日月为《易》；河图；洛书
伏羲《易》	伏羲始作八卦图；伏羲重卦图；伏羲八卦方位图；伏羲六十四卦方圆图；揲蓍占法；伏羲神农黄帝尧舜十三卦制器尚象图
文王《易》	文王八卦方位图；文王改易先天为后天图；文王六十四卦反对图；文王六十四卦次序图；文王作六十四卦卦下辞；文王九卦处忧患图；文王十二月卦气图
周公《易》	周公作三百八十四爻下之辞
孔子《易》	孔子作十翼之辞

　　从上面的表格中，可以看出，胡氏所规定的"列代之《易》"的内容，绝大多数都是取之于朱子的相关论述。一方面，胡氏之说的主体部分都来自于朱子。朱子在《易本义》卷首将河图洛书定为天地自然之《易》，将先天四图定为伏羲《易》，将后天两图定为文王《易》；同时又对《周易》经传的归属作了区分，以卦辞属文王，爻辞属周公，十篇《易传》属孔子。胡氏即以此为据，将以上所提到的易图与《周易》经传各部分，按照朱子的区分方法，分别编入到所属各代之《易》中，除了于文王《易》中将朱子原有的《文王八卦次序图》省略未录之外，其余说法与朱子大体相同，这些内容即构成了胡氏之说的主体。另一方面，其余的一些补充部分，也大都与朱子之说相符合，或者由朱子之说推广而来。例如，朱子以为伏羲作《易》，本为占筮所用，而占筮则必有蓍法，故胡氏将揲蓍求占的相关内容归于伏羲《易》中。又如，在文王《易》的范围内，《文王改易先天为后天图》说明的是文王如何改易先天八卦方位为后天八卦方位，其说乃是以朱子与其弟子董铢的论述为依据；《文王六十四卦反对图》阐述文王以卦象相反相对的规律排列六十四卦，与朱子"六十四卦只八卦是正卦，余便只二十八卦，番转为五十六卦"[①]之说相合；《文王九卦处忧患图》依据《系辞传》中所谓的"三陈九卦"一段文字所作，而按照朱子的说法，此段文字说的是文王拘于羑里时事，故而胡氏将其归入文王《易》；《文王十二月卦气图》将卦气说归于文王，不仅其态度与朱子相一致，而且在图式的设计上还借用了朱子的形制。总之，胡氏对"列代之《易》"的具体内容的规定，基本上是把朱子散见于各处的关于

---

　　① （宋）黎靖德《朱子语类》卷六十七，第 1667—1668 页。

列代之《易》的论述收集起来，再补充以一些自己在朱子基础上作出的推阐之论，可以说是一次对朱子"分别列代之《易》"之说的集中整理与扩充。

其次，在规定了列代之《易》的划分方式与内容的同时，胡氏还对其中一些部分作了一定程度的解说。这种解说的目的大致有二，一是说明其将某一内容划分到相对应的时代中的根据和理由，二是对某些部分的深刻含义进行阐发。说明理由者，如在"天地自然之《易》"的部分，朱子认为只包括河图与洛书，而胡氏则在河图洛书之前，又添出了"日月为《易》"一个部分，对此胡氏即解释说：

> 太虚中，天地山泽、雷风水火、飞潜动植，何莫非《易》之呈露，岂但日月图书？特日月继照，真天地自然之《易》；图书迭出，真天地自然之数。作《易》之原，虽肇于图书，而《易》之为义，尤著明于日月，故揭以为首。郑氏厚曰："易从日从月，天下之理，一奇一偶尽矣。天文地理，人事物类，以至性命之微，变化之妙，否泰损益，刚柔失得，出处语默，皆有对敌。故《易》设一长画一短画以总括之，所谓'一阴一阳之谓道'者此也。"①

此处胡氏提出，其之所以要将"日月为《易》"列为"天地自然之《易》"之首，就是因为日为阳、月为阴，日月一往一来，可以说是《周易》中阴阳变易之理的最直接的体现。相比之下，河图洛书虽然是伏羲作八卦的直接来源，但其主要是从数字的角度揭示《周易》之理，只能算是较为狭隘的"天地自然之数"，远不如日月更替的广大普遍，故而只能居于"日月为《易》"之后。这样，胡一桂就较为充分地解说了其在"天地自然之《易》"部分新设"日月为《易》"的理由。阐发深意者，如在论述"文王《易》"部分的《文王九卦处忧患图》时，胡氏即对此九卦之含义进行了一定程度的挖掘，他说：

> 旧看九卦，于三画八卦内七卦有取，独无取于离，以为圣人晦明之意，然有互体离在焉，实未尝不明也。又以太巧，不入之《本义纂注》

----

① （元）胡一桂《周易本义启蒙翼传·上篇》，《儒藏精华编》第5册，第481页。

后，今姑记于此①。

这里胡氏所说的"九卦"，指《系辞传》中所谓的"三陈九卦"，亦即履、谦、复、恒、损、益、困、井、巽。这九个六画卦的上下体之中，包含有八经卦中的七卦，如履卦上卦为八经卦之乾卦，复卦上卦为八经卦之坤卦等，惟独没有离卦。对这一现象，胡氏解释说，文王三陈九卦，是为了说明处忧患之道，而处忧患的一个重要原则即是要"晦明"，亦即含藏自己的明德，以避免招致灾祸。为表达此"晦明"之意，文王在列出九卦的时候，就刻意将代表着明德的离卦摈弃不录。但九卦之正体虽然无离，而互体却未尝无之，如困卦二至四爻即互离卦，这表示圣人处忧患，虽然自行晦藏，但其德未尝不明。这一说法朱子并未提及，可以说全部都是胡氏的阐发，且其发挥的程度颇大，以至于胡氏自己都担心这种说法似乎失之于"太巧"。

最后，胡氏又批驳了一些在"分别列代之《易》"方面出现的异说。其批判的重点，集中对历代之《易》之划分体系的怀疑上。例如，胡氏将河图洛书归入"天地自然之《易》"，又将《系辞传》归入"孔子《易》"，认为其都是历代之《易》不可或缺的组成部分。但此前欧阳修却曾提出河图洛书为伪作，又以为《系辞传》非孔子作，这相当于把河图洛书与《系辞传》逐出了其所建立的列代之《易》的体系，对其"分别列代之《易》"之说是一个较为严重的威胁，因此胡氏即对其说进行了严厉批评：

> 欧公不信图书，以为怪妄，又因图书之疑，并与《系辞》不信，以为非夫子作。愚尝观温公《通鉴》：魏明帝青龙间，张掖柳谷口水涌，宝石负图，状象灵龟，立于川西，有石马、凤凰、麒麟、白虎、牺牛、璜珙、八卦、列宿、孛彗之象。唐氏曰："河图洛书之说，欧阳永叔攻之甚力。今观此图，与河图洛书亦何以异？惜时无伏羲、神禹，故莫能通其义，可胜叹哉！"愚亦恨不使欧公见之，以祛其惑也。若夫《系辞》乃象数之总括，义理之渊薮，《易》无《系辞》，犹天无日月，人无眼目矣。其可哉！是何欧公无见于此也②！

① （元）胡一桂《周易本义启蒙翼传·上篇》，《儒藏精华编》第5册，第518—519页。
② （元）胡一桂《周易本义启蒙翼传·下篇》，《儒藏精华编》第5册，第679—680页。

按照胡氏的观点，河图洛书出世之事，虽然颇为少见，但并非绝无仅有，如《资治通鉴》载，魏明帝时有灵龟状的宝石负图而出，即是一例。由此便可推知，河图洛书是实有其事，并非怪妄之谈。至于《系辞传》，则是解释《易》中象数义理的精要之作，如天之日月、人之眼目一般，在阐明易理的过程中发挥着关键作用，其为孔子所作更是无可怀疑之事。这样，胡氏就通过批判欧阳修之说，维护了其所提出的"列代之《易》"的体系。类似这样的辩驳，在《翼传》下篇的《辩疑》部分中还有很多，其目的亦与此大致相同。

以上即是胡一桂对朱子"分别历代之《易》"的观点进行阐发的基本情况，可以看出，通过以上一系列的论述，胡氏实现了对朱子此方面学说的完善。他首先在整合朱子之说的基础上，提出了列代之《易》的明确划分方式，在一定程度上补充了朱子的缺失；继而又收集朱子的相关论述，将其置入相对应的各代之《易》中，充实了列代之《易》的内容；最后又通过对列代之《易》中各部分存在的理由与意义的阐述，以及对相关异说的驳斥，进一步论证了其划分方式的合理性。经过胡氏的发展，朱子的"分别历代之《易》"这一观点，才显得分界清晰、内容充实，且逻辑性与合理性都较强，可以说实现了质的飞跃。

三、对"《易》为卜筮之书"的阐发

继"分别四圣之《易》"之后，胡一桂又将目光投向了朱子的另一个重要易学思想，即"《易》为卜筮之书"。对于朱子的这一著名论断，胡氏深信不疑。他曾援引朱子的说法，以为卜筮"上通鬼神，下通事物，精及于无形，粗及于有象，天下道理无不包罩在其中，开物成务之学，正有赖此"①，可以说完全继承了朱子推尊卜筮的态度。同时，另有一些学者认为，"《易》为卜筮之书"仅是朱子一家之言，并不能代表《易》之全貌，对此胡氏则坚决予以反击，他提出，无论是从伏羲卦画、文王卦辞、周公爻辞，还是从孔子的《易传》中，都能看出列代圣人卜筮解《易》之意，因此"《易》为卜筮之

---

① （元）胡一桂《周易本义启蒙翼传·下篇》，《儒藏精华编》第 5 册，第 606 页。

书"绝非朱子一家之臆说，对朱子这一观点的批评是完全没有道理的，如其所说的那样："奈何以为朱子独解作卜筮乎？何不知言之甚也！"① 拥护朱子之说的态度显然可见。然而，在继承朱子之说的同时，胡氏也并没有停留在简单地重复朱子观点的层面上，而是试图通过一系列较为新颖的角度，对"《易》为卜筮之书"进行羽翼与发挥。

首先，胡氏提出了"辞、象、变、占以占为主"的观点，来进一步印证"《易》本卜筮之书"之说的合理性。《周易·系辞上》有"《易》有圣人之道四焉：以言者尚其辞，以动者尚其变，以制器者尚其象，以卜筮者尚其占"之说，此前学者大都认为，此段文字揭示了《易》有"辞"、"象"、"变"、"占"四种主要功用，而"占"只为其中之一，因此不能将《易》仅仅看作卜筮之书。而胡氏却认为，虽然《易》之功用有四种，但其核心则在于"占"，辞、象、变归根结底，都无非为"占"而设。他说："夫子所谓圣人之道四焉，亦说《易》道广大，其用不穷，又何止于四道，而原其所由作，则本为教人卜筮，使之决嫌疑、定犹豫，而不迷于吉凶悔吝之涂尔。"② 以占筮统领辞、象、变的态度非常明确。

这一观点的依据何在呢？胡氏接下来分析了辞、象、变三者的含义。在其看来，所谓"辞"应该包括"文王六十四卦卦下之辞"与"周公三百八十四爻爻下之辞"。而这些"辞"又无非由"象"与"占"两部分组成，如其所说的那样："文王、周公之辞，不出象、占二者。""合象占以成句而读之，粲然成文，则谓之辞矣。"③ 对此胡氏举了乾、坤二卦及其中二爻的卦爻辞为例，如乾卦初九爻爻辞"潜龙勿用"，胡氏即解释说：

> 周公曰："初九，潜龙勿用。"……"潜龙"非象乎？"勿用"非占乎④？

按照胡氏的分析，乾卦初九爻爻辞中，"潜龙"是象，"勿用"是占，这样，这句爻辞就被分析成了象与占两大部分。当然，这只是一种理想的区分

---

① （元）胡一桂《周易本义启蒙翼传·下篇》，《儒藏精华编》第 5 册，第 607 页。
② （元）胡一桂《周易本义启蒙翼传·下篇》，《儒藏精华编》第 5 册，第 607 页。
③ （元）胡一桂《周易本义启蒙翼传·下篇》，《儒藏精华编》第 5 册，第 608 页。
④ （元）胡一桂《周易本义启蒙翼传·下篇》，《儒藏精华编》第 5 册，第 608 页。

方式，具体到对所有卦爻辞进行分析的时候，还可能会出现"有象无占"、"有占无象"、"象在占中"、"占在象中"、"象占混杂"等多种复杂的情况，但总而言之，不会出于象、占二者之外。正因为如此，在解说卦爻辞时，必须要以象占为本，对脱离象占而空说辞之义理的风气，胡一桂是极力反对的，其曾批评之曰："《易》舍象占不足以成辞，论辞而不及象占，惟以道理解说，而谓圣人自有此一种险怪之辞，则亦真不足与言《易》。"①

在将"辞"分解为象、占二类之后，胡氏又进而对其中"象"的含义进行了讨论。他认为，所谓的"象"，即是"像卦爻之形象以示人"②，也就是《周易》中的一些以万物之象比拟于卦爻象的部分，如乾天坤地、乾马坤牛之类。其存在的范围不仅限于文王卦辞与周公爻辞，在孔子所作十篇《易传》中也大量出现。而就其作用而言，则是为占筮而设，亦即胡氏所说："所谓象者，皆是假此众人共晓之物，以形容此事之理，使知所取舍而已。"③ 此是说，圣人立象的根本目的，在于通过易象来形象地阐述卦爻中的吉凶之理，让人们在占得某卦某爻时，对其吉凶悔吝的情况有更深入的理解，从而在行动上作出取舍，以趋吉避凶。由此观点出发，一些认为"象"非为占筮而设的观点，便遭到了胡氏的批评。如对于《系辞传》中"以制器者尚其象"之说，胡氏即评论说："《系辞》所谓以制器者尚其象，特大约言之。况十三卦制器，纤悉毕备，后人无复有所加矣，惟于卜筮之用，至于今未已也。呼！谓象专为制器设者，愚斯之未能信也。"④ 在他看来，制器尚象之说，只是一种约略而言之的说法，而后人却片面地放大了《系辞传》之说，结果导致易象用于卜筮的真正目的反而湮没无闻。总之，在胡氏看来，"象"乃是为"占"所设的，而"辞"既然由象、占组成，自然亦当服务于占。由此，胡氏便把《易》之四道中的"辞"与"象"都归结到了"占"上，而对于最后一个部分"变"，胡氏也努力从占筮的角度对其加以解释。他提出，《系辞传》中所说的"以动者尚其变"，实际上讲的是一种在揲蓍求法之外的新型占筮方法。对此胡氏论述说：

---

① （元）胡一桂《周易本义启蒙翼传·下篇》，《儒藏精华编》第 5 册，第 608—609 页。
② （元）胡一桂《周易本义启蒙翼传·下篇》，《儒藏精华编》第 5 册，第 629 页。
③ （元）胡一桂《周易本义启蒙翼传·下篇》，《儒藏精华编》第 5 册，第 610 页。
④ （元）胡一桂《周易本义启蒙翼传·下篇》，《儒藏精华编》第 5 册，第 610 页。

《易》以变为占，非卜筮固无由而得变。然想古人用《易》，亦不尽假卜筮，而遇事之来，动以应之，必先随意所发，主在一卦，又就一卦上随意变爻，看变得何卦何爻，一如筮法以断之。此所谓"以动者尚其变"也①。

这段文字是说，古人用《周易》进行占卜的时候，不一定都用揲蓍的方式，有时候遇到某些事情，就直接取《周易》中与之相应的任意一卦，变其中的一爻或几爻以占之。其占断的依据，与传统的筮法完全一致，都是以卦爻辞与卦爻象定吉凶，只是求卦的方式有所不同而已。此种随意取卦变爻之法，即是所谓的"以动者尚其变"。在胡氏看来，这种占法古已有之，如《左传》中记载的王子伯廖论郑公子，并未经过任何揲蓍过程，只是根据郑公子"无德而贪"的品行，便引用与之相应的丰之离以断其凶②。又如知庄子论先縠之败，也是根据先縠不听主将号令，一意求与楚战的行为，而引相应的师之临以占之③。相比于揲蓍求卦而言，这种"不假卜筮而知吉凶"的占法，更能体现出易理与人心之理的契合无间。胡氏曾称之曰："言不可不慎也，心一动于欲，而形于言，见吉凶焉……吁！《易》其神矣乎，人心之灵其神矣乎！"④通过这种解释，"变"也与"辞"、"象"一道，最终被纳入了"占"的范围之内。而既然《易》中的辞、象、变、占四种功用，说到底无非一个"占"字，那么把《周易》看作卜筮之书，就显然是合理的。这样，胡氏便以自己的"辞、象、变、占以占为主"之说，证明了朱子"《易》本卜筮之书"的观点的正确性。

其次，胡氏又对《易》中的占筮之辞，作了较为全面的归纳与解说。按照胡氏的看法，《易》之占辞大致可以分为两类，一类是"断卦爻之吉凶以示人"⑤的纯粹占断吉凶之辞，另一类是与易象结合起来的占断具体事例之辞。对于纯粹占断吉凶之辞，胡氏将其归纳为"卦占类"、"爻占类"、"卦爻道德例"三个方面，其中"卦占类"和"爻占类"分别收录卦辞与爻辞内的占

---

① （元）胡一桂《周易本义启蒙翼传·下篇》，《儒藏精华编》第 5 册，第 609 页。
② （元）胡一桂《周易本义启蒙翼传·下篇》，《儒藏精华编》第 5 册，第 655—656 页。
③ （元）胡一桂《周易本义启蒙翼传·下篇》，《儒藏精华编》第 5 册，第 656—657 页。
④ （元）胡一桂《周易本义启蒙翼传·下篇》，《儒藏精华编》第 5 册，第 656 页。
⑤ （元）胡一桂《周易本义启蒙翼传·下篇》，《儒藏精华编》第 5 册，第 629 页。

辞，其具体内容可见下表所示：

表3-4　《周易本义启蒙翼传》所辑卦占爻占表①

	卦占类	爻占类
元	元亨利贞、元亨、元亨利、元亨吉、元吉亨、元吉可贞利	元吉、元永贞
亨	亨、亨利、亨利贞、亨利贞吉、亨小利贞吉、亨无攸利、亨贞吉利、亨吉无咎、亨不可贞、小亨利、小亨贞吉	亨
利	利、利用狱、利亨、利贞、利艰贞、利女贞、利贞吉、利贞亨吉、利吉、不利、不利贞	利见大人、利贞、利永贞、利居贞、利建侯、利御寇、利执言、利女贞、利艰贞、利有攸往、利涉大川、利于不息之贞、利出否、利幽人之贞、利武人之贞、利用刑人、利用恒、利用侵伐、利用行师、利用宾于王、利用为大作、利用为依迁国、利用禴、利用祭祀、利用亨祀、无不利、无攸利、不利为寇、不利宾、不利涉大川
贞	贞吉	女子贞、可贞、不可贞、不可疾贞、艰贞、恒其德贞、得童仆贞、贞吉、安贞吉、居贞吉、永贞吉、贞吉亨、贞凶、贞厉、贞吝
吉	吉元永贞、吉亨、吉利贞、中吉终凶、小事吉	吉、大吉、居吉、往吉、征吉、厉吉、中吉、终吉、艰则吉、有它吉
凶	凶	凶、有凶、见凶、起凶、征凶、灭贞凶、终有凶
咎	无咎	无咎、何咎、为咎、匪咎、无大咎
悔	悔亡	悔、有悔、小有悔、亏悔、无悔、无祗悔、悔亡、悔厉吉
吝	（卦占类无）	吝、小吝、终吝、往吝、往见吝、有它吝、吝终吉、贞吝
厉	有厉	厉、悔厉吉、厉吉、厉终吉、贞厉、往厉、有厉
眚	有眚	灾眚、无眚、有灾眚
灾	（卦占类无）	灾眚、灾、有灾眚

从上表可以看出，胡氏归纳卦爻辞中占辞的方式，是以元、亨、利、贞等十余种基本占辞为纲，将从属于各类者分别归入。所谓："卦例重在元、

　　① 此表据胡一桂《周易本义启蒙翼传·下篇·占类说》制作，《儒藏精华编》第5册，第630—634页。

亨、利、贞，吉、凶、无咎，悔、厉、吝各一言之；爻例重在元、亨、利、贞、吉、凶、悔、吝、无咎、厉、灾、吝十二者，增多卦灾、吝二占而已。"①所收录的内容当中，有一部分本来即是一句单独的占验之辞，如"元亨利贞"、"元亨"、"元吉亨"之类；还有一些则原本与解说易象之辞混杂于一处，而为胡氏离析出来，如卦占类中的"元亨利"，出自蛊卦卦辞，原文本为"元亨利涉大川"，胡氏即从中析出"元亨利"的占辞部分而加以收录。这就使得其所收占辞的数量获得了极大的扩充，其总结的全面性也进一步提高。而所谓"卦爻道德例"，则是胡氏在卦占、爻占之外，又特别设立的专门收集《易》中"本道德以为占"之辞的一个类别。在具体的收录过程中，胡氏将此类占辞按照其来源分为"卦"、"爻"、"翼"三部分，"卦"的部分为利贞、安贞吉、道、有孚、孚等五种，"爻"的部分包括道、德、敬、知、允、有孚、孚、即命等八种，"翼"的部分则包括道性命、性情、诚、敬、仁、义、德、太极等八种②。这一类占辞的共同特点是，在占筮吉凶的过程中，又寓有教人为善的道理。如"利贞"本是说占得本卦者利于贞正之道，但其中即蕴涵着"贞则利，不贞则不利"的意思，此便是"文王因占寓正道之教"③。在胡氏看来，此类占辞在《易》中的数量颇为不少，特别是在《易传》中，更是"言道德类不一，难以悉书"④，其所收录的这二十余种，只是略发其例而已。这样，胡氏即从卦占、爻占、卦爻道德三个方面，完成了对《易》中纯粹占验吉凶之辞的收集整理，同时也阐明了《易》于占筮之中寓有教化，乃是"以道义配祸福"之书，与只能用以占验吉凶的阴阳术数类典籍有着本质的区别。

然而，按照胡氏的看法，以上的纯粹占验吉凶之辞，并不能代表《易》中占筮之辞的全貌，尚有一种"合象占为一类"的占筮具体事例之辞，也应包括在占辞之中。因此，胡氏又特别设立了"卜筮类"一个部分，以所占之事为纲，分君道、臣道、讼狱、兵师、家宅、婚姻、师友、见贵、仕进、君子、出行、舟车、旅、酒食、疾、祭祀、祷雨、寇、畜等十九个方面，对此

① （元）胡一桂《周易本义启蒙翼传·下篇》，《儒藏精华编》第5册，第630页。
② （元）胡一桂《周易本义启蒙翼传·下篇》，《儒藏精华编》第5册，第634—635页。
③ （元）胡一桂《周易本义启蒙翼传·下篇》，《儒藏精华编》第5册，第634页。
④ （元）胡一桂《周易本义启蒙翼传·下篇》，《儒藏精华编》第5册，第635页。

类占辞进行总结。其具体内容较为繁杂，现仅以"讼狱"一类为例，胡氏对其的总结包括以下内容：

> 卦：讼：有孚，窒惕，中吉，终凶。
>
> 噬嗑：亨，利用狱。
>
> 爻：讼初六：不永所事，小有言，终吉。
>
> 讼九二：不克讼，归逋，邑三百户，无眚。
>
> 讼九四：复即命渝。安贞吉。
>
> 讼上九：或锡鞶带，终朝三褫。
>
> 蒙初六：利用刑人，用说桎梏，以往吝。
>
> 噬嗑初九：屦校灭趾，无咎。
>
> 噬嗑上九：何校灭耳，凶。
>
> 坎上六：系用徽纆，寘于丛棘，三岁不得，凶。
>
> 睽六三：其人天且劓，无初有终①。

此处胡氏共收集了有关于讼狱的两条卦辞与九条爻辞。从象占分离的角度而言，这些卦爻辞中，既有象占混杂者，如讼初六"不永所事，小有言，终吉"，"不永所事，小有言"为象，"终吉"为占；也有仅言象而无占断之辞者，如讼上九"或锡鞶带，终朝三褫"即是。但从象占合一的角度来看，这些卦爻辞又无非都可以视为占筮某一特定之事的占辞，如讼初六可以看作"筮讼吉"②，而讼上九可以看作"筮讼受带，为人所夺"③。据胡氏自己的记载，其对这种"合象占为一"的卜筮之辞的归纳，其源头也可追溯到朱子。朱子曾在给吕祖谦的信中说："如'利用祭祀'、'利用享祀'只是卜祭则吉，'田获三狐'、'田获三品'只是卜田则吉，'公用享于天子'只是卜朝觐则吉，'利建侯'只是卜立君则吉，'利用为依迁国'只是卜迁国则吉，'利用侵伐'只是卜侵伐则吉之类。但推之于事，或有如此说者耳。凡此之类不一，亦欲私识其说，与朋友订之，而未能就也。"④ 胡氏正是自朱子的这一说法中

---

① （元）胡一桂《周易本义启蒙翼传·下篇》，《儒藏精华编》第 5 册，第 637—638 页。
② （元）胡一桂《周易本义启蒙翼传·下篇》，《儒藏精华编》第 5 册，第 637 页。
③ （元）胡一桂《周易本义启蒙翼传·下篇》，《儒藏精华编》第 5 册，第 638 页。
④ （宋）朱熹《答吕伯恭》，《晦庵先生朱文公文集》卷三十三，《朱子全书》第 21 册，第 1466 页。

得到启发，从而领会到象占可以合一而成为卜筮具体事例之辞，故而对其加以总结，以"成朱子'欲识其说，与朋友共订'之遗意"①。至此，胡氏才从纯粹占验吉凶之辞与象占合一的占事之辞两个方面，完成了对《易》中占辞的全面总结，也由此进一步证成和羽翼了朱子"《易》本卜筮之书"的观点。

最后，胡氏又从《左传》、《国语》等前代典籍中辑录出了一些占筮之例，并由此实现了对朱子筮法的补正与发挥。在《周易本义启蒙翼传》下篇的《筮法》部分，胡氏总共总结了三十八种前代筮例，其中出自《左传》者十九例，出自《国语》者三例，《孔子家语》一例，《坤凿度》一例，附抄史传诸书十四例。现将其所辑筮例的主要内容列之于下：

表 3 – 5　《周易本义启蒙翼传》所辑筮例表②

出处	所筮之事	得卦
左传·庄公二十二年	陈厉公筮公子完之生	观之否
左传·闵公元年	毕万筮仕于晋	屯之比
左传·闵公二年	鲁桓公筮成季之将生	大有之乾
左传·僖公九年	秦伯伐晋，卜徒父筮之吉	蛊
左传·僖公十五年	晋献公筮嫁伯姬于秦	归妹之睽
左传·僖公二十四年	晋文公筮勤王	大有之睽
左传·宣公六年	王子伯廖引《易》论郑公子	丰之离
左传·宣公十二年	晋知庄子引《易》论先縠之败	师之临
左传·成公十六年	晋厉公筮击楚子	复
左传·襄公九年	鲁穆姜筮往东宫	艮之随
左传·襄公二十八年	郑太叔引《易》论楚子	复之颐
左传·襄公二十五年	崔武子筮娶齐棠公妻	困之大过
左传·昭公元年	秦医和引《易》对晋赵孟	蛊
左传·昭公四年	鲁庄叔筮叔孙穆子之生	明夷之谦
左传·昭公七年	卫孔成子筮立君	初筮得屯，再筮得屯之比
左传·昭公十二年	鲁南蒯筮以费叛	坤之比
左传·昭公二十九年	晋蔡墨引《易》对魏献子	乾之姤、同人、大有、夬、坤，坤之剥
左传·昭公三十二年	史墨举《易》对赵简子	大壮

---

① （元）胡一桂《周易本义启蒙翼传·下篇》，《儒藏精华编》第 5 册，第 636 页。

② 此表据胡一桂《周易本义启蒙翼传·下篇·筮法》制作，《儒藏精华编》第 5 册，第 650—675 页。

续表

出处	所筮之事	得卦
左传·哀公九年	鲁阳虎筮救郑	泰之需
国语·周语下	晋筮立成公	乾之否
国语·晋语四	晋公子重耳筮得国	屯之豫
国语·晋语四	晋大夫筮公子重耳归国	泰
孔子家语	孔子筮得贲	贲
坤凿度	孔子筮得旅	旅
丁未录	丘浚少当改元	丰
夷坚志	叶助占得子	贲
夷坚志	叶少蕴筮生子	晋
北史·赵辅和传	有人筮父疾	泰
洞林	顾士群筮母病	归妹之随
东观汉记	东汉沛献王筮雨	蹇
宋朝类要	宋太祖召陈抟筮	离之明夷
晋书·郭璞传	郭璞岁首为朝廷筮	解之既济
旧唐书·回纥传	回纥筮出师	乾之同人
北史·清河王岳传	北齐神武筮室中无火而有光	乾之大有
五代史	段晦筮马逸	睽
五代史	路晏筮伏盗	夬
周易章句外编	或人筮婚姻	小过
汉书·匈奴传	汉武帝筮伐匈奴	大过

　　以上这三十八种筮例中，来自《左传》与《国语》者共计二十二例，基本穷尽了此二书中一切有关于易占的内容，可以说是胡氏在搜集过程中重点关注的部分。其余来自《孔子家语》、《坤凿度》以及史传诸书者，则只是略举其数条"以备占法"[1]，并不占主要地位。其所搜集的内容大致包括两类：一类是如"王子伯廖引《易》论郑公子"等六条为未经揲蓍，而直接引《易》之卦爻辞以论事之吉凶者，属于上文胡氏所说的"不假卜筮而知吉凶"的范围；另一类则是其余的三十二例，均有实际的揲蓍求卦过程。但无论是哪一类，都严格限制在易占的范围之内，非易占系统的占例，如郭璞《洞林》

---

[1] （元）胡一桂《周易本义启蒙翼传·下篇》，《儒藏精华编》第 5 册，第 675 页。

中抛开《周易》之卦爻象与卦爻辞而单用"五行六神及年月日诸煞神占"①之例，虽然事例繁多，且其占也颇有应验，但亦不能收入此类之中。此种对前代筮例的编集，胡氏在其早年就曾经尝试过，据其记载，其弱冠时就曾"集《左氏》筮法一编，后以兵毁"②，故而在晚年编撰《周易本义启蒙翼传》时，又重加辑录，并在纂辑的过程中逐渐领悟一个道理：据《易》为占时，不应拘泥于朱子的只用卦爻辞之法，而是"有以卦名占者，有以卦字占者，有以卦气占者，有以卦体卦象占者，有以卦爻辞占者，有以世应纳甲占者，不一而足"③。根据这一原则，胡氏即以其所纂之筮例为依托，对朱子筮法展开了订补与扩充。其具体内容主要包括两点：

第一，应将对卦体的分析纳入到占筮的范围中。在胡氏看来，朱子占筮之法只用卦爻辞，而不用卦体，是其一大缺陷，其原因在于伏羲初作《易》时本无文字，只能"占卦体卦爻之象"④，因此对本卦与之卦的卦体进行分析，看其中所蕴涵的物象与意义及其相互关系，必然是用以占筮的一个重要依据，推之于前代占例，亦莫不如此。例如，对于占筮过程中一爻变之例，朱子本以为当据本卦所变之爻的爻辞为占，但胡氏则指出，从《左传》中著录的筮例来看，实际情况是在变爻爻辞之外，还要兼用"本之二卦体及互体"⑤。在解说"毕万筮仕于晋"一例时，胡氏即提出：

> 朱子《启蒙》谓一爻变，则以本卦变爻辞占，其下亦引毕万所筮。以今观之，未尝不取之卦，且不特论一爻，兼取贞悔卦体，似可为占者法也⑥。

在此筮例之中，毕万占得屯之比，乃屯卦初九爻一爻变者，按照朱子之说，本应占初九爻爻辞，但《左传》中所记载的占断之辞却为："屯固比入，吉孰大焉？其必蕃昌。震为土，车从马，足居之，兄长之，母覆之，众归之，

① （元）胡一桂《周易本义启蒙翼传·下篇》，《儒藏精华编》第5册，第675页。
② （元）胡一桂《周易本义启蒙翼传·下篇》，《儒藏精华编》第5册，第675页。
③ （元）胡一桂《周易本义启蒙翼传·下篇》，《儒藏精华编》第5册，第671页。
④ （元）胡一桂《周易本义启蒙翼传·上篇》，《儒藏精华编》第5册，第505页。
⑤ （元）胡一桂《周易本义启蒙翼传·上篇》，《儒藏精华编》第5册，第505页。
⑥ （元）胡一桂《周易本义启蒙翼传·下篇》，《儒藏精华编》第5册，第652页。

159

六体不易，合而能固，安而能杀，公侯之卦也。"① 此处"屯固比入"，是说本卦屯为险难，故为坚固，之卦比为亲附，故可得而入，此是以本卦与之卦的全卦卦体言其卦义。"震为土，车从马，足居之，兄长之，母覆之，众归之"是指本卦下卦为震，初九爻变而为之卦下卦之坤，震为车、为足、为兄，而坤为土、为马、为母、为众，此是以本卦和之卦的下卦卦体言其卦象。"合而能固，安而能杀"则是说，之卦比为合，本卦屯为固，之卦下卦坤为安，本卦下卦震为杀，此是以本卦与之卦的全卦和下卦卦体言其卦义。由此可见，在本次占筮过程中，由本卦与之卦的卦体中推出的卦象与卦义，可以说发挥了主要作用，而屯卦所变之初九爻爻辞"利建侯"，虽然也与所占之事相符，却未见使用。朱子占法中的其余几种情况，与此一爻变之例也大致相同。如对于二爻变之例，朱子以为当占本卦所变二爻之爻辞，而以上爻为主，胡氏则引陈抟为宋太祖占筮之例，说明其亦当"旁及诸爻与卦体"②。对于三爻变之卦，朱子以为当占本卦与之卦的卦辞，胡氏则据晋重耳筮得国之例，指出其应当"并占卦体"③。总之，卦体在占筮中的地位极为重要，绝不能墨守朱子的只用卦爻辞之法，而忽视卦体的作用。

第二，对于以卦名、卦字、卦气、世应而占之法，亦应有一定程度的认识。以卦名占者，如丘浚占改元，以《周易》推步得丰卦，以为所改之年号中必当有"丰"字，明年遂改元元丰④。以卦字占者，如叶助占得子，得贲卦，占者以为所占之日属土，"土"旁加"贲"为繁体"坟"字，是虽得子而当有丧亡之事⑤。以卦气占者，如顾士群筮母病，得归妹之随，占者以为立秋节当亡，乃是因本卦归妹于《杂卦传》为"女之终"，之卦随卦上卦为兑，于卦气为秋⑥。以世应占者，如汉武帝筮伐匈奴，得大过，世爻在四纳亥，应爻在初纳丑，丑土克亥水，是为"应克世"，故而战败⑦。在胡氏看来，尽管这些占法与以卦体和卦爻辞为占之法相比，并不能称为易占主流，有些甚至

① 杨伯峻《春秋左传注·闵公元年》，中华书局，2005年，第260页。
② （元）胡一桂《周易本义启蒙翼传·上篇》，《儒藏精华编》第5册，第505页。
③ （元）胡一桂《周易本义启蒙翼传·上篇》，《儒藏精华编》第5册，第505页。
④ （元）胡一桂《周易本义启蒙翼传·下篇》，《儒藏精华编》第5册，第671页。
⑤ （元）胡一桂《周易本义启蒙翼传·下篇》，《儒藏精华编》第5册，第671页。
⑥ （元）胡一桂《周易本义启蒙翼传·下篇》，《儒藏精华编》第5册，第672页。
⑦ （元）胡一桂《周易本义启蒙翼传·下篇》，《儒藏精华编》第5册，第675页。

涉于牵合傅会，但未尝没有"以备观览"① 的价值，也可以纳入易占的范围之内，作为对朱子占法的一种参考。这样，胡氏即一方面实现了对前代筮例的较为全面的总结，另一方面又由此对朱子占法作出了一定的补正和扩展，可以说从占筮方法与实际占例两个方面，对朱子的占筮之法进行了双重阐发。

总而言之，胡一桂在"《易》本卜筮之书"方面的阐发，较大程度地推进了朱子之说。他将《周易》分解成辞、象、占、变四个部分，逐一证明其根本目的是服务于卜筮，围绕于卜筮。继而又将《易》中占辞分为纯粹占验吉凶之辞与象占合一的占事之辞，对其进行搜集整理。此外，他还对《周易》中的占辞进行分类整理与解说，提升人们对占辞的理解，又从《左传》、《国语》等前代典籍中辑录出了大量占例，并据以补充和订正朱子占法的具体内容。通过胡氏的阐扬，朱子"《易》本卜筮之书"的观点既得到了巩固，又获得了较大程度的扩展与充实，可以说在元代实现了一次飞跃性的发展。

四、对朱子图书象数之学的推阐

作为元代朱子易学界的代表人物之一，胡一桂具有一个颇为突出的特点，即特别注重发挥朱子易学中的图书象数之学。这一特色在胡氏早年已经有所体现，在《易本义附录纂注》初定本中，胡氏即已提出了"分别四圣之象"的取象总原则与多种具体的取象之法，并采录大量前人的易象之说，来对朱子缺略之处进行补充。而到了晚年，胡氏对象数的重视程度又有了较大提升，不仅在重定本《纂注》中纳入大量论象的内容，在《翼传》中也以相当大的篇幅，对图书象数进行推演阐发。

在图书之学方面，胡氏主要以两种方式，对朱子之说加以阐释。第一是因朱子本有之图，而阐发朱子未发之意。如对于《伏羲始作八卦图》，胡氏说：

> 愚观河图洛书，皆木数居东方。伏羲画卦，自下而上，即木之自根而干、干而枝也。其画三，木之生数也；其卦八，木之成数也。重卦则亦两其三、八其八尔。三八木数大备，而后六十四卦大成，一六水、二

---

① （元）胡一桂《周易本义启蒙翼传·下篇》，《儒藏精华编》第 5 册，第 671 页。

七火、四九金、五十土，皆在包罗中矣。吁！木行春也，春贯四时；木德仁也，仁包四端。大哉《易》也，斯其至矣①！

这里胡氏所称的《伏羲始作八卦图》，实际就是朱子《易本义》卷首的《伏羲八卦次序图》，其区别仅在于朱子之图用黑白方块，而胡氏易之以阴阳爻象。但尽管图式与朱子没有本质的区别，胡氏却从中发掘出了一点朱子未曾言及的含义：此图中伏羲所画者为三画卦，其卦数总共为八个，而三与八在河图洛书中，正是东方之木的生成数。这种相合并非偶然，而是有着两个方面的意义：一方面，伏羲画卦自下而上，有木之由根到干、由干到支之象，故卦画与卦数皆取木数。另一方面，木于时令为春，于德行为仁，春贯夏、秋、冬，仁兼义、礼、智，相对应的，《易》中亦是以八经卦包六十四重卦，故八经卦中寓有木之生成数。又如，对于《伏羲六十四卦方圆图》，胡氏引程直方之说曰：

> 友人程直方道大引邵子曰："先天学，心法也，故图皆从中起，万化万事生于心也。"以为"皆"字是指《说卦》"天地定位"及"雷以动之"两节而言。"天地定位"一节，则圆图乾、坤从南北之中起；"山泽通气"则艮居坤之右、兑居乾之左；"雷风相薄"则震居坤之左、巽居乾之右；"水火不相射"则坎居正西、离居正东，是起南北之中，而分于东西也。"雷以动之，风以散之"一节，则方图震、巽自图之中起，"雨以润之"则坎次巽，"日以烜之"则离次震，"艮以止之"则艮次坎，"兑以说之"则兑次离，"乾以君之"则乾次兑，"坤以藏之"则坤次艮，亦起图之中，而达乎西北东南也。故曰"皆从中起，万化万事生于心也"。其论最为的当，且使《说卦》此一节亦有归着，实发《启蒙》之所未发②。

此处邵雍所说的"先天图，心法也"云云，朱子在《易学启蒙》中解说先天图时，本已有所援引，但并没有加以详细论述。而胡氏却引用程直方之说，以邵氏此语为依据，对先天方圆图展开了深入探讨。按其看法，邵子所谓"图皆从中起"，"皆"字指代的是《说卦传》中"天地定位"与"雷以

---

① （元）胡一桂《周易本义启蒙翼传·上篇》，《儒藏精华编》第5册，第488页。
② （元）胡一桂《周易本义启蒙翼传·上篇》，《儒藏精华编》第5册，第494页。

动之"两节。其中"天地定位"一节，意谓乾、坤先定位于南北，兑、艮、震、巽四卦再分居乾、坤之左右，离、坎最后居于东西。由此可见，此段文字所叙述的，乃是八卦由南北之中而起，向东西方依次排布，而最终形成先天圆图的过程，合于邵氏所说的"图皆从中起"。而"雷风相薄"一节，则说的是震、巽二卦居于中央，其余六卦则由内向外依次排列，最终形成先天方图，其图始于中央之震、巽，亦是从中而起。此外，在引述程直方的说法之余，胡氏还提出了两点自己的补充：他认为，将先天方图与圆图相比较，圆图左转，代表天道，方图右行，代表地道。同时圆图中居于南北之中的乾、坤，至方图则转居于图式的最外一层，乾、坤为天地，象征天地间万事万物，其由中而外，又代表了邵子所说的"万化万事生乎心"[1]。这些胡氏所援引与自作的说法及所据先天方圆图式，与朱子并无区别，但其解说却显然超出朱子之外，如胡氏自己所说，乃是"发《启蒙》所未发"。这种对朱子本来已有的图式赋予新的含义的做法，在《周易本义启蒙翼传》中非常普遍，《翼传》中每引用朱子之图，大都要附以胡氏自己的发明。

　　第二，胡氏还常常通过自作易图与解说的方式，来对朱子未曾谈及，或虽曾讨论而尚有缺略的一些易图学问题，进行补充与羽翼。例如，其在《周易本义启蒙翼传》中曾作有《文王改易先天为后天图》：

图 3-9　文王改易先天为后天图[2]

①　（元）胡一桂《周易本义启蒙翼传·上篇》，《儒藏精华编》第 5 册，第 494 页。

②　（元）胡一桂《周易本义启蒙翼传·上篇》，《中华再造善本》影印元刻本。

　　此图实际上即是将先后天八卦方位图合于一处，以伏羲先天八卦方位图居外、文王后天八卦方位图居内而成，其用意在于说明文王如何将先天卦位改为后天卦位。按照胡氏的解说，其具体的改易方法总共有三种：一是董铢所提出的"对宫相易"与"纵向相易"兼用之法。其说谓先天图中南北相对的乾、坤以中爻互换，则变为后天图之离、坎；先天图中东西相对的离、坎以上爻互换，则变为后天图之震、兑。此即"对宫相易"。先天图中兑居东南，震居东北，为纵向排列，二卦以本卦的上爻与下爻自行相易，则成后天图之巽、艮；同样，先天图中巽居西南，艮居西北，亦为纵向排列，以巽之上二爻易艮之下二爻，则成后天图之乾、坤。此即"纵向相易"。二是胡氏在董铢之说的基础上提出的纯用"对宫相易"之法，亦即是在先天图中，除了董铢已谈到的乾、坤、坎、离四卦之外，其余兑、震、艮、巽四卦，亦以两两相对的形式互变。如先天兑与艮对，即以兑之下二阳易艮之下二阴而成乾，再以艮之初三易兑之初三而成巽；先天震与巽对，即以震之上二阴易巽之上二阳而成坤，再以巽之初三易震之初三而成艮。三是胡氏在以上的解说之外，又自行悟得的"以先天乾、坤为变之主"之法。其法大致是说，先天图乾、坤以中爻互变而成后天之坎、离，乃是乾一阳下交于坤、坤一阴上交于乾，有天气下降、地气上腾之象，故后天图乾卦下居西北，坤卦上居西南。而先天图中艮卦本居西北，巽卦本居西南，今被乾、坤来占其位，故艮卦进至东北，巽卦退至东南。其余的震、兑二卦，则由于坎、离在后天图中已进位南北，故占据其空出来的东西两个位置，而离变其上爻为震，故震居先天离卦之东，坎变其下爻为兑，故兑居先天坎卦之西。此种变化的方式，是以乾、坤为始而依次变之，故称"以先天乾、坤为变之主"①。关于这一先天方位图是如何变为后天方位图的问题，朱子在《易本义》与《易学启蒙》中并未提及，因此胡氏此处的图式和解说，明显是为了补充朱子此方面的缺失而作。又如，胡氏还曾作有《文王十二月卦气图》，图式如下：

---

　　① （元）胡一桂《周易本义启蒙翼传·上篇》，《儒藏精华编》第 5 册，第 509 页。

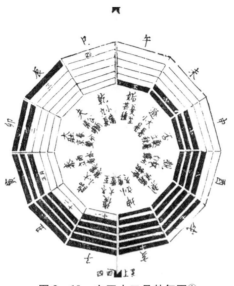

图 3 - 10　文王十二月卦气图①

在此图中，乾、坤等十二消息卦，每卦均代表一年中的一个月，将其以阴阳爻的消长为次序围成一圈，就能表现出一年中各月阴阳之气的推迁转移，如其所说的那样："卦气流行之接，卦画对待之妙，阴阳盛衰消长，相为倚伏之机，备于此图十二月卦中矣。"② 此图并非为胡氏首创，宋代朱震所著之《汉上易传》中，已有类似形制的《临八月有凶图》和《复七日来复图》。但值得注意的是，朱子虽然也对十二月卦气说颇为欣赏，其在《易本义》和《易学启蒙》中，却也没有专门作一图来阐释此问题。因此，胡氏即在前人图式的基础上，又借用了朱子《六十四卦横图》的形制，对其加以改造，将十二卦的卦画全部改为黑白方块，以此来补充朱子在此问题上的缺略。由此可见，以自作图式的方式来讨论朱子未能关注到的一些问题，也是胡氏阐发朱子易图学的一个重要方面。通过以上这两个方面，朱子易图学可以说得到了较大程度的完善与深化。

与对朱子易图学的推阐类似，对于朱子的象数之学，胡氏也有不少发明与超越之处，其成就主要体现在总结易象和补充象例两个方面。在总结易象

---

① （元）胡一桂《周易本义启蒙翼传·上篇》，《中华再造善本》影印元刻本。
② （元）胡一桂《周易本义启蒙翼传·上篇》，《儒藏精华编》第 5 册，第 520 页。

上，胡氏认为，其于《易本义附录纂注》中所作的四圣易象之图"尚有未备"①，不能涵盖全部易象，故而于此重加纂辑，分天文、地理、岁时日月等三十三类，对易象进行全面总结，其总结的具体内容可见下表：

表3－6　《周易本义启蒙翼传》辑录易象表②

天文类	卦：日、云雨
	爻：天、日、月、云、雨、霜、斗、沫、光、天衢
	翼：天、雷、风、月、雨、云、日、火、电、天文
地理类	卦：西南、东北、西郊、南征、百里、野、大川、濡
	爻：地、南、方、西山、岐山、林、陵、丘、谷、石、磐、郊、西郊、陆、道、荒、遐、阴、野、沙、泥、涂、干、穴、窞、大川、河、渊、泉、冰、濡、浚
	翼：地、刚卤、山、径路、小石、泉水、沟渎、泽、渊、方、四方
岁时日月类	卦：八月、七日、甲日、巳日
	爻：三岁、三年、十年、月望、三日、七日、巳日、庚日、终日、终朝、夕、暮夜、旬
	翼：时，四时，至日，历，昒晦
人道类	卦：王、侯、大人、丈人、后夫、女、取女、朋、童、君子、匪人、人
	爻：王、天子、君、大君、王母、国君、公、侯、大人、主、臣、王臣、君、宫人、祖、父、考、母、妣、子、小子、长子、弟子、女、女子、夫、丈夫、士夫、元夫、老夫、夫子、士、妇、妇人、老妇、妻、女妻、妹、娣、须、妾、童、童仆、人、武人、幽人、旅人、君子、小人、匪人、恶人、朋、友、宾、客、虞、史巫、群、众、宗、仇、主人、寇、婚媾
	翼：王、天位、帝位、尊位、先王、后、君、上、大人、君子、圣人、公、诸侯、严君、父母、父子、夫妇、兄弟、男女、二女、朋友、人文、圣贤、贤、君子、小人、民、众、人心、人、族、俗、商旅、百姓
身体类	卦：口、心、背、身、告、号、笑言、言、盥、行
	爻：首、顶、面、颒、颐、辅、颊、舌、耳、目、鼻、须、涕、洟、泣、右肱、心、左腹、限、夤、臀、股、左股、腓、拇、趾、足、身、躬、肤、血、汗、膏、思、忧、疑、愁、愠、喜、惕、勿恤、见、视、盱、窥、觊、眇、眚、言、告、问、鸣、号、笑、嗟、戚、嗟、赍、咨、歌、号、咷、击、御、系、係、执、握、行、徒、征、往、跋、灾、疾
	翼：首、发、颡、耳、目、眼、口、舌、手、指、心、腹、大腹、股、足、自强不息、厚德载物、果行育德、以懿文德、多识前言往行以畜德、非礼勿履、自昭明德、反身修德、顺德积小以高大、朋友讲习、俭德辟难、谨言语节饮食、独立不惧遁世无闷、言有物而行有恒、惩忿窒欲、迁善改过、致命遂志、恐惧修省、思不出其位

---

① （元）胡一桂《周易本义启蒙翼传·下篇》，《儒藏精华编》第5册，第609页。

② 此表据胡一桂《周易本义启蒙翼传·下篇·象类说》制作，《儒藏精华编》第5册，第610—629页。

古人类	卦：无
	爻：高宗、帝乙、箕子
	翼：伏羲、神农、黄帝、尧、舜、汤、武、纣、文王、箕子
邑国类	卦：邑、井
	爻：邑、邑人、国、大国、家、城隍、巷、井
	翼：万国、四国、守国、邦、正邦、关、市
宫室类	卦：家、庭
	爻：庐、屋、家、宫、栋、桷、牖、户、户庭、门、门庭、阶、墉、藩、邻
	翼：宫室栋宇、重门击柝、门、户、阶、门阙、阍寺、宅
宗庙类	卦：庙
	爻：立庙、宗庙、社稷
	翼：无
神鬼类	卦：无
	爻：帝、鬼
	翼：上帝、荐上帝、鬼神、神道、神、鬼、祖考
祭祀类	卦：盥而不荐有孚颙若、用大牲吉、二簋可用享
	爻：亨帝、禴、禴祭、亨、亨祀、祭祀
	翼：荐上帝配祖考、孝享、祭主
田园类	卦：无
	爻：田、葡畬、耕获、园
	翼：无
谷果类	卦：无
	爻：硕果、瓜、包桑
	翼：百谷、百果
酒食类	卦：匕鬯、食
	爻：樽酒簋、饮酒、酒食、食、饮食、不食、馈、腊肉、干胏、干肉、悚
	翼：饮食、饮食之道、食
卜筮类	卦：初筮、原筮
	爻：占、不习
	翼：大衍之数五十，其用四十有九，分二、挂一、揲四、归奇于扐，再扐而后挂。乾策二百一十六，坤策百四十四，凡三百有六十，二篇之策万有一千五百二十。观变玩占，卜筮尚占。开物成务，通志定业断疑，著德圆神，卦德方知，爻义易贡，圣人洗心退藏，吉凶与民同患，兴神物以前民用，圣人以此斋戒，神明其德，定吉凶，成亹亹，莫大蓍龟。圣人作易，幽赞神明生蓍

祐命类	卦：无
	爻：有命、祉、天祐
	翼：天休命、天命、凝命
告命类	卦：无
	爻：命、告命、改命、诫、大号、誉命
	翼：凝命、申命、命诰、命乱
爵禄类	卦：建侯
	爻：官、爵
	翼：禄、建万国亲诸侯
车舆类	卦：无
	爻：车、金车、大车、舆、辐、輹、轮、卫
	翼：舆、轮
簪服类	卦：无
	爻：簪、朱绂、赤绂、衣袽、袂、黄裳、圭、鞶带、囊、屦
	翼：衣、裳
旌旗类	卦：无
	爻：沛
	翼：无
讼狱类	卦：讼、狱
	爻：桎梏、校、徽纆、律、天、剕、刖、刑人、刑剧
	翼：刑罚、明罚勑法、明政无敢折狱、赦过宥罪、折狱致刑、明慎用刑而不留狱、议狱缓死、正法
兵师类	卦：师、戎
	爻：师、律、左次、大师、行师、征、伐、狩、戎
	翼：容民畜众、除戎器戒不虞
田猎类	卦：无
	爻：田有禽、田无禽、田获三狐、田获三品、三驱失前禽
	翼：无
金宝类	卦：无
	爻：金、玉、贝、资
	翼：金、玉、财、布

币帛类	卦：无
	爻：帛、繻
	翼：无
器用类	卦：鼎、匕、簋、繘、瓶
	爻：床、枕、樽、簋、筐、杒、茀、金铉、玉铉、缶、瓮、幕、斧、鼓、弧、矢
	翼：罔罟、耒耒、舟楫、杵、杵臼、弧矢、棺椁、枢机、釜、柄、均、绳、弓、甲胄、戈兵
数目类	卦：再三、三接、七日、八月、百里、三日、二簋
	爻：一人、一握、三人、三褫、三就、三年、三岁、三驱、三锡、三品、三狐、七日、九陵、十年、十朋、三百户
	翼：一、二、三、四、五、六、七、八、九、十、四十五、五十五、五十、四十九、十三、十七、二十一、二十五、三十六、三十二、二十八、二十四、二百一十六、百四十有四、三百六十、万有一千五百二十
五色类	卦：无
	爻：黄、玄黄、白
	翼：大赤、玄黄、白、赤、黑
禽兽类	卦：飞鸟、马、牛、虎、狐
	爻：飞鸟、鸟、禽、鹤、翰音、燕、飞垂翼、雉、鸿、羽、隼、马、牛、童牛、黄牛、羊、苋、豕、豕牙、虎、豹、鹿、角、尾
	翼：良马、老马、瘠马、驳马、马善鸣、羿足、作足、的颡、马美脊、亟心、下首、薄蹄、牛、子母牛、豕、狗、羊、鸡、雉、黔喙
鳞介类	卦：豚鱼
	爻：龙、龟、鱼、鲋、鼫鼠
	翼：龙、蛇、鳖、蟹、蠃、蚌、龟、鼠、尺蠖
草木类	卦：无
	爻：茅、荛、药、枯杨、稊、华、苋陆、杞、株木、木、机、丛棘、蒺藜、葛藟、蔀
	翼：木、草木、兰
杂类	卦：小大、往来、上下、先后、出入、初终
	爻：小大、往来、先后、左右、内外、得失、初终、进退、虚实、来之、尔我、甘苦、出入、嘉、休、章、誉、渝、包、敦、牵、挛、冥、迷、频
	翼：无

以上即是胡氏所总结的三十三类易象的详细情况。这三十三类中，每一类又分为"卦"、"爻"、"翼"三个部分，分别收录来自文王卦辞、周公爻辞、孔子《易传》的易象，三者之间有着明确的区分，不能混为一谈。例如，在"天文类"中，卦、爻、翼三部分皆有"日"象，但由于此三者分别为文王、周公、孔子所取，因此并不能把三者合而为一，必须要各自单独列出。由此可见，此处胡氏所遵循的，仍是其在《易本义附录纂注》中就已提出的"欲见三圣人取象不同"[①]的思路，也同样是朱子"分别四圣之《易》"的观点在象数之学中的进一步贯彻。但从其总结的具体内容来看，则较《易本义附录纂注》有了很大超越。就数量上而言，通过这种使《易》中之象以类相从的方式，胡氏对易象的归纳，比《纂注》中的《卦象图》与《爻象图》多出了数倍，仅"身体类"一类之数量即接近两百种，可见其总结之充实丰富。从全面程度而言，胡氏的搜集，不仅遍及《周易》经传的所有部分，且将一些前人并不认为属于易象范围的内容收录进来。如"身体类"中的"自强不息"、"厚德载物"、"果行育德"等，前人大都认为讲的是人事，而胡氏则以为此虽皆为"立身行己之大法"[②]，但在《易》中亦有其象，不能离象而空言其理，故亦将其纳入易象的范围中。同时，为力求全面，胡氏在搜集易象的时候，还常常采用重复著录的方式。如"七日"、"八月"既可归于"岁时日月类"，也可归于"数目类"，因此胡氏在此两类中，即对这两项都分别予以收录。又如，夬卦九五"苋陆夬夬"，"苋"字既有解作山羊者，又有解作植物者，因而胡氏既在"动物类"中收录"苋"字的山羊之象，又于"草木类"收录其植物之象。从对易象的解析来看，胡氏延续了其在《易本义附录纂注》中的做法，在列出的每一种易象之下，均加以按语说明其来源及其取象之理由。如"天文类"文王卦辞部分的"云雨"之象，胡氏即于其下注曰："小畜：'密云不雨。'云取互兑泽之气上蒸象，不雨取互离日而坎伏之象。"[③]这就既注明了"云雨"之象的出处，又以互体、飞伏之法，说明了其有此象之原因。由此可见，胡氏在《周易本义启蒙翼传》之中，对易象实现了极为全面完备的总结，而这一总结，归根结底还是在朱子的"分别列圣之

① （元）胡一桂《周易本义启蒙翼传·下篇》，《儒藏精华编》第5册，第609页。
② （元）胡一桂《周易本义启蒙翼传·下篇》，《儒藏精华编》第5册，第619页。
③ （元）胡一桂《周易本义启蒙翼传·下篇》，《儒藏精华编》第5册，第610页。

《易》"的观点指导下作出的。与《易本义附录纂注》中的《卦象图》相比较，《卦象图》注重说明四圣易象当加以分别的观点，而对易象的具体归纳显得较为简略；《周易本义启蒙翼传》则在坚持分别列圣易象的原则的基础上，又广泛搜集《易》中之象以补《卦象图》之未备，可以说从一个新的角度，实现了对朱子"分别列圣之《易》"之说在象数学领域的新发展。

除了对《易》中之象进行全面总结之外，《周易本义启蒙翼传》中另一发展朱子象数易学之处，在于对《周易》取象体例的扩充。在初定本《易本义附录纂注》中，胡氏本已总结出了全体、各体、互体、似体、应体、卦之名义、逐爻、远近、阴阳爻等九种取象方法，其法大致不出朱子之外。此后在修订《纂注》的时候，胡氏已经感到，仅靠朱子取象法，难以应对《易》中纷繁复杂之象，从而有意识地应用了多种朱子之外的象数之说。至于《翼传》，则进一步对新增的方法作了理论归纳，将其正式纳入取象体例之中。其说曰：

> 《易》中卦爻及《象传》中取象，有取变体、似体、互体、伏体、反体，不一而足①。

此处胡氏所提到的五种取象之法，似体与互体已见于初定本《纂注》九例之中，其余三种则为新增。这三种新的取象法中，"变体"指由一爻阴变阳、阳变阴而变得新的一卦，并因之而取象。如小畜上九言"既雨既处"，"雨"应属坎水之象，然小畜卦上巽下乾，并无坎象，其所以言"雨"，就是因为上九以阳变阴，则上卦成坎。"伏体"即是乾伏坤、离伏坎之类的飞伏之法，如同人卦辞称"利涉大川"，"大川"亦应属坎水之象，而本卦上乾下离，亦无坎，其称"大川"之原因，即是下卦之离有伏坎。"反体"则是将一卦倒转而形成另一卦，如鼎卦初六言"得妾"，"妾"理应取兑卦少女之象，本卦上离下巽而无兑，但下卦之巽倒转则为兑②。此外，胡氏又特别提到了"以六位取象"的方法，他阐述此法时说：

> 《易》六十四卦，惟既济一卦坎上离下，六爻之阴阳与六位之阴阳协，故曰："既济定也。"言爻位阴阳皆定之义。余六十三卦中，皆具坎、

---

① （元）胡一桂《周易本义启蒙翼传·下篇》，《儒藏精华编》第5册，第604页。
② （元）胡一桂《周易本义启蒙翼传·下篇》，《儒藏精华编》第5册，第604页。

离阴阳之位焉，又足以见日月为《易》之妙。故卦中取象，亦有以位之阴阳取者，初不以爻拘①。

按照胡氏的说法，《周易》六十四卦，每卦均有六位，此六位又各分阴阳，初、三、五为阳，二、四、上为阴。若以此爻位之阴阳而观之，各卦下卦之三位均有离象，而上卦之三位均有坎象。六十四卦中，爻之阴阳与位之阴阳完全相合者，惟有既济一卦，其余六十三卦虽然爻与位不尽相合，然在取象时亦可直接据上坎下离的六位之象而取，而不必拘泥于爻之阴阳。例如，乾卦九三"终日乾乾"，乃是因下卦三位有离象，离为日，三为下卦之终，故言"终日"。而乾卦九四"或跃在渊"，则是因上卦三位有坎象，坎为水为渊，九四又居坎位之下，有自下跃上之象，故言"跃在渊"。据胡氏所说，这一新的取象方法的出现，乃是受到了宋代朱震之说的启发。在解说乾卦《象传》时，朱震曾说："六爻天地相函，坎、离错居。坎、离者，天地之用也。云行雨施，坎之升降也；大明终始，离之往来也。"② 胡氏正是在朱震此说的基础上，进而推出了此种"以六位取象"的方法。这样，在《周易本义启蒙翼传》中，胡氏就总共归纳了四种新的取象之法。此四种方法均为朱子所未曾言及，而胡氏却将其看作"皆不可省"③ 者，而纳入自己的著作之中，可以说是从象数之学角度对朱子实现的又一次较大的超越。

总之，在撰述《周易本义启蒙翼传》时，胡一桂对于朱子的图书象数之学，可以说给予了高度的关注。在图书之学上，他既对朱子原图中的一些未尽之意作了深入挖掘，又以自作图式和解说的方式，对朱子未能谈及的一些易图学问题展开了讨论。在象数之学上，其一方面以朱子的"分别列圣之《易》"的观点为指导，对易象进行搜集整理，另一方面又引入了新的取象方法，以发明羽翼朱子之说。通过以上的这一系列努力，朱子的图书象数之学，从思想到体例都获得了较大的发展，而胡氏晚年偏好象数易学的特色，也由此明显地表现出来。

① （元）胡一桂《周易本义启蒙翼传·下篇》，《儒藏精华编》第 5 册，第 604 页。
② （宋）朱震《汉上易传》卷一，《儒藏精华编》第 3 册，北京大学出版社，2009 年，第 632 页。
③ （元）胡一桂《周易本义启蒙翼传·下篇》，《儒藏精华编》第 5 册，第 604 页。

五、对前代易学的评价与对朱子易学的推崇

除了以上三方面的内容之外，胡一桂《周易本义启蒙翼传》中，还有一个极为重要的部分，即是对前代易学发展脉络进行梳理。这种梳理大致可分为三种情况：一是对易学授受源流的勾勒，二是对易学存佚典籍的著录，三是对《周易》传注之外的易学支流著作的研究，其内容集中保存在《周易本义启蒙翼传》中篇的《传授》、《传注》与外篇之中。在勾勒易学传授源流方面，胡氏将从周末汉初到宋代末年的易学传授情况，分成"周末西汉"、"东汉"、"魏吴晋元魏唐"、"宋"等四个阶段，每个阶段都先画出这一时期的易学传承谱系图，而后采摘前代典籍中的相关文字，并杂以己说，来对其传承加以具体叙述。在著录易学存佚典籍方面，胡氏博采"唐、宋《艺文志》，唐《五行志》，晁氏公武德昭《郡斋读书志》，郑氏樵渔仲《通志》所载《易经》注解"①，又在此基础上自行搜集，共收得前代易学典籍三百余家，按产生时代的先后分为"周汉"、"魏吴"、"晋"、"宋齐梁陈元魏"、"唐附五代"、"宋"等六个部分加以著录。所著录的每家典籍之下，大多有小注以简单说明该书的出处与作者，有的还有详细的提要。在研究《周易》的支流著作方面，胡氏列出了《易纬》、《焦氏易林》、《京氏易传》等十一种著作，这些著作大都是借用《周易》中的某些原理或要素而构成一个新的体系，虽然与《周易》有着密不可分的联系，但却不从属于《周易》，亦即所谓"非《周易》传注而自为一书"②。对这类著作，胡氏著录的方式是：每部书在书名之下先作一篇解题，交代其作者生平、大致内容、传注流传等基本情况；而后载录其书的一部分原文，有的还录其序言及撮举其中值得注意的观点，以见一书之大略；最后则集前人之说并附以己说，对其作出评价。通过这样的一番梳理，无论是宏观的易学流变大势，还是微观到每一部易学典籍的具体情况，都被包罗在了胡氏的叙述之中，可以说实现了对前代易学发展的较为完满的总结。

---

① （元）胡一桂《周易本义启蒙翼传·中篇》，《儒藏精华编》第5册，第552页。

② （元）胡一桂《周易本义启蒙翼传·外篇》，《儒藏精华编》第5册，第687页。

但值得注意的是，胡氏耗费如此之大的精力，其目的并不仅限于总结前代易学的成就。在卷前序言中，其先论历代易学传授与著作云："传授传注虽纷纷不一，而专主理义，曷若卜筮上推理义之为实?"① 所谓"卜筮上推理义"，即朱子"《易》为卜筮之书"之说。又论易学支流著作云："苟知其概，则其列诸外篇固宜，而朱子之《易》卓然不可及者，又可见矣。"② 可见其真正目的是，以朱子易说作为标准，对各时代易学发展与各家易说作出评价与阐释，由此来凸显朱子易学"卓然不可及"的价值。而此种评价与阐释又可归纳至"象占"一点，由此衍生出三方面具体内容：

第一，前代各家是否能够做到"象占上发明义理"。按照胡氏的看法，朱子易学之所以优于前代各家，一个重要的原因即是朱子秉持了"断然以《易》为卜筮作，且就象占上发明义理"③ 的精神，亦即是说，在坚持"《易》为卜筮之书"这一核心观点的前提下，从象数和占筮的角度来解说《周易》义理。因此，胡氏便首先以这一观点来对前代各派各家进行衡量，能做到此点者，胡氏即从而称赞之，不能者即加以批评。例如，对于宋代史绳祖的易学观，胡氏即明确表示了赞同，在著录陈友文《大易集传精义》时，他特别引用史绳祖之序而评论曰：

> 学斋史绳祖序云："学者不可曰：《易》论理不论数，数非《易》所先。善《易》者，必当因羲图之象数，而明周经之《彖》、《象》，方能得其门而入也。"诚哉是言④!

这里史氏所说的"因羲图之象数，而明周经之《彖》、《象》"，可以说与朱子的因象数而求义理的观点完全一致，因此受到了胡氏的推崇。然而，相比较而言，不论是从易学发展大势来看，还是从各种易学典籍来看，与朱子此观点相违背的情况要远远多于相符者，这种违背又可分为两类：一类是完全不谈象数，另一类是谈象数而不本之于《周易》，或不明象数中之义理。前

---

① （元）胡一桂《周易启蒙翼传自序》，《周易本义启蒙翼传》卷首，《儒藏精华编》第 5 册，第 479 页。

② （元）胡一桂《周易启蒙翼传自序》，《周易本义启蒙翼传》卷首，《儒藏精华编》第 5 册，第 480 页。

③ （元）胡一桂《周易本义启蒙翼传·中篇》，《儒藏精华编》第 5 册，第 552 页。

④ （元）胡一桂《周易本义启蒙翼传·中篇》，《儒藏精华编》第 5 册，第 585 页。

者如汉代初年易学发展的大势即是如此，胡氏叙述这一时代的易学时说：

> 自商瞿受《易》孔子，六传兴于田何，何之学又盛于丁宽，宽师何而复师其同门之友，以受古义，可谓见善如不及者矣。然所谓"《易说》三万言，不过训故大义"，又曰"小章句"，切意其学只是文义章句，象数之学恐非所及也①。

此处胡氏提出，西汉初年田何、丁宽一派的易学，只注重文义的解说，对于象数则完全不通，自然也未能做到因象数而求义理。当然，这种不讲象数的流弊，并非西汉初年所独有，魏晋时期王弼玄学易一派"溺空谈"②，宋代程颐一派"不言象数"③，其弊也均是如此。又如，从前代易学著述上来看，胡氏曾对宋代曾穜所著《大易粹言》评论说：

> 自序略云："伏羲以前，理具而画未形；伏羲而后，画形而理遂晦。至文王、周、孔，始有辞，后人当使言与心通，理因辞见，明道行事，然后为得。甚者以象为本，以数为宗，以卜筮为尚。吁，可怪也！"大要主理义，不及象数④。

从胡氏所引的《大易粹言》序言中，可以看出，该书对象数之学是极力反对的，甚至认为"以象数为本"是一种颇为骇人听闻的观点，而胡氏则针锋相对地批评其"不及象数"，对其空泛的义理之学颇不以为然。类似这种对不谈象数之著作的批评，在胡氏书内的数量颇为不少，如其论李觏《易论》，则说："不过文义之学，象数概乎其未有闻也。"⑤ 论李衡《易义海撮要》曰："象数之学必非所备矣。"⑥ 论李舜臣《周易本传》说："其间发明好处甚多，说象有功，但绝不及占。"⑦ 这种舍象数而谈义理的情况，在胡氏眼中可谓是前代易学的通病，如其所说："大抵义理文辞胜，发挥卦爻象数变占者，寥寥

---

① （元）胡一桂《周易本义启蒙翼传·中篇》，《儒藏精华编》第 5 册，第 542 页。
② （元）胡一桂《周易本义启蒙翼传·中篇》，《儒藏精华编》第 5 册，第 549 页。
③ （元）胡一桂《周易本义启蒙翼传·中篇》，《儒藏精华编》第 5 册，第 552 页。
④ （元）胡一桂《周易本义启蒙翼传·中篇》，《儒藏精华编》第 5 册，第 580 页。
⑤ （元）胡一桂《周易本义启蒙翼传·中篇》，《儒藏精华编》第 5 册，第 572 页。
⑥ （元）胡一桂《周易本义启蒙翼传·中篇》，《儒藏精华编》第 5 册，第 574 页。
⑦ （元）胡一桂《周易本义启蒙翼传·中篇》，《儒藏精华编》第 5 册，第 582 页。

间见。"①

与不谈象数的一类错误类似，谈象数而不据《周易》本文、不明《易》中义理的一类情况，在前代也很常见。如对于《焦氏易林》，胡氏即认为其完全脱离了《周易》的范畴，他阐述这一观点时说：

> 今焦氏诗既不本之卦爻辞，又不取之卦爻象，虽其变卦次第，本文王《序卦》，而义则无取。如沈丞相占，略与诗应，亦其偶然，不过如签辞之适中尔，非真卦象然也②。

在胡氏看来，《焦氏易林》的一卦变六十四卦、六十四变四千零九十六卦的变卦法，是一种深有可取的象数学方法。然而，《易林》在解说此四千零九十六卦的卦爻时，却既无取于《周易》卦爻辞，又无取于《周易》卦爻象，甚至连其变卦所据的文王卦序都未取，可以说与《周易》毫无关联。因此，尽管《易林》之变卦法颇值得称道，但由于脱离了《周易》，便未免沦于占验小术。又如，宋代林栗的《周易经传集解》，于六十四卦的每一卦都以互体、覆卦等象数学方法来解说之，可以说既重象数又本之于《周易》，但胡氏对其象数之学却仍颇有微辞，他说：

> 林于说象及文义处，多有可采，只是于象数之源、画卦之大纲领，自不能晓云③。

此处胡氏所说的"象数之源"指太极，"画卦之大纲领"则指一分为二法。在这两个命题上，朱子与林栗的说法可谓完全不相同。朱子将"太极"视为理，而林栗则解作"天地未判，有物混成"，实际上是将其当作一元之气。朱子认为"《易》有太极，是生两仪，两仪生四象，四象生八卦"，讲的是伏羲以一分为二法画卦，亦即是伏羲因太极之理，先画一阴爻一阳爻，每爻之上又生一阴爻一阳爻，依次生去，最终画得八卦；而林栗则完全不同意一分为二法，按其看法，"《易》有太极"指一个六画卦之全体，"是生两仪"指一个六画卦的上下两个三画卦，"两仪生四象"指一个六画卦的上下两卦与

---

① （元）胡一桂《周易本义启蒙翼传·中篇》，《儒藏精华编》第 5 册，第 593 页。
② （元）胡一桂《周易本义启蒙翼传·外篇》，《儒藏精华编》第 5 册，第 693 页。
③ （元）胡一桂《周易本义启蒙翼传·中篇》，《儒藏精华编》第 5 册，第 582 页。

两个互卦，"四象生八卦"指上文的正体四卦与将此四卦倒转过来的覆体四卦①。由于"太极为理"与"一分为二"是朱子易学中的核心理论，因此林氏在这两个问题上持与朱子不同的观点，就被胡氏看作是不明义理，如此其象数之学纵然再有可取之处，亦终究是无本之木。

第二，前代各家的象数之说是否同于朱子。与上文所述的第一个方面相似，此处胡氏的态度依然是同于朱子者则加以称赞，不同于朱子者则竭力批判。受到胡氏称赞者，如陈抟《易龙图》以五行生成图为河图，其说与朱子相同，故胡氏不仅对其表示赞同，还引以证明刘牧以九宫图为河图之说的错误："愚案《龙图序》，希夷正以五十五数为河图，则刘牧乃以四十五数为图，托言出于希夷者，盖亦妄矣。"②但与称赞者相比，受到胡氏批评者，却仍然占了大多数。例如，京房所提出的卦气说，以坎、离、震、兑四卦主二十四气，以其余六十卦主七十二候，每卦配六日七分，此说与朱子的十二月卦气说不符，且曾遭到朱子的批评，因此胡氏也从各个角度对其进行批判。如其曾引《图象辨疑》曰：

> 京房直日之说，以坎、离、震、兑各主一方，以六十卦分主一岁，凡三百六十五日四分之一，卦得六日七分，其为算固周且悉矣。然以坎、离、震、兑之与乾、坤诸卦一也，坎、离、震、兑主二十四气，而乾、坤诸卦主六日七分，何耶？合六十卦，为日三百六十五四分之一，附之一岁则有余，而加之闰则不足，若之何其主一岁耶？一岁之中，赢缩余闰，初无常时，而卦之所值，则有定日，又乌能候寒温耶？且使夫六十四卦所配之日，皆惟我之所分，则何独六日七分而后可？吾将合六十四卦，而以一岁三百五十四日均之，则一卦直五日四十二分五厘亦可也。吾将损四正而用六十卦，以当三百五十四日，则卦直五日七十二分亦可也。不然，惟用八卦以当三百五十四日，则卦直四十四日二十分，又谁曰不可？凡去取多寡，惟我之所制，则人皆可为矣，何取乎经？此房之罪也③。

---

① （宋）林栗《周易经传集解》卷三十三，《景印文渊阁四库全书》第 12 册，第 460 页。参见王铁《宋代易学》，第 179—180 页。

② （元）胡一桂《周易本义启蒙翼传·中篇》，《儒藏精华编》第 5 册，第 564 页。

③ （元）胡一桂《周易本义启蒙翼传·外篇》，《儒藏精华编》第 5 册，第 706 页。

　　胡氏所引的这一段文字，实际上从三个方面批评了京房的卦气说。首先，六十四卦从本质上来讲并无区别，但京氏却从其中人为地分出坎、离、震、兑四卦主二十四气，而以其余六十卦分配于一年三百六十五日四分之一，使得每卦主六日七分。这一分配方法本身毫无道理可言，照此方式，若以六十四卦全体配以一年之日数，或者以八正卦配一年之日数，也都没有什么不通之处。由此可见，京氏之法完全出于杜撰，不足为据。其次，以京氏之法计算之，每卦主六日七分，六十卦得三百六十五日四分之一，与太阳历的一年相合，但我国古代的历法则是以太阴历为基础，通过置闰月的方式来与太阳历进行调和，这样平年约三百五十四天，有闰月之年约三百八十四天，都与京氏所推之日数不合。再次，一年之中太阳运行的速度有快有慢，实际并不与二十四气严格对应，而京房却将六十卦中的每一卦都固定配以一年中的某几日，而不顾这种"赢缩余闰，初无常时"的情况，因而也就无法准确表示一年内的气候冷暖变化。总而言之，无论从哪个角度来看，京房卦气说都窒碍难通，不能取用。应该说，以上的这些批评，在一定程度上确实说中了京氏卦气说的一些弊病，但这并不是胡氏对其进行批判的根本原因。与朱子的卦气说相违背，才是其受到指责的真正原因所在。

　　第三，以朱子象占之说解释前代诸家易说。例如，在著录扬雄《太玄经》时，胡氏就以朱子筮法为基础，对其筮法进行了探讨。《太玄经》中记载筮法的部分，只有"三十有六而策视焉，天以三分，终于六成，故十有八策。天不施，地不成，因而倍之，地则虚三，以扮天之十八也。别一以挂于左手之小指，中分其余，以三搜之，并余于芳。一芳之后再数，其余七为一，八为二，九为三，六算而策道穷也"[①]一段。从这一段文字中，约略可以知道其筮法是以三十六支蓍草虚三不用，仅用三十三支，将此三十三支蓍草，挂一于小指之间，其余一分为二，每一部分都以三支蓍草为一组而数之，其余数不一则二，不二则三。对这一部分的内容，历代学者都没有太多的异议。但关键问题是，在经过这种操作后，究竟应当以"正策"还是"余策"为据，来确定所得的卦画？在胡氏之前的各家，大多主张用"正策"，即以三十三策减去余数后所得之数为准，但胡氏却并不同意此法，而提出了一种不用正策、

---

　　① 郑万耕《太玄校释》，北京师范大学出版社，1989 年，第 293 页。

直接用余数的方法。他解释这种方法说：

> 三揲有余一、余二、余三，而无余七、余八、余九之理，解者甚多，皆不通。意者子云之法，以余一准七，余二准八，余三准九。只余一、二、三，则七、八、九自定矣，故曰"余七为一，八为二，九为三"。只倒用一字，故难晓。若作"余一为七，二为八，三为九"，人无不晓矣①。

按照胡氏的看法，在经过了虚三、挂一、分二、揲三等步骤之后，各部分所得之余数，若得一即相当于得七，得二则相当于得八，得三则相当于得九。七为一画，八为二画，九为三画。这样，就从一、二、三之余数中直接求得了卦画，而不必再迂曲地求之于正策。胡氏认为，这种筮法符合于《太玄》中"七为一，八为二，九为三"之说，前人之所以不明此法，是因为扬雄"倒用一字"的缘故，如果将其说法倒转过来，变成"一为七，二为八，九为三"，就很容易理解了。胡氏提出的这种筮法是否符合《太玄》之本意，此处姑且不论，需要指出的是，此法的核心内容，完全来自于朱子的《周易》筮法。朱子在解说《周易》筮法时，力主以挂扐之数定爻象，对前代学者所提出的以过揲之数定爻象之法进行了严厉批评。而朱子所用的"挂扐之数"，实际上就是胡氏所推崇的"余数"；朱子所批评的"过揲之数"，也就是胡氏未采用的"正策"。可见，胡氏实际上是用朱子之《周易》筮法来解说《太玄》筮法，如今人所言："到了南宋，朱熹贬抑过揲法而盛赞挂扐法，所以此后挂扐法盛行。所以，胡一桂仿此而认为《太玄》用的也是挂扐蓍法。"②

通过以上三个方面的论述，胡氏实现了对朱子易学的推尊，确立了其在易学史中崇高而不可及的地位。这种推尊与前代的同类论述相比，可以说有着极大的不同。在胡氏之前，虽然也有很多学者对朱子易学表示推崇，但大多都只是从正面去论证朱子易学的优越性，而胡氏则采取了一种不同的思路。他在梳理前代易学发展脉络、总结前代易学成就的过程中，通过将朱子易学与各家易说相对比，指出前代各家大都或多或少地存在着不足之处，或者不

---

① （元）胡一桂《周易本义启蒙翼传·外篇》，《儒藏精华编》第5册，第727页。
② 金生杨《汉唐巴蜀易学研究》，巴蜀书社，2007年，第123页。

能做到因象数而求义理，或者在对易学相关命题的解说方面有误。纵然有一些著作与朱子的某些观点和解说相合，也只能是在相合的这一方面略有长处，其他方面仍有缺陷。只有朱子易学，才能够摆脱所有的错误与不足，从核心精神到具体解说都准确无误、完备无缺。而其对比与评价，实际上是围绕着"象占"展开的，这也在一定程度上表现出胡一桂晚年重视象数的倾向。

结　语

在元代易学史上，胡方平、胡一桂父子可谓朱子易学家学传承之代表。当然，元代治朱《易》而有家学渊源者，不止胡氏父子，如胡炳文亦从其父胡斗元得传易学。但胡氏父子却因皆有著作传世，而为时人所重。如胡次焱即称："乃若梁丘贺之有临，刘昆之有轶，张兴之有鲂，伏曼容之有暅，易学传家，父作而子述之，赫乎相映，故曰贵有子也。夫《启蒙》者，《易》门户也。玉斋既为《通释》，双湖又为《本义附录》，非惟桥梓相映，楂梨兼美，且将突过烟楼。此又贺、临以来所无者。"① 将胡氏父子比作汉代梁丘贺、临父子等一类人物，可谓备极推崇。陈栎尽管对胡一桂晚年治《诗》不尽从朱子的情况不很满意，但在祭文中仍表彰之曰："儒者明经，莫难于《易》，先生家学，《易》乃世习……玉斋为父，双湖为子，《启蒙通释》，并传济美。景伯父子，俱注《左氏》，名传书亡，岂公家比。"② 以贾徽、贾逵父子尚不及胡氏，崇敬之意亦溢于言表。

胡氏父子生活在宋元之交，而并未仕元。故其治朱子易学，并非出于功利目的，而是作为朱门后学，在宋亡之后自觉地承担起传承朱学的责任，并由此透露出对故国的怀念。在《周易本义启蒙翼传》中，胡一桂曾不无感慨地说："向来科场中遇出《系辞》题目，于冒子后入官题处，多称'大传曰'云云，盖本诸此。今久不复见此矣。吁！"③ 此因其在南宋时曾中乡贡进士，

① （元）胡次焱《跋胡玉斋启蒙通释》，《全元文》第8册，第238页。
② （元）陈栎《祭胡双湖文》，《陈定宇先生文集》卷十四，《元人文集珍本丛刊》第4册，第441页。
③ （元）胡一桂《周易本义启蒙翼传·上篇》，《儒藏精华编》第5册，第524页。

而入元后，元朝政府在其逝世前一两年方开科举，故有此叹。这种以朱学正传与家国情怀凝结成的精神，不仅鼓舞了胡氏父子，也成为延祐开科前推动朱子易学在元代传播的一股中坚力量。有学者论胡一桂对朱子学的态度云："朱子学在当时社会所扮演的角色，虽然不像元中叶之后作为科举考试的凭借，但是却被胡一桂视为文化传承的重要象征。这个象征不会因为改朝换代而失落，只是凸显这个象征的群体，由国转变到家。"① 而易学正是朱学传承"由国到家"的转变中，最具代表性的一个部分。

作为朱门后学，胡氏父子对朱子易学的基本态度，无疑仍是维护与推崇。特别是胡一桂于至元二十五年撰成初定本《易本义附录纂注》，正式确立了具有浓厚尊朱色彩的纂疏体。在其之前，尽管还有宋代赵顺孙的《四书纂疏》等类似著作，但《四书纂疏》的编排方法，是将朱子语录与后人注释混排，而胡一桂《纂注》则以"附录"与"纂注"两个部分，将朱子之说置于别家之上，加以严格区分，在形式上即赋予朱子高出诸家的地位。后世亦每每因之而称其为朱子忠臣，如陈栎即云："《易》百十家，不轻所宗，《启蒙》、《本义》，独宗晦翁……大肆其力，几绝韦编，《附录纂注》，海内广传……晦翁忠臣，先生其一。"② 但需要指出的是，维护与推崇并非胡氏父子治朱《易》之全部。从胡方平对《易学启蒙》的补充发明，到胡一桂初定本《纂注》隐辨朱子之非，再到重定本《纂注》广采诸说、惟真是从，最后到《翼传》的着重阐发朱子易学核心思想，不再拘泥于训诂文句，可见其思想经历了一个明显的由封闭转向开放的过程。有学者曾称元代前期新安理学家在修正朱子时"往往相当隐晦地表明自己的观点，遮遮掩掩，欲言又止。而且他们也十分注意把握一个'度'字，防止纠偏过多从而影响朱熹经说的权威性"③。以胡氏父子的情况来看，此种说法大抵只能符合胡一桂撰写初定本《纂注》时的情况，至其晚年则大为不然。由胡一桂再传至其弟子董真卿，遂撰成合会程朱之《周易会通》。可见其对朱子的尊崇，整体上呈现出一种逐步

---

① 史甄陶《家学、经学和朱子学——以元代徽州学者胡一桂、胡炳文和陈栎为中心》，华东师范大学出版社，2013 年，第 48 页。

② （元）陈栎《祭胡双湖文》，《陈定宇先生文集》卷十四，《元人文集珍本丛刊》第 4 册，第 441 页。

③ 刘成群《元代徽州理学家群体与新安理学的传承发展》，中华书局，2015 年，第 109 页。

弱化的态势。此种弱化不必到汪克宽、朱升等元代后期新安理学家方有体现，早在胡一桂晚年即表现得非常明显。

此外，胡氏父子易学还有一较为突出的特色，即均重视象数之学。胡方平《易学启蒙通释》中补充发明朱子之处，大都为图书配卦、大圆图配节气等象数问题，也因此被周中孚称为"易数家之善本"[①]。胡一桂初定本《纂注》虽然谨守朱子，但已经提出了"分别四圣之象"与"圣人取象非一端"的观点，并对卦爻之象与取象方法作了初步总结，今人评之曰："此书在精神上固然步武朱子，但更彻底地以象解《易》，对于象的推求超过了《本义》的范围。"[②] 至于重定本《纂注》，胡一桂对象数的重视又上一层，不仅在援引诸家和自作解说过程中，提出并运用了大量象数方法，并开始以象数为依据，辨朱子之失。而胡一桂晚年所作《周易本义启蒙翼传》，则基本是以象数为其主干，除了推阐图书、总结易象、发明象例等内容直接与象数相关，其余论历代之《易》、易学传授、古今著述等，也都是围绕着象数展开。有学者已指出："他的象数易起到了薪火相传的作用，象数易学之所以能够在清代发展，并且占统治地位，这与胡一桂等人的努力是分不开的。"[③] 可见，胡氏父子对象数的重视可谓一脉相承，而其程度又逐步加深，其也因之成为元代治朱《易》而偏重象数一派的代表人物。

---

① （清）周中孚《郑堂读书记补逸》卷一，第 1218 页。
② 钟彩钧《胡方平、一桂父子对朱子易学的诠释》，《元代经学国际研讨会论文集》，第 223 页。
③ 林忠军《象数易学发展史》第 2 卷，第 501 页。

第四章　元代学者对朱子易学著作的研究

早在朱子逝世后不久的南宋末年，研究《易本义》、《易学启蒙》的著作即已陆续出现，详情可参见本书第一章。但其数量仍较少，形式亦较为简单。至于元代，这一情况即有了较为明显的改观。目前可考的元人注释阐发《本义》、《启蒙》的著作，至少有十余部之多。除去上文已讨论过的胡方平、胡一桂父子所著三书，以及亡佚无传者，尚有张清子《周易本义附录集注》、熊良辅《周易本义集成》、胡炳文《周易本义通释》、熊禾《勿轩易学启蒙图传通义》四部著作，值得加以深入探讨。

第一节　"广朱子之说"的《周易本义附录集注》

《周易本义附录集注》（以下简称"集注"）是继胡一桂《易本义附录纂注》之后，元代初年另一部影响较大的注释朱子《易本义》之作。作者张清子，生平不详，仅据今武夷山张氏题诗石刻后题"至元庚辰春，武夷书院教授张清子书"①，知其于至元十七年（1280）曾任武夷书院教授。今《集注》卷首开列的六十五家征引姓氏中，最后一家为"张清子，希献，中溪，建安人"②。此后熊良辅《周易本义集成》③、俞琰《读易举要》④、董真卿《周易会通》⑤ 的著录，皆不外于此，可见元人对其生平已知之不多。但其所著

①　武夷山市地方志编纂委员会编著《武夷山摩崖石刻》，大众文艺出版社，2007 年，第 139 页。
②　（元）张清子《周易本义附录集注》卷首，《日本宫内厅书陵部藏宋元版汉籍选刊》第 2 册，第 6 页。
③　（元）熊良辅《周易本义集成》卷首，《通志堂经解》第 4 册，第 117 页。
④　（元）俞琰《读易举要》卷四，《景印文渊阁四库全书》第 21 册，第 470 页。
⑤　（元）董真卿《周易会通》卷首，《中国易学文献集成》第 65 册，第 44 页。

《集注》，却以其卷帙编排与解说不尽同于朱子的显著特色，在元代同类著作中独具一格，而张氏之说也藉由《周易传义大全》的引用，在后世广为流传。

一、《集注》的刊刻与流传

1. 《集注》的版本

《集注》成书的时间，据卷前张清子自序末题"大德癸卯冬至"①，可知当在大德七年（1303）。成书后大约随即刊刻。此后约刊刻于至治二年（1322）的《周易本义集成》，已经引用了不少张氏之说。如果从大德间熊氏始编《集成》计算，则《集注》成书后不久，熊氏可能已经看到，这也可以在一定程度上反映《集注》的始刻时间。

《集注》在元代与明初流行颇广，除上文提到的熊氏、俞氏、董氏之外，元代后期的解蒙《易精蕴大义》，明初所编《永乐大典》与《周易传义大全》等，都有不同程度的引用。元末明初的学者谢子方在其所著《易义主意》中，也提到了"张清子之所辑"②。但元代之后，此书便似乎再无刊刻，各家公私目录中亦罕有记载。清朱彝尊《经义考》仅据董真卿说著录该书，而注曰"佚"，《四库全书》亦未收录，可见流传极为稀少。今存世者，仅有元刻二部与影元抄本一部，均藏于日本。

此三部传世的《集注》中，日本宫内厅书陵部藏元刻本近年已影印出版，学界对其了解亦较多。该本七册，半页十一行，行大字二十二字至二十六字不等，小字双行二十八字。细黑口，左右双边，双顺鱼尾。全书十一卷，卷前有大德七年张清子序文及《周易本义附录集注姓氏》，卷一至三为上经，卷四至六为下经，卷七、八为《系辞传》上下，卷九《说卦传》，卷十《序卦

---

① （元）张清子《周易本义附录集注》卷首，第 2 页。董真卿《周易会通》亦著录"大德癸卯自序"。朱彝尊《经义考》卷四四引董真卿说，"癸卯"误作"癸未"（见《经义考新校》，第 800 页）。其后陆心源《皕宋楼藏书志》卷三（《续修四库全书》第 928 册，第 40 页）《仪顾堂题跋》卷一（《仪顾堂书目题跋汇编》，中华书局，2009 年，第 23 页），又蹈朱氏之误。胡玉缙《四库未收书目提要续编》（《续四库提要三种》，上海书店，2002 年，第 5 页）又进而谓大德无癸未，疑董氏误。实际董氏不误，其致误源头乃在朱彝尊。

② （明）谢子方《易义主意》卷末《读诸儒易说纲领》。

传》，卷十一《杂卦传》，末附《周易五赞》。除卷六卷端残损不可见外，其余各卷卷端均题"晦庵朱熹传，建安后学中溪张清子编"，仅《周易五赞》"传"字作"系述"。除卷十外，各卷卷末均刻有点校者题名一行，卷一至三末题"建安后学张公埜点校"，以下卷四至六张公霖、卷七、八张公楚，卷九张公麓，卷十一张熙孙。点校者后又题刻书地，卷一、卷八题"张氏月洲书院新刊"，卷三、卷九题"张氏可轩书院新刊"，卷七题"张山长宅中溪书院新刊"。

从版式上来看，此本小字密行，左右双边，细黑口，双顺鱼尾，都具有典型的南宋末至元代的建本风格，故阿部隆一即将其定为建安元刊本①。但其具体的刊刻时间与主体还需探讨。一方面，该本卷末所题点校者五人中，张熙孙之名又见于贡师泰《福州路儒学复田记》，称其为学正②。贡氏此文大约作于至正二十年（1360）至二十二年（1362）居福州之时，以大德七年张氏二十岁计算，到至正二十年已近八旬，仍任学正，似乎不很合理。故如果贡氏所言学正张熙孙，与《集注》的点校者为同一人，则宫内厅本《集注》就不一定刻于大德七年，而更可能在其之后。另一方面，此本有一个比较显著的特点，即是卷末题有三处刻书铺号。莫建强据此推断该本或为分册出版③，或是三家合刻。此三处书院之名，各种史籍中均未能检得，似乎并非是聚徒讲学类的书院。叶德辉谓元刻本有"私宅坊估之堂名牌记，而托于书院之名"的情况④，此本卷末所题点校者均为张姓，盖为张清子之亲族后辈，从这一点来看，更像是张氏家刻本，前代学者已有过类似推断⑤。元代私宅刻书"皆极镂板之工，亚于宋椠一等"⑥，此本刻印亦较佳，阿部隆一即称其"雕镂精善"⑦。然仍存在着各卷版式前后不一的问题，最为显著的差异是，卷一集注所引诸家之说的姓氏，皆用黑地白文之黑盖子标识，而自卷二以下，则或用

---

① ［日］阿部隆一《日本国见在宋元版本志经部》，《阿部隆一遗稿集》第 1 卷，汲古书院，1985 年，第 256 页。

② （元）贡师泰等《贡氏三家集》，吉林文史出版社，2010 年，第 314 页。

③ 莫建强《〈周易本义附录集注〉文献学研究》，北京大学硕士论文，2013 年，第 11 页。

④ 叶德辉《书林清话》，北京燕山出版社，1999 年，第 108 页。

⑤ 方彦寿《建阳刻书史》，中国社会出版社，2003 年，第 165 页。

⑥ 叶德辉《书林清话》，第 113 页。

⑦ ［日］阿部隆一《日本国见在宋元版本志经部》，《阿部隆一遗稿集》第 1 卷，第 256 页。

或不用，不少地方仅在姓氏外加黑围，甚至一板之间都不统一，可能也是陆续刊刻或多家合刻之故。

此本钤有"宝英"、"昌平坂学问所"、"文化乙丑"、"浅草文库"、"大学藏书"、"书籍馆印"、"日本政府图书"等多枚印章，各册之后有宝英题跋，阿部隆一《日本国见在宋元版本志经部》与严绍璗《日藏汉籍善本书录》皆予移录①。其末册题跋书于文明八年（1476），其余均在文明十四年（1482），可知至晚在明代成化年间，此本已传入日本。宝英之后，于文化二年（1805）转入昌平坂学问所，此后又辗转进入图书寮，编于1930年的《图书寮汉籍善本书目》已著录了该本②。在长时间的流传过程中，部分书页有所残损，莫建强统计阙文达四百五十余字③，以卷六之首脱去一页最为严重。卷中宝英批注，有对阙文加以补充者，可见宝英得此本时已有破损。

宫内厅书陵部藏本之外，日本所存另一元刻本，为德富苏峰成篑堂旧藏，今藏御茶之水图书馆。卷中钤有"宝胜院"、"养安院藏书"等印，宝胜院为京都五山之一的东福寺下属塔头，养安院则是江户时期医官曲直濑家的院号。据学者研究，"养安院藏书"钤印之使用，始自该家族五代正珪（1686—1748）④。今日本国立公文书馆尚藏有养安院家书目《怀仙楼书目》，惜未能得见，不知是否对此本有所著录。自养安院散出后，罗振玉于1914年曾见此本，并题有观款。次年（大正四年，1915）由德富苏峰在东京吉田书店购得，有其识语及书店领受书可证⑤。此本很早就受到国内学者的关注，民国间张元济编印《四部丛刊》续编时，曾经想收录此本，有"张清子《周易本义集注》日本德富苏峰藏有元本，已向商借，尚未妥协。静嘉堂抄本究不如元刻为佳"之语⑥，但最终未能成功。今国内学者能看到的，只有刊登在《成篑堂善本书影》中的一页书影。故其情况，仅能结合目录记载与学者研究，作

---

① ［日］阿部隆一《日本国见在宋元版本志经部》，《阿部隆一遗稿集》第1卷，第256页。严绍璗《日藏汉籍善本书录》，第19页。

② 宫内省图书寮编《图书寮汉籍善本书目》，国家图书馆出版社，2013年，第9—10页。

③ 莫建强《〈周易本义附录集注〉文献学研究》，第8页。

④ ［日］町泉寿郎《曲直濑养安院家与朝鲜本医书》，王勇主编《书籍之路与文化交流》，上海辞书出版社，2009年，第452页。

⑤ 以上所述，见阿部隆一《日本国见在宋元版本志经部》，《阿部隆一遗稿集》第1卷，第256—257页。

⑥ 张元济《张元济全集》第2卷《书信》，商务印书馆，2007年，第98页。

有限的推断。

据阿部隆一、严绍璗、顾永新等人的记载，该本四册，分卷情况与版式行款大致与宫内厅本相同，惟《周易五赞》置于卷首《集注姓氏》之后。顾永新以宫内厅本《五赞》置于卷末为装池之误①，但实际上，《五赞》本来即应在卷末，今见宋咸淳元年吴革刻本《易本义》、元延祐二年圆沙书院刻本《周易传义附录》，以及通志堂本《易本义附录纂注》等，均如此编排。可知宫内厅本不误，乃成箦堂本有误。卷端题名第二行改作"朱子本义附录"（卷五、六未改），第三行改作"建安后学中溪张清子纂集"（卷三、五、六未改）。除卷七末"建安后学张公楚点校，张山长宅中溪书院新刊"，与卷十一末"建安后学张熙孙点校"题记尚存，其余点校刊刻题名皆无。诸家皆据该本卷端、卷末题名的挖改，以及卷中补版、修版的痕迹，推断此本为后印本，其说大致可信。据《成箦堂善本书影》所载卷二首页来看，宫内厅本此页泰卦卦辞下"集注"，引"龟山曰"、"白云曰"及"张清子曰"，皆外加黑围，而成箦堂本前二者不变，"张清子曰"四字则改作黑盖子"愚谓"二字②。从《永乐大典》的引文来看，可能全书都如此挖改，数量颇为不少。元代与《集注》体例类似的易学著作中，胡一桂《易本义附录纂注》自注即题"愚谓"，熊良辅《周易本义集成》则题"愚按"，以此推断，可能《集注》重印时觉题"张清子曰"不妥。遂加以修正。卷端题名的挖改，盖亦与此类似。因元代合刻程朱易说，或集注朱子《本义》之作，无题"朱熹传"者，如元刻本《易本义附录纂注》题"朱子本义"，至元二年碧湾书堂刻本《程朱二先生周易传义》题"晦庵先生朱熹本义"，至正六年务本堂刻《周易程朱传义音训》则题"晦庵朱熹元晦本义"。只有程子之说方题"传"。故宫内厅本题"晦庵朱熹传"不很合理，而成箦堂本即将其挖改成"朱子本义附录"。

宫内厅藏元刻本与成箦堂旧藏元刻后印本，在元明之际都有流传。明初所编《文渊阁书目》，著录了三部《集注》："《易》张清子《传》，一部，二册，阙。《周易》张清子《本义》，一部，二册，阙。《周易》张清子《本

---

① 顾永新《经学文献的衍生和通俗化》，第797页。
② 南江涛选编《日藏珍稀中文古籍书影》第1册，国家图书馆出版社，2014年，第155页。

义》，一部，四册，阙。"① 前一部题"传"，应即是卷端题"晦庵朱熹传"的宫内厅本，而后两部题"本义"，则应是卷端题"朱子本义附录"的成箦堂后印本。但相比之下，似乎后印本要更加流行一些。今《永乐大典》残卷引《集注》约四十条②，凡张清子自注，皆标以"愚谓"，可见是引自后印本。又陆心源旧藏影元抄本，《仪顾堂题跋》著录其卷端题"建安后学中溪张清子纂集"③，与后印本合，可见也是由彼抄出。该本四册十一卷④，卷前无张清子自序⑤，卷中有"松霭"、"周春"、"松霭藏书"、"季贶"、"汪涛之印"、"友山氏"诸藏印⑥。其中"汪涛之印"、"友山氏"二印，不知出自何人。台湾"国家图书馆"藏有抄本《剡源先生文抄》，卷末钤有"汪涛之印"、"文川"⑦，不知是否即其人。"松霭"以下三印为周春藏印，"季贶"则为周星诒藏印。陆心源叙述此本递藏经历云："余得之周季贶太守，太守得之陈兰邻后人，盖兰邻于嘉庆中官浙江，得之松霭后人者也。"⑧ 陈兰邻即陈徵芝，其孙陈树杓编《带经堂书目》，著录此本云："《中溪易说》四册，影抄本，周松霭春藏书。"⑨ 可见此本由周春至陈徵芝，再至周星诒，最后归于陆心源，这一次第是较为明确的。或据陆心源《带经堂陈氏书目书后》载"及至闽，遍访陈氏后人，仅得张清子《周易纂注》"云云⑩，以为陆氏直接从陈徵芝后人处得到此本，并未经过周星诒之手。但今本卷中明有周星诒钤印，顾永新即据此认为《带经堂陈氏书目书后》的记载多有疏失，甚至连该本卷数都误记为十六卷，不尽可靠⑪。今按，虽然周星诒的《书钞阁行箧书目》与《传忠堂书目》都未收录该书，但陆心源谓入闽共自陈氏后人处得三书，除张清子书之外，尚有金履祥《尚书金氏注》与杨仲良《皇朝通鉴长编纪事本末》，

① （明）杨士奇等《文渊阁书目》卷二，《明代书目题跋丛刊》，第18页。
② 栾贵明《永乐大典索引》，作家出版社，1997年，184页。
③ （清）陆心源著，冯惠民整理《仪顾堂题目题跋汇编》，中华书局，2009年，第22页。
④ 静嘉堂文库编《静嘉堂文库汉籍分类目录》，大立出版社，1980年，第10页。
⑤ （清）陆心源著，冯惠民整理《仪顾堂题目题跋汇编》，第23页。
⑥ ［日］河田羆《静嘉堂秘籍志》，上海古籍出版社，2016年，第445页。
⑦ 参杜泽逊《四库存目标注》，上海古籍出版社，2007年，第2557页。
⑧ （清）陆心源著，冯惠民整理《仪顾堂题目题跋汇编》，第23页。
⑨ （清）陈树杓《带经堂书目》，《中国著名藏书家书目汇刊·明清卷》第28册，商务印书馆，2005年，第251页。国家图书馆藏抄本《带经堂书目》，此条上有浮签批注云："此书罕著录，待撰解题。"
⑩ （清）陆心源著，冯惠民整理《仪顾堂题目题跋汇编》，第83页。
⑪ 顾永新《经学文献的衍生和通俗化》，第794页。

此二书即见于周氏藏书目录①，且前一书亦有周氏钤印②。以此推测，张清子书必应是与金、杨二书同经周星诒收藏，再同归陆氏，殆无可疑。陆氏记其得此本的时间，是在"粤东归田"之后，奉檄赴闽时③，其时约在同治十一年（1872），十三年（1874）即开缺④。而周星诒当时也在福建任官，约在光绪二年（1876）获罪后，曾慨叹："先去陆观察，次入予于沈、文侵蚀军装案内。"⑤可见与陆颇有交往，则藏书流转亦属合理。此本归陆氏后，胡玉缙尚曾得见，并撰有提要⑥，今存日本静嘉堂文库。

除了此三本之外，《集注》在清代还可能有一些传抄本。如耿文光《万卷精华楼藏书记》即著录抄本一部⑦，然未叙其详情，仅摘录董真卿《周易会通》与俞琰《读易举要》之说，与陆心源《皕宋楼藏书志》全同，且其卷数误作"十卷"与自序"大德癸卯"误作"癸未"亦同，很明显是剿袭自陆。但今则未见流传。

2. 《周易传义大全》对《集注》的引用

《集注》成书之后，在元代即多有学者采用。如熊良辅《周易本义集成》引用了约十八条张清子之说，或作"中溪张氏"，或作"建安张氏"，亦有仅作"张氏"者。而董真卿《周易会通》，则以"张氏清子"的形式，引用了六条张氏之说。由于熊、董二家之书均为集注体，体例与张书相近，故除引张氏自作解说之外，也从其书转引了一些他人之说。如熊氏在乾卦《文言传》"潜龙勿用，阳气潜藏"一段下，引用单氏说曰："乾六爻皆天德也，而五为天位，此天德之得位者也。"⑧此说不见他书，仅见于《集注》⑨，可能即是自此转引。又如解蒙《易精蕴大义》，虽然于所引各家仅笼统称之为"先儒"，

---

① （清）周星诒《传忠堂书目》，《丛书集成续编》第71册，上海书店，1994年，第295、301页。
② ［日］河田罴《静嘉堂秘籍志》卷十四，第463页。
③ （清）陆心源著，冯惠民整理《仪顾堂书目题跋汇编》，第83页。
④ 林淑玲《陆心源及其〈皕宋楼藏书志〉史部宋刊本研究》，花木兰文化工作坊，2005年，第25页。
⑤ （清）周星誉、周星诒《鸥堂日记·窥横日记》，河北教育出版社，2001年，第95页。
⑥ 胡玉缙《续四库提要三种》，上海书店，2002年，第4—5页。
⑦ （清）耿文光《万卷精华楼藏书记》，上海古籍出版社，2016年，第92页。
⑧ （元）熊良辅《周易本义集成》卷九，《通志堂经解》第4册，第169页。
⑨ （元）张清子《周易本义附录集注》卷一，第28页。

但仔细分析之下，仍有不少论说出于张氏。如革卦九五爻下，解氏注云："先儒曰：乾、革九五皆称大人，而象有龙虎之异者，龙以德言，虎以威言。乾之大人，尧舜之事；革之大人，汤武之事。"[1] 即是节录《集注》所载的张氏之说[2]。但总的来看，元人引用《集注》的规模还是较为有限，引录最多者，当属明初所编《周易传义大全》。

《大全》对《集注》的援引，首先表现在对张清子自注的大量采用。据今人统计，《大全》共引张氏之说277条，数量上超越了胡一桂与吴澄，在《大全》所引诸家中居于第三位，仅少于胡炳文与丘富国[3]。这些张氏之说多为节引，全文引录者较少，以字数计算，约占《集注》所载张说的四分之一，且部分文句与《集注》有较为明显的差异。这种差异至少有一部分是源于《大全》纂修者对张说的修改，其之所以要作出修改，一方面是在节录张说的过程中，出于贯通文意的需要。例如，颐卦《象传》下，《大全》引张说曰：

> 慎言语所以养其德也。出而动者为言语，不慎则妄出而招祸。节饮食所以养其体也。入而动者为饮食，不节则妄入而致疾。皆取止其动为义[4]。

"皆取止其动为义"一句，《集注》所载张说无。但在本段之前，《集注》尚有一段文字："山止雷动，山下有雷，止而动也，有颐之象焉。言语饮食，震动象。慎节，艮止象。君子观上止下动之象，而取止其动为义。故以之慎言语、节饮食。"[5] 可见《大全》此处只节录了张说的后半部分，又将前半部分中"而取止其动为义"的"而"改为"皆"，置于段末，以足成文意。

另一方面，《大全》改易张氏之说，还可能与其崇尚程朱的编纂原则有关。在卷前凡例中，《大全》即已明确提出："诸家之说，壹宗程《传》、《本义》，折衷并取，其辞论之精醇，理象之明当者，分注二氏之后，以羽翼之。"[6] 其在编纂过程中，也较为严格地遵循了这一原则，张氏说有与程朱不

---

① （元）解蒙《易精蕴大义》卷七，《景印文渊阁四库全书》第25册，第665页。
② （元）张清子《周易本义附录集注》卷五，第371页。
③ 陈恒嵩《〈五经大全〉纂修研究》，第66页。
④ （明）胡广等《周易传义大全》卷十，《景印文渊阁四库全书》第28册，第303页。
⑤ （元）张清子《周易本义附录集注》卷三，第223—224页。
⑥ （明）胡广等《周易传义大全》卷首《凡例》，《景印文渊阁四库全书》第28册，第5页。

符者，则需改此就彼。如大有六五爻下，《大全》引张说曰：

> 六五为大有之主，离体中虚，有厥孚之象。柔得尊位而上下应之，故曰"交如"。以我之诚心，而发彼之诚心，此其所以交孚也。然当大有海内富庶之时，人心易至玩弛，宽裕温柔，虽足以有容，非发强刚毅，则不足以有执。故交如之后继之以威如，则可以保其吉也。苟徒有以孚之，而无以威之，则人将慢易之心生，而无畏备之者矣。岂能常保其有乎？此威如之吉，圣人之深戒也①。

自"苟徒有以孚之"下，《集注》作"苟有以孚之，而无以威之，则慢易之心生，而忘其备矣。此威如之所以吉者，圣人正欲为易而无备者之戒也"②，与《大全》所引颇有不同。其原因在于，程朱说爻辞"威如"，大致都是上有威严则下戒惧之意，即所谓"有威严使之有畏"、"若无威严，则下易慢而无戒备"。而张氏之说似乎只指在上者而言，意谓人君不能济之以威，则自己将渐生慢易之心，忘记戒备，无与在下者之事。故《大全》即加以改易，在"慢易之心生"之前加"人将"二字，又改"忘其备"为"无畏备之者"，由此弥缝了张说与程朱之间的差异。

除了纂修者的改易之外，《大全》所引张说与《集注》不同，还存在着一个可能性，即：目前较为易得的宫内厅藏元刻本《集注》，与《大全》编纂者所用的并非同一个版本。结合上节论述可知，明初《文渊阁书目》所载《集注》，似乎只有元刻本与元刻后印本两个版本，《大全》纂修者能利用的，不应出于此二本之外。如后印本在修版时改易了部分字句，而《大全》又采用了后印本，也会出现与宫内厅藏元刻本字句相异的情况。从异文的情况来看，部分文句虽然不同，但字数却大体相等。如复卦九二爻下，宫内厅本《集注》载张氏自注曰："夫复待于牵者，已不如初复之为易。然牵而能复，亦吉之道也。"③《大全》所引，"吉之道"作"不为失"。如说此三字异文是由于后印本之挖改，而《大全》引自后印本，似亦不无可能。然而，《永乐大典》引用张氏书内容四十条，应是出于后印本，经核对，与宫内厅藏元刻本，

---

① （明）胡广等《周易传义大全》卷六，《景印文渊阁四库全书》第28册，第205页。
② （元）张清子《周易本义附录集注》卷二，第133页。
③ （元）张清子《周易本义附录集注》卷一，第92—93页。

又无明显差异。故这一可能性是否能成立，仍然仅能存疑，待成篑堂藏后印本《集注》公布之后，方能得到彻底解决。但总的来看，《大全》所引张说异文，即便有版本因素，也非主要，更多的仍是出于《大全》纂修者之手。

《大全》援引《集注》的另一表现，是对《集注》所载诸家之说的转引。关于此点，前代学者多未注意。如陈恒嵩论《大全》之取材，谓共征引前人之说五千余条，其中三千余条出自董真卿《周易会通》，故《大全》当是以《会通》为底本，再增补二千余条宋元人经说而成①。实际上，此所谓增补的二千余条，一大部分都是来自于《集注》。例如，大畜九二爻下，《大全》采胡炳文、朱震、王宗传、兰廷瑞四家之说，其中王宗传说曰：

> 小畜之九三见畜于六四，而曰"舆说辐"，四说其辐也。大畜之九二受畜于六五，又曰"舆说輹"，是自说其輹也。夫说人之辐与自说其輹，语其势之逆顺，盖有间矣。何者？九三刚过，而九二则刚得中故也。刚而得中，则进止无失，故《象》释之曰："中无尤也。"②

《会通》此处引朱震、项安世、兰廷瑞、胡一桂四家，未引王氏③。而《集注》则引王宗传、朱震、徐几，王氏说与《大全》所引仅有微小区别④，可知应该即是来源于此。另有一些注文，此前或以为来源于《会通》，但实际上也是出自张氏书。例如，《系辞下传》"刳木为舟"一段下，《大全》引张栻之说曰：

> 衣裳之垂，固欲远近之民，下观而化。然川途之险阻，则有所不通。唯夫舟楫之利既兴，则日月所照，霜露所坠，莫不拭目观化。天下如一家，中国如一人矣。是以刳其木而中虚，剡其楫而末锐。舟所以载物，而楫所以进舟。致远以利天下，而取诸涣者，盖涣之成卦，上巽下坎，《象》曰："利涉大川，乘木有功也。"⑤

---

① 陈恒嵩《〈五经大全〉纂修研究》，第83页。
② （明）胡广等《周易传义大全》卷十，《景印文渊阁四库全书》第28册，第297页。
③ （元）董真卿《周易会通》卷六，《中国易学文献集成》第65册，第697页。
④ （元）张清子《周易本义附录集注》卷三，第218页。
⑤ （明）胡广等《周易传义大全》卷二十三，《景印文渊阁四库全书》第28册，第656页。

此条注文，《会通》所引，仅至"中国如一人矣"而止①，陈恒嵩认为其后乃《大全》编纂者所增补②。但查核之下，《集注》此处引张栻说，与《大全》完全相同③，可知《大全》是直接引自《集注》，并非自《会通》引用前半而自行增补后半。

经核查，《大全》所引诸家之说，除胡炳文、吴澄等少数几家由编纂者自行增补之外，凡不见于《会通》，或《大全》详而《会通》略者，多是来源于《集注》。可以说，在《大全》编纂过程中，《集注》是地位仅次于《会通》的重要参考资料。

正是由于《大全》的引录，使得《集注》的一部分内容，在后世得以广泛传播。明清时期，《集注》原书的流传虽然稀少，但各类易学著作中引张清子之说者却颇不鲜见，莫建强已举出《周易传义补遗》等十九种④。今统计，引张说者主要有：张振渊《周易说统》约四十二条，乔莱《易俟》三十八条，叶良佩《周易义丛》三十五条，钱澄之《田间易学》二十九条，李光地《周易折中》二十二条，金贲亨《学易记》十八条，蔡清《易经蒙引》十五条，程廷祚《大易择言》十二条，潘士藻《读易述》、张次仲《周易玩辞困学记》均十一条，刁苞《易酌》九条，沈起元《周易孔义集说》八条，张献翼《读易纪闻》、赵继序《周易图书质疑》均七条，何楷《古周易订诂》六条。其余引五条及以下者尚多，未及一一列举。经核查，这些张氏之说基本全部出自《大全》，特别是其中部分文句都与之相合。如《周易义丛》与《易俟》在泰卦六四爻下，均引张说曰：

> 阳之进曰拔茅，以其自下而上，升之难也；阴之返曰翩翩，以其自上而下，复之易也⑤。

此条《集注》作"初言拔茅以其彙，拔者，以三阳自下而上，进之难也。

---

① （元）董真卿《周易会通》卷十三，《中国易学文献集成》第 66 册，第 617 页。
② 陈恒嵩《〈五经大全〉纂修研究》，第 75 页。
③ （元）张清子《周易本义附录集注》卷八，第 529—530 页。
④ 莫建强《〈周易本义附录集注〉文献学研究》，第 1 页。
⑤ （明）叶良佩《周易义丛》卷三，《续修四库全书》第 7 册，第 114 页。（清）乔莱《易俟》卷四，《景印文渊阁四库全书》第 42 册，第 73 页。

四言翩翩以其邻，翩翩者，以三阴自上而下，复之易也"① 二家所引与之颇有不同，却与《大全》所载者一致②，可见是由彼转引。相比之下，诸家所引张氏之说，出于《大全》之外者，仅有少数几条，其中大部分还为标引错误。如叶良佩于艮卦六五爻下引张说曰："在下有腓趾以象行，在上有辅以象言，其义一也。"③ 经查，此乃李舜臣之说④，叶氏误引为张说。比较有疑问的，只有熊过《周易象旨决录》，于无妄《象传》"天下雷行，物与无妄"句下引用的一条张氏注文："与即应字，天雷而物应也⑤。"其后《古周易订诂》、《周易玩辞集解》、《田间易学》、《仲氏易》等，对这条注文都有不同程度的引用⑥。检《集注》，张氏此处有一段较长的解说，其中有云："与者，应也。雷者天之号令。天下雷行，付物以命，而物皆应之，不违其则。"⑦ 当是上述注文之所本。然而，《大全》此处只引了张氏之说的末句："天之生物不违乎时，至诚赞化亦不违乎时，圣人与天同一无妄，此所谓动以天也。"⑧ 没有引"与者应也"云云，故诸家似非从《大全》引来。但此类情况仅此一例，总的来看，明清时期引用张清子说的诸家，大部分都未见张氏原书，而是从《大全》转引。

《大全》对《集注》的引用，虽然扩大了其在后世的影响，但也造成了一些错误。最为显著者，莫过于噬嗑《象传》下引张氏曰："蔡邕石经本作电雷。"⑨ 其后引用此条注文者不知凡几，明引者如《周易折中》⑩，暗引者如《周易函书约注》⑪，都是源自《大全》。时至今日，仍有学者据此条材料，论

---

① （元）张清子《周易本义附录集注》卷二，第 111 页。

② （明）胡广等《周易传义大全》卷五，《景印文渊阁四库全书》第 28 册，第 182 页。

③ （明）叶良佩《周易义丛》卷十，《续修四库全书》第 7 册，第 401 页。

④ （元）董真卿《周易会通》卷十，《中国易学文献集成》第 66 册，第 299 页。

⑤ （明）熊过《周易象旨决录》卷二，《景印文渊阁四库全书》第 31 册，第 493 页。

⑥ （清）钱澄之《田间易学》卷二，黄山书社，1998 年，第 347 页。（清）查慎行《周易玩辞集解》卷四，《查慎行集》第 1 册，浙江古籍出版社，2014 年，第 129 页。（清）毛奇龄《仲氏易》卷十一，《景印文渊阁四库全书》第 41 册，第 294 页。

⑦ （元）张清子《周易本义附录集注》卷三，第 210 页。

⑧ （明）胡广等《周易传义大全》卷十，《景印文渊阁四库全书》第 28 册，第 289 页。明内府刻本同。

⑨ （明）胡广等《周易传义大全》卷八，《景印文渊阁四库全书》第 28 册，第 255 页。

⑩ （清）李光地《周易折中》卷十一，巴蜀书社，2006 年，第 448 页。

⑪ （清）胡煦《周易函书约注》卷五，中华书局，2008 年，第 576 页。

证张氏"以石经本与通行本对照，考订《周易》经传中的文字"① 的贡献，甚或进而谓"在西汉梁丘氏本中，噬嗑《大象传》是作'电雷'"②。实际上，《集注》所载此条张氏注文，本作"按石经作电雷噬嗑"③，并无"蔡邕石经"之说。张氏之说源自项安世，项说曰："石经作电雷噬嗑。晁公武氏曰：六十四卦《大象》无倒置者，当从石经。"④ 可见又源自晁公武。按范成大《石经始末记》载晁氏《石经考异序》，明言"鸿都石经自迁徙邺雍，遂茫昧于人间"⑤，可见晁氏未见过熹平石经，其所谓"石经"，乃是蜀石经。《大全》编纂者不知何据，于张氏之说中添入"蔡邕"二字，遂以讹传讹至今。前人对此已提出过疑问，如丁晏云："张希献谓《周易》雷电噬嗑，蔡邕石经作电雷。汉碑《易经》，洪氏已不及见，张氏元人，何从而得之？余于此不能无疑。"⑥ 实则其致误源头，即在于《大全》。

二、《集注》材料的来源

1. "附录""集注"部分的来源

与胡一桂《易本义附录纂注》类似，张清子《集注》也是由朱子语录文集的"附录"与诸家之说的"集注"构成。其中"附录"部分可能的来源有三：一是董楷《周易传义附录》，二是朱鉴《文公易说》，三是胡一桂《纂注》。三书皆成于《集注》之前，且《周易传义大全》谓"建安张氏又据董本，独刊《本义》"⑦，似乎多有取于董楷之书。但目前确凿可知的是，张氏曾见胡氏之书（详见后文），且从"附录"引文上来看，张书也与胡书更为接近。例如，大有《象传》下，《集注》引用附录一条曰：

① 赖文婷《朱熹〈周易本义〉之元代研究述略》，福建师范大学硕士论文，2013年，第36页。
② 廖名春《〈周易〉经传与易学史新论（修订版）》，中国人民大学出版社，2014年，第71页。
③ （清）张清子《周易本义附录集注》卷三，第179页。
④ （宋）项安世《周易玩辞》卷五，《原国立北平图书馆甲库善本丛书》第2册，第61页。
⑤ （明）杨慎《全蜀艺文志》卷三十六，线装书局，2003年，第1001页。
⑥ 陈宗彝《熹平石经残字》，《历代石经研究资料辑刊》第5册，北京图书馆出版社，2005年，第24页。
⑦ （明）胡广等《周易传义大全》卷首《凡例》，《景印文渊阁四库全书》第28册，第4页。

尧舜之治，既举元凯，必放共兜，此《易》所谓遏恶扬善、顺天休命者也。盖善者天理之本然，恶者人欲之邪妄。是知天之为道，既福善祸淫，又以赏罚之权寄之司牧，使之有以补助其祸福之所不及①。

此条附录出自《戊申封事》，《周易传义附录》没有引录，朱鉴《文公易说》有之，但置于谦卦《象传》下，且引文较此为详②。而胡氏《纂注》此处引附录二条，后一条即为上述《集注》所引者③。又如谦卦六二爻下，《集注》附录云：

鸣谦在六二，又言贞者，言谦而有闻，须得其贞则吉。盖六二以阴处阴，所以戒他要贞。谦而不贞，则近于邪佞。上六之鸣却不同，处谦之极而有闻，则失谦本意。盖谦本不要人知，况在人之上而有闻乎？此所以志未得也④。

此条附录同样不见于《周易传义附录》，《文公易说》虽有，但有两处比较明显的差异，即"须得其贞则吉"之"贞"作"正"，"所以戒他要贞"之"他"作"它"⑤。而胡氏所引则与《集注》同。值得注意的是，此条语录的记录者为晏渊，《朱子语类》和《文公易说》均已标明，但胡氏《纂注》和张氏《集注》却均未标⑥。这应非偶然现象，由此亦能看出《集注》之附录因袭《纂注》之实。当然，由于撰述目的的不同，《集注》在大多数情况下并非简单地搬用《纂注》的附录，而是在其中选取节录，也有一部分引自他书。如《系辞上传》"是故易有太极"一段，《集注》共引附录十二条⑦，其中周谟、吴必大（集注误作杨）、杨道夫、郭子和四条见于《纂注》，其余八条则未见。但此类情况甚少，总的来看，《集注》百分之九十以上的附录，都能在《纂注》中找到。此外，张书"附录"部分还有一个可注意之处，即凡

---

① （元）张清子《周易本义附录集注》卷二，第 130 页。
② （宋）朱鉴《晦庵先生朱文公易说》卷八，《中华再造善本》影印元刻本，北京图书馆出版社，2004 年。
③ （元）胡一桂《易本义附录纂注·象上传第三》，《儒藏精华编》第 5 册，312 页。
④ （元）张清子《周易本义附录集注》卷二，第 137 页。
⑤ （宋）朱鉴《晦庵先生朱文公易说》卷四。
⑥ （元）胡一桂《易本义附录纂注·上经第一》，《儒藏精华编》第 5 册，第 180—181 页。
⑦ （元）张清子《周易本义附录集注》卷七，第 514 页。

引林学蒙所录者，他书皆注"学蒙"，而张书则一律作"启蒙"，卷前所列附录姓氏又作"学蒙"不误，不知何故，值得进一步研究。

与"附录"部分相比，张书"集注"部分的资料来源，显得更为复杂。在卷前的《周易本义附录集注姓氏》中，张氏已开列了"集注"部分所引的六十五家姓氏①，对此俞琰《读易举要》有一条记载：

> 建安张清子希献集注朱子《本义》，清子所集诸家姓氏，如杨彬夫所录外，有晁说之、李子思、李开、程迥、毛璞、项安世、冯时行、冯椅、赵汝楳、赵汝腾、黄以翼、蔡渊、吴绮十三家，每卦皆有徐进斋、丘行可之注，清子之注则附于其后②。

俞氏所谓"如杨彬夫所录"，指杨文焕所编《大易集解》，其书俞氏亦有著录："道州教授秦州杨焕彬夫，集伊川、横渠、司马公至袁机仲，凡五十家，名曰《大易集解》。彬夫亦自有说，缀于每卦每爻诸家之后。"③ 因所集共五十家，故一名《五十家易解》④。今按《集注》卷前姓氏，自卜商、王弼至袁枢、杨文焕，恰得五十家，应即是杨氏《大易集解》的内容，而为《集注》所采录。在《集注》之前，李简曾于中统元年（1260）作《学易记》，其卷前亦列《古今注解诸儒姓氏》六十四家，上述《集注》所列五十家，除陆希声之外，全部见于此，仅在次序和详略上微有不同。如《集注》有景氏，《学易记》则作"景氏绍"之类⑤。莫建强已注意到这一现象，但据此推断张氏参考过李氏书⑥，则不甚妥。从内容上来看，《集注》和《学易记》虽然都是集解类著作，但所集注文差距很大，重合者不多，看不出蹈袭的迹象。二书所列姓氏之所以高度重合，可能是由于均采自杨文焕《大易集解》，李简明言曾见"杨彬夫所集《五十家解》"可证⑦。当然，《集注》所引录的此五十家之说，并不一定都来自于杨书。如豫卦六五爻下，张氏所引诸家中，有童

---

① 其中一部分有目无文，参见莫建强《〈周易本义附录集注〉文献学研究》，第 11 页。
② （元）俞琰《读易举要》卷四，《景印文渊阁四库全书》第 21 册，第 470 页。
③ （元）俞琰《读易举要》卷四，《景印文渊阁四库全书》第 21 册，第 469 页。据下文所引胡一桂《周易本义启蒙翼传》及《周易本义附录集注》卷前姓氏，"杨焕"当作"杨文焕"。
④ （元）胡一桂《周易本义启蒙翼传·中篇》，《儒藏精华编》第 5 册，第 588 页。
⑤ （元）李简《学易记》卷首《古今注解诸儒姓氏》，《中国易学文献集成》第 63 册，第 117 页。
⑥ 莫建强《〈周易本义附录集注〉文献学研究》，第 17 页。
⑦ （元）李简《学易记序》，《学易记》卷首，《中国易学文献集成》第 63 册，第 111 页。

溪、王宗传二条①，实际二者本为一人，而张氏则分作二家，内容且不甚相同，明显是从两个不同的来源采录。但若说杨氏书是《集注》的一个重要资料来源，则应无可疑。

除了杨文焕《大易集解》的五十家之外，《集注》卷前姓氏还列有程迥等十五家，与上引俞琰所载小有出入，如俞氏列有赵汝楳、赵汝腾而《集注》无，《集注》有刘弥邵而俞氏无，可能是由于俞氏记载较为随意所致。另有若干家论说，不见于卷前姓氏，而书中有援引。陆心源已举出九家，即"周濂溪、赵汝楳、赵庸斋，间邱逢辰、蔡西山、郑少梅、林疑问、谢叠山，柴氏"②，其中周濂溪即周敦颐，郑少梅即郑东卿，卷前姓氏已有，学者已辨其误③。此外"林疑问"疑当作"林疑独"，冯椅《厚斋易学》著录《太学十先生易解》，林氏即十家之一④。张书已误⑤，陆氏沿袭而未察。莫建强又在陆氏基础上加以补充，共得赵汝楳等四十余家⑥，其统计仍然有一些错误，如收录有郑东谷、李隆山，实际上，郑东谷即郑汝谐，李隆山即李舜臣，字子思，卷前姓氏中均有。这部分内容可能多数也是自他书转引，如乾卦九四爻下，《集注》引李开与程迥⑦，均在杨文焕五十家之外，冯椅《厚斋易学》亦引⑧，张氏或即从冯书转引。但其中徐几、丘富国二家，可能是直接引自其易学著作。据统计，《集注》引丘富国三百九十四条⑨，从数量上来看居于全书首位，以字数计之，多达五万余字，引徐几亦达一百六十一条⑩。俞琰谓《集注》"每卦皆有徐进斋、丘行可之注"⑪，并不太准确，实际引丘说多，徐说少，即便是丘氏之说，也非每卦每爻都有。但由此可见张书引二家数量之大，

---

① （元）张清子《周易本义附录集注》卷二，第146页。
② （清）陆心源著，冯惠民整理《仪顾堂目题跋汇编》，第23页。
③ 胡玉缙《续四库提要三种》，第4页。
④ （宋）冯椅《厚斋易学·先儒著述上》，《景印文渊阁四库全书》第16册，第832页。莫建强《〈周易本义附录集注〉文献学研究》，第11页。
⑤ （元）张清子《周易本义附录集注》卷七，第516页。
⑥ 莫建强《〈周易本义附录集注〉文献学研究》，第11页。
⑦ （元）张清子《周易本义附录集注》卷一，第12页。
⑧ （宋）冯椅《厚斋易学》卷五，《景印文渊阁四库全书》第16册，第84页。其所引程迥之说，与张书所引小有异同，或因今传《厚斋易学》乃后人辑本，颇有讹脱之故。
⑨ 莫建强《〈周易本义附录集注〉文献学研究》，第22页。
⑩ 莫建强《〈周易本义附录集注〉文献学研究》，第22页。
⑪ （元）俞琰《读易举要》卷四，《景印文渊阁四库全书》第21册，第470页。

超过了现存其他著作，且不少引文为张氏书所独有。徐几为崇安人，曾筑静可书堂于武夷山①，丘富国则为徐氏门人②。徐氏在景定间还曾受荐举③，丘富国"宋亡不仕"④，则已入元。二人与张清子里贯相同，时代相近，可见张氏是有条件看到其著作并加以引用的。

　　最后，还有一个问题需要加以讨论，即张氏书"集注"部分与胡一桂《纂注》的关系。前文已经阐明，张书"附录"部分明显取自《纂注》，且张氏曾见胡氏书，有其明证。今《集注》所引诸家中，有称为"胡氏"者，如履卦六三爻下，《集注》引胡氏曰："或谓六三阴柔，非武人之象。不知阳类多是宽和仁厚底人，阴类多是勇敢强暴底人。阳主生，阴主杀，阳之气温厚，阴之气严凝也。"⑤ 核之《纂注》，正为胡一桂之说⑥。胡氏《纂注》约在至元二十九年刻于福建，比《集注》仅早出十年，张氏更易得见其书。但尽管如此，张氏在"集注"部分，却没有过多地采用胡氏书的材料，甚至刻意与其保持距离。例如，乾卦《象传》自"潜龙勿用，阳在下也"至"亢龙有悔，盈不可久也"六条之下，张氏均引徐几之说，而"用九天德不可为首也"一条下未引。胡氏《纂注》此处引徐氏说二条，一条恰在张书未引的"用九"下，另一条在"终日乾乾，反复道也"下，但引文与张氏完全不同。张氏引徐几云："反谓自上而反下，复谓自下而复上也。上下皆乾，反复皆道，此君子自强不息之象。"⑦ 而胡氏则引作："反复往来，必由乎道，动循天理，虽危而安也。三位在二体之中，可进而上，可退而下，故言反复。"⑧ 这很明显是出自徐几的同一条注文，而胡、张二家各节取了一部分。这样一来，张书此部分的"集注"即与胡书区别开来，这很可能是张氏有意为之，以避免剽袭胡氏书之嫌。

①　（清）李清馥《闽中理学渊源考》卷三十三，凤凰出版社，2011年，第458页。
②　（元）俞琰《读易举要》卷四，《景印文渊阁四库全书》第21册，第470页。
③　（清）李清馥《闽中理学渊源考》卷三十三，第458页。
④　（清）李清馥《闽中理学渊源考》卷三十八，第507页。
⑤　（元）张清子《周易本义附录集注》卷一，第100页。
⑥　（元）胡一桂《易本义附录纂注·上经第一》，《儒藏精华编》第5册，第171页。
⑦　（元）张清子《周易本义附录集注》卷一，第19页。
⑧　（元）胡一桂《易本义附录纂注·象上传第三》，《儒藏精华编》第5册，第304页。

2. 张清子自注的来源

与同时代的集解类易学著作相比，张氏《集注》的一个显著特色即是有大量自注，据统计多达六百一十八条，六万余字①。除《系辞传》以下无注外，几乎每卦每爻都有张氏自注。此前学者多以为这些注文为张氏自作，并进而据以分析张氏的易学思想。但仔细考察之下，可见其中很大一部分都非出自张氏之手。其具体情况可分为两类：

一是，取前代某一家注文作为张氏自注。例如，蒙卦六三爻下，《集注》载张氏自注云：

> 在九二则曰纳妇吉，在六三则曰勿用取女，所处之位不同，故得失亦异②。

按《厚斋易学》引兰廷瑞说曰："在九二则为纳妇吉，在六三则勿用取女，所处之位中正不同，故得失亦异。在九二所处之中正，六三以近而相得，则纳之为妇，己正则物正也。在六三不中不正，乃舍正应而从所比，故戒筮者勿取之。失正不中，则大节不足观也。义各有主焉耳。"③ 张氏自注明显是节取兰氏说首句，稍加点窜而成。又如，鼎卦九二爻下，张氏说曰：

> 二以刚居中，乃鼎有实之象。怨耦曰仇。二本与五应，而比于初柔，近而非正，是初为我仇也。初方自有颠趾之疾，虽我仇而不能我即也。故可获吉④。

查胡一桂《纂注》引徐几之说曰："怨耦曰仇，不善之疋也。谓初⑤五为正应，而密比初柔，阴阳相疋而非正，是初为我仇也。即，就也。初自颠趾，有疾也。不能就二，是我仇有疾，不我能即也，故吉。"⑥ 两相比较，文字差异虽然略大，如"怨耦曰仇"下，徐说多"不善之疋也"五字，但仍能很明

---

① 莫建强《〈周易本义附录集注〉文献学研究》，第 22 页。
② （元）张清子《周易本义附录集注》卷一，第 61—62 页。
③ （宋）冯椅《厚斋易学》卷六，《景印文渊阁四库全书》第 16 册，第 124 页。
④ （元）张清子《周易本义附录集注》卷五，第 374 页。
⑤ 按："初"，四库本作"二"，是。
⑥ （元）胡一桂《易本义附录纂注·下经第二》，《儒藏精华编》第 5 册，第 245 页。

显地看出张氏说脱胎于徐氏之实。

二是，取前代若干家之说拼合而成张氏自注。例如，旅卦六二爻下，张氏自注曰：

> 六二居位得中，旅即次也。上承九三之刚，怀其资也。下乘初六之柔，得童仆也。人之处旅，有次可安，有资可用，又有童仆之忠贞者可托，虽在旅寓之中，终无悔尤矣①。

按《纂注》引徐几说曰："即，就也。次，舍也。资，财货也。六二居位得中，旅即次也。上得乎刚，怀其资也。下得乎柔，得童仆也。"② 是为张氏说"得童仆也"以上之所本。而林栗《周易经传集解》云："时则未至，未可以亨，而有次可以安，有资可以给，有童仆可以赖，贞固守之，斯为得矣。"③ 乃是张氏说"人之处旅"以下所本。故此条张氏自注，实际上是兼取徐、林二家而成。又如，震卦初九爻下，张氏自注曰：

> 震之用在下，初与四皆在卦之下，四泥于柔而未光，初刚无系，乃震来之爻。恐惧虩虩，而后笑言哑哑，盖先震而后定，先恐而后安，宜其吉也。初九爻辞与卦象辞同者，以初九为成卦之主也。以二体而观，初九、九四俱为震动之主爻，其余四阴爻皆闻震雷而恐惧者也④。

按《纂注》引蔡氏说曰："震之用在下，初与四皆在卦之下，而四泥于柔而未光，初刚无系，必达于上，故吉。"乃张氏说首句之所本。又胡一桂自注曰："愚谓初九爻辞与卦辞同者，以其为成卦之主故耳。"⑤ 也被张氏采入其注文中。由此可见，张氏此条自注，至少有约一半的内容是取自别家，并非全出己意。

通观《集注》全书，可见此种取他人之说充作己注的情况，在张清子自注中颇不少见。仅目前可考者，即有徐几、王宗传、蔡渊、丘富国、赵以夫、

---

① （元）张清子《周易本义附录集注》卷六，第412页。

② （元）胡一桂《易本义附录纂注·下经第二》，《儒藏精华编》第5册，第256页。

③ （宋）林栗《周易经传集解》卷二十八，《景印文渊阁四库全书》第12册，第384页。

④ （元）张清子《周易本义附录集注》卷五，第379—380页。"闻"字原不清，据《周易传义大全》补。

⑤ （元）胡一桂《易本义附录纂注·下经第二》，《儒藏精华编》第5册，第247页。

耿南仲、兰廷瑞、郑汝谐、冯椅、项安世、易袚、张杜、赵汝楳、林栗、朱震、郭雍、杨时、李过、胡一桂等十余家，为张氏所袭取。而其不可考者，尚不知有凡几。例如，同人卦卦辞下，《集注》载张氏自注曰："同人于野，亨，此卦辞也。然以爻而观，则于宗不若于门，于门不若于郊，而于郊又不若于野之亨矣。"① 此注文熊良辅《周易本义集成》引作"释褐杨氏"②，即杨文焕。以此推断，张氏自注中采杨氏之说者也应不少，只是由于杨书亡佚，多不可考而已。当然，经典注释中前后因袭的现象并不少见，但像张氏这样大量套用者仍值得注意，特别是其中一部分并无明显改易，将其作为自注也实无必要。

对于张氏自注因袭前人的问题，《周易传义大全》实际已有察觉，故其在编纂过程中，遇有张氏说与前人重复时，多将张说略去。例如，大畜卦卦辞下，《集注》载张清子自注曰：

> 贤不家食者，禄之也。惟贤非后不食。盖古人不仕无禄，则耕而食之于家也。仕而禄足以代耕，则不耕矣③。

此条注文《大全》未引，原因在于，其已据《周易会通》采入郭雍之说曰："贤不家食，禄之也。古之人不仕无禄，则耕而食之于家也。仕而禄足以代耕，则不耕矣，非家食也。"④ 张氏说与之基本相同，仅多"惟贤非后不食"一句，故《大全》即舍之，而选用了较为早出的郭氏。但由于《大全》的编纂，是以《集注》与《周易会通》为基础，再添入元代数家之说而成，没有查核诸家原书，故有些因袭之处未能发现。例如，《大全》在比卦六二爻下，采入张氏自注曰："小人比而不周，所恶于比者，为其不正也。苟比之以正，则无恶于比矣。五为比之主，二其应也。以阴从阳，各当其位，故曰贞吉。"⑤ 按王宗传《童溪易传》云："所恶于比者，为其不正也。如比而得其

---

① （元）张清子《周易本义附录集注》卷二，第 121 页。
② （元）熊良辅《周易本义集成》卷一，《通志堂经解》第 4 册，第 127 页。
③ （元）张清子《周易本义附录集注》卷三，第 215 页。
④ （明）胡广等《周易传义大全》卷十，《景印文渊阁四库全书》第 28 册，第 294 页。
⑤ （明）胡广等《周易传义大全》卷四，《景印文渊阁四库全书》第 28 册，第 157 页。

正，则无恶于比矣。五，比之主也，二其应也。阴阳各当其位，所谓正也。"①
正为张氏之所本。然《会通》此处仅引王氏曰："二五各当位，所谓贞也。"②
乃是括其大义。《大全》编者未查王氏原书，仅见《会通》所引王说较略，
故弃而取张清子说，不知张说实际上正是来源于王氏。

三、"广朱子之说"的注释特色

在元代朱子易著诸家注本中，张清子《集注》是较为特殊的一种。其特
殊之处在于，从形式到内容都并非一味固守朱子之说，而是引入了大量与朱
子不同的观点，张氏称之为"未尝悖朱子之意，适所以广朱子之说"③。当
然，这并不意味着张氏不尊朱子，在《集注》卷前序言中，其即称赞《易本
义》曰："《周易本义》笔于朱子之手，厥旨深矣，真可以探先天之蕴，而发
前圣本原之理。"④且每言朱子，必抬一格以示尊敬。其编纂《集注》时，受
胡一桂《纂注》的影响，采用了具有浓厚尊朱色彩的"附录纂注"体，也可
看出其态度。但与同类著作相比，其不同于朱子之处，不仅远远超出以墨守
朱子为特色的初定本《纂注》，甚至连熊良辅《周易本义集成》这种"集诸
家之善"之作，都不能与之相比。可以说，《集注》是与朱子差异最大的一部
元人注释《易本义》之作，关于这一特点，有必要加以深入研究。

1. 经传合一的《周易》文本

从形式上来看，《集注》与《易本义》的一个首要的差异即在于，其没
有沿用经传分离的古《易》十二卷本，而转用了经传合一的王弼本。其卷帙
编排，以卷一至卷三为上经，卷四至卷六为下经，卷七、八为《系辞》上下，
卷九至十一为《说卦》、《序卦》、《杂卦》，与宋刻《周易》之经注九卷本大
体相同，不同之处仅在于《说卦》以下三篇，经注本合为一卷，而《集注》

---

① （宋）王宗传《童溪王先生易传》卷六，《中华再造善本》影印宋刻本，北京图书馆出版社，
2002 年。

② （元）董真卿《周易会通》卷三，《中国易学文献集成》第 65 册，第 434 页。

③ （元）张清子《周易本义附录集注》卷首，第 1—2 页。

④ （元）张清子《周易本义附录集注》卷首，第 1 页。

拆为三卷而已①。对这种做法，张氏解释说：

> 学者见卦爻而未见乎《彖》，见《彖》而未见乎《象》，或以是书犹
> 未便于观览焉。予晚年颇知喜《易》，而未造其阃奥。近尝思之，僭以朱
> 子《本义》所传卦爻《彖》、《象》、《文言》之说，师友问答讲明之旨，
> 合而锓之于梓。且参考古今诸儒议论，而以己说附其后，庶学者易于观
> 览。此则未尝悖朱子之意，适所以广朱子之说。是《易》也，将不见其
> 始之合而终之离，始之离而终之合矣。于是乎忘其为僭。今之知《易》
> 者，其然之否？愚则未敢以为然也。请问之包羲②。

对于朱子倡导的经传分离之本，张氏曾评论之曰："其拯救汉儒变乱古
《易》之失，于后学不为小补。"③ 总体而言还是持赞同态度。但其所编《纂
注》，却没有遵用此本，原因即在于，其认为此本有见经不见传的"未便于观
览"之弊。而其改用经传合一之本，不仅能避免此失，更可体现出经传由合
而离、由离而合之妙，与《易》理有契合之处。

《集注》采用经传合一之本的做法，在元代朱子易学史上，可谓是一个绝
无仅有的现象。元代其他注释《易本义》之作，如胡一桂《纂注》、熊良辅
《集注》、胡炳文《通释》，都无一例外地遵用朱子所定经传分离本。特别是
胡一桂，对朱子之后仍用王弼本的"世儒"深恶痛绝，不惜大举挞伐之曰：
"今世儒解《易》，又复仍王弼本，而莫觉其非。是何古《易》难谐于俗，而
康成、辅嗣欲速好径之心，使人骨醉魂迷而不返。推是心以往，舍范我驰驱，
而为之诡遇，不由其道，而钻穴隙相窥，踰墙相从，亦何所惮而不为也哉？"④
此言虽非专对张氏而发，但张氏明显属于胡氏所说的"世儒"一类。可以推
知，元代正统派朱子易学学者，对张氏此举的态度，大抵应如胡一桂所说：
"世儒之罪为尤大，以其既见正于文公，故为而叛之也。"⑤

然而，张氏此举亦非独出心裁，而是与闽中易学传统密切相关。早在南
宋时期，朱子门人、福建籍学者蔡渊作《周易经传训解》，其经传编排为"以

---

① 参见莫建强《〈周易本义附录集注〉文献学研究》，第14—15页。
② （元）张清子《周易本义附录集注》卷首，第1—2页。
③ （元）张清子《周易本义附录集注》卷首，第1页。
④ （元）胡一桂《周易本义启蒙翼传·中篇》，《儒藏精华编》第5册，第538页。
⑤ （元）胡一桂《周易本义启蒙翼传·中篇》，《儒藏精华编》第5册，第538页。

孔子《大象》置逐卦辞之下，《彖传》又置《大象》之后，《小象》置各爻辞之后，皆低一字以别卦爻辞。《系辞》、《文言》、《说》、《序》、《杂卦》皆低一字书"①，实际就是经传合一之本，只是将《彖传》与《大象传》位置互易，又传文较经文低一字。此本在后世影响很大，如董楷编《周易传义附录》，因"不敢离析程《传》，又不敢尽失朱夫子之意"，即采用了蔡氏的办法，"以《彖传》、大小《象》、《文言》各下经文一字，使不与正经紊乱"②。黄超然《周易通义》也认为"今之为注，既系经文之下，夫子所传，反不得继经文之次，实未安也"，故从蔡氏"依王弼所分，而高下其行以别经传"③之本。今见张氏《集注》，虽经传合一，但传文低经文一格，亦即董真卿所谓"以文公《本义》高下字行，反置之王弼今《易》经文之下"④，正与蔡氏一脉相承。此外，《集注》采录较多者，为丘富国、徐几之说。二人皆福建籍学者，从学术传承上来看，徐几从学于蔡渊，而丘富国则学于徐几。虽然其易学著作皆已不存，但从佚文来看，很有可能受蔡氏影响，而同样采用了经传合一之本。例如，比卦六二爻下，《集注》引徐氏曰：

> 二柔顺中正，上应九五，由内比外，故曰"自内"。以中正相应，故曰"贞吉"。《象》言"不自失"者，则又推原二之比五，必当反求诸内，自无所失，而后可以比于人也⑤。

此处徐氏注文，前半段解说六二爻爻辞"比之自内，贞吉"，后半段则解说《小象传》"比之自内，不自失也"。且语意连贯，似非两条注文合于一处。丘富国注文亦与之类似，如讼卦初六爻下，《集注》引丘说曰：

> 初以阴柔居卦之始，本非好讼者也。以初与四应，四来讼初，初不得已而应之。然初六才弱，故有不永所事之象。讼非可长之事，故不永也。小有言谓微有言语之伤，无大害也。但四既有言，在初必当与四辩

① （元）胡一桂《周易本义启蒙翼传·中篇》，《儒藏精华编》第5册，第583页。
② （宋）董楷《周易程朱先生传义附录》卷首《凡例》。
③ （元）黄超然《周易通义·上经第一》，《续修四库全书》第2册，第486页。
④ （元）董真卿《周易会通》卷首，《中国易学文献集成》第65册，第44页。
⑤ （元）张清子《周易本义附录集注》卷一，第87页。

明，则曲在四而直在初，故得终吉也①。

此段注文中，"讼非可长之事"乃释《小象传》"讼不可长"，"在初必当与四辩明"释"其辩明也"，同样是经传混注。以此推测，徐氏、丘氏所用之本很可能为经传合一，故注文亦合注经传。而张氏用经传合一本，则远承蔡渊，近取徐、丘，有着悠久的历史渊源。

2. 附录的减少与诸家异说的引入

作为一部附录纂注体著作，辑录朱子文集语录的"附录"部分，无疑是《集注》的重要内容之一。但值得注意的是，与同类著作，特别是其附录主要来源的胡一桂《纂注》相比，《集注》的附录要简略许多，大多数情况下仅是自《纂注》中节录一小部分。如乾卦初九爻下，《集注》引附录一条曰：

> 《易》如一个镜相似，看甚物来都能照得。如所谓潜龙，只是有个潜龙之象，自天子至于庶人都使得②。

《纂注》此处收录了《著卦考误》等附录五条，《集注》仅取其中董铢一条，而节取其半。胡氏所引，以下尚有"孔子说龙德而隐"云云③，《集注》亦略去未录。某些情况下，《集注》甚至将附录部分全部省略。如乾卦九二爻下，《纂注》本有附录二条，《集注》一条未引。又如讼卦一卦之下，《集注》几乎全无附录，仅在《象传》部分自胡氏书节录一条。只在极少数情况下，《集注》的附录才会比《纂注》丰富，如乾卦《象传》"乾道变化"一段下，《集注》引附录五条，最末一条答晏渊，胡书即无④。但此仅为特例，总的来看，《集注》附录的数量，比《纂注》无疑大幅减少。

与附录的减少相对应的，是张氏书"集注"部分的大量扩充。相比于胡氏初定本《纂注》仅主要从朱子后学中选引三十余家的规模，《集注》所引则多达百家⑤，其中不仅有不少朱子学术上的对手，更有很多论说与朱子截然

① （元）张清子《周易本义附录集注》卷一，第73页。
② （元）张清子《周易本义附录集注》卷一，第10页。
③ （元）胡一桂《易本义附录纂注·上经第一》，《儒藏精华编》第5册，第148页。
④ （元）张清子《周易本义附录集注》卷一，第16页。
⑤ 莫建强《〈周易本义附录集注〉文献学研究》，第11页。

相反。例如，师卦六三"师或舆尸，凶"，朱子注曰："舆尸谓师徒挠败，舆尸而归也。"① 并在语录中明确表示对程子"众主"之说的反对："问：师或舆尸，伊川说训为众主，如何？曰：从来有舆尸血刃之说，何必又牵引别说。某自小时未曾识训诂，只读白本时，便疑如此说。后来从乡先生学，皆作众主说，甚不以为然。今看来，只是兵败舆其尸而归之义。"② 而《集注》此处引三家之说：

> 伊川曰：倚付二三，安能成功。岂惟无功，抑且致凶也。

> 诚斋曰：河曲之师，赵盾为将，而令出赵穿。邲之师，荀林父为将，而令出先縠。后世复有中人监军者，师焉往而不败？

> 龟山曰：唐九节度之使，不立统帅，虽李郭善兵，犹不免败衄，则舆尸之凶也③。

这三条注释虽然不尽相同，但都本之于朱子反对的"众主"说。因其均为节引，如查核原文，则更加明白。如杨万里云："主之者众，斯师焉往而不败，尚何功之有。"④ 杨时云："师之或以众尸之也。众尸之禀命不一而无功矣，凶之道也。"⑤ 反观胡一桂《纂注》，则仅引了符合于朱子"舆尸而归"说的丘富国之说，二书的差异可谓极为明显。值得注意的是，此类不同于朱子之说，在《集注》的某些卦爻下甚至不止一种。如大过九四爻"栋隆，吉"，《集注》引李过、郑汝谐二家：

> 西溪曰：下卦上实而下弱，下弱则上倾，故三居下卦之上，而曰"栋桡，凶"，言下弱而无助也。上卦上弱而下实，下实则可载，故四居上卦之下，而曰"栋隆，吉"，言下实而不桡也。此二爻当分上下体。

> 郑氏曰：大过栋桡，由本末弱，然实以本为重。四居大臣之位，而应乎初，救其本也。救其本于未过之初，故栋隆而不桡乎下。其下不桡，其栋乌得而不隆哉？三所居不得位，而应乎上，救其末也。救其末于已

---

① （宋）朱熹《易本义·上经第一》，《朱子全书》第 1 册，第 38 页。
② （宋）黎靖德《朱子语类》卷七十，第 1752 页。
③ （元）张清子《周易本义附录集注》卷一，第 80—81 页。
④ （宋）杨万里《诚斋先生易传》卷三，《儒藏精华编》第 4 册，第 40 页。
⑤ （宋）曾穜《大易粹言》卷七，"中央图书馆"，1991 年，第 291 页。

过之后，故栋挠而不可以有辅。则知救过于其末，不若救过于其本也①。

此二家之说中，李过以大过上卦震卦，下一阳而上二阴，有上弱下实之象，故言"栋隆"。而郑氏则谓九四下应初六，有救其本之象，本固则栋隆。按朱子释"栋隆"，只谓九四"以阳居阴，过而不过"②，别无他说，是二家皆出朱子之外，且彼此又不相同。可见张氏书广备异说，而不尽尊朱子之特色。

除了与朱子不同者，《集注》中还有相当一部分解说，旨在从不同角度完善朱子之说。例如，临卦六五爻"知临，大君之宜，吉"，朱子注云："以柔居中，下应九二，不自用而任人，乃知之事，而大君之宜，吉之道也。"③ 只以六五下应九二释爻辞之意，未作进一步挖掘。而《集注》此处引杨万里、杨氏（疑为杨文焕）、李舜臣、徐几四家，皆对朱子有所阐发。如杨万里说云：

> 夫五帝三王之圣一也。舜曰大舜、禹曰大禹者，好问、拜昌言而已④。

《中庸》云："舜好问而好察迩言。"《大禹谟》云："禹拜昌言。"均有以尊下卑、以上听下之意，与本爻合，杨万里即用此二人之称"大"，来证成爻辞"大君"之意。其解说此爻曰："六五以柔中之君，任九二刚中之臣，未尝自任其聪明睿知也，是宜为君者也。"⑤ 与朱子并无区别，但说"大君"为朱子所未及，是以张氏引用之。其余三家，杨氏主要讲六五爻刚柔得中之美；李舜臣综合复、临、泰、大壮四卦，提出"阳长之卦，凡遇阴柔之五，则未尝不顺之"的通例；徐几则重点阐释"知临"的含义。诸家侧重各不相同，但都实现了对朱子的补充与发展。《集注》"广朱子之说"的特色，也由此体现出来。

3. 择善而从的张清子自注

前文已经阐明，《集注》有别于同类著作的一个显著特色，即是存在大量

① （元）张清子《周易本义附录集注》卷三，第232页。
② （宋）朱熹《易本义·上经第一》，《朱子全书》第1册，第55页。
③ （宋）朱熹《易本义·上经第一》，《朱子全书》第1册，第48页。
④ （元）张清子《周易本义附录集注》卷二，第165—166页。
⑤ （宋）杨万里《诚斋先生易传》卷六，《儒藏精华编》第4册，第73页。

自注。尽管这些注文中的相当一部分，并非为张氏自作，但仍可由此窥得其思想倾向。从内容上来看，张氏注文中并不乏遵从朱子之说者，如蛊卦九三爻下，张氏注曰：

> 九三以刚居刚，过于刚者也。以此幹父之蛊，其才力足以任之，虽过刚则微有悔。然巽体本顺，必无太过之失，故终无大咎①。

朱子释此爻曰："过刚不中，故小有悔。巽体得正，故无大咎。"② 张氏之说即在朱子的基础上略作扩展，并无太多创新。但相比之下，不同于朱子之说者，则更值得瞩目。如其注大壮六五"丧羊于易"曰：

> 五以柔处刚，其位不当，又值乾阳下进之冲，势不容遏，故有丧羊之象。然柔而得中，不与刚抗，能以和易处之，则众阳无所用其壮，而强暴之气屈矣。然则丧羊虽五之不幸，而于易亦五之善处也。处以和易，则不至有悔。汉光武曰："吾治天下以柔道。"六五之谓矣③。

朱子说"于易"有二义，一谓容易，二谓疆场，张氏皆未取，而以和易释之，其说实际上来自于程子。程说云："四阳方长而并进，五以柔居上，若以力制，则难胜而有悔。唯和易以待之，则群阳无所用其刚，是丧其壮于和易也。"④ 张说正与之相合，故《周易传义大全》采录张氏此说，并未系于朱子，而置于程子说之下。又如，大有初九"无交害"下，张清子注曰：

> 六五为大有之主，柔得尊位大中，而上下应之，故二应乎五，三亨于天子，四与上皆比乎五。而初独处于下，与五无交焉，又岂上下应之义乎？盖当大有之世，无以交结于君，所以害也⑤。

此说以"无交害"为初九与六五无交，所以有害。而朱子则谓"以阳居下，上无系应，而在事初，未涉乎害"⑥，意为初九无交于上而无害，张说恰

---

① （元）张清子《周易本义附录集注》卷二，第158页。
② （宋）朱熹《易本义·上经第一》，《朱子全书》第1册，第48页。
③ （元）张清子《周易本义附录集注》卷四，第272页。
④ （宋）程颐《周易程氏传》卷三，《二程集》，第872页。
⑤ （元）张清子《周易本义附录集注》卷二，第131页。
⑥ （宋）朱熹《易本义·上经第一》，《朱子全书》第1册，第49页。

与其相反。张氏之说的源头，可以追溯到张载，《横渠易说》注此爻云："二应于五，三能自通，四匪其旁，惟初无交，故有害。"① 实际就是以初不交五立说。其后蔡渊又进一步明确提出"大有之初去五远而非应，无交也，故有害之者"，其说即是本于张载，故蔡氏门人徐几谓"先师从横渠之说"②。张清子之说，正是承袭张载、蔡渊等人而来。值得注意的是，胡一桂初定本《纂注》也采录了蔡渊、徐几之说，可见其至少在一定程度上，对此种异于朱子的说法表示认同，但终究拘泥于朱子后学的身份，仅单纯引用而未表明自己的态度，而张氏则径直将其采入自注。两相比较之下，张氏不拘泥朱子的特色，表现得尤为明显。也正因为与朱子不同，明初修《周易传义大全》时，对张氏此说即没有采用，转而录胡炳文之说曰："诸家多以初九无交害，为无上下之交，所以有害。《本义》从程子之说，谓居下无系应，而未涉乎害。"③ 隐含有维护朱子、批驳张清子一派之意。

与采用经传合一的《周易》文本相似，张清子自注不尽尊朱子，也与闽学传统有着密切关系。从现存资料来看，蔡渊一派传习朱子易学的闽中学者，对朱子之说向非一味墨守。上文所举蔡渊、徐几对大有初九的解说，即是一例。又如，《集注》引录最多的丘富国，在注释萃卦六三爻时说：

> 萃初、三两阴，皆萃四者。圣人不欲其以不正相萃，故于初曰"乃乱乃萃"，于三曰"萃如嗟如"，深戒夫四之不可萃也。而又皆断以"往无咎"之辞。往，前进也。欲其舍四而萃五也。萃五则正矣。以正相聚，何咎之有④？

此爻朱子谓"求萃于近而不得，故嗟如而无所利，惟往从于上，可以无咎"⑤，意为六三与上六相萃，而丘氏则以为六三与九五相萃，与朱说并不相同。此类情况颇不少见，可见丘氏作为徐几门人，同样传承了不专主朱子的

---

① （宋）张载《张载集》，中华书局，2006年，第98页。

② （元）胡一桂《易本义附录纂注·上经第一》，《儒藏精华编》第5册，第179页。

③ （明）胡广等《周易传义大全》卷六，《景印文渊阁四库全书》第28册，第202页。按："所以有害"之"有"，《周易本义通释》作"无"，见《儒藏精华编》第6册，第67页。揆之文意，似《大全》作"有"较通。

④ （元）张清子《周易本义附录集注》卷五，第343页。

⑤ （宋）朱熹《易本义·下经第二》，《朱子全书》第1册，第71页。

学术传统。这一传统对张清子的影响颇为显著，故其在上述萃卦六三爻下，先引丘氏之说，又附以自注云："九五乃萃之主，为三者与其近而萃于不正之四，不若往而萃于中正之五，则得其所聚而无咎。"① 不同于朱子而合于丘氏。由此而言，张氏自注主张择善而从，不强求与朱子一致的特点，也可看作闽学传统在元代的延续。

4. 主要易学观点方面与朱子的歧异

与对卦爻辞的解说相比，《集注》在易学观点上与朱子的歧异，表现得更为明显。首先在《周易》的性质上，其即不同意朱子"《易》本卜筮之书"的看法。在《系辞上传》"《易》有圣人之道四焉"一段下，《集注》引都氏曰：

> 《易》有圣人之道四焉，卜筮者特其一耳，奈何后世乃指为卜筮之书乎②？

尽管张氏在《集注》中，也会引用朱子"某解一部《易》，只是作卜筮之书"③ 等说，但更多情况下，其还是将《周易》看作一部"始终皆为君子谋"④ 的义理之作，与程子一派的观点，实际更为接近。故其在注《易》过程中，也经常会采用一些义理化的诠释方式。如讼卦九五爻下，张氏注曰：

> 九五出而听天下之讼，惟中则无偏听之病，惟正则无私系之失。举天下之事，是非曲直，一以中正之道裁之，讼其决矣。此所以大吉。《彖》曰"尚中正"，《象》曰"以中正"，则知人君之听讼，当以中正为主也。狱讼之归舜，虞芮之质文，九五有之⑤。

此爻朱子只说"占者遇之，讼而有理，必获申矣"⑥，以其为讼者之吉占。而张氏则认为其所讲的，乃是人君听讼之道，故着重阐发"中正"的含义，末又采用以经史证《易》之法，引《孟子》"狱讼者不之尧子而之舜"、

---

① （元）张清子《周易本义附录集注》卷五，第 344 页。
② （元）张清子《周易本义附录集注》卷十，第 506 页。
③ （元）张清子《周易本义附录集注》卷一，第 8 页。
④ （元）张清子《周易本义附录集注》卷六，第 463 页。
⑤ （元）张清子《周易本义附录集注》卷一，第 76 页。
⑥ （宋）朱熹《易本义·上经第一》，《朱子全书》第 1 册，第 37 页。

《诗经》"虞芮质厥成"等事，以为人君听讼，当效法舜与文王，方可称中正，而使狱讼得平。此种典型的义理之说，是《集注》的主要内容。此前学者已经注意到这一现象，指出"张氏此书以义理为宗"①，与朱子的以占筮解《易》的思路并不一致。《集注》卷末，只附录《五赞》，而未收《筮仪》，也可反映出这一点。

其次，在对"太极"的认识上，张氏与朱子也不尽相同。在《系辞上传》"易有太极"一段下，其引杨万里之说曰：

> 元气浑沦，阴阳未分，是谓太极。当是之时，《易》之道已具矣，故曰"易有太极"。然则非太极之能有夫《易》，而《易》能有夫太极也。仪者极之著，象者仪之形。故一气者，二气之祖也。二气者，五行之母也②。

杨氏以太极为元气浑沦，与朱子的太极为理之说恰好相反，而张氏援引之，可见其对此说有一定程度的认同。当然，张氏作为朱子后学，并没有完全放弃朱子的观点，故其在杨氏之后，又引刘弥邵之说曰："易有太极，文公谓两仪变易之中，自有太极之理，是指阴阳中之太极。节斋祖太极图，而太极是指未生两仪之太极。推本而论，节斋之说为长。"③ 刘氏所引蔡渊"未生两仪之太极"之说，即"无声臭仪象之可求"之理④，与朱子的区别仅在于，朱子偏重理气相合，而蔡氏偏重理在气先，其以太极为理则是一致的。但太极理本论作为朱子的重要易学观点之一，朱门后学多谨遵之，很少有异说，张氏此处引入一条与朱子针锋相对的太极元气说，仍旧很值得注意。

最后，在河图洛书的问题上，张氏同样引入了一些与朱子不同的说法。其在《系辞上传》"参伍以变"一段下，引钱氏之说曰：

> 三而参之，分为九宫，乃河图数也。五而伍之，列为五位，乃洛书数也⑤。

此说以九宫图为河图，以五行生成图为洛书，与朱子的河洛图式亦正相

① 赖文婷《朱熹〈周易本义〉之元代研究述略》，福建师范大学硕士论文，2012年，第35页。
② （元）张清子《周易本义附录集注》卷十，第515页。
③ （元）张清子《周易本义附录集注》卷十，第515页。
④ （宋）蔡渊《易象意言》，《景印文渊阁四库全书》第18册，第120页。
⑤ （元）张清子《周易本义附录集注》卷十，第507页。

反。下文云"综河图之数则四十五，综洛书之数则五十五"，说得更加清楚。在"天数五，地数五"一段下，其又引潘氏曰："洛书之数，天地自然之数也。以天之一三五七九总之，则为二十五，此天数二十有五也。以地之二四六八十总之，则为三十，此地数三十也。又以天之二十五、地之三十总之，则为五十有五，成变化而行鬼神，不逃乎此数也。"① 也以五十五数之五行生成图为洛书。与太极问题类似，此河九洛十之说亦非张氏定论。其曾引丘富国之说曰："河图五十五数，以五居中，而五十数之在外。"② 又转以五十五数为河图。但河洛图式为朱子易学之重要创获，且朱子本人曾对刘牧一派的河九洛十说明确加以批判。张氏能够采用此种为朱子深斥的说法，仍能体现出其不尽尊朱子的特色。此外需要指出的是，对于朱子的图书之学，张氏似乎并不十分感兴趣，《集注》中谈及易图者仅寥寥数处，也没有收录《本义》卷前九图。这与朱子重视图学的思想，也有很明显的差异。

第二节　"集诸家之善"的《周易本义集成》

一、熊良辅与《周易本义集成》的基本情况

与胡方平、胡一桂父子相比，熊良辅虽然也是元代研究朱子易学著作的重要代表人物之一，但知名度却相差很多，各种典籍中，对熊氏及《周易本义集成》的情况记载得很少。据现有的资料而言，只能得知熊氏字任重，号梅边，南昌忠孝里人③。早年从学于熊凯，大德六年（1302）从熊凯之友龚焕于泉山授徒，分教小学，同时在与龚焕的讨论中开始《周易本义集成》的撰述，并撰成初稿。至大四年（1311），熊氏又以所得向熊凯、龚焕请教，而

---

① （元）张清子《周易本义附录集注》卷十，第497页。
② （元）张清子《周易本义附录集注》卷十，第500页。
③ （元）陈樗《周易本义集成序》，《周易本义集成》卷首，《通志堂经解》第4册，第115页。杨武泉引《同治南昌府志》卷四三云："良辅，梅边村人，故号梅边居士。梅边地在罗舍渡旁，相传熊氏居此。"或亦有所据。见《四库全书总目辨误》第6页。

二人可能不久后即病逝①，熊氏继其遗志，将《周易本义集成》再度整理，"缮写成编，凡一十三卷，藏之以俟知者"②，《集成》大约即于此时定稿。延祐四年（1317），熊氏以《易》中乡贡，其后以"竺溪刘直方"（生平未详）为首的熊氏同调，便醵资刊刻《周易本义集成》。《集成》卷前熊氏自序与陈栎序均作于至治二年（1322），而陈栎序言熊氏此时还是"年壮而志益勤"③，可见年纪不会很大，但其后的事迹便湮没无闻。《宋元学案》称其"试礼部不第，归训徒乡塾"④，或许此后即教授乡里以终⑤。

熊氏目前传世的易学著作，有《周易本义集成》一种。在此之外，《千顷堂书目》还记其有《易传集疏》，但这一说法却受到了《四库全书总目》的批评，认为《易传集疏》乃其师熊凯所著，非熊良辅之作⑥。这一问题可能产生于对一段有关熊凯的传记资料的不同解读。记载熊凯生平者，有《明一统志》、《万历新修南昌府志》、《元儒考略》、《万姓统谱》等典籍，其内容都大同小异。如较早的《明一统志》记载："熊凯，南昌人，精义理之学。以明经开塾四十余年，时称遥溪先生，子东造诣尤高，远从游者益众。同邑熊良辅，受学于凯，善属文，所著有《易传集疏》、《风雅遗音》、《小学入门》等书。"⑦ 可见，如将"所著有《易传集疏》"一句属之于"同邑熊良辅"句，就会得出《易传集疏》、《风雅遗音》、《小学入门》都为熊良辅所著的结论，但属之于熊凯亦通。诸家各以其意说之，遂导致了说法的不同。但就现有的资料来看，《易传集疏》与《周易本义集成》，可能未必为二书。一方面，今本《周易本义集成》中所录的各家之说，均标以"集疏"，熊氏自序亦提到此书初撰时名为《集疏》，至陈栎作序时，方"题其编首曰《周易本义集成》"⑧，可见该书当有二名，初名《集疏》，后改为《集成》，而《集疏》之

① 《万历新修南昌府志》卷十八云："焕殁而科目兴。"而元代科举开于皇庆二年（1313），可见龚焕当卒于此前。见《日本藏中国罕见地方志丛刊》第5册，北京图书馆出版社，2002年，第392页。

② （元）熊良辅《周易本义集成自序》，《周易本义集成》卷首，《通志堂经解》第4册，第115页。

③ （元）陈栎《周易本义集成序》，《周易本义集成》卷首，《通志堂经解》第4册，第115页。

④ （清）黄宗羲原著《宋元学案》卷八十三，第2831页。

⑤ 本段除已注出者之外，皆来自于熊良辅《周易本义集成自序》，《周易本义集成》卷首，《通志堂经解》第4册，第115页。

⑥ （清）永瑢等《四库全书总目》卷四，第25页。

⑦ （明）李贤等《明一统志》卷四十九，《景印文渊阁四库全书》第473册，第22—23页。

⑧ （元）陈栎《周易本义集成序》，《周易本义集成》卷首，《通志堂经解》第4册，第115页。

名，则与所谓《易传集疏》相合。另一方面，熊良辅在自序中曾说"且欲使二先生（今按：指熊凯与龚焕）之学万一可传于后"①，则似熊凯又没有专门的易学著作，盖其若于《易》已自有成书，则其学不必借熊良辅之书而传。潘雨廷先生亦认为"凯如有书，良辅不当不引"②，而今见于《周易本义集成》中者，熊凯之说仅有数条，如果其果然有《易传集疏》，熊良辅作为其弟子，理应大量引用。因此，说《易传集疏》与《周易本义集成》本为一书，是"师有其意而门人成之"③，即由熊凯发其端而熊良辅最终完成，初名《集疏》而后改《集成》，可能更接近事实。

《集成》传世诸本中，较为早出者为元刻及明修本。其中一部藏山东省图书馆，残存七卷（卷六至卷十二），钤"路"、"大荒烬余"印，乃路大荒旧藏。另有二部藏国家图书馆。其一卷前有至治二年熊良辅、陈櫟行书二序及卷首，而卷首易图部分仅至《大衍天一地十图》止，其后的《卦序图》已佚，板片亦多漫漶。卷中钤"树声"小印，应为陆树声旧藏。另一部无卷首及熊、陈序文，而有程颐《易传序》，下经阙咸卦至萃卦，钤"曾钊之印"、"温澍梁印"等，知为清代曾钊、温澍梁递藏，《中华再造善本》即据此影印。三本版式行款大体相同，皆为半页十行十六至十九字，四周双边，黑口，三鱼尾，卷端题"南昌熊良辅编，泉峰龚焕校正"。以《象下传第六》首页比较之，三本断板之处有相符者，应是一版所印，而以国图藏第一本最佳，山东图书馆藏本次之，国图藏第二本损坏最甚。《中国古籍总目》著录山图藏本为元刻，而国图藏本均为明修，不知确否④。清代有《通志堂经解》本，有熊、陈二序及卷首，盖源自前一明修本，《四库全书荟要》本即由此钞出。《四库全书》本则仅有熊序，无陈序及卷首，其故未详。从内容的完整性上来看，当以通志堂本为最善。

通志堂本《周易本义集成》十二卷，又卷首一卷。卷首的内容包括读《易》纲领、附录姓氏，以及易图。正文部分，熊氏在朱子的《易本义》原文之下，一方面援引朱子语录、文集之说，另一方面又采用大量前人的说法，

---

①　（元）熊良辅《周易本义集成自序》，《周易本义集成》卷首，《通志堂经解》第 4 册，第 115 页。

②　潘雨廷《读易提要》，第 288 页。

③　潘雨廷《读易提要》，第 288 页。

④　中国古籍总目编纂委员会《中国古籍总目·经部》，第 94 页。

并加以熊氏自己之说，对《本义》进行集注。其援引前代诸家的情况，可见下表所示：

表4-1 《周易本义集成》援引前代易说姓氏表①

子夏	王弼	韩康伯	孔颖达	扬雄	胡瑗
石介	周敦颐	邵雍	程颢	程颐	张载
司马光	欧阳修	苏轼	王安石	杨时	郭忠孝（子郭雍附）
游酢	朱震	晁说之	郑汝谐	龚原	耿南仲
都洁	郑东卿	程迥	王宗传	冯当可	毛璞
京口先生	李过	刘牧	胡寅	陆希声	钱藻
林维屏	林栗	王师心	张栻	吕祖谦	杨万里
张行成	张汝弼	冯椅	黄榦	陈文蔚	林学蒙
李舜臣	李开	潘梦旂	潘柄	蔡元定	蔡渊
项安世	袁枢	易祓	杨文焕	吴绮	饶鲁
薛氏	洪氏	环溪李氏	单氏	王湘卿	王十朋
吕中	赵善誉	谭大经	徐几	刘弥邵	丘富国
冯去非	徐直方	黄以翼	范氏（号竹溪）	胡一桂	张清子
胡廷桂	龚焕	熊凯	熊栋	熊良辅	万善

上表中的八十四家，即是《周易本义集成》在卷首《姓氏》部分所列出的采录前代易说名录。此八十四家中，都洁与"京口先生"实际本为一人，"京口先生"即是都氏之号。都洁，一作都絜，字圣与，早年曾著《周易说义》十四卷，晚年又转而以爻变说《易》，著《易变体义》十六卷②，学者不察，遂将二书分为两人，如李简《学易记》、张清子《周易本义附录集注》均是如此。清代朱彝尊作《经义考》，又怀疑京口先生为宋代艾谦③，其误更甚。今熊氏之书中引有一条京口先生之说曰："二与四皆比五，二自内卦而之

① 据熊良辅《周易本义集成》卷首《姓氏》整理，《通志堂经解》第4册，第117页。
② （宋）刘宰《京口耆旧传校证》卷二，江苏大学出版社，2016年，第64页。
③ （清）朱彝尊撰，林庆彰等主编《经义考新校》卷三十三，第585页。

外，四自外卦而之外。"① 此说在冯椅《厚斋易学》中明确引作"都圣与"②，足见二者实为一人。在具体的注释过程中，熊氏即是将以上诸家之说，与朱子的文集、语录之说混编于一处，置于《本义》的注文之下，称作"集疏"。

与《易本义附录纂注》类似，熊氏书中也有"总论"与"通论"的部分，略有不同的是，在《周易》上下经中，熊氏的"总论"与"通论"大都出现在一卦之末。"总论"所收者为概述本卦六爻大旨的文字，如未济"总论"，熊氏引朱子语录曰："大概未济之下卦，皆是未可进用。濡尾曳轮，皆是此意，六三未离坎体，便也不好，到四五已出乎险方好，上六又不全好。"③而"通论"则一般收录通数卦而言之的文字，如小畜"通论"，熊氏引项氏曰："一阴一阳之卦，在下为复、姤，在上为夬、剥，其义主于消长也。在二五者，阳在二为师之将，在五为比之主；阴在二为同人，在五为大有。其义主于得位也。在三四者，阳在三为'劳谦'，在四则为'由豫'；阴在三则为履④，在四则为小畜。其义主于用事也。用事之爻，在下者为行己之事，在上者为利人之事。"⑤ 这是因论小畜，而并及于复、姤、夬、剥、师、比、同人、大有、履等诸卦。而相比之下，胡一桂《易本义附录纂注》中的"总论"与"通论"，就不一定置于全卦最后，内容上也较为灵活。如"总论"不必是专论本卦，也可同时论及多卦，或在一卦之中选取特定的几爻来总体论述；"通论"也不必是只取相通之卦，一卦或多卦中相关之爻亦可。熊氏曾见胡氏之书并加以引用，因此这种"总论"与"通论"之例，大概也是由胡氏《易本义附录纂注》中借鉴改造而来。其将总论与通论统一置于全卦之后的方式，使得整部著作显得颇为规整，但灵活性与剪裁的精细程度，则似比胡氏差了一些。

二、广收"诸家之善"的学术特色

在《周易本义集成》之前，元代集注朱子《易本义》之书，已有《易本

---

① （元）熊良辅《周易本义集成》卷一，《通志堂经解》第 4 册，第 125 页。
② （宋）冯椅《厚斋易学》卷八，《景印文渊阁四库全书》第 16 册，第 163 页。
③ （元）熊良辅《周易本义集成》卷二，《通志堂经解》第 4 册，第 145 页。按："皆是此意"四字原脱，据《中华再造善本》影印元刻明修本改。
④ 按："履"原作"复"，据《中华再造善本》影印元刻明修本改。
⑤ （元）熊良辅《周易本义集成》卷一，《通志堂经解》第 4 册，第 125 页。

义附录纂注》与《周易本义附录集注》，熊良辅大抵也都已看到。但其并没有像胡一桂初撰《纂注》时那样固守朱子之说。在卷前自序中，熊氏阐述其作此书的目的时说："以朱子《本义》为主，如语录，如程《传》，以及诸家之说，与《本义》意合者，亦有与《本义》不合而似得其旨者，备录以相发。"① 也就是通过兼录与《本义》相合及不合之说，来实现对《本义》的更为广泛的阐释。相对于初定本《易本义附录纂注》的"以朱子为断"，《周易本义集成》的特色，则可以用"集诸家之善"② 来概括，与张清子《周易本义附录集注》的撰述宗旨反而较为相近。

熊氏的这种思想倾向，同样与其师承有极大关系。熊氏早年师从熊凯，后来又从龚焕问学，而熊凯、龚焕都是饶应中的弟子，其学出于饶鲁。饶鲁及其双峰学派，本来就是以不拘守朱子之说为其特色，《宋元学案》即称："说者谓双峰晚年多不同于朱子，以此诋之。"③ 而这种特色，在龚焕身上表现得尤为明显。熊氏书中所收录的数百条龚氏之说中，辨正朱子者占了很大一部分。据熊氏的记载，龚氏对熊氏之书曾"亲为校正，复云云其后"④，在撰述《周易本义集成》的过程中起了重要作用，因此龚氏的治《易》态度，必然对熊氏产生极大的影响。正因为如此，熊氏在谈到朱子易学时，态度就不像胡一桂那么尊崇备至。他说："至宋，程子作《易传》，而义理之学大明，然程子亦自谓'某解《易》只说得七分'。朱子一以卜筮为说，然后作《易》之本旨益著。朱子尝曰：'有天地自然之《易》，有伏羲之《易》，有文王、周公之《易》，有孔子之《易》。'是则程子之《传》，孔子之《易》也；朱子之《本义》，文王、周公之《易》也。推本而论，孔子之《易》，即文王、周公之《易》；文王、周公之《易》，即伏羲之《易》；伏羲之《易》，即天地自然之《易》也。虽其旨意微有不同，而其理则未尝有二，要在善观之耳。"⑤ 可见，在熊氏的心目中，朱子《本义》与程颐《易传》的地位是大体相等的，这与早年胡一桂排除程子而独尊朱子的态度，显然相差甚远。

---

① （元）熊良辅《周易本义集成自序》，《周易本义集成》卷首，《通志堂经解》第4册，第115页。
② （元）陈樨《周易本义集成序》，《周易本义集成》卷首，《通志堂经解》第4册，第115页。
③ （清）黄宗羲原著《宋元学案》卷八十三，第2811页。
④ （元）熊良辅《周易本义集成自序》，《周易本义集成》卷首，《通志堂经解》第4册，第115页。
⑤ （元）熊良辅《周易本义集成自序》，《周易本义集成》卷首，《通志堂经解》第4册，第115页。

在这种思路的指引下，熊氏在集注朱子《本义》的时候，就没有表现出过多的门户之见，而是广泛地采纳各家的合理意见。这种倾向首先在其书的编排方式与所引各家中，就有所体现。从编排方式上来看，一方面，在卷首的易图部分，熊氏虽然标明了"朱子集录"，但其所录的图式，却与朱子《本义》卷首九图差距很大。他将九图中的《卦变图》删去，另添入了《周子太极图》、《杨氏太极图》、《熊氏太极图》、《大衍天一至地十图》、《卦序图》等新图式；同时，还对朱子原有易图的次序作了调整，朱子原本的易图编排，是《伏羲八卦次序图》后接以《伏羲八卦方位图》、《伏羲六十四卦次序图》、《伏羲六十四卦方位图》，而熊氏则将《伏羲八卦方位图》与《伏羲六十四卦次序图》的位置互换，令《伏羲八卦次序图》与《伏羲六十四卦次序图》、《伏羲八卦方位图》与《伏羲六十四卦方位图》两两相从。相比较于胡一桂对自作的易图"不敢列于九图"而言，这种对朱子易图的任意删改、调整，又补入前人及自作的易图的做法，显然表现出了熊氏对朱子易学著作的神圣感的降低，与对朱子之外的各家之说的重视与采纳。另一方面，在十二卷的正文中，熊氏又将朱子语录、文集之说，与所引的其他各家一起排入"集疏"中，且其编排方式是按照各家之说所产生的时间先后加以排列，并非将朱子排于第一位。这与胡一桂特地采用纂疏体，将朱子文集、语录之说归入"附录"，而置于其余各家之上的做法，也有着显著的不同，可以说在一定程度上，将朱子之说降到了与其他各家相等的地位上。从所引各家之说来看，熊氏所引者总共有八十余家之说，从数量上就远远多于初定本《易本义附录纂注》，这其中不乏有欧阳修、苏轼、林栗、朱震等胡一桂在早年间刻意摈弃不收的人物。且以"集疏"所引各家的内容分量而言，引录最多的朱子、程子与熊氏自己三家，数量不相上下，龚焕之说虽然略少，但亦差距不大。而相比之下，初定本《纂注》中，"附录"部分的朱子之说可谓一家独大，数量比位居其次的蔡渊与程子之说多出一倍，而相对的胡氏自己之说，虽然不像陈栎所说的那样"其附己见者不过十之一二"[①]，但其数量比朱子之说少很多，却是毫无疑问的。由此可见，熊氏在集注的过程中，并没有优先和过多使用朱子之说。同时其在书中大量加入其师龚焕和熊氏己说，实际上表明其

---

① （元）陈栎《又答双湖书》，《陈定宇先生文集》卷十，《元人文集珍本丛刊》第4册，第379页。

更加勇于对朱子之说发表自己的见解，这与元代前期新安学派学者不愿轻易立说，甚至声称"前辈之说灼然未尽未明，而我之说灼然稳当明白者则出之，不然不如其已"① 的看法，也有着很大不同。总之，单从形式上来看，熊氏《周易本义集成》中就已经表现出博采众家而不拘于朱子的意味。

除了形式之外，通过分析《周易本义集成》所辑录的内容中辨正朱子与兼存异说的情况，也可看出熊氏不盲目遵从朱子而唯善是从的态度。与《易本义附录纂注》相比，熊氏采录的诸家说法更为全面，其对朱子之说的补充与阐发，也并不像胡一桂那样偏重于易象，而是在象数义理各方面都显得较为平均。但总体来看，熊氏之书的特色，并不在于对朱子的补充，而在于对朱子《易本义》中的说法，展开了广泛的辨正。这种辨正集中出现于龚焕与熊氏自作之说中，其具体形式亦多种多样，有以朱子文集、语录及《易学启蒙》辨朱子《易本义》之误者，有以朱子之外的别家之说辨朱子之说者，也有龚氏、熊氏自己对朱子之说提出疑问者。

以朱子自己之说辨正《本义》者，如否卦六三"包羞"，《本义》注曰："以阴居阳而不中正，小人志于伤善而未能也，故为包羞之象。然以其未发，故无凶咎之戒。"② 而熊氏则在"集疏"中先引语录曰："初六是那小人欲为恶，而未发之时；到六二'包承'，则已打破头面了，然尚自承顺那君子，未肯十分做小人；直到六三，便做小人了，所以包许多羞耻。大凡小人做了罪恶，他心下也自不稳当，此便是'包羞'之说。"③ 两相比较，可以看出，《本义》之说谓小人欲伤君子而未能，故包有羞耻；语录则以为小人因伤害君子而心怀羞耻，二说存在着矛盾。因此熊氏即引龚氏之说以断之曰："'包羞'之说，语录与《本义》不同，当以语录为正。小人知为不善之可羞，是尚有可变之理，所以不言凶咎也。否下三爻，皆有开小人从善之意，三之恶已著，而以'包羞'为言，则是其本心犹有存者，天下无不可变之人，是则圣人之意也。"④ 明确认为当舍《本义》而从语录。以他人之说改《本义》者，如谦

---

① （元）陈栎《又答双湖书》，《陈定宇先生文集》卷十，《元人文集珍本丛刊》第4册，第380页。
② （宋）朱熹《易本义·上经第一》，《朱子全书》第1册，第42页。
③ （元）熊良辅《周易本义集成》卷一，《通志堂经解》第4册，第126页。
④ （元）熊良辅《周易本义集成》卷一，《通志堂经解》第4册，第126页。

卦六二"鸣谦"，《本义》以为"柔顺中正，以谦有闻"①，而程子则以为"谦德充积于中，故发于外，见于声音颜色"②。可见朱子认为"鸣谦"是以谦德而得到令闻，程子则认为应是六二之谦德见于自身之声音颜色，二说亦不相同。熊氏即引龚氏曰："程子'鸣谦'之说，与《本义》不同，以下卦'鸣谦'例之，当以程说为正。盖见于声音颜色，所谓谦辞者也。"③ 此即以程子之说改朱子者。龚氏、熊氏以自己之说纠正朱子者，如讼卦九五爻象辞"讼元吉，以中正也"，《本义》谓"中则听不偏，正则断合理"④，是以九五为听讼之人，而龚氏却不以其说为然，而认为"'讼元吉，以中正也'，是讼者得其中正而元吉，似无与听断之事也。"⑤ 又如蒙卦六三爻象辞"勿用取女，行不顺也"，朱子以为"顺当作慎"⑥，熊氏则针对其说提出不同意见："蒙《小象》凡三'顺'字，只是一般，不必以'不顺'为'不慎'。盖六三所行不顺，故勿用取之。"⑦ 此外，在《周易本义集成》中，还有不少存他人之异说的情况，如豫卦九四"朋盍簪"，朱子释"簪"曰"聚也，又速也"⑧，而熊氏则在引用程子、李氏、蔡氏、丘氏等人之说后，又加以自己的按语曰："愚案：'盍簪'二字，近有人音'盍'作庵，入声，'簪'音匝，谓朋类之杂，愚窃笑之。及考孔氏疏，则谓盍，合也，簪，疾也，众阴合聚而来疾也。苏氏谓盍，何不也，簪，固结也。而《本义》又以速训之，其说不同，有如此者。"⑨ 可见，此处熊氏既不愿意从朱子之说，对所引的其他人的说法也不满意，故将各家之说并列于此以存疑。由以上的例子可以看出，《周易本义集成》中存在的纠正朱子与兼存异说之处，数量既多，措辞大多也较为明确严厉，如"《本义》之说似未然"⑩、"似若可疑"⑪、"似非本旨"⑫，

① （宋）朱熹《易本义·上经第一》，《朱子全书》第1册，第45页。
② （宋）程颐《周易程氏传》卷二，《二程集》，第775页。
③ （元）熊良辅《周易本义集成》卷一，《通志堂经解》第4册，第127页。
④ （宋）朱熹《易本义·象上传第三》，《朱子全书》第1册，第107页。
⑤ （元）熊良辅《周易本义集成》卷三，《通志堂经解》第4册，第152页。
⑥ （宋）朱熹《易本义·象上传第三》，《朱子全书》第1册，第106页。
⑦ （元）熊良辅《周易本义集成》卷三，《通志堂经解》第4册，第152页。
⑧ （宋）朱熹《易本义·上经第一》，《朱子全书》第1册，第46页。
⑨ （元）熊良辅《周易本义集成》卷一，《通志堂经解》第4册，第128页。
⑩ （元）熊良辅《周易本义集成》卷一，《通志堂经解》第4册，第123页。
⑪ （元）熊良辅《周易本义集成》卷一，《通志堂经解》第4册，第132页。
⑫ （元）熊良辅《周易本义集成》卷二，《通志堂经解》第4册，第144页。

甚至"殊觉无意义"①之类的词句，经常能够出现；而胡一桂在初定本《纂注》中，既很少对不同于朱子的说法作存疑处理，且在有限的几处辨正朱子之处，又往往要缀以"愚非敢求异"云云。两相比较，熊氏不愿株守朱子之说的态度灼然可见。

然而，需要指出的是，熊氏虽然对朱子之说多有辨正，但其辨正并非完全集中在朱子一家之上，而是也指出了不少其他人错误的说法。同时，其对朱子亦并非一味指斥其误，也有不少维护朱子的地方。如小畜九二"牵复吉"，熊氏即说："愚案：程子谓二五同志相牵连而复合，不若初二相连而进之义为是。毕竟五，巽体也，巽畜阳者也。"②此爻朱子即解为九二与初九牵连而复，而熊氏于此指出程子二五相牵之说之非，一方面辨程子之误，另一方面又维护了朱子之说。又如益六二"或益之十朋之龟，弗克违，永贞吉，王用享于帝吉"，熊氏自注曰："愚案：程、郭诸家，皆以'或益之'为句，谓'或益之'，人益之也。'十朋之龟弗克违'，鬼神益之也。'王用享于帝'，天益之也。即'天且弗违，况于鬼神乎'之意。初见似亦可通，然合损六五而玩之，似无天且弗违意，当从《本义》。"③此处熊氏又辨正程子与郭雍等对此句爻辞的句读与解释，而明确提出当从《本义》之说。尤其值得注意的是，在某些情况之下，熊氏还会不从其师龚焕之说而支持朱子。如家人九五"王假有家，勿恤吉"，朱子释"假"为"至"，龚氏并不同意此说法，而认为"假"当训"格"。其说曰："'假'与'格'同，犹'奏假无言'、'昭假烈祖'之假，谓感格也。九五以阳刚中正居尊位，为有家之主，盛德至善，所以假乎家人之心者至矣。然王者家大人众，子孙臣庶之心难一，其有未假者，勿用忧恤而自吉也。盖初之'闲有家'，是以法度防闲之，至'王假有家'，则躬行有以感化之矣。'王假有家'，与萃、涣'王假有庙'之义同，但彼所假者神，此所假者人尔。《本义》于'假'字皆训'至'字，殊觉无意义。"④而熊氏自注却说："由初之闲、二之在中馈、三之嗃嗃、四之富家，

① （元）熊良辅《周易本义集成》卷二，《通志堂经解》第4册，第136页。
② （元）熊良辅《周易本义集成》卷一，《通志堂经解》第4册，第125页。
③ （元）熊良辅《周易本义集成》卷二，《通志堂经解》第4册，第137页。
④ （元）熊良辅《周易本义集成》卷二，《通志堂经解》第4册，第136页。

至于五而家道成矣，故曰'王假有家'。言王者至是，亦方始谓之有家也。"①
仍然从朱子之说，以"假"为"至"。由此可见，熊氏在作《周易本义集成》
时，既非严守朱子之说，而拒绝一切异说的掺入，又非将朱子之说一概批倒，
而是以一种较为平等的态度，对朱子与其他各家之说进行甄选，择善而从。

第三节　"发朱子所未发"的《周易本义通释》

胡炳文（1250—1333），字仲虎，号云峰，婺源人。年五六岁，即涉猎经
史，十六七时，笃志圣学，昼夜不辍。曾任信州道一书院山长，后调兰溪州
学正，未赴。至大间，族人胡淀、胡澄请于朝，建明经书院，延胡氏为山长。
年八十四卒，集贤院札谥文通先生。平生著作极多，除《周易本义通释》外，
尚有《四书通》、《感兴诗通》、《纯正蒙求》、《太极图说通书通》、《西铭
通》、《大学指掌图》、《五经会意》、《尔雅韵语》等，后人辑有《云峰胡先生
文集》十卷。易学方面又有《六爻反对论》、《二体相易论》六十篇，及《易
启蒙通义》等，今皆不传。生平见《文集》卷九《云峰胡先生行状》，及
《元史》卷一八九《儒学传》。《周易本义通释》作为其传世的唯一易学著作，
以补充发明朱子《本义》为其突出特色，学者称其"虽曰宗朱，言多发朱子
所未发"②，代表了元代中后期研究朱子易学的另一条思路。

一、《周易本义通释》的版本

1. 仅刊其半之初刻本与后出之全本

胡炳文对《周易本义通释》的撰述，经历了一个较长的时期。在《通
释》卷前凡例中，胡氏说："先是集诸家《易》解，名曰《精义》，然未免失
之太繁。窃惟学有统一，《易》至程朱，明且备矣。《本义》于程《传》，又

---

① （元）熊良辅《周易本义集成》卷二，《通志堂经解》第 4 册，第 136 页。
② 潘雨廷《读易提要》，第 274 页。

能足其所未圆，白其所未莹，贯其所未一。于是一以《本义》为主，而为之通释。"① 可见，胡氏此前曾撰有集解类易学著作《精义》，后病其太繁，方改为专主《本义》之《通释》。其最终成书时间，据胡氏《周易本义通释序》题"延祐丙辰"，可知当在延祐三年（1316）。是年胡氏已六十七岁，堪称晚年之作。

《通释》成书之后，最早由时任浮梁守郭郁（字文卿）主持刊刻。据史料记载，郭氏亦好《易》，曾"学《易》于武林侯先生，深明旨奥"②。胡氏称"十年前郭文卿为守时，曾相聘至彼"③，可见其曾受郭氏礼聘前往浮梁，故郭氏乐于助其刻印《通释》。元代另一学者董真卿所见《通释》，卷前有"延祐丙辰大梁郭郁序"④，与胡氏作序的时间相同，可见此本很有可能即刻于是年。但此本只刻了一半，故胡氏约在延祐六年（1319）七十岁时致信吴澄，即称"《本义通释》则郭文卿守浮梁时为刊其半"⑤。所谓"刊其半"，据胡炳文九世孙胡琪说，乃是"仅有上下经，而无十传"，且"名虽释《本义》，又未列《本义》于前"⑥，亦即未附朱子《本义》原文。此本直至明正德间，胡氏后人仍有收藏，但今已不存，郭郁序亦不传。

在此仅刻一半的初刻本之后，可能不久即有《通释》之全本问世。上文曾提及胡氏约在延祐六年致信吴澄，随信即附上《通释》刊本一部。此本具体情况虽未知，但据胡氏谓"是书尝蒙荐剡，奖许备极，谓炳文能沉潜往圣之书，能发挥先儒之论"⑦，如为不全之本，恐未必会得到如此之高的评价。稍后约在至治元年（1321），胡氏致信休宁学者陈栎，请其评定明经书院的考课，提到去年（即延祐七年，1320）亦曾"僭以《通释》为馈"。陈栎不仅

① （元）胡炳文《周易本义通释例》，《周易本义通释》卷首，《儒藏精华编》第 6 册，北京大学出版社，2014 年，第 11 页。

② （元）徐东《运使复斋郭公言行录》，《续修四库全书》第 550 册，第 648 页。

③ （元）胡炳文《答敬存胡先生书》，《云峰先生文集》卷一，《元人文集珍本丛刊》第 4 册，第 167 页。

④ （元）董真卿《周易会通》卷首，《中国易学文献集成》第 65 册，第 44 页。

⑤ （元）胡炳文《与草庐吴先生书》，《云峰先生文集》卷一，《元人文集珍本丛刊》第 4 册，第 165 页。

⑥ （明）胡琪《本义通释后序》，《周易本义通释》卷首，国家图书馆藏明嘉靖元年刻本。

⑦ （元）胡炳文《与草庐吴先生书》，《云峰胡先生文集》卷一，《元人文集珍本丛刊》第 4 册，第 165 页。

将其评为"宇宙间未有之奇书"①，且指出其中缺二板，胡氏亦应允随后即补印送去。从陈氏的评价及缺板补印之说推断，更像是后印的全本，而非初刻一半之本。约在同年致陈栎的另一封信中，胡氏又提到"赏惟《通释》未有纸可印，今玉湖已买得纸矣，不数日间送去"②。据今藏于台湾的《明经书院录》记载，本次明经书院考课经疑第四至十名、经义第六至十名，奖赏均为《文公本义通释》③。有学者即据此推断，胡氏此信说的是"这部书是由明经书院自行印制"④，但审其文意，也可能是胡氏托陈栎在休宁印行《通释》。无论何种情况，本次重印《通释》都是在胡氏的直接参与之下，所印者理应为全本。此后董真卿于天历元年（1328）作《周易会通》，其中已引有胡氏注解《文言传》之文，可见至迟于此时，经传皆备之《通释》全本已经刊刻行世了。

自元代后期至明代初年，《通释》的流行版本一直为全本。据学者统计，明初官修的《周易大全》，引《通释》多达八〇七条⑤，所引者经、传皆有，显为全本。此外《永乐大典》、《周易蒙引》等书，亦对《通释》之经传注释引用不少，所引且有出于《大全》之外者。但此处尚有一个问题需要讨论：《大全》在谈到《通释》时，曾说："云峰胡氏《本义通》，既辄变古《易》，且于今《易》又不免离析先后。"⑥ 所谓古《易》，指朱子所用的经、传分离之本；所谓今《易》，则指王弼、程子所用的《彖传》、《象传》、《文言传》合于经文之本。据《大全》所说，《通释》似乎采用了一个既不同于古《易》，又不同于今《易》的文本。清代四库馆臣认为，此本应是"《彖传》、《象传》必附经文之中"⑦，亦即更接近于今《易》。此说颇为可疑。从学术上来看，胡氏是忠实的朱子学派学者，对《易本义》推崇备至，而分别经传作

---

① （元）胡炳文《答定宇陈先生栎并辞求遗逸诏》之四，《云峰胡先生文集》卷一，《元人文集珍本丛刊》第4册，第169页。

② （元）胡炳文《答定宇陈先生栎并辞求遗逸诏》之五，《云峰胡先生文集》卷一，《元人文集珍本丛刊》第4册，第170页。

③ （明）程美《明经书院录》卷二，台湾"国家图书馆"藏明正德十年刻本。

④ 史甄陶《家学、经学与朱子学》，第98页。

⑤ 陈恒嵩《〈五经大全〉纂修研究》，第66页。

⑥ （明）胡广等《周易传义大全凡例》，《周易传义大全》卷首，《景印文渊阁四库全书》第28册，第4页。

⑦ （清）永瑢等《四库全书总目》卷四，第24页。

为朱子基本的易学观点之一，胡氏当不至于违背。明代胡氏后人家传的初刻本《通释》，仅有上下经，而无十篇《易传》，更可证实《通释》一开始就是经传分离的。《大全》编于明永乐年间，距离《通释》初刻已近百年，所用的《通释》或为后来坊间传刻妄改之本，未必能反映《通释》的本来面貌。

2. 明代胡珙补辑本

《周易本义通释》的全本，到明代中叶已不可见。正德年间，胡炳文九世孙胡珙忧其先祖之书不传，遂以家藏《通释》之上下经部分，又自《周易大全》中辑出《通释》之十篇《易传》部分，合为全书刊行，并在《本义通释后序》中详细说明其补辑经过。此序文流传颇罕，今据国家图书馆藏明嘉靖元年（1522）刻本《周易本义通释》（馆藏号04304），移录其全文于下：

> 右《周易本义通释》，吾先祖宋儒云峰先生所著也。先世本唐李裔，至明经公避乱变姓，登明经进士第。义不仕，倡明经学，人遂号为胡明经，子孙因以为氏。曾孙绍，以易学魁天下。绍子伸，官国子司业，《宋史》有江南二宝之誉。嗣是玉斋、双湖、梅岩诸公辈出，各有注述。两山先生著《发易十疑》，而先生曾祖乡校正公又以学行荐于朝。祖易简居士，力学通五经，尤邃于《易》，尝撰《易传史纂》。父孝善公，师朱子从孙小翁，得书说易学之传，道淑诸人，从游三百，易学有自来矣。而先生于《易》，盖潜心五十余年，注《启蒙通义》，撰《六爻反对论》及《二体相易论》并序六十篇。朱子《五赞》，亦尝为通释。历世兵燹，鲜有存者，重可臆叹。间见洪武间，程彦达氏欲刊《五赞》，北山胡道存先生为之序，即此而观，或有存而未泯者，尚可究心焉。而《本义通释》一书，家藏印本，仅有上下经，而无十传。名虽释《本义》，又未列《本义》于前，乃郭文卿守浮梁时为刊其半，先生所云憾出之太早者也。及观抄本，列《本义》于先，注《通释》于后，其文视印本为尤明备，盖知为先生晚年手泽也。先大夫仰山先生以麟经发科，自谓先世以《易》名家，授珙兄弟读之，受教翻繙阅，迩来二十有八载矣。惜夫十传犹阙，未为全书，广询博购，卒莫能得。而《大全》所载，又未免挂一而漏百也。如之何其可？既而思曰：与其使此书废于不全，孰若录其所存，俟

其所欲得之为愈邪？于是摭录《大全》所载，合前上下经抄本共为一书，用广其传。庶几读是书者，相与同心共访，而期必得之，以补其遗而完其阙，所谓缘此以求，又有可得之理，实先大夫意也。既又仿《大全》例，采摭二程、朱子文集，凡有发明于《易》，列于篇端，自为一卷，复辑先生文集与《易》相发者，附列于前，末载道统自任之言，以见先生学的之正。若十传之次，与今《易》不同者，盖吕东莱之所更定，而朱子从之者也。今颇成帙，憾先大夫不及见矣。并书以志感。时正德十五年庚辰一阳来复之日，九世掌祠孙琪拜书于明经书院①。

据此序文所言，胡琪家藏有刻本、抄本两种《通释》，但都是仅有上下经部分的不全之本。比较之下，刻本未列《本义》原文，而抄本有之，且其文较刻本更优，故以抄本之上下经，加上从《周易大全》中辑出的十篇《易传》，合为一书。又采胡炳文文集中论《易》之文字，辑为一卷，附于书前。其编次遵照吕祖谦所定、朱子《本义》采用的经传分离之本，不用明代通行的经传合一之本。这样就形成了《通释》十二卷附《辑录云峰文集易义》一卷的本子。胡琪序末题"正德十五年"，可见此时《通释》已经辑录完毕，但并未刊刻。直至嘉靖元年，才由时任福建邵武知府的潘旦主持刻印。在胡琪致潘旦的一封感谢其刊刻《通释》的书启中，胡氏谓"滥与婚姻，才实媿于玄德，屡蒙顾谩，庇幸籍于仲谋"，又自称"眷生"②，似乎与潘氏为姻亲，这可能是潘旦愿意刊刻《通释》的一个原因。而其具体的校刻事务，则由邵武儒学教谕邓杞负责，对此邓氏记之曰："正德辛巳夏，我石泉潘先生以户曹正郎出守邵郡，谓守兼师帅，于学校尤加之意，每视学，进诸生，惓惓以明经为之病，而学《易》未有传。尝出其乡先儒胡云峰氏所著《易通》示诸生，生跃然开悟，因请寿诸梓。先生曰：吾志也。遂命杞校之，责乡老李轩督刻之。书成，诸生如获重珠。"③ 总之，此本应是由胡琪于正德十五年辑成，而由潘旦、邓杞于嘉靖元年在福建邵武刊刻。

胡琪补辑本刻成之后流传很广，至今国内外图书馆仍多有收藏。例如，

---

① （明）胡琪《本义通释后序》，《周易本义通释》卷首，明嘉靖元年刻本。
② （明）胡琪《谢石泉潘郡伯重刊周易本义通释启》，《周易本义通释》卷末，明嘉靖元年刻本。
③ （明）邓杞《跋周易本义通释后》，《周易本义通释》卷末，明嘉靖元年刻本。

国家图书馆即藏有二部，其中一部卷前有嘉靖元年潘旦《重刊周易本义通释序》、延祐三年胡炳文《周易本义通释序》、正德十五年胡珙《本义通释后序》，卷末有嘉靖元年胡珙《谢石泉潘郡伯重刊周易本义通释启》、邓杞《跋周易本义通释后》，另一部则仅卷前有潘旦、胡炳文二序。《儒藏精华编》谓据嘉靖本点校，而亦仅有潘、胡序文，可见所据者实为国图藏后一本。南京图书馆亦藏一部，为丁丙旧藏。丁氏著录其有"淡生堂经籍记"、"旷翁手识"、"曹溶之印"诸印，谓为"祁氏淡生堂、曹氏倦圃藏书"①。今检《澹生堂藏书目》，有"《周易本义通释》四册十卷"②，盖即此本，后辗转归丁丙。经目验，此本卷前有胡炳文、潘旦序，卷末有胡珙后序、邓杞跋，但多有残缺，不如国图藏前一本之完整。此外台湾"国家图书馆"与日本静嘉堂文库亦各藏一部。其中台湾藏本有胡珙后序，钤"翰林院印"、"教忠堂"、"郑伦"、"彦迢"诸印。"教忠堂"为清代励宗万藏印，而"翰林院印"则为四库进呈本钤印。按励宗万之子名守谦，清廷开四库馆时曾进书多种，此即其一，今《四库全书总目》于《通释》下注"编修励守谦家藏本"可证。此本又见于《静盦汉籍解题长编》③，可知其在抗战时期曾被掠往日本，战后方予归还。静嘉堂文库藏本则为陆心源十万卷楼旧藏④。常熟市图书馆亦藏一部⑤。

除了以上分藏各处的刻本外，还有多个抄本，也是从胡珙补辑本而出。例如，国家图书馆藏有清抄本《通释》一部，有"瞿氏鉴藏金石记"、"新安汪氏"、"启淑信印"诸印，乃汪启淑、瞿氏铁琴铜剑楼旧藏，亦即《铁琴铜剑楼藏书目录》著录之旧抄本。卷前仅有胡炳文自序，卷末有跋文曰："胡云峰《周易通释》，世未有刻本，每欲读之而不可得。庚寅春，至都门，谒安溪师，见案头有此书，阅之不忍去手。师因言，宋元来解《易》者，惟云峰最为精密，子爱之，当以相赠。喜极，携归识此。后生何焯。"此本有《辑录云峰文集易义》，卷端题"掌祠九世孙珙辑校"或"辑录"，显然是抄自胡珙补辑本。《铁琴铜剑楼藏书目录》以其无潘旦序，便谓"似非一本"⑥，实不确。

① （清）丁丙《善本书室藏书志》卷一，《续修四库全书》第927册，第164页。
② （明）祁承爜《澹生堂藏书目·易·章句注传》，上海古籍出版社，2015年，第251页。
③ ［日］长泽规矩也《静盦汉籍解题长编》，上海远东出版社，2015年，第284页。
④ 严绍璗《日藏汉籍善本书录》，第17页。
⑤ 马宁《江苏第二批国家珍贵古籍名录》，凤凰出版社，2010年，第100页。
⑥ （清）瞿镛《铁琴铜剑楼藏书目录》卷一，上海古籍出版社，2000年，第40页。

又台湾“国家图书馆”亦藏有清抄本一部，卷前有胡炳文、潘旦序，卷末有胡珙后序及邓杞跋，又有吴翌凤识语曰：“乙巳新正，甫里严二酉属王凤仪见寄。廿日，吴翌凤识于城东寓塾。炳文字仲虎，婺源人，尝为信州道一书院山长，再调兰溪州学正，不赴，卒。学者称云峰先生。是书元有延祐丙辰郭郁序，今本佚。”[①] 也是自胡珙补辑本抄出。此外还有一些抄本今不知所在，但从著录上也可以判断其来源。如《天一阁书目》著录蓝丝栏抄本一部，谓“延祐丙辰新安胡炳文撰并自序，嘉靖元年新安潘旦重刊序，正德庚辰九世孙胡珙后序，嘉靖元年邵武县儒学教谕盱江邓杞校刊”[②]，据序跋可知其出自补辑本。莫友芝《持静斋藏书记要》、张钧衡《适园藏书志》亦各著录一旧抄本。其中莫氏藏本为“曝书亭旧藏本”[③]，检《竹垞行笈书目》有“《易本义通释》四册”[④]，盖即此本。此二本皆附有《辑录云峰易义》一卷[⑤]，也应是出于补辑本。总之，胡珙补辑本在明清时期传抄甚广，其影响力也由此可见一斑。

尽管补辑本在很大程度上恢复了《通释》的全貌，但并非十分完善，其中仍存在着很多不足。一方面，其文字讹误之处颇多，尤以上下经部分为甚，这可能是由于胡珙在补辑《通释》时，选择了一个抄本作为上下经的底本，虽然其认为“其文视印本为尤明备”，但实际情况恐非如此。另一方面，其对十篇《易传》部分的辑录，只取材于《周易大全》，未能参考他书，故存在着一定程度的漏辑。例如，《永乐大典》中收录《通释》文四十余条，有六条即为补辑本所无，具体内容如下：

> 小畜六四柔得位同，今六二则曰柔得位得中，不与巽柔之畜乎乾，而喜离柔之应乎乾，二中，四非中也[⑥]。
>
> 人之族以类辨，物之类以群分，皆审其异也。水地之比，以无所不

① “国立中央图书馆”特藏组编辑《国立中央图书馆善本题跋真迹》，“国立中央图书馆”，1982年，第10页。

② （清）范邦甸《天一阁书目》卷二，上海古籍出版社，2010年，第56页。

③ （清）莫友芝《持静斋藏书记要》卷下，上海古籍出版社，2009年，第235页。

④ （清）朱彝尊《竹垞行笈书目》，上海古籍出版社，2010年，第380页。

⑤ （清）莫友芝《持静斋藏书记要》卷下，第235页。张钧衡《适园藏书志》，《海王村古籍题跋丛刊》第6册，第261页。

⑥ （明）解缙《永乐大典》卷三〇〇八，第1756页。

比为比，天火之同，以有所不同为同①。

安行，理不可行，势不可行也②。

分九二之刚居上九，三画卦上本天位也，有天文时变之象。上六之柔来居九二，三画卦二本人位也，有人文成化之象③。

三欲与四为婚媾，可疑者三也。守正而不与，亦不与三也④。

四比三之阴，有商兑之疑。初刚正，去三远，故未有疑⑤。

以上六条《通释》佚文，依次出自同人卦《彖传》、《大象传》、九三爻《小象传》，贲卦《彖传》、六四爻《小象传》，以及兑卦六三爻《小象传》，都属于《易传》的部分，因《周易大全》未收，而为胡珙所漏辑。此外，胡珙辑本的某些部分尚不如《大典》所引完整，如同人卦《彖传》"同人于野"至"通天下之志"一段，《大典》引胡炳文注曰："朱子深有取于程《传》曰：文明则能烛理，故能明大同之义。刚健则能克己，故能尽大同之道。盖必通天下之志，乃为大同。然非明与健，不能大同也。"⑥而胡珙辑本仅有"必通天下之志"以下。甚至还有一些误辑之处，如坤卦六二爻《小象传》，胡珙于其下辑入"六二之动，直以方也，欲知其直方，当于动处观之"云云一段注文，然按之《周易大全》，此段注文乃出自胡一桂，非胡炳文⑦。又按《永乐大典》所引注文曰："坤至柔而动也刚，此曰六二之动，动字当玩。"⑧胡珙所辑与之了不相似，显然有误。即便是胡珙当时无缘得见《永乐大典》，仅就《周易大全》言之，其漏辑之处也为数不少，详见下文。总之，胡珙补辑本可补正之处还有很多。

3. 清代《通志堂经解》本与《四库全书》本

胡珙补辑本刻成一百多年之后，清代纳兰成德于康熙间辑刻《通志堂经

---

① （明）解缙《永乐大典》卷三〇〇九，第1779页。
② （明）解缙《永乐大典》卷三〇一〇，第1792页。
③ （明）解缙《永乐大典》卷一三八七二，第5944页。
④ （明）解缙《永乐大典》卷一三八七四，第5969页。
⑤ （明）解缙《永乐大典》卷一五一四二，第6852页。
⑥ （明）解缙《永乐大典》卷三〇〇八，第1773页。
⑦ （明）胡广《周易传义大全》卷二，《景印文渊阁四库全书》第28册，第106页。
⑧ （明）解缙《永乐大典》卷三五〇七，第1992页。

解》，收入《通释》，是为通志堂本，也是《通释》版本系统中的重要一环。但对于其底本来源则颇有争议。《通志堂经解目录》引何焯语，谓其为"汲古元本"①，《增订四库全书简明目录标注》亦谓"汲古有元刊本，佳"②，似乎汲古阁确藏有元刻本，而通志堂本即从彼出。但历代学者对此多有质疑。如周中孚即说："何义门《经解目录评》谓此是汲古元本，然则安得有瑛所辑《文集易义》，疑义门误指为元本也。"③《铁琴铜剑楼藏书目录》更是明确指出："通志堂本，义门何氏谓是汲古元本，果尔，则视辑本必更完备。乃核之此本，绝无增多，且亦载胡瑛所辑《云峰文集易义》一卷，其非元本可知，当即出于辑本耳。"④ 大抵皆以为通志堂本卷前有《辑录云峰文集易义》一卷，且内容上并无超出胡瑛辑本之处，故应出自胡瑛辑本，而非所谓汲古元本。

　　然而，如果以通志堂本与胡瑛辑本相校，便可发现，通志堂本并非如前人所说，对胡瑛辑本"绝无增多"。例如，上经复卦六五爻注文"自然无悔矣"之下，通志堂本即有"又曰，不远复，入德之事也。敦复，其成德之事欤"十八字⑤。《象下传》"柔以时升"一段下，通志堂本有"通曰：刚而在上者，常也。柔升于上，时也。识时者方可与言《易》"二十三字⑥。《象下传》"刚柔之际，义无咎也"一段下，通志堂本有"通曰：初六无咎，有占无象，刚柔之际，举初与四之象以明占也"二十四字⑦。这些内容都为胡瑛辑本所无。此外在文字上，通志堂本亦多有优于胡瑛辑本之处。由此可见，通志堂本不是简单地翻刻自胡瑛辑本，二者之间的差距，还是比较明显的。

　　但尽管如此，亦不能认为通志堂本确实出自所谓汲古元本。其原因在于，上文据《永乐大典》指出的胡瑛辑本中漏辑、错辑之处，通志堂本全同于胡瑛辑本，如其出于元刻，应不会出现此种情况。比较可能的情况是，通志堂本应是一个在胡瑛辑本基础上形成的校本。上文所引三处通志堂本增多于胡瑛辑本之处，均见于《周易大全》，而为胡瑛所漏辑。而二本文字歧异之处，

①　（清）翁方纲《通志堂经解目录》，《丛书集成初编》，中华书局，1985年，第4页。
②　（清）邵懿辰《增订四库全书简明目录标注》卷一，上海古籍出版社，2000年，第23页。
③　（清）周中孚《郑堂读书记补逸》卷二，第1225页。
④　（清）瞿镛《铁琴铜剑楼藏书目录》卷一，第40页。
⑤　（元）胡炳文《周易本义通释·上经》，《通志堂经解》第3册，第579页。
⑥　（元）胡炳文《周易本义通释·象下传》，《通志堂经解》第4册，第33页。
⑦　（元）胡炳文《周易本义通释·象下传》，《通志堂经解》第4册，第41页。

通志堂本亦多同于《大全》。可见通志堂本当是以《大全》校胡珙辑本而成。至于其是刻《经解》时所校，抑或是本有校本而刻《经解》时用之，则不可考。相比之下，通志堂本在内容与文字上均优于胡珙辑本，可称最善之本。

通志堂本之后，清廷于乾隆间纂修《四库全书》，亦收入《通释》，是为目前流传最广的四库本。对于此书的底本来源，《四库全书总目》谓用励守谦家藏本。如前所述，励氏藏本今存台湾，乃明代胡珙辑本，但通过比对，可见四库本并非由此本抄出。上文所举通志堂本增多于胡珙辑本的三处，四库本皆有之。此外通志堂本《说卦传》"以见震之为声"下有五字墨钉，核之胡珙辑本及《周易大全》，该处并无缺文，或是通志堂本刊刻有误，而四库本此处即注明"阙"。因此，四库本实际应是抄自通志堂本。

但与其他各本相比，四库本有一个显著的问题，即是：各本卷次编排，均按照朱子《易本义》所用经传分离的十二卷本，即上、下经二卷，《彖传》上下、《象传》上下、《系辞传》上下、《文言传》、《说卦传》、《序卦传》、《杂卦传》总计十卷。而四库本却将《象传》上下移到了《杂卦传》之后，编为第十一、十二卷。这一问题的出现，可能与计卷方式有关。通志堂本的计卷方式，是经、传分别计卷，即上经、下经依次计为卷一、卷二，十篇《易传》自《彖上传》起，又依次计为卷一至卷十。而四库本采用连续计卷方式，纂修者在将上、下经编为卷一、卷二后，未加详细查考，即将通志堂本题为卷三的《彖上传》接续其后，而不知其前尚有《象传》上下，及至发现，已无从更改，只得将《象传》上下计为十一、十二卷，置于全书最末。这一错误的出现实属不该，而四库本之不精，亦由此可见一斑。

二、"一以朱子为主"的两个方面

1. 推尊朱子与贬斥异说

从学术传承上来看，胡炳文之祖父胡师夔，号易简居士，博通五经，尤深于《易》，曾撰有《易传》。其父胡斗元则自幼学于朱子从孙朱小翁（名洪范），且"从小翁闻居士所授易学"[①]，亦即是胡师夔传《易》于朱洪范，朱

---

① （元）戴表元《孝善胡先生墓志铭》，《戴表元集》，第222页。

洪范又传于胡斗元，最终传至胡炳文。可见其易学主要得之家传，且与朱子有密切联系，虽然不如胡方平、胡一桂父子源流之正，但仍属朱门后学。故其对朱子的基本态度，仍以推尊为主。其曾评价《易本义》说："邵子于先天而明其画，程子于后天而演其辞，朱子《本义》，又合邵、程而一之，是于羲文周孔之《易》而会其天者也。学必有统，道必有传，遡其传，羲文周孔之《易》，非朱子不能明；要其统，凡诸家解《易》，非《本义》不能一。"① 不仅把《易本义》置于程子、邵雍之上，甚至将其提到了上接羲文周孔的地位。同时诸家之说若与朱子有抵牾者，则必须以朱子为准，如其《行状》中所说的那样："尝病世之学者，名家专门，于朱子取舍四书、《易》、《诗》之说，大相牴牾，故力正其非。"② 其捍卫朱子的态度显得颇为明确而坚决。

在此立场指引下，《周易本义通释》便成为一部以尊朱为首要任务的著作。在卷前凡例中，胡氏即开宗明义地表明了其态度：

一，先是集诸家《易》解，名曰《精义》，然未免失之太繁。窃惟学有统一，《易》至程朱，明且备矣，《本义》于程《传》，又能足其所未圆，白其所未莹，贯其所未一。于是一以《本义》为主，而为之通释。

一，《通释》之于《本义》，依朱子集注例，盖集诸家之注为之也。《精义》中取有合于《本义》者，或一字，或一句，或一段，或用其意不用其辞，以故不可出诸家名氏。已见附其中，亦不表以"愚谓"。

一，《通释》之名，从勉斋黄氏例。

一，观朱子语录，《本义》有未改正者，今《通释》辄从朱子之志云③。

由上述凡例可知，在撰述《通释》之前，胡炳文已作有一部名为《精义》的集解体著作，后在此基础上改为《通释》。此"通释"之名，乃取自朱子弟子黄榦。据《直斋书录解题》，黄氏撰有《论语通释》一书④，胡氏仿彼以"通释"为名，已有比附朱子的含义。其所谓"通释"，虽然也是集诸

---

① （元）胡炳文《周易本义通释序》，《周易本义通释》卷首，《儒藏精华编》第6册，第10页。
② 佚名《云峰胡先生行状》，《云峰胡先生文集》卷九，《元人文集珍本丛刊》第4册，第214页。
③ （元）胡炳文《周易本义通释例》，《周易本义通释》卷首，《儒藏精华编》第6册，第11页。
④ （宋）陈振孙《直斋书录解题》卷三，第78页。

家之注为之，但其集注之法，乃是取诸说之合于朱子者融合为一，与朱子不合者则不录。偶有辨正朱子的情况，也主要限于朱子在语录中明显提到的当改而未改之处。这在一定程度上，似乎有针对当时流行的"纂疏体"而发的意味。《通释》撰成之前，元人注释《易本义》之作，已有胡一桂《易本义附录纂注》之初定本与重定本，以及张清子《周易本义附录集注》。熊良辅《周易本义集成》虽然刊刻稍晚，但也应大致成书。这些纂疏体著作，引用动辄数十上百家，虽然博赡，但在一定程度上冲淡了朱子的独尊地位。且诸家之说既多，便不可能全同朱子，事实上，上述四种纂疏体著作，除初定本《纂注》外，无一专主朱子者。从这一点来看，胡炳文所谓"失之太繁"而不能达到"学有统一"的目的，虽然是指其早年所著《精义》而言，但也有意无意地表达出其对纂疏体的不满，以及其"一以朱子为主"的态度。具体到《通释》中，即表现为推尊朱子与贬斥异说两个方面。

推尊朱子方面，胡炳文的主要思路是，阐明朱子之说较别家更优、更为合理。例如，在注解屯卦六四爻"求婚媾"时，其即提出："诸家多以'求婚媾'为四求初，惟《本义》谓初居下而应于己，四待下之求而后往则吉，必如是而后合男女婚姻之礼，必如是而后见士夫出处之义。"① 这是说，屯卦初九、六四二爻，阴阳相应，有婚姻之象。但别家均以"求婚媾"为六四下求初九，亦即阴求阳，朱子却与之相反，认为当是初九上求六四，亦即阳求阴。在胡氏看来，朱子的说法符合男女婚姻之正道，盖女必待男之求而后往，不然则成淫奔；推之于士大夫之出处，士人也必待在上者求之，而后可以出而从政，不然则成趋炎附势。从这一点来看，朱子之说显然更具有合理性。又如，对蒙卦九二爻"包蒙吉，纳妇吉，子克家"，胡氏注曰：

> 此爻具三象，义各不同。两"吉"字是两占辞，"包蒙"、"纳妇"是两象。诸家解此，比而同之，《本义》三"象"字，两"又"字，见得三句取象，自具三义，观此最可见《易》凡例。"包蒙"，包上下四阴也。"纳妇"，纳六五一阴也。包与纳，二虚能受之象。克，九刚能任之象。一六五也，性阴有蒙象，阴应阳有妇象，位尊有父象。以五之一爻，

① （元）胡炳文《周易本义通释·上经》，《儒藏精华编》第6册，第28页。

　　而取象不同如此，又于应爻见之，《易》之不可为典要如此哉①！

　　这里胡氏所谓的三"象"字，两"又"字，指朱子《易本义》中对此爻的注文："爻之德刚而不过，为能有所包容之象；又以阳受阴，为纳妇之象；又居下位而能任上事，为子克家之象。"②按照胡氏的看法，此爻辞中具备了"包蒙"、"纳妇"、"子克家"三种不同之象，朱子则用三个"象"字与两个"又"字，将此三象分辨开来，也相当于提出了《易》中以一爻而兼取多象多义的凡例。相比于其他各家将三象的混同解释，朱子之说也显得更为合理。

　　与阐述朱子之说的合理性相辅相成的，是对别家错误的辨正。例如，对于需卦六四"需于血，出自穴"，胡炳文即注曰：

　　　　"出自穴"，诸家以为三阳方来，四出而不安于穴；《本义》以为四阴柔得正，可出而不陷于穴。夫以小畜之时，下三阳并进，而四六③当之，其终也犹"血去惕出"，需之时，三阳非急于进者，四"需于血"，而终得"出自穴"者，宜也。以为不安于其穴者，过矣④。

　　在此段文字中，胡氏首先列举了与《本义》不同的别家说法：需卦下卦为乾，三阳居于六四阴爻之下，诸家以为六四受阳之逼迫，故不安于穴而出，朱子则以为六四以阴爻居阴位得正，自有出穴而不陷于险之理，与下三阳无关。对此不同之处，胡炳文则引用小畜卦的六四爻与之进行对比，提出小畜卦亦是六四阴爻居于下卦乾卦之上，且下三阳爻有上进之意，而爻辞犹曰"血去惕出"，终得无咎；而需卦本取需待之意，下卦三阳爻尚不见得急于上进，相比之下，比小畜六四的处境还要好一些。因此，其"出自穴"必非被逼而出，别家之说存在着明显的错误。其余像这样的例子还有很多，如对无妄六二爻"不耕获，不菑畬"，别家大多解为"不耕而获，不菑而畬"，而朱子则解作"无所为于前，无所冀于后"，对此，胡炳文即驳别家之说，以为别

①　（元）胡炳文《周易本义通释·上经》，《儒藏精华编》第 6 册，第 30 页。
②　（宋）朱熹《易本义·上经第一》，《朱子全书》第 1 册，第 35 页。
③　按："四六"，通志堂本同，疑当作"六四"。
④　（元）胡炳文《周易本义通释·上经》，《儒藏精华编》第 6 册，第 34 页。

家的解释是"从外添一'而'字"①，误在添字解经。节卦上六爻"苦节，贞凶，悔亡"，诸家以为"必悔之而后凶可亡"，而朱子说则谓"虽有悔而终得亡"，二说又不同，胡氏即批评别家之说曰："悔其苦而甘之可也，悔其节而不节，弊将若何？"② 意思是说，上六"苦节"中，"苦"可悔而"节"不可悔，不然便会失去节度而同样无法免于凶咎，因此，别家将其笼统解为悔之即可避免凶咎，有不通之处。

需要指出的是，在尊信《本义》的同时，胡炳文也偶有怀疑朱说不确者。但此种情况不仅数量很少，且大都较为委婉隐晦。如其解大有上九时说：

> 小畜上九，畜之终也。其占曰厉、曰凶，为六四言也。大有上九，有之终也。其占吉无不利，为六五言也。小畜一阴在四，欲畜众阳，而其终也如此。大有一阴在五，能有众阳，而其终也乃如此。君臣之大分可不明哉？盖五之厥孚，履信也；柔中，思顺也；尚上九之一阳，尚贤也。所以其终也，自天祐之，吉无不利也。《本义》于大畜尚贤曰"六五能尊上九之贤"，所恨者，不得亲承先师而质此疑耳③。

此爻朱子注曰："大有之世，以刚居上，而能下从六五，是能履信思顺而尚贤也。"④ 以《系辞传》"履信思乎顺，又以尚贤也"指上九而言。而胡炳文则以为指六五，但未敢明言，只能以"不得亲承先师而质此疑"一语，表达其对朱说的疑问。类似的情况，还有大过九四爻"未敢必以为然，安得从先师而质之哉"⑤，大抵都是不愿明言朱子之非。

2. 对朱子的补充发明

尽管胡炳文在卷前凡例中声称"一以《本义》为主"，但这并不意味着《通释》仅是对《本义》简单地随文作注，而是存在着大量的补朱子所未备、

① （元）胡炳文《周易本义通释·上经》，《儒藏精华编》第 6 册，第 102 页。
② （元）胡炳文《周易本义通释·下经》，《儒藏精华编》第 6 册，第 214 页。
③ （元）胡炳文《周易本义通释·上经》，《儒藏精华编》第 6 册，第 68—69 页。
④ （宋）朱熹《易本义·上经第一》，《朱子全书》第 1 册，第 44 页。
⑤ （元）胡炳文《周易本义通释·上经》，《儒藏精华编》第 6 册，第 112 页。

发朱子所未发的内容。胡炳文自言其书是"发挥先儒之论"①、"发明朱子之说"②，"发明"、"发挥"二语，颇可窥见其倾向。总的来看，其补充发明朱子，主要从以下四个方面展开：

第一，补朱子未备之象。与胡一桂相同，胡炳文在通释《易本义》的过程中，也发现了朱子论象较为简略的问题，并力图进行一些补充。如对于屯卦六二爻"屯如邅如，乘马班如，匪寇婚媾。女子贞不字，十年乃字"，朱子仅笼统地释其象曰："六二阴柔中正，有应于上，而乘初刚，故为所难，而邅回不进。然初非为寇也，乃求与己为婚媾耳，但己守正，故不之许，至于十年，数穷理极，则妄求者去，正应者合，而可许矣。"③ 而胡氏则对其中的"乘马"、"婚媾"、"十年"等象，作了详细的说明，他说："乘初之震，震于马为作足，故有乘马象。屯者阴阳之始交，二与四阴居阴，初与五阳居阳，二应五，四应初，皆曰婚媾，取阴阳之始交也。互体坤，坤数十。"④ 综合使用了卦象、爻象以及互体法，其论象即较朱子细致了很多。又如巽九五"先庚三日，后庚三日"，朱子并未详释其象，而胡氏则针对此补充说：

　　文王明先天于象，故取先天艮、巽前后三卦，其方为甲；周公发后天于爻，故取后天艮、巽前后三卦，其方为庚。巽体本无艮，九五变，则为巽下艮上之蛊，故特于此发之。先庚后庚，申命以防蛊也，与先甲后甲又自相贯。或曰：蛊者事之坏，先甲后甲者，饬之使复兴起。巽者事之权，先庚后庚者，行之使适变通。甲事之始，庚事之终。上伏震，三庚变而三辛，三辛变复三庚。重巽申命，先庚虑于申命之先，后庚谨于申命之后⑤。

此处胡氏用了多种方法，来说明"先庚"、"后庚"，并兼及"先甲"、"后甲"之象。首先，以蛊卦中上巽下艮的先后天方位说之。先天图巽在西

① （元）胡炳文《与草庐吴先生书》，《云峰胡先生文集》卷一，《元人文集珍本丛刊》第四册，第165页。
② （元）胡炳文《与紫岩汪先生宗臣书一》，《云峰胡先生文集》卷一，《元人文集珍本丛刊》第4册，第166页。
③ （宋）朱熹《易本义·上经第一》，《朱子全书》第1册，第34页。
④ （元）胡炳文《周易本义通释·上经》，《儒藏精华编》第6册，第26页。
⑤ （元）胡炳文《周易本义通释·下经》，《儒藏精华编》第6册，第204页。

南，逆行三位至东方之离卦，艮在西北，顺行三位亦至东方之离卦。东方于五行为甲木之位，巽、艮又皆行三位而至，故由巽、艮二卦组成的蛊卦，卦辞有"先甲三日，后甲三日"之语。而后天图巽在东南，顺行三位至西方之兑，艮在东北，逆行三位亦至西方之兑。西方于五行为庚金，故称"先庚三日，后庚三日"。但"先庚"、"后庚"出现在巽卦九五爻，其中并无艮卦，以巽、艮顺逆而行解之似乎不通，于是胡氏又用爻变法，提出巽卦九五爻阳变为阴，则上卦为艮，因此特于爻辞中标明"先庚"、"后庚"，正是为了告诉后人此爻需兼以变论象。此外，胡氏又兼用了飞伏与纳甲法，巽卦上卦伏震，以纳甲而言，震纳庚，"先庚"、"后庚"亦有取于此。总的来看，胡氏对朱子缺略的易象的补充，内容较为全面丰富，涉及互体、飞伏、纳甲、卦气等多种象数方法，是胡炳文易学中的一个重要部分。

第二，"总释并明其例"[1]。所谓"总释"，即胡炳文在对朱子《易本义》进行疏释的时候，虽然所释者为一卦一爻，但常常兼引别卦别爻而说之，以总成其义，有学者称之为"卦与卦之间的对照性诠释"[2]。例如，在释大有卦卦辞"元亨"时，朱子仅说："大有，所有之大也。离居乾上，火在天上，无所不照；又六五一阴，居尊得中，而五阳应之，故为大有。乾健离明，居尊应天，有亨之道。占者有其德，则大善而亨也。"[3] 其说只是针对大有本卦而发。而胡炳文释之则曰："卦名大者，皆指阳而言。此卦五阳，愈足以见其大。或曰：小畜亦五阳一阴之卦，主巽之一阴，则曰小；此主离之一阴，则曰大，何也？曰：巽之一阴在四，欲畜上下五阳，其势逆而难；离之一阴在五，而有上下五阳，其势顺而易。卦因四五之爻，而有大小之分，君人者之大分明矣。故小畜之亨，不在六四，而在上下五阳。大有之元亨，不但在上下五阳，而在六五。"[4] 这是兼引与大有相对的小畜卦为说。又如蒙卦六五爻"童蒙吉"，朱子仅说："柔中居尊，下应九二，纯一未发，以听于人。故其象为童蒙，而其占为如是则吉也。"[5] 胡氏则曰："屯所主在初，卦曰

---

① 潘雨廷《读易提要》，第 274 页。

② 郭振香《论胡炳文对朱熹〈周易本义〉的推明与发挥》，《安徽大学学报（哲学社会科学版）》2010 年第 2 期。

③ （宋）朱熹《易本义·上经第一》，《朱子全书》第 1 册，第 44 页。

④ （元）胡炳文《周易本义通释·上经》，《儒藏精华编》第 6 册，第 66 页。

⑤ （宋）朱熹《易本义·上经第一》，《朱子全书》第 1 册，第 35 页。

'利建侯'，而爻于初言之；蒙所主在二，卦曰'童蒙求我'，而爻于五言之，五应二者也。"① 又以屯卦卦辞与初爻之辞相比附为说。同时，在进行"总释"的过程中，胡氏往往还会提出一些解《易》之通例，如上文释大有卦朱子之说时，胡氏所说的"卦名大者，皆指阳而言"，即是如此。又如，在释乾卦上九"亢龙有悔"时，胡氏说："凡卦爻有占无象，象在占中，有象无占，占在象中②。如乾初、二、五、上，分象与占，九三'终日乾乾夕惕若'，疑皆占辞也，而曰'终日'，曰'夕'，象在其中。九四'或跃在渊'，似若专言象也，而曰'或'，曰'在'，占在其内。"③ 这里提出的"有占无象，象在占中，有象无占，占在象中"，也是一种通例。此即是所谓的"明其例"。

第三，对上下经分篇及次序编排问题的讨论。在胡氏看来，《周易》经分上下二篇，并不仅如朱子所说的那样，是因为"简帙重大"，其中尚蕴涵有一些深刻的含义。具体而言之：从上下经的阴阳爻数来看，上经三十卦，一百八十爻，其中阳爻八十六，阴爻九十四，阴多于阳者八爻；下经三十四卦，二百零四爻，其中阳爻一百零六，阴爻九十八，阳多于阴者八爻，上下经正相对。从上下经反对卦的爻数看，上经三十卦中，无反对卦者六，其余二十四卦反覆为十二卦，共计一百零八爻，其中阳爻五十二，阴爻五十六，阴多于阳者四；下经三十四卦，无反对卦者二，其余三十二卦反覆为十六卦，亦共计一百零八爻，阳爻五十六，阴爻五十二，阳多于阴者亦四，同样也是上下经相对。上下经的分篇既如此，而六十四卦具体的排列次序，也各有深意。如上经首乾、坤代表天地定位，但天地"位欲其分，故乾、坤分而为二卦"④。乾、坤后十卦为泰、否，乃乾、坤相交而成，至此阴阳爻恰好皆三十画。下经首咸，乃艮、兑组合而成，有山泽通气之意，所谓"气欲其合，故山泽合为一卦"⑤。咸、恒后十卦为损、益，亦是咸、恒二卦之上下卦交错而成，至此阴阳爻亦恰好三十画。至于上经终于坎、离，下经终于既济、未济，

---

① （元）胡炳文《周易本义通释·上经》，《儒藏精华编》第 6 册，第 31—32 页。
② 按："象在占中"之"占"，"占在象中"之"象"，原皆作"其"，据通志堂本与《周易传义大全》改。
③ （元）胡炳文《周易本义通释·上经》，《儒藏精华编》第 6 册，第 19 页。
④ （元）胡炳文《周易本义通释·下经》，《儒藏精华编》第 6 册，第 119 页。
⑤ （元）胡炳文《周易本义通释·下经》，《儒藏精华编》第 6 册，第 119 页。

亦是坎、离相交，则是因为先天卦位中，乾、坤居于南北，至后天卦位，则坎、离代乾、坤居南北之位，因此"上经首乾、坤，后坎、离，下经亦以坎、离之交不交终焉"①。此外，胡氏还谈到了《杂卦传》中六十四卦的排列方式。按其说法，《杂卦传》的排列，虽然与《周易》上下经六十四卦的次序不符，但自有其意。如《杂卦传》自乾、坤至困，为三十卦，卦数与《周易》上经同，但其中却杂有下经之十二卦；自咸至夬为三十四卦，与下经之数同，而其中却杂有上经十二卦。坎、离本居于上经，但《杂卦传》中却居于后三十四卦；震、兑、艮、巽本居于下经，却位于前三十卦。六十四卦中，无反对卦者八卦，其中上经六卦，下经二卦；而在《杂卦传》中，前三十卦内无反对卦者二卦，后三十四卦内则有六卦。十二消息卦中，除去乾、坤，上经六卦三十六画，下经四卦二十四画；《杂卦传》则将上经之泰、否移至后三十四卦，变成了上经四卦二十四画，下经六卦三十六画。再合六十四卦的卦画推算之，《杂卦传》前三十卦，阳爻七十二，阴爻一百零八，阴多于阳三十六；后三十四卦，阳爻一百二十，阴爻八十四，阳多于阴三十六。最后，以反对卦推之，《杂卦传》前三十卦，无反对卦者二，其余二十八卦反覆成十四卦，总爻数为九十六，其中阳爻三十九，阴爻五十七，阴多于阳者十八；后三十四卦，无反对卦者六，其余二十八卦同样反覆成十四卦，总爻数为一百二十，其中阳爻六十九，阴爻五十一，阳多于阴亦十八②。由此可见，《杂卦传》对《周易》卦序的调整，目的是为了通过上下经所属之卦的交换，而体现出《周易》中"交易"之意。这些对卦序的分析，有些已为前代学者所提及，如胡一桂和俞琰在《周易》上下经分篇的问题上，都曾提出过与胡炳文类似的说法③，但仍有一些内容，如关于《杂卦传》的排列方式，是前人较少涉的。这显然也是胡炳文对朱子之说的一处较为显著的发展。

---

① （元）胡炳文《周易本义通释·下经》，《儒藏精华编》第 6 册，第 222 页。以上论述参见《周易本义通释·上经》，《儒藏精华编》第 6 册，第 13—14 页。

② 以上论述参见《周易本义通释·杂卦传》，《儒藏精华编》第 6 册，第 375—377 页。

③ 胡一桂之说见《周易本义启蒙翼传》上篇《文王六十四卦反对图》与《文王六十四卦次序图》，《儒藏精华编》第 5 册，第 5101—517 页。俞琰之说见《俞氏易集说·上下经说》，《中国易学文献集成》第 43 册，第 17—19 页；《读易举要》卷四《经分上下二篇》，《景印文渊阁四库全书》第 21 册，第 450—452 页。

第四，"《易》、《春秋》书法美恶不嫌同辞"①。这一说法认为，《易》与《春秋》均为孔子所作，其书法之美恶有相通之处，因此《易》中一些词语可以比附于《春秋》来进行解释。例如，同人九四"乘其墉，弗克攻，吉"，胡炳文注曰：

> 四欲攻二，而三隔之，有墉象。四在三之上，有乘墉象。《系辞》曰："爱恶相攻而利害生，远近相取而悔吝生。"三四皆欲取六二，三虽以刚居刚，犹惧五之见攻者，屈于势而不可敌也。四以刚居柔，欲乘墉以攻，终不克攻者，是能屈于义而不敢敌也。《春秋·文公十②年》书"晋人纳捷菑于邾，弗克纳"，有得于周公爻辞"弗克攻"之旨矣。《榖梁传》曰："弗克纳，其义也。"有得于夫子《象传》"义弗克"之旨矣。诸家多以三四为欲攻五，于理悖甚，惟《本义》得之③。

朱子说此爻，为九四乘九三而攻六二，然爻以刚居柔，故自反而不克攻。在释义方面，胡氏与朱子并无区别，但引用了春秋时晋人欲扶持邾文公庶子捷菑为君，因"捷菑不正"④而未成之事，以证成之。特别是指出了《春秋》"弗克纳"与《榖梁传》"其义也"之文，可以与本爻爻辞"弗克攻"、《小象传》"义弗克"相互参考印证，并由此进一步论证朱子之说的合理性。而在注本卦九五爻"大师克相遇"时，胡氏又引用了《春秋·隐公元年》"郑伯克段于鄢"之事，以及《左传》"如二君，故曰克"之说，以说明"三、四之非理而强"⑤，以此补充佐证朱子"六二柔弱，而三、四刚强，故必用大师以胜之"⑥的说法。此外，胡氏还曾援引《论语》、《孟子》中的一些内容，对《易本义》之说进行补充与完善⑦。这种引用儒家经典以相发明的做法，也是《通释》的一个显著特点。

---

① （元）胡炳文《周易本义通释·上经》，《儒藏精华编》第 6 册，第 53 页。
② 按：据《左传》，晋人纳捷菑事在文公十四年，"十"下当脱"四"字。
③ （元）胡炳文《周易本义通释·上经》，《儒藏精华编》第 6 册，第 65 页。
④ （清）钟文烝《春秋榖梁传补注》卷十四，中华书局，2009 年，第 407 页。
⑤ （元）胡炳文《周易本义通释·上经》，《儒藏精华编》第 6 册，第 65 页。
⑥ （宋）朱熹《易本义·上经第一》，《朱子全书》第 1 册，第 43 页。
⑦ 具体内容见郭振香《论胡炳文对朱熹〈周易本义〉的推明与发挥》，《安徽大学学报（哲学社会科学版）》2010 年第 2 期。

第四节　熊禾对《易学启蒙》中
"阴阳进退"之旨的发挥

一、《易学启蒙图传通义》的撰述与流传

熊禾（1247—1312），字位莘，一字去非，号勿轩，又号退斋，福建建宁府人。其生平与著作，朱鸿林《元儒熊禾的传记问题》与《元儒熊禾的学术思想问题及其从祀孔庙议案》[①]有详细考述。而其阐扬朱子易学精神的代表著作，即是传世的《勿轩易学启蒙图传通义》。

就目前所见的资料而言，《勿轩易学启蒙图传通义》一书撰述的准确时间不甚可考，但大致应该是熊氏较为后期的作品。在该书卷二《先天图配洛书》中，熊氏曾经驳斥了一种以八卦所属四象之数配洛书之法，而这种说法正是胡方平在《易学启蒙通释》中所提出的[②]。至元二十六年（1289），胡一桂曾携《易学启蒙通释》入武夷山访学于熊禾，熊氏因而得见此书，并在至元二十九年（1292）为之作跋[③]。当时在跋文中，熊氏自己叙述了其对八卦配洛书的看法，其说与胡方平完全相同；同时他还明确表示了对胡方平之说的支

---

① 朱鸿林《中国近世儒学实质的思辨与习学》，北京大学出版社，2005年，第20—69页。

② 详见本书第三章。

③ （元）熊禾《跋》，《易学启蒙通释》卷末，《儒藏精华编》第5册，第135页。按：朱鸿林以为熊氏与胡一桂曾三次会面，第一次为熊氏三十九岁时，第二次为四十三岁，第三次为五十五岁。然该跋明言"己丑春，余读书武夷山中，有新安胡君庭芳来访"，且熊氏《送胡庭芳归江东序》亦言"重念己丑，与庭芳握手叹慨"云云（《重刊熊勿轩先生文集》卷一，《宋集珍本丛刊》第91册，第221页），是至元二十六年为胡氏首次拜访熊氏甚明。据傁处约《勿轩熊先生传》（《全元文》第38册，第550页），熊氏生于理宗淳祐七年（1247），与胡一桂同年，至至元二十六年，当为四十二岁。第二次会面，则为至元二十八年（1291）胡一桂谋刻《易学启蒙通释》而入闽，是年熊氏四十四岁。第三次会面，据熊氏《孝经大义序》记载，乃是胡氏与其弟子董真卿同时前来（《重刊熊勿轩先生文集》卷一，《宋集珍本丛刊》第91册，第212页）。而董氏《周易会通序》载："大德甲辰，先父深山府君命真卿从先师新安双湖胡先生读《易》武夷山中。"（《中国易学文献集成》第65册，第2页），则当在大德八年（1304）。胡氏此次来访，留滞二年，约于大德十年（1306）方告别熊氏而返乡，熊禾《送胡庭芳归江东序》谓"今来长林，已办两载留"，言之甚明。则此次会面当在熊氏五十七至五十九岁间。朱氏之说未知其根据，疑不确。

持，认为"其间有言先后天方位，暗与图书数合者，不符而同"①，与其在
《勿轩易学启蒙图传通义》中的态度截然相反。这种说法不一的情况，可能即
说明熊氏在至元二十九年后，其思想有所转变，在八卦与图书配合的问题上
有了一些新的认识。从这一点而言，说《勿轩易学启蒙图传通义》成书时间
较晚，有较大的可能。

此书撰成之后，直至熊禾逝世后四十余年的至正十三年（1353），才由其
曾孙熊坑刻于熊禾曾执教的鳌峰书院。此时熊氏的其他著作多已行世，而在
此之前，此书可能无别本流传，以至于熊坑有"恐其久而湮没"② 之说。同
样，此前学界对熊氏此书也并不知情，如董真卿《周易会通》卷首所著录的
古今名贤中，有熊禾一家，但却仅说其有"易说数段"③，未提及《图传通
义》。即便是在刊刻之后，《图传通义》的影响也不甚广泛。明清之际黄虞稷
编《千顷堂书目》，有"熊禾《易学图传》一卷"④，是对此书较早的著录，
此前则很少有人提及。其传本则元刻久佚，明代流传下来的，似乎只有附于
熊氏文集之本。如《四库全书总目》著录《勿轩集》一部八卷，其内容为
"《易学图传》二卷，《春秋通义》一卷，《四书标题》一卷，诗文三卷，补遗
一卷"⑤，谓为天顺间刻本，朱鸿林认为当出于明成化四年之后⑥。此本今亦
未见，传世者可能只有天津图书馆藏明刻本一部。

天津图书馆藏本一函六册，前四册为《熊勿轩先生文集》八卷，册五为
《勿轩易学启蒙图传通义》，册六为《春秋五论》五卷，其卷帙编排与《四库
总目》著录之本并不一致。其中《熊勿轩先生文集》的部分，卷前有明成化
三年（1467）吴高《勿轩先生文集序》，此序在《四库总目》著录之本与诸
多清抄本中，皆被冒题为至元十七年许衡撰。其后为勿轩先生像与丘锡、李
让《勿轩先生赞》二篇，傅处约《勿轩先生传》，李让《题勿轩先生行状》，

---

① （元）熊禾《跋》，《易学启蒙通释》卷末，《儒藏精华编》第 5 册，第 135 页。
② （元）熊坑《勿轩易学启蒙通义序》，《勿轩易学启蒙图传通义》卷首，《续修四库全书》第 2
册，第 444 页。
③ （元）董真卿《周易会通》卷首，《中国易学文献集成》第 65 册，第 43 页。
④ （清）黄虞稷《千顷堂书目》卷一，第 14 页。
⑤ （清）永瑢等《四库全书总目》卷一百六十五，第 1415 页。
⑥ 朱鸿林《元儒熊禾的学术思想问题及其从祀孔庙议案》，《中国近世儒学实质的思辨与习学》，
第 57—58 页。

以及与熊禾相关的诗文、书信等。正文卷一序跋十八篇、铭约一篇，卷二记二篇，卷三记六篇、族谱四篇，卷四文疏十篇、上梁文二篇，卷五启札六篇，卷六经籍一篇、说三篇、祭文一篇、吊慰二篇，卷七五言诗，卷八七言诗、长短句、词，内容与今传世之诸多八卷抄本大致相同。在卷前目录之后，有熊斌识语一篇：

> 先祖勿轩先生为宋名儒，平生著述甚富，宋季厄兵燹，遗稿十七八九。先君收辑于煨烬之余，仅得一二，欲类次成帙，惜乎赍志而没。今幸族人孟秉掇拾先祖序记诗赋，并先君所藏，欲编而未就者，厘为八卷，置诸家塾，以示训子孙，名曰《勿轩文集》。天顺间，斌因进秩，便道归扫松梓，遂捐俸同兄椽弟槙，命工绣梓，以广其传，且与四方学者共云。成化二年岁舍丙戌中秋，六世孙广东惠州府博罗县主簿熊斌拜手敬识。

此识语很清楚地写明，该本是明代熊孟秉所编，由熊斌捐资刊刻。此外卷末成化三年（1467）潘本愚《勿轩先生文集后序》，提到"六世孙判簿熊斌，哀集残膏剩馥，得诗文八卷，将捐俸锓梓，以永其传"，全书卷端题"六世孙将仕郎博罗县主簿熊斌捐俸绣梓"，都能与之相印证。如以此推断，则《图传通义》应与《文集》同为熊斌捐资，刻于成化初年。但以《春秋五论》核之，其卷前有弘治十一年（1498）萧宗瀛《勿轩熊氏春秋五论序》，卷端题"鳌峰书院八世孙熊继儒文烨、锡亨宗煓刊行"，卷末有牌记，题"弘治甲子熊氏鳌峰书院新刊"，则又晚至弘治十七年（1504）。其板多漫漶，可能刷印时间更在其后。附于此部《熊勿轩先生文集》的《勿轩易学启蒙图传通义》，半页九行十七字。四周双边，黑口，双鱼尾。版式行款与《文集》皆同。版心第一页为花纹，余题"勿轩易学图传"或"易学图传"，鱼尾下为页码。卷前有至正十三年熊坑《勿轩易学启蒙通义序》，正文不分卷，总计六十六页。以目前所知而言，此本是《图传通义》传世的唯一一个刻本。

至于清代中后期，《图传通义》的抄本开始在一些藏书家之间流传开来。目前所知存世者共有三部：其一藏南京图书馆，应为丁丙旧藏。丁氏在《善本书室藏书志》中著录该本，称："钱大昕《元史艺文志》但著熊禾《易说》，而无卷数，与此名亦不合，四库亦未录存，洵罕觏之秘籍矣。"① 胡玉缙所见"江南图书馆所藏旧钞本"②，盖亦此本。其二为陆心源旧藏，今存日本静嘉堂文库③。其三藏国家图书馆，即《续修四库全书》据以影印者。该本原为周星诒旧藏，书衣题"勿轩易学启蒙图传通义，七卷一册，影元抄本，书钞阁藏"，卷前录有朱彝尊《经义考》、董真卿《周易会通》、黄虞稷《千顷堂书目》、卢文弨《宋史艺文志补》的相关著录，并钤有"周星诒印"、"季貺"等印，《传忠堂书目》有著录④。又有"翁斌孙印"，可知后归翁氏所有。以《皕宋楼藏书志》、《善本书室藏书志》所全录或节录之序言，与国图藏本互校之，并无明显差异，大约同出一源。而国图藏本则应即是从上述明刻《熊勿轩先生文集》附刻本抄出。不仅其版式行款、卷前序言、卷端题名均与明刻无异，且从文字来看，国图藏抄本卷二"其逆顺如之"下阙一字⑤，卷四"故其位亦偏"下阙十七字⑥，明刻均作墨钉。只有在卷帙上，抄本改为七卷，不知何据。周星诒以其为影元抄本，并不准确。

国图藏抄本并不十分精善，时有讹误。这些讹误有些是在传抄过程中产生的，如日月为易图下，"日中有一为寄"，刻本"寄"作"奇"，"故观图者迭出"⑦，刻本"者"作"书"，都是抄本误而刻本不误。但也有些情况，是抄本沿袭了刻本的错误。如揲蓍图下"老阳除初卦之十"⑧，此处"十"字明应作"一"，而刻本抄本同误。甚至在个别地方，抄本还要优于刻本。如"老阳三进其一为少阴，即少阴四退其一为老阳"⑨，刻本"三"即误作"二"。总体而言，刻本虽然较佳，但也并非全无问题，而国图藏抄本已影印行世，较为易得，不失为一个可以依据之本。

---

① （清）丁丙《善本书室藏书志》卷一，《续修四库全书》第927册，第164页。按，丁丙亦藏有抄本《熊勿轩先生文集》八卷，应是从上文所述明刻抄出。见《善本书室藏书志》卷三十二，《续修四库全书》第927册，第540页。但并未附抄《图传通义》。

② 胡玉缙《续四库提要三种》，第4页。

③ ［日］河田罴《静嘉堂秘籍志》卷十三，第438—439页。

④ （清）周星诒《传忠堂书目》，《丛书集成续编》第71册，第294页。

⑤ （元）熊禾《勿轩易学启蒙图传通义》卷二，《续修四库全书》第2册，第453页。

⑥ （元）熊禾《勿轩易学启蒙图传通义》卷四，《续修四库全书》第2册，第462页。

⑦ （元）熊禾《勿轩易学启蒙图传通义》卷一，《续修四库全书》第2册，第447页。

⑧ （元）熊禾《勿轩易学启蒙图传通义》卷六，《续修四库全书》第2册，第468页。

⑨ （元）熊禾《勿轩易学启蒙图传通义》卷七，《续修四库全书》第2册，第477页。

从体例上来看，《勿轩易学启蒙图传通义》无疑是一部阐扬式而非注释式的著作。尽管熊氏将其命名为《勿轩易学启蒙图传通义》，其分篇也略依朱子《易学启蒙》，分为"本图书"、"原易卦"、"明蓍策"、"考变占"四部分，但实际上，其中直接来自于朱子的内容很少。如在图式方面，《勿轩易学启蒙图传通义》列有三十余幅图式，其中除了河图、洛书与《易有太极图》等极少的几图，来源于《易学启蒙》，此外都是熊氏自作；在解说方面，《易学启蒙》原有的文字，熊氏基本不录，而大多代以自己的论述。可见，熊氏并没有打算寻章摘句地去注解《易学启蒙》，而更倾向于用自己所作的图式和解说，来阐发《易学启蒙》的主旨思想。在其看来，《易学启蒙》的核心在于"阴阳进退"，他说："《启蒙》四篇，不过阴阳之进退而已也。"① 其《勿轩易学启蒙图传通义》也正是在这一认识的指导下，围绕着"阴阳进退"来对《易学启蒙》进行阐释。

二、对朱子先天图式的阐发

作为一部研究《易学启蒙》的著作，《勿轩易学启蒙图传通义》不可避免地要对朱子所提出的一系列图式进行阐发，但总的来看，熊氏更加注重对先后天图的说解。在《勿轩易学启蒙图传通义》中，讨论先后天图的内容占了绝大部分，且其说法大都颇有新意，可见这是熊氏较有心得的一个方面。而首先进入其视线的，便是先天图式。

熊氏对先天图式的论述，围绕着伏羲八卦方位图（小圆图）、伏羲八卦次序图（小横图）、伏羲六十四卦方圆图（大方图与大圆图）展开，从范围上来讲并没有出于朱子之外。但他却从这些图式中提炼出了一个共同点，即是阴阳进退之理。如对于小横图，他说："先天横图，生于阳仪者进而居前，生于阴仪者退而居后。"② 此便是横图中的阴阳进退。对于小圆图，他提出：自东北方之震卦为起点而观之，震为二阴一阳之卦，左旋顺行至离、兑，为二阳一阴之卦，此便是阳进一而阴退一；自离、兑又顺行至乾卦，为三阳之卦，

① （元）熊禾《勿轩易学启蒙图传通义》卷七，《续修四库全书》第2册，第477页。
② （元）熊禾《勿轩易学启蒙图传通义》卷七，《续修四库全书》第2册，第477页。

此又是阳进一而阴退一。自乾行至巽，又为二阳一阴之卦，此时则是阳退一而阴进一；由巽至坎、艮，再至于坤亦然。此即"阴阳以一为进退"①。对大圆图而言，一方面，若以左右分，则左半圈三十二卦皆生于阳仪，其爻数为一百一十二阳爻，八十阴爻，表示"左阳进而阴退"；右半圈三十二卦皆生于阴仪，其爻数为一百一十二阴爻，八十阳爻，表示"右阴进而阳退"。另一方面，若以上下分，则上半圈三十二卦分别生于太阳、少阳，皆为阳类，其爻数亦为一百一十二阳爻，八十阴爻，表示"上阳进而阴退"；下半圈三十二卦分别生于太阴、少阴，皆为阴类，其爻数为为一百一十二阴爻，八十阳爻，表示"下阴进而阳退"②。此外，若还要推得更加细致，则可以如小圆图之法，同样自震卦起，震宫所属八卦共二十阳爻、二十八阴爻，顺行至离、兑二宫，则每宫所属八卦共二十八阳、二十阴，是阳进其八而阴退其八；由离、兑再行至乾宫，为三十六阳、十二阴，亦为阳进其八而阴退其八；由乾宫至巽宫，为二十八阳、二十阴，则是阳退其八而阴进其八，其余可类推。此即是"阴阳以八为进退"③。对于大方图，熊氏则按照邵子"图皆从中起"之说进行分析。以此而言之，则方图中央为属于震、巽的四卦，为一阳一阴之卦；由震、巽向外，依次为属于离、坎之十二卦与属于兑、艮的二十卦，为二阳二阴之卦；由兑、艮再向外，则为属于乾、坤的二十八卦，为三阳三阴之卦④。这种由一阳一阴到二阳二阴，再到三阳三阴的排列，依旧不外乎阴阳进退。总之，在熊氏的眼里，阴阳进退基本可以说是先天图式的核心问题。

但熊氏的论述并没有止于此。除了单纯的探讨先天图式中的阴阳进退之理，他更注重将先天图与河图洛书结合起来，对此问题进行讨论。在其看来，河洛图式同先天图一样，其本质都是阴阳进退。他说："河图阴阳老少，一进一退而相交，一而三，阳之进，其交八而六，阴之退也；四而三⑤，阴之退，其交七而九，阳之进也。洛书阳进居四正，阴退居四隅⑥。此图书阴阳之进退

---

① （元）熊禾《勿轩易学启蒙图传通义》卷二，《续修四库全书》第 2 册，第 453 页。
② （元）熊禾《勿轩易学启蒙图传通义》卷七，《续修四库全书》第 2 册，第 477 页。
③ （元）熊禾《勿轩易学启蒙图传通义》卷二，《续修四库全书》第 2 册，第 453 页。
④ 说见《勿轩易学启蒙图传通义》卷三，《续修四库全书》第 2 册，第 457 页。
⑤ 按：此处"三"当作"二"。
⑥ 按："隅"原作"偶"，据明刻本改。

也。"① 熊氏正是从这一点出发，企图揭示二者之间的联系。首先，对河图洛书配小横图的问题，熊氏曾作有图式，现录之于下：

图 4-1　河图数配伏羲八卦横图②

此图式中，上半部分表示河图四方之数与位的相交，下半部分则表示小横图中四象相交而生八卦。具体而言之：小横图中最下方的一阴一阳，为阴阳卦画之始，在河图中即为天一与地二，为奇数与偶数之始。由第一画生第二画，在小横图则为四象，在河图即为一、二、三、四等四个生数；小横图中两仪生四象，是按照阴交阳、阳交阴的次序而成；在河图中则四交一、三交二，所得者均为五，其中一、三为阳而二、四为阴，也为阴阳相交。由第二画生第三画，在小横图则为八卦，在河图则为一六、二七、三八、四九等八个数字。小横图的四象生八卦，是按照太阴交太阳、少阳交少阴、少阴交少阳、太阳交太阴的规律而成；相对应的河图四方之数，也是按照此规律，如一六居于于北方，其中一为太阳之位，六为太阴之数，两者相合，亦是太阳与太阴交，其余皆然。总之，河图与小横图的相通之处，在于其均以阴阳

---

① （元）熊禾《勿轩易学启蒙图传通义》卷七，《续修四库全书》第 2 册，第 477 页。
② （元）熊禾《勿轩易学启蒙图传通义》卷二，《续修四库全书》第 2 册，第 449 页。按：据明刻本，图中"四太阳之位"，"阳"当作"阴"。

老少进退相交作为推演的规律，而由二者的这一相合之处，又可以证得河图即是朱子所说的五行生成数图，而并非是九宫图，如熊氏所说的那样："学者不于横图考其阴阳老少之交，妙合河图如此，而妄以书为图。果何见哉？"①

继河图配小横图之后，熊氏又讨论了河图与小圆图的关系。在其看来，横图是圆图之本，所谓"伏羲八卦，有横图然后有圆图"②，因此圆图理应具备与横图相同的阴阳进退的特质，能够与河图相契合。大致而言，小圆图左半圈的乾、兑、离、震四卦，均生于阳仪，右半圈的巽、坎、艮、坤四卦，均生于阴仪，河图中与其对应的，便是北方之一与南方之二。左半圈之阳仪与右半圈的阴仪相交生四象，在河图中即是一二三四之数相交。四象再相交成八卦，在河图中便是一六、二七、三八、四九之数相交。这些内容与上文的横图配河图，是完全一致的。所不同者，河图一六居北、三八居东，小圆图中属于一六的艮、坤亦居北，属于三八的离、震亦居东，从位置上来讲都是相同的；但河图二七居南、四九居西，小圆图中则属二七的巽、坎居西，属四九的乾、兑居南，位置恰好相易。对这一问题，熊氏解释说：河图中北方一六相交为七，南方二七相交为九，七为少阳，九为老阳，表示老阳少阳能够互变，而老阴少阴则不能③。这种说法在本质上与胡方平以数配卦之说，实际并无差异，但熊氏的特点在于，他从始至终都试图从阴阳相交的角度来对此问题进行解释，而胡方平只是简单地将八卦所属的四象之数与河图之数进行比附，并没有谈及阴阳相交的问题。

然而，在论述小圆图配洛书的问题上，熊氏却并没有再采用类似的说法。此处他对以洛书为河图与以四象之数配洛书之说，都提出了严厉的批评。他说：

> 世之以洛书为河图者，谓金④、兑生于老阳之四九，离、震生于少阴之三八，巽、坎生于少阳之二七，坤、艮生于老阴之一六，八卦与洛书位数合，以书图⑤。自愚观之，无有合者。先天图太极两仪⑥，仪，匹

---

① （元）熊禾《勿轩易学启蒙图传通义》卷二，《续修四库全书》第 2 册，第 450 页。
② （元）熊禾《勿轩易学启蒙图传通义》卷一，《续修四库全书》第 2 册，第 446 页。
③ 说见《勿轩易学启蒙图传通义》卷二，《续修四库全书》第 2 册，第 449—451 页。
④ 按：此处"金"疑当作"乾"。
⑤ 按：此处"书"字下疑脱一"为"字。
⑥ 按：此处"太极"下疑脱一"生"字。

也，取一阴一阳之相对也。洛书阳居正，阴居偏，非仪之谓矣。两仪生四象，阴阳交而为老少之象也。洛书七九居西南之正，六八居下之偏，无复相交之象矣。若谓一六皆生于太阴，可以配坤、艮之太阴，殊不知一得五成六，故一六同处于北，而六遂成太阴之数。今一六分处，一是太阴之位①，六自是太阴之数，以艮配六可也，以坤配一可乎？天地之数，皆起于一，而谓之太阴可乎？八卦各分阴阳，乾、坤、坎、离专配一三七九阳数，震、兑、巽、艮专配二四六八阴数可乎②？

在熊氏看来，以洛书为河图的错误之处在于：九宫图一、三、七、九等四个奇数居于北、东、西、南四正位，而二、四、六、八等四个偶数则居于四隅之位，阳数对阳数，阴数对阴数，意味着阴阳不相对；同时阳数七、九居正、阴数六、八居偏，相互分离，又意味着阴阳不相交。阴阳既不相对，也不相交，则与阴阳进退的主旨相悖，因此，九宫图必然不是作为八卦本源的河图，只能是与河图相通的洛书。而以八卦所属的四象之数配洛书之数的错误在于：四象中四生数代表四象之位，四成数代表四象之数，生数与成数是按照阴阳交错的规律加以配合，如一六为太阴，其中一为太阳之位，六为太阴之数，二者相交而生坤、艮二卦，并非是两个数字分属于两卦。如果一定要将其拆分开来，而与八卦作硬性配合，其错误就会有三种：一是否认生数与成数阴阳交错相配的规律，如笼统地认为一六皆为太阴而不加以分辨，亦即熊氏所说的"天地之数，皆起于一，而谓之太阴可乎"。二是八卦的阴阳属性与所配生成数的阴阳属性会出现抵牾，如将一配以坤，六配以艮，坤、艮皆属太阴，理应皆配太阴之数，但艮所配之六尚为太阴之数，坤所配之一却为太阳之位，这就是熊氏所说的"以艮配六可也，以坤配一可乎"。三是八卦所配之数，阴阳皆偏于一隅，亦即"乾、坤、坎、离专配一三七九阳数，震、兑、巽、艮专配二四六八阴数可乎"。这三处错误，归根结底都违背了阴阳进退相交的规律，因此绝不能以四象之数配八卦之法，来解说洛书与八卦的关系。熊氏所认同的洛书配先天八卦之说，只有"参两之法"一种。此说大致认为：先天圆图乾与坤南北相对，乾三奇画，坤三偶画。按照朱

---

① 按：此处"太阴"当作"太阳"。
② （元）熊禾《勿轩易学启蒙图传通义》卷二，《续修四库全书》第2册，第451—452页。

子的参两之法，阳奇象圆，径一围三而用其全，故奇画之数为三；阴偶象方，径一围四而用其半，故偶画之数为二。以此计算，则乾三个三为九，坤三个二为六，九六合为十五，而洛书南、中、北三个数字之和亦为十五。离与坎东西相对，离卦二奇一偶，坎卦二偶一奇，同样以参两之法计算，离两个三、一个二，其数为八，坎两个二、一个三，其数为七，八七合为十五，而洛书东、中、西三个数相合亦为十五。其余四卦，情况与离、坎相同①。因此，先天圆图与洛书真正相通之处在于，二者的纵横之数皆为十五，而并非是洛书的四正四隅之数与先天圆图的八卦之数能够相配。这种参两之法以阳用全数、阴用半数为基础，实际也仍未出于熊氏的阴阳进退的主旨之外。

从上面的叙述中，可以看出，在阐发先天图式的过程中，熊氏始终没有离开阴阳进退相交的核心。在其看来，先天图中本身即含有阴阳进退之理，河图洛书与先天图式的配合，也是以阴阳进退的规律为基础，一切与此规律相违背的说法均属错误。总之，熊氏在先天图式上的说法虽多，却从未离开其阴阳进退的基本出发点。

三、对朱子后天图式的阐发

与对先天图式的论述相似，在讨论后天图式时，熊氏也是以朱子之说为基础，其说法集中在文王八卦方位图与文王八卦次序图上，仍不出于朱子之外；同时其基本思路也是一致的，都是以阴阳进退为其中心。他阐述后天图式的特点说："后天阳主进，阴主退，震进之初，故位东；兑退之极，故位西；坎、离进退之中，故位南北。"② 因此，其对后天图式的论述，同样是围绕着其阴阳进退的特点而展开。

熊氏首先讨论了先天八卦方位图与后天八卦方位图之间的关系。在其看来，二图有相通之处，由先天圆图可变为后天圆图，其法如下图所示：

---

① 说见《勿轩易学启蒙图传通义》卷二，《续修四库全书》第 2 册，第 452 页。
② （元）熊禾《勿轩易学启蒙图传通义》卷七，《续修四库全书》第 2 册，第 477 页。

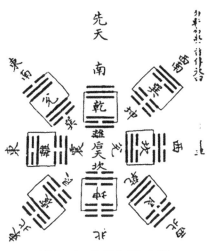

图 4-2　先天变后天图①

　　此图是说：先天图乾南坤北，乾与坤中爻同时变，则变为后天八卦的离南坎北，所表示的是"阴阳之精，互藏其宅"之意。同样，先天图离东坎西，离火炎上，故上爻变而为震；坎水润下，故下爻变而为兑。如此则变得后天八卦的震东兑西。先天图震居东北，兑居东南，而震反转则为艮，兑反转则为巽，故震、兑上下爻同时变，则变为后天八卦的艮东北、巽东南。先天图巽居西南，艮居西北，而巽卦最下一爻为阴，有坤在下之象，故上两爻皆变，则变为后天之坤西南；艮卦最上一爻为阳，有乾在上之象，故下两爻皆变，而变为后天之乾西北②。这种以阴变阳、阳变阴的爻变方式实现的先天图变后天图，实际上仍未离开阴阳变易的大旨。而后天圆图既然能自先天圆图变来，则当然也能够与河图相通，具体情况如下图所示：

　　① （元）熊禾《勿轩易学启蒙图传通义》卷四，《续修四库全书》第 2 册，第 460 页。
　　② 说见《勿轩易学启蒙图传通义》卷四，《续修四库全书》第 2 册，第 461—462 页。

图 4 - 3 后天八卦合河图四象图①

按熊氏对此图的解释，八卦均以阴阳爻构成，阳爻为一，阴爻为二，以此推算，则乾三阳爻为三，坤三阴爻为六，震、坎、艮三卦皆为五，巽、离、兑三卦皆为四。乾与坎之数合为八，除二得六；艮与震合为十，除二得八；巽、离合为八，除一得七；坤、兑合为十，除一得九。这样就从后天八卦中，导出了河图的四象之数。之所以要除以一和二，是因为后天八卦的三四五六之数，都是从一与二中推出的。但乾、兑、离、震四卦，在先天横图均生于阳仪之一，理应皆除以一，此处却离、兑除一而乾、震除二；巽、坎、艮、坤四卦，在先天横图均生于阴仪之二，理应皆除以二，此处却坎、艮除二而坤、巽除一。对这种所除之数参差不齐的情况，熊氏仍然以阴阳相交之法说之。他认为，乾、坎、艮、震四卦所属的东北为阳方，除二后得六与八，恰好为老阴与少阴之数；巽、离、坤、兑四卦所处的西南为阴方，除一后得七与九，恰好为老阳与少阳之数②。总而言之，后天圆图与河图四象之数的配合，体现的是一种"阴阳互藏其宅"的思想，这也是一种"阴阳进退"之说的变形。

最后，对于后天八卦次序图，熊氏也以阴阳之进退相交，将其与河图联

① （元）熊禾《勿轩易学启蒙图传通义》卷四，《续修四库全书》第2册，第462页。
② 说见《勿轩易学启蒙图传通义》卷四，《续修四库全书》第2册，第462—463页。

系了起来。其图录之于下：

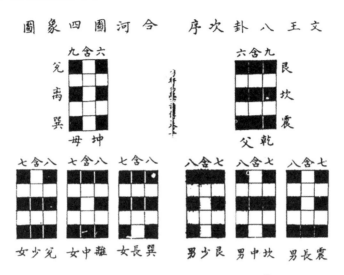

图4-4　文王八卦次序合河图四象图①

此图的编制方法是：以朱子的后天八卦次序图为基础，其中八卦爻画用黑色方块表示，爻与爻之间的空白，则用白色方块表示。以此来计算，乾卦中代表爻数的黑色方块有九个，而代表空白的白色方块有六个，此即表示九含六；坤卦中黑色方块有六个，白色方块有九个，即表示六含九。其余震、坎、艮为七含八，巽、离、兑为八含七，均是如此②。这样，就又从后天八卦次序图中导出了河图四象之数。此是以老阴老阳、少阴少阳彼此相含为说，实际上也是一种阴阳相交。总之，熊氏对后天图式的基本看法是：后天图式能够由先天图式变来，亦能够与河图相通，但其相通之法，乃是其爻数通于河图四象之数，并非是在卦象和卦位上与河图进行比附。而其变换与相通的基本原则，仍然不出"阴阳进退"四字。

四、对朱子筮法和占法的阐发

通过上文的一系列图式与论述，熊氏已对《易学启蒙》中的河图洛书、

---

① （元）熊禾《勿轩易学启蒙图传通义》卷五，《续修四库全书》第2册，第464页。
② 说见《勿轩易学启蒙图传通义》卷五，《续修四库全书》第2册，第465页。

先天后天等部分的内容，进行了大量的阐发。接下来其即将重点转向了《易学启蒙》中的另一个重要部分，即朱子的筮法和占法。

从具体内容上来看，熊氏对这一部分内容的阐发，其侧重点又有所不同。对于筮法，他仍旧坚持以阴阳进退为说。他说："挂扐①之数，老阳三进其一为少阴，即少阴四退其一为老阳；老阴六退其一为少阳，即少阳五进其一为老阴。此三四五六之中，各以一为进退之交也。过揲之数，老阳九退其一为少阴，即少阴八进其一为老阳；老阴六进其一为少阳，即少阳七退其一为老阴。此九八七六之中，各以一为进退之交者也。"② 其说如下图所示：

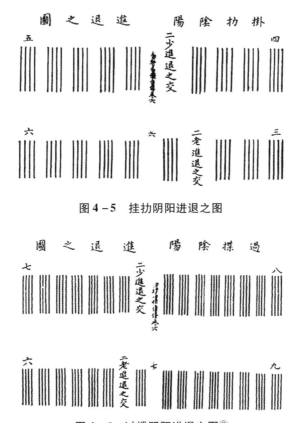

图 4－5　挂扐阴阳进退之图

图 4－6　过揲阴阳进退之图③

---

① 按："扐"原作"拐"，据文意改。
② （元）熊禾《勿轩易学启蒙图传通义》卷七，《续修四库全书》第 2 册，第 477 页。
③ 以上二图见熊禾《勿轩易学启蒙图传通义》卷六，《续修四库全书》第 2 册，第 469—470 页。

　　此二图中，第一图表示的是筮法中的挂扐之数，第二图则表示过揲之数。挂扐图中，老阳挂扐数为十二，为三个四；老阴挂扐数为二十四，为六个四；少阳挂扐数为二十，为五个四；少阴挂扐数为十六，为四个四。由老阳之三个四，向前进一个四则成四个四，变为少阴之十六，而相应的老阴则退一个四，变为少阳之二十；同样，少阴之四个四，退一个四成老阳之十二，而少阳之五个四，则进一个四成老阴之二十四。这就是所谓的"三四五六之中，各以一为进退之交"。过揲图中，老阳过揲数三十六，为九个四；老阴过揲数二十四，为六个四；少阳过揲数二十八，为七个四；少阴过揲数三十二，为八个四。由老阴之六个四进一个四，则成少阳之二十八，相应的老阳之九个四退一个四，成少阴之三十二；由少阳之七个四退一个四，则成老阴之二十四，而由少阴之八个四进一个四，则成老阳之三十六。此即"九八七六之中，各以一为进退之交"。这种以挂扐和过揲之数的加减，来表示阴阳老少进退互变的说法，实际上即来自于朱子的《易学启蒙》，但不同的是，朱子仅将其作为筮法中所具备的多种意义之一，而熊氏则对此说予以极大的重视，以至于专门作两幅图式以说明之，可见在其心目中，阴阳进退仍然是朱子筮法的核心问题。当然，在此之外，熊氏也对筮法的其他一些部分作了阐发。例如，对于揲蓍时为何要先虚一、再挂一的问题，熊氏提出，这是因为"天地大数不过十二"[1]。如挂扐之数，老阳十二，老阴二十四，彼此相距十二；过揲之数，老阳三十六，老阴二十四，彼此亦相距十二；八卦之总画数为二十四画，为两个十二；六十四卦各分八宫，每一宫之总画数为四十八，为四个十二。总之皆是以十二相变。因此，大衍之数五十，只有先虚一、再挂一，所用者四十八为四个十二，才能与天地之大数十二相符。又如，对于揲蓍的一变之数与三变总数的关系，熊氏也指出，一变挂扐之数，不五则九，三变之后，老阴与老阳、少阴与少阳的挂扐数相合，均为三十六，为九个四，此即"三其三而为九"，与挂扐数中之九相合；而老少过揲数相合，则均为六十，为十五个四，此即"三其五为十五"[2]，与挂扐数中之五相合。等等。但总的来说，这些阐发都只是连类而及，在筮法方面熊氏所真正关注的，仍是其阴阳

---

　① （元）熊禾《勿轩易学启蒙图传通义》卷六，《续修四库全书》第2册，第471页。
　② （元）熊禾《勿轩易学启蒙图传通义》卷六，《续修四库全书》第2册，第471页。

进退之理。

熊氏的这种重视阴阳进退的态度，在论述占法时同样也有所体现。在对朱子占法的特点作总体的论述时，他说："十有八变之后，因蓍策以定卦画，凡阳爻用九不用七，凡阴爻用六不用八，阴主退也①。君子观其变，玩其占，当进当退，其机决矣。此变占阴阳之进退也。"② 仍是以阴阳进退为主。但在具体的论述过程中，他却未直接对这一问题展开论述，而是从讨论取象之法的角度入手。

与元代的绝大多数朱子易学家一样，熊禾也笃信朱子《易》必有象之说，并且试图对易象作出较为合理的解释。他把《易》中之象分成文王之象与周公之象两类，文王之象以卦辞为根据，周公之象则取自爻辞。文王之象包括"合卦之六爻取象者"、"分卦之爻位取象者"、"合卦之二体取象者"、"分卦之二体取象者"、"主爻取象"、"因卦义取象"、"一象而各卦所取有不同者"、"取象而两卦相应者"、"以先天卦序取象者"、"以后天卦位取象者"、"有占无象者"等等③。大致而言之，"合卦之六爻取象者"即是取全卦整体之象，"合卦之二体取象者"、"分卦之二体取象者"都是以一卦之上下二体取象，"分卦之爻位取象"、"主爻取象"都是以爻位和爻象为说，这些取象法较为简单通行。其余的"因卦义取象"，说的是卦中本无此象，乃因卦义而推得，如井卦言"繘井"、"羸其瓶"，卦中即无此象，因井有汲水之义，故取之；"取象而两卦相应者"是说两卦相对应取象，如乾为马，与其对应的坤则为牝马之类；"以先天卦序取象者"，如蛊卦"先甲"、"后甲"，取先天圆图中艮、巽之象④；"以后天卦位取象者"，如坤卦言"西南得朋"，取其在后天圆图中位于西南之类；"一象而各卦所取有不同者"，如坤卦以阴为朋，复卦则以阳为朋之类；"有占无象者"如乾卦"元亨利贞"者即是。周公之象则更加复杂，其象有三十一种，以列表的形式示之于下：

---

① 按："阴主退也"之前，疑当有"阳主进也"一句。
② （元）熊禾《勿轩易学启蒙图传通义》卷七，《续修四库全书》第 2 册，第 477 页。
③ （元）熊禾《勿轩易学启蒙图传通义》卷七，《续修四库全书》第 2 册，第 474—475 页。
④ 说与胡炳文同，详见本章第三节。

表 4-2 《勿轩易学启蒙图传通义》周公易象表①

取象之法	示例	取象之法	示例
以位取	如初位取拇、趾象	以六爻之中取	如大过三、四取栋象
以爻取	如阳爻象大人	以互体取	如晋之鼠取互艮
兼爻位取	如乾初九,以爻象龙,以位象潜	以并画取	如大壮并六爻观之似兑,而取羊象
以应位取	如中孚二五位相应,取鹤鸣子和象	以主爻取而与本象同	如屯卦辞与初九均言"利建侯"
以应爻取	如泰六五应九二,象归妹	以本爻取而与他象应	如蛊之先后甲与巽之先后庚
兼应位应爻取	如乾九二应九五,均称大人	一爻取三象而间见他爻	如蒙九二取包蒙、纳妇、子克家
爻位不相应而连二爻取	如解九四、九二皆阳而非居应位,仍取朋象	一爻取五象而分见他爻	如姤初六本身有豕象,二于初取有鱼,三取无肤,四取无鱼,五取包瓜
连三爻取	如泰卦下三爻皆阳,取拔茅茹象	两爻取象而总言于一爻	如睽上指四为豕、鬼等,自称张、说弧,皆言于上
以下承之爻取	如姤九二下承初六,取包有鱼象	众爻取象而总言于一爻	如剥上取硕果、君子,五阴取小人、舆,皆言于上
以上承之爻取	如大过九五上承上六,取老妇士夫象	卦爻反对同象	如损、益反对,皆取十朋之龟象
以承乘二爻取	如旅六二上承九三为得资斧,下乘初六为得童仆	卦爻分合取象	既济初取濡尾曳轮,未济初取濡尾,二取曳轮
以承乘应三爻取	如解六三于四取负象,于二取乘象,于上取寇象	异卦同象	如履与归妹九二均取幽人象
以主爻取	如大有主五,初与五无应,取无交象	以一物之次序取	如乾诸爻取龙自潜至亢之象
以往来爻取	如损三人行损一人,以一阳往上取。	以一身之次序取	如咸初取拇,二取腓,三取股,五取脢之类
以三爻之中取	如艮九三在上下四阴之中,取"限"象	以一卦之次序取	如井自下而上,以井致用之次序取象
有占无象	如恒九二"悔亡"之类		

---

① 此表内容据《勿轩易学启蒙图传通义》卷七之相关部分整理,见《续修四库全书》第 2 册,第 475 页。

此处熊氏所罗列的易象极为细致，乃至显得有些繁琐，但若仔细加以分析，便可发现：这三十一种易象中，"以互体取"说的是互体法，"以并画取"大致即是朱子所用的积画法，"以往来爻"主要说卦变之法，"卦爻反对同象"即是以反对卦取象之法，这些都是朱子曾用过的取象法。以一物、一身、一卦之次序取象的情况，在朱子易说中也有其例。其余则基本都是以爻位、爻象，以及爻与爻之间乘承比应关系而取象，都曾为朱子所广泛使用，熊氏仅仅是将其加以归纳整理，总结成为较为规范的象例。由此可见，熊氏之易象说，在很大程度上是总括朱子之说而成，仍然没有超出朱子的范围。但值得注意的是，熊氏的论述，并没有停留在简单的分析易象与取象之法的层面上，而是进一步讨论了易象之来源与作用：

> 按《虞书》曰："龟筮协从。"是时有羲画，未有卦爻辞，筮者将何取？窃意伏羲奇偶之画，即象也。画中有象，象中有变，阴阳交错，其变何穷！古之筮者，占诸此而已。卦自有卦象，至文王则为卦下之辞；爻自有爻象，至周公则为爻下之辞。然而辞之所见有限，象之所蕴无穷。故占有事辞相应者，即辞可以断吉凶；事或不与相应，非泝而求之象不可也[①]。

此处熊氏提出：文王与周公卦爻辞中所言之象，实际都是本之于伏羲卦画之象，而卦画之象则阴阳进退交变无穷，非卦爻辞所能尽，故占时遇某卦某爻之辞，与所占之事不相应者，则必须抛开卦爻辞，直接求之于卦画之象方可。这实际上是说，作为易象之本的伏羲卦画之象，其特点在于阴阳进退，所以方能应天下无穷之事，文王、周公之象虽繁，但都是从伏羲的卦画阴阳进退中推出。这样，熊氏又把大量繁复而具体的易象，归纳到了"阴阳进退"这一核心理论问题之中。

结　　语

上述四部元人研究《易本义》、《易学启蒙》的著作，从作者来看，熊禾

---

① （元）熊禾《勿轩易学启蒙图传通义》卷七，《续修四库全书》第2册，第472页。

与胡一桂同年,胡炳文较胡一桂小三岁,张清子也生活在元代前期,大致为同一辈人,只有熊良辅较晚。而从成书时间来看,张清子《周易本义附录集注》成于大德七年,已在胡一桂初定本《纂注》之后。熊良辅《周易本义集成》成于至治二年,胡炳文《周易本义通释》则成于延祐三年,此时胡一桂已经逝世。熊禾《勿轩易学启蒙图传通义》的撰述时间虽然不详,但也不应早于至元二十九年跋《易学启蒙通释》时,而本年胡一桂初定本《纂注》已经成书。从这一点而言,此四家都应或多或少地受到胡方平、胡一桂父子的影响。其中张清子、熊良辅引用了不少胡一桂之说,其影响较为明显,甚至二家之著作均采用了纂疏体,都可能是从初定本《纂注》得到启发。熊禾书中虽然未提到胡氏父子,但曾协助胡一桂刊行其两代易学著作,且称之为"斯文异姓昆弟"①,可见交流也应不少。只有胡炳文,虽与胡一桂同在婺源,却似乎并无太多来往。有学者称胡炳文完成《四书通》后,曾托胡一桂请陈栎指正②,然据卷前序言,《四书通》成于泰定元年(1324),此时胡一桂已经去世多年,其说显然有误。不过胡一桂、胡炳文皆与陈栎交好,则是实情,理应对彼此学术也有所了解。此外,熊良辅书中对张清子亦有引用,可见此四部著作中,先成者对后出者也有影响。

从内容上来看,张清子《周易本义附录集注》与熊良辅《周易本义集成》都属于博采百家而不甚尊朱子的一派。熊良辅书引八十余家,张清子所引则近百家,数量远远超过胡一桂初定本《纂注》。不仅其所引诸家多出于朱子之外,且张清子抛弃了朱子经传分离的古《易》文本,熊良辅则取消了纂疏体中专录朱子语录的"附录"一类,都是颇为不寻常的举动。这与其所属学派有着密切联系。张清子之学源出蔡渊,而早在宋代即有人诋蔡氏之学与朱子不同,元代吴澄亦批评其太极之说,谓"于道之大本大源差了"③。熊良辅学术源出饶鲁,而饶氏亦多悖朱子,陈栎乃至于指其说为精神错乱时的胡言乱语,谓:"吾尝疑其人有心疾,清明在躬时说得好,其非改朱子之说,乃

---

① (元)熊禾《送胡庭芳归江东序》,《重刊熊勿轩先生文集》卷一,《宋集珍本丛刊》第91册,第221页。

② 史甄陶《家学、经学和朱子学》,第154页。

③ (元)吴澄《答田副使第二书》,《临川吴文正公集》卷三,《元人文集珍本丛刊》第3册,第103页。

心疾发作时，不然何故如此纰缪，自相背驰。"① 其学派特征均较为明显。胡炳文以家世所守朱学为主，但在尊朱之余又有比较明显的发挥。其随后撰成的《四书通》，亦是"戾于朱夫子者删而去之，有所发挥者则附己说于后"②，可见对朱子的推尊与发明，是胡炳文晚年较为稳固的思想特征，与胡一桂的早年固守朱子、晚年辨正超越的情况颇为不同，别为元代新安理学的另一支派。至于熊禾，其自言"受业于敬堂刘先生，得闻文公晚年所以与勉斋黄先生、潜室陈先生论学之旨"③，李清馥考"敬堂刘先生"为金履祥④，则出自北山四先生一派。董真卿又谓"其学得之徐进斋"⑤，则与蔡渊、徐几等闽学一系，也有密切关系。具体到治《易》方面，可能又颇受胡一桂启发。其所著《勿轩易学启蒙图传通义》，也与胡氏《周易本义启蒙翼传》的思路较为接近，主于阐发朱子。总体而言，此四家在一定程度上代表了元代治朱子易学的不同流派，其治学宗旨与价值取向各具特色。

以后世影响而言，张清子与胡炳文之书，因其被收入明代《周易传义大全》中，而广为人知。其中张清子《周易本义附录集注》，是《大全》编纂时的主要资料来源之一，地位仅次于董真卿《周易会通》。胡炳文《周易本义通释》，则是《大全》编者在《集注》与《会通》之外，另行增补的三家之一。引用量多达八百余条，几乎每卦每爻下都有采录，为《大全》引用诸家中数量最多者。因此，尽管《通释》在明代中期险些失传，《集注》则国内已无传本，但历代学者却能藉由《大全》了解其说。胡炳文由于尊崇朱子，故后世评价较高，谓："非《本义》无以见《易》，非《通释》亦无以尽《本义》之旨。主一先生之言，以尽废诸家，虽未免于太狭。然宋儒说《易》，其途至杂，言数者或失之巧，言理者或失之凿。求其平正通达，显有门径可循者，终以朱子为得中。则炳文羽翼之功，亦未可没矣。"⑥ 张清子在一些关键

---

① （元）陈栎《定宇先生文集》卷七，《元人文集珍本丛刊》第 4 册，第 352 页。
② （元）邓文原《四书通序》，《邓文原集》，浙江人民美术出版社，2016 年，第 214 页。
③ （元）熊禾《送胡庭芳序》，《重刊熊勿轩先生文集》卷一，《宋集珍本丛刊》第 91 册，第 220 页。
④ （清）李清馥《闽中理学渊源考》卷三十七，第 501—504 页。
⑤ （元）董真卿《周易会通》卷首，《中国易学文献集成》第 65 册，第 43 页。
⑥ （元）胡炳文《周易本义通释》卷首《提要》，《景印文渊阁四库全书》第 24 册，第 305 页。《四库全书总目》无此文。

问题上颇与朱子有异同，特别是采用经传合一的《周易》文本，颇为后世所诟病。如明桑悦《易抄》即云："张清子病学者见卦而未见乎彖，见爻而未见乎象，又明踵郑、王之失，合而一之。即今《本义》所传，皆非古《易》。何朱子之《易》，传未数百年，而又为人变乱如此，是不可叹哉？"① 清代袁栋亦将《集注》"以文公《本义》，置之王弼今《易》经文之下"②，作为元人变乱古《易》的代表。但正因其时出新意，并非一味敷衍朱子，故也受到了后世部分学者的欢迎。如明代蔡清《易经蒙引》注家人六四爻"富家大吉"时，即说："中溪引《礼记》云：父子笃，兄弟睦，夫妇和，家之肥也，肥即富也。审如是，当为元吉矣。此与《本义》阴主利之旨不合。然礼义生于富足，家既富，则《记》之所谓肥者，亦当可致矣。若徒有是富，而无《记》之所谓肥，此亦何取于富哉？说者当论及此。"③ 虽以张氏阳为富之说与朱子不同，但其引《礼记》"家之肥"释"富家"，则值得参考。清代刁包《易酌》、乔莱《易俟》对张氏说亦多有称赞。如刁氏称张氏说屯卦九五爻"最切象意"④，井卦卦辞"于象尤切"⑤，既济《彖传》"最得孔子发文王未发之意"⑥。乔氏亦在鼎卦九四爻下称"中溪言象甚确"⑦，甚至在论及姤卦九二爻《小象传》"义不及宾"时，以张氏"一阴不能兼二阳"之说为正，而以朱子之说"与孔子义不及宾之象不合"⑧。

相比之下，熊良辅、熊禾二家，著述流传不广，后世学者注意程度亦较低，但也各有其独特的价值。其中熊良辅《周易本义集成》以采择广泛而不专主朱子著称，学者称其："采摭诸家之说，与《本义》合者录之，即不合而有得于经旨者，亦备录以相发，末则折衷以己意，盖本朱子之书而不泥焉者也。"⑨ "虽主《本义》，而不尽墨守，实取诸家之长。"⑩ 特别是其所录八十余

① （明）桑悦《思玄集》卷一，《四库全书存目丛书》集部第 39 册，第 19 页。
② （清）袁栋《书隐丛说》卷五《易经紊乱》，《续修四库全书》第 1137 册，第 466 页。
③ （明）蔡清《易经蒙引》卷五，《儒藏精华编》第 6 册，第 879 页。
④ （清）刁包《易酌》卷二，《景印文渊阁四库全书》第 39 册，第 219 页。
⑤ （清）刁包《易酌》卷八，《景印文渊阁四库全书》第 39 册，第 434 页。
⑥ （清）刁包《易酌》卷十，《景印文渊阁四库全书》第 39 册，第 499 页。
⑦ （清）乔莱《易俟》卷十四，《景印文渊阁四库全书》第 42 册，第 213 页。
⑧ （清）乔莱《易俟》卷十三，《景印文渊阁四库全书》第 42 册，第 193 页。
⑨ （清）纳兰性德《周易本义集成附录序》，《通志堂集》卷十一，第 221 页。
⑩ （清）周中孚《郑堂读书记补逸》卷一，第 1225—1226 页。

家论说，有一部分较为罕见者。如熊良辅之师龚焕、熊凯，熊凯之子熊栋，以及龚焕的另一位弟子万善，其说均不见于他书。又如其曾引胡廷桂之说，称为"宽居胡氏"。考《万历新修南昌府志》作"胡霆桂"，称其"由天经地志、礼乐名物，下及医药卜筮之书，无不究核"①，且曾有文集行世，但早已散佚无存，《集成》中所保存的胡氏之说可谓弥足珍贵。而熊禾《勿轩易学启蒙图传通义》，一方面将《易学启蒙》的主旨归纳为"阴阳进退"，从而实现了对《易学启蒙》的理论总结与提升，发展了朱子的阴阳观；另一方面又自作大量易图，并对文王与周公取象法进行归纳，在象数方面也有贡献。总的来看，此四部注释发明朱子《本义》、《启蒙》的著作，在元代继胡方平、胡一桂父子之后，进一步展开了对朱子易学的集中研究，并将其推向一个新的高峰。

---

① （明）范涞修，章潢纂《万历新修南昌府志》卷十八，《日本藏中国罕见地方志丛刊》第5册，第387页。

第五章　元代学者对朱子象数易学的研究

作为易学史上的一位集大成式的人物，朱子在象数与义理两方面，都取得了巨大的成就，但比较而言，其象数之学的影响力似乎要更大一些，如当今学者所说的那样："就朱熹在易学史上的建树来说，则偏重在象数的方面。就其在易学史上的影响来说，也在于以他的学术地位，最终打破了唐代《周易正义》以来只有以义理说《易》才是正统易学的传统观念，建立了此后几百年象数易学的地位。"[1] 受其影响，元代学者对朱子易学进行研究时，也对其象数之学的部分特别加以关注。一方面，朱子重视易象与易图的基本观点，在元代得到发扬光大；另一方面，朱子对《易》中象数、筮法及易图等具体内容的说解，也在元代学者中引起了广泛讨论。这两个方面即构成了元代学者阐扬与革新朱子象数易学的面貌。

第一节　元代学者对朱子象数学的基本态度

一、对"《易》毕竟是有象"之说的广泛接受

虽然朱子的易象之说颇为繁杂，但其主要观点，却可以用朱子自己的一句话来总结，即是"《易》毕竟是有象"[2]。这是说，易象是《易》中固有的、不可缺少的一个部分，亦即所谓"《易》之有象，其取之有所从，其推之有所

---

①　王铁《宋代易学》，第 209 页。
②　（宋）黎靖德《朱子语类》卷六十六，第 1641 页。

用，非苟为寓言也"①。对这一观点，元代学者可以说普遍予以接受，并试图通过探讨易象的来源与作用来证成其说。

在探讨易象的来源上，元代学者继承了朱子的看法，认为易象是"取之有所从"，是确有所来源而并非虚设。在具体的论述中，则提出了两种位于不同层面，但却相互关联的论述，即一方面认为象源于理，另一方面认为卦爻辞之象源于卦画之象。前者如元代后期新安学派的著名学者赵汸即说：

> 《易》之作也，卦必有象。象何谓也？羲皇圣人，仰观俯察，有以见物理之至赜，莫不有阴阳至一之理存焉，于是以至赜之物，各有形容，比度于未画之先，得其物之所宜，则象之于既画之后。如卦之纯奇纯偶，则象纯阳纯阴之物宜；卦之杂奇杂偶，则象杂阴杂阳之物宜。是象乃象天下之至赜也，故谓之象②。

可以看出，此处赵氏认为，伏羲因见天地阴阳之理而画卦，所画之卦即是象，因此从本末关系的角度而言，"理"为"象"之本，"象"源于"理"。这也就是朱子所说的"有是理则有是象，有是象则其数便自在这里"③。但反过来说，象虽然源于理，却又是理的唯一承载者，理必须寓于象数而行。如熊良辅说："象占固理之所寓，而以义理为主，象占亦在其中。"④ 保八云："《易》卦为书，象数也，而义理寓焉。取之卦体、卦象、卦变、卦德，每爻之义，论贵贱，论承乘，论初终，论中不中、正不正，有应无应，而义理无穷矣。"⑤ 此外如王申子云："《易》之为《易》，象数而已，理与气时寓乎其中。"⑥ 赵采云："《易》该象数理，未作之前，其体因象数而立，既作之后，其理因象数而显。"⑦ 戴表元云："《易》以象为书，而理附焉……世之言理者先去象，不知去象，则理于何所附而存哉？"⑧ 类似的论述甚多，大抵皆为朱

---

① （宋）朱熹《易象说》，《晦庵先生朱文公文集》卷六十七，《朱子全书》第 23 册，第 3255 页。

② （元）赵汸《周易文诠》卷三，《景印文渊阁四库全书》第 27 册，第 605 页。

③ （宋）黎靖德《朱子语类》卷六十七，第 1646 页。

④ （元）熊良辅《周易本义集成序》，《周易本义集成》卷首，《通志堂经解》第四册，第 115 页。

⑤ （元）保巴《周易原旨》卷八，中华书局，2009 年，第 264 页。

⑥ （元）王申子《大易缉说》卷二，《中国易学文献集成》第 62 册，第 134 页。

⑦ （元）赵采《周易程朱传义折衷原序》，《周易程朱传义折衷》卷首，《景印文渊阁四库全书》第 23 册，第 2 页。

⑧ （元）戴表元《题双溪王晦仲读易笔记后》，《戴表元集》，第 252 页。

子"理寓于气"之说在易学领域的推广。总之，理与象之间的关系是象源于理、理寓于象，《易》乃象数义理"体用一源、显微无间之妙道"①，二者缺一不可，因此象数在《易》中是必然存在、不可或缺的。秉持这一观点的学者中，赵汸、胡震都偏向义理一派，由此很能够看出朱子象数之学对元代义理易学的影响。

"象源于理"之说，可以说是在体用本末的层面上证明了易象存在的合理性，相比而言，卦爻辞之象源于卦画之象的说法，则将重点放在梳理易象的源流关系上。如元代著名学者吴澄即说：

> 伏羲作《易》，仰观俯察，近取远取，而画八卦，以通神明之德，以类万物之情，此即来教所谓包罗天地、揆叙万类者。其时固未有占也。然三百八十四画，皆是象天地万物。惟其所象者，皆神明之德，故可以包罗天地；惟其所象者，皆万物之情，故可以揆叙万类。伏羲之《易》，只是三百八十四画而已，此所谓象也。故曰："《易》者象也。"今谓《易》道广大，岂止于象，若舍象而言，不知伏羲之《易》，更在何处？为此言者，莫是不晓得象字？象者，伏羲之画，所以象天地万物也。其后卦名，是指出所象之事而为名，及象辞爻辞中，言龙言马等，又是指出所象之物而为言也。象之至大至广，而可以包罗天地，揆叙万类者，伏羲之画也。其次卦名指一事之义而言者，比伏羲之画则为狭小矣。象辞爻辞中所指一物者，比卦名之指一事者又狭小矣。今人往往但知卦爻辞中所指一物者为象，诸儒言之不甚明白，惟项平庵《玩辞》，却晓得象字②。

在吴氏看来，所谓"象"可以有三种含义，第一种指卦画，第二种指卦名，第三种指卦爻辞中所涉及到的物象。这三种"象"中，第一种卦画之象乃是一切易象之本，其包罗最为广泛，天地万物都在其中，其余的卦名与卦爻辞之象，实际上都是从卦画之象中推演出来的。因此，如果舍象论《易》，就意味着抛开卦画来谈论易理，显然是不可行的。反之，如果承认伏羲所作

---

① （元）胡震《周易衍义原序》，《周易衍义》卷首，《景印文渊阁四库全书》第23册，第449页。
② （元）吴澄《答田副使第二书》，《临川吴文正公集》卷二，《元人文集珍本丛刊》第3册，第107页。

之卦画在《易》中不可或缺，也就相当于承认了易象是《周易》所必不可少者。这种分辨"象"字含义的做法，吴澄自言来自于项安世的《周易玩辞》，但其实朱子已有类似的说法。《朱子语类》中记有朱子之语曰："盖是卦之未画也，因观天地自然之法象而画，及其既画也，一卦自有一卦之象，象谓有个形似也，故圣人即其象而命之名。以爻之进退而言，则如剥、复之类，以其形之肖似而言，则如鼎、井之类。此是伏羲即卦体之全，而立个名如此。及文王观卦体之象，而为之彖辞，周公视卦爻之变，而为之爻辞，而吉凶之象益著矣。"① 又引郭雍之说而赞曰："'不独是天地雷风水火山泽谓之象，只是卦画便是象。'亦说得好。"② 这实际也是把"象"分成了卦画、卦名、卦爻辞三部分，与吴澄的说法完全一致。所不同的是，吴澄明确提出了伏羲卦画是最为根本的一种易象的观点，并以此来证明易象在易学中存在的合理性。这可以说是用朱子自己的说法，证明了朱子"《易》毕竟是有象"的论断。

通过以上两个方面的论述，元代学者已经从正面论证了易象本之于易理、源自于卦画，从而对易象之来源，形成了"有画斯有象，有象斯有辞，《易》之理尽在于画"③ 的较为一致的认识，并由此对易象存在的合理性作了明确的论证。与此同时，对于前代学者的一些认为易象与《周易》本无渊源关系，乃是自外附会而来的看法，也有学者依据易象确有所源的观点，对其给予了反驳，如俞琰即针对这一问题作了详细的论述：

> 《正义》有实象、假象之别。若地上有水比，地中生木升，皆非虚设，故曰实；若天在山中、风自火出，假而为义，故谓之假。愚谓天在山中、风自火出，皆实象也。且如四面是山，而其间空处，乃天也。天实在山中，岂得是假？火炽则风生，风实自火出，岂得是假？孔子不云乎："见乃谓之象。"盖其卦画实有此象，非虚设也④。

此处俞氏重点批判了《周易正义》中实象、假象之说。《正义》的这种

---

① （宋）黎靖德《朱子语类》卷六十七，第 1646 页。
② （宋）黎靖德《朱子语类》卷六十六，第 1642 页。
③ （元）俞琰《周易集说序》，《俞氏易集说》卷首，《中国易学文献集成》第 43 册，第 3 页。
④ （元）俞琰《读易举要》卷一《卦画取象》，《景印文渊阁四库全书》第 21 册，第 401 页。

说法，实际上谈的是所取的易象是否真实存在的问题。《易》中之象，如地上有水、地中生木等，是实有其事者，即称作"实象"；而天在山中、风自火出等，则是"实无此象，假而为义"，乃是作《易》之圣人虚拟出一个不存在的象，用以说明义理，称作"假象"。如果承认这种说法，也就相当于承认了一部分易象并非《易》中所固有，而只是借以明理的一种工具。若如此，则在求得义理之后，易象便成了可有可无之物，这又落入了王弼"得意忘象"的说法中，因此俞琰才会针对此说进行辩驳。他指出，即以天在山中、风自火出二者而言：四面为山而中间有空处，即是"天在山中"；火焰炽烈，则风自其中而生，便是"风自火出"。总之，《易》中之象皆为实有，没有任何一项是假托虚构的。值得注意的是，俞氏的这种批评，此前朱子已有提出，如针对程颐"理无形也，故假象以显义"的说法，朱子即评论说："观其意，又似直以《易》之取象无复有所自来，但如《诗》之比兴，《孟子》之譬喻而已。如此则是《说卦》之作为无所与于《易》，而近取诸身、远取诸物者亦剩语矣。"① 批评的同样也是以易象为譬喻虚构之说。俞氏之说即是沿着朱子的思路，以易象客观存在的观点，对《正义》之说进行了批判。由此也可以看出，易象"取之有从"、"实而非虚"之说，在元代已经成为了绝大多数学者所认同与通行的看法。

在易象来源的问题上，元代学者的说法已如上文所述，而对于易象的作用的问题，元代学者也有讨论。朱子曾经说易象是"推之有所用"，那么此所谓的"用"，究竟体现在何处？元代学者也从两个方面作了回答，一方面认为：通过对易象的探讨，可以更好地理解卦爻的含义，如俞琰即说：

> 圣人设卦观象系辞焉以明吉凶，盖有此卦便有此象，既有此象乃有此辞。郭白云曰："《易》之为书，其志其辞，皆由象出，未有忘象而知《易》者。"
>
> 孔子谓"圣人立象以尽意"，古注乃欲忘象以求意，何其谬哉？朱子曰："惟其言不尽意，故立象以尽之。学者于言上会得者浅，于象上会得者深。"②

① （宋）朱熹《易象说》，《晦庵先生朱文公文集》卷六十七，《朱子全书》第23册，第3255页。
② （元）俞琰《读易举要》卷一《卦画取象》，《景印文渊阁四库全书》第21册，第401页。

这里俞氏指出，《易》之辞来源于易象，若想要准确地弄清楚《易》之辞的含义，必须要结合易象而观之，而不能忘象论辞。同时，《易》之辞本身又不能完全涵盖一卦一爻的全部含义，因此要对某卦某爻有全面深刻的理解，也同样必须求之于易象。这一观点如果用元代学者自己的话来总结，便是"穷理状意，非象不尽，推事玩占，非象不该"①。按照这种说法，在理解卦爻的含义方面，易象的作用必不可少，其地位甚至还要在卦爻辞之上。另一方面，又有学者提出，通过易象还可以辨别后世各家易说的得失优劣，如黄泽说：

> 所贵于象学者，可以辩诸家之得失，凡纷纭杂错之论，至明象而后定。象学不明，则如制器无尺度，作乐无律吕，舟车无指南，自然差错。如晦庵解损上九"得臣无家"，若以象求，则惠而不费之说太远也。又按《邵氏闻见录》云："王弼注鼎'其形渥凶'，以为沾濡之形也。盖弼不知古《易》'形'作'刑'、'渥'作'劓'，故《新唐史·元载赞》用刑劓，亦用劓诛云。"按：元载以罪诛，赞云："《易》称'鼎折足，其刑劓'。"《周礼·秋官·司烜氏》："军旅修火禁，邦若屋诛。"郑司农云："屋诛谓夷三族，屋读如'其刑劓'之'劓'，谓所杀不于市，而以适甸师者也。"泽谓以屋诛解"鼎折足"，乃学秦法酷烈者之所为，非经意也。三公不称其职，当以礼退，自非秦法，安可以屋诛为义？晦庵于此，亦误从之，此由象学不明，故讹错如此。王弼虽不明象，然解作"渥"义却与象合。所以知王义为得者，䬸既覆，则有鼎汁淋漓沾濡，此正是象，屋诛之说谬矣。一字之讹，所失如此，可不谨哉②！

在这一段文字中，黄泽运用易象，辨析了前代易说中两处其认为有误之处。一是损卦上九爻辞"得臣无家"，朱子在《易本义》中解之为"惠而不费，其惠广矣"③，大致是解"无家"为"广"，与程子"无家谓无有远近内外之限"④之说类似。但黄氏认为，以象学衡量之，朱子之说就显得"太

---

① （元）黄超然《周易发例》卷上，《续修四库全书》第2册，第571页。
② （元）黄泽《易学滥觞》，《景印文渊阁四库全书》第24册，第12页。
③ （宋）朱熹《易本义·下经第二》，《朱子全书》第1册，第68页。
④ （宋）程颐《周易程氏传》卷三，《二程集》，第911—912页。

远"。其究竟远在何处，黄氏未明言，但通过下文鼎卦的例子，可以大致推断出，黄氏是想把"得臣无家"看作一种直接的象，如"得臣忘家"、"公而忘私"之类，而朱子则接近于将"无家"解释成一种比喻义，因此黄氏才批评朱子之说显得迂曲。二是《邵氏闻见后录》认为鼎卦九四爻"其形渥凶"，"形渥"当作"刑剭"，谓屋诛之刑。这种说法在当时也很有影响力，朱子《易本义》中即采用了此说，但黄氏却提出，若以象求之，则此说与象亦不协。盖此爻辞前有"鼎折足，覆公𫗧"二句，既然覆𫗧，则必有王弼所说的沾濡之形，而未见有屋诛之象，因此《闻见后录》之说是错误的。这种使用卦爻辞中之象，来衡量前人对卦爻辞的解说是否恰当的方法，实际上也是把易象摆在了解《易》过程中的一个极为关键的位置上，可以说是通过批判朱子对易象的解说，来充实和发展了朱子的易象理论。

总而言之，通过对易象的"取之有所从，推之有所用"的两方面论述，元代学者最终证成了朱子的"《易》毕竟是有象"之说。从"取之有所从"来看，易象本之易理，源自卦画，从《周易》诞生之日起就存在于其中；从"推之有所用"来看，通过易象可以领会卦爻辞、契悟易理，并且辨别前代诸家之说的正误，也是解《易》时所不可少者。因此，易象理应被看作《易》中所本来固有的，是《周易》的一个天然组成部分。

二、对易象地位的不同看法

尽管在是否有易象的认识上，元代学者普遍接受了朱子"《易》毕竟是有象"之说，达成了较为一致的看法，但在重视易象的程度上，却存在着明显的差别和一定的分歧。一部分学者认为易象不可不明，亦不可深泥；另一部分学者则提出当以明象、补象为第一要务。而无论是哪一种说法，都以依傍朱子为依据，可以说都是朱子之说影响下的产物。

首先，在坚持明象而不泥于象的观点的学者中，宋末元初的俞琰可谓是其中的代表人物。在《读易举要》中，俞氏明确指出：

> 象数固不可不知，然亦不可深泥。张闳中以书问程子云："《易》之义本起于数。"程子答曰："谓义起于数则非也。有理而后有象，有象而

后有数，《易》因象以知数，得其义，则象数在其中矣。必欲穷象之隐微，尽数之毫忽，乃寻流逐末术家之所尚，非儒者之所务。管辂、郭璞之学是也。"①

此处俞氏引用程子之说为证，提出了"象数固不可不知，然亦不可深泥"的观点，虽然未引朱子之说以为据，但实际上朱子对易象的态度是与此类似的。在《易象说》中，朱子就曾说："固不必深求其象之所自来，然亦不可直谓假设而遽欲忘之也。"② 这与俞氏的说法其实别无二致。无独有偶，元代另一位学者黄泽，也表达了与俞琰类似的想法。在《易学滥觞》中，黄氏全文引用了朱子的《易象说》，同时提出：

> 说《周易》者，自汉诸儒至虞翻，是欲明象。去圣已远，象学不易明，遂流于烦琐，或涉支离诞漫，学者亦已厌之。故王辅嗣出而创为忘象之论，尽弃诸儒之说，其文高洁，足以动人。自是以来，学者宗其说，与象相忘矣。至伊川先生，又据《易》以明理，理明而象数稍远③。

一般而言，今人多以为黄泽是主张"明象"说的学者，这并非没有道理，但从此段文字中，即可看出，黄氏所要阐明的"象"，并不是汉儒的象数之学。他认为，汉易的纠缠象数与王弼的忘象求义，都失之偏废："汉儒必欲求象之所自来，则泥而不通；王辅嗣只欲明其用，而忘象则疏略。"④ "诸儒明象僻而迂，王氏忘象决而野。"⑤ 正是在这样的认识下，他才会提出："象学之废，自周末至今千有七百年。"⑥ 可见，汉易的象数之学在他眼中，亦是"象学之废"，他所提倡的，是一方面要从宏观上阐明易象，另一方面又不拘泥于易象中"小而难知"者，亦即其所说的"学《易》者先其大而后其小"⑦，这与朱子的思路完全一致。他之所以要援引朱子《易象说》，也是因为朱子在其中提出的对易象"不深求亦不遽忘"的态度，与自己的看法有相

---

① （元）俞琰《读易举要》卷一《卦画取象》，《景印文渊阁四库全书》第 21 册，第 401 页。
② （宋）朱熹《易象说》，《晦庵先生朱文公文集》卷六十七，《朱子全书》第 23 册，第 3256 页。
③ （元）黄泽《易学滥觞》，《景印文渊阁四库全书》第 24 册，第 3 页。
④ （元）黄泽《易学滥觞》，《景印文渊阁四库全书》第 24 册，第 12 页。
⑤ （元）黄泽《易学滥觞》，《景印文渊阁四库全书》第 24 册，第 14 页。
⑥ （元）黄泽《易学滥觞》，《景印文渊阁四库全书》第 24 册，第 3 页。
⑦ （元）黄泽《易学滥觞》，《景印文渊阁四库全书》第 24 册，第 5 页。

契合之处。

在"明象而不泥于象"之说的指导下，元代一部分学者开始对前代象数之学中的牵强附会之处，进行一定程度的辩驳。如俞琰即曾对宋代史绳祖、洪迈之说提出批评：

> 史学斋谓革居第四十九，应大衍之数，故云"天地革而四时成"。节居六十，而甲子一周，故云"天地节而四时成"。洪容斋亦谓革之象言"治历明时"，而革之序正当四十九，然则专为治历甚明。愚谓：学斋又以策数万有一千五百二十，应一钧之数，为铢万有一千五百二十。此皆偶合耳，圣人作《易》之意，果如是乎①?

史学斋，名绳祖，撰有《学斋占毕》四卷，其书至今尚存。俞氏所引其说，见于其书卷一"称物平施"与卷四"天地节而四时成"二条中。洪迈之说则见于《容斋四笔》卷十二"治历明时"一条中。二家之说大致认为，革卦在《周易》卦序中居第四十九位，并非毫无意义，乃是合于大衍数"其用四十有九"之说。由于大衍数是历法之本，故革卦称"天地革而四时成"、"君子以治历明时"。同样，节卦居于第六十位，是因为六十为甲子运行一周之数，同时自乾至节卦总共六十卦，计三百六十爻，又合于一年之日数，故称"天地节而四时成"。此外，《系辞传》中还有"二篇策数万有一千五百二十，当万物之数"之说，若以古代重量单位衡量之，则一钧三十斤，一斤十六两，一两二十四铢，合之正得一万一千五百二十，与《系辞传》所说完全相合。针对这些说法，俞氏批评说，这都是一些"偶合"的现象，圣人起初作《易》时，并无此意，这也就相当于指明了所引之说的附会。与俞氏持类似态度的，还有元代的另一位学者胡祗遹。胡氏曾著有《易直解》三卷，其书早佚，但在其文集中，还保存有不少易说，其中批评前代象数之失者占了很大一部分，如其评论朱震之说曰：

> 论卦象而不系于义理之得失，不关于实用之取舍者，反对是也。如朱震曰："豫，谦之反。谦九三反而之四为豫。"何系于义理用舍哉？以二卦论之，谦何系于豫，豫何系于谦哉？朱震所以必从谦说者，只欲就

---

① （元）俞琰《读易举要》卷三《论象数之学》，《景印文渊阁四库全书》第 21 册，第 428 页。

九三，则互体上坤中坎，坤中有水，师之象耳。师动而往，行师也。三公位，反之则四，四侯位，有建侯之象。坤伏乾，天地也。坎伏离，日月也。取象如是，则与象辞相合。圣人之于《易》，固观象而系辞，然则必如是之牵合附会、细碎曲折，恐非圣人之本心也，非义之正大也①。

在这段文字中，胡氏所批评的"反对"体例，其内容大致是说，将某一卦的卦象倒置过来可得另外一卦，这两卦就互为"反对"关系，可以以其中的一卦去解释另一卦。这种解《易》方法早已有之，并非始于朱震，而胡氏的批评，也并非只对"反对"这一种体例而发，实际上针对的是象数派的整体解《易》思路。在他看来，圣人观象系辞而作《易》，则《易》中自然不可能全无象数，但若像朱震这样，以反对、互体、飞伏等各种方法，力图做到将《周易》经传中每字每词都求得其象，就陷入了"牵合附会、细碎曲折"的象数泥潭中，也违背了朱子对象数不欲深究的态度。总之，以俞琰、黄泽、胡祗遹等人为代表的这一派学者，虽然不反对明象，却不赞成对易象作过深的解析，以免滞泥于象数，而影响到对象中之义理的探讨。应该说，这种观点虽然较为保守，却符合朱子释象之理念。朱子在解释易象时，基本倾向是"反对汉儒之象，推崇的是卦画及与卦画相关的，表示一定义理的简明之象"②，第一派学者的释象方法，显然忠实地遵守了朱子的思路。

与上面的一类学者相比，另一部分元代学者对解说易象的态度，就显得颇为积极。这部分学者认为，既然《易》以象数为体，那么当前的首要任务，就是要运用各种象数学方法去探明易象，而"泥于象"的问题，则并不在他们考虑的范围中。而这种探究易象的行为，又往往以补充朱子论象之不足的名义出现，如元初著名象数学家丁易东，在其所著《周易象义》卷前第二序中即说：

> 伊川纯以义理发明，固为百世不刊之书，然于象变，则亦引而不发。康节虽言象数，然不专于《彖》、《象》发明。朱子归之卜筮，谓邵传羲经、程演周《易》，得之矣。其于象数也，虽于《易学启蒙》述其大概，

---

① （元）胡祗遹《胡祗遹集》卷二十四《语录》，第525页。
② 林忠军《象数易学发展史》第二卷，第345页。

而《本义》一书，尚多阙疑。仆用功于此有年矣，窃谓泥象变而言《易》固不可，舍象变而论《易》亦不可。于是历览先儒之说，依《本义》体，分经与《彖》、《象》各为一编。大率以理为之经，象变为之纬，使理与象变并行不悖，庶几不失前圣命辞之本旨①。

在丁氏看来，程子不谈象数，邵雍谈象数而不本于《周易》，都非论象之正途。只有朱子在《易学启蒙》中对象数之学作了一些概述，不过，连同他的《易本义》，都对易象的论说缺略不全。因此，丁氏作《周易象义》，就是要以详尽明白的易象解析，来补足朱子这方面的缺失。虽然丁氏也有"泥象变而言《易》固不可，舍象变而论《易》亦不可"一类的论述，但从其著作的具体内容中可以看出，他实际上完全不考虑"泥象变"的问题。在《周易象义》中，他将前代的象数体例总结为"三体正变"与"十二例"。"三体"即本体、互体、伏体这三种基本取象体例，每一种体例又有"正体"与"变体"两种情况，将"三体"与"正变"相错综，即成为一切取象法之纲领。"十二例"则是"一曰本体，二曰互体，三曰卦变，四曰应爻，五曰动爻，六曰变卦，七曰伏卦，八曰互对，九曰反对，十曰比爻，十一曰原画，十二曰纳甲"②，是从"三体正变"中推演出来的十二种具体取象法。可以看出，丁氏的这种总结已经基本涵盖了前代一切取象体例，用这些体例来解释易象，必然会倒向象数一边。因此，他虽然打着不泥于象变的旗号，但其烦琐的象数之说，还是遭到了真正坚持"明象而不泥于象"的学者的批评，如黄泽就说："李鼎祚缀于王氏弃掷之余，朱子发后出而加密，丁易东继之而愈详，圣人立象之妙终不可见。"③

然而，尽管批评之声不绝于耳，但从元代易学发展的整体情况来看，这种以探究象数为主的风气，仍然受到很多学者的欢迎与拥护。一个较为明显的例子是，本文第三章中曾经谈到的元代著名朱子易学学者胡一桂，在其晚年的时候，即对象数之学产生了浓厚的兴趣。在他看来，变体、互体、伏体、反体、纳甲等象数方法，都是"不可废"的。同时，他还从宋代象数之学的

---

① （元）丁易东《周易象义》卷首，《中华再造善本》影印元刻本，北京图书馆出版社，2004年。
② （元）丁易东《周易象义》卷首《易统论中》。
③ （元）赵汸《黄楚望先生行状》，《全元文》第54册，第373页。

代表人物朱震的著作中，契悟了"以六位取象"的新象数体例。元代的另一位学者赵采，在其著作《周易程朱传义折衷》里，曾提出"泥象数者流于诡怪，说义理者沦于空寂"①，从表面上来看，似乎主张象理兼采，不沉溺于过为复杂的象数之说。但实际上，赵氏却在其书中大量采录朱震之说，对易象进行极为细致的解释，这些象数之说被赵氏看作是对程子和朱子的补充与阐发，亦即"间亦窃取先儒象数变互，以资发明"②。可见，高度重视易象、对象数进行深入研究之风，在元代学者研究朱子易学的历程中还是较为流行的。

综合以上所论元代学者对易象地位的两种态度来看，二者的共同点在于都承认易象当明，而差异则在于：第一派学者立足于朱子"不泥于象"的立场，批判前代象数之学的牵合附会；而第二派学者则提倡讲明象数以补充与发挥朱子之说，对前代象数之学普遍赞同。前者是朱子正统思想在元代的继承，而后者则是在朱子易学的基础上，进一步提高易象的地位，重视象数之学在易学中的作用，这种倾向在元代易学中是比较突出的。

三、赞同朱子重视易图的思想

在朱子的象数学体系中，以图解《易》是极其重要的一个部分。在《易本义》中，朱子列出了九幅易图，并将其置于全书的卷首；在《易学启蒙》中，朱子更是拿出了大量的篇幅，对河图洛书、先后天图等问题进行详细考察。朱子这种重视易图、以图解《易》的思想，受到元代学者的普遍支持。在朱子之说的影响下，元代兴起了一股讨论易图的风潮，无论是偏重于义理，还是偏重于象数图书的学者，在解《易》时都不可避免地要谈到一些易图问题。他们对易图的研究，又往往与朱子之说有密切的联系。义理一派的学者中，生活在元初的李简，即引用朱子的一段论述，说明自己对易图的看法：

> 朱文公曰："近世说《易》者，于象数全然阔略，其不然者，又太拘滞支离，不可究诘。故推本圣人经传中，说象数者，只此数条，以意推

①（元）赵采《周易程朱传义折衷原序》，《周易程朱传义折衷》卷首，《景印文渊阁四库全书》第 23 册，第 3 页。
②（元）赵采《周易程朱传义折衷原序》，《周易程朱传义折衷》卷首，《景印文渊阁四库全书》第 23 册，第 3 页。

之，以为足以上究圣人画卦作《易》之本旨，下济生人观变玩占之实用。"文公此说，甚惬愚意，然仆所取之图，则亦不能尽同也①。

李氏所引的这段文字，出自朱子《答陆子美》一文，在这篇文章中，朱子明确提出其《易学启蒙》的主旨，即是以一系列易图对"圣人经传中说象数"的部分进行解释。对朱子的这种以图解《易》的做法，李氏明确表示赞同，认为"文公此说，甚惬愚意"。在其易学著作《学易记》卷首，李氏列出了十余幅易图，这也是明显比拟于朱子《易本义》卷首九图的做法。至于李氏所作易图的具体内容，虽然与朱子"不能尽同"，但很大程度上也是在朱子之图的基础上进行改造和损益的。可见，从李氏以图解《易》的思想、实践，到所作易图的基本形制，都是在朱子之说的影响下出现的。李氏的《学易记》，虽然从名义上而言是一部集六十四家之说的集注体著作，但实际上构成其集注主体的，是程颐、郭雍等北宋义理派学者的说法，象数之说根本不在其采用的范围内。同时，朱子之说为其采录的数量亦很少，而朱子的一些较有特色的说法，如"《易》本卜筮之书"、"分别四圣之《易》"等，也都没有被李简接受。真正对李氏产生影响的，只有朱子的易图学思想。

除了李简这类将易图与义理易学结合为一的情况之外，元代还有一批不立易图的义理派学者，尽管他们并不把易图采录入自己的易学著作中，但朱子易图之学对其的影响，仍然极为深刻。例如，元代后期的新安学者赵汸，其易学著作《周易文诠》以解释《周易》文句为主，其中既罕有象数之说，亦未登载任何易图，因此被《四库总目》称作"主于略数言理"②，可以说是元代义理易学的代表著作之一。但在这样的一部著作中，却包含有一些对河图洛书及先后天图式的论述，如对于河图，赵氏即说：

> 伏羲之时，有龙马负图出河，其上有自一至十之数，人知其为河图之数，而不知此即天地之数也。天纯阳，其数奇，而图之一三五七九皆奇，则皆天数也；地纯阴，其数偶，而图之二四六八十皆偶，则皆地数也。河图之具天地全数如此③。

---

① （元）李简《学易记》卷首，《中国易学文献集成》第 63 册，第 119 页。
② （清）永瑢等《四库全书总目》卷四，第 27 页。
③ （元）赵汸《周易文诠》卷三，《景印文渊阁四库全书》第 27 册，第 609 页。

从赵氏的这段论述中，至少可以反映出两个问题：其一，他相信河图是客观存在的；其二，他心目中的河图，是自一至十数的五行生成图。这两点都与朱子之说完全相同。除此之外，他对先天横图、圆图、方图，以及后天圆图的论述，也与朱子大体相同，应该都是来源于朱子。由此可见，赵氏书中虽无易图，却不否认易图的存在，而他对朱子的河洛图说与先后天图说的采用，又表明他对易图的接纳，在很大程度上是受了朱子的影响。而元代另一义理派代表人物胡震，则论河图洛书曰：

> 经曰："河出图，洛出书，圣人则之。"请论其详。盖有天地自然之《易》，有羲文周孔之《易》。羲文周孔非能自为《易》也，亦取诸天地而已。河图洛书，天地不言之画也，信乎画前元有之物也。人之言曰：龙马负图而出于河，其数一六居北，二七居南，三八居东，四九居西，五十居中，伏羲则之以画八卦。神龟载书而出于洛，其数戴九履一，左三右七，二四为肩，六八为足，禹因类之以成九畴。此出于孔安国、刘歆之说。则河图者，羲文所以画卦，洛书者，禹箕所以叙畴也。今《大传》论作《易》之原，乃兼以图书言之，何哉？河图者，伏羲所以取画先天之《易》；而洛书者，文王所以取画后天之《易》也①。

此处胡氏以河图为五十五数的五行生成图，以洛书为四十五数的九宫图，与朱子之说也完全一致。不仅如此，其还以朱子"则河图者虚其中，则洛书者总其实"②一语为据。进一步说明了河图与洛书的关系。在其看来，河图数为从一至十，十为实数，实数用虚，故中间的五与十不用，用其余八数，拟之于《易》，即太极虚中而运转八卦之意。洛书数为从一至九，九为虚数，虚数用实，故中间之五与周围八数皆用，拟之于《洪范》，即皇极居中而为九畴之宗主之意。但河图中间的五与十虽然不用，却藏于洛书的纵横皆十五之中；洛书虽然自身仅四十五数，但由其所出的《洪范》，其"五行"、"五事"、"八政"、"五纪"等九畴之子目相加，亦得河图之五十五数。这些说法同样有不少是直接取自朱子，如所谓"河图之数五十五者，又九畴之子目"③ 云

---

① （元）胡震《周易衍义》卷十五，《景印文渊阁四库全书》第23册，第838页。
② （宋）朱熹《易学启蒙》卷一，《朱子全书》第1册，第215页。
③ （元）胡震《周易衍义》卷十五，《景印文渊阁四库全书》第23册，第839页。

云，即源自朱子《易学启蒙》。其余亦多自朱子之说推衍而来。此外如《说卦传》"天地定位"一段，胡氏认为所说的是"先天之卦象"①，并以一分为二之横图和六十四卦大圆图配卦气之法详细阐述之；而"帝出乎震"一段，胡氏则谓其"言后天卦位"②。这些图式与朱子之说也均相吻合。胡氏《周易衍义》是一部"以说理为主"之书③，今传本亦未载易图，但朱子图书之学仍对胡氏产生了明显影响。

相对于义理派而言，图书象数一派学者，在易图方面受朱子的影响，则显得更加明显。元代的几部著名的易图学著作，大都是受朱子启发而作。例如，张理《易象图说》，其内篇部分在形制上就完全比附于朱子的《易学启蒙》。《易学启蒙》分为"本图书"、"原卦画"、"明蓍策"、"考变占"四个部分，张氏之书的划分方法与其完全一致。同时，黄镇成在为其作序时，还提出张氏之说乃是"续邵子、朱子之图而自为一家"④。因此，张氏的易图学，在形制上模拟朱子，在思想上继承和发展朱子，可以说是在朱子的影响下发展起来。而另一位提倡以图说《易》的学者钱义方，则在《周易图说》卷首的序文中，说明其易图学与朱子的关系：

> 寥寥千载，易学绝响。宋之陈抟，心领神悟，始本吾圣人"《易》有太极、两仪、四象、八卦"，"因而重之"，及"天地定位"等说，为横圆大小四图，传之穆、李，以及邵子，而又本"帝出乎震"之说，为后天圆图，因大横图之卦，为否泰反类方图。于是《易》之有图，始大明于天下。而朱子尚有"圆图有造作，不依他元初画底"之说，且欲挈出方图在圆图之外，而释"天地定位"、"帝出乎震"者，必曰"邵子曰：此伏羲八卦之位"，"此卦位乃文王所定"，似犹有歉然未满之意。然其释河图之则，犹未免惑于孔安国之说。此愚所以不揆其陋而有所述也⑤。

在此段文字中，钱氏表达了这样一种看法：易图之学，由陈抟经穆修、

---

①（元）胡震《周易衍义》卷十六，《景印文渊阁四库全书》第 23 册，第 859 页。

②（元）胡震《周易衍义》卷十六，《景印文渊阁四库全书》第 23 册，第 861 页。

③ 潘雨廷《读易提要》，第 267 页。

④（元）黄镇成《易象图说序》，《易象图说》卷首，《中国易学文献集成》第 67 册，第 3 页。

⑤（元）钱义方《周易图说原序》，《周易图说》卷首，《景印文渊阁四库全书》第 26 册，第 619 页。

李之才至邵雍，最终传到朱子，可谓大明于天下。但朱子自己对其所传易图中的一些部分尚有疑问，在解释易图时也有一定的错误。因此，钱氏作《周易图说》，目的就在于补足朱子的"歉然未满"之处，同时对朱子一些错误的说法进行纠正。从这一点来看，钱氏易图学仍然很明显地带有朱子之学的烙印。

总之，元代义理学派与图书学派对易图的研究，大多导源于朱子；而朱子的易图之说，既促使义理派学者接受易图，也激发了象数派学者讨论易图的热情。可以说，朱子易学在很大程度上，推动了元代易图学发展的繁荣。当然，元代也有一部分著作，对朱子易图学并不感兴趣，最具代表性者，当属张清子《周易本义附录集注》。其作为一部注释《易本义》的著作，卷前却未载九图，卷中也没有对图书之学作过多阐释。但这仅是个别现象，元代其余三部同类著作中，胡一桂《易本义附录纂注》与熊良辅《周易本义集成》卷前均有图，胡炳文《周易本义通释》虽然无图，但有关易图的论述不少。今传本《通释》为明代胡珙在旧钞本的基础上整理补辑者，不能排除原本有图而今传本佚失的可能。总体而言，朱子易图学在元代的影响力，仍然是广泛而深远的。

第二节　元代学者对朱子象数学方法的探讨

一、对朱子取象法的讨论

尽管朱子承认《易》必有象，易象当明，但在运用取象之法以求得易象的过程中，却显得非常审慎。由于不愿掉入象数的泥潭中，他在释象时采用最多的，仍是沿袭程子以卦爻取象的方法，如以一卦全体取象、以上下二体取象、以六爻阴阳及其乘承比应的关系取象等。这些方法虽然被朱子大量使用，但毕竟显得过于普通，因此在元代并没有引起太多学者的关注。真正为元代学者所瞩目的，仍集中在卦变、互体等一些较有特点的取象方法上。

1. 对朱子卦变说的质疑和修正

在朱子的象数学体系中，卦变法是极具特色的一种取象体例。所谓卦变法，即是认为《周易》六十四卦，存在着以一定规律彼此互变的关系。这种方法起源很早，据李鼎祚《周易集解》所引，三国时期的虞翻在解《易》时，就已经大量使用卦变说；而宋代的象数学家，应用此例者也不在少数，如李之才、朱震，均是以卦变说《易》的名家。朱子正是在对前代各家的批评、总结的基础上，形成了自己的卦变之说。

大致而言，朱子卦变说对前代学者的超越，主要表现在两个方面：在卦变法合理性的问题上，朱子肯定了卦变法是"《易》中之一义"①，是可以据以解《易》的一种合理的体例，其依据即在《彖传》中"刚柔往来"或"小大往来"一类的文句。他曾据此批评程子："伊川不取卦变之说，至'柔来而文刚'、'刚自外来而为主于内'，诸处皆牵强说了。"② 在卦变的具体操作上，朱子严格遵循"只是一爻互换转移"③ 的体例，即一爻只能与其相邻的另一爻互换，而不能隔爻互换。这两个观点，在元代都引起了广泛的讨论，其说虽然不乏支持者，但相比而言，元代学者对朱子说法的质疑和修正，则显得更为突出。

第一，对于朱子所主张的卦变法是否能用于解经的问题，元代就有学者提出了怀疑。例如，俞琰即针对朱子之说，提出了卦变不可用的说法，他说：

> 主卦变之说者，皆谓一阴一阳卦自复、姤来，二阴二阳卦自临、遁来，三阴三阳卦自泰、否来。朱子《易学启蒙》有图，凡一卦变为六十四卦。或曰：卦变之说，李隆山、王童溪深诋之，古注、程《传》皆不取，而朱子取之，何也？曰：朱子存而不泥，盖占法用之，不可废也。古注、程《传》皆不取卦变，不取诚是也④。

从以上的论述中，可以看出，对朱子把卦变作为一种取象体例，在解释《周易》时加以运用的做法，俞氏并不同意。所谓"朱子存而不泥"，不过是对其说与朱子之说之间的差距的一种弥缝之论。需要指出的是，俞氏心目中

---

① （宋）朱熹《易本义·上经第一》，《朱子全书》第1册，第23页。
② （宋）黎靖德《朱子语类》卷六十七，第1666页。按，朱子所说的卦变，是以一卦之中爻象的上下推移交换而变得另一卦之法，对此法程颐曾明确表示反对，但在《周易程氏传》中也偶有使用，并非完全不取。详见王铁《宋代易学》，第155—156页。
③ （宋）黎靖德《朱子语类》卷七十三，第1864页。
④ （元）俞琰《读易举要》卷一《卦变》，《景印文渊阁四库全书》第21册，第409页。

所谓的"卦变",与朱子之说并不一致：朱子说的卦变，仅指某一卦相邻的两爻互换而变得另一卦之法；而俞氏之说，则既包括邻爻互换之法，还包括爻象阴阳变换之法。如其说："孔成子筮立絷，遇屯之比。晋侯筮勤王，遇大有之睽，此筮而以卦变言也。乃若知庄子曰'在师之临'，游吉曰'在复之颐'，此不筮而亦以卦变言也。"① 这其中如屯之比，是屯卦初九爻由阳变阴，大有之睽，是大有九三爻由阳变阴，亦即是靠一卦中某一爻由阳变阴、由阴变阳，而变得另外一卦。这种方法在前代或称"爻变"，或称"变卦"，本不属于卦变法的范畴，而俞氏却将这种爻象变换法与邻爻互换法混在一起，统称为"卦变"。也正是基于这种对"卦变"的定义，俞氏才会进而认为，卦变法虽然不可用于解经，但人们用《周易》进行占断时，取用卦爻辞的依据正在于一卦中的哪几爻实现了阴阳互换，因此，将卦变用之于占法，还是可以的。

然而，否认卦变之说，便会由此带来另一个问题：《彖传》中的刚柔小大往来之说，若不以卦变说之，则当如何解释？对此问题，俞氏也作出了回答。在他看来，这些说法并不是自卦变而来，而是"就两卦之相比取义"②，亦即是以本卦相邻的前一卦或后一卦而言。在《读易举要》卷一中，他列出了《刚来柔来上下图》，其中包括了《彖传》中有刚柔往来之辞的十余卦；此外还有一些未列入图中者，在《周易集说》中也以相邻之卦为说，合之共计十九例③。朱子所认定的有刚柔往来之辞的易卦，也是只有十九卦，相比之下，俞氏之说在朱子之外，增入了复卦，而将对蹇卦的解释合并到解卦中，比朱子之说的范围，还要略大一些。其以相邻两卦解说刚柔往来的具体方法，如对于随、蛊二卦，俞氏即解释说：

> 随云"刚来而下柔"者，蛊上九来为随初九，而居六二之下也。蛊云"刚上而柔下"者，在随为初九上六倒转为蛊，则初九之刚上为上九，上六之柔下为初六也④。

随卦《彖传》中有"刚来而下柔"之文，朱子以为所说的是卦变，即困

---

① （元）俞琰《读易举要》卷一《卦变》，《景印文渊阁四库全书》第 21 册，第 409 页。
② （元）俞琰《读易举要》卷一《卦变》，《景印文渊阁四库全书》第 21 册，第 411 页。
③ 此十九例的详细情况，见郭彧《俞琰卦变说辨析》，《象数精解》，巴蜀书社，2004 年，第 202—206 页。
④ （元）俞琰《读易举要》卷一《卦变》，《景印文渊阁四库全书》第 21 册，第 412 页。

卦九二爻与初六爻换位，噬嗑卦六五爻与上九爻换位，以及未济卦九二与初六、六五与上九同时换位，就都能变得随卦。同样，蛊卦《象传》中的"刚上而柔下"，以卦变法说之，乃是贲卦初九与六二换位，井卦九五与上六换位，既济卦初九与六二、九五与上六同时换位，即能变得蛊卦。相比之下，俞氏则没有采用朱子的卦变法，而是认为，以《周易》卦序而言，随、蛊二卦相邻，且彼此之间形成反对卦的关系，随卦倒转过来则变为蛊卦，反之亦然。因此，随卦的"刚来而下柔"，实际上说的是蛊卦倒转为随卦，蛊卦原来的上九爻变成随卦的初九爻，而居于六二之下；蛊卦的"刚上而柔下"，说的也是随卦倒转为蛊卦，随卦的初九爻变成蛊卦的上九爻，而随卦的上六爻变为蛊卦的初六爻。然而，俞氏此处的说法之所以能够成立，关键在于随、蛊二卦可以倒转互变，另有一些卦象虽然前后相邻，但却不能倒转互变，如中孚、小过倒转仍得本卦者，又当如何解释呢？对于这一问题，俞氏提出，相邻之卦若非相反，即是相对，总之一定有其联系。即以中孚与小过二卦为例，二者之卦象虽然不可倒转，但却"刚柔相对"，因此《象传》也是以二卦彼此相对而取义，中孚的"柔在内而刚得中"是相对于小过而说，小过的"柔得中"、"刚失位"是相对于中孚而说，仍然可以用相邻之卦来解释。对这种以相邻之卦解说《象传》之法，俞氏自己颇为得意，甚至自称其法是"秦汉之后，唐宋以来，诸儒议论，绝无一语及此"①。这种评价并不见得符合实际，今人已指出，早在俞氏之前，朱震在《汉上易传》中已开始用反对卦解说《象传》②。但换而言之，试图用相邻两卦的相比取义，来代替朱子卦变之法，则确实是俞氏所作出的贡献。

然而，俞琰此种反对以卦变解《易》的学者，在元代毕竟是少数，多数人其实并不排斥朱子卦变法，只是认为不能一概拘于其说。其中钱义方之说较具代表性。在其易学著作《周易图说》中，其列出了一幅《十四卦阴阳之变图》，专门著录《象传》中有刚柔往来类文字的十四卦，并附之以自己的看法：

> 此十有四卦之《象传》，朱子《本义》以卦变释之。其所谓变，乃是就卦爻之曰上、曰下、曰来、曰进、曰升、曰得位，而谓之变，与揲

---

① （元）俞琰《读易举要》卷一《卦变》，《景印文渊阁四库全书》第 21 册，第 411 页。

② 郭彧《俞琰卦变说辨析》，《象数精解》，第 210—211 页。

著求卦，阳变阴、阴变阳者不同也。程子于此，谓卦之变，皆自乾、坤来，朱子讥其于三阳三阴之卦可通，而阴阳多少者不可通，是矣。然其自为说，则泥以刚柔之切近者为变，是亦有不可通矣。窃谓六十四卦，已成之后，阴阳之画，参差不齐，秩然可见。演《易》圣人于其中，或指其一刚一柔之上下，或专指其一爻之得位，而加以曰来、曰上、曰进、曰升之辞，随时取义，而实无一定之拘，非可执一端之说以律之也[1]。

在钱氏看来，《彖传》中所谓的"来"、"上"、"进"、"升"等，其意义并不一致。其中既有"指一刚一柔之上下"，亦即以爻象之升降取义者；也有"专指其一爻之得位"，如讼卦《彖传》"刚来而得中"，专指九二爻居下卦之中，睽卦《彖传》"柔进而上行，得中而应乎刚"，专指六五爻居上卦之中，等等。因此，朱子将其一律用"刚柔之切近者为变"的卦变法来解释，并不合适。由此可以看出，钱氏的观点并不像俞氏那样，认为朱子之卦变绝不可用，他只是强调，在解《易》的过程中，要根据具体情况对卦变法灵活取用，而不能像朱子一样，凡是有刚柔往来之文者就一概用卦变解说，且其卦变法还要严格遵守邻爻互换的原则。与钱义方持相同态度的学者，在元代颇不少见，如曾贯在《易学变通》中即提出：

> 卦变之说，朱子亦既备于图矣。但《本义》之说，专主二爻上下互易而变者，似局于一例，以故于夫子《彖传》，时有不合，故不得不备其说之未备也。何则？有文王之卦变，有周公之象变，有夫子之卦变，其所取虽不一，而其义则本无异也[2]。

按照曾氏的看法，朱子之卦变法主于邻爻互换，此虽然亦是卦变中之一例，但专主此例而尽废他法，则显得太过拘泥狭隘，在实际运用过程中，也常有与《彖传》不合之处。为证明此说，曾氏特别举了一个例子：蹇卦《彖传》有"利西南，往得中也。不利东北，其道穷也"一句，朱子据此以为蹇卦是自小过卦而来，小过九四与六五换位，阳爻得上卦之中，故言"往得中"。对此曾氏即提出，此法虽合于"往得中"之说，但"利西南"一句则

---

[1]　（元）钱义方《周易图说》卷下，《景印文渊阁四库全书》第26册，第650页。
[2]　（元）曾贯《易统论·卦变说》，《易学变通》卷六，《景印文渊阁四库全书》第26册，第63页。

没有着落。八卦之中，坤卦代表西南方，而朱子之法只是以小过之上卦震变为坎，根本没有出现坤卦，如何能合于《象传》之说呢？因此，在解《易》的时候不应只执朱子一法，而是应该兼用"文王卦变"、"周公象变"、"夫子卦变"等多种卦变法。所谓"文王卦变"，即是一卦之二体内外往来，如泰卦之"小往大来"为三阴往外、三阳来内之类。所谓"周公象变"指阴极变阳、阳极变阴，如乾卦"用九"、坤卦"用六"之类。所谓"夫子卦变"，其具体的类型更多：有一爻自外来而变者，如无妄言"刚自外来而为主于内"，说的是无妄内之一阳自其上卦复卦而来；有以内外二爻相易而成卦者，如贲言"柔来文刚"、"分刚上而文柔"，是说贲卦由泰卦之上六与九二易位而成；还有一爻自下位而上行者，如噬嗑言"柔得中而上行"，指本卦六五爻本为阴爻，宜在下位，此时则进居于君位而成卦①。而朱子的邻爻互换之法，虽非绝不可用，但也仅仅是此众多卦变体例中的一例而已。

此外，元代还有一派学者，虽然也以卦变解经，但不用朱子之法，色目学者保八即是如此。其阐述对卦变的认识曰：

> 卦变不一。筮而遇少阴少阳不变，遇老阴老阳皆变，刚变为柔，柔变为刚，于是变而至某卦矣。又有变自某卦来者，如贲柔来而文刚、分刚上而文柔，自泰来；无妄刚自外来而为主于内，自遁来之类。又有应爻刚柔易位者，履变夬称"夬履"，临变咸称"咸临"，屯变解称"雷雨之动满盈"，蒙变观称"顺以巽也"之类②。

此处保八共提出三种卦变法：其一为"刚变为柔，柔变为刚"的爻变。其二所谓"变自某卦来"，实际是主卦卦变之法，下文将有详述。其三"应爻刚柔易位"，指一卦相应之阴阳爻易位而成另一卦。保八解释此法说："初与四应，二与五应，三与上应。刚应刚、柔应柔不变，刚应柔、柔应刚，则甲入乙舍，乙入甲舍，刚柔易位矣。"③如屯卦《象传》下，保八注曰："雷雨之动者，变解也。屯而变解何也？卦变不一，取应爻易位也。应爻易位者，

---

① 本段叙述皆见曾贯《易统论·卦变说》，《易学变通》卷六，《景印文渊阁四库全书》第26册，第63—64页。
② （元）保巴《周易原旨》卷七，第215页。
③ （元）保巴《周易原旨》卷八，第255页。

上下无常，刚柔相易，不可为典要，惟变所适。"① 即是以屯卦初九与六四、六二与九五易位，而成解卦为说。此是一种较为新颖的卦变方法。此外其还曾说："他如卦变有用伏卦者。"② 可见飞伏在保八眼里，也可看作卦变的一种形式。但以上诸多卦变法中，却唯独没有包括朱子的邻爻互换之法，可见其颇不以朱子之说为然。另一位宋末元初的学者黄超然，态度亦与保八类似。他批评朱子卦变法说：

> 朱子谓程子以乾坤之变卦，唯两体互变者可通。《本义》除乾坤不变之外，余六十二卦，凡一体变者皆可通。然无妄曰"刚自外来而为主于内"。外者，外卦也。内者，内卦也。《本义》乃谓无妄自讼而来，二下居初。其于传文内外之例，亦未尽合也③。

既然朱子之说与传文不合，那么当以何种体例论卦变呢？对此黄氏提出，《说卦传》中有乾坤生六子之说，此乃变卦之祖。且乾坤为《易》之门户，诸卦皆自乾坤而出，则"当以乾坤推卦变也明矣"④。其列出了《易》中有刚柔往来之辞者十九卦，分为"两体互变"、"专主一体而可以两体言"、"一体变"、"两体皆变然非互变"四种情况，但归根到底都属于乾坤卦变法的范畴。朱子的邻爻互换法，并不在其采用之列。

以上三派学者，可以说反映了元代学者对朱子卦变法之可用性的三种不同态度。以俞琰为代表的一派，认为包括朱子之说在内的所有卦变法都不合理，不应使用。以钱义方、曾贯为代表的第二篇，其态度是朱子卦变法在一定情况下可以使用，但卦变之法多端，不能一律用朱子之法解之。而保八、黄超然代表的第三派，虽然也用卦变解《易》，但却排除了朱子之说。无论是哪种看法，都是对朱子之说的极大的质疑与修正。

其次，对于朱子卦变法的具体操作方式，元代学者的怀疑声浪显得更加高涨。朱子的卦变之法，以相邻之一爻相易为其基本规则，这种方式本来并无问题，甚至朱子自己都对其说颇为满意，认为"某之说却觉得有自然气

---

① （元）保巴《周易原旨》卷一，第 10 页。
② （元）保巴《周易原旨》卷八，第 255 页。
③ （元）黄超然《周易通义》卷首，《续修四库全书》第 2 册，第 485 页。
④ （元）黄超然《周易通义》卷首，《续修四库全书》第 2 册，第 485 页。

象"①。但在《易本义》卷首，朱子却又列出了一幅《卦变图》，以十二消息卦统领其余各卦，"一阴一阳"之卦以复、姤为主，"二阴二阳"之卦以临、遁为主，"三阴三阳"之卦以泰、否为主，"四阴四阳"之卦以大壮、观为主，"五阴五阳"之卦以夬、剥为主。这就给人一种启发，即以上各部分所属之卦，能够直接从本部分的主卦变来。例如，上文曾举过的随卦，朱子《易本义》本来以为是自困、噬嗑、未济三卦而来；但若从《卦变图》来看，随卦属三阴三阳之卦，似乎又可以直接从主卦否卦变来，否卦上九与初六易位，便能变成随卦。这种卦变法，互换的二爻中间相隔多达四爻，本来不符合朱子邻爻相易的根本原则，但其好处则在于较为简明直接。仍以随卦为例，若按照朱子邻爻互变的说法，否卦要先变渐卦，再依次变为旅、咸、困卦，历四卦才最终能变到随卦；而若以主卦卦变说之，则否卦一次变化就可以直接变得随卦，完全不需要经历中间的四变。正因为如此，在朱子身后不长的时间内，有的朱子后学就已经放弃了邻爻卦变，而转向主卦卦变，如作为朱子再传弟子的徐几，在解说涣卦的时候，即说："四本居二，与初三皆柔，同类而等夷者也。今柔进居四，散其同类之私群，而上聚乎五，故元吉。"② 这里所谓的四本居二而进于四，即是用主卦卦变，认为涣卦直接自否卦变来，而按照朱子之说，否卦本来应先变渐卦，才能由渐卦进而变为涣卦。到了元代，使用主卦卦变法者越来越多，如上文所述保八，即是一例。这其中即有一些学者，开始致力于对此种卦变法的规则的研究，并对朱子的邻爻相易之法进行批评与修正。较有代表性者，如丁易东在《周易象义》中即说：

> 朱子卦变，虽用互爻，其间多用变中之变，如泰自归妹来、无妄自讼来之类，今遡其源，一以复、姤等十二卦为主③。

他认为，朱子《卦变图》虽然以十二消息卦为纲领，但到具体解说各卦的变化时，却往往不据十二消息卦而说。如无妄卦四阳二阴，以二阴之卦言之，其主卦为遁卦，但在《易本义》中，朱子却不说其变自遁卦，而认为是自讼卦而来。这种情况，丁氏称之为"变中之变"，在其看来并无存在的必

① （宋）黎靖德《朱子语类》卷六十七，第1666页。
② （元）胡一桂《易本义附录纂注·下经第二》，《儒藏精华编》第5册，第261页。
③ （元）丁易东《周易象义》卷首《凡例》。

286

要。因此，他便将这些"变中之变"一律删去，转而提出各卦都是由十二消息卦直接变来，亦即所谓"一以复、姤等十二卦为主"。不仅如此，他还对十二消息卦卦变法的具体规则作了一定的归纳，大致而言之，其说法包括以下几个方面：

其一，十二消息卦本身能够以两两相对的方式互变。如剥卦为五阴卦之主卦，复卦为一阳卦之主卦，二者相对，即可互变。如对于剥卦，丁氏即说："以一阳言之，则自复来，初上相易则为剥。"[1] 对于复卦，丁氏亦说："以五阴言之，则自剥来，初上相易则为复。"[2] 其余消息卦的变化方式与此类似，只有乾卦纯阳对坤卦纯阴，不能互变，不在此例之内。

其二，十二消息卦之外的五十二卦，每卦都是同时自两个消息卦变来。例如，屯卦二阳四阴，以二阳之卦言之，是从临卦变来；以四阴之卦言之，是自观卦变来。又如谦卦五阴一阳，以五阴而言则自剥来，以一阳而言则自复来。

其三，五十二卦之中，另有无妄、大畜、家人、睽、蹇、解、萃、升八卦，除了自两个消息卦变来之外，还分别自中孚、小过而来。丁氏对这一情况叙述说："《易》中二阴四阳之卦，二阴画在下，合以遁取，二阴画在上，合以壮取，二阴画在中，则当以中孚取，如无妄、大畜、家人、睽四卦是也。二阳四阴之卦，二阳画在上，合以观取，二阳画在下，合以临取，二阳画在中，则当以小过取，如蹇、解、萃、升四卦是也。"[3] 因此，这八卦实际各有三个来源，可以说是丁氏卦变法中的一个例外。

其四，各卦虽然同时有两个或三个变化的来源，但在具体解说的时候却不一定全部采用，其去取的标准，主要看在变化的过程中，源头的卦象有几爻发生了变动。具体而言之，可以分为三种情况：一是源头之卦皆通过一爻的变动而变得另一卦。如屯卦自临卦而来者，为临卦九五爻与六二爻相易，自观卦来者，为观卦上九与初六相易。不管是临卦还是观卦，都是只需要卦中一爻的变动，便可变出屯卦。这种情况下，在解说时一般兼取源头二卦，如对于屯卦，丁氏即说："二卦皆以一爻相易者，当兼二卦取义"[4]；但也有

---

①　（元）丁易东《周易象义·上经第一之三》。
②　（元）丁易东《周易象义·上经第一之三》。
③　（元）丁易东《周易象义·彖下传第二》。
④　（元）丁易东《周易象义·上经第一之一》。

只取两卦中之一卦的时候，如谦卦自剥、复二卦而来，二卦皆是一爻相易，本应兼二卦取义，而实际情况却是"但以剥取义"①。二是源头之卦皆通过二爻的变动而变得另一卦。如小过卦自临卦来者，为临卦初九、九二与六三、六四换位，自观卦来者，为观卦上九、九五与六三、六四换位。这种情况与第一种情况类似，亦当兼取源头二卦为义，但这种二爻相易的变化方法，其应用的范围较窄，仅限于解说中孚、小过二卦，在丁氏卦变法中不占主要地位。三是源头之卦既有通过一爻的变动，也有通过二爻的变动，而最终变得另一卦者。如需卦自大壮来者，为大壮九四与六五相易，即一爻变；自遁卦来者，为遁卦初六、六二与九五、上九同时相易，亦即二爻变。这种情况一般以其中一爻相易之卦取义，如对于需卦，丁氏即认为其应"自大壮取义"，其原因则在于"盖卦义多取一爻之相易者"②。但亦有兼二爻变之卦取义者，如蛊卦自泰、否二卦而来，泰卦为一爻相易之卦，否卦为二爻相易之卦，本应自泰卦取义，但实际情况却是"亦兼否焉"③。

总之，对一卦的几个不同的来源进行选择时，丁氏主要倾向于选用一爻相易之卦，二爻相易之卦一般只处于辅助性地位，如其所说的那样："自中孚、小过外，未有舍一爻之易，而专取二爻之易者。"④ 从以上的这些叙述，可以看出，丁氏并非是单纯地反对朱子的邻爻相易卦变法，而是提出了一整套主卦卦变法的详细规则，试图以此代替朱子的说法，其质疑与辨正朱子的态度可谓极为积极。

在丁易东之后，元代的另一位著名学者吴澄，在卦变法方面，也提出了与朱子截然不同的说法。与丁易东相比，吴氏并没有对朱子卦变说提出明确的反对意见，但在《易纂言外翼》中，他所集中论述的卦变法，却是一条完全不同于朱子的主卦卦变思路。他引用朱子的话来叙述其对卦变的认识说："朱子曰：卦变盖《易》中之一义，非画卦作《易》之本旨也。如刚来柔进之类，是就卦已成后推说，非谓先有彼卦，而后方有此卦也。若论伏羲画卦，则六十四卦，一时俱了，虽乾、坤亦无能生卦之理。若如文王孔子之说，则

---

① （元）丁易东《周易象义·上经第一之二》。
② （元）丁易东《周易象义·上经第一之一》。
③ （元）丁易东《周易象义·上经第一之二》。
④ （元）丁易东《周易象义·彖下传第二》。

纵横曲直，反覆相生，无所不可。"① 之所以要引用这段话，可能在一定程度上就是为了以朱子"纵横曲直，反覆相生，无所不可"之说，来为自己异于朱子之处进行辩解。

关于吴氏卦变法的具体内容，此前已有很多学者予以讨论②。总体来看，其说法的特点主要包括以下两个方面：一方面，认为六子卦与十辟卦能变得其余四十六卦，亦即是吴氏所说的"乾、坤变而为六子、十辟，六子、十辟变而为四十六卦"③。按其说法，乾、坤二卦相交，能够变出震、坎、艮、巽、离、兑六子，其中震、坎、艮三卦为乾来交坤而成，巽、离、兑三卦为坤来交乾而成。这与朱子《文王八卦次序图》所说完全一致。同时，通过乾、坤之交变，又可以变出十辟卦：一个六画的乾卦以其一画至五画依次交于坤卦，即变得复、临、泰、大壮、夬五辟卦；同样，一个六画的坤卦以其一画至五画依次交于乾卦，即得姤、遁、否、观、剥五辟卦。由此吴氏说明了一个问题：六子卦与十辟卦均是以乾、坤相交的方式，从乾、坤二卦变来的，因此都理应成为其余四十六卦的源头。此前只以十二辟卦为其余五十二卦源头的做法，实际并不完整。

另一方面，对于六子、十辟卦各自又能变得何卦，以及其变化的具体方式，吴澄也给出了极为详尽的说明。六子之卦，每卦又能各变得两卦，合之为十二卦。其变化的方式，是以各卦的两支主爻与其余四爻反复相易。如震卦以初、四爻二阳爻而成卦，便以此二爻作为变化之主：先以内卦的初爻往易外卦之五爻，再以外卦之四爻来易内卦之三爻，则变得蹇卦；而若以内卦之初爻往易外卦之上爻，再以外卦之四爻来易内卦之二爻，则又变得蒙卦。因此，蹇、蒙二卦即是自六子卦中的震卦所变来之卦。由此可以总结出六子卦变化的三条规律：一是六子之卦若要变得别卦，必须令其上下二体的两支主爻同时变动，此亦即

①　（元）吴澄《易纂言外翼·卦变第三》，《中国易学文献集成》第 59 册，第 497—498 页。

②　较为重要的有：王新春《吴澄理学视野之下的易学天人之学》，《周易研究》，2005 年第 6 期；章伟文《略析吴澄的易学象数思想》，《周易研究》，1998 年第 2 期；林忠军《象数易学发展史》第二卷《吴澄象数学思想》；徐志锐《宋明易学概论》第三章第七节《吴澄的象数义理学》等等。《易纂言外翼》四库辑本缺"卦变"部分，元刻本则不缺，诸家皆未见元刻本，因此只能据朱升、黄宗羲等人引用的吴澄之说，作为其论述的依据，但所述仍可参考。

③　（元）吴澄《易纂言外翼》卷首，《中国易学文献集成》第 59 册，第 450 页。

吴澄所说的"六子内外体同，故相易者再"①。二是主爻变动的方式，必须是内卦之爻变至外卦、外卦之爻变至内卦，而不能在本体内变动，此亦即吴氏所说的"内外互相易"②。三是由此而变出的十二卦，都是"二男相同，二女相同"之卦③。亦即是说：若所变之卦下卦为震、坎、艮等三男之卦，上卦亦必然是三男之卦；若下卦为巽、离、兑三女之卦，上卦亦必然是三女之卦。绝不可能出现下卦为男、上卦为女，或下卦为女、上卦为男的男女混杂情况。按照这三条规律，六子卦变出十二卦的具体内容，可如下表所示：

表 5－1　吴澄六子卦变十二卦表④

六子卦	所变之卦	卦变方法
震	蹇	初、五相易，四、三相易
	蒙	初、上相易，四、二相易
坎	小过	二、四相易，五、三相易
	颐	二、上相易，五、初相易
艮	解	三、四相易，上、二相易
	屯	三、五相易，上、初相易
巽	睽	初、五相易，四、三相易
	革	初、上相易，四、二相易
离	中孚	二、四相易，五、三相易
	大过	二、上相易，五、初相易
兑	家人	三、四相易，上、二相易
	鼎	三、五相易，上、初相易

---

① （元）吴澄《易纂言外翼·卦变第三》，《中国易学文献集成》第 59 册，第 496 页。
② （元）吴澄《易纂言外翼·卦变第三》，《中国易学文献集成》第 59 册，第 496 页。
③ （元）吴澄《易纂言外翼·卦变第三》，《中国易学文献集成》第 59 册，第 491 页。
④ 此表据吴澄《易纂言外翼·卦变第三》之相关论述制作，并参考章伟文《略析吴澄的易学象数思想》。

相对于六子卦而言，十辟卦的变化显得更加复杂。在十辟卦中，复、临、大壮、夬、姤、遁、观、剥这八卦，每卦各能变得两卦，合之得十六卦。泰、否二卦，每卦则各自能变得九卦，合之得十八卦。其变化的方式大致遵循"相易者一"① 的原则，即由十辟卦变得其余各卦，都是以一爻变动所得，不会出现像六子卦变那样两爻同时变动的情况。较为特殊之处在于，复、临等八卦中，复、姤、临、遁这四卦，其爻象的变化只能限于内卦，亦即吴氏所谓的"内自相易而外不易"②；相对的大壮、观、夬、剥四卦，爻象的变化只限于外卦，亦即"外自相易而内不易"③。以复卦为例，复卦属于"内自相易而外不易"一类，因此其变化的方式便是：初九与六二相易，变得师卦，初九与六三相易，变得谦卦。这两次变化，都发生在复卦的内卦之中，至此复卦的变化即全部结束，不能够以复卦内卦的初九，再继续与外卦的六四、六五等爻相易。之所以要作这样的规定，无非是为了避免此八卦所变之卦出现重复。如果没有这样的限制，那么如复卦一卦即可变出师、谦、豫、比四卦，相对应的剥卦也能变出此四卦。而在进行这样的划分了之后，由复卦变来的就只有师、谦二卦，余下的豫、比二卦则分属于剥卦，这样就完全解决了重复变卦的问题。而泰、否二卦，在以一爻相易为原则进行变化的时候，本来就不会变出重复的卦象，因此没有特殊的限制，只要以内卦三爻依次与外卦三爻相易，就可以各自变出九卦。具体内容亦见下表所示：

表5－2　吴澄十辟卦变三十四卦表④

十辟卦	所变之卦	卦变方法	十辟卦	所变之卦	卦变方法
复	师	初二相易	姤	同人	初二相易
	谦	初三相易		履	初三相易
剥	豫	上四相易	夬	小畜	上四相易
	比	上五相易		大有	上五相易

---

① （元）吴澄《易纂言外翼・卦变第三》，《中国易学文献集成》第59册，第496页。
② （元）吴澄《易纂言外翼・卦变第三》，《中国易学文献集成》第59册，第496页。
③ （元）吴澄《易纂言外翼・卦变第三》，《中国易学文献集成》第59册，第496页。
④ 此表据吴澄《易纂言外翼・卦变第三》之相关论述制作，并参考章伟文《略析吴澄的易学象数思想》。

续表

十辟卦	所变之卦	卦变方法	十辟卦	所变之卦	卦变方法
临	升	初三相易	遁	无妄	初三相易
	明夷	二三相易		讼	二三相易
观	晋	四五相易	大壮	需	四五相易
	萃	上四相易		大畜	上四相易
泰	恒	初四相易	否	益	初四相易
	井	初五相易		噬嗑	初五相易
	蛊	初上相易		随	初上相易
	丰	二四相易		涣	二四相易
	既济	二五相易		未济	二五相易
	贲	二上相易		困	二上相易
	归妹	三四相易		渐	三四相易
	节	三五相易		旅	三五相易
	损	三上相易		咸	三上相易

　　由此十辟卦变出的三十四卦，其中复、临等八卦所变出的十六卦，每卦的内卦或外卦之一必然是乾卦或坤卦，与之相对应的另一外卦或内卦，则是六子卦中之一，此即吴氏所说的"男女从父、男女从母"①。而自泰、否所变得的十八卦，内外卦的配合则是三男卦中的一卦与三女卦中的一卦相配，亦

① （元）吴澄《易纂言外翼·卦变第三》，《中国易学文献集成》第 59 册，第 491 页。

即吴氏所谓"一男一女相同"①。从以上的论述中能够看出，吴澄所采用的，实际上是一种经过了很大改良的主卦卦变法。此法在传统的十二辟卦之外，又加入了六子之卦，作为其余各卦变化的源头；对六子十辟所能变得的卦象，也作出了明确的规定；此外还消除了卦变中的重复现象，使得每一卦只能固定从六子十辟中的一卦变来，而不像丁易东之说那样，一卦可以同时变自两卦或三卦。应该说，这种卦变法并非首创自吴澄，潘雨廷先生已经指出，吴氏此说是继承自宋代赵以夫《易通》中的卦变法②。吴澄曾见赵氏之书，并在其《易纂言外翼》中加以引用，因此其卦变说来源于赵氏的可能性确实很大。但换个角度而言，作为朱子学术在元代最具声望的传承者之一，吴氏在其书中采用赵以夫的主卦卦变法，实际上也蕴涵着对朱子的邻爻互换卦变法的一种扬弃。

元代学者对朱子卦变说的质疑，其意义可谓颇为重大。一方面，通过一系列的批评与修正，元代学者实现了对朱子的邻爻互换卦变法的彻底颠覆，同时主卦卦变法的地位则得到进一步确立。在此风气影响下，学者在解《易》时，运用朱子卦变法的情况就显得越来越少，较为简易的主卦卦变法的使用则日渐增多，甚至连胡一桂、胡炳文、熊良辅这些较为忠实的朱子学学者，亦都是如此。另一方面，在批评朱子卦变法时，元代学者提出的一些新的体例，也被后世学者所广泛采用，如明代的著名易学家来知德，即借鉴了俞琰的做法，以反对卦代替卦变法解说相关诸卦③。可见，元代学者的质疑虽然是针对朱子卦变法而发，但其影响力则远远超出了朱子易学的范围，可以说从在很大程度上改变了卦变之法的发展轨迹。

2. 互体法在元代的通行

所谓互体，是指一个六画卦除了其本身的内外两个三画卦之外，又可以其中间的二、三、四爻与三、四、五爻，组合成两个新的三画卦的方法。与卦变相同，互体也是一种极为古老的取象方法，其源头甚至可以追溯至先秦，同时在后世易学的发展中，也作为一种通行的象数体例被历代学者采用，可

---

① （元）吴澄《易纂言外翼·卦变第三》，《中国易学文献集成》第 59 册，第 491 页。
② 潘雨廷《读易提要》，第 229—231 页，第 283—285 页。
③ 来氏之说的具体情况，见郭彧《俞琰卦变说辨析》，《象数精解》，第 206—209 页。

以说在易学史上引起了深远的影响。

作为集象数义理之大成的易学家，朱子对于互体这种重要的象数方法，自然不会忽略不谈。但值得注意的是，朱子对于互体的态度，显得多少有些模棱两可。他一方面觉得这一体例渊源有自，似乎"亦不可废"①；另一方面却又指出此法在应用时"不合处多"②，有很多地方都扞格难通，若一概据此为说，很容易流于牵合附会。因此，他对互体之法的使用极为审慎，在《易本义》中基本全无涉及，《语类》中保存下来的以互体解卦的情况也不太多。然而，相对于朱子的谨慎和保守，元代学者对于互体，反而表现出了异乎寻常的热情。有元一代，无论是偏重于象数还是偏重于义理的学者，在解《易》的时候大多愿意或多或少地取互体立说，完全不讲互体者虽然不能说没有，但数量非常之少。同时，更有一批学者以专论的形式，对互体的定义、使用方法、在解《易》中的意义等问题，进行了深入详尽的探讨，这其中就不乏有笃诚的朱子后学。例如，胡一桂在《易本义附录纂注》中，即引用朱子之说曰：

> 《易大传》曰："若夫杂物撰德，辩是与非，则非其中爻不备。"《本义》曰："此谓卦中四爻。"语录曰："先儒解此，多以为互体。如屯震下坎上，就中间四爻观之，自二至四则为坤，自三至五则为艮，故曰'非其中爻不备'。互体说，汉儒多用之，《左传》占得观卦处，亦举得分明，看来此说不可废。"③

胡氏所引的这一段语录，可以说是朱子对互体法表示支持的最为明确的一处论述，正因为如此，元代学者在论证互体合理性的时候，大都要引到朱子的这一段话，胡一桂亦不例外。但其说尚不止于此，除了引用朱子之说为证外，胡氏还特别作有《卦互体图》，将六十四卦互体的情况，以八卦为纲加以列出，其图录于下：

① （宋）黎靖德《朱子语类》卷七十六，第1957页。
② （宋）黎靖德《朱子语类》卷六十七，第1668页。
③ （元）胡一桂《易本义附录纂注·图录第十三》，《儒藏精华编》第5册，第459页。

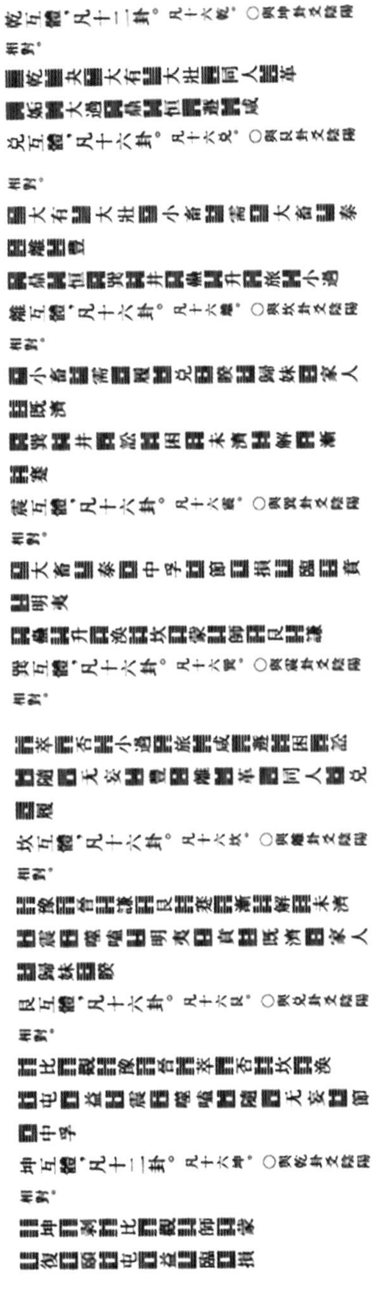

图 5－1　卦互体图①

①（元）胡一桂《易本义附录纂注·图录第十三》，《儒藏精华编》第 5 册，第 457—458 页。

在此图中，胡氏列出了六十四卦中互体的所有情况。能够互得乾、坤二卦者各有十二卦，其中包括三种情况：有二爻至四爻互得者，如大有、大壮、鼎、恒；有三爻至五爻互得者，如同人、革、遁、咸；亦有二爻至四爻、三爻至五爻能够同时互得者，如乾、夬、姤、大过。如此计算起来，由此两组十二卦中所互得的乾、坤二卦数量，实际各为十六个。能够互得兑、离、震、巽、坎、艮六子卦的，各有十六卦，其互得的方式是若非二至四爻，便是三至五爻，不会出现二至四、三至五同时互得的情况。这样，各卦所互得的六子卦的数量，也各为十六个，与乾、坤二卦相同。互得乾卦之十二卦与互得坤卦之十二卦，其卦象阴阳相对，其余互得兑卦与艮卦、坎卦与离卦、震卦与巽者皆然。然而，在胡氏看来，仅仅将互体的情况列出，还不足以说明互体在易学中不可或缺的地位。为此他特别又引进了朱子的先天六十四卦横图，以互体之法对其进行解释，他说：

> 若以六十四卦横图观之，尤有可言者。自第二画至第四画，阳仪中互四乾、四兑、四离、四震、四巽、四坎、四艮、四坤，阴仪中亦互四乾至四坤，两以四卦数之，而周六十四卦。自第三画至第五画，阳仪中前十六卦互二乾至二坤，后十六卦亦互二乾至二坤，阴仪中互体亦然。四以二卦数之，而周六十四卦。然后合全体观之，自初画至三画，一个乾一至坤八，而该六十四；二画至四画，两个乾一至坤八，而该六十四；四画至上画，八个乾一至坤八，而六十四卦成矣。加倍而生，以次而位，乾一坤八之序，一皆顺数之而不紊焉，此又其自然之妙也①。

这段话是说，伏羲六十四卦横图中，前三十二卦生于阳仪，后三十二卦生于阴仪。生于阳仪的三十二卦，以乾卦为首，自左向右，其二爻至四爻的互体情况，依次是四个乾、四个兑、四个离、四个震、四个巽、四个坎、四个艮、四个坤；生于阴仪的三十二卦亦然。而其三爻至五爻的互体情况则是，生于阳仪之三十二卦，其前十六卦，三至五爻依次互得两个乾、两个兑、两个离、两个震、两个巽、两个坎、两个艮、两个坤，后十六卦亦然，阴仪的情况与阳仪相同。乾一至坤八是所谓的伏羲八卦次序，胡氏认为，以互体之

---

① （元）胡一桂《易本义附录纂注·图录第十三》，《儒藏精华编》第5册，第459页。

法能从六十四卦横图中导出此伏羲八卦次序，即足以说明互体是一种合理的体例。同时，六十四卦横图中，自其下卦三画言之，乾一到坤八只需顺排一次，则可涵盖六十四卦；而二画至四画的互体中，乾一到坤八则需循环两次；三画至五画的互体中需要循环四次；而四画至上画则需要循环八次。这正符合于邵子的"一分为二、二分为四、四分为八"之法。在这里，互体已经成为构成此"一分为二"系统的不可缺少的手段，其合理性当然是不需要怀疑的。

胡一桂据先天六十四卦横图来谈互体，而与胡氏交好的另一位朱子学者熊禾，则将目光聚集在了先天六十四卦圆图上，试图从圆图之中推出互体之旨。在《勿轩易学启蒙图传通义》中，其曾专门作有六十四卦圆图互体之图，现录于下：

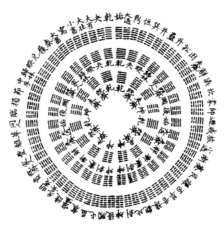

图 5 - 2　先天六十四卦圆图互体图①

此图的意思是，先天圆图六十四卦，每卦中各取两个互体的三画卦，再将这两个三画卦重合而得出一个新的六画卦。以此推之，圆图左半圈三十二卦，由乾卦起左旋，可依次互得乾、夬至剥、坤共十六卦，右半圈由姤卦起，所互得的卦象与排列次序完全相同，仅运行的方向与左半圈相反。由此十六卦，又可进一步互得乾、坤、既济、未济四卦。此即是熊禾所说的"合上下二体，则又于六十四卦之中互十六卦。乾、坤居上下之极，复、姤居上下之交，其序皆自然而然也。十六卦所互者，则乾、坤、既、未济而已"②。同时，

---

① （元）熊禾《勿轩易学启蒙图传通义》卷五，《续修四库全书》第 2 册，第 466 页。
② （元）熊禾《勿轩易学启蒙图传通义》卷五，《续修四库全书》第 2 册，第 466 页。

用此图中互得的十六卦，还可以解释《杂卦传》中的卦序排列问题。《杂卦传》末尾八卦，其次序为大过、姤、渐、颐、既济、归妹、未济、夬。关于为何将这八卦排在《杂卦传》最后，学者们多有疑问，朱子也未能讲明其所以然。对此熊氏提出，此即是取先天圆图互体为言。先天圆图左右各互得十六卦，《杂卦传》末尾八卦，正包括在这互体十六卦中，举此八卦，则另外八卦亦可以推知。在熊禾看来，《杂卦传》之"杂"，即是《系辞传》中"杂物撰德，非其中爻不备"之意，既然"中爻"已经被朱子认定为是互体之说，那么用互体法来解释《杂卦传》，自然也是合理的。

熊禾的先天六十四卦圆图互体之说，可以说颇有新意，但实际上，元代学者持此说者并非仅其一人，至少还包括胡炳文与吴澄。吴澄在《易纂言外翼》中，专门作有"互卦"一篇，其说与熊氏如出一辙。而胡炳文在解说《易本义》的《杂卦传》部分时，说法与熊氏也无太大差别。但现在看来，熊禾之说应该还是要在吴澄与胡炳文之前。不过，由于熊氏之书是在二人身后才刊刻行世，因此二家之说应非沿袭熊氏，而是自行思索而得，其说法也有出于熊氏之外者。例如，吴澄即将先天圆图互卦的规律，总结为"隔八而得，缩四而一"①。所谓"隔八而得"，是指六十四卦圆图自乾与姤起，分别左右旋，每隔八卦就会得到所互的两卦。如圆图由左半圈的乾、夬左行八卦得睽、归妹，以此类推，依次可得家人、既济、颐、复。至此圆图左半圈已经行完，再从右半圈姤卦起右旋，依次可得姤、大过、未济、解、渐、蹇、剥、坤。这样以隔八之法所求得的十六卦，也正是先天圆图所互得的十六卦。所谓"缩四而一"，则是指由六十四卦互为十六卦，再由十六卦互为四卦，都是将四卦缩成一卦。这两条规律，熊氏即未能归纳出来。熊禾与吴澄、胡炳文在讨论互体时的不谋而合，也正能够说明互体这一问题，在元代受关注的程度是如此之高。

与卦变法一样，元代学者对朱子的互体之法进行的大力发扬，也产生了重要的影响。就其对互体法地位的影响而言，这一发扬最终确立了互体法的合理性，以及其在解《易》过程中不可或缺的地位。在此之前，朱子所谈到的互体法，本来只是一种可有可无的解《易》体例，但经过以上这些元代尊

---

① （元）吴澄《易纂言外翼·互卦第六》，《中国易学文献集成》第59册，第513页。

奉朱子易学学者的解释，就使其俨然成为了一种获得朱子明确认可的象数学方法。此后学者们在谈《易》时广泛地采用互体法，甚至将其视为基本的象数体例之一，这都是得益于元代学者对其的发扬。就其对互体法内涵的影响而言，元代学者在发扬朱子的互体法时，对其内涵进行了深入挖掘，如胡一桂从中发掘出邵子的一分为二法，熊禾发现其与先天圆图的相通之处，这使得互体法自身也获得了重大的发展。

当然，互体法虽然在元代极为流行，但这并不意味着元代学者对于互体，就没有丝毫的反对声音。例如，元代后期的学者史伯璿，即旗帜鲜明地反对胡一桂的互体说。他认为，胡一桂及其弟子董真卿在著作中大量使用互体，而其说较之朱子《本义》，往往显得过于牵强附会，所谓"今观《本义》，绝无取互体象者，而《纂注》、《会通》所取互体之象极多，往往多是穿凿附会推出，较之'艮为门阙'、'雷震乎外'之意，殆远不及之。未知其说出于朱子之前，朱子亦取之否？"[1] 按他的看法，取象的总原则应该是"合道理，近人情，不牵强费辞，则取之。反是则不可取耳"[2]，而胡一桂和董真卿的互体之说，则基本都属于不可取者。但像史氏这样的学者，在元代只是少数，更多的学者对互体的态度，仍是颇为认可并积极采用的。

二、对朱子大衍数说的发展

朱子易学著作中的易数之说，数量并不太多，其说大致集中在河洛之数、大衍之数、蓍策之数等几个方面。其中河洛之数与朱子对河图洛书的看法密切关联，蓍策之数则包括在朱子筮法之中，将于下文的相关章节予以叙述，此处则集中论述元代学者对朱子大衍数说的一些推演。

所谓大衍数问题，出自《周易·系辞上》"大衍之数五十"一段文字。朱子对这段文字的解说颇为简单，在《易本义》中只说"大衍之数五十，盖以河图中宫天五乘地十而得之"[3]。《语类》中则总共列出了三种说法：由天地之数五十有五，虚五行之数，则得大衍之体数五十，再虚天一不用，则得

---

[1]　（元）史伯璿《管窥外篇》卷下，《景印文渊阁四库全书》第709册，第662—663页。
[2]　（元）史伯璿《管窥外篇》卷下，《景印文渊阁四库全书》第709册，第663页。
[3]　（宋）朱熹《易本义·系辞上传第五》，《朱子全书》第1册，第130页。

用数四十九，这是第一种说法；五为生数之极，十为成数之极，五乘十、十乘五，则得大衍数五十，这是第二种说法；数始于一，成于五，小衍之成十，大衍之成五十，这是第三种说法。这三种说法与《本义》之说都不尽相同，尤其是被朱子称赞为"此说却分晓"① 的第一种说法，更是与《本义》之说毫无相似之处。由此可见，朱子自己在大衍之数这一问题上，似乎也没有统一而明确的认识。这种既不统一、又不详细的解说，元代学者自然不会轻易接受，因此便有学者提出一些更为精密繁复的说法，力图对朱子之说进行一定的补充与发展。

总体来看，元代学者在发展朱子的大衍数说时，其说法虽然各不相同，但思路却基本类似，即是希望能通过某种方式，将大衍之体数五十与天地之数五十五、大衍用数四十九，以及河图、洛书之数，相互联系起来。元代论述大衍数较有特色的熊良辅、丁易东二家，大致都遵循了这种思路。其中熊良辅的说法，是从天地之数入手，他在《周易本义集成》卷首，特别引录了《大衍天一至地十图》，以阐明其说，图式录于下：

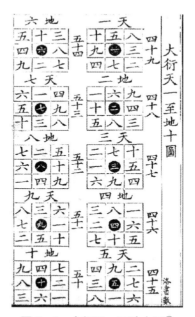

图5-3 大衍天一至地十图②

① （宋）黎靖德《朱子语类》卷七十五，第1916页。
② （元）熊良辅《周易本义集成》卷首《易图》，美国哈佛大学图书馆藏《通志堂经解》本。

据熊氏的说明，此图并非其自作，而是其师熊凯"手录有此本"，熊良辅又自熊凯处转录，其原作者则未知其人，或云是信州人上官求放"得康节之遗说，出于希夷"①。此前熊朋来曾记载上官氏所作图式曰："上官氏尝以河图衍为十图，其第五图即洛书，第六图即地数三十图，而东西南北易位，以仰承五图，阳顺转，阴逆转也。"② 大约即是此图。在熊良辅看来，此图在阐明大衍之数方面颇为有用，甚至可以说是"千载之快事"、"千载大衍之的论"③。他说"不知朱子何以不曾见而不取"④，言下之意还颇为朱子不见此图而感到遗憾。

此图的具体编制方法是：以洛书九宫图的形制为基础，每图的中心依次填入天一至地十等十个天地之数中的一个，四周八个位置，则取其余九个天地之数中的八个填入其中，惟独不取与中心之数相对的一个数字。例如，天一之图以一为中心，其余二至五、七至十等八个数字分填于四周，而与中心之一相对的六则不予采用。这种以天地之数为基础编制出来的十幅图，其中即含有大衍体用之数。从地十图来看，其四周之数为"一对九为十，二对八为二十，三对七为三十，四对六为四十"⑤，再加中间之十，即为大衍之体数五十；而从天一图来看，其四周之数则是"二对十为十二，三对九为十二，四对八为十二，五对七为十二"⑥，总共为四十八，再加中间之一，即为大衍之用数四十九。之所以用数居于天一图，而体数居于地十图，是因为"一为数之始而能变，十为数之终而不能变"⑦，能变者为用，不能变者为体。这样，大衍之体数与用数，以及二者之间的体用关系，即从天地之数中推导了出来。此外，此图中还包含有洛书之数，这十幅图中的天五图，编制方法正是"戴九履一，左三右七，二四为肩，六八为足，五居中央"，与洛书之形制完全一致，其数四十五也与洛书数合。既然洛书数与大衍体用数同出自于天地十图，那么二者之间自然是相互联系的。总之，熊氏采用此图的原因，就在于此图

---

① （元）熊良辅《周易本义集成》卷首《易图》，《通志堂经解》第 4 册，第 120 页。
② （元）熊朋来《熊先生经说》卷一，《通志堂经解》第 16 册，第 606 页。
③ （元）熊良辅《周易本义集成》卷首《易图》，《通志堂经解》第 4 册，第 120 页。
④ （元）熊良辅《周易本义集成》卷首《易图》，《通志堂经解》第 4 册，第 120 页。
⑤ （元）熊良辅《周易本义集成》卷首《易图》，《通志堂经解》第 4 册，第 121 页。
⑥ （元）熊良辅《周易本义集成》卷首《易图》，《通志堂经解》第 4 册，第 121 页。
⑦ （元）熊良辅《周易本义集成》卷七，《通志堂经解》第 4 册，第 162 页。

实现了从天地之数到大衍之体用数与洛书数的推导，在阐明了大衍之数的来源的同时，还把天地之数、大衍之体用数、洛书之数都联系在了一起，而这种推导与联系，正是朱子之说所缺乏的。

与熊良辅相比，丁易东的说法显得更为复杂。他对前代的大衍数说普遍感到不满，在其著作《大衍索隐》中，甚至专门拿出一卷的篇幅，对前代五十七家大衍之说加以批评，而朱子之说正是他批评的重点之一。他说："天地之数五十有五，而大衍五十，先儒于此，每失之凿，独朱子以五乘十之说近之。至于四十有九，率不过归之虚一而已，未有得夫五十数与四十九之全者。予窃病焉。"① 这里他说朱子之说"近之"，实际不过是对朱子的一种回护。其真实的态度是，以五乘十之说，根本无法揭示天地数五十五与大衍体数五十、大衍用数四十九之间的真正关系，也即其所谓的"未有得夫五十数与四十九之全者"。同时，就其说法的来源而言，丁氏认为，朱子之说基本是折衷前代各家而成，所谓"朱子之说兼取诸家，盖亦以先儒未有定说故也"②，这也是隐晦地指责朱子的说法亦难以成为定说。正是鉴于前人的这些不足之处，丁氏才决心要提出一种全新的大衍数说，即便其说与朱子等前代学者有较大差异，亦在所不惜，如其所说的那样："若但以先儒之说病予，则咎虽有所不辞，理亦当仁不逊云。"③

具体而言之，丁氏的大衍数说包括两个方面，一是天地之数与大衍之数的关系，二是大衍之数与河洛之数的关系。首先，对于如何从天地之数中推出大衍数的问题，丁氏提出了一种以天地之数"合而衍之"的方法，其法如图5-4所示。

在这幅图式中，丁氏将天一至地十共十个数字，以相临的两个数字相加，所得出的结果是："一与二为三，二与三为五，三与四为七，四与五为九，五与六为十一，六与七为十三，七与八为十五，八与九为十七，九与十为十九。"④ 这样，天地之数就演变成了三、五、七、九、十一、十三、十五、十七、十九，总共九个新的数字，可以称作"合数"。这九个"合数"中，三、

---

① （元）丁易东《大衍索隐》卷一，《景印文渊阁四库全书》第806册，第319页。
② （元）丁易东《大衍索隐》卷三，《景印文渊阁四库全书》第806册，第365页。
③ （元）丁易东《大衍索隐》卷一，《景印文渊阁四库全书》第806册，第319页。
④ （元）丁易东《大衍索隐》卷一，《景印文渊阁四库全书》第806册，第320页。

五、七、九都是奇数；十一、十三、十五、十七、十九则可以被看作十加一、十加三、十加五、十加七、十加九，其中的一、三、五、七、九也都是奇数，而五个十则为偶数。这样，九个"合数"就又被分解成了九个奇数与五个偶数，亦即丁氏所谓"九位各有奇，而五位各有耦"①。将九个奇数相加，即得出大衍用数四十九，而将五个偶数相加，则得出大衍体数五十。这种说法有别于前代的最大的特点，在于所得的大衍体数与用数，是相对独立而同时存在的两个数字，而按照传统的观点，大衍体数五十减一即为用数四十九，用数四十九加一即为体数五十，二者实际上只是一个数字的两种变化形式。在丁氏看来，其说法的优点所在，正是两数各自独立。他说："凡以数而言，得五十者但见其为五十，而不见其为四十九，得四十九者但见其为四十九，而不见其为五十。今奇耦各分，而两数俱存，以耦形奇，则见其四十九之下，虚其五十之一数矣。"② 亦即是说，四十九与五十这两个数字并存，更能够通过彼此之间的对比反衬，来体现出二者的联系。

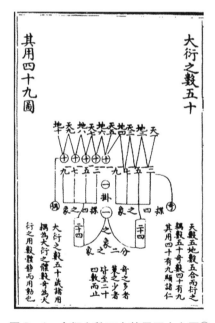

图5－4　大衍之数五十其用四十九图③

①　（元）丁易东《大衍索隐》卷一，《景印文渊阁四库全书》第806册，第320页。
②　（元）丁易东《大衍索隐》卷一，《景印文渊阁四库全书》第806册，第321页。
③　（元）丁易东《大衍索隐》卷一，《景印文渊阁四库全书》第806册，第320页。

　　然而，这种合数之法虽然巧妙，但将天地之数两两相加，毕竟还显得是有意为之而不够自然，如丁氏自己所说的那样："或问：一与二为三，以至九与十为十九，其耦数之得五十，而奇数得四十九，则固然矣，然以其数之相继者，比而合之，得非人力乎?"① 为了解决这一问题，丁氏又专门提出了一个"乘数"之法，用来证明合数的合理性。其说如下图所示：

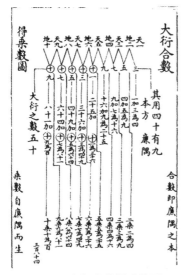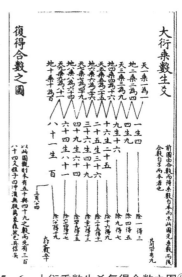

图 5-5　大衍合数得乘数图　　　　　图 5-6　大衍乘数生爻复得合数之图②

　　此两幅图的意思是：天地之数各自乘以本身，如天一即是一乘以一，其结果为一，地二是二二得四，以此类推，至十十为百而止。由此可以求出十个天地之数的平方数，即一、四、九、十六，二十五、三十六、四十九、六十四、八十一、一百，丁氏称作"乘数"。而这十个乘数，既可以通过天地之数的自乘而形成，也可以通过天地之数的相加而得出。如由一一之一生二二之四，若用加法，便是一加三而得四，同样，由四生九为四加五得九，由九生十六为九加七得十六，至于八十一生一百，为八十一加十九得一百。用丁氏的话说，便是："由一一之一生二二之四，是自一而加其三也。由二二之四生三三之九，是自四而加其五也。由三三之九生四四之十六，是自九而加其七也。由四四之十六生五五之二十五，是自十六而加其九也。由五五之二十

①　（元）丁易东《大衍索隐》卷一，《景印文渊阁四库全书》第806册，第323页。
②　（元）丁易东《大衍索隐》卷一，《景印文渊阁四库全书》第806册，第322—323页。

五生六六之三十六，是二十五而加其十一也。由六六之三十六生七七之四十九，是自三十六而加其十三也。由七七之四十九生八八之六十四，是自四十九而加其十五也。由八八之六十四生九九之八十一，是自六十四而加其十七也。由九九之八十一生十十之百，是自八十一而加其十九也。"① 这一加法运算中的三、五、七等加数，丁氏称之为"廉隅"。"廉"是边，"隅"是角，一个乘数必须要加上两个边与一个角之数，才可变为相邻的下一个乘数，亦即所谓"凡开平方者，正方之外，必增两廉而加一隅，然后成方"②。若以减法反推之，地二之乘数四减去天一之乘数一，其结果为三，为天一与地二间的廉隅之数，同样，乘数九减四得五，十六减九得七，以此类推，至一百减八十一得十九，又能通过乘数相减而导出廉隅之数，亦即"从一个平方数减去一个相邻的平方数，剩下的是二廉和一隅之数"③。因此，可以说廉隅之数是乘数之本，乘数自廉隅之数而生，自乘数又能推得廉隅之数。而如果对这一关键的廉隅之数进行观察，即可发现，廉隅之数共有九个，分别为三、五、七、九、十一、十三、十五、十七、十九，而这正是上文中丁氏以天地之数两两相加而得出的"合数"。这样，十个天地之数与其乘数，便以合数为中心联系了起来，二者之间的关系是"用天地之数合衍九位数经过加乘，可以推出四、九、十六、二十五、三十六、四十九、六十四、八十一、一百九位数。反之，用天地之数各自乘以自身，经过加减，则可以推出天地数合衍九位数"④。既然乘数必须要通过天地之数的合数才能得到，而合数又不仅仅来自于天地之数的依次相加，通过天地之数的自乘也能推出，那么合数的存在显然就是合理的，是天地之数"见之于用"的结果。如果以天地之数为体数，那么九个合数就是用数，体立而用行，两者之间是缺一不可的。总之，对于大衍之数与天地之数的关系，丁氏的基本思路即是：天地之数通过两两相加的合数之法，可以推出大衍体用之数，而此合数之法的合理性，又可以通过天地之数自身相乘的乘数之法来加以证明。此外，由合数与乘数还能够推算出其余多种易数，如两仪、四象、八卦、六十四卦，甚至太玄数、洪范数等，

---

① （元）丁易东《大衍索隐》卷一，《景印文渊阁四库全书》第806册，第323页。
② （元）丁易东《大衍索隐》卷一，《景印文渊阁四库全书》第806册，第332页。
③ 李迪《中国数学通史·宋元卷》，江苏教育出版社，1997年，第182页。
④ 林忠军《象数易学发展史》第二卷，第438页。

都包含在其中，用丁氏自己的话说，即是"五十、四十九，皆天地之数合而衍之……而四象之奇之策，三百八十四爻，以至万有一千五百二十之数，胥此焉出也"①。

其次，在论证大衍之数与河图洛书之数的关系时，丁氏主要采用了"以河图洛书五而衍之"与"以河图洛书乘数再自乘而除之"两种方法。第一种方法所谓的"五而衍之"，其意思大致是说，河图中的十个数字与洛书中的九个数字，每个数字又各自衍生为五个数字，其法如以下两幅图式所示：

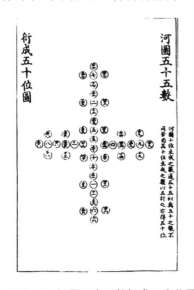

图5-7　河图五十五数衍成五十位图　　图5-8　洛书四十五数衍四十九用图②

这两幅图中，第一幅图是将十到五十总共四十个数字，与河图中的从一到十的十个数字相配，如河图北方为一与六，一即配以十一、二十一、三十一、四十一，六则配以十六、二十六、三十六、四十六。这样以此类推，河图中的十位数字，每一位均配以四位数字，各衍成五位，其总位数为五十，与大衍之体数相合。第二幅图与第一幅图类似，也是将洛书九位数字的每一位均配以四位数字而衍成五位，这样得出的最大的数字，为与九相配的四十九，与大衍之用数相合。同时，此图亦没有失去洛书的特性：洛书九宫之图，

---

① （元）丁易东《大衍索隐》卷一，《景印文渊阁四库全书》第806册，第319页。
② （元）丁易东《大衍索隐》卷二，《景印文渊阁四库全书》第806册，第338页。

有纵横之数皆十五的特点，此图则"纵横各三行的九个数之和均为一百九十五"①，与洛书相似。丁氏认为，他的这种"五而衍之"的方法，是于《易》有据的。他引《说卦传》"参天两地而倚数"，并解释说："参，三也。两，二也。合之非五乎？倚者，各倚于本数，相为依附之义。故以一倚一，以二倚二，以三倚三，以四倚四，以五倚五，以六倚六，以七倚七，以八倚八，以九倚九，以十倚十。夫是之谓倚数。然而倚之之法，若十衍之至百可也，而止于五衍者，即前所谓参天两地者也。"② 在他看来，所谓"倚数"，指的是由"本数"衍生出来的数字应该要与本数相依，如一为本数，由一衍生出来的十一、二十一等，就应当依附于一。而从本数衍生出来的数字本来无穷无尽，如由一不仅可以衍出十一至四十一，还可以继续向下衍生为五十一、六十一，但在此处却受到了"参天两地"之说的限制，因此只能衍至五位而止。而通过这种方法，就可以达到"大衍之数所以合夫河图，大衍之用所以合诸洛书"③ 的目的，亦即是从河图五十五数中导出大衍之体数五十，从洛书四十五数中导出大衍之用数四十九。

然而，丁氏的此种方法，用于河图的推演尚可称合理，但在洛书的推演上就有纰漏：由于河图之数为从一到十，而洛数之数为从一到九，相比之下，洛书比河图少了一个数字"十"，因此二十、三十、四十这三个数字便无处可配。也就是说，虽然洛书通过"以五衍之"的办法，其最大的数字可以达到四十九，但实际上只有四十五个数字，十、二十、三十、四十这四个数字，在洛书中是不出现的。对此，丁氏解释说，这四个数字是"虚包"在四十九数之中，所谓"九与十一之间即十也，十九与二十一之间即二十也，二十九与三十一之间即三十也，三十九与四十一之间即四十也。四位之十隐然于其间，则其为数，自然四十九矣"④。但这种"虚包"之说，仍未免显得牵强，尤其是与河图相比较而言，大衍五十之体数是全部显现在河图中的，用数四十九为何要在洛书中隐去四位呢？为此，丁氏又作了三幅图式，以解决洛书

---

① 李迪《中国数学通史·宋元卷》，第 176 页。
② （元）丁易东《大衍索隐》卷二，《景印文渊阁四库全书》第 806 册，第 339 页。
③ （元）丁易东《大衍索隐》卷二，《景印文渊阁四库全书》第 806 册，第 339 页。
④ （元）丁易东《大衍索隐》卷二，《景印文渊阁四库全书》第 806 册，第 338 页。

中"但见数之四十九，未见位之四十九"① 的问题，图式见下：

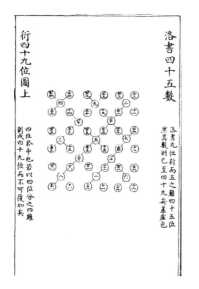
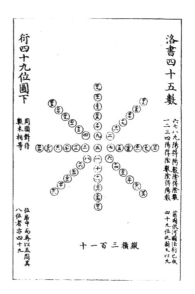

图 5-9　洛书四十五数衍四十九位图上　　图 5-10　洛书四十五数衍四十九位图下

图 5-11　洛书四十九位得大衍五十数图②

①　（元）丁易东《大衍索隐》卷二，《景印文渊阁四库全书》第 806 册，第 340 页。
②　（元）丁易东《大衍索隐》卷二，《景印文渊阁四库全书》第 806 册，第 339—340 页。

此三幅图中，第一幅图名为"洛书四十五数衍四十九位图上"，此图实际就是上文洛书四十五数图的变形。上一幅图式中，洛书九位，每一位皆有五个数字，呈"十"字形排列，此图则将九个小"十"字形均向左扭转四十五度，形成九个"×"字形，中间所空出的四个位置，则分别填上十、二十、三十、四十。这样，就补齐了原图中所缺的四位数字。但这一新的图式，纵横斜之数皆不能相等，又缺乏洛书的基本特性，于是，丁氏又将其变为第二幅图，即"洛书四十五数衍四十九位图下"。此图的布法是"以四十九数旁环旧图而布"①，亦即将洛书九宫图的一到九总共九个数置于中央，其余十到四十九总共四十个数字则环布于其外。其排列规则是由内至外，从十而起顺序排列，一配十，二配十一，三配十二，四配十三，六配十四，七配十五，八配十六，九配十七。至此，该图内部第一周的数字排列完毕，第二周则接续着上面的数字，由十八而起，十配十八，十一配十九，至十七配二十五止，为第二周。其余以此类推，总共可以布为五周，亦即相当于把四十个数字分成了八组，每组五个数字，分属于洛书的外围八宫。同时，这八组数字与洛书外八宫，还有一定的关系：洛书中一、二、三、四这四个数字，若为奇数，则所属的五个数字即为偶数，若为偶数，则所属者为奇数；六、七、八、九四个数字的情况则刚好相反，奇数所属者为奇数，偶数所属者为偶数。这也就是丁氏所说的"一二三四，阳得阴数，阴得阳数。六七八九，阳得阳数，阴得阴数"②。所谓"阳数"、"阴数"，即是奇数与偶数。如果以今天的眼光来看，丁氏以此规则而布成的，实际上是一个以五为中心，纵横斜皆有十三个数字的"米"字形图案。与第一图相比，此图的纵、横、斜之数皆为三百一十，但除此之外亦并无别的规律，因此，丁氏又进而将其变为第三幅图，即"洛书四十九位得大衍五十数图"。此图的形制与第二幅图相似，只是填数的方法有所不同：中央的九位不再填入一至九，而是填入五、十、十五、二十、二十五、三十、三十五、四十、四十五共九个数字，其填法遵照洛书"戴九履一，左三右七，二四为肩，六八为足，五居中央"的规则。由于这九个数字都是五的倍数，因此，五为一个五，相当于洛书中的一，故填于北方；

---

① （元）丁易东《大衍索隐》卷二，《景印文渊阁四库全书》第806册，第340页。
② （元）丁易东《大衍索隐》卷二，《景印文渊阁四库全书》第806册，第339页。

十为两个五，相当于二，填于西南；十五相当于三，填于东方；二十相当于四，填于东南；二十五相当于五，填于中央；三十相当于六，填于西北；三十五相当于七，填于西方；四十相当于八，填于西北；四十五相当于九，填于南方。这样，一到四十九的数字中，便只剩下了四十个，将这四十个数字仍然按照"以数相倚"的方式加以分配，一与十一、二十一、三十一、四十一为一组，二与十二、二十二、三十二、四十二为一组，至九与十九、二十九、三十九、四十九为一组而止，总共分为八组。这八组数字依然以洛书的规则填入图中，属于一的一组填于北方，二的一组填于西南，三的一组填于东方，四的一组填于东南，六的一组填于西北，七的一组填于西方，八的一组填于东北，九的一组填在南方。其中一、二、三、四这四组，填法是由小到大，由外至内，这是因为一、二、三、四都小于洛书之中五，有"敛而归五"之意；六、七、八、九四组，由于都大于中五，故填法为由内至外，表示"由五散之"。这样填出的图式，其纵、横、斜皆得三百二十五，每个圆周上的八位数字之和均为二百，每两个相对之数的和都为五十。这也就是丁氏所说的"若以其对待者论之，则固皆五十矣；以其周围者论之，固皆二百矣；以其纵横者论之，固皆三百二十五矣"[1]。通过这三个图式的变化，丁氏实际上想要证明的是，十、二十、三十、四十这四个数字，并非是他硬塞入洛书之中，而是自然存在，且为洛书变化所必不可少的，若缺了这四个数字，以上的种种变化便均不能成立。至此，洛书四十九数中缺少四位的问题，才可以算是得到了完满的解决。

但丁氏对河洛之数的探讨，并没有到此为止。通过以上的一系列推演，固然已经从河图五十五中推出了五十，洛书四十五中推出了四十九，但按这种推演方法，大衍之体数五十只存在于河图中，用数四十九只存在于洛书中，大衍之体用数本不能相离，现在却"离而为二"[2]，这一问题当如何解决呢？针对此问题，丁氏即采用了第二种方法"以河图洛书乘数再自乘而除之"。这种方法的基本思路是，将河图洛书中的每个数字都两次乘以自身，取其立方数后再执行两次除法。如河图之数为从一到十，将这十个数字分作天数、地

① （元）丁易东《大衍索隐》卷二，《景印文渊阁四库全书》第806册，第340页。
② （元）丁易东《大衍索隐》卷二，《景印文渊阁四库全书》第806册，第337页。

数两个部分，每个数字再两次乘以自身，如天一乘一再乘一，其结果仍是一，天三乘三为九，九再乘三则为二十七。这样计算下来，天五的乘数为一百二十五，天七为三百四十三，天九为七百二十九，五个天数的乘数之和，总计为一千二百二十五。地二的乘数为八，地四为六十四，地六为二百一十六，地八为五百一十二，地十为一千，其和为一千八百。再将天数与地数的总和，分别两次除以河图之中数"五"与"六"：天数之一千二百五十除以五，得五个二百四十五；每个二百四十五再除以五，得五个四十九。地数之一千八百除以六，得六个三百；每个三百再除以六，得六个五十。这样，就从河图十数中，同时推算出了大衍体数五十与用数四十九。洛书的算法与此类似，其五个天数之和亦为一千二百二十五，但由于其地数只有四个，故其地数之和仅为八百。将这两个数字两次除以洛书之位数"五"与"四"，天数仍得四十九，地数仍得五十，同样也是自洛书九数中同时导出了五十与四十九。这种算法表明，大衍体数五十与用数四十九，同时存在于河图和洛书中，二者并未相离。而若将此推演方法略作改动，河图十位数仅自乘一次，所得者为一、四、九、十六、二十五、三十六、四十九、六十四、八十一、一百共十个数字，相加得三百八十五，以河图五十五数除之得七，此即"河图之本数一而乘数七"[1]。以此乘数七乘以三百八十五，得两千六百九十五，仍以五十五除之则得四十九。洛书的九个数，则除去二、四、六、八四个地数，仅用一、三、五、七、九五个天数自乘两次，得一、二十七、一百二十五、三百四十三、七百二十九，相加得一千二百二十五，以洛书五天数之和二十五除之，亦得四十九。这一算法从河图洛书中推出的数字，仅有四十九而没有五十，又表明了大衍之用数的重要性，亦即丁氏所说的"用四十九而不用五十"、"四十九之用所以成五十之体"[2]的意思。总之，丁氏对河图洛书之数与大衍之数的关系的推导无非两点，一是通过"以五衍之"的办法，从河图中推出大衍体数五十，从洛书中推出大衍用数四十九；二是通过河洛之数的两次乘除，从河图洛书中同时推出五十与四十九，并阐明二者的体用关系。此两点再加上推导天地之数与大衍之数关系时所用的"合数"之法，即构成

---

① （元）丁易东《大衍索隐》卷二，《景印文渊阁四库全书》第806册，第349页。
② （元）丁易东《大衍索隐》卷二，《景印文渊阁四库全书》第806册，第349页。

丁氏大衍数说的全部。

通过以上的叙述，可以看出一个问题：元代学者在补充与发展朱子的大衍数说时，其说法往往失之于繁琐，因此在当时就遭到一些学者的批评。例如，王申子即对丁易东之说表示了明确的反对，在其著作《大易缉说》中，王氏先引用了丁氏之说的梗概，而后提出："愚谓大衍之数，至易至简，只合如此，不用求之于艰深也。"① 颇不以丁氏之说为然。自今而言之，丁氏等人确实过分纠缠于数字的推算，王申子的批评并非没有道理。然而，若从另一个角度对其进行审视，则可以看出，这种对朱子的大衍数说的烦琐推演，实际在客观上起到了推动元代易数之学向前发展的重要作用。与宋代相比，元代的易数之学并非特别发达，其较具代表性的专著也只有丁易东《大衍索隐》一种，而从上文的叙述中可见，《大衍索隐》在很大程度上即是为了补正朱子的大衍数说而作。由此而言，易数之学在元代得以继续发展，而没有陷入停滞，某种意义上即是得益于元代学者对朱子大衍数说的探讨。

三、围绕着朱子筮法出现的争论

所谓筮法，即是用蓍草通过一定方式的运算，从中求出相应的卦爻象，用来占断吉凶之法。在这一问题上，历代学者曾作过很多讨论，而朱子更是对此问题表现出浓厚的兴趣，既在《易本义》中作有《筮仪》一篇以概论筮法，又在《易学启蒙》中专门设立《明蓍策》一篇，对筮法作进一步的详细论述，此外还曾撰《蓍卦考误》一文，专辨前人筮法之误，至于散见于文集与《朱子语类》之中的相关说法，更是难以计算。可以说，对筮法的解释，是朱子解《易》时所重点关注的一个问题。

总的来说，朱子筮法的主要内容大致有两点：其一是三变皆挂、左右并揲。亦即是说，取四十九支蓍草，先随手分为两份，再挂右手中之一策而不用，最后将左手与右手中的两份蓍草，均以四支为一组而揲之，揲尽则为一变，其余二、三变与第一变的步骤完全相同。这种揲法，三变均需挂一，同时左右两手中的蓍草均需以四而揲之，故称"三变皆挂、左右并揲"。其二是

---

① （元）王申子《大易缉说》卷一，《中国易学文献集成》第62册，第93页。

以挂扐之数定爻象，亦即是说，将左右两份蓍草以四揲之，揲尽时第一变的余数加所挂之一为非五则九，第二变、第三变的余数加所挂之一为非四即八，四、五为奇，八、九为偶。此余数即所谓的"挂扐之数"，三变后所得者究竟是老阴、老阳、少阴、少阳中的哪一个，要以挂扐之数的奇偶的情况来进行衡量。得三个奇数为老阳，三个偶数为老阴，两偶一奇者为少阳，两奇一偶者为少阴。而元代学者正是围绕着这些内容展开了激烈的争论，并由此诞生了一些新的筮法，在元代易学史上可谓影响深远。

1. "后二变不挂、揲左不揲右"的新型筮法及其引发的争论

与朱子"三变皆挂、左右并揲"之法相对，元代兴起了一种"后二变不挂、揲左不揲右"的新型筮法，其代表人物为丁易东与张理。丁易东在《周易象义》中，引用了宋代杨忠辅所提出的筮法，并称赞之曰"揲法古今，亦多不同，有六说焉，惟近世杨忠辅之说得之"①。其法的具体操作过程是：第一变分二挂一之后，将左手之策四而揲之，其余数可能为一、二、三，或者无余数。此时不需要再揲右手之策，而只根据左手之策的余数，取右手中的相应策数予以补足即可。如左手余一，则取右手之三归之成四；左手余二，则取右手之六归之成八；左手余三，则取右手之一归之亦成四；左手无余，则取右手之八归之亦成八。第二变、第三变的过程与第一变相同，唯一的区别在于二、三变均不挂一。三变之后定爻象时，则以总策数减去三变之余数，亦即朱子所谓的挂扐之数，所得者或三十六，或三十二，或二十八，或二十四，丁氏称之为"策"，亦即所谓的过揲之数。将此四个过揲之数以四约之，三十六得四九，而九为老阳之数，故为老阳。同样，三十二得四八，为少阴；二十八得四七，为少阳；二十四得四六，为老阴。由此可见，丁氏所推崇的杨忠辅筮法，其特点即是在揲蓍时二、三变不挂，揲左不揲右，在定爻象时取过揲之数而不取挂扐之数，与朱子之说的基本内容恰好完全相反。

对于这样一种与朱子之说差距巨大的筮法，丁氏为何要加以采用呢？对此丁氏也作了一些说明。他认为，朱子之法的问题在于"其策得万有一千九百四"，与《系辞传》中"二篇之策万有一千五百二十"的说法不合。为此

---

① （元）丁易东《周易象义·系辞上传第六》。

他还特别提出了一种"以揲蓍每一爻合得变数"① 的计算方法，亦即是说，一卦六爻，每爻可能有老阳、少阴、少阳、老阴四种变化情况，因此在计算六爻之策数时，需要将这四种情况出现的几率包括在内。以此计算之，朱子筮法所得四象之比率是：老阳十二，少阴二十八，少阳二十，老阴四；而老阳的策数为三十六策，少阴为三十二，少阳为二十八，老阴为二十四。以四象之比率与四象之策数相乘，老阳得四百三十二，少阴得八百九十六，少阳得五百六十，老阴得九十六，合之为一千九百八十四；再乘以六爻之六，最终得出的是一万一千九百零四，不符于《系辞传》。而若用他所推崇的杨忠辅之法，则四象之比率为老阳八，少阴二十四，少阳二十四，老阴八。再以此乘之四象之策数，所得者为老阳二百八十八，少阴七百六十八，少阳六百七十二，老阴一百九十二，总计一千九百二十。最后乘以六爻之六，恰好能得出符合于二篇策数的一万一千五百二十。正是在这种计算的支持下，丁氏才提出，朱子之说"不问揲蓍变数之合不合，故揲蓍变数与二篇之策不同，岂理也哉！故知揲法惟杨氏为当也"②。

通过引用杨忠辅之说，丁易东可以说实现了对朱子筮法的全面颠覆。但与此同时，另有一些学者，尽管也对朱子的说法不完全满意，但却并非将其一概推倒，而是既有接受、也有批判，如元代另一位著名易学家张理即是如此。对于朱子的以挂扐之数定爻象的说法，他予以接受，并将其纳入自己的筮法体系之中。他叙述这一问题时说："三变之后，然后视其所挂之策：得三奇为老阳；三偶为老阴；两偶一奇，以奇为主，为少阳；两奇一偶，以偶为主，为少阴。"③ 这与朱子的说法基本没有区别。但对于朱子的三变皆挂、左右并揲的揲蓍法，他就没有采用，而是综合前代各家的意见，提出了一种自己的说法。其法的大致内容是：第一变分二、挂一之后，先揲左手之蓍，得出的余数为或一、或二、或三、或四，右手之策不需再揲，根据左手之余数，余一则取三而归之成四，余二则取六归之成八，余三取一归之亦成四，余四取四归之亦成八。第二、三变与第一变同，而不需挂一。可见，这种方法也是遵循了后二变不挂、揲左不揲右的思路，与丁易东之说几乎完全相同，唯

---

① （元）丁易东《周易象义·系辞上传第六》。
② （元）丁易东《周易象义·系辞上传第六》。
③ （元）张理《易象图说》内篇卷下，《中国易学文献集成》第67册，第90页。

一的一点区别在于，丁氏以左手无余数则取右手之八，而张理则认为应当是左手余四则取右手之四而成八，这仅仅是一种操作上的不同，对揲蓍的最终结果没有任何影响。但尽管张氏与丁氏之说如出一辙，若从来源上看，张氏之说却未必出自丁氏。张氏曾自己叙述其揲蓍法的由来说："其揲法从程子、张子云'再变三变不挂'而得之。盖初变既挂一以象人，置而不用，后二变乃蒙上不复挂者为是也。揲左不揲右，从唐张辕、庄绰二家。盖天动地静，阳变阴合，地承天而行，于义为当。左余一而右承之以三，余三而承之以一者，成其为奇之阳也。左余二而右承之以六，余四而承之以四者，成其为偶之阴也。"[①] 可见，张氏是在程子、张载、张辕、庄绰等人之说的基础上，自己独立发展出此种完全不同于朱子的揲蓍之法，丁易东之说虽然与之相同，但可能只是暗合。

　　虽然就先后次序而言，这种"后二变不挂、揲左不揲右"的揲蓍法，杨忠辅与丁易东都已提出在先，张理只能排于其后，其说法的价值也不可避免地会受到影响。但在阐述这种方法的优越性方面，张氏之说则比丁易东明确了很多。他不像丁氏那样迂曲繁琐地纠缠于二篇之策数，而是直截明白地指出，与朱子之说相比，这种新的揲蓍法的好处就在于"阴阳太少均齐平正"[②]。亦即是说，新揲蓍法得老阳、老阴的几率均为六十四分之八，得少阳、少阴的几率均为六十四分之二十四，老阳与老阴、少阳与少阴的概率完全相同。而朱子筮法则得老阳的几率为六十四分之十二，得少阴者为六十四分之二十八，得少阳者为六十四分之二十，得老阴者为六十四分之四，所得之四象可谓"参差多寡不齐"[③]。这种从所得四象的概率上进行的论证，确实揭露了朱子筮法的一个弱点，同时也体现出了新的揲蓍法的真正优势之所在。

　　从上面的论述中可以看出，以丁易东和张理为代表的反对朱子筮法一派，对朱子之说的批判不可谓不深切，其自行提出的筮法也颇具优越性。但即便如此，他们的说法却仍未能征服全部元代学者，反而激起了一部分人的不满。这一批学者一方面积极挖掘朱子筮法中的合理因素，以反击反对派对朱子的批评，另一方面又对反对派提出的新筮法的不足进行指责，由此便形成了元

①　（元）张理《易象图说》内篇卷下，《中国易学文献集成》第 67 册，第 102—103 页。
②　（元）张理《易象图说》内篇卷下，《中国易学文献集成》第 67 册，第 103 页。
③　（元）张理《易象图说》内篇卷下，《中国易学文献集成》第 67 册，第 103 页。

代易学发展中维护朱子筮法的一派，与反对朱子筮法者针锋相对。

总的来说，反对派对朱子筮法最有力的批评，在于指出了其法所得四象概率的不合理性，因此维护朱子一派即力图在这一点上，为朱子之说作出辩解，如元代著名学者吴澄即是如此。在《易纂言外翼》中，他专门设立了"变例"一篇来阐明朱子筮法。在他看来，以朱子之法揲蓍，三变之后，所得一爻的老少阴阳比率为老阳十二、少阴二十八、少阳二十、老阴四，确实参差不齐。但除此之外，还有另一种计算比率的方法，即将三变中的每一变所得余数，均看作阴阳爻象，三变后的三个余数即可构成一个三画卦之象。朱子筮法第一变余数不五则九，第二、三变均为不四则八，其中四、五为阳，八、九为阴。如此则第一变得五，第二、三变得四者，所得三个余数都为阳，有乾卦之象；第一变得九，第二、三变得四者，第一个数为阴，第二、三个数为阳，有巽卦之象。以此类推，则第一变得五、第二变得八、第三变得四者为离；第一变得五、第二变得四、第三变得八者为兑；第一变得九、第二变得八、第三变得四者为艮；第一变得九、第二变得四，第三变得八者为坎；第一变得五，第二、三变得八者为震；第一变得九，第二、三变得八者为坤。此八卦出现的比率，以及其与四象的对应情况，可见下表所示：

表5-3 朱子筮法所得四象与八卦比率对照表

四象	老阳	少阴			少阳			老阴
余数情况	余数皆阳数	余数两个阳数，一个阴数			余数两个阴数，一个阳数			余数皆阴数
四象比率	十二	二十八			二十			四
八卦	乾	巽	离	兑	震	坎	艮	坤
余数情况	五四四	九四四	五八四	五四八	五八八	九四八	九八四	九八八
八卦比率	十二	四	十二	十二	十二	四	四	四

从此表中可以看出，这种以三变之余数画八卦之法，其比率与揲蓍所得四象比率紧密相关。按照朱子筮法，第一变所得余数不五则九，得五与九的比率为三比一；第二、三变之余数不四则八，得四与八的比率均为二比二。这样计算起来，三变余数依次为五、四、四的情况，其对应的卦象为乾卦，其出现的比率则为$3 \times 2 \times 2$，结果为十二；三变余数为九、四、四的情况，其

对应的卦象为巽卦，其比率为 $1 \times 2 \times 2$，结果为四。以此类推，得兑、离、震的比率均为 $3 \times 2 \times 2$，为十二；得坎、艮、坤的比率均为 $1 \times 2 \times 2$，为四。再以八卦与四象之比率的对应关系来看：乾卦对应老阳，其比率为十二；坤卦对应老阴，其比率为四；巽、离、兑三卦对应少阴，其比率为 $4 + 12 + 12$，得二十八；震、坎、艮三卦对应少阳，其比率为 $12 + 4 + 4$，得二十。从这个角度而言，三变所得八卦的比率，实际上是一种对四象之比率的分割。吴澄正是抓住了这种八卦比率，在上面大做文章。他认为，以先天横图而言，乾、兑、离、震四卦，于先天横图中皆生于阳仪，其出现的比率均为十二；巽、坎、艮、坤四卦皆生于阴仪，出现的比率均为四。二者相比的结果为三比一，代表"阳三阴一"[1]。以后天八卦而言，乾、坎、艮、震四卦为阳卦，其比率之和为三十二；巽、离、兑、坤四卦为阴卦，其比率之和亦为三十二。又体现出了"阴阳之数齐等"[2]的意味。这样来看，朱子筮法所得的四象比率虽然不平均，但若将此四象比率分解为八卦比率，却能从中反映出如此深刻的含义，因此其说自然是合理的。

吴澄的这种将四象比率分解成八卦比率的思路，其推算尚属简单。相比之下，元代以刘因、许衡为代表的另一批学者，则希望通过更为复杂的数学计算，从四象比率中算出一些数理方面的规律，以此来证明朱子筮法所得四象比率的合理性。例如，刘因在其《椟蓍记》中，就有如下一段论述：

> 其变也，自一生二，二生四，而又四之，四生八，八生十六而言，则画卦之象也。自四乘而十六，十六乘而六十四，则重卦之数也。故初变而得两仪之象者，二画卦之数也。再变而得四象之象者，四画卦之数也。三变而得八卦之象者，六画卦之数也……六变而得四象之画，则每位之静变往来，得十画卦之数也。又二画则总其数矣。其数也，皆静者为多，变者为少，而一爻变者居中。其静与变，皆老阴为多，老阳为少，而二少居中。积画成卦，则每卦之静变往来，得十五画卦之数也，又三画则总其数矣。其数也，亦皆静极者为至多，而变极者为至少，而又一

---

① （元）吴澄《易纂言外翼·变例第十》，《中国易学文献集成》第60册，第146页。
② （元）吴澄《易纂言外翼·变例第十》，《中国易学文献集成》第60册，第146页。

爻二爻进退于其间，其静与变，则皆坤为至多，乾为至少，而三男三女
进退于其间。因而重之，则每卦之静变往来，得三十画卦之数也，又六
画则总其数矣。其进退多少，皆与八卦之例同也①。

在这段论述中，刘因即对朱子筮法的四象比率进行了详细的计算。以他
的看法，朱子筮法第一变不五则九，而其变化的情况总共有四种，得五者三，
得九者一。这代表了"二画卦之数"，亦即以邵雍的一分为二法计算，一画卦
为一阴爻、一阳爻，其数为二，二画卦则于阴阳爻之上分别又生一阴一阳，
其总数为四。第二变不四则八，变化的情况亦总共有四种，得四者二，得八
者二。将第二变的四种情况与第一变的四种情况相配，总共能配出十六种组
合，此代表了"四画卦之数"，亦即由二画卦之四变为三画卦之八，再变为四
画卦之十六。第三变亦不四则八，变化的情况同样是四种，得四者二，得八
者二。将第三变的这四种情况再与前两变相配，总共能配出六十四种组合，
此即代表了"六画卦之数"六十四。至此则三变成一爻，此爻老少阴阳的几
率即为朱子所说的老阳十二、少阴二十八、少阳二十、老阴四。再继续往下
计算，至于六变则成二爻，此二爻总共有四种可能的组合，即二爻均为阳、
二爻均为阴、第一爻为阳而第二爻为阴、第一爻为阴而第二爻为阳。与此同
时，每支阳爻又各有老阳和少阳两种可能，每支阴爻亦各有老阴和少阴两种
可能，因此这四种组合中，每一种又各含有四种变化，这四种变化之数的总
和即刘因所谓的"静变往来"之数。以二爻均为阳的情况为例，其变化为：
第一，二爻皆老阳。由于一爻得老阳的几率为十二，因此二爻得老阳的几率，
便为十二乘十二，结果为一百四十四。第二，二爻皆少阳，其几率为二十乘
二十，得四百。第三，第一爻为老阳，第二爻为少阳，其几率为十二乘二十，
得二百四十。第四，第一爻为少阳，第二爻为老阳，其几率为二十乘十二，
得二百四十。四者相加，总数为一千零二十四。其余三种组合的推算方法与
此相同，具体情况可见下表所示：

① （元）刘因《棂菴记》，《刘因集》卷七，人民出版社，2017年，第135—136页。

表5-4 刘因四象静变往来之数表

二爻均为阳				二爻均为阴			
二爻皆老阳	二爻皆少阳	第一爻老阳，第二爻少阳	第一爻少阳，第二爻老阳	二爻皆老阴	二爻皆少阴	第一爻老阴，第二爻少阴	第一爻少阴，第二爻老阴
十二乘十二，得一百四十四	二十乘二十，得四百	十二乘二十，得二百四十	二十乘十二，得二百四十	四乘四，得十六	二十八乘二十八，得七百八十四	四乘二十八，得九十六	二十八乘四，得九十六
第一爻为阳而第二爻为阴				第一爻为阴而第二爻为阳			
第一爻老阳，第二爻老阴	第一爻少阳，第二爻少阴	第一爻老阳，第二爻少阴	第一爻少阳，第二爻老阴	第一爻老阴，第二爻老阳	第一爻少阴，第二爻少阳	第一爻老阴，第二爻少阳	第一爻少阴，第二爻老阳
十二乘四，得四十八	二十八乘二十，得五百六十	十二乘二十八，得三百三十六	二十乘四，得八十	四乘十二，得四十八	二十乘二十八，得五百六十	四乘二十，得八十	二十八乘十二，得三百三十六

由上表可见，这四种组合的具体变化情况虽不相同，但变化几率的总数是完全一致的，都是一千零二十四。而如果以一分为二法算之，从六画卦的六十四，至七画卦为一百二十八，八画卦为二百五十六，九画卦为五百一十二，十画卦正为一千零二十四，与二爻的静变往来之数相合。因此刘因才会说"则每位之静变往来，得十画卦之数也"。以下的推演方法与此类似，如九变得三爻成八卦，亦即意味着有八种组合，每一爻又各有老少两种可能性，则一种组合中又有八种变化，如一卦可变八卦之意。以朱子筮法的概率计算之，这八种组合的静变往来之数均为三万二千七百六十八，合于十五画卦之数①。十八变成六十四卦，其中的每一卦又可变为六十四卦，其静变往来之数为十亿七千三百七十四万一千八百二十四，合于三十画卦之数。以此类推，可以推至无穷。

刘因等人如此烦琐地计算卦爻的静变往来之数，其意义究竟何在呢？总的来看，其目的无非有两个：一方面希望通过这种计算，说明朱子筮法所得

---

① 关于八卦的静变往来之数，许衡在《揲蓍说》中有详细的计算过程，其方法与刘因完全相同。见《许衡集》卷六，吉林文史出版社，2010年，第109—110页。

四象的概率，与邵子一分为二法所推得的卦爻数能够相合，亦即是以邵子的一分为二法，来证明朱子筮法概率的合理性。另一方面，又通过对这些计算所得的数值进行研究，从中归纳出"静多变少"的规律。仍以上文的六变二爻之数来进行说明，此四种组合中，少阴、少阳为不变者，老阴、老阳为变者。在二爻均为阳的组合中，二爻皆少阳的情况，意味着这两爻均不变，亦即最静者，其数为四百，也是这一组合里的四种变化中数值最多者；二爻皆老阳的情况，意味着两爻均变，亦即最动者，其数为一百四十四，为最少者。其余的一爻为老阳、二爻为少阳与一爻为少阳、二爻为老阳的情况，意味着两爻中一爻变，一爻不变，其数则居于变与不变之中。其余三种组合皆然。此即是刘因说的"其数也，皆静者为多，变者为少，而一爻变者居中"。以此推之于九变三爻、十八变六爻，莫不如此。既然从朱子筮法概率的计算中，能总结出这样清晰明确的规律，那么朱子筮法的概率虽然参差不齐，但却具有内在的合理性。相比之下，丁易东等人所主张的筮法，所得四象的概率虽然从表面上看起来颇为整齐，但却缺乏此种深刻的内涵。

正是在证明了朱子之法的合理性的基础上，维护朱子筮法一派的学者，便对丁易东等反对派展开了严厉批评。例如，吴澄在《易纂言外翼》中即摘录了张辕、庄绰、杨忠辅等人的筮法梗概，而后指出此种揲左而不揲右之法，乃是以人为的私意自行杜撰者，所谓"厌十八变七十二营之烦，欲其简省易毕，故但揲左策，不揲右策，各以己意增减多少，足成左余之数，不任其天然，而出于人为，违经悖圣，愚妄莫甚焉"[1]。可就是这样一种为图一时之简便的筮法，却受到丁易东等人的接纳和推崇，这在吴澄看来是学识短浅的一种表现："绰之谬过于辕，忠辅之谬过于绰，而丁易东独取忠辅，以为千载不易之法，迥异先儒，反忽视朱蔡之所发明，而以圣人《系辞传》之古法为非。人之无识，一至此极，哀哉！"[2] 而许衡则认为，与朱子不同的新筮法，有悖于圣人的体用本末之旨。他说："不然，则以四十九蓍，虚一分二，挂一揲四，则为奇者二，为偶者二，而老阳得八，老阴得八，少阳得二十四，少阴得二十四，不亦善乎？圣人之智岂不及此，而其取此不取彼者，诚以阴阳之

---

① （元）吴澄《易纂言外翼·变例第十》，《中国易学文献集成》第60册，第158—159页。
② （元）吴澄《易纂言外翼·变例第十》，《中国易学文献集成》第60册，第157页。

体数常均，用数则阳三而阴一也。"① 在他看来，那一种平衡四象概率的筮法，作《易》之圣人不会想不到，但之所以偏偏要使第一变所得奇与偶的比例成三比一，而非二比二，正是为了要契合于"用数阳三阴一"的要旨。总之，维护朱子一派的学者对反对派的反击，措辞极为尖锐，这也充分表现出了他们对朱子之说的信服与拥护。

2. 雷思齐的"不计挂一"之说

与丁易东、张理专注于揲蓍法的改革不同，元代另一学者雷思齐，则将改革的目光投向了过揲与挂扐之数的计算。其在《易筮通变》中叙述的筮法，同样为三变皆挂、左右并揲，但在计算挂扐之数（雷氏称为"奇"）时，不计所挂之一，而是将其与过揲之策归于一处，参加下一次变化，所谓"总前已分二、已挂一、与所已过揲之蓍，悉合之以还于大衍之初"②。如此则三变所得挂扐之数皆为不四则八。同时其还对初变不五则九之说，展开了猛烈批评：

> 今揲蓍者必谓初揲不五则九，始由《易疏》谓第一变之奇不五则九，第二揲、第三揲之奇始皆不四则八。原其第一揲，误以未揲之先，所谓挂一之蓍，同在数中，以自乱其四而然也。盖所揲之奇，四之上加一则五，八之上加一则九，所以见也。殊不识此一之加为五为九，无成亏于所揲之四，而徒为扰扰耳……此孔《疏》始为此误，而后之来者既不加察，而传信传疑，愈说愈纷，卒未能有以正其误者，千载良一嘅也③。

此处雷氏虽然主要批评的是孔颖达《周易正义》，但也兼及后来之传疑者，自然也将主张初揲不五则九的朱子之说包括在内。按其看法，在分二、挂一、揲四、归奇之"四营"过程中，挂一居于第二位，在揲蓍之先，本不参加蓍数变化，故没有理由计入归奇之数。而前代诸家之所以多计之，则是由于误读"大衍之数五十，其用四十有九"一语，以为挂一在四十九所用之中，如仅挂而不计，则似此一数为无用。但在雷氏看来，此挂一虽然不参与变化，然其余四十八策经十八变而成卦，却因之而成，是即此挂一之用，所

---

① （元）许衡《揲蓍说》，《许衡集》卷六，第110页。
② （元）雷思齐《易筮通变》卷下，《中国易学文献集成》第50册，第165页。
③ （元）雷思齐《易筮通变》卷下，《中国易学文献集成》第50册，第154—156页。

谓"夫挂一者，所以标每变四十有八之用，而计其十有八变之数，则乃所以为用也"①。实际上，雷氏此说还有一个深层次原因，即是初变不五则九，不符合其对易数之推导。雷氏之学以数为中心，于筮法亦不例外。其提出，大衍五十之数，除太极之一与挂扐之一，余四十八为用数，而河图四十之数行八卦、八卦每卦各六位、六十四卦除游魂归魂十六卦，亦均得四十八。此四十八数，以四揲之而成卦，有四时而八节、四象生八卦之意，亦即"以四行八"，则游魂归魂之四四十六卦，实为八八六十四卦之用。四四之奇象乾，八八之奇象坤。总之其变化多不出四与八。在此情况下，如初变不五则九，则违背了此易数方面的逻辑，自然不能为雷氏所接受。

从揲蓍的最终结果来看，由于雷氏此法仍然遵循奇三偶一的思路，故得卦的比率较朱子等前代之说并无变化。但尽管如此，其说仍有其意义。朱子筮法由于三变挂扐之数均加所挂之一，故第一变不五则九，需要除去挂一，才得四为奇、得八为偶，第二、三变不四则八，又不能去所挂之一，否则便成不三则七。至于三变后总的挂扐之数，仍然需要除初卦之一，才能"四约而三分之"而得方圆之象②。三变之中，对挂一或先加后减，或又不减，实际只是为了求得相应数字的削足适履之举，并无道理可言，反而不如雷氏三变挂扐皆不加挂一，所得皆为不四则八之说，显得简明整洁。

第三节　元代学者对朱子易图学的研究

朱子重视易图的态度在元代获得了普遍赞同，在此基础上，元代学者针对朱子易图的具体内容，展开了深入的研究。在河图洛书问题上，他们对朱子的说法既有支持，也有反对；在先后天图式的问题上，他们则大量地修改朱子所提出的图式；此外，还对朱子所推崇的周敦颐与邵雍之易图，提出了不同的看法。这些对朱子易图学的积极讨论和研究成果，是元代易学的一个重要组成部分。

---

① （元）雷思齐《易筮通变》卷下，《中国易学文献集成》第 50 册，第 156 页。
② （宋）朱熹《易学启蒙》卷三，《朱子全书》第 1 册，第 247—251 页。

一、对朱子河图洛书的拥护与反对

1. 对朱子河洛图式的拥护

对于河图洛书，朱子一直持一种深信不疑和尊崇备至的态度。在他看来，宋代流行的黑白点河洛图式，确实传自上古，其真实性无可置疑。同时，就其地位和价值而言，河洛图式又是所谓的"象数之源"，其中包含有伏羲画卦的依据，为八卦之源头。正因为如此，他才会花费大量的笔墨去考察河图洛书的形制，并最终确定了五十五数的五行生成图为河图、四十五数的九宫图为洛书。朱子这种尊信河洛图式的态度，与其所提出的河图洛书的具体形制，在元代可以说得到了普遍的接受。不仅如此，有一些学者还在此基础上，提出一系列富有创造力的说法，以期实现对朱子河洛之说的拥护。

在具体的实践过程中，元代学者的论述大致沿着两条思路展开：一是希望通过探讨朱子河图洛书的本原形态，来证明其合理性。这一方面的代表人物包括吴澄与张理，而二者的说法又有所不同。吴澄从前代典籍中"马图"、"龟书"的记载入手：《礼记·礼运篇》中有"河出马图"之说；而《尚书·洪范篇》"天乃锡禹洪范九畴"，伪孔注亦以为"神龟负文而出，列于背有数至于九"。吴澄从这些记载中得到灵感，由此进一步提出：朱子所谓的河图，其原型应该是出于黄河中的神马背上的旋毛；而朱子所说的洛书，其原型则是出于洛书中的神龟的甲文。其具体形制如图5—12、5－13所示。

这两幅图式中，第一幅即是被吴氏当作河图原型的马背旋毛图，如其所说的那样："河图者，羲皇画卦之前，河有龙马出，而马背之旋毛有此数。"[①]这些马背上的旋毛，自然形成了一六居后、二七居前、三八居左、四九居右、五十居中的形态，伏羲所谓因河图以画卦者，正是因此马背旋毛之数。由于"背毛之旋文，如图星者之圆圈"[②]，因此才将其命名为"河图"。第二幅则是作为洛书之原形的龟背坼文图，亦即"大禹治水之时，洛有神龟出，而龟甲

---

① （元）吴澄《易纂言外翼·易原第十一》，《中国易学文献集成》第60册，第162页。
② （元）吴澄《易纂言外翼·易原第十一》，《中国易学文献集成》第60册，第162页。

之坼文有此数"①。这些龟甲上的纹理，也自然形成了后一、前九、左三、右七、右前二、左前四、右后六、左后八、中五的形态。由于"背甲之坼文，如书字者之横画"②，故名为"洛书"。既然河图洛书的原初形态一为圆圈，一为甲文，为何流传至后世，都变成了圆圈呢？对此吴澄解释说，这是后世传习者贪图简便而加以改易的结果。他说："方伎家之所取用，不过以其数之多寡而已，故传写洛书与河图，通作圆圈，取其省易也。如后世以隶书代篆、以掷钱代蓍之类，亦取省易云尔。"③

图 5-12　马背旋毛河图

图 5-13　龟甲坼文洛书④

从表面上来看，吴澄提出的这种马背旋毛河图、龟背甲文洛书之说，与朱子的黑白点河图洛书之形制并不相同，但若对其含义进行深入分析，便可发现，在其表象之下，实际隐藏着维护朱子的河图洛书之说的根本目的。他说："河图之马，不异于凡马，洛书之龟，不异于凡龟，初非怪事。至今马背之毛，其旋有如星点，特其旋无此十数尔。至今龟背之甲，其坼有如字画，特其坼无此九数尔。"⑤ 这实际上是提出，如果明确了马背旋毛为河图的原初形态，龟甲纹理为洛书的原初形态，那么河出图、洛出书，就只是说出自河洛的龙马和神龟，其背毛和龟甲自然形成了这样的组合，这在现实生活中是

① （元）吴澄《易纂言外翼·易原第十一》，《中国易学文献集成》第60册，第166页。

② （元）吴澄《易纂言外翼·易原第十一》，《中国易学文献集成》第60册，第166页。

③ （元）吴澄《易纂言外翼·易原第十一》，《中国易学文献集成》第60册，第193页。

④ （元）吴澄《易纂言外翼·易原第十一》，《中华再造善本》影印元刻本，北京图书馆出版社，2004年。

⑤ （元）吴澄《易纂言外翼·易原第十一》，《中国易学文献集成》第60册，第192页。

完全可能发生的，有着极高的可信度。而朱子提出的河图洛书，虽然已是后世改易的图式，但其差异亦仅在于是由黑白圆圈组成，还是由旋毛甲文组成，二者之间没有本质的区别。因此，承认马背旋毛为河图、龟背甲文为洛书之说可信，实际上亦就相当于承认朱子河图洛书的形制可信。这样，吴澄就通过探求河图洛书之源头，实现了对朱子河图洛书的维护。

与吴澄不同，张理在探讨朱子河图洛书的本原时，则是从《易龙图》入手。所谓《易龙图》，是一部托名为陈抟所著的易图学著作，今已散佚，仅存《龙图序》一篇于《宋文鉴》中。按此序文的说法，在河图洛书之前，还有一幅所谓的"龙图"，由此龙图经过一系列变化，才能最终变得今日所见的河图洛书。张理正是以《龙图序》为主要依据，来讨论作为河图洛书之源头的龙图，其形制究竟如何，以及由龙图而变得河洛图式的具体过程。

张理首先阐述了龙图的基本形态。按照《龙图序》的记载，龙图初出的时候，呈现的是一种"未合"的状态，其具体形制则是"惟五十五数，上二十五，天数也，中贯三五九，外包之十五……兹所谓天垂象矣。下三十，地数也，亦分五位，皆明五之用也。十分而为六，形坤之象焉。"① 张理即按照这一记载，画出了"龙图天地未合之数"一图。图式见下：

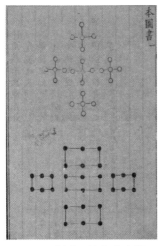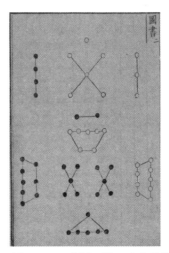

图 5-14　龙图天地未合之数　　　图 5-15　龙图天地已合之位②

① （宋）陈抟《龙图序》，《全宋文》第 1 册，第 216 页。
② 以上二图见张理《易象图说》内篇卷上，美国哈佛大学图书馆藏《通志堂经解》本。

此图中，天数二十五分为五组，每组为五个白点，呈十字形排列。以五组数字中的每一小组为单位来看，每组白点纵横数之皆为三，而每组白点的总数皆为五；将五组数字合而观之，一纵一横之点数皆为九，而纵横三组之数皆为十五。这就是张氏所谓的"五位纵横见三，纵横见五，三位纵横见九，纵横见十五"①，也即是上文所引的《龙图序》中所说的"中贯三五九，外包之十五"。地数三十，亦分为五组，每组六黑点，呈长方形排列，也就是《龙图序》中所说的"十分而为六，形地之象"。天数居上，地数居下，彼此相互分离而未能合一，即是《龙图序》所谓的"未合"。在张理看来，此天地之数未合之"龙图"，才是真正为龙马所背负而出于黄河的那一幅图式，河图洛书亦正是由此图变化而来。

然而，此"龙图"的形制，毕竟与河洛图式还有很大的区别，如何才能由此图变得河图洛书呢？对此张氏提出，要实现从龙图到河图洛书的变化，首先要让彼此分离的天地之数相合，其相合之法如"龙图天地已合之位"所示。具体过程是：天数五组，最上面一组的五个数减四余一，下一组减三余二，右一组减二余三，左一组减一余四，中一组则不减。这样分别减去四、三、二、一，总计减掉的数字为十。而此时的天数五组，也变成了上一、下二、左四、右三、中五的五行生数，合之为十五。地数五组，将中间一组的六个数拆开，置其一于上六而成七，置其二于左六而成八，置其三于右六而成九，下六不配而仍为六。而天数所减去的十个数，则置于地数的六七八九的中间而成地十。如此则地数五组就变成上七、下六、左八、右九、中十的五行成数。通过这种变化，原本二十五个天数中的十个数字下交于地数，表示天地之数此时已经相合；而四象五行之数，在这一变化过程中，也从天地之数里显现了出来。天地之数已合之后，再仿照术数家所用的遁甲之法，天数一二三四，如遁甲法中的"天盘"，覆盖于地数六七八九的"地盘"之上，就形成了一合七于南、二合六于北、四合八于东、三合九于西的图式。此时再以中间的五与十为轴心，向左将天盘转动一百八十度，则"一转居北而与六合，二转居南而与七合，三转居东而与八合，四转居西而与九合，五十居

---

① （元）张理《易象图说》内篇卷上，《中国易学文献集成》第67册，第13页。

中，而为天地运行之枢纽"①，形成的即是朱子所说的河图。再将天盘继续向左转动一位，则一转至西北、三转至东北、二转至东南、四转至西南，得出的是如下图所示的"洛书天地交午之数"。最后再对此交午图中的数字位置进行调整，将其中的二与四、七与九、三与八、一与六的位置相互调换，便能形成朱子所说的洛书。至此，通过龙图的相合变化，所谓的河图洛书便从中推导了出来。

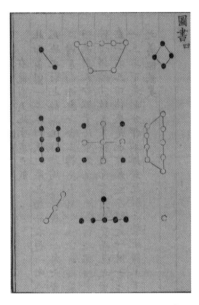

图 5 - 16　洛书天地交午之数②

与吴澄一样，张理的龙图之说，其中也包含有证明朱子河洛图式合理性的意味。按照张氏的逻辑，由龙图之未合到已合，再由已合到变化出河图洛书，这是一个自然而非人为造作的过程。而朱子所说的河图洛书，则正是遵循着这一自然过程而产生出来，其可信性当然也不需要怀疑。同时，尽管张氏采用"龙图"作为其主要的依据，但《龙图序》以九宫图为河图，以五行生成图为洛书，与朱子之说恰好相反，这一点张氏即表示不能同意，并将其看作"传写之误"③ 而加以改正。他对朱子河图洛书的维护之意，于此处更是灼然可见。

---

① （元）张理《易象图说》内篇卷上，《中国易学文献集成》第67册，第21页。
② （元）张理《易象图说》内篇卷上，美国哈佛大学图书馆藏《通志堂经解》本。
③ （元）张理《易象图说》内篇卷上，《中国易学文献集成》第67册，第25页。

元代学者维护朱子河洛图式的另一条思路，是希望从河图洛书中导出八卦卦象，以此来说明朱子河图洛书形制的合理性。元代学者王申子的论述，即是遵循着这一思路而展开。在他看来，朱子以五行生成图为河图，九宫图为洛书，此说法本没有错误，但至今学者还常常会把河图洛书弄颠倒，其主要原因就在于没有人能够说清楚八卦是如何从二者中生成的，甚至连朱子自己都是如此。他说："正缘汉魏诸儒，止言图书象数，而不言伏羲如何则之以画《易》，大禹如何法之以叙畴，遂使刘牧诸人，得而易之，而为九图十书之说，以惑后学。晦庵虽曾改正，然亦不过案旧说、案《礼经》而订之。"[1] 因此，为了证明朱子十图九书之说的正确性，在其著作《大易缉说》中，王氏即对河图洛书画八卦问题作了深入的探讨。

按照王氏的说法，河图是伏羲效仿之以画八卦的直接来源，因此从五行生成图的河图之中，可以直接导出先天八卦。其导出的方式，是将河图中的奇数看作阳爻、偶数看作阴爻，如下图所示：

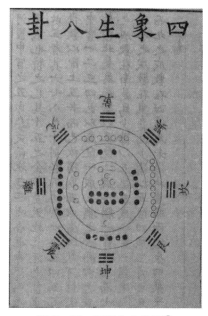

图 5－17　四象生八卦图[2]

---

① （元）王申子《大易缉说》卷一，《中国易学文献集成》第 62 册，第 36 页。
② （元）王申子《大易缉说》卷一，美国哈佛大学图书馆藏《通志堂经解》本。

此图的意思是：河图北方之一、中宫之五、南方之七为三个奇数，即代表南方乾卦之三阳；南方之二、中宫之十、北方之六为三个偶数，即代表北方坤卦之三阴。中宫之十与五加东方之三，为两偶一奇，代表东方之离卦；中宫之十与五加西方之四，为两奇一偶，代表西方之坎卦。其余四卦的生成亦与此类似，如中宫之五、南方之七、东方之八，合之为兑卦；中宫之五、东方之八、北方之六，合之为震卦；中宫之十、北方之六、西方之九，合之为艮卦；中宫之十、西方之九、南方之七，合之为巽卦。如此导出的八卦，其方位为乾南坤北，离东坎西，正是所谓的先天八卦方位。值得注意的是，王氏认为，河图是伏羲画卦的唯一源头，而洛书九宫图则出于伏羲之后的大禹治水之时，乃是大禹作九畴之源，并不是伏羲画卦的另一个来源。

既然如此，那么是否意味着洛书与八卦就完全没有关系呢？王氏的观点亦并非如此。在他看来，洛书还是能够与八卦相互联系起来，只是其联系的方式是，伏羲依据河图而创立八卦之后，文王再将洛书与河图重合，从中导出不同于伏羲的后天八卦方位。其法亦如下图所示：

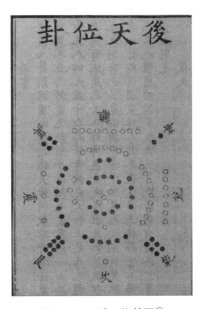

图5-18　后天位卦图①

---

① （元）王申子《大易缉说》卷一，美国哈佛大学图书馆藏《通志堂经解》本。

在此图中，中间的部分为河图，而外围的部分为洛书。后天八卦方位，也正是由此河图洛书错综而成。具体而言之，后天之坎、离、震、兑四卦，是取自河图的五行之数：河图中北方之一六为水，故配以属水之坎卦；南方之二七为火，故配以属火之离卦；东方之三八为木，故配以属木之震卦；西方之四九为金，故配以属金之兑卦。其余乾、坤、艮、巽四卦，则是以洛书中的两两相对之数去附会河图而得：洛书中北方之一与南方之九相对，其和为十，表示"一含九"①；将此关系应用到河图中，便可以说，河图中一居北方，九居西方，二者虽然不相对，但其和亦为十，亦是彼此相含。九为老阳之数，故代表乾卦，而置于北方坎卦的右边，即西北方。同样，洛书中东南之四与西北之六相对，在河图中则西方之四与北方之六相含，六为老阴之数，故代表坤卦，而置于西方兑卦右侧的西南方。洛书中西南之二与东北之八相对，在河图中则南方之二与东方之八相含，八为少阴之数，故代表同属于少阴的巽卦，而位于南方离卦右侧的东南方。洛书中东方之三与西方之七相对，在河图中则东方之三与南方之七相含，七为少阳之数，故代表同属于少阳的艮卦，位于东方震卦右侧的东北方。总之，对于乾、坤、艮、巽四卦，王氏的基本思路即是"按照洛书之十将河图的一二三四与六七八九重新组合一番，使之得出的合数也都是十，并以阴阳老少奇偶画出乾、坤、巽、艮四卦居于四隅"②。

通过以上的一系列论述，王氏已经成功地从河图洛书中导出了先后天八卦，而朱子河图洛书的形制，在这一过程中也得到了充分的维护。按照王氏的看法，五行生成数之河图，其中自然包含有八卦之象，通过模拟其奇偶之数的排列方式，完全可以画出八卦；而从九宫图之洛书中，根本无法找出八卦，即便是将其与河图结合起来，也只能对已有的八卦进行方位调整，而不可能据以画卦。因此，只有五行生成图，才能被看作是八卦之源的河图，而九宫图只能是后出的洛书。这样，朱子的五行生成图为河图、九宫图为洛书之说，就由此而得到了极大的巩固。

以上所述吴澄、张理、王申子等人的论说，只是元代拥护朱子河洛图式

---

① （元）王申子《大易缉说》卷一，《中国易学文献集成》第 62 册，第 66 页。
② 徐志锐《宋明易学概论》，辽宁古籍出版社，1997 年，第 326 页。

诸说中较具代表者，与其持同一观点的还有很多。如熊朋来即提出支持十图九书说的三条理由：第一，刘牧虽以九为图、十为书，但其所著《易数钩隐图》中，有《河图四象图》，即是去掉了中宫五与十的五行生成图。故刘牧的真实态度，乃是以十数为河图，"其紊乱图书，特错互言之，以秘其术耳。"[1]第二，九宫图四十五数，实际上是从五行图五十五数中天数二十五衍生出来，一、三、五、七、九分居四正位与中央，再以一含六、二含七、三含八、四含九的规律衍为九位，即成九宫图。由九宫图出自五行生成图这一点，可知十为河图而九为洛书。第三，《易》中言"参伍以变，错综其数"，即是指洛书纵横十五而言。但其论述不如上述三家完备，故此处从略。

从易学史上来看，这些拥护朱子图书的论述，无论在当代还是在后世，都引起了深远的影响。一方面，朱子所认定的河图洛书的形制，通过这些论述，得到了进一步的确立。南宋后期与元代，朱子的十图九书之说虽然已经非常流行，但与朱子相反的九图十书，在当时仍有一定影响力，宋代如林栗、朱元升，元代如李简、胡一中，都采用其说。但到了明代，九图十书之说就显得越来越少，朱子的观点基本统一了易图界。这种情况的出现，显然是与吴澄等人对朱子河洛之说的推阐分不开的。另一方面，吴澄等人所作的种种具体论述，虽然是出于拥护朱子的目的，但客观上也起到了将易图学研究推向深入的作用，其说法大都是发前人所未发，同时也被后世学者广泛采用。例如，吴澄的马背旋毛为河图、龟背甲文为洛书之说，在元代就已颇受欢迎，朱升甚至将其采入自己的著作《周易旁注前图》中。到了明代，类似的说法更是越来越多，杨时乔《周易全书》、章潢《图书编》、高雪君《易经来注图解》等，都把旋毛河图与甲文洛书纳入了其中。而清代黄宗羲、胡渭等在谈到陈抟《易龙图》时，则在很大程度上受到张理之图式的影响。如黄宗羲虽然表面上认为张氏之说不可通，但在自作解说时，实际上却仍然遵循了张氏的推演方式，其区别仅仅在于去掉了张氏的以天数与地数旋转相错，最终得出河图的说法，而代之以天数直接与地数合成河图之说[2]。其对易图之学的影响之大，由此可见一斑。

---

① （元）熊朋来《熊先生经说》卷一，《通志堂经解》第16册，第606页。

② （清）黄宗羲《易学象数论》卷一《图书六》，中华书局，2010年，第20—26页。

2. 对朱子河洛之说的批评

在元代学者的拥护与发扬之下，朱子的河图洛书之说，可以说顺理成章地成为了元代的主流学说。但仍有一部分学者站在与朱子相反的立场上，对其说法进行了批评。这种批评大致集中在三个方面：一是认为朱子把河图洛书当作五十五个与四十五个黑白圆点的组合，这种看法是错误的，真正的河图洛书绝非如此；二是认为河图洛书虽然确为朱子所说的黑白圆点数图，但朱子以五行生成图为河图，以九宫图为洛书，则是颠倒了河图洛书；三是认为朱子的河图洛书虽未颠倒，但对其作用的论述则有误。围绕着这三个问题，元代学者即展开了对朱子的批判。

元代学者对朱子河洛之说的第一种批评，在于指责朱子错把宋代出现的五十五数与四十五数之黑白圆点图，当成了真正的河图洛书。在他们看来，这些图式与真正的河图洛书毫无关系，纯属后人凭空捏造。例如，宋末元初的学者俞琰，在其著作《读易举要》中，即专门设立了"河图洛书之附会"一个章节，旗帜鲜明地提出朱子的河图洛书全为附会、不足采信的看法，并从以下三个方面予以详细论证：

第一，按照朱子的说法，河图之数五十五，洛书之数四十五，但《易》中只有天一至地十的五十五，没有四十五。俞氏论述此观点说："四十五数者，戴九履一，左三右七，五居中，而上列二四，下列六八，分布而为九宫。《子华子》言之，《大戴礼》言之，《乾凿度》言之，在《易》则圣人无一语及之，盖非《易》数也。"[1] 亦即是说，四十五数并非是《易》中所有，乃是后世所创，而载于《子华子》诸书之中，不能将其认作《易》数。为此他还特地引朱子之说以证之："朱子曰：圣人说数，说得简略，高远疏阔。《易》中只有奇耦之数，天一至地十，是自然之数也。大衍之数，是揲蓍之数也。惟此二者而已。"[2] 既然朱子自己都已说过，《易》中只有天地之数五十五与大衍之数五十，那么凭空冒出的四十五数之图式自然是不可信的。故而俞氏总结之曰："舍此二者之外，《易》岂有所谓戴九履一之数哉？乃汉儒牵合附

① （元）俞琰《俞氏易集说·系辞传上》，《中国易学文献集成》第 44 册，第 168 页。
② （元）俞琰《读易举要》卷三《河图洛书之附会》，《景印文渊阁四库全书》第 21 册，第 433 页。

会云尔。"①

　　第二，《易》中从未明言五十五或四十五数为河图洛书。在俞氏看来，五十五数虽然存在于《易》中，但始终是以数字的形式出现，将其解作河图洛书，乃是后人的妄说。他说："《易》之数不过天一至地十，五十五数而已，未尝名之曰河图，亦未尝名之曰洛书。孔安国乃谓伏羲时龙马出河，伏羲遂则其文以画八卦，谓之河图；禹时神龟出洛，禹遂因而第之，以成九类。是果何所据耶？"② 而九宫数四十五，本来就不出于《易》，将其解作河图洛书，则更是前所未闻，所谓"初不知此数为洛书，亦不以此数为河图"③。如果五十五或四十五数真的是河图洛书，那么圣人没有不在《易》中指明的道理。为了证实这一点，俞氏特别引用了《易》中明言的大衍之数为例："且如大衍之有数，而五十为大衍，是故圣人明言之曰'大衍之数五十'。"④ 以此推之，若河图洛书确有其数，则《易》中应该有"河图之数五十五"、"洛书之数四十五"一类的论述，但事实上是完全没有的。这就可以证明此前指五十五或四十五为河洛图式的说法全不可信，如其所说的那样"圣人既不明言，则汉儒之说臆说耳，非圣人之本意也"⑤。

　　第三，河洛图式虽然与八卦有一定联系，但不能因为存在着这样的联系，就说八卦一定出自河图洛书。对此俞氏主要举洛书九宫图为例。他认为，如果抛开洛书的真伪问题不谈，仅就其形制而言，则一方面，天地之数五居中，被称作洛书的九宫图亦五居中；天地之数有十位，洛书之数一与九、二与八、三与七、四与六相合，亦皆得十；天地之数以一配六、二配七、三配八、四配九，洛书则一六相对、二七相对、三八相对、四九相对。从这几点来看，作为天地之数和河图之数的五十五，与洛书之数四十五，似乎有相通之理，此即汉儒所说的"河图洛书相为经纬"。另一方面，洛书之南方为九，东南为四，四加中央之五亦得九，九为金数；而相对应的乾、兑二卦生于老阳，老阳其数亦为九，其象亦为金。因此乾、兑二卦

① （元）俞琰《读易举要》卷三《河图洛书之附会》，《景印文渊阁四库全书》第21册，第433页。
② （元）俞琰《读易举要》卷三《河图洛书之附会》，《景印文渊阁四库全书》第21册，第432页。
③ （元）俞琰《读易举要》卷三《河图洛书之附会》，《景印文渊阁四库全书》第21册，第433页。
④ （元）俞琰《读易举要》卷三《河图洛书之附会》，《景印文渊阁四库全书》第21册，第437页。
⑤ （元）俞琰《读易举要》卷三《河图洛书之附会》，《景印文渊阁四库全书》第21册，第437页。

在先天图中，即居于南方九之位与东南四之位。其余六卦，亦均能以此规律与洛书配合。由此得出的先天八卦方位图，其各卦所居之位置，亦与洛书有相合之处，如纯阳之乾居上，纯阴之坤居下，符合于洛书的"戴九履一"等等。由此而言，洛书与八卦似乎亦能相互贯通，亦即所谓的"八卦九畴相为表里"。但这种贯通，是否意味着伏羲真的据此九宫图而画八卦？对此俞氏给出了明确否定的答复："自常情观之，孰不曰：伏羲盖取则于此以画卦也？愚则曰：伏羲画卦，实未尝取则于此也。"① 按照俞氏的解释，洛书之所以能够与八卦贯通，是因为"伏羲八卦之画，一出于自然，是以无所往而不合"②。也就是说，伏羲八卦是以自然之理而作，将其推之于任何事物，都能找到相合之处，不独洛书九宫图如此。因此，所谓的洛书与八卦的关系，应该理解成八卦为本，而洛书与其有一定的契合，而不能倒过来说洛书为本，伏羲根据其而画八卦。

通过以上这三个方面，俞琰已经基本论证清楚了其黑白点数河图洛书全为附会、不足采信的观点。但此时尚有一个问题未能解决：《系辞传》中有"河出图，洛出书，圣人则之"一段文字，表明河图洛书确有其物。现在俞氏既不认为其是由黑白点构成的五行生成图和九宫图，那么真正的河图洛书，究竟应为何物呢？对此俞氏提出了一种说法，即河图洛书很可能是出自于黄河与洛水的一种有纹理的玉石。他说："案《书·顾命》云'天球河图在东序'，天球，玉也，河图而与天球并列，则河图亦玉也，玉之有文者尔。昆仑产玉，河源出昆仑，故河亦有玉。洛水至今有白石，洛书盖白石而有文者也。"③ 这样，俞氏就用自己的玉石为河图洛书之说，取代了朱子的黑白点数河图洛书之说，由此也实现了对朱子河图洛书的彻底否定。

与俞氏之说类似，元代的另外一位著名学者郝经，也表达了对朱子的黑白点数河洛图式的怀疑。在他看来，黑白点河图洛书不可信处有二：其一是《易传》和《尚书》等前代典籍，虽然提到了河图洛书，却未明言其为何物，而将其指为五十五数或四十五数之图的说法，都起自后世，难于取信。他说："由汉以来，孔安国、刘歆、关朗，谓《大传》之天一、地二、天三、地四、

① （元）俞琰《读易举要》卷三《河图洛书之附会》，《景印文渊阁四库全书》第21册，第436页。
② （元）俞琰《读易举要》卷三《河图洛书之附会》，《景印文渊阁四库全书》第21册，第436页。
③ （元）俞琰《俞氏易集说·系辞传上》，《中国易学文献集成》第44册，第167—168页。

天五、地六、天七、地八、天九、地十为河图，去十用九而为洛书，遂以河图为八卦，洛书为九畴，而《大传》与《书》，皆无明文，亦无点志。"① 其二是五十五数的河图和四十五数的洛书，完全无法据以画卦。对这一问题，郝氏有详细的论述："然河图之数凡五十五，洛书之数凡四十五，而河图十位，洛书九位，不知其何以画三卦八，重而为六，错综为六十四？若以位言，则去九与十，而一、二、三、四、五、六、七、八，合夫乾、兑、离、震、巽、坎、艮、坤之序。然不知其所以为卦，所以为画，虽为推衍凑定，不免牵合，不能合夫画三卦八之所以然。若以生成之数而言，则一、六为水，二、七为火，三、八为木，四、九为金，五、十为土，祇成五行，而无八卦，亦无三画。若以五、十为衍母，一、九为衍数，则揲著求卦之法，非按图画卦之本。"② 这是说，若以位数而言，则河图十个数，减去九与十剩八个，只能符合八卦之位数，而无法求得八卦之卦象。若以生成数相合而言，则河图十个数只能合成五行，亦非八卦。若以河图之数与大衍之数的联系而言，则由河图中虽然能够导出大衍之体用数，但只能用于揲著，亦不能用于画卦。总之，在郝氏看来，河图的真正形态应该是"初无点志，亦无文字"③，朱子的黑白点图书是根本不足以采信的。

　　然而，如果要彻底推翻黑白点数河图洛书，郝氏也面临着与俞琰同样的问题，即：既然黑白点河图洛书不可信，那真正的河图洛书又该是何种面貌呢？针对这一问题，在洛书方面，郝氏采取了避而不谈的态度，这大概是因为他根本不把洛书当作《周易》的源头，因此其面貌亦无需加以讨论；但在河图方面，郝氏则明确提出，他心目中的河图，应该是一种"天地相错"之图，如图 5-19 所示。

　　按照郝氏的解释，此图中间的一个空心白圈，即代表"太极"。太极之外，则环绕着十个黑白相间的圆环，白色为阳，黑色为阴。若以数字而言，则白色代表天数，由内向外依次为一、三、五、七、九，黑色代表地数，由内向外依次为二、四、六、八、十，又恰好合于天地之数。在此图中，阴阳

　　① （元）郝经《先天图说》，《郝文忠公陵川文集》卷十六，《儒藏精华编》第245册上，北京大学出版社，2016年，第298页。
　　② （元）郝经《先天图说》，《郝文忠公陵川文集》卷十六，《儒藏精华编》第245册上，第299页。
　　③ （元）郝经《先天图说》，《郝文忠公陵川文集》卷十六，《儒藏精华编》第245册上，第300页。

奇偶既相间隔，又相依附，若将阳数看成阳爻、阴数看成阴爻，便可据此画出八卦，如郝氏所说的那样："故一、三、五之三天而自为乾，二、四、六之三地而自为坤，一天依二地而自为震，一地依二天而自为巽，二天间一地而自为离，二地间一天而自为坎，二天依一地而自为兑，二地依一天而自为艮。"① 因此，这种阴阳相因的图式，才是河图的真实面貌，亦即是真正的《易》之源头，所谓"如水之涟漪、卵之浑沦而无间断，道之体用备，内外合，胭而为一，别而为两，画三卦八，重而为六，错综而为六十四，《易》于是乎与天地准矣"②。而朱子的黑白点河图，则完全没有这些含义，其不可信之处于此尤为可见。

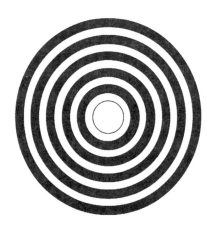

图 5-19　天地相错之图③

元代学者在河洛问题上对朱子提出的第二种批评，在于一方面承认河图洛书的基本形态，确实是朱子所说的黑白圆点图式，另一方面又指责朱子倒置了河图洛书。这种说法在元代流传颇广，从元代前期的李简、雷思齐，到元代后期的胡一中，都持有这种看法。例如，李简在阐述他心目中河图的形态时，即说："河图九宫，戴④九履一，左三右七，二四为肩，六八为足，五

① （元）郝经《先天图说》，《郝文忠公陵川文集》卷十六，《儒藏精华编》第 245 册上，第 300—301 页。
② （元）郝经《先天图说》，《郝文忠公陵川文集》卷十六，《儒藏精华编》第 245 册上，第 301 页。
③ （元）郝经《先天图说》，《郝文忠公陵川文集》卷十六，《儒藏精华编》第 245 册上，第 300 页。
④ 按："戴"原作"载"，据《通志堂经解》本改。

居中央，纵横皆十五。伏羲观河图而画八卦者此也。"[1] 这即是把朱子的洛书称作河图。而在叙述其所认定的洛书时，李氏则说："洛书之位，天以一生水而地以六成之居北，地以二生火而天以七成之居南，天以三生木而地以八成之居东，地以四生金而天以九成之居西，天以五生土而地以十成之居中。"[2] 也是把朱子的洛书指成了河图。胡一中的说法与李氏类似，同时还特别引朱子之说曰："鄙意但觉九宫之图意义精约，而八卦、九畴、五行，各出一图，亦自不妨，故有虚中为《易》、实中为《范》之论。然未有定，不若两存，以俟后人为愈。"[3] 这实际上是一方面借朱子之口，称赞九宫图意义精微，为其九宫图为河图之说张本；另一方面又据朱子的河洛"未有定"之说，认为即便是朱子自己，对何为河图、何为洛书这一问题亦未有定论，从而为其改易河图洛书创造条件。而雷思齐的说法，则比李简、胡一中更进一步，他不仅认为朱子颠倒了河图洛书，而且还进一步提出，朱子将河图洛书并列的做法也是错误的，从古到今，《易》中只有九宫图之河图，没有五行生成数之洛书。所谓的五行生成之图，最早出现于宋代陈抟《易龙图》，如雷氏所说"其一形九宫者，元无改异，标为河图；其一不过尽置列《大传》五十有五之数于四方及中，而自标异，谓为洛书"[4]。这种在九宫图之河图之外，凭空捏造出一幅五十五数的洛书的做法虽然错误，但至少其中以河图为九宫图之说还是正确的。到了朱子，不仅未能改正陈抟的错误，而且又进一步把五行生成图改称作河图，把九宫图改称作洛书，可谓错上加错。对朱子的这一错误，雷氏提出了极为严厉的批评："其朱、蔡之指斥又如此，而直以图南始标误之洛书为河图，而以其初正指河图，反以为洛书。则朱、蔡实自误，而反罪长民之先误。专己自是，张其辩说，不克自反，一至于此。"[5]

李简、胡一中、雷思齐的这种倒置河图洛书的做法，其依据究竟何在呢？在这一问题上，三家的说法各不相同。李氏认为，他之所以将九宫图认作河图，将五行生成图认成洛书，是因为这种认定，符合"体三用二"的原则。

① （元）李简《学易记》卷首，《中国易学文献集成》第 63 册，第 123 页。
② （元）李简《学易记》卷首，《中国易学文献集成》第 63 册，第 123—124 页。
③ （元）胡一中《定正洪范集说·河图洛书作范宗旨》，《续修四库全书》第 55 册，第 670 页。
④ （元）雷思齐《易图通变》卷五，《中国易学文献集成》第 50 册，第 83—84 页。
⑤ （元）雷思齐《易图通变》卷五，《中国易学文献集成》第 50 册，第 94 页。

亦即是说，九宫图中包含的易数有三种：一是天地奇偶之数，如天一地二者即是；二是先天自然之数，如乾一兑二者即是；三是五行生成之数，如水一火二者即是。此即是李氏所说的"河图九宫，纵横十五，先天取数，三者不遗"①。而五行生成图中的易数，只包括天地奇偶之数与五行生成之数两种，没有所谓先天自然之数。从体用关系而言，体数为三而用数为二，河图为体而洛书为用，因此，将九宫图定为河图，将五行生成图定为洛书，其说法虽然与朱子完全相反，但却显得更加合理。胡一中则据《尚书·洪范篇》的组织结构为说。他认为，《洪范篇》是兼采河图洛书所作，其中的"九畴"之说为一篇之总纲，恰好与九宫图相合，因此九宫图理应为河图；而"九畴"之下的细目中，有"五行"、"五事"之类，又恰好与五行生成图相合，因此五行生成图理应为洛书。此即胡氏所说的"以河图九数为纲，以洛书十数为目"②。此外，胡氏还提出，不仅五行生成图中含有八卦，九宫图中也同样有。按其说法，九宫图数为九，而乾卦为老阳，其四象之数亦为九。以乾卦之九乘以二得一十八，代表先天卦序中的乾一坤八，以及先天卦位中的乾南坤北，两两相对。同样，九乘三得二十七，代表兑二对艮七；九乘四得三十六，代表离三对坎六；九乘五得四十五，代表震四对巽五。其余可以此类推。既然九宫图之九数的变化，与先天卦序、卦位均如此符合，那么九宫图自然就应该为河图，如胡氏所说的那样："九数之极圆妙，其为河图之数明矣。"③ 而雷思齐的说法，在三家之中则最为复杂。他认为，他之所以把九宫图看作河图，是因为九宫图中已经包含了全部的易理。他说："凡余所以专守河图者，非敢自谓亲见羲文所以本之而作《易》者，而其五且十之数，横斜旁正，相生相成之进退赢缩，一阴一阳之奇耦分合，八体二用之虚实变通，殆有造化神明莫穷之蕴，非人之所能为，而殆乎天地④之自然者，宜其为羲文所以作《易》之本原也。"⑤ 为阐明这些易理，他特别提出了其所改定之后的九宫图式，称为"河图四十徵误之图"。图式如下：

---

① （元）李简《学易记》卷首，《中国易学文献集成》第63册，第125页。
② （元）胡一中《定正洪范集说序》，《定正洪范集说》卷首，《续修四库全书》第55册，第669页。
③ （元）胡一中《定正洪范集说·定正洪范图》，《续修四库全书》第55册，第678页。
④ 按："地"字原作墨钉，据四库本补。
⑤ （元）雷思齐《易图通变》卷四，《中国易学文献集成》第50册，第75页。

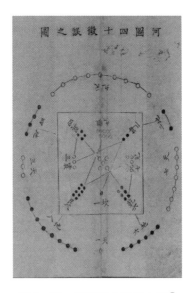

图 5 - 20　河图四十微误之图①

相比于传统的九宫图，此图的特色在于其将外围八宫总共四十个数字布成一个圆圈，亦即雷氏所说的"河图本数，兼四方四维共四十，员布为体"②。同时，九宫图的中央本来为天五之数，雷氏则将其去掉，但这并不意味着其不包括在河图之中。相反，按照雷氏的看法，河图中不仅有天数之五，而且还有地数之十，只是这两个数字"有数而无所定其位"③，在河图中并不实际出现，但却作为"虚用"，推动着河图之本数四十进行变化运转，所谓"以天五地十虚用，以行其四十"④，即是如此。总之，雷氏对九宫图河图的认识，可以以"四十为体，十五为用"一句话来进行概括。

关于雷氏是如何证明其"四十为体，十五为用"之说的合理性，前代学者已经有很多探讨，此处不拟赘述⑤。这里需要重点说明的是，在对九宫图作了这样的改造后，雷氏确实从中发掘出了一些隐含的易理。在他看来，他所

---

①　（元）雷思齐《易图通变》卷首，美国哈佛大学图书馆藏《通志堂经解》本。

②　（元）雷思齐《易图通变》卷首，《中国易学文献集成》第 50 册，第 9 页。

③　（元）雷思齐《易图通变》卷二，《中国易学文献集成》第 50 册，第 38 页。

④　（元）雷思齐《易图通变》卷首，《中国易学文献集成》第 50 册，第 9 页。

⑤　较为重要的有：林忠军《象数易学发展史》第二卷《雷思齐河洛之学》；朱伯崑《易学哲学史》第三卷《雷思齐〈易图通变〉》；章伟文《宋元道教易学初探》第七章《雷思齐的道教易图学思想》，等等。

确立的河图，其外围八宫四十之数为实体，天五地十两个数字为虚用，这就是上文中他所说的"八体二用之虚实变通"。由此反映出的体用虚实之理，可以说是《周易》的核心原理之一，如其所说："《易》之所以范围不过、曲成不遗者，正由假此天五地十之虚数，以行其实用于四象八卦而成河图者。"[1]同时，从河图外围八个数字来看，阳数一、三、七、九居于四正，阴数二、四、六、八居于四隅，呈一阴一阳交叉排列的态势。由北自东，其阳数为自一而三，表示阳长，而其中又寓有自八而六的阴消之数；由西至南，其阴数为自二而四，表示阴长，而其中又寓有自九而七的阳消之数。这即是雷氏所说的"相生相成之进退赢缩，一阴一阳之奇耦分合"，说明《易》中的阴阳进退消长之理，在雷氏河图中也有反映。此外，《易》中所谓"参天两地而倚数"、"参伍以变错综其数"，也可以用雷氏河图来进行解释。其法如下图所示：

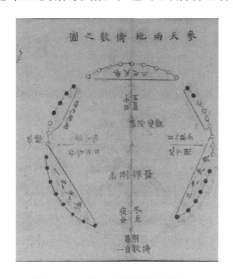 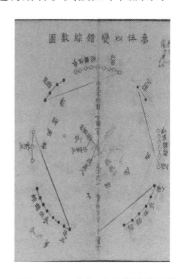

图 5-21　参天两地倚数之图　　　　图 5-22　参伍以变错综数图[2]

以上两幅图中，第一幅"参天两地倚数之图"表示的是：将雷氏河图的东方之三拆分成前一、后二共两个部分，前一归于东北之八成九，后二归于东南之四成六；将西方之七拆分成为前三、后四两个部分，前三归于西北之六成九，后四归于西南之二成六。再加上南方之九，则形成三个九、两个六，

---

① （元）雷思齐《易图通变》卷一，《中国易学文献集成》第50册，第19页。
② 以上二图见雷思齐《易图通变》卷首，美国哈佛大学图书馆藏《通志堂经解》本。

这就是所谓的"参天两地"。而剩余的北方之一则代表"倚数"，亦即数皆倚此而起之意。第二幅"参五以变错综数图"，其划分方法则是：将东北之八与东方之三合为一组，其数为十一，除去中间之五，剩余之数前后各三；同样，东南之四与南方之九合为十三，除去中五则前后各四；西南之二与西方之七合为九，除去中五前后各二；西北之六与北方之一合为七，除去中五前后各一。这一过程中，每两个数的相加，雷氏称之为"综"，而除去中五则称为"参以天五，错伍于中"①。因此整个变化的过程就代表了"参伍以变，错综其数"。总之，《易》中的阴阳消长、虚实体用、参两参伍，在九宫图中均有反映，此说明只有九宫图才是真正的河图，而朱子以五行生成图为河图的说法，则是完全错误的。

元代学者批评朱子河洛之说的最后一个方面，是对朱子所论河图洛书作用的指摘。这一派学者的观点是，黑白点河图洛书也许确实存在，其形制也确实如朱子所说的十图九书，但并非是用于画卦，而是别有它用。例如，钱义方认为，八卦的来源只有一种，即是伏羲在仰观俯察万物阴阳之理的基础上，按照邵雍所说的一分为二法，由一阴爻一阳爻开始逐层向上，最终画得八卦，与河图洛书没有任何关系。朱子所谓的伏羲则河图以画卦，实属错误。最能证明这种错误的一点在于，从朱子的河图之中，根本无法导出八卦。对此钱氏论述说："如朱子亦谓虚五与十者太极，奇偶数各二十者两仪，以一、二、三、四为六、七、八、九者四象，析四方之合为乾、坤、离、坎，补四隅之空为兑、震、巽、艮者八卦。言两仪四象通矣，而言八卦，则析四方之合，补四隅之空，所以为乾、坤、离、坎、兑、震、巽、艮者，皆未见灼然之法象，而能使人释然无疑者。"② 这说中了朱子之说的一个很大的缺陷：朱子在叙述以河图画八卦时，只说"析四方之合"、"补四隅之空"，即把河图四方的四对两两相合的五行生成数拆分开来，变成八个数字，以此来代表八卦。但在"析"、"补"之后，所得的八个数字，似乎很难说与八卦卦象有什么必然联系。为了支持自己的这一说法，钱氏还进一步提出，朱子晚年时，已经意识到了其以河图为八卦之源的错误。他搜罗了朱子《易本义》、《原象篇》、《感兴诗》，以及语录中的一系

---

① （元）雷思齐《易图通变》卷二，《中国易学文献集成》第50册，第44页。
② （元）钱义方《周易图说》卷上，《景印文渊阁四库全书》第26册，第620页。

列支持仰观俯察说的论述，认为这才是朱子晚年对八卦来源的正确认识；而此前的伏羲则河图以画卦之说，朱子则"晚年始悟其失，遂不及改"①。

既然在钱义方看来，河图洛书并非像朱子所说的那样，是伏羲画卦的源头，那么《系辞传》中"河出图，洛出书，圣人则之"之语，又指的是圣人效法河图洛书而作何用呢？对此钱氏提出，所谓"圣人则之"，乃是说圣人用河图之数以揲蓍。他说："《系辞》既明有天一至地十之数，大衍五十之说，而朱子易图说，亦以'天一地二'章，继'圣人则之'之后。则圣人则河图以揲蓍者，至甚明白而无可疑也。"② 这是说，《系辞传》中"天一地二"一段与"大衍之数五十"一段，其意思前后相连，说的都是揲蓍之法。而"天一地二"一段文字中记载的天一至地十之数，又正是河图之数。从这一点来看，圣人显然是取河图之数以用于揲蓍。朱子在《易本义》卷首的河图洛书之下，将"河出图，洛出书，圣人则之"，与叙述揲蓍之法的"天一地二"一段文字相连，可见亦认为河图是用于揲蓍者。总之，钱氏对河图洛书的总体态度，即是既承认其有一定的作用，又认为其作用仅限于揲蓍，朱子以其为象数之本、八卦之源，实际上是人为地拔高了其在《易》中的价值。

以上三个方面，即是元代学者批判朱子河图洛书之说的大致情况。当然，面对着反对派的激烈批判，维护朱子之说的学者不会坐视不理，而是也力图作出一些反击。例如，元代的著名学者刘因，即著有《河图辨》一文，驳斥一切不同于朱子的河洛之说，特别是不点名地批评了郝经所作的黑白圈相间的图式："及自为图，则亦不外乎十数，而为白圈黑圈为五，相间而为十，以白为天奇，以黑为地偶，取三奇为乾，三偶为坤，其余卦取之亦然。观其附合，乃有纂组华纷之极所不能为者，而谓出于天之自然之数必如是，而圣人之画卦，如根干枝叶，迫于不得已而然者，亦必如是，是则可疑之大者。"③ 而另一位学者陈栎，则专门针对以九为图、以十为书的说法展开辩驳，指责其说"有大不可者一，有不可通者六"④。同时大力推崇朱子之说，谓："古今道理之秘自晦翁出，何微不显，何幽不阐矣。刘牧生乎晦翁之前，而为此论，无责也。今

---

① （元）钱义方《周易图说》卷上，《景印文渊阁四库全书》第 26 册，第 621 页。
② （元）钱义方《周易图说》卷上，《景印文渊阁四库全书》第 26 册，第 624 页。
③ （元）刘因《河图辨》，《刘因集》卷二十八，第 465 页。
④ （元）陈栎《河图洛书辨》，《陈定宇先生文集》卷四，《元人文集珍本丛刊》第 4 册，第 301 页。

人生乎晦翁之后，而为此论，欲免其责难矣哉。"① 然而，与维护朱子者相比，这些批判朱子、辨正朱子的论述，其影响显得更为深远。从易学史上来看，通过对朱子河洛之说的多方辩驳，元代学者指出了河图洛书中的大量不合理之处，这直接开启了清代学者辨河图洛书之伪的先河。清代学者对河图洛书的真伪的考辨，虽然极为详尽，但其中的一些主要论点，如天地之数非河图、洛书四十五数后起而不可信、河图洛书不可画卦等等，与元代学者的思路都基本相同，很难说没有受到元代学者之说的影响。同时，在对河图洛书中一些具体问题进行考察时，上述元代学者的说法，更是给清人以很大启示。仅以俞琰的河图洛书为玉石之说为例：清代朱彝尊在读到俞氏之《周易集说》时，对此说即已颇为重视，特别将其从俞氏之书中摘出，称之为"《易》家之异闻"②。而胡渭在《易图明辨》中讨论河图的真实形制时，则直接援引了俞琰"河图盖玉之有文者"之说③。此后赵翼在对河图洛书进行考察时，虽然指斥俞氏之说为"臆说"，但实际上还是认为河图洛书为玉石，只不过此玉石并非如俞氏所说的那样，是天然带有纹理而形成河洛图式的形制，而是后人摹刻其文于玉石之上，如其所说的那样："非玉之生而有文，乃摹其文于玉也。"④ 这一说法归根结底，还是由俞氏之说演变而来。仅从这一点便可看出，元代学者对朱子河洛之说的批判，可以说为清人最终辨明河图洛书为伪作，打下了坚实的基础。

二、对《太极图》与先后天图的不同看法

1. 对周敦颐《太极图》的维护和批判

在朱子看来，周敦颐的《太极图》，可谓是一部《周易》之总纲领。他曾说："《易》之为书，广大悉备，然语其至极，则此图尽之。"⑤ 而此所谓"至极"之纲领，便是图中蕴涵着的"无极太极"、"理一分殊"的本体论。

---

① （元）陈栎《河图洛书辨》，《陈定宇先生文集》卷四，《元人文集珍本丛刊》第4册，第304页。
② （清）朱彝尊《周易集说序》，《曝书亭序跋》卷一，上海古籍出版社，2010年，第25页。
③ （清）胡渭《易图明辨》卷一，中华书局，2008年，第26—27页。
④ （清）赵翼《河图刻玉》，《陔余丛考》卷一，商务印书馆，1957年，第4页。
⑤ （宋）朱熹《太极图说解》，《朱子全书》第13册，第76页。

这不仅是朱子易学之基础，同时也是其整个理学体系的基本观点之一。因此，朱子对周氏之《太极图》，必然要持极力推崇的态度。本着这一原则，他一方面对《太极图》的形态进行了考订，并为《太极图说》作注；另一方面又对朱震、胡宏、陆九渊等人提出的《太极图》源于道家，或《太极图》非周氏之作的看法，进行了严厉的批驳，以此来维护《太极图》的崇高地位。在朱子之说的影响下，元代的大部分学者对《太极图》的纲领性地位也给予了认同，并从三个方面来对其作进一步的维护：

其一，通过考证周敦颐之学的授受源流，来说明《太极图》绝不可能出于道家。在这一方面，元代学者刘因可谓是其代表人物。他指出：

> 《太极图》，朱子发谓周子得于穆伯长，而胡仁仲因之，遂亦以谓穆特周子学之一师。陆子静因之，遂亦以朱录为有考，而潘《志》之不足据也。盖胡氏兄弟，于希夷不能无少讥议，是以谓周子为非止为种、穆之学者。陆氏兄弟以希夷为老氏之学，而欲其当谬加无极之责，而有所顾籍于周子也。然其实，则穆死于明道元年，而周子时年十四矣。是朱氏、胡氏、陆氏，不惟不考乎潘《志》之过，而又不考乎此之过也①。

按照刘因的看法，最早提出《太极图》源于道家者，当属南宋初年的学者朱震（子发）。在其著作《汉上易传》中，朱震明确以周敦颐从穆修（子长）处传得《太极图》，而穆修之师为种放，种放之师为陈抟，陈抟则是持"老氏之学"者。这样，《太极图》就变成了道家之学。此后胡宏（仁仲）、陆九渊（子静），对这一传授的系统，也不同程度地表示承认，而对于潘兴嗣《墓志铭》（即文中所谓"潘《志》"）中所提出的《太极图》为周氏自作的说法，则不以为然。但实际上，朱震之说是明显站不住脚的，其原因在于，据相关史料记载，穆修死于宋仁宗明道元年（1032）②，此时周敦颐年方十余

---

① （元）刘因《太极图后记》，《刘因集》卷七，第138页。
② 按，刘氏此记载，可能是来自于苏舜钦之《哀穆先生文》。其文曰："穆伯长以明道元年夏，客死于淮北道中。"见《苏舜钦集》卷十五，上海古籍出版社，1981年，第199—200页。《宋史》本传仅谓其卒于明道中，未确。

岁①，如何能够传得《太极图》呢？本着这一观点，刘氏甚至对朱子之说都提出了批评，认为其在论述《太极图》的来源问题时，或以为周子自作，或认为有所传授，甚至有时还说"莫或知其师传之所自"②，说法前后不一，态度犹疑不定，并没有能够彻底廓清《太极图》源于道家之说。应该说，刘氏对朱子的批评有一定牵强之处，未见得符合朱子本意，学者已有所指出③。但其通过考证周敦颐与穆修之间的年龄差距，而得出的《太极图》不可能出于穆修一派的观点，却无疑是正确的。而从另一个角度来看，其对朱子的批评也表明了在维护《太极图》的地位方面，刘氏的态度甚至比朱子还要坚决。

其二，通过将《太极图》与《周易》相结合，来进一步提高《太极图》在易学中的地位。对于《太极图》与《易》相通的问题，朱子实际已经有了较为清晰的认识，但由于二者之间毕竟存在着一些难以弥合的差距，因此其在合会二者时也显得较为谨慎，除了把《太极图》的最上一圈解为"易有太极"，将第二圈解为"是生两仪"之外，并没有作更多的牵合。同时，对于二者之间的差距，朱子也持承认的态度。如有门人问："《太极图》自一而二，自二而五，即推至于万物。《易》则自一而二，自二而四，自四而八，自八而十六，自十六而三十二，自三十二而六十四，然后万物之理备。"朱子则答之曰："理一也，人所见有详略耳，然道理亦未始不相值也。"④ 这种承认《太极图》与《易》有同有异，不随意进行牵合的做法，在元代获得了一些学者的认同，如许谦即提出："《易》以阴阳之消长而该括事物之变化，《图》明阴阳之流行而推原生物之本根，《图》固所以辅乎《易》也。"⑤ 二者侧重点并不一样，虽然可以说"《太极图》之原出于《易》"⑥，但毕竟并非一事。然而，元代更多的学者，却更倾向于将二者合而为一，以《太极图》之形制——

---

① 按，王梓材云："周子生于天禧元年丁巳，至明道元年壬申，盖年十六矣。作十四，误。"见《宋元学案》卷十二《濂溪学案下》，第509页。考之周氏《年谱》，王说信然。《年谱》见《周敦颐集》，中华书局，2009年，第101页。

② （宋）朱熹《周子通书后记》，《晦庵先生朱文公文集》卷八十一，《朱子全书》第24册，第3856页。

③ 见杨柱才《道学宗主——周敦颐哲学思想研究》，人民出版社，2004年，第59—60页。

④ （宋）黎靖德《朱子语类》卷九十四，第2386页。

⑤ （元）许谦《答或人问》，《许白云先生文集》卷四，《许谦集》，浙江古籍出版社，2015年，第1004页。

⑥ （元）许谦《答或人问》，《许白云先生文集》卷四，《许谦集》，第1003页。

比附于《易》。例如，王申子即提出，《太极图》不仅第一圈与第二圈与"易有太极，是生两仪"相合，且其余部分也与"四象生八卦，八卦定吉凶，吉凶成大业"对应。为此他特别仿照《太极图》另制一新图，现将其图式录于下：

图 5 – 23　王申子太极图①

　　与周氏原图相比，此图最为值得注意的一点是，原图第三层与第四层，被王氏比附以《易》中的"四象生八卦"。但图中第三层明明只有五行，何来四象呢？对此王氏解释说，四象与五行实际并无二致，只是四象为五行之初生，五行为四象之已成，并非像朱子所说的那样，二者截然不同，毫不相干。而图中第四层"乾道成男，坤道成女"，说的则是由乾、坤二卦相交，而生成三男三女之六子卦，朱子以人物之男女来看待此层的观点也是错误的。此外，王氏还提出了一个证据：图中第三层与第四层之间，是用四条线段连接的，如果用二气五行来解释的话，那么此线段的数量应当或为太极加阴阳之三画，或为太极加阴阳加五行之八画，而现在的图式中却只有四画，明显代表的就是四象生八卦。如其所说的那样："朱子本图注水、火、木、金下，各系一画于小圈上，而曰：'此无极二五所以妙合而无间也。'果如是，其画

---

　　①　（元）王申子《大易缉说》卷二，美国哈佛大学图书馆藏《通志堂经解》本。

不三则八，今止四画，是著四象之生八卦也。"① 总之，在王氏看来，《太极图》并非是借易理而自行发挥的一种易学支流著作，其从头到尾所描述的，都是《易》中"《易》有太极"这一段文字的内容。而此段文字记载的乃是伏羲先天易学，可以说是一部《易》的本旨所在，《太极图》以图式的方式揭示了此段文字的深刻含义，自然应该占有崇高的地位。因此，王氏便将《太极图》与河图洛书、伏羲卦画、文王卦辞、周公爻辞、孔子《易传》推到了同等的高度，并称为"六《易》"。这样，《太极图》作为易学的一个重要组成部分，其地位就有了极为显著的提高，而其与道家之学的关系则愈显疏远。

其三，通过对《太极图》进行深入分析，而赋予其更为丰富的义理内涵。在将《太极图》义理化这一方面，朱子已经做了大量的工作，特别是将图式的第一圈"无极而太极"解为"无形而有理"，更是为《太极图》抹去了道家学说的色彩，使其归入到了儒家义理之学的系统中。但在元代学者看来，朱子的解释还是存在着一些缺略之处，有必要对其加以补充。例如，宋元之际的学者陈普，在承认朱子对《太极图》已经"疏析发明无余蕴"的同时，也提出一个问题：《太极图》的第四圈为"乾道成男，坤道成女"，第五圈则为"万物化生"。但按照一般人的理解，自太极而阴阳，阴阳而五行，五行便可直接化生万物，何必在"万物化生"之前，又添出一圈呢？对此问题，朱子以"气化"来进行解释，亦即是说，二气五行均为气，至此气聚成形而化生男女，由男女之相配合，才能生成天下万物。这一说法陈氏并不否认，但他却认为，朱子此说还有未尽之处，并没有把周敦颐的"至精之深之意"完全表达出来，因此便在朱子的基础上，对这一问题作了进一步的探讨。他说：

天地间，一无息而已。何谓无息？曰道也。道者何？太极也。明道先生曰："形而上谓道，形而下谓器，须着如此说。道亦器，器亦道。但得道在，不系今与后，己与人。"此数语即《太极图》男女圈之意也。盖男女圈所以明太极之为道，惟道故无息。不着男女一圈，则但见其生，而不见其生之不息；见其万一各正、小大有定，而不见其混辟之无穷。……故特出气化一圈，于五行之下，万物之上。盖一圈之幹，所以

① （元）王申子《大易缉说》卷二，《中国易学文献集成》第62册，第177页。

发明太极为悠久无疆之定理，故曰"乾道成男，坤道成女"。道者，义理之当然。意谓万物虽有穷尽，而乾道坤道常在；种类之生或有息，而气化之生常无息。气化者，理化也①。

按照陈氏的理解，"乾道成男，坤道成女"这一圈，虽然从表面上来看讲的是气聚而成形，但周敦颐在此处特别用了两个"道"字，则明显是为了在气化之中，再揭示出为之本原的形而上之理。由于此理亘古今而长存，因此受其支配的气化亦生生不息，万物之生成也永无穷尽，所谓"天不忧其息也，地不忧其尽也，人物不忧其澌灭也"②。若无此一圈，则万物生成便失去了本原，不能表达生生不已之意，更无法表明太极之理的悠久无息。在陈氏看来，此说乃是其补充朱子的一处重要内容，他说："乾道成男，坤道成女一圈，周子精意所在，晦翁独未言及……一以明太极之为道，二以著物生之常有本，周子以来诸老，皆未及此。"③。经过这一阐发，《太极图》的儒学义理内涵便更加充实，而道家之学的色彩则进一步淡化。

由上面的论述，可以看出，在推崇《太极图》于易学中的纲领性地位方面，元代学者可谓不遗余力，从各个角度都作出了详尽的论述。然而，这并未能彻底消除元代学者对《太极图》的怀疑，指责《太极图》为老氏之学者，在元代仍时时有之。例如，元代著名学者袁桷在谈到《太极图》时即说："《太极图》的确自陈希夷传，二圈乃成人成仙之说。"④ 这里所谓的"二圈"，指《太极图》最上一圈与最下二圈，道家学者常据此讲炼精化气、炼气化神、炼神还虚的丹道，故而袁氏指其为成人成仙之说。但他并没有对这一观点作出更详细的解释，同时也并未因此而对《太极图》表现出明显的排斥。与之相比，另一位学者陈应润不认同周氏《太极图》的态度，就明朗得多。他一方面赞同陆九渊的看法，认为周氏此图于太极之上添出无极，明显有老氏之学的色彩，

---

① （元）陈普《太极图乾男坤女图》，《石堂先生遗集》卷七，《北京图书馆古籍珍本丛刊》第86册，第637—638页。

② （元）陈普《太极图乾男坤女图》，《石堂先生遗集》卷七，《北京图书馆古籍珍本丛刊》第86册，第638页。

③ （元）陈普《周朱无极太极》，《石堂先生遗集》卷十二，《北京图书馆古籍珍本丛刊》第86册，第716页。

④ （元）袁桷《答高舜元经史疑义十二问》，《袁桷集》卷四十二，吉林文史出版社，2010年，第603页。

所谓"宋周濂溪先生作《太极图》，加无极于太极之上，陆象山谓其传老子之学，与朱文公辨之详矣"①。另一方面，除了指出"无极"一说不符合《易》之原意外，陈氏认为周氏之图至少还存在着三点问题：其一，《太极图》"不言两仪、四象、八卦之明文"②，反而讲二气五行。其二，《太极图》"以阴静阳动为两仪"③，亦与《易》之两仪的本义不符。其三，《太极图》讲五行运行的次序，以水生木，木生火，火生土，土生金，金又生水；而《易》中所讲的五行生成，则是天一生水，地二生火，天三生木，地四生金，天五生土。因此，《太极图》的五行，实际上是"易水、火、木、金、土之位"④，更非《易》之本旨。在陈氏看来，《太极图》无非是周敦颐"假老子之学"⑤ 而自创的一家议论，并不能表达《易》中"《易》有太极"一段文字的真正含义。于是他索性将周氏之图抛开，另作"《易》有太极图"，图式录于下：

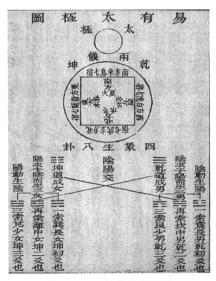

图 5－25 易有太极图⑥

① （元）陈应润《周易爻变易蕴》卷首《太极图说》，《中国易学文献集成》第 67 册，第 210 页。
② （元）陈应润《周易爻变易蕴》卷首《序图说》，《中国易学文献集成》第 67 册，第 207 页。
③ （元）陈应润《周易爻变易蕴》卷首《太极图说》，《中国易学文献集成》第 67 册，第 210 页。
④ （元）陈应润《周易爻变易蕴》卷首《太极图说》，《中国易学文献集成》第 67 册，第 210 页。
⑤ （元）陈应润《周易爻变易蕴》卷首《爻变易蕴纲领》，《中国易学文献集成》第 67 册，第 204 页。
⑥ （元）陈应润《周易爻变易蕴》卷首，《中国易学文献集成》第 67 册，第 209 页。

与周氏原图相比，陈氏之图只保留了最上方的太极一圈，且删去了其中的"无极"之说。其下的阴阳五行、乾男坤女、万物化生等部分，陈氏则将其一概去掉，代之以两仪、四象、八卦。同时其在解说这些部分时，也采用了一些新的说法，如以两仪为乾、坤，以四象为在天之二十八宿，而非太阴、太阳、少阴、少阳，以四象生八卦为乾、坤交而生六子，而非加一倍法，都与朱子的解说不同。这样形成的新图式，在陈氏看来才最为符合《系辞传》中"《易》有太极"一段文字的含义，才是真正的儒家之学。他说："今重画此图，则太极、两仪、四象、八卦之义，粲然复明。"① 这样，陈氏就实现了对周敦颐《太极图》的最为彻底的破除，而朱子推崇《太极图》的态度，也实际上遭到了陈氏的否定。

2. 对先后天图的不同意见

相比于周敦颐《太极图》，邵雍所作的先后天图，在朱子心目中的地位显得要更高一些。特别是其中的先天四图，在朱子看来乃是"伏羲本图"，也是《易》之本源，所谓"凡今《易》中一字一义，无不自其中流出者"②。因此他才在作《易本义》时，将邵氏之图全部收入，列于卷首，又在《易学启蒙》中对其详加阐发。对于朱子的这种观点，元代学者也各有不同的意见：有的继承了朱子的观点，从各个方面力图提高先后天图的地位，并在朱子的基础上进一步补充完善其说；有的在承认图式本身有一定合理性的同时，对其是否作于伏羲与文王产生了怀疑；还有的学者则明确反对朱子之说，对先后天图中的绝大部分图式都不予采信。由此形成了在先后天图问题上的热烈讨论。

第一，在遵从朱子之说而推崇先后天图的方面，元代绝大部分朱子后学都秉持这一态度。例如，胡一桂在与友人的讲论中提出，先天图不仅是《周易》之源，同时也是邵氏学术的核心内容。按其看法，邵氏的先天之学，乃是以其用"加一倍法"作出的先天六十四卦横图为基础，将此图拆开，能够布成先天六十四卦方圆图，而邵氏之学即是自此方圆图上发出。他引用与之

---

① （元）陈应润《周易爻变易缊》卷首《太极图说》，《中国易学文献集成》第67册，第211页。
② （宋）朱熹《答黄直卿》，《晦庵先生朱文公文集》卷四十六，《朱子全书》第22册，第2155页。

同时的查颜叔之说来论述这一点说：

> 《观物篇》有所谓律吕图、声音图、八卦交为十二辰图、十二辰交而
> 为十六位图、太极图、既济阴阳图、挂一图、三千六百年图。……然其
> 图虽多，特只本之先天六十四卦方圆图①。

例如，方圆图中的圆图，其左半边三十二卦，即代表了邵氏所说的元、
会、运、世之大四象，右半边三十二卦，则代表年、月、日、时之小四象。
凡占断世道治乱，便可从挂一图中查出当时所值之卦，看其在圆图中的位置
而定吉凶。这样来看，挂一图便显然是为圆图所作的。而方图则西北十六卦
为天卦，东南十六卦为地卦，其余三十二卦为既济之卦，律吕图、声音图、
既济图也是自此而出。总之，在其看来，邵氏的先天方圆二图乃是"错综而
用，变动不居，不可为典要"②的精妙之作，其《皇极经世书》全部本之于
此。严格来讲，这种说法并不太符合邵氏之学的实际情况。先天方圆图虽然
在邵雍学术中占有很重要的位置，但与此同时，邵氏还对易数的推算有着浓
厚的兴趣。胡一桂等一味讲先天方圆图，却对其易数之学闭口不谈，显然并
非邵氏本意。但值得注意的是，通过以上的论述，胡一桂等人也证明了一个
问题：先天图不仅为朱子所重视，而且在朱子之前，邵雍已经对其极为看重。
其所作《皇极经世》，虽然存在大量的易数演算，而推其本则无非来源于先天
方圆二图。这就使得先天图的地位，得到了进一步的确立与提高。在此之前，
学者们在推崇先天图的时候，大都只侧重于讲先天图在易学中的崇高地位，
甚至连朱子都是如此，如胡氏所说的那样："推明伏羲先天生卦之法，与文王
后天八卦，及卦正反，发明三十六宫之义，使吾夫子《系辞》极仪象卦章，
与《说卦》先后天数章，各有归著。三四圣人之《易》，至是如日月行天，
星陈极拱，功在万世，则自元圣以来，一人而已。朱夫子已表章于《本义》、
《启蒙》之书，愚小子尚何容喙？"③而对于其图在邵氏学术中的地位，则很
少有人加以探讨。因此，胡氏等人将先天图推到邵氏之学的中心，可以说是
从一个较为新颖的角度，实现了对先天图式的推尊。

---

① （元）胡一桂《周易本义启蒙翼传·外篇》，《儒藏精华编》第5册，第760页。
② （元）胡一桂《周易本义启蒙翼传·外篇》，《儒藏精华编》第5册，第763页。
③ （元）胡一桂《周易本义启蒙翼传·外篇》，《儒藏精华编》第5册，第687页。

除了对先后天图式的推崇之外，有些学者还力图以邵雍之说为依据，来补充完善朱子的一些论述。如朱升即曾对文王八卦方位图之卦位作出解释。他指出，图中坎离震兑居四正，乾坤艮巽居四隅，前人未言明其理，朱子亦不得其说，故自言"以卦画推求，纵横反覆，竟不得其安排之意"①。在朱升看来，朱子"以卦画推求"的思路，已经合于作图自然之法象，但仅用"交午对角"的相对两卦求之，是以不通，而不明其中更有"三纵一横之相对"②。其说曰：

> 盖后天八卦方位，因先天方位卦画自然之对，取用于交易而已，初无他意义也。卦画之对，乾三阳与坤三阴，一对也；坎中阳与离中阴，一对也；震初阳与兑末阴，一对也；艮末阳与巽初阴，一对也。此四对者，造化自然之法象，而先天后天之所同也③。

朱升将八卦分为四对，其中乾坤、坎离二对，阴阳相反，与前人无异。其余四卦，前人多以震巽、艮兑为对，亦阴阳相反，即先天八卦方位图所示者。而朱升则别出心裁地将其改作震兑、艮巽为对。这样一来，先天图中，除坎离为东西相对外，其余兑震对于东南东北，乾坤对于南北，巽艮对于西南西北，是所谓"离坎横而六卦纵"。后天图中，除震兑对于东西外，其余巽艮对于东南东北，离坎对于南北，坤乾对于西南西北，是所谓"震兑横而六卦纵"。二图的卦位虽然不一致，但都遵循"三纵一横"的构图规律。朱氏并作有图式，见图5-26。

按照朱升的论述，此"三纵一横"的卦对，即是受到了邵雍的启发。他说："卦画自然之对，在先后天方位，皆一横三纵。邵子论后天震兑横而六卦纵，是矣。而其论先天者，犹未归一，乃云'乾坤纵而六子横'，故后人惑焉。"④ 且其说较此前以对角线两卦相对为说者更优。如先天八卦图中，若以对角两卦论，则震巽相对为长男长女，艮兑相对为少男少女，"阴阳相对，虽可以合为纯气，而长少不对，不可以合为中气。"⑤ 然以三纵一横之法说之，

① （元）朱升《周易旁注·前图上》，《续修四库全书》第4册，第209页。
② （元）朱升《周易旁注·前图上》，《续修四库全书》第4册，第212页。
③ （元）朱升《周易旁注·前图上》，《续修四库全书》第4册，第210页。
④ （元）朱升《周易旁注·前图上》，《续修四库全书》第4册，第212页。
⑤ （元）朱升《周易旁注·前图上》，《续修四库全书》第4册，第213页。

则震兑相对为长男少女，艮巽相对为少男长女，不仅阴阳相对，又长少相对。后天八卦图，则是"卦之交者居四正，不交者居四隅"①。"交者"与"不交"之说，出于邵雍。所谓"交者"，指震兑为阴阳之始交，坎离为交之极，故居四正。所谓"不交"，指艮巽为阴阳之杂而不交，乾坤为纯阳纯阴，故居四隅。这同样也是据震兑、艮巽相对为说。如取对角相对，则无此理。这样，朱升就以邵雍之说为基础，对朱子未能解决的后天卦位问题作出了解释。

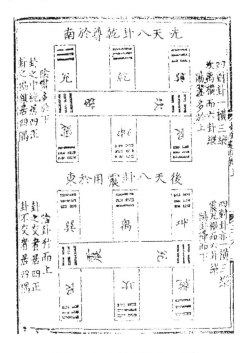

图 5-26　先天后天合一图②

第二，与大部分学者对先后天图的一味尊信相比，元代另有一些学者在谈到这一问题时，则采取了一种较为审慎的态度。他们并不否认这些图式中包含着一些较为深刻的易理，但还是存在着一些疑问，认为未必真的如邵氏所说那样是伏羲、文王所作。例如，钱义方即对先后天图中的伏羲八卦方位图、伏羲六十四卦方位图、文王八卦次序图、文王八卦方位图都提出了怀疑。对于伏羲八卦方位图与伏羲六十四卦大圆图，钱氏指出：

①　（元）朱升《周易旁注·前图上》，《续修四库全书》第4册，第211页。
②　（元）朱升《周易旁注·前图上》，《续修四库全书》第4册，第208页。

右二图，邵子以为伏羲先天之学，以愚观之，恐有未然。盖乾、兑、离、震四卦，及其外三十二卦，皆循伏羲画卦本然之次第，巽、坎、艮、坤四卦，及其外三十二卦，皆反伏羲元画之卦序。朱子所谓"就中间拗做两截，有些造作，不依他元初画底"是已①。

这是说，小圆图与大圆图左半圈卦象的排列，与伏羲画卦之次序正相吻合，而右半圈却恰好与其相反。这一现象的出现，其实并不值得奇怪，因为所谓伏羲画卦次序，是通过以"加一倍法"构建起来的小横图与大横图而导出的，而小圆图与大圆图，则是将横图从中间拆开，右半边拗成圆形布于左方，左半边拗成圆形布于右方而形成。由此形成的图式，其卦象的次序必定是一侧顺而一侧逆。在钱氏看来，这一点就是此二图的不足之处，伏羲画卦之初，其图纯任自然，不会出现这种以人力矫揉造作的情况。因此，邵氏将其指为伏羲先天之图，并不合适，反而不如将其定为孔子所作。他说："然左右各三十二卦，阴阳对待，截然整齐又如此，非吾夫子不能为之也。"② 其余图式的情况，也大致与此类似。如对于文王八卦次序图与文王八卦方位图，钱氏认为，邵氏虽将其定为文王所作，但于《易》却并无根据，且其图式的构成，完全本之于孔子之《说卦传》，因此将其定为孔子所作，似乎更为妥当。他说："右邵子以为文王之学，相承传信久矣，然于《易》之经传，未见其所本之的。不若直以为孔子推演之义，为无可议耳。"③ 至于伏羲六十四卦方图，钱氏更是一方面承认其具备一些"发前圣之未发者，而非汉魏儒者穿凿附会为图者之所可企及"④ 的地方，另一方面又指明其于《周易》经传全无所见，不仅非伏羲所作，且也并非文王、孔子的作品，只能看作邵氏自己的推演之义。由此可见，在对待先后天图的问题上，钱氏的基本态度是，既肯定这些图式本身的价值，又反对邵雍与朱子将其抬高到伏羲与文王之《易》的地位的做法，可以说是一种持平之论。

第三，另有一少部分元代学者，对先后天图则表现出了更加强烈的排斥。他们不仅不承认这些图式的真实性，同时还将其指为异端之学，极力主张将

① （元）钱义方《周易图说》卷下，《景印文渊阁四库全书》第26册，第641页。
② （元）钱义方《周易图说》卷下，《景印文渊阁四库全书》第26册，第641页。
③ （元）钱义方《周易图说》卷下，《景印文渊阁四库全书》第26册，第642页。
④ （元）钱义方《周易图说》卷下，《景印文渊阁四库全书》第26册，第653页。

其从易学中剔除。例如，陈应润提出，《易》中所讲的八卦方位，只有离南坎北、震东兑西这一种，除此之外并无他说，也没有先天后天之分。所谓乾南坤北的先天八卦方位图，乃是邵雍以"丹经之学"而自行撰作者，应该削去。在《周易爻变易蕴》中，他首先引用《说卦传》"天地定位"与"帝出乎震"两段文字，而后解释说：

> 此伏羲所定八卦之位。文王演《易》，因之为卦辞、爻象。孔子系《易》，说"帝出乎震"一章，八卦之位，瞭然明白，初无先天后天之分。汉魏以来，诸儒注释，亦未有先天后天之说。因宋邵康节有传于李挺之、穆伯长，得陈希夷学仙之术，以汉魏伯阳丹经《参同契》，借《易》卦值日增减火候之图，遂以乾南坤北、离东坎西为先天之学。自震历离、兑至乾，为已生之卦，为顺数；自巽历坎、艮至坤，为未生之卦，为逆数。而以"帝出乎震"一章，为文王所画之《易》，为后天之图，簧鼓后世①。

按照陈氏的看法，《说卦传》中"天地定位"与"帝出乎震"两段，所指的实际都只是离南坎北的八卦方位。此方位由伏羲所定，文王、孔子均沿而用之，历汉魏至宋，儒家学者中并未有人提出过异议。而邵雍由于从李之才、穆修等人处传得陈抟的道家之学，故而将《说卦传》中的两段文字一分为二，以前一段附会魏伯阳《周易参同契》之说，作成乾南坤北之图，称为先天之学，而将真正的伏羲八卦方位看作后天之学。此种说法，在陈氏看来至少存在着两方面问题：其一，"天"只有一个，不能分而为二，"先天"、"后天"之名称显得极为不妥。他说："彼以天有先后之分，则有二天矣。孟子曰：'天无二日，民无二王。'二日二王且不可，况天而可以分为二乎？"②其二，所谓的先天图与后天图，其八卦方位完全不同，如果此二图是由伏羲与文王所作，则二圣人不应该如此矛盾。对此陈氏说："苟伏羲所画之卦乾南坤北，而文王易其位于离南坎北，则是二圣人自相矛盾，何以见演《易》之功？"③总之，邵氏之先天八卦方位图，与其先天后天之说，都绝不可信。为

① （元）陈应润《周易爻变易蕴》卷首《八卦图说》，《中国易学文献集成》第67册，第213—214页。
② （元）陈应润《周易爻变易蕴》卷首《八卦方位图》，《中国易学文献集成》第67册，第212页。
③ （元）陈应润《周易爻变易蕴》卷首《八卦图说》，《中国易学文献集成》第67册，第214页。

了证明这一点，他还特别引用朱子之语说："朱文公尝曰：康节说伏羲八卦，乾位在南，坤位在北，文王重《易》，更定在此。其说甚长，大概近于附会穿凿，故不深留意。然《说卦》所说卦位，竟不能使人晓然①，且阙之，不必强通。"② 认为这表明朱子已经意识到邵氏先天图中的某些问题，之所以未能予以辨明者，是因为朱子当时"不以《参同契》丹经与之详辨，遂使其惑人之深，流弊后世"③。实际上，这种说法显然不符合朱子的真实态度。对于先天图，朱子一直是以尊信与推崇为主，怀疑的言论只是偶有出现，在朱子的思想中根本不占主导地位。同时，对于先天图与《参同契》有相通之处的问题，朱子也早有察觉，只是他认为这只能表明方士们曾借用过先天图，而非先天图出于《参同契》。对于这些情况，陈氏未必全不知情，但尽管如此，他还是要引用朱子之说，就是希望能借助朱子来实现对先天图的最为彻底的否定。

元代学者对《太极图》与先后天图的讨论，在易图学史上可谓产生了较为明显的影响。首先，在讨论的过程中，元代学者得出了一些较为可信的结论，直至今日都受到学者的承认。如刘因通过考证周敦颐与穆修之间的年龄差距，得出周氏不可能自穆修传《太极图》的结论，即被当今学者称为"朱震自朱子数代人皆不曾考及"，"所举证据确乎有力，胜于雄辩"④；同时也成为学者在证明周氏《太极图》与陈抟一系无关时，所最常引证的一条资料。其次，元代一部分学者勇于破除朱子之说，对《太极图》与先后天图提出怀疑甚至否定，又开启了清代学者批判易图的先河。例如，陈应润指责周氏《太极图》为老氏之学，又以先天图为源自《参同契》，即受到清代学者的普遍赞同。四库馆臣称赞其"自宋以后，毅然破陈抟之学者，自应润始"⑤；而皮锡瑞亦称"宋元明言《易》者，开卷即及先天后天，惟元陈应润作《爻变易缊》⑥，始指先天诸图，为道家借易理以为修炼之术"⑦，其对陈氏之说的推

① 按"所说卦位"，"所"原作"有"；"竟不能使人晓然"，"竟"原作"意"，均误。据《晦庵先生朱文公文集》卷四十九《答王子合》改，《朱子全书》第 22 册，第 2259 页。
② （元）陈应润《周易爻变易缊》卷首《八卦图说》，《中国易学文献集成》第 67 册，第 214 页。
③ （元）陈应润《周易爻变易缊》卷首《八卦图说》，《中国易学文献集成》第 67 册，第 214 页。
④ 杨柱才《道学宗主——周敦颐哲学思想研究》，第 60—61 页。
⑤ （清）永瑢等《四库全书总目》卷四，第 27 页。
⑥ 按："爻变易缊"，"易"原作"义"，误，据陈氏书名改。
⑦ （清）皮锡瑞《经学通论》，中华书局，2003 年，第 28 页。

崇之情可谓显而易见。最后，针对《太极图》与先后天图，元代学者还提出了一系列极具创造性的说法。如王申子将《太极图》与《周易》进行全面结合的尝试，陈普对《太极图》中"乾道坤道"一圈的内涵所作出的新解释，以及陈应润在批判周氏《太极图》的基础上建立起来的新图式，都是发前人所未发，为元代易图之学的繁荣与发展，也作出了较大的贡献。

三、对先后天图与卦变图的改造

1. 对先后天图的调整

元代有一批学者，对朱子主张的先后天图的形制，并不十分满意，并在其基础上，通过对原图中各卦的排列次序与方位进行调整，而形成新的图式。由此来修正朱子原图中存在的一些问题，或补充朱子之未备。这种调整主要集中在伏羲八卦方位图、伏羲六十四卦方位图与文王八卦方位图上。

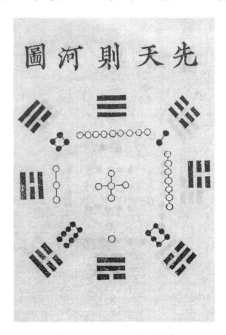

图 5－27　先天则河图①

① （元）李简《学易记》卷首，《中华再造善本》影印元刻本，北京图书馆出版社，2006 年。

首先，对伏羲八卦方位图进行的调整，可以以元代初年的学者李简为代表。朱子的这一图式中，八卦的排列方式本来是乾南坤北、离东坎西、震东北、兑东南、巽西南、艮西北。李简对于乾、兑、离、震四卦的方位未作变动，而对于其余四卦，则将巽易置北方，坎易置西北，艮易置西方，坤易置西南，所得的图式如图5－28所示。

与朱子原图相比，经过李氏改易的图式，其最大特点在于使八卦按照乾一至坤八的先天次序，由左向右旋转排列，亦即潘雨廷先生所说的"旋而不错"①。而对于改易的理由，李氏则从八卦配河图的角度作出了回答：河图南方之九为阳数之极，故配以纯阳之乾卦；西南之二为阴数之极，故配以纯阴之坤卦。以上二卦，所取者为天地阴阳之数。东南方之四为金之生数，故配以属金之兑卦；东北方之八为木之成数，故配以属木之震卦。此二卦所取者为五行之数。余下的离、坎、艮、巽四卦，则取先天次序之数，如离卦之先天次序数为三，即与河图东方之三相配。其余则坎六配西北之六，艮七配西方之七，都是按照这一规律，只有巽卦较为特殊。巽卦先天次序之数为五，本该配以中宫之五，但在此图中却配以北方之一，这是什么原因呢？李氏解释说："一乃一元之气，散之则为五行，敛之则复一元也。或曰：八卦之中，巽何独能运五行而复太极？曰：巽，风也，风之性无往而不入，又顺理而能行权也。"② 这是说，巽卦为风，而风既能散一元之气以为五行，又能敛五行而归一元，则在巽而言，一即五，五即一，是以巽卦可配以一。至此，八卦与河图全部配合完毕，而这样配合出来的先天八卦方位，正是呈现这种"旋而不错"的排列方式。李氏改易朱子先天八卦方位图的根据，也正在于此。

其次，对于朱子的伏羲六十四卦方位图而言，此图由外围的圆图与中央的方图组成，而元代学者对这两幅图式则都有改易，其代表人物为元代后期的学者张理。对于先天六十四卦圆图，朱子的编制方法，是以先天六十四卦横图为基础，横图从右到左，将六十四卦分为乾、兑、离、震、巽、坎、艮、坤八宫，每宫各有八卦。将此六十四卦横图从中央拆成左右两部分，右边的三十二卦，以乾宫为首，震宫为尾，排成圆图的左半圈；左边的三十二卦，

---

① 潘雨廷《读易提要》，第258页。
② （元）李简《学易记》卷首，《中国易学文献集成》第63册，第129—130页。

则以巽宫为首，坤宫为尾，排成圆图的右半圈。这样形成的六十四卦圆图，在各卦的排列上保持了横图的八宫卦特色，例如，乾、夬、大有、大壮、小畜、需、大畜、泰八卦，在横图中属于乾宫，在圆图中亦然，且其次序也没有发生变化。然而，张理在编制六十四卦圆图时，就没有采取朱子的方式，而是以先天八卦圆图为基础。他先列出一幅正常的先天八卦圆图，再将另一幅同样的先天圆图，以上下之乾、坤为轴翻转，使得左边的兑、离、震三卦与右边的巽、坎、艮三卦互相换位，最后将此幅经过改易的先天圆图，置于未经改动的图式之上。下图不动，上图由左向右旋转，在旋转的过程中，下图的每一卦都依次与上图的八卦相交，如此便能得出如下图所示的六十四卦圆图：

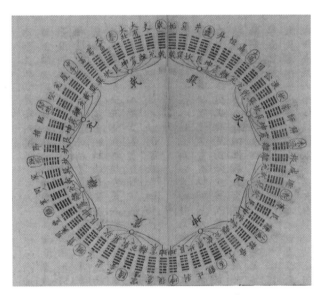

图 5－28　六十四卦循环之图[1]

此幅圆图，张理称之为"六十四卦循环之图"。其八宫所属之卦，与朱子之图并无区别，但在各卦的次序上则有所不同。仍以乾宫为例，张氏之图中，属于乾宫者仍是上文所列出的由乾至泰八卦，但其次序则变成了乾、夬、大有、大壮、泰、大畜、需、小畜。经过这种卦序调整之后，乾与坤、泰与否、坎与离、既济与未济、随与蛊、渐与归妹、颐与大过、中孚与小过，总共八组十六卦，每组的两卦卦象相反，在此图中即两两相对；同时此十六卦中，

---

① （元）张理《易象图说》内篇卷中，美国哈佛大学图书馆藏《通志堂经解》本。

每两卦之间的间隔均为三卦。张氏形容这一排列方式是"交易反对，三位相间，累累若贯珠，若网在纲，有条而不紊"①，而朱子六十四卦圆图的排列，则没有这种规律。从这一点来看，经过张氏调整的六十四卦圆图，确实比朱子原图显得规整一些。

对于朱子的六十四卦方图，张理的调整，在一定程度上也延续了圆图的思路。与圆图相同，在编制六十四卦方图时，朱子仍是以横图为依据，将横图按照八宫拆成八段，每段八卦，按照由乾到坤的横图次序，由下而上将八宫卦叠加起来，便形成乾居西北、坤居东南、泰居东北、否居西南的六十四卦方图。张氏则仿照其翻转先天圆图的方式，以西南之否至东北之泰这一对角线上的八卦为轴，将此图翻转，亦即如黄宗羲所说的那样"以方图覆背置之"②。调整后的图式，张氏称为"六十四卦因重之图"，其图如下：

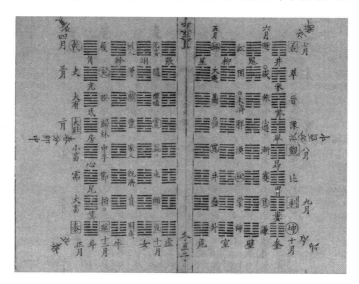

图 5 - 29 六十四卦因重之图③

按照张氏的看法，将方图作如此调整后，其中便含有了卦气说的成分。例如，此图中乾卦居东南阳方，为四月之卦，坤卦居西北阴方，为十月之卦，均符合十二辟卦卦气说的方位。而朱子原图，则乾为四月之卦，而反居西北

---

① （元）张理《易象图说》内篇卷中，《中国易学文献集成》第 67 册，第 58 页。
② （清）黄宗羲《易学象数论》卷二，中华书局，2010 年，第 56 页。
③ （元）张理《易象图说》内篇卷中，美国哈佛大学图书馆藏《通志堂经解》本。

十月卦位，坤为十月之卦，反居东南四月卦位，与卦气说的方位即不合。可见，张氏对朱子方图进行调整，其目的就是为了将其比附于卦气之说。为了证明这一调整合乎朱子的原意，张氏甚至不惜将朱子对方图的论述进行改动。朱子在解释六十四卦方图时，曾说过"东南角坤便对西北角乾"，而张氏则将其校改为"东南角乾便对西北角坤"①，以使其符合于自己的图式。当然，这种校改是毫无依据的。

需要指出的是，此方图并非为张理所首创。在其之前，宋末元初的学者王埜翁，已经有过类似的论述。俞琰记其说曰："以旧图反刊之，移乾于东南、坤于西北，而十二月卦皆正。"② 正与张氏图式一致。所谓"十二月卦皆正"，也是说经此改易之后，十二辟卦的方位能符合卦气，与张氏的思路也完全相同，可能有一定承继关系。俞氏对王氏说颇为推崇，谓"此一改极有理"③，可见其说在元代颇受欢迎。但其图亦有缺陷，其问题在于，十二辟卦的间距并不相同，如由泰至大壮，中间隔三卦，而由大壮至夬则仅隔一卦，而夬与乾更是相邻排列，中间并无相隔之卦。此问题早在邵雍六十四卦圆图中就已经出现，邵氏之图，由复卦起左行十五卦方至临卦，由临至泰则仅隔七卦，泰至大壮隔三卦，大壮至夬隔一卦，夬与乾则相邻，亦是间距远近不齐。朱子在论及邵氏圆图中之十二辟卦时，就曾说："阴阳初生，其气固缓，然不应如此之疏，其后却又如此之密。"④ 张理等人同样也未能解决此问题。张理对这一缺陷也有所察觉，他说："辰戌丑未之月卦，偏居而附于四隅。临（十二月卦）与泰伍，故后天丑寅纳艮，而位乎东北。夬（三月卦）与乾亲，故后天辰巳纳巽，而位乎东南。遯（六月卦）与否近，故后天未申纳坤，而位乎西南。剥（九月卦）与坤邻，故后天戌亥纳乾，而位乎西北，以应地之方也。"⑤ 可见他注意到了辰戌丑未四月之卦附于四隅的情况，并试图用后天四隅卦之纳支进行解说，但其解释显然不甚完善。

最后，对于文王八卦方位图，元代色目学者保八之说较值得注意。在其

---

① （元）张理《易象图说》内篇卷中，《中国易学文献集成》第 67 册，第 71—72 页。
② （元）俞琰《读易举要》卷四，《景印文渊阁四库全书》第 21 册，第 470 页。
③ （元）俞琰《书斋夜话》卷二，《宛委别藏》第 72 册，江苏古籍出版社，1988 年，第 29 页。
④ （宋）黎靖德《朱子语类》卷六十五，第 1619 页。
⑤ （元）张理《易象图说》内篇卷中，《中国易学文献集成》第 67 册，第 68 页。文中"十二月卦"等，原为小字。

所著《易源奥义》中，其列出了一幅较有特色的《中天图》，图式录于下。

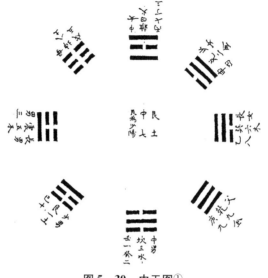

图 5-30　中天图①

此图的形制为，以八卦配数，得艮一、兑二、坎三、离四、震五、巽六、艮七、坤八、乾九。其中艮卦之所以配一、七，是表示"起于艮而止于艮"、"艮与静周，起于静而止于静"②。将艮七置于中央，其余八卦以离南、坎北、震东、巽西、乾西北、坤东南、艮东北、兑西南的方位排列，即成此图。此图很明显是自文王八卦方位图化出，其中乾、坎、艮、震、离五卦方位不变，巽则改居西以对震，坤居东南对乾，兑居西南对艮，变为八卦两两相对的形式。保八作此图的目的，是为了补充以朱子为代表的宋元时期主流先后天图之说。对于先后天八卦方位图，其不仅认同，且认为可配河图洛书③。但其特意在先天河图与后天洛书之间，加入此幅《中天图》，其意在于表示，先天乃阴阳未分之天道，中天为阴阳既分而生六子之人道，后天则为五行分刚柔之地道，亦即是周敦颐《太极图》的无极而太极、太极生阴阳、阴阳分五行之意。如此便实现了《太极图》与河洛先后天之说的结合，可谓是对朱子先后天之说的一个较明显的发展。

---

① （元）保巴《易源奥义》，《景印文渊阁四库全书》第 22 册，第 701 页。
② （元）保巴《易源奥义》，《景印文渊阁四库全书》第 22 册，第 702 页。
③ （元）保巴《周易原旨》卷八，第 266、268 页。

2. 对后天图与卦变图结构的改变

除了对朱子图式之卦位与次序进行调整之外，元代学者对朱子易图的改造，还有一条思路，即直接从更改图式的形制入手，通过将朱子原图改为另一种结构，以表达比朱子更加丰富的含义，或纠正朱子之失。这一类型的改易，主要涉及朱子的伏羲八卦次序图与卦变图。

首先，对于伏羲八卦次序图而言，张理的更改可称典型范例。朱子《易本义》中所列的伏羲八卦横图，是按照邵雍所说的"一分为二"的规律，由太极上生一阴一阳而为两仪，两仪之上又各生一阴一阳为四象，四象上又生一阴一阳而为八卦。在此图中，阳仪所生之阴阳与阴仪所生之阴阳，均为并列平排，同时其生成也仅遵循着由下往上的单一方向。而张氏则完全抛弃了这种组织结构，转而采用了一种"阳上阴下"式的图式，其图见下：

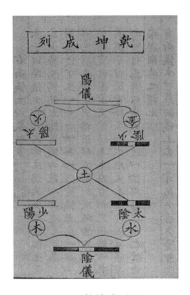

图 5 - 31　乾坤成列图

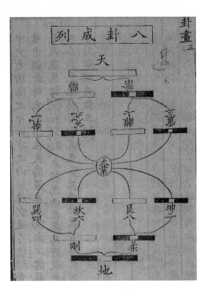

图 5 - 32　八卦成列图①

在"乾坤成列"一图中，原本并列的阳仪与阴仪被改成了阳仪在上、阴仪在下，而二者生成四象的方向，也变成了阳仪自上而下生太阳、少阴，阴仪自下而上生少阳、太阴。可以说，此图的形制较朱子原图已经发生了根本

---

① 以上二图见张理《易象图说》内篇卷中，美国哈佛大学图书馆藏《通志堂经解》本。

的改变，但其阳仪与阴仪各生一奇一偶的生成方式，至少还遵循了原图的一分为二法。到了"八卦成列"一图，则连一分为二之法也被张理一并抛弃。按照张氏的解释，四象生八卦的方式，不是四象之上再各生一阴一阳，而是四象彼此相交，亦即"四象阳下交于柔、柔上交于阳，而成乾、坤、艮、兑；刚上交于阴、阴下交于刚，而成震、巽、坎、离"[①]。至此，从理论到结构，张氏之图与朱子无一相同，可以说已经实现了对朱子图式最为彻底的改易。

此种改易究竟是出于什么目的呢？从张氏的论述中可以看出，他是想借此把《周易》中的八卦生成与宇宙间万物生成的过程统一起来。在叙述"乾坤成列"图时，他说："旧图四象平布，生生不息。今图阳仪下生一奇一偶为阴阳，阴仪上生一奇一偶为刚柔，四象圜转，循环不穷，刚交于阴、阴交于刚，阳交于柔、柔交于阳，上下左右相交，而万物生焉。"[②] 所谓"旧图"，指的即是朱子的伏羲八卦横图。从此阴阳之上又生阴阳的旧图中，只能看出阴阳生生不息之意，而不能描述万物生成的过程。而张氏之图则"天居上，地居下，由天地相交生成事物而居天地之中"[③]，既能从中导出八卦之生成，又符合于古人对万物发生的认识。在《易象图说外篇》中，张氏又依据此图的形制另作八图，分别代表"天时气候，人体结构，儒家典籍，音乐声律，国家官制，军队编制"[④] 的生成过程，可见其确实已不仅将此图视为四象八卦生成图，而是还将其当作了万物生成的普遍模式。这样，通过改易朱子的先天横图，张理就将八卦生成与万物生成的过程合而为一，纳入了一个具有普遍意义的结构中。

其次，就卦变图而言，在这一方面对朱子图式作出改易的，有俞琰、张理二家。朱子《易本义》卷首的卦变图，包括一阴一阳十二卦、二阴二阳三十卦、三阴三阳四十卦、四阴四阳三十卦、五阴五阳十二卦，五个部分总计一百二十四卦，六十四卦除乾、坤之外，每卦均重复出现两次。在这种区分的基础上，每一部分所属的卦象，再按照某卦自某卦变来的次序，以"自下至上，自左至右"[⑤] 的方式分别进行排列。而俞、张二家则完全抛弃了朱子的

---

① （元）张理《易象图说》内篇卷中，《中国易学文献集成》第67册，第43页。
② （元）张理《易象图说》内篇卷中，《中国易学文献集成》第67册，第38页。
③ 林忠军《象数易学发展史》第二卷，第530页。
④ 朱伯崑《易学哲学史》第三卷，第53—54页。
⑤ 王峰《朱熹易学研究》，第33页。

这种方式，转而采用另一种划分方法，将六十四卦分为五阳一阴、四阳二阴、三阳三阴、四阴二阳、五阴一阳。并在此说的基础上，作出了形制极其相似的两幅新的卦变图。图式分别见下：

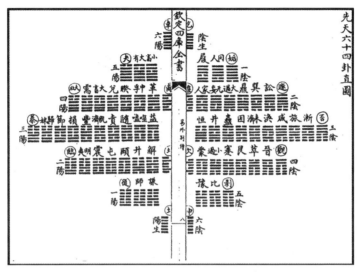

图 5-33　先天六十四卦直图①

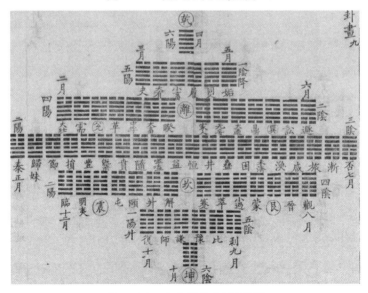

图 5-34　六十四卦变通之图②

---

① （元）俞琰《易外别传》，《景印文渊阁四库全书》第 1061 册，第 583 页。
② （元）张理《易象图说》内篇卷下，美国哈佛大学图书馆藏《通志堂经解》本。

从以上两幅图式可以看出，俞、张二家在重构卦变图的时候，思路是基本一致的，都是将图式分为七层，由下而上，第一层为纯阴之坤卦，第二层为一阳五阴之六卦，以上依次为二阳四阴之十五卦、三阳三阴之二十卦、四阳四阴之十五卦、五阳一阴之六卦，至于最上层的乾卦而止。但在细节上，两家还是有一定的差异，这主要表现在两个部分：一为二阳四阴之卦的右半边"四阴"的部分，这一部分俞氏之图卦象的排列，自右向左分别为观、晋、萃、艮、蹇、小过、蒙，而张氏之图的排列则为观、晋、艮、蒙、小过、萃、蹇。二为四阳二阴之卦的左半边"四阳"的部分，这部分俞氏的排列，自左向右分别为大壮、需、大畜、兑、睽、中孚、革，而张氏的排列则是大壮、需、兑、革、中孚、大畜、睽。这种差异的出现，很可能源于二家在编制图式时的侧重点不同。张理的图式较注重左右卦象的对称，如二阳四阴之卦中，左边二阳部分的第三卦为震，则右边四阴部分与之相对的第三卦，就是将震卦倒转过来的艮卦；二阳部分的第四卦为屯卦，则四阴部分与之相对的第四卦，亦为屯卦倒转过来的蒙卦。其余皆然。而俞琰虽然不太注重图式的对称，但却较为注意各卦之间的变化次序。仍以二阳四阴卦中的四阴部分为例，这一部分俞氏前三卦的排列次序之所以为观、晋、萃，就是因为观卦六四爻升至五位、九五爻降至四位而变得晋卦，晋卦六五爻升至上位、上九爻降至五位而变得萃卦，其余皆然。而张理将萃卦替换为艮卦，就体现不出这种卦象变化前后相沿的次序。但总的来看，二家之图还是大体相似的，相异的部分并不占主要地位。

对于这两幅图式，有的学者认为应该属于北宋李之才卦变法的范畴，如清代胡渭《易图明辨》，即将俞氏之图归入李氏卦变一类。这种说法确有一定道理，但值得注意的是，此图式与朱子卦变法，同样有非常紧密的联系。如张理在解说其图时，即说："故夫乾、坤以初爻变，而一阴一阳之卦各六，皆自复、姤而推之。二爻变，而二阴二阳之卦各十有五，皆自临、遁而推之。三爻变，而三阴三阳之卦各二十，皆自泰、否而推之。四爻变，而四阴四阳之卦各十有五，皆自大壮、观而推之。五爻变，而五阴五阳之卦各六，皆自夬、剥而推之。"[1] 这完全用的是朱子以一百二十四卦进行推演的卦变法，与

---

① （元）张理《易象图说》内篇卷下，《中国易学文献集成》第67册，第77—78页。

李之才仅用六十二卦者显然不同。因此，俞、张二家之图，其形制虽然与朱子之图完全不同，但实际上在一定程度上还是自朱子之图而出。对于这一点，当今学者已有所认识，如在论述俞琰之图时，即有学者说："俞琰还列有《先天六十四卦直图》，是本朱熹《卦变图》整理而出之图。"① 同样对于张理之图，也有学者说："其六十四卦变通之图，实即《本义》所载之卦变图。"② 充分说明了二家之图与朱子卦变图的关系。

俞、张二家为何要在朱子卦变图之外，另作此新图呢？总的来看，其目的大致有二：一是矫正朱子原图之失，二是表达朱子原图未及之意。在矫正朱子之失方面，朱子原图最大的缺点，是每一卦皆需重复出现两次，如黄宗羲所批评的那样："朱子卦变图……一阴一阳与五阴五阳相重出，二阴二阳与四阴四阳相重出，泰与否相重出。除乾、坤之外，其为卦百二十有四，盖已不胜其烦矣。"③ 同时，其图式的编排也不尽合理，一图之中，有横排者，有纵排者，各部分长短不一，不能取齐。而俞、张之图，既没有卦象重出的问题，其图又上下左右均齐平整，这在很大程度上弥补了朱子之图的不足，因此也被后世学者称为"井然有条理，无重出之病"④，"既免二卦重复，于辟卦、纯卦又皆秩序整齐"⑤。在表达更为广泛的含义方面，朱子原图只能用于解说卦变，而俞、张二家通过自作新图，又将天地阴阳升降与道教修炼的含义引入其中。如俞琰即说："乾、坤阴阳之纯，坎、离阴阳之交。乾纯阳为天，故居中之上；坤纯阴为地，故居中之下。坎阴中含阳为月，离阳中含阴为日，故居乾、坤之中。其余六十卦，自坤中一阳之生，而至五阳，则升之极矣，遂为六阳之纯乾；自乾中一阴之生，而至五阴，则降之极矣，遂为六阴之纯坤。一升一降，上下往来，盖循环而无穷也。天地如此，人身亦如此。"⑥ 张理亦说："按朱子谓《参同契》以乾、坤为鼎器，坎、离为药物，余六十卦为火候。今以此图推之，盖以人身形合之天地阴阳者也。"⑦ 这一含

---

① 郭彧《易图讲座》，华夏出版社，2007 年，第 131 页。
② 潘雨廷《读易提要》，第 299 页。
③ （清）黄宗羲《易学象数论》卷二《卦变三》，第 72 页。
④ （清）胡渭《易图明辨》卷九，第 213 页。
⑤ 潘雨廷《读易提要》，第 299 页。
⑥ （元）俞琰《易外别传》，《道藏》第 20 册，文物出版社，1988 年，第 314 页。
⑦ （元）张理《易象图说》内篇卷下，《中国易学文献集成》第 67 册，第 79 页。

义是朱子原图完全不具备的，经过俞琰与张理对图式的改造，才将其纳入进来。

从上文的叙述中，可以看出，元代学者对朱子先后天图与卦变图进行的多种改易与调整，在易学史上有着很高的价值。一方面，通过这种改易，朱子易图原有的一些弊病和缺陷被纠正，其图式显得更加合理。如张理将朱子大圆图的排列进行调整，使其呈现出"交易反对，三位相间"的态势，即消除了原来排列错杂混乱的弊病；而俞琰、张理二家重新编制的卦变图，也使得卦象重出、排列无序的问题得到了一定程度的改善。这都是对朱子原图极大的完善。另一方面，在改易朱子易图的同时，元代学者也将这些图式赋予了大量新的含义。如张理将反对卦的含义引入大圆图，将卦气说引入方图，又将万物生成之规律引入八卦生成图，将丹道修炼引入卦变图。这些含义在朱子原图中或者完全不存在，或者虽然存在但不明显，因此，经过元代学者的改易之后，这些图式的意义可以说变得更加丰富。

结　　语

以上即是元代学者对朱子象数易学进行探讨的基本情况。在讨论的过程中，元代学者对于朱子象数易学的方方面面，都作了细致入微的分析，提出了大量的新观点与新体例，可见其对朱子象数易学的热情之高。这是与元代象数易学较为发达的时代特征相一致的，同时对当时与后世的易学发展，也引起了重大影响。

其一，就其对朱子的象数之学的阐发来看，元代学者推动了对朱子象数易学的研究的深入发展。从象数学基本观点，到具体的象数方法，再到易图之学，元代学者没有在其中任何一个方面，简单地墨守朱子之说，而都致力于对其说法作进一步的丰富与完善，或阐发其中的深刻含义，或进行一定的辨正，甚至对其作彻底的否定。同时，其讨论并非泛泛而谈，而是进入到朱子的象数学观点与体例的内部，对其进行精细的辨析。这使得对朱子象数易学的研究在元代取得了丰硕的成果，同时也成为元代易学中最具活力的一个部分。随着朱子易学地位在元代的不断提高，最终被立为官学，其自身亦逐渐走向停滞与僵化，各方面的创新都显得动力不足。在这种总体衰颓的情况之下，朱子易学所涉及的各部分内容中，只有象数易学冲破阻力而取得了较大的成就，这与元代学者对其的深入研究是分不开的。

其二，就其对元代象数之学的影响来看，元代学者对朱子象数易学的讨论，促进了元代象数易学的繁荣。一方面，在对朱子象数易学进行研究时，元代学者的讨论范围遍及易象之学、易数之学、易图之学，可以说涵盖了象数易学的所有领域和绝大部分重点问题。另一方面，元代许多具有代表性的象数学著作，如丁易东《周易象义》、《大衍索隐》，雷思齐《易图通变》，张理《易象图说》等，也都以讨论朱子的相关象数学问题，作为其著作的重点内容之一。因此，元代象数之学的繁荣，在很大程度上而言，可以说是在研究朱子象数易学的热潮推动之下而出现的。当然，这并非是元代象数易学发达的唯一原因，宋代象数易学传统在元代的传承、道教易学在元代的兴起，都对元代的象数之学起了推动作用。但比较而言，对朱子象数易学的研究，无疑是其中较为显著且有力的一个因素。

其三，就其对后世易学的作用来看，元代学者对朱子象数易学的探讨，深刻地影响着后世象数易学的发展轨迹。这种影响可以分为两点：一方面，朱子象数易学的一些观点与方法，经过元代学者的证明与阐发，被后世象数易学所普遍接受。如朱子的《易》必有象、《易》必有图等观点，在元代学者的大力阐扬之下，其后数百年流传不绝，甚至在清人对图书象数之学的辨伪的冲击下，都没有退出历史舞台，这与元代学者的作用是分不开的。另一方面，元代学者针对朱子象数易学提出的一些新的看法，也开启了后世学者对相关问题的深入研究。如其对朱子图书之学的批判与修正，即直接导致了清人对易图的全面辨伪，如今人总结的那样："元代的一些易学家已经开始更加注意图书学的渊源和传授系统，对其与《周易》的关系提出异议，这就开了明清学者考辨易图并对图书学进行批评的先河。"① 总之，元代学者对朱子象数易学的探讨，内容广泛，观点新颖，影响深远，可以说是朱子易学在元代传承与变革中的一个较为发达的部分。

---

① 梁韦弦《宋易在元代的发展》，《周易研究》1992 年第 3 期。

第六章　朱子易学哲学与
易学史观在元代的发展

　　在阐释朱子的易学著作与研究朱子象数之学方面，元代学者可以说表现出了极大的热情，也取得了较为明显的成就。而相比之下，对朱子易学哲学和易学史观的探讨，则显得较为薄弱。这使得当今许多学者认为，元儒在这两个方面毫无成就可言，如朱伯崑先生即说："其对《周易》经传的解释，除依程朱义外，在哲学和理论思维方面，很少建树。"[①] 然而，若对此两方面的内容进行深入分析，便可发现实际情况并非如此。一方面，元代学者围绕着朱子的太极观与阴阳观展开了一系列讨论；另一方面，对于朱子提出的《周易》之性质、《周易》经传的作者，读《易》的方法，以及古本《周易》的面貌等一系列问题，元代学者也表示了不同的看法。尽管相关的论述数量较少，在深度与创新性上也难以与宋代相比，但还是在一定程度上，推动了朱子易学哲学与易学史观在元代的发展。

第一节　元代学者对朱子易学哲学的讨论

一、对"太极"问题的不同认识

　　《周易》中"太极"的概念，无论是在朱子的哲学还是易学中，都占据了重要地位。就哲学方面而言，朱子正是通过将"太极"解释为"理"，从

　　[①]　朱伯崑《易学哲学史》第三卷，第11页。

而构建了其完备的理本论体系；就易学方面而言，朱子又以"太极为理"之说为契机，将理本论引入易学，从而为卦爻象数的变化提供了形而上的根据。正是由于意识到了其地位的重要，元代学者对于"太极"这一命题，也表现出了极大的兴趣，并围绕着其展开了多样化的讨论。值得注意的是，这些讨论并没有一味固守朱子的"太极为理"说，而是一方面对朱子之说进行了一定程度的发展，另一方面又在朱子之说之外，提出了"太极为心"、"太极为气"、"太极为理气浑沦"等一系列新的观点。

1. 对朱子"太极为理"之说的继承与发展

"太极为理"之说，可以说是朱子在谈论太极问题时始终坚持的一个观点。这一看法认为，《周易》中的"太极"，即是作为世界本原的"理"，二者的含义基本相同。如朱子所说的那样："太极非是别为一物，即阴阳而在阴阳，即五行而在五行，即万物而在万物，只是一个理而已。"[①] 由于"太极"既是一个易学命题，也是一个哲学命题，因此"太极为理"之说，也会因其诠释的角度不同而具备不同的内涵。就易学而言，"太极为理"意味着太极是卦爻象数之理；就哲学而言，"太极为理"则意味着太极是天地万物之理。但究而言之，卦爻象数之理亦即是天地万物之理，二者的说法并不存在矛盾。朱子的这种太极观，在元代得到了广泛的认同，如胡一桂即本之于朱子的观点，从易学的角度解释了"太极"的含义，他说：

> 伏羲画卦，岂但从阴阳起，必有不杂乎阴阳，而实不离乎阴阳者以为之本，太极是也。此《易》之有太极，如木之有根，水之有源，必知乎此，则六十四卦、三百八十四爻，莫不有极至之理在乎其间。所谓"六爻之动，三极之道"者是也。文王周公虽严"利贞"、"贞吉"之教，贞固便是理，但未尝明说出太极来。夫子恐人惟以卜筮视《易》，则卦爻涉于粗浅，故推本太极为言。太极者是理至极之称，而为两仪、四象、八卦、六十四卦、三百八十四爻之祖。太极之名一立，而仁、义、礼、知、性命、性情、道德、道义、忠信、诚敬、中正之教，发挥无余蕴矣[②]。

---

① （宋）黎靖德《朱子语类》卷九十四，第2371页。
② （元）胡一桂《周易本义启蒙翼传·下篇》，《儒藏精华编》第5册，第595页。

此处胡氏明确指出，所谓"太极"，即是《易》中极至之理。此理既是伏羲画卦之本原，又广泛地存在于卦爻之中。孔子之前，此理固然已有，但无人说破；至于孔子，为了让人明白形而下之卦爻中尚有形而上之理为其主宰，故立"太极"一名以揭示之。此名一立，原本隐含在占验吉凶之中的道德教化的含义，便被发挥了出来。这种从易学层面对"太极"所作出的解释，与朱子之说并无二致。同样，在哲学方面继承朱子太极观者，元代也不乏其人，如吴澄即曾说：

> 太极者何也？曰：道也。道而称之曰太极何也？曰：假借之辞也。道不可名也，故假借可名之器以名之也。以其天地万物之所共由也，则名之曰道，道者，大路也。以其条派缕脉之微密也，则名之曰理，理者，玉肤也。皆假借而为称者也。真实无妄曰诚，全体自然曰天，主宰造化曰帝，妙用不测曰神，付与万物曰命，物受以生曰性，得此性曰德，具于心曰仁，天地万物之统会曰太极。道也，理也，诚也，天也，帝也，神也，命也，性也，德也，仁也，太极也，名虽不同，其实一也①。

按照吴澄的看法，所谓"太极"指的即是形而上的天地万物本原。此本原无声无臭，很难用语言来进行概括，只能根据其不同方面的性质，来给予其一些相应的假借之名，"太极"即是这诸多假借之名中的一个，虽然从表述上来看与"道"、"理"等名称有所差异，但其实质则是一致的。从这一论述中可以看出，吴澄始终都力图将"太极"规定为至高无上的宇宙本体，这显然是遵从了朱子的观点。而吴氏自己也认为，其太极观与朱子可以说完全相同，他说："自宋伊洛以后，诸儒方说得太极字是，邵子云：'道为太极。'朱子《易本义》云：'太极者，理也。'蔡氏《易解》云：'太极者，至极之理也。'蔡氏虽于易字说得未是，解太极字则不差。澄之《无极太极说》曰：'太极者，道也。'与夫子、邵子、朱子、蔡氏所说一同。"② 不仅如此，他还在朱子之说的基础上，对"太极"一名之来历，进行了一定程度的分疏，其说曰：

---

① （元）吴澄《无极太极说》，《临川吴文正公集》卷四，《元人文集珍本丛刊》第3册，第115页。
② （元）吴澄《答田副使第二书》，《临川吴文正公集》卷三，《元人文集珍本丛刊》第3册，第100—101页。

极，屋栋之名也。屋之脊檩曰栋，就一屋而言，惟脊檩至高至上，无以加之，故曰极。而凡物之统会处，因假借其义，而名为极焉。辰极、皇极之类是也。道者，天地万物之统会，至尊至贵，无以加者，故亦假借屋栋之名，而称之曰极也。然则何以谓之太？曰：太之为言大之至甚也……道者，天地万物之极也。虽假借极之一字，强为称号，而曾何足以拟议其髣髴哉！故又尽其辞而曰太极者。盖曰此极乃甚大之极，非若一物一处之极然①。

吴氏认为，"极"之本义是指房屋的栋梁，由于其在房屋中处于至高无上的位置，故而举凡有至高而统领他物之含义者，皆借"极"字为名。如北辰统领诸天星辰，故名为辰极；人君以一身统领天下百姓，则为皇极。而作为宇宙本体的"道"或"理"，则是万事万物之至高至上者，天地间无一物不在其统领之中，乃是"极"之至大，故名为"太极"。值得注意的是，此处吴氏特别强调，"极"应当训为"至"，这可以说是对朱子之说的严格遵守。朱子曾不止一次说过，"极"只能解为极至，因为只有如此，才能表现出太极之"理"在层次上高于天地万物的意味，从而使朱子的哲学体系具备形而上和形而下两个层次。而如果按照一般的解释方法，把"极"解释成"中"，则此所谓"中"只能指物质世界之"中"，也就相当于取消了两个层次的划分，而使得太极亦沦为一物，不能再作为万物的本原。正是由于这个原因，朱子和陆九渊在"极"应当训"至"还是训"中"的问题上，曾经发生过激烈的辩论。而吴氏于此处严守朱子之说，至少表明在承认太极之层次要高于万物这一意义上，其与心学是划清了界限的。

以上所引的胡一桂与吴澄对"太极"问题的解说，只是元代诸多以"理"解释"太极"的说法中较为详尽的两家。实际上，坚持"太极为理"这一观点者，在元代远远不止胡、吴二人。如保八即说："太极，理也。"②胡震说："《易》之卦爻皆阴阳也，卦爻之理则太极也。"③许谦亦说："夫太极，理也。"④等等。总之，朱子的"太极为理"之说，无论是在元代易学界

---

① （元）吴澄《无极太极说》，《临川吴文正公集》卷四，《元人文集珍本丛刊》第3册，第115页。
② （元）保巴《周易原旨》卷七，第240页。
③ （元）胡震《周易衍义》卷十五，《景印文渊阁四库全书》第23册，第842页。
④ （元）许谦《答或人问》，《许白云先生文集》卷四，《许谦集》，第1004页。

还是理学界，都可以说占据了主流地位，成为绝大多数学者所认同的观点。但与此同时，必须要指出一个问题：元代学者对"太极为理"之说的接受，并非是完全照搬朱子的成说，而是在接受的同时，在很多方面对朱子之说进行了改易，其改易至少体现在以下三个方面：

其一，关于"无极而太极"，朱子认为"无极"是形容太极之理的无声无臭，"无极而太极"即是"无形而有理"。这一说法在元代得到了一些学者的支持，如吴澄即说："道也者，无形无象，无可执着，虽称曰极，而无所谓极也。虽无所谓极，而实为天地万物之极，故曰'无极而太极'。"① 但另有一些学者则对此不以为然，例如黄超然即提出，"无极而太极"只是从不同角度揭示出"理"的发展的不同阶段，他说：

> 无极乃未混合之时，不可形容，故曰无极也。太极乃混合而未分之时，两仪乃混合中渐有分判之时，四象则分判而生天生地之时。其实一理，但说有详略耳②。

此处黄氏所说的"未混合之时"，指"理"尚未与"气"混合，亦即是说在物质世界诞生之前，此洁净精微之"理"独立的状态，此时之"理"即称作"无极"。在此阶段之后，下一个阶段则理与气混合为一，但此时的气还只是一元之气，并未从中分出天地万物，此时之"理"则称为"太极"。而朱子之说在黄氏看来，则存在着两个问题：一是朱子释"无极"为"无形"、"太极"为"有理"，但这两种含义实际上用"太极"一个词就可以表示清楚，根本不必在"太极"之上再加一个"无极"。黄氏说："议者或谓果如朱子之论，则周子但止曰'太极'是矣，何必以'无极'加'太极'之上，为是重复也？"③ 二是朱子在解释"无极而太极"的含义时曾说："上天之载，无声无臭，而实造化之枢纽，品汇之根柢也。"④ 但所谓"造化之枢纽"，说的只是天地已判后的"太极"，而非天地未分时的"太极"。因为只有当天地

---

① （元）吴澄《无极太极说》，《吴文正公集》卷四，《元人文集珍本丛刊》第3册，第115页。
② （元）黄超然《周易或问》卷三，《续修四库全书》第2册，第625页。
③ （元）黄超然《周易或问》卷三，《续修四库全书》第2册，第625页。按，此处黄氏所提到的"议者"，可能为陆九渊。陆氏批评朱子太极观的一个重要方面，即是认为"无极"与"太极"之含义重复，二者联属，便如同"叠床上之床"、"架屋下之屋"。
④ （宋）朱熹《太极图说解》，《朱子全书》第13册，第72页。

万物都形成之后，才能说"太极"是万物的枢纽，若是理气混沦而未分之时，此时并无具体事物受到"太极"的统领和管辖，也就不能以"枢纽"言"太极"。这样，黄氏就最终否定了朱子的"无形而有理"之说，而用自己的"未混合"、"已混合"之说取而代之。这种说法虽然仍然基于太极为理之说，但实际已与朱子截然不同。

其二，关于太极之理与阴阳之气的关系，朱子较为成熟的观点是：二者实际上无先后，但逻辑上有先后。就实际而言，太极从未有脱离阴阳的时候，二者"本无先后之可言"①；但就逻辑而言，则太极之理无疑是第一性的，亦即所谓"必欲推其所从来，则须说先有是理"②。而元代一部分学者在论述这一问题时，却倾向于只谈太极阴阳之不离，而回避甚至否认太极在逻辑上先于阴阳。如吴澄即曾提出：

> 先儒云：道亦器，器亦道。是道器虽有形而上、形而下之分，然合一无间，未始相离也……夫太极者，不在阳奇阴偶之外也③。

此处吴氏明确指出，"太极"与"阴阳"虽然有形而上、形而下的区别，但二者却始终合而为一，不能分离。其原因在于，"太极"只是对气之所以然的一种指代，并不是说在气之中存在着一个称作"太极"的实有事物，如吴氏自己所说的那样："太极与此气非有两物，只是主宰此气者便是，非别有一物在气中而主宰之也。"④ 既然二者本为一物，那就自然也无所谓分离。与此同时，"太极在阴阳之先"的说法，则遭到了吴氏的批评。他说："愚意阴阳、太极，同时而有，不可言'之前'二字。"⑤ 其反对这一观点的态度是颇为明确的。

吴澄为何要在太极与阴阳的关系这一问题上，不取朱子的太极逻辑在先之说，而一味强调二者不能分离呢？推究起来，这可能与朱子这一说法中带

---

① （宋）黎靖德《朱子语类》卷一，第3页。
② （宋）黎靖德《朱子语类》卷一，第3页。
③ （元）吴澄《答田副使第三书》，《临川吴文正公集》卷三，《元人文集珍本丛刊》第3册，第109页。
④ （元）吴澄《答王参政仪伯问》，《临川吴文正公集》卷二，《元人文集珍本丛刊》第3册，第91页。
⑤ （元）吴澄《答田副使第三书》，《临川吴文正公集》卷三，《元人文集珍本丛刊》第3册，第112页。

有的割裂理气的意味有关。虽然朱子所谓"太极在阴阳之先"与"太极生阴阳"，其本意只是为了突出太极之"理"的第一性与超越性的地位，但由于其毕竟使用了诸如先后、生成等词句，因此很容易使人误认为"理"不仅在逻辑上，而且在时空上也先于"气"，进而得出"理"可以脱离"气"而独立存在的结论，如上文所引的黄超然，与宋末元初的另一学者王申子都是如此。同时，这种对理气关系的论述，还很容易被佛、道二家加以利用。例如，宋元之际的道家学者牧常晁与卫琪，都套用了"理在气先"与"理生气"的模式，对朱子的太极观进行改造，将"太极为理"改为"无极之理生太极之气"，以与道教"无生有"之说相适应。牧常晁说："无极者，纯然理之谓也。盖有是理而后有是气，理气浑沌，是名太极。"① 卫琪亦说："盖太极者，已具形气之谓。无极者，无声无臭，无象无名，惟理而已。周子亦曰'无极而太极'。"② 这种割裂理气，甚至将理气问题纳入道家学说的范围内的倾向，是吴氏必须要防止的，因此他不得不将朱子的"太极在阴阳之先"一类的说法一概否决，甚至将其指责成老子道家之学。他说："老子云：'天下万物生于有，有生于无。'万物者指动植之类而言，有字指阴阳之气而言，无字指无形之道体而言。此老子本旨也。理在气中，元不相离，老子以为先有理而后有气，横渠张子诋其有生于无之非，晦庵先生诋其有无为二之非。"③ 这种批评其实并不符合老子之原意，老子所说的"无"，并不等于宋明理学家所说的"太极"或"理"。而吴氏提出这样一种指责的目的，也不是要批判道家之说，而是为了在朱子与道家的学说之间划清界限。

客观地讲，吴澄在太极与阴阳的关系问题上，力主太极不离阴阳，而反对太极先于阴阳，在当时确实避免了因太极与阴阳的分离而导致的太极之"理"虚无化，最终落入佛、道二家的学说之中的问题。有学者曾评价吴氏这一观点说："这个观点的提出，使得其本体论摆脱了以'空寂'、'虚无'为特征的佛、道本体观的影响。"④ 但另一方面，吴氏对太极在先说的一概否定，

---

① （元）牧常晁《玄宗直指万法同归》卷一，《道藏》第 23 册，第 911 页。
② （元）卫琪《玉清无极总真文昌大洞仙经》卷一，《道藏》第 2 册，第 600 页。
③ （元）吴澄《答田副使第三书》，《临川吴文正公集》卷三，《元人文集珍本丛刊》第 3 册，第 109 页。
④ 黄义华《吴澄"合会朱陆"的思想研究》，首都师范大学硕士论文，2007 年，第 26 页。

甚至连朱子的逻辑在先亦不取，却又在很大程度上削弱了朱子理气论中"理"的第一性地位，如当今学者所说的那样："从道（理）与万物均不外于心的观点出发，吴澄反对把道归结为与物相离的超验实体……这实际上在道（理）与器（气）统一于心的前提下，扬弃了道（理）的超越性。"① 由此带来的后果，便是使吴氏在本原问题上逐渐离开了朱子的理本论，而转向理气合一论。

其三，关于太极之理的动静体用的问题，朱子的较为清晰的观点是：动静是形而下者，而太极是形而上者，故而不能说太极自身有动静，只能说太极有动静之理，或太极随气而动静；同样，由于太极已经是世界的最高本体，因此也不能说太极自身有体用，只能说因气之动静而有太极之体用。如朱子所说的那样："太极自是涵动静之理，却不可以动静分体用。盖静即太极之体也，动即太极之用也。譬如扇子，只是一个扇子，动摇便是用，放下便是体。才放下时，便只是这一个道理，及摇动时，亦只是这一个道理。"② 但这一说法实际上显得颇为迂曲，因此在元代也并未被完全接受，而是出现了一些异说。如王结即旗帜鲜明地提出，太极自身是有动静体用的，在写给吴澄的信中，他清楚地表明了自己的这一看法：

> 夫太极有体有用。冲漠无朕，声臭泯然者，其体也。流行变化，各正性命者，其用也。其体则静而含动，其用则动而有静。太极之理，枢纽造化，根柢品汇，而泯无声臭焉，体之静也。阴阳五行，变合化育，而生生不穷焉，用之动也……然神妙之动，实出于本体之静，而用动之极，自有专翕之静。故曰：其体则静而含动，其用则动而有静也③。

按照王氏的说法，太极自身无声无臭的性质，即是其体，而其能够流行变化、发育万物的功能，即是其用。以动静言之，其体本静，但动却蕴涵于其中；其用本动，但动极则又复归于静。因此，太极自身即包含了体用，而体用之中又各有动静。与王氏相比，元代另有一些学者虽然不讲太极有体用，但却讲太极有动静，特别是认为在未动而生化万物之前，太极的本体应该是绝对的"静"，如宋元之际的学者鲍云龙即说：

---

① 杨国荣《王学通论》，华东师范大学出版社，2008年，第26页。
② （宋）黎靖德《朱子语类》卷九十四，第2372页。
③ （元）王结《与临川吴先生问答》，《全元文》第31册，第353—354页。

坤阴收敛已尽，复阳包含未露，乃是本然之静，不与动对，而为动
静之根本，先儒谓不与动对之静，即无极而太极也①。

在鲍氏看来，当"无极而太极"之时，太极还未"动而生阳，静而生
阴"，并未与气相杂，其存在的状态即是所谓"本然之静"，亦即绝对的、不
与动相对的静。此种认为太极本体绝对静止的看法，在元代颇有一定影响，
如元代后期的另一位学者梁寅亦说："原其初而论之，太极之本体，亦漠然至
静而已。"② 上文曾提到的王结，也认为太极之体应处于一种"冲漠无朕之
静"③ 的状态，而其用之动静则相对而言，动之息便是静。总之，在太极之体
用动静的问题上，元代学者往往误解朱子的意思，把朱子的太极只能在依托
于气的情况下才能言动静体用的观点，理解成即便是抛开形而下之气不谈，
单独讨论形而上的太极之理，其中也有体用动静之分，可以说显著地背离了
朱子的原意。

正是由于看到了此种说法与朱子之说严重不符的情况，元代一些对朱子
之学理解得较为深刻的学者，便针对这些说法展开了批评。如吴澄即在给王
结的回信中，明确地批驳了其以动静体用言太极的错误。一方面，吴氏指出，
太极自身无动静，能动静者乃其所乘之气，他说："气动则太极亦动，气静则
太极亦静……其所乘之气机有动静，而太极本然之妙，无动静也。"④ 因此，
说太极自身能动静，或者说在未涉于气之前太极绝对静止，都是错误的。另
一方面，其又提出，太极自身亦无体用，所谓体用也是因气而言之。对此吴
氏解释说："盖太极本无体用之分，其流行变化者，皆气机之阖辟，有静时，
有动时。当其静也，太极在其中，以其静也，因以为太极之体；及其动也，
太极亦在其中，以其动也，因以为太极之用。太极之冲漠无朕，声臭泯然者，
无时而不然，不以动静而有间，而亦何体用之分哉？"⑤ 但总的来看，这些批
驳虽然旨在维护朱子之说的本意，但却并没有对异说实现彻底的肃清，以动

---

① （元）鲍云龙《天原发微》卷二，《道藏》第 27 册，第 590 页。
② （元）梁寅《周易参义·系辞上传第五》，《通志堂经解》第 4 册，第 443 页。
③ （元）王结《与临川吴先生问答》，《全元文》第 31 册，第 354 页。
④ （元）吴澄《答王参政仪伯问》，《临川吴文正公集》卷二，《元人文集珍本丛刊》第 3 册，
第 91 页。
⑤ （元）吴澄《答王参政仪伯问》，《临川吴文正公集》卷二，《元人文集珍本丛刊》第 3 册，
第 91 页。

静体用言太极者，在元代学界内仍然时时有之。

综上所述，可以看出，作为朱子哲学的基本理论之一，"太极为理"之说，在元代的易学界与理学界都得到了广泛的接纳，可以说成为元代学者对太极问题的基本认识。然而，在对这一观点的接受过程中，元代学者又并不完全遵守朱子之说，而是从不同方面对其作出了修正，从而推动着其在元代获得了一定程度的发展。可以说，继承与发展并存，成为了"太极为理"之说在元代的主要特征。

2. 与朱子不同的太极之说

尽管朱子的"太极为理"的观点，在元代得到了较多的认同，但一些与朱子不同的太极之说，却并没有因之而销声匿迹，而是仍在一定范围内继续存在，有的甚至还获得了较为明显的发展。总结起来，这方面的较有代表性的观点，包括太极为道器之枢纽、太极为心、太极为气、太极为理气浑沦等。

（1）太极为道器之枢纽

在元代对"太极"问题的诸多看法中，"太极为道器之枢纽"的观点可以说是较为新颖的一种。这一观点不仅朱子从未言之，且元代之前的其他学者似乎也鲜有提及，直至元代初年，才由北方著名学者郝经所提出。但郝氏的论述也显得较为含糊，以至于许多学者忽略了其对"太极"问题的真正态度。如其曾说：

> 极者，极尽无余之称也。其上则盘薄无颠而不可穷，其下则汇蓄无底而不可测，其外则周匝遍满而不可出，其内则旋紧严密而不可入。浑沦圆转而无上下内外，开廓布置而皆上下内外。含弘天地人物，包括鬼神造化，混然一大活物，旁行而不流，无所不往而未尝去，居其所而变动无穷焉。圣人无以指名，故名之曰太极。《易》之全体大用，皆在夫是矣①。

这一段叙述对"太极"的解释，并不十分明确，有的学者抓住了其中以"极尽无余"解"极"字的一点，便谓郝氏将太极看作世界本原之理，所谓

---

① （元）郝经《太极图说》，《郝文忠公陵川文集》卷十六，《儒藏精华编》第245册上，第289—290页。

"太极之无所不具，无所不极，即谓太极为一生生之理"，"太极之为生生之理，即太极为天地万物之统体"①。这种说法并非毫无道理，郝氏自己亦曾有过"太极祇天地万物本然之理"② 之类的表述。但问题在于，所谓"本然之理"或"生生之理"，是否能构成郝氏太极说的全部内容？实际情况显然并不那么简单，如果将"太极"放在郝氏所叙述的由"道"到"器"的演化过程中，便可以得出"太极"的精准定义：

> 道本于一，行于二，复于一。静者一之体也，动者一之用也。动所以行夫静，二所以终夫一也。一动一静，道有太极，而理之体具矣。极信而长，神则生矣；极屈而消，鬼则生矣。一二生三，数则生矣。奇耦具两，象则生矣。神鬼数象，是生万变，理之用具矣。一动生阳，一静生阴，一阴一阳，太极有天，而气之体具矣……静阴生柔，动阳生刚，一刚一柔，太极有地，而形之体具矣……乾道成男，坤道成女，一男一女，太极有人，德之体具矣③。

在郝氏看来，"道"与"太极"两个概念，有其相同的一面，所谓"道即太极，太极即道，以其通行而言则谓之道，以其至极而言则谓之极"④，即是此意。但相比之下，二者之间的差别却显得尤为重要，其区别在于，"道"主要强调的是作为世界本原的"理"的统一性，亦即上文所说的"道本于一，行于二，复于一"。而"太极"则侧重于强调此"理"的统一性中，又包含有动静、体用等对立面，亦即所谓"一动一静，道有太极"。在其另一部著作《续后汉书》中，郝氏对"道"与"太极"的区分说得更加清楚："道祇一理尔，曰易，曰神，曰一，皆其名义也。至于太极，以一具两，为动静、阴阳、刚柔。"⑤ 正因为"太极"有此"以一具两"、一体而两分的性质，因此可以说成为了连接"道"与"器"的枢纽，形而上之"道"只有通过"太极"之动静，才能转化为形而下之"器"，所谓"道之形器由是而著焉，天下之形器

① 龚道运《元儒郝经之朱子学》，《朱学论丛》，文史哲出版社，1985 年，第 164—165 页。
② （元）郝经《续后汉书》卷八十三下《异端·老庄》，《丛书集成初编》，中华书局，1985 年，第 1220 页。
③ （元）郝经《一贯图说》，《郝文忠公陵川文集》卷十六，《儒藏精华编》第 245 册上，第 314 页。
④ （元）郝经《续后汉书》卷八十三下《异端·老庄》，《丛书集成初编》，第 1220 页。
⑤ （元）郝经《续后汉书》卷八十四上上《历象·天地》，《丛书集成初编》，第 1240 页。

自是而出焉"①，而天、地、人也才能得以最终形成。这是从哲学方面论证了"太极"的内涵，而在易学方面，郝氏的说法也大体类似：

> 是以圣人作《易》，推其隐者，而为颐②、为密、为幽、为深、为几、为微，穷原筑底而无上，反而为显，于是为太极；推其显者，而为图、为画、为卦、为爻、为象、为数、为辞、为说，亦穷原筑底而无上，复反而为隐，而止于太极。故《易》之为书，本末一隐显，太极则其开阖之几也，总萃之体也，变动之用也，布散之迹也。故道、易、神之蕴奥，皆具于太极，而伏羲发之。伏羲之图，文王之卦，周公之爻，孔子之象，皆自太极推出，而孔子独为言之③。

此处郝氏很明确地指出，《易》中兼有隐与显两个层面，其隐者为道、易、神等，其显者则为卦画、易图以及《周易》经传等，而"太极"则在由隐到显的过程中发挥了关键性作用。隐者具于太极，而显者则通过隐者自太极推出而形成。因此，"太极"可以说是《易》中隐与显的"开阖之几"。这种对"太极"含义的认定，与上文中太极为道器之枢纽之说，实际也并无区别。

郝氏的这种独特的太极观，与朱子的"太极为理"之观点，可谓了不相似，但其中蕴涵的哲学意义却颇值得重视。在朱子的思想中，"太极"是一元的，它既是最高本体，也是世界得以变化形成的根据，既是所以然者，又是使之然者。但在郝经的哲学体系中，原本合一的所以然者与使之然者被一分为二，其作为最高本体的"所以然"者被归之于"道"，而其推动此"所以然"变成现实的"其然"的动力因则分属于"太极"。这样，郝氏便构建起了一种独特的二元化理本论，从而在一定程度上打破了朱子的理一元论。这一新型理论体系的建立，与金元之际理学在北方发展的情况，以及郝氏本人的学术背景，应有一定关系。金元时期，理学在北方虽然已经有了一定程度的发展，但似乎并未形成太明显的门户之见。已知的一些金代理学名家，如

---

① （元）郝经《续后汉书》卷八十四上上《历象·天地》，《丛书集成初编》，第1240页。
② 按："颐"疑当作"赜"。
③ （元）郝经《太极演总叙》，《郝文忠公陵川文集》卷二十九，《儒藏精华编》第245册上，第504—505页。

赵秉文、李纯甫等人，其思想大都是杂糅各家而成，像南方新安学派那样固守朱子一家之说的情况，在北方是看不到的。这种学术氛围在客观上使得郝经敢于冲破朱子的学术体系，而不至于背上离经叛道之名。同时，就学术渊源而言，郝氏一方面具备家传的程子之学的传统，另一方面又受到朱学的影响。二程几乎不讲"太极"，但却对作为宇宙总规律之"道"谈得很多，而朱子则倾向于把"太极"当作自己哲学体系的最高本体。因此，郝氏在本体问题上兼取"道"与"太极"二者，似乎也有融通程朱二家的意味。这充分显示出了元初理学家在构建新型理论框架方面所表现出的创新能力，在元代理学的发展过程中，可以说产生了深远的影响。

（2）太极为心

从理学与易学的发展历史上来看，"太极为心"这一观点，早在宋代便已出现，并且具备了一定程度的影响力。例如，北宋时期的著名理学家邵雍就曾经明确提出过"心为太极"[①]，而南宋时期的魏了翁等人，也表达过类似的看法[②]。但值得注意的是，朱子本人对这一观点却并未予以接受，其原因在于：朱子把"太极"视为宇宙本体之"理"，其在朱子心性论中对应的是"性"，而"心"则是总摄"性"之体与"情"之用的总体。如果讲"太极为心"，就相当于否定了心有体与用两个层面的观点，本体和主体直接合而为一，立刻便会倒向陆九渊的"心即理"之说。因此，朱子曾经不止一次指出，虽然心具众理，但心与理、性却绝不容混为一谈，如其说："心性之别，如以碗盛水，水须碗乃能盛，然谓碗便是水则不可。"[③] 而谈论"太极为心"之说者，在朱子语录中出现的情况也很少，即便是在有限的几条相关的资料中，朱子仍然刻意避免了直接将"太极"指为"心"的说法。如有门人曾举"心为太极"与"心具太极"二说以问，朱子回答说："这般所在当活看。如心字各有地头说，如孟子云：'仁，人心也。'仁便是人心。这说心是合理说。如说'颜子其心三月不违仁'，是心为主而不违乎理，就地头看始得。"[④] 此

---

① （宋）邵雍《邵雍集》，中华书局，2010 年，第 152 页。

② 如魏了翁曾言"心者人之太极，而人心又为天地之太极"，见《上殿论人主之心义理所安是之谓天刬子》，《全宋文》第 309 册，第 96 页。参考蒙培元《理学范畴系统》，人民出版社，1998 年，第 64 页。

③ （宋）黎靖德《朱子语类》卷十八，第 411 页。

④ （宋）黎靖德《朱子语类》卷五，第 84 页。

处的"地头"，即指"理"而言。在朱子看来，只有从理为心之体、心不违于理的角度来看时，才能说"心为太极"，这实际上是绕了个圈子，又回到了"理为太极"的观点上。其不同意"太极为心"之说的态度，由此即可见一斑。

然而，尽管朱子不愿意谈"太极为心"，但这一观点却并未因此而走向消亡，反而在元代蓬勃地发展起来，许多学者都从不同角度对其进行了论述。这其中有一些说法延续了朱子的思路，在坚持"理"为第一性的前提下，将主于"理"或"性"之心称为"太极"。如胡震即说："夫其情之率性，凡人之有心者，亦同此理也……于此见吾心一太极也，人心亦一太极也，鬼神亦具此太极也。"[1] 所谓"情之率性"，即是指"情"要受到"性"的统辖与管束，此时的"心"方能称作"太极"。吴澄亦说："其体则道，其用则神。一真主宰，万化经纶。夫如是心，是为太极。"[2] 以合于"道"之"心"为太极的态度更加明确。但与此同时，另有一些学者却明显地背离了朱子之说，转而试图从"心"为第一性的角度来论述"太极为心"。在这一方面，元代初年的家铉翁、胡祗遹，以及后期的郑玉，都是其代表人物。如家铉翁即将"心"视为"虚灵莹彻，万善毕备"[3]，并以此为基础来讨论"心"与"太极"的相似性。他说：

> 夫心，一太极也。冲漠无朕者，太极之本体也；寂然不动者，此心之本体也。方其冲漠无朕，一理混然，而动静互根，所以生两仪、四象、八卦者，举在是矣；方其无思无为，寂然不动，而道德性命之理，所以离为仁义，别为五常，散为百行万善者，举在是矣。是故未发而寂，心体之本然也；已发而通，心体之妙用也。无思非无所思也，无为非无所为也，其寂然不动之本体，固如是也。及夫感而遂通，天高地下，万物散殊，孰有出于思虑之外者？是之谓以一理而贯万殊，羲之画，文之象，孔之系，如斯而已矣[4]。

---

① （元）胡震《周易衍义》卷十二，《景印文渊阁四库全书》第23册，第747—748页。
② （元）吴澄《放心说》，《临川吴文正公集》卷四，《元人文集珍本丛刊》第3册，第115页。
③ （元）家铉翁《道山书堂记》，《则堂集》卷一，《景印文渊阁四库全书》第1189册，第281页。
④ （元）家铉翁《寂照阁记》，《则堂集》卷二，《景印文渊阁四库全书》第1189册，第305页。

按照家铉翁的看法，"太极"与"心"的相似之处在于，"太极"是两仪、四象、八卦的根源，而"心"则是万理万物的根源，不管是"道德性命之理"，还是"天高地下，万物散殊"，都不出于一心之外。正是在这一意义上，才可以说"太极为心"。在这一论述中，"心"被描述成一理浑沦的一元之心，而朱子所说的"性"与"情"二分之心，则并未被家铉翁所采纳。此"心"才是世界之本，而在朱子的哲学体系中作为最高本体的"太极"，则退居第二位，虽然与"心"相似，但就其地位而言，则成了"心"的派生物，如其所说的那样："五行阴阳太极惟一心。"① 这种对"心"的看法，显然已不再属于朱子之学，而进入了陆九渊心学的范围内；而由此得出的"太极为心"之说，也已与陆九渊的"心即理"之说没有本质的区别。

与家铉翁相比，胡祗遹在谈论"太极为心"时体现出的以"心"为本的态度，则显得更为坚决。他同样认为，《易》之两仪四象八卦皆统于太极，而世间之"万象万物，万事万虑"皆统于一心，因此"太极"与"心"是有类似之处的，二者都具有"一本而生万殊，万殊而统于一本"② 的性质。有所不同的是，在其论述的过程中，他比家铉翁更加明确地揭示出了"心"的第一性地位：

> 心为太极，心为君主，心为万理之源，心为万室之城郭安宅。四海虽广，兆民虽众，百千万世，前我后我，虽远虽遥，不出我一心③。

这一说法不仅强调了心为本原，而且还进而说明了此心的普遍性与永恒性。所谓"四海虽广，兆民虽众"，说的是在空间范围内，"心"是普遍相同的；而所谓"百千万世，前我后我"，则说的是在时间范围内，"心"是永恒不灭的。这实际上即是陆九渊"宇宙便是我心，我心便是宇宙"之说的翻版，通过这一论述，"心"的本体地位被进一步凸现出来，而"太极"虽然与"心"相似，但其地位却显得愈发下降。

至于元代后期，郑玉对家铉翁与胡祗遹的说法又有推进。他不再单独比

---

① （元）家铉翁《辛巳正月十六日张云斋过访郭舜元高飞卿持草书黄庭来会作上元歌》，《则堂集》卷五，《景印文渊阁四库全书》第1189册，第349页。
② （元）胡祗遹《胡祗遹集》卷二十五《语录》，第533页。
③ （元）胡祗遹《胡祗遹集》卷二十五《语录》，第533页。

较"太极"与"心"的相似性，而是从总体上提出"吾身即《易》"的观点，在此基础上展开其"太极为心"之说：

> 天地一《易》也，古今一《易》也，人物一《易》也，而吾身亦一
> 《易》也。自天地而敛之，以至于吾身，《易》之体无不备；自吾身而推
> 之，以至于天地，《易》之用无不周。又以吾身而论之：心者，《易》之
> 太极也；血气者，《易》之阴阳也；四体者，《易》之四象也；进退出处
> 之正与不正，吉凶存亡之所由应者，《易》之用也①。

在郑玉的叙述中，"我"成为了世界的中心。天地间万物敛之，可以归于我之一身；自我之一身推广开来，可以形成天地万物。与此同时，"我"与《易》又是完全合一的：一方面，就天地与"我"的关系而言，敛天地而归于我一身，而《易》之体立，自我一身而推至天地，而《易》之用行，是我身已经完全具备了《易》之体用。另一方面，仅就"我"自身而言，"我"之心、血气、四体，即是《易》之太极、阴阳、四象；因"我"之行为的正与不正而招致的吉凶之应，即是《易》以断吉凶之用。正由于"我"与《易》是一而非二，因此才可以说"心者《易》之太极"。在这一论述中，郑氏主要突出了"我"的中心地位，而并未像家铉翁与胡祇遹那样舍"我"而谈"心"，最终导致"心"有脱离主体而渐趋客观化的意味，可以说在一定程度上避免了陆学之弊。但总的来看，其所谓的"吾身即《易》"，实际与陆九渊弟子杨简所说的"《易》者己也"②，并无太大差别。由此得出的"太极为心"之说，也自然仍属于心学的范围。

与提出偏向于心学的"太极为心"命题相应，在讨论"极"字的含义时，家铉翁等人也不约而同地舍弃了朱子以"至极之理"训"极"之说，转而采用陆九渊的以"中"训"极"的说法。如胡祇遹即说：

> 在天下则京师为中、帝王为中，在一人则心为中，在一草木则幹为
> 中。帝王中天下而立，定四海之民，建中和之极；心为人身之中，建立

---

① （元）郑玉《周易大传附注序》，《全元文》第46册，第323页。
② （宋）杨简《己易》，《慈湖先生遗书》卷七，《杨简全集》，浙江大学出版社，2015年，第1972页。

万事，酬酢万变；辄为一草木之中，则下植根本，上达枝叶。故一中立而万殊生，过者、不及者、偏者、倚者，东西南北，上下廉隅，皆归极焉，皆会极焉①。

此处胡氏所谓"帝王中天下而立"云云，显然是以"中"解释皇极之"极"；而由于其承认"太极为心"，因此其说"心为人身之中"，也无异于以"中"言太极之"极"。在胡氏看来，由于"中"的确立，各种"不中"者才因之而生，同时所有"不中"者，又都归属会聚于"中"。就此意义而言，"中"之一字，实际上也具有天地万物之根源与统摄的意味，完全可以以此训"极"。而家铉翁则不仅明确支持以"中"为"极"之说，还在其论述的过程中，不点名地批评了朱子以"至"训"极"的说法：

> 天下事物，至中而止，故名之曰极。近世大儒，不取孔安国之说，以皇为君，以极为至极之标准，谓极乃在中之义，不可指以为中。余深味经旨，旧说未为害义，而新说非之过矣。盖极者，中之位也。位之所在，即中之所存。事至中而止，是之谓极。舍中而言标准，则所谓标准者，宁可有过不及之差乎？盖八畴列居四方四隅，而皇极居中，如轮之有毂，以其位而毂当为中。毂既居中，则中之所在，乃极之所止，即四方四隅面内之中也。极不为中，则为过高过大之名，又岂足为万事万物之标准乎②？

这里家铉翁所说的"近世大儒"，实际上指的即是朱子。按照其看法，朱子不取传统的以"中"为"极"，而另立"至极之标准"一说，其错误至少包括两点：其一，"中"即是世间万事的标准，舍"中"而言标准，则所谓标准，便不再具有衡量事物之过与不及的功能，从而变得毫无意义。其二，"中"赋予了"极"以现实层面的含义，而所谓"至极之理"，则显得虚无缥缈，难以把握。若舍"中"而以"至极"言"极"，则此"极"便成了一个空洞的"过高过大之名"。因此，朱子的"至极之理"之说是不可取的，"极"字仍当以"中"字解之。

---

① （元）胡祇遹《胡祇遹集》卷二十四《语录》，第507页。
② （元）家铉翁《公度字说》，《则堂集》卷三，《景印文渊阁四库全书》第1189册，第314页。

在"太极"这一问题上，家铉翁等人的总体态度是不同意朱子的"太极为理"之说，而对于具有浓厚陆学色彩的"太极为心"说，却纷纷表示接受与拥护。这一现象的出现，与家铉翁等三人的学术倾向可以说密切相关。从学术思想上来看，家铉翁、胡祗遹、郑玉三人有一个共同的特点，即是都在很大程度上受到陆学的影响。其中家铉翁就学术渊源而言，很可能出自陆氏后学，且其思想明显体现出"宗陆兼朱"的特色①，可以说是一位以陆学为主的学者。胡祗遹虽然学无师承，多是"潜心伊洛之学"②的自得之学，但对于陆学的多数核心观点也持接受的态度③，其陆学的色彩也较重。至于郑玉，虽然是所谓的"和会朱陆"的学者，但由于其早年较多地接触陆氏后学，因此陆学在其思想中仍然占了很大的比重。正因为如此，三人站在陆学的立场上阐述"太极为心"的观点，并非异事。同时，元代"太极为心"之说的流行，也从一个侧面反映出陆学在元代虽然衰弱，但却并非泯然无闻，而仍然获得了一些发展，对元代理学与易学也产生了一定程度的影响。

（3）太极为气与太极为理气象数之浑沦

"太极为道器之枢纽"与"太极为心"之说，虽然与朱子的"太极为理"相去甚远，但毕竟还将"太极"视为形而上者；而相比之下，元代另有一派学者，则直接将"太极"归入了形而下的范围中，其代表观点即是"太极为气"与"太极为理气象数之浑沦"。

首先，对于"太极为气"，此前学者大都认为，这一观点在元代的代表人物为许衡，理由是在其著作《稽古千文》中，许氏曾提出："太极之前，此道独立。道生太极，函三为一。一气既分，天地定位。"④如果单纯对这一段文字进行分析，可以看出，许氏认为"太极"之上还有一个"道"为其本原，

---

① 说见魏崇武《论家铉翁的思想特征——兼论其北上传学的学术史意义》，《西南民族大学学报（人文社科版）》2006 年第 3 期。

② （元）刘赓《紫山大全集序》，《胡祗遹集》，第 636 页。

③ 按，有学者据胡氏反对"尊德性"而支持"道问学"的说法，谓胡氏"对陆学虽有所了解，但并未予以认同"，见陈高华等《元代文化史》，广东教育出版社，2009 年，第 473 页。但"尊德性"与"道问学"，只是朱陆二家在治学方法上的差异，并非主要区别所在；而对于陆九渊真正有别于朱子的心本论思想，胡氏无疑是认同的。即便是在治学方法上，胡氏也非一味主张"道问学"，陆氏所主张的"扩充"、"存养"，也常常为其所提及；同时，其还明确反对沉溺文字而不切于心的问学之法。因此，从总体上来看，胡氏似乎并非不认同陆学，其思想反而带有较多的陆学色彩。

④ （元）许衡《稽古千文》，《许衡集》卷十，第 142 页。

此"道"能生"太极"。如果以朱子"理生气"的模式进行推论，则许氏所说的"道"即是"理"，而"太极"则是"气"。这一说法有一定道理，但需要指出的是：虽然以上的推论是合理的，但许氏毕竟没有明确把"太极"规定为"气"，同时在其著作中，也找不到其视太极为气的更多证据。相反，其语录中却保存了一条以"理"来解释"太极"的论述："天下皆有对，惟一理无对，便是太极也。"① 因此，许氏的真实态度究竟是倾向于认为"太极为气"，还是"太极为理"，实际上还很难判断。《稽古千文》是一篇韵文，不排除许氏出于押韵的考虑，借用汉唐以来传统的以元气言"太极"之说的可能，而其本身对此观点，则并不一定认同。相比之下，真正明确提出"太极为气"的，当属元代初期的学者李简。在其著作《学易记》中，李氏说：

> 天地之初，一气而已。云太极者，指一气未分之初欤。一气既分，轻清者为天，重浊者为地，是生两仪也。两仪既分，则金木水火四方之位列，是生四象也②。

此处李氏指出，所谓"太极"，即是天地之初未分的一气，两仪、四象、八卦等，都是此一气之分。但此一气的主宰又是什么呢？在李氏看来，即是朱子所说的"理"或"道"。他曾引朱子之说曰："阴阳迭运者，气也，其理则所谓道也。理与气未尝相离。"③ 可见，对于朱子之理本论，李氏并不反对，仅仅是在"太极"究竟应当为理还是为气这一问题上，与朱子有一定分歧。

其次，对于"太极为理气象数之浑沦"，主张这一观点的主要为宋末元初的学者王申子。按其看法，所谓"太极"，即是"理气象数，所以为万化之根本者，全体已具而未分，浑然居中"④。为了证明这一说法，王氏还特别引河图为据，将河图中宫五与十之数指为《易》之太极，他说：

> 龙马所负之图，虽有五与十在，然出河之初，理气象数之名，犹浑然为一也。其中宫五与十，以气言则阴阳浑然，浑然者，五阳十阴，老少未分也；以象言则奇耦浑然，浑然者，三奇三耦，二奇一耦，二耦一

---

① （元）许衡《许衡集》卷二《语录下》，第20页。
② （元）李简《学易记》卷首，《中国易学文献集成》第63册，第133页。
③ （元）李简《学易记》卷七，《中国易学文献集成》第64册，第256页。
④ （元）王申子《大易缉说》卷一，《中国易学文献集成》第62册，第27页。

奇，亦未分也；以数言则三二之合，五行生成，小衍大衍，亦未分也。是曰气，曰象，曰数之全体，浑然于中而未分，故为太极①。

在这一段论述中，河图中宫之五与十，即代表了气、象、数浑然未分的状态。就气而言，五为阳，十为阴，而老阴、老阳、少阴、少阳等四象，尚未从中分出；就象而言，五为奇，十为耦，而三奇三耦、二奇一耦、二耦一奇等卦象，亦尚未从中分出；就数而言，五与十本身即是数，由此最基本的二者，又可分出一系列其他数字，如五可分解为三与二之和，代表参天两地，五与十相加得十五为小衍，相乘为五十得大衍等等，但此时仅有五与十，而其他数字亦尚未分出。此未分之气、象、数，再加以无形之理，便构成了《易》中"太极"的全体。而朱子仅以"理"言太极的说法，则遭到了王氏的批评。他提出，《易传》与《太极图说》，都把太极描绘成能动而生物者，如果太极如朱子所说的那样，只是一个纯净的形而上之理，那么很难想象在没有气的参与下，单靠此空虚之理，如何能够通过自身的动静，而生成阴阳、五行、八卦等形而下之物。他说："若太极止具其理，则是初无一物，既无一物，则《大传》曰'太极生两仪'，不知一阴一阳之两仪，于何处突然生来，便分为两世，岂有是理哉？濂溪《太极图说》，又不应便道'太极动而生阳'，何则？自古及今，天地间物，未有止具其理，空空虚虚，而有可动者。其动也，必是气存焉。"② 因此，太极必然不是空具其理，而只能是理气象数之浑沦。

然而，同持"太极为气"之说的李简一样，王氏虽然反对朱子的"太极为理"之说，却对理本论未加以否认。在他看来，已经涉于形而下的理气象数浑沦之"太极"，毕竟还是有一个形而上之理为其主宰，而这一主宰即是《易传》中"易有太极"之"易"，与周敦颐于《太极图说》中所提出的"无极"。他阐述这一观点时说："此'易'字非书也，生生不穷之理也。盖未有太极之先，已有个生生不穷之至理，即濂溪所谓'无极'也。"③ 由于《易传》与《太极图说》只说"易有太极"、"无极而太极"，而未说"易生太极"、"无极生太极"，因此，将"易"与"无极"指为"理"，便不存在虚理生实气的困难，

---

① （元）王申子《大易缉说》卷一，《中国易学文献集成》第 62 册，第 59—60 页。
② （元）王申子《大易缉说》卷一，《中国易学文献集成》第 62 册，第 58—59 页。
③ （元）王申子《大易缉说》卷九，《中国易学文献集成》第 63 册，第 43 页。

比起朱子以"太极"为"理"的说法，似乎显得更为合理一些。

通过以上的论述，可以看出，李简的"太极为气"与王申子的"太极为理气象数浑沦"，虽然在细节上有一定差异，但总体思路是类似的。二者都把太极生阴阳之"生"，理解成了实际的生成，并在此基础上感觉到形而上之理不能生形而下之气，从而最终否定了朱子的"太极为理"之说，而将"太极"指为形而下之气，或理气象数浑然未分的状态，同时又在"太极"之外另立一"理"为其本原。从哲学上来看，这是一种将生成论与本体论杂糅起来的观点，具有一定的理气二元色彩，与朱子通过将"太极"与"理"合一而形成的理一元论，可谓完全不同。这一类观点的出现，同样与李、王二人所处的时代及独特的学术背景息息相关。李简生于金代末年的信都（今属河北），此后转徙于莱芜、东平、泰安等地，受金代朱子学发展滞后及金元之际战乱的影响，其易学并无师承，大都是自行探索而得。而其学《易》的过程，则是从王弼的《周易注》与宋代曾穜所辑的《大易粹言》入手。《粹言》辑二程、张载、杨时、游酢、郭忠孝、郭雍等七家易说，其中包含了不少理本气末之说，但却没有一家详细论述过"太极为理"的观点。李氏对《粹言》极为重视，曾经"节取《粹言》凡三度"①，在此之后方才接触到朱子的易学著作，对其说也并未表现出太大兴趣。因此，《粹言》中的理本论被李简传承下来，而朱子的"太极为理"说则为李氏所抛弃，代之以金代流行的汉唐经学中的太极元气论。王申子则生于南宋末年的邛州（今属四川），约于宋末元初时为躲避战祸而远迁慈利州天门山（今属湖南），隐居三十余年不出②。在这一时期，理学中的核心观点理本论，经过了长期的发展，已经在南宋境内广泛传播、深入人心，因而为王氏所接受。而朱子易学虽然也在南宋地区广为流传，但在四川湖南一带，却并没有形成如新安学派那样稳固而明晰的传授系统，代表人物如魏了翁等，对朱子亦并非一味墨守，而是时有异同。同时，与李简一样，王氏本身也学无师承，其易学基本是其在隐居天门山时自行钻研所得。因此，王氏在讨论"太极"问题时，并未为朱子之说所束缚，而是直接从《易传》与《太极图说》本文入手，如其所引魏了翁之说那样：

---

① （元）李简《学易记序》，《学易记》卷首，《中国易学文献集成》第63册，第110页。

② （元）田泽《续刊大易缉说始末》，《大易缉说》卷首，《中国易学文献集成》第62册，第10页。参考刘云超《元代易学家王申子易学哲学新探》，山东大学博士论文，2008年，第6—9页。

"向来多看先儒解说，近思之，不如一一自圣经看来。盖不到地头，亲自涉历一番，终是见得不真。""来书乃谓只须祖述朱文公诸书，文公诸书，读之久矣。政缘不欲于卖花担上看桃李，须树头枝底，方见活精神。"① 而不论是《易传》还是《太极图说》，其论"太极"都带有浓厚的元气发生论的意味，王氏从其本义出发，自然会将"太极"归入形而下之气的范围之中。再与通行的理本论相结合，便得出了"太极为理气象数浑沦"与"无极为理"的观点。总之，李、王二家的太极观，实际上是金元、宋元之际，理学的普遍流行与朱子易学的影响力在某些地区仍有所不足的结果。

但是，李简与王申子的这种以形而下之气言"太极"的观点，毕竟与朱子的"太极为理"说有着不可调和的矛盾，因此随着朱子易学在元代的传布并最终登上统治地位，李、王之说便遭到了以吴澄为代表的朱子学者的猛烈抨击。对于"太极为气"，吴氏主要指责其误信了汉唐旧疏的错误说法。按其看法，古今言"太极"者有二义，一是将其看作浑沦未分之元气，如庄子及汉唐诸儒都是如此；另一种则是将其视为形而上之"道"或"理"，如邵雍与朱子等皆是。而在这两种含义之中，只有朱子一派之说，方才真正符合"太极"之本义，所谓"自宋伊洛以后，诸儒方说得太极字是"②。汉唐以来相传的以元气言"太极"的说法，则是完全错误的，不应取信。而对于王申子的"太极为理气象数浑沦"，吴澄则既指出其说的错误，又对其批评朱子的言论进行反击。在指出错误的方面，吴氏认为，王氏将"无极"与"太极"一分为二，实际上相当于认为"无极"之理在时空上先于"太极"之气，这就将理本气末的本体论改成了理先气后的生成论，非常容易掉入道家的"有生于无"之说中。他说："若以'太极'为一气未分之名，上头却可着'无极'两字。然自无而有，非圣贤吾儒知道者之言，乃老庄之言道也。"③ 在反击其对朱子的批评方面，吴氏明确提出，朱子以"太极"为"理"的说法，并不会导致"虚生气"的问题。其原因在于：就《易传》而言，"易有太极，

① （元）王申子《大易缉说》卷二，《中国易学文献集成》第62册，第179—180页。
② （元）吴澄《答田副使第二书》，《临川吴文正公集》卷三，《元人文集珍本丛刊》第3册，第100页。
③ （元）吴澄《答田副使第二书》，《临川吴文正公集》卷三，《元人文集珍本丛刊》第3册，第101页。

是生两仪"之"生",说的是"卦画",亦即是两仪、四象、八卦依次生出的过程。而理寓于其中,为其本原。并不是如王申子所认为的那样,从空虚的太极之理中直接派生出两仪。如按照王氏以生成论之,则"伏羲合当如周子画一圈作太极,何缘但画一奇为阳、画一偶为阴而已"①。就《太极图说》而言,"太极动而生阳,静而生阴",说的是"造化",亦即是太极之理主导阴阳之气以化生世间万物的过程。此处之"生"字不能解为"生成",而只是"具于其中"而主宰之的意思,也不是像王申子所描述的那样,一个空虚的太极之理通过自身的动静,便可产生出阴阳②。因此,王氏对朱子"太极为理"之说的批评既无道理,自身之说又有极大错误,其说便显然是不足信的。对于王氏之说,吴澄不惜指名而斥之曰:

> 来书引王巽卿之言,以为舍祢而宗兄。澄识见凡陋,窃谓祢之道更秦汉以来,晦蚀千有余年,若非天于盛宋之时生此数兄,发明吾祢之道,则几于坠地矣。澄视吾兄有大功于吾祢者也。凡吾兄所言,五经之梯阶也。敢问此数兄有何言语背了五经,乃曰不可徒求之先儒,而不本之五经乎③?

在经过吴澄如此严厉的批判之后,李、王二家之说便迅速退出历史舞台。"太极为气"之说,自李简之后,元代便似再无儒家学者提及;而继承王申子的"太极为理气象数浑沦"之说者,也只有为王氏刻印其易学著作的田泽一人。有元一代,"太极为气"与"太极为理气浑沦"的说法,多数只存在于道教的相关典籍之中。

二、对朱子阴阳观的继承与发展

在朱子的义理易学体系中,"阴阳"可以说是与"太极"同等重要的一个命题。一方面,朱子提出"《易》只是一阴一阳"之说,将阴阳变易确立

---

① (元)吴澄《答田副使第三书》,《临川吴文正公集》卷三,《元人文集珍本丛刊》第3册,第109页。
② (元)吴澄《答田副使第三书》,《临川吴文正公集》卷三,《元人文集珍本丛刊》第3册,第110页。
③ (元)吴澄《答田副使第三书》,《临川吴文正公集》卷三,《元人文集珍本丛刊》第3册,第108页。

为《周易》的基本原理；另一方面，他又在此基础之上，将阴阳变易的法则进一步归纳为"阴阳流行"与"阴阳对待"两点，并从中衍生出一系列较为新颖的观点，以此来解释易学与理学中的相关问题。与太极观相同，朱子这种富有新意的阴阳观，也对元代学者产生着深刻的影响，并促使其在不同程度上对其予以继承和发展。

1. 对"《易》只是一阴一阳"的维护

"《易》只是一阴一阳"这一观点，可以说是朱子整个阴阳观的基础。朱子对此说极为重视，曾经不止一次地反复强调："'易'字义只是阴阳。""《易》只消道阴阳二字括尽。""《易》只是个阴阳。"[1] 在其影响下，元代即有一批学者对此观点持赞同态度，并力图从各个方面对其进行证明，例如如鲍恂即从"易"之字与"易"之义两个方面，详细论述了这一观点。其说曰：

> 按"易"字篆文，日下从月，日往月来，迭相为易之义。又于文，日中有一，奇也，月中有二，偶也。一奇一偶，天下之理尽于此矣。此是从字文上说。朱子曰："'易'有两义：一是变易，便是流行底；一是交易，便是对待底。"变易如阴变而阳，阳变而阴，老阴变少阳，老阳变少阴之类；交易如阴交于阳，阳交于阴之类。此是从字义上说。大抵"易"之一字，只消阴阳两字括尽。从日从月，日，阳也，月，阴也。其所谓变易，以阴阳而变易；所谓交易，以阴阳而交易。而凡天文、地理、人事、物类，以至性命之微，变化之妙，皆不外乎是矣。此学《易》纲领，开卷第一义，学者不可不察。[2]

此处鲍氏提出，从字形上来看，"易"字合"日"与"月"二字而成，即有日月、奇偶相易之意；从字义上来看，"易"字兼有变易、交易二义，而这两重含义，实际上也都是从阴阳交变的角度得出的。由此，鲍氏便证成了朱子的"《易》只消阴阳两字括尽"之说，同时还更进一步，将其推上了"学《易》纲领"、"开卷第一义"的地位，对此观点的尊崇可谓显而易见。此种从"易"之

---

① （宋）黎靖德《朱子语类》卷六十五，第1605页。
② （元）鲍恂《太易钩玄》卷上，《续修四库全书》第3册，第2页。

字形与字义入手论《易》与阴阳关系之说，在元代颇不少见。如元初俞琰论"易"字曰："阴阳之著见，莫如日月，故取日月二字，合为'易'字，而'易'字之义，则为阴阳之变易也。"① 所谓变易，即是"阳变阴，阴变阳，如一卦变八卦，八变六十四，六十四变四千九十六，皆是也"。变易之外又有交易，则是"阳交阴，阴交阳，如乾交坤而得三男，坤交乾而得三女，皆是也"②。同时还明确反对孔颖达以不易、简易言"易"字，盖即因其不符合阴阳之理。而胡一桂、熊禾则在其易学著作中，均列出了日月二字篆书合为"易"字的图式。熊禾并解交易变易之义云："《易》者阴阳之道，卦则阴阳之物，爻则阴阳之动也。然则交易变易之义，在天地则一动一静，互为其根，所谓日月运行、一寒一暑是也；分阴分阳，两仪立焉，所谓天地设位、卑高以陈是也。在《易》书则一阴一阳，各有定位，所谓刚柔立本、八卦相错是也；一刚一柔，迭相推荡，所谓两仪生四象、四象生八卦是也……庄周谓《易》以道阴阳，正此谓矣。"③ 总的来看，其思路大体一致，都是从"日月为易"和"交易变易"两方面，来阐发朱子"《易》只是个阴阳"的观点。

在鲍恂等一批学者的推崇与论证下，"《易》只是一阴一阳"之说，在元代流传极为广泛，成为被大多数学者所接受的观点。例如，保八即说：《易》之所以为《易》者，乾坤阴阳之所为而已，非有他也。"④ 胡震说："《易》之卦爻，莫非天地阴阳之理。"⑤ 解蒙说："阴阳体健顺之性，卦爻定奇耦之画，故即阴阳以求《易》，而《易》道昭然矣。"⑥ 赵汸更是断言："《易》不外阴阳。"⑦ "《易》一阴阳也。"⑧ 与此同时，一些反对以阴阳言《易》的说法，则遭到批判。例如，王申子即不同意"日月为《易》"之说，而提出"《易》者，生生化化不穷之理"⑨。其后田泽又本于王说，认为《易》中包含有广博的天人之理，所谓"天地细缊变化之机，人物性情之理，开物成务、治国平

---

① （元）俞琰《读易举要》卷三《易字义》，《景印文渊阁四库全书》第21册，第441页。
② （元）俞琰《读易举要》卷三《易字义》，《景印文渊阁四库全书》第21册，第441页。
③ （元）熊禾《勿轩易学启蒙图传通义》卷一，《续修四库全书》第2册，第447页。
④ （元）保巴《周易原旨》卷七，第239—240页。
⑤ （元）胡震《周易衍义》卷十五，《景印文渊阁四库全书》第23册，第822页。
⑥ （元）解蒙《易精蕴大义》卷九，《景印文渊阁四库全书》第25册，第696页。
⑦ （元）赵汸《周易文诠》卷三，《景印文渊阁四库全书》第27册，第604页。
⑧ （元）赵汸《周易文诠》卷三，《景印文渊阁四库全书》第27册，第618页。
⑨ （元）王申子《大易缉说》卷二，《中国易学文献集成》第62册，第123页。

天下之道，夫子作《易》系辞，发明尤为详悉"①，认为仅以阴阳相易来加以概括，是对圣人大道的一种轻视，最终将导致"一部《易》书只做得一个易字说"②，而"开物成务之大道不见彰著"③。对这一说法，吴澄即从《易》源于万物之阴阳与《易》之理无非阴阳两个方面，予以了严厉驳斥，认为就《易》之来源而言，伏羲画卦之时，所依据的便是万物之阴阳，他说：

> 伏羲当初作《易》时，仰观天文，天文只是阴阳；俯察地理，地理只是阴阳。观鸟兽之文，与地所宜之草木，近取诸人之一身，远取诸一切动植，及世间服食器用之物，亦无一而非阴阳者。适值河出马图，观其后之一与六，则一阳六阴也；观其前之二与七，则二阴七阳也；观其左之三与八，右之四与九，中之伍与十，又皆有阳有阴也。此天不爱道，而显然以阴阳之数示人者④。

按照吴氏的看法，伏羲作《易》之时，仰观俯察，近取诸身而远取诸物，发现天地间无非阴阳；又恰逢河图出世，其数字之排列亦为一阴一阳。因此，伏羲据此而作奇偶之画，其含义也不过即是阴阳变易，并没有脱离阴阳的更为高深的道理，如其所说："若谓伏羲之《易》，非阴阳变易所能尽，而有不连属乎阴阳者，不知当于何处寻觅？"⑤ 同时，就易理本身而言，尽管其包罗万象，但毕竟仍不出于一阴一阳之外。如对于田泽所谓的"天地缊缊变化之机，人物性情之理"，吴氏即引《易传》之说以驳之曰：

> 澄观夫子言："昔者圣人之作《易》，将以顺性命之理。"而其所谓性命之理者，不过曰"天之道阴与阳，地之道柔与刚，人之道仁与义"而已。柔者地之阴也，刚者地之阳也。仁者人之阳也，义者人之阴也。

---

① （元）吴澄《答田副使第二书》，《临川吴文正公集》卷三，《元人文集珍本丛刊》第3册，第105页。

② （元）吴澄《答田副使第二书》，《临川吴文正公集》卷三，《元人文集珍本丛刊》第3册，第104页。

③ （元）吴澄《答田副使第二书》，《临川吴文正公集》卷三，《元人文集珍本丛刊》第3册，第105页。

④ （元）吴澄《答田副使第二书》，《临川吴文正公集》卷三，《元人文集珍本丛刊》第3册，第104—105页。

⑤ （元）吴澄《答田副使第二书》，《临川吴文正公集》卷三，《元人文集珍本丛刊》第3册，第105页。

夫子何不舍去阴阳，而别作高虚之说，以言天地人之道乎①？

在吴澄看来，孔子在《易传》中，虽然也谈到田氏所说的天、地、人之理，但最终却将其归结为"阴阳"、"刚柔"、"仁义"，而"刚柔"与"仁义"实际也不出"阴阳"的范围之外。由此可见，孔子是把"阴阳"视为易理的基本内容的，如果离开"阴阳"而别求所谓天人之理，就显著地背离了孔子之说。又如，对田氏所说的"开物成务、治国平天下之道"，吴氏则说：

> 人之生也，因阴阳五行之气而有形，形之中便具得阴阳五行之理，以为健顺五常之性。仁礼者，健之性也，属乎阳；义智者，顺之性也，属乎阴。信也者，实有是阳健阴顺之性也。率是性而行，则仁礼阳健之道也，义智阴顺之道也。其在五伦，则父子兄弟之仁礼，天属而属阳者也；君臣夫妇之义智，人合而属阴者也。又细分之，则父子之仁，阳之阳也；兄弟之礼，阳之阴也；君臣之义，阴之阴也；夫妇之别，阴之阳也。又细分之，则父之爱，阳也；子之顺，阴也。兄之长，阳也；弟之幼，阴也。君之尊，阳也；臣之卑，阴也。夫之倡，阳也；妇之随，阴也。开物成务、治国平天下之道，果有出于五常五伦之外者乎？谓非阴阳变易之道可乎②？

此处吴氏指出，所谓"开物成务、治国平天下之道"，实际上即不外乎父子、兄弟、君臣、夫妻的五常五伦之道，而此五常五伦之道，又是秉阴阳之理而生，自然亦有阴阳之分。从这一点来看，开物成务、治国平天下之道，其实质仍无非是一阴一阳而已。总之，《易》道不外乎阴阳，即便是想要从《易》中找出某种超乎阴阳之上的圣人之道，也是不可能的，如吴氏所说的那样："欲外阴阳而语天地纲缊变化之机，语人物性情之理，语开物成务、治国平天下之道，澄识见卑下，不知其为何说。"③ 通过这两个方面的详细阐述，田泽所提出的不能以阴阳言《易》的说法，就最终被排除，而朱子的"《易》

---

① （元）吴澄《答田副使第二书》，《临川吴文正公集》卷三，《元人文集珍本丛刊》第3册，第105页。

② （元）吴澄《答田副使第二书》，《临川吴文正公集》卷三，《元人文集珍本丛刊》第3册，第106页。

③ （元）吴澄《答田副使第二书》，《临川吴文正公集》卷三，《元人文集珍本丛刊》第3册，第105—106页。

只是一阴一阳"之说，则得到了进一步的维护。

2. 对"无物不是阴阳"之说的充实

在阴阳问题上，朱子的另一个较为重要的看法，即是"无物不是阴阳"。这一观点认为，不仅《易》不离阴阳，而且世界上万事万物，也都不出于阴阳两端。他说："诸公且试看天地之间，别有甚事？只是阴与阳两个字，看是甚么物事都离不得。"① 按照这一观点，朱子曾对万物之阴阳作过一些分别，如阳魂阴魄、阳血阴气、阳昼阴夜、阳高阴下之类，但总的来看，其说法还是较为零散、不成体系；而其对《易》中阴阳之属的总结，则显得更不全面。元代学者所做的，正是在坚持朱子观点的前提下，对朱子未能搜集整理完整的万物之阴阳与《易》中之阴阳，作进一步的归纳，从而充实朱子之说。

首先，在万物之阴阳这一方面，元代胡祇遹的总结可谓较有代表性。他对"万物皆有阴阳"的看法颇为赞同，曾称赞说："庄子曰：'《易》以道阴阳。'此一句可谓词约而用博，知《易》之深者也。市井谚语曰：'万事不离阴阳。'此言虽鄙，直是有理。"② 以这一看法为基础，胡氏即以两两相对的方式，对世间属于阴阳的事物进行了归纳，其具体内容如下：

　　　阳：春、夏、昼、君子、男、动、吉、长、进、一、三、五、七、九、刚、开、少、壮、神、伸、直。
　　　阴：秋、冬、夜、小人、女、静、凶、消、退、二、四、六、八、十、柔、阖、老、死、鬼、屈、枉。
　　　阳：显、成、正、德、仁、礼、出、生、喜、舒、先、倡、行、有、变、往。
　　　阴：晦、败、邪、刑、义、智、入、杀、悲、惨、后、和、随、无、化、来。
　　　阳：泰、复、贤、生、明、巧、荣、始、奇、清、气、善、得、行、存、盛、聚。
　　　阴：否、剥、愚、死、幽、拙、悴、终、偶、浊、质、恶、失、止、

---

① （宋）黎靖德《朱子语类》卷六十五，第 1606 页。
② （元）胡祇遹《杂言》，《胡祇遹集》卷二十，第 410 页。

亡、衰、散。

　　阳：白、治、明、振扬、神奇、五福、精英、瘳。

　　阴：黑、乱、暗、隐伏、腐臭、六极、渣滓、寐①。

此处胡氏共归纳了阴阳之属各六十二种，其中除了泰、复、否、剥四者专属于《易》，其余大致都在《易》之外，可见此处胡氏主要是为了广泛搜罗天地间有阴阳属性者，而非专门分别《易》中之阴阳。值得注意的是，胡氏的总结中，虽然包含一些较为具体的事物，如春夏秋冬、君子小人之类，但更多的则是出入、有无、变化、往来等较抽象的概念。由此可见，他的真实用意，乃是希望达到以简驭繁、以分属阴阳的抽象概念统领世间万物的目的，而非拘泥于一事一物之阴阳的琐碎讨论。如果说朱子的"无物不是阴阳"，相当于把"阴阳"确定为世间万物之总纲，那么胡氏的归纳，则是在"阴阳"这一总纲之下，又分出了一系列细目，这无疑是对朱子之说极大的细化和丰富。

其次，在《易》中之阴阳这一方面，元代学者的归纳主要集中在易象上，其总体思路是以阴阳爻为纲，把易象分为自阳爻而来与自阴爻而来两大部分。如宋末元初的黄超然的总结，即是遵循此思路而作出，其具体内容如下：

　　刚：君、夫、元夫、士夫、老夫、金夫、夫子、丈夫、祖、子、君子、贵、大、硕、实、富、牴、显、右、东邻、虎、玉、金、金柅、黄牛之革、资斧、角、轮、生、章。

　　柔：民、妻、女妻、妇、妇人、老妇、女子、姒、母、妾、臣妾、小人、贱、小、虚、牝、冥、左、西邻、豹、葛藟、鞶带、须、鲋、鱼、苞桑、豕、羸豕、豚鱼、牛、霜、冰、鬼、血、否、沛、蔀、迷、密、月几望、暮夜、誉、瓜②。

以上这些对易象之阴阳的归类，大部分都是采用通行的说法，但也有不少是黄氏自行搜集者。如其以"东邻"为阳而"西邻"为阴，是因为从方位上而言，东为阳方而西为阴方；以"密"为阴，是因为"阳疏阴密"③；以

---

① （元）胡祗遹《杂言》，《胡祗遹集》卷二十，第410页。
② （元）黄超然《周易发例》卷上，《续修四库全书》第2册，第568页。
③ （元）黄超然《周易发例》卷上，《续修四库全书》第2册，第568页。

"誉"为阴，则是因为"阴主虚"①，而赞誉正是虚美之辞，等等。除此之外，黄氏还特别指出，此处所列者皆是一般情况下易象的阴阳情况，即所谓"正例"，但在某些特殊情况下，还存在着一些阴阳互变的"变例"。例如，阳为君子，阴为小人，这是"正例"，但大有九三等却以阳爻而言"小人"，观初六等则以阴爻而言"君子"，则是"变例"②。其所以有此变化者，原因不一，有的是为表达劝诫警示之意，有的是不取爻象之阴阳，而取卦象或爻位之阴阳。这种"变例"的补充，使得黄氏对易象之阴阳的归纳显得更加全面。

在黄超然之后，胡一桂也对易象之阴阳作出了自己的总结。与黄氏不同的是，他并没有简单地将分属于阴阳的易象，各自混编一处而不加分别，而是在此基础之上再加以细分，最终分出了阳爻与阴爻分别居于一卦六位时所属的易象，由此便形成了其独特的《爻象图》，图式列于下方：

图 6-1　爻象图③

①　（元）黄超然《周易发例》卷上，《续修四库全书》第 2 册，第 568 页。
②　（元）黄超然《周易发例》卷上，《续修四库全书》第 2 册，第 578 页。
③　（元）胡一桂《易本义附录纂注·图录第十三》，《儒藏精华编》第 5 册，第 450—451 页。

这一图式共分七层，由下往上的一层至六层，为一个六画卦的一至六位，分别收录六十四卦中分属各爻位的阴阳爻象。例如，乾卦九二爻言"见龙在田"，"田"即指阳爻居于二位，故该图中阳爻部分的九二爻即列有"田"象。而随卦六三爻言"系丈夫"，虽然本爻为阴爻，且居于三位，但此处"丈夫"之象，则是指其上之九四爻而言，故将"丈夫"列于阳爻部分的九四爻。而此图的最上一层，收录的则是不拘于爻位的阴阳爻之通称。如阳为大、阴为小，阳为君子、阴为小人（亦有为君子者），阳为富、阴为不富，等等，均是《易》中通例。将黄氏与胡氏的总结进行比较，可以看出：在内容上，二者互有差异，如黄氏于阳爻部分收"虎"、"资斧"等，胡氏则未收；胡氏于阳爻部分所收的"国"、"朱绂"等，黄氏亦未收。在方式上，黄氏的归纳较为简明，但未免粗略；胡氏的区分颇为细致，但时时有重出之弊。二者的总结，都各自带有自身的特色。

总之，元代学者对朱子"无物不是阴阳"观点的补充，可谓详赡。通过对万物之阴阳与易象之阴阳的分类总结，元代学者既弥补了朱子的缺略，扩充了朱子之说的内容，又使朱子的观点获得了充分的实例支持，进一步证成了其说的可信性。尽管其在理论方面对朱子的观点并无太大推进，但在细节与具体内容上对朱子之说的充实，仍是很值得重视的。

3. 在"阴阳消长"与"阴阳吉凶"方面的新见解

在上文所述的"《易》只是一阴一阳"与"无物不是阴阳"两个问题上，元代学者所做的，主要是在尊崇朱子之说的前提下，从各个方面设法论证其说的合理性，辩斥各种异说，或对其说的内容进行补充，而没有提出太多的新理论与新观点。但这并不意味着元代学者对朱子的阴阳观仅有因袭，而并无突破，其创新之处，即主要体现在"阴阳消长"与"阴阳吉凶"两方面。

首先，在"阴阳消长"这一问题上，朱子的基本观点是，阴阳本为一气，因此一气的消长而有阴阳之分，阳消即生阴，阴消即生阳。他说："阴阳只是一气，阳之退便是阴之生。"[1] 这一观点在元代得到不少学者支持，如俞琰即先引朱说，而在其基础上阐释曰："愚谓天地间阳气即太阳之气，凡太阳不及

---

[1] （宋）黎靖德《朱子语类》卷六十五，第1602页。

处便是阴，非别有所谓阴也。"① 并以四时更替及人之生死，证明"阳尽则为阴"②。但在这一运动过程中，阴阳的消长仍是单向的。如以先天圆图而言，圆图左半边为震一阳，离、兑二阳，乾三阳，阳爻只长而不消，阴爻只消而不长；而圆图右半边则为巽一阴，坎、艮二阴，坤三阴，阴爻只长而不消，阳爻只消而不长。到了元代，一些学者即对朱子的阴阳单向消长的观点提出不同看法，而其中较具有代表性的，即是许衡的"长中有消，消中有长"之说。在《阴阳消长》一文中，他即以由复至乾的阳长阴消的运动为例，对其观点作了详细阐述：

> 凡阴阳消长，皆始于下，故得下则长，失下则消。自始少而至长极，凡八消，则始消而至消尽，凡八长。盖消之中复有长焉，长之中复有消焉。长中之消，其消也渐微；消中之长，其长也亦渐微。故一复长而至三益，三复消而为二震；二长而至四无妄，四复消而为二明夷；二长而至四家人，四复消而为三丰；三长而至五同人，五复消而为二临；二长而至四中孚，四复消而为三归妹；三长而至五履，五复消而为三泰；三长而至五小畜，五复消而为四大壮；四长而不消，遂至于极也③。

对这一变化过程，许氏曾作有图式④，然其图太过简略，只列出了各卦阴阳爻消长之数，而未列具体的卦名与卦象。为了更好地阐明许氏的观点，现依其说另作图式如下：

☷☷复—（长）→ ☷☷益—（消）→ ☷☷震—（长）→ ☷☷无妄—（消）→

☷☷明夷—（长）→ ☷☷家人—（消）→ ☷☷丰—（长）→ ☷☷同人—（消）→

☷☷临—（长）→ ☷☷中孚—（消）→ ☷☷归妹—（长）→ ☷☷履—（消）→

☷☷泰—（长）→ ☷☷小畜—（消）→ ☷☷大壮—（长）→ ☷☷乾

图 6-2　阴阳消长图

在此图中，由一阳五阴的复卦到六爻皆阳的乾卦，虽然总趋势是阳长阴消，但阳长的方式，并非是由一阳长至二阳、二阳长至三阳的直线运动，而

---

① （元）俞琰《书斋夜话》卷三，《宛委别藏》第72册，第47页。
② （元）俞琰《书斋夜话》卷三，《宛委别藏》第72册，第48页。
③ （元）许衡《阴阳消长》，《许衡集》卷六，第109页。
④ 原图见许衡《阴阳消长》，《许衡集》卷六，第109页。

是一长一消、一消一长的螺旋上升。这种消长交替，遵循的即是所谓"得下则长，失下则消"的原则。按照此原则对以上所引一段文字进行解释，则复卦为一阳爻居于五阴爻下，是阳爻得下当长，故由一阳爻之复卦长至三阳爻之益卦；益卦上卦二阳爻下乘一阴爻，是阴爻得下当长，而阳爻失下当消，故由三阳之益消为二阳之震；震卦上卦为二阴乘一阳，阳又得下，故长为四阳之无妄；无妄上卦三阳，但下卦二阴仍居于其下，则阴又得下，故消为二阳之明夷。以此规律反复推演，至小畜消而为大壮，则下四爻均为阳爻，再无阴爻居于其下，故再一长则得六阳之乾卦，这一阶段的阳长阴消的运动过程，至此方告完成。

应该说，就《周易》卦象的变化而言，许衡之说显得并不是特别完善，其中颇有一些牵强附会之处。例如，由复卦变至益卦，虽然可以用阳爻"得下则长"的说法来进行解释，但为何是由一阳爻长至三阳爻？益卦比复卦所长出的二阳爻，又为何居于一卦之上？对这些问题，许衡都没有给出明确的解释。然而，相比之下，许氏这一说法在哲学上对朱子的超越，却远远胜过了其不完满之处。从哲学的角度来看，朱子把阴阳消长看作一气之运动，实际上已经在一定程度上认识到了矛盾的同一性问题，比此前只讲对立而不讲统一的二气轮替说，已有了很大的发展，如学者总结的那样："此种观点意味着一事物在其变化过程中自身具有矛盾的同一性……对对立面的转化作出了新的阐发。"[1] 但尽管如此，这种运动从本质上来看，仍然是一种循环论，对此朱子曾说："只是一阴了又一阳，此便是道。寒了又暑，暑了又寒，这道理只循环不已。"[2] 按照这一观点，矛盾着的阴阳两方虽然以对立统一的规律相转化，但却并没有导致事物的进步。而许衡之说则不然，在其论述中，一阴一阳的消长运动，直接推动了由复卦之一阳到乾卦之六阳的发展，可以说，其对矛盾是事物发展的动力的观点，已经有了一定程度的认识。同时，在许氏看来，这种发展还是永无止息的，他说："此姑论六画者然也，积而至于九，至于十二，以至于无穷。"[3] 亦即是说，乾卦之六阳只是六画卦的阳长之极，而对于九画卦、十二画卦则不然。由于卦画可以无限累积，因此由阴阳

---

① 朱伯崑《易学哲学史》第二卷，第450页。
② （宋）黎靖德《朱子语类》卷七十七，第1970页。
③ （元）许衡《阴阳消长》，《许衡集》卷六，第109页。

消长所推动的阳爻增长，也将永远持续下去。这在某种程度上，又接近了事物是永恒发展的观点。由此，许氏在阴阳问题上便开始突破朱子的循环论，而逐渐走向更为先进的发展论观点。

其次，关于"阴阳吉凶"，朱子沿袭了前代学者的通行看法，认为阳代表吉，阴代表凶。他说："想当初伏羲画卦之时，只是阳为吉，阴为凶。"[①] 因此，其在解说《周易》卦爻时，一般都将阳爻解为吉占，阴爻解为凶占，阳凶阴吉者虽然并非没有，但却不是通例，而是另有所指，如其所说的那样："《易》中之辞，大抵阳吉而阴凶，间亦有阳凶而阴吉者何故？盖有当为有不当为，若当为而不为，不当为而为之，虽阳亦凶。"[②] 然而，对这样一种几乎已经成为定论的看法，元代也有学者提出了不同的意见。例如，陈应润明确反对这一说法，并且不点名地将批评的矛头指向了朱子，他说：

> 先儒有谓"伏羲画卦之时，只是阳为吉，阴为凶"，此不知爻变之义。爻变之法，有阳变为阴而吉者，如乾之九二、九五之类是也；阴变为阳而凶者，如同人六二、履之六三之类是也。亦有阳变为阴而凶者，如乾、噬嗑上九之类是也；阴变为阳而吉者，如坤之六二、六五之类是也。爻变之说，非知易蕴之妙，莫之与辨[③]。

此处陈氏所引的"先儒"之说，与朱子语录完全一致，显然即指朱子。按其说法，《周易》对某爻之吉凶的规定，远非朱子所说的阳吉阴凶那么简单，而是遵循一种"爻变"之法，亦即以一爻阳变阴、阴变阳的情况来论吉凶。例如，乾卦九二之所以有"利见大人"之吉占，是因为九二以阳变阴，有"臣居阴位，以柔应刚"[④] 之象，而非朱子所说的九二爻阳刚中正之本象；而坤卦六二有"不习无不利"之吉占，也是因为六二以阴变阳，有"一阳能摄众阴"[⑤] 之意，非是说六二本象之柔顺。以上是阳变阴、阴变阳而皆得吉的情况。而阴阳互变得凶者，如履卦六三云"履虎尾，咥人，凶"，是因为六三

---

① （宋）黎靖德《朱子语类》卷六十六，第 1622 页。
② （宋）黎靖德《朱子语类》卷六十五，第 1607 页。
③ （元）陈应润《周易爻变易蕴》卷一，《中国易学文献集成》第 67 册，第 239—240 页。
④ （元）陈应润《周易爻变易蕴》卷一，《中国易学文献集成》第 67 册，第 236 页。
⑤ （元）陈应润《周易爻变易蕴》卷一，《中国易学文献集成》第 67 册，第 272 页。

以阴变而为阳，下履二阳，有"以刚履刚"① 之象；而噬嗑上九云"何校灭耳，凶"，也是因为上九阳变为阴，上卦成震，有天雷震动、讨伐有罪之象②。总之，判断一爻之吉凶的依据，不是其本象之阴阳，而是其所变之阴阳。这种观点与朱子之说，可谓完全不同。

此种新说法的依据究竟何在呢？对这一问题，陈氏主要引用了《系辞传》中的两条文字来进行解释。其一是"乾、坤其易之缊"，此处所谓的"《易》之缊"，陈氏以为指的即是爻变，意谓乾、坤二卦以其独有的"用九"、"用六"二爻，蕴涵阴阳爻相变易之法于其中。如其所说的那样："苟不以爻变之法，通乾、坤之蕴，则乾自乾，坤自坤，何以神变化之妙？故《易》之诸爻，皆以变动取义。乾之用九、坤之用六，爻变之蕴也。"③ 另一条则是"成象之谓乾，效法之谓坤"，按照陈氏的看法，此处的"效法"本当作"爻法"，亦即爻变之法，因后人改"爻"为"效"，才导致了"爻变之法不明"④。这样，陈氏即证成了其以爻变言吉凶的说法，而朱子的"于本卦取义"之说则被其否定。

按照陈氏自己的叙述，此种"爻变"之法，是其积"二三十年勤苦之志"⑤ 自行思索而得，并没有借鉴前人的成果。然而，从易学史上来看，陈氏并非以爻变解《易》的第一人，早在南宋时期，沈该的《易小传》与都絜的《易变体义》，就已提出了"圣人作《易》筮者，亦必以爻变定吉凶"⑥、"爻辞所系，必协变体之义"⑦ 的观点，在解释一卦六爻之辞时也是既论正体，又论变体。但相比之下，陈氏之说仍具有一些自身的特点，这主要包括：其一，沈、都二家之说大都兼论一爻之正变二体，而陈氏则较为注重变体，很少使

---

① （元）陈应润《周易爻变易蕴》卷一，《中国易学文献集成》第 67 册，第 338 页。
② （元）陈应润《周易爻变易蕴》卷二，《中国易学文献集成》第 67 册，第 416—417 页。
③ （元）陈应润《周易爻变易蕴》卷首《爻变易蕴纲领》，《中国易学文献集成》第 67 册，第 203 页。
④ （元）陈应润《周易爻变易蕴》卷首《爻法卦变图说》，《中国易学文献集成》第 67 册，第 225 页。
⑤ （元）黄溍《周易爻变易蕴序》，《周易爻变易蕴》卷首，《中国易学文献集成》第 67 册，第 200 页。
⑥ （宋）沈该《序》，《易小传》卷首，《通志堂经解》第 1 册，第 395 页。
⑦ （宋）都絜《登对进书劄子》，《易变体义》卷首，《景印文渊阁四库全书》第 11 册，第 631 页。

用正体。其二，对于爻变之法，沈该和都絜或认为其是"《易》道之小者"①，或将其看作《易》中之一义，而陈氏则直接将其提升到了《周易》之基本原则的地位，并以此来挑战朱子阳吉阴凶的说法。由此可见，陈氏对爻变之法的重视程度，要比沈该和都絜高出许多，而其拥护以爻变定吉凶之法、反对朱子阳吉阴凶说的态度，在易学史上也产生了较为深远的影响。

结　　语

综观上文的叙述，可以看出，元代学者对朱子易学哲学的关注，集中在"太极"、"阴阳"这两个命题上，相关论述的数量很多，各种富有创新性与思辨性的观点层出不穷，在学术史上也产生了较大的影响。其影响大致可分为三点：

第一，在讨论"太极"与"阴阳"问题的过程中，元代学者实现了对朱子之说的传承、充实与维护，推动了其说的广泛流行。如在"太极"问题上，元代的吴澄、胡一桂等学者，分别从易学与理学两个角度出发，详细地阐释了"太极为理"之说的内涵，指明了其合理性；同时又对"太极为气"、"太极为理气浑沦"等一些不同的说法，展开了严厉的批评。在"阴阳"问题上，鲍恂等人不约而同地从"易"之字型与字义两方面，对"《易》只是一阴一阳"的观点作了专题论述；胡祗遹等对"无物不是阴阳"之说进行了实例补充；吴澄则对不以阴阳言《易》者进行了批判。通过这种阐释发扬、内容补充与驳斥异说相结合的方式，朱子的太极观与阴阳观才逐渐发展起来，在元代及其后的易学与理学发展中为绝大多数学者所接受。这与元代一部分学者对朱子学说的推阐是分不开的。

第二，元代学者对于朱子的太极观与阴阳观，不仅有维护和发展，也提出了很多批评意见。这些批评尽管有的较为明确，有的略显隐晦，但都不同程度地触及了朱子之说自身的一些问题，为后世正确认识朱子易学哲学开辟了道路。例如，黄超然即指出，朱子把《太极图说》中"无极而太极"解为

---

① （宋）沈该《序》，《易小传》卷首，《通志堂经解》第1册，第395页。

"无形而有理"，有叠床架屋的重复嫌疑；王申子则提出，朱子把"太极"规定为"理"，又将"无极"与"太极"合而为一，与《易传》和《太极图说》中的相关论述都不符。这些说法都明白地揭示出了朱子在把"太极"改造成形而上的理本体时，所遗留下来的一些未能解释的问题。而王结与吴澄在"太极"有无动静体用问题上的争论，也从一个侧面表明朱子在此处的解说显得晦涩迂曲，甚至有一定程度的混乱与矛盾。这些对朱子义理易学中存在的问题的揭露，直至今日都可资参考，如有学者即认为，王申子批判朱子合"无极"、"太极"为一理，其说可能比朱子更接近《太极图说》的本意。所谓"周子《太极图》问世后至南宋中期经朱熹之改造，则顿失其原本之义，至元初经王申子《大易缉说》方晦而复明"①。其在当代学术研究中的价值，由此可见一斑。

第三，元代学者对"太极"与"阴阳"问题的讨论，既修正了朱子的观点，又提出了一系列与朱子不同的新说，由此便开启了多种哲学新思潮在元代及后世的传播，在理学史上产生了重要价值。开启元代之新思潮者，如郝经提出的以"太极"为连接"道"与"器"的枢纽之说，及许衡提出的阴阳"长中有消，消中有长"之说，不仅在形式上与朱子之观点截然不同，且其哲学内涵更是在很大程度上超出朱子之外，可以说是元代学者为理学发展所作出的重大贡献。引领后世新思潮者，如吴澄通过批评朱子的"太极在阴阳之先"之说而建立起来的理气合一说，即开启了明代理气一元论的先河，此后明清时期罗钦顺、刘宗周、王夫之等人所持的"理即是气之理"之观点，即可以导源自吴氏之说。而家铉翁等人所持的"太极为心"之说，则推动了心学在元代的发展，并为明代的心学派学者所进一步发展为"良知太极说"。由此可见，通过讨论朱子易学哲学中的"太极"与"阴阳"这两个命题，元代学者一方面推动了理学在元代的发展，另一方面对明清两代的哲学也产生了深刻影响。

---

① 郭彧《易图讲座》，第136页。

第二节　朱子易学史观在元代引发的争议

作为宋代易学的集大成式人物，朱子不仅对易学中象数、义理两大方面的内容，作过详细的阐述，而且还从易学史的角度出发，对《周易》之性质，《周易》之作者与经传之异同，以及最初的《周易》文本面貌等一系列问题，进行了深入的探讨。这些方面集合起来，即构成了朱子易学史观的主要内容。由于朱子在这一方面的说法大都较有特色，因此在元代也引起了学者的广泛关注与讨论。

一、对《周易》性质的不同看法

1. "《易》本卜筮之书"在元代的流行

在《周易》的性质问题上，"《易》本卜筮之书"是朱子始终坚持的一个基本观点。朱子对他的这一看法极为重视，不仅在各种场合对其进行反复阐述，同时还将其作为解释《周易》的根本原则之一，运用到《易本义》与《易学启蒙》的撰述之中。随着朱子易学在元代的流行，与胡一桂等一批朱子后学的竭力推崇①，"《易》本卜筮之书"的观点，也开始在元代广为传布，获得许多学者的认同。具体而言，这种认同主要体现在以下三个方面：

第一，一部分元代学者对"《易》本卜筮之书"的观点明确表示赞同。在这一方面，宋末元初的易学家俞琰可谓代表人物。在《读易举要》中，他搜集朱子的数十条有关"《易》本卜筮之书"的论述，并在此基础上进而提出：

> 朱子极论《易》为卜筮之书，其说详且明矣。愚谓以卜筮观《易》，则无所不通，不以卜筮观《易》，则多有不通者焉。且如噬嗑一卦，以九四强梗于其中，故诸爻皆言"噬"，所以噬九四也，而九四本爻亦言"噬

---

① 胡一桂之说详见第三章第三节。

乾胏"，则乾胏乃九四也，噬之者亦九四也，九四其自噬乎？九四不自噬，当为谁噬耶？诸说惟杨诚斋云："以大臣噬大臣，大臣盖非止一人。"比诸说颇胜。而《易》之本旨，果如是乎？不若从朱子之说，只以卜筮观《易》，则所占之事为乾胏，而占者为噬，乃不失《易》之本旨①。

按照俞氏的论述，他之所以支持朱子的"《易》本卜筮之书"的观点，是因为此观点在用于解《易》方面，有着其余观点难以比拟的优势。以噬嗑卦为例，该卦以治狱用刑为义，卦象上离下震䷔，九四一阳爻横贯于其中，即代表强梗难服之人，亦是其余诸爻所欲制服者，因此除了初九与上九之外，其余六二、六三、六五爻，均言"噬肤"、"噬腊肉"、"噬乾肉"，所噬者都是九四。但问题在于，作为被噬者的九四爻，爻辞中也有"噬乾胏"之说，那么此处其所噬者又是哪一爻？若说九四爻是以自身噬自身，则实在于理不通，尽管杨万里《诚斋易传》中提出，九四爻居大臣之位，而大臣并非仅一人，其所谓噬者，乃是"以九四刚直之大臣，噬九四强梗之大臣"②。按此说法，将此爻解为"以九四噬九四"也勉强可通，但毕竟显得较为穿凿，未见得能真正合于《易》之本旨。相比之下，如果依据"《易》本卜筮之书"的观点，将此爻视为占筮之辞，则可以占者解"噬"，以所占之事解"乾胏"，谓占者得此爻，即当遇坚韧难治之事。这种说法比杨万里之说，显然显得更为合理。由此，俞氏便最终导出了"以卜筮观《易》，则无所不通，不以卜筮观《易》，则多有不通者"的结论，用来旗帜鲜明地拥护朱子的"《易》本卜筮之书"之说。

第二，一大批元代学者开始依据"《易》本卜筮之书"的观点，从卜筮的角度对《周易》经传作出解读。以卜筮解《易》的风气，在元代颇为流行，许多学者都在其易学著作中，大量注明卦爻辞在占筮方面的含义。例如，吴澄即在《易纂言》中，对所有占辞均以"占也"的形式明确注出。如对于乾卦初九爻"潜龙勿用"，其注"勿用"即曰："占也。用谓用之以作事也。筮得此爻者，凡事皆不可作为，故曰勿用。"③ 而朱升《周易旁注》，则采用

---

① （元）俞琰《读易举要》卷一《易为卜筮之书》，《景印文渊阁四库全书》第 21 册，第 399 页。
② （宋）杨万里《诚斋先生易传》卷六，《儒藏精华编》第 4 册，第 76—77 页。
③ （元）吴澄《易纂言·上经第一》，《易纂言导读》，第 79 页。

了"占为某某"的形式。如对于需卦初九爻"利用恒无咎",其即注曰:"占为宜用此爻,恒久不变。又为无咎。"而对九二爻"小有言,终吉",则注曰:"占为微有口语相伤,至终时则吉。"① 胡震则在乾坤二卦之卦爻辞,以及其余六十二卦卦辞下,以"其占"注明占辞。如师卦卦下注曰:"其占用师之道,利于得正,而任老成之人,乃得吉而无咎,戒占者亦必如是也。"② 其说全取自《本义》,明显受朱子影响。龙仁夫《周易集传》,虽然没有较为规范的形式,但依旧对每句卦爻辞都给出了占筮方面的解释,如对于屯卦六二"屯如邅如,乘马班如,匪寇婚媾,女子贞不字,十年乃字",其注曰:"此迟迟终吉之占。"③ 对六三爻"君子几不如舍,往吝",则注曰:"乃动凶静吉之占。"④ 这种对《周易》卦爻辞中一切有关于占筮的部分进行明确注释的方式表明,在"《易》本卜筮之书"的观点推动下,以卜筮解《易》,已经成为了元代易学中极具影响力的一种解《易》方式。

第三,在广泛地以卜筮解《易》的过程中,元代学者还积极地提出一些新的体例,以使得《周易》卦爻辞在卜筮方面的功用能够更好地发挥出来。如龙仁夫即提出,《周易》占法有本占、泛占二种,本占是只占本爻所言之事的吉凶,泛占则是通占一切事情之吉凶者。例如,对于蒙卦初六"用说桎梏,以往吝",其即注曰:

> 荀:"坎为桎梏。"然噬嗑"屦校"、"何校"皆刚爻,初偶虚出刚爻外,有破械出狱狂象,故又为囚者美占,有将脱桎梏而去之祥。往,去也。虽幸脱,不免于吝。泛占得之,亦吝象。此自为一占⑤。

此处龙氏指出,"用说桎梏,以往吝",其本占为囚徒将摆脱桎梏,而又不免于吝,亦即是专对囚徒所发;而泛占则是无论求占何事,遇此爻均为吝。类似这样的泛占之例,龙氏还总结了很多,如"无不利"、"无攸利"、"无咎"、"勿用有攸往"等均是。甚至一些原本有专指之事者,龙氏也认为可以

---

① (元)朱升《周易旁注》卷上,《续修四库全书》第4册,第359页。
② (元)胡震《周易衍义》卷二,《景印文渊阁四库全书》第23册,第494页。
③ (元)龙仁夫《周易集传》卷一,《中华再造善本》影印清影元抄本,国家图书馆出版社,2013年。
④ (元)龙仁夫《周易集传》卷一。
⑤ (元)龙仁夫《周易集传》卷一。

看作泛占。例如，泰卦六四"翩翩，不富以其邻，不戒以孚"，本是小人亲近君子之占，但若泛言之，亦可看作"得朋多助之占"①。这种"泛占"之说的提出，可以说极大地扩展了《周易》用之于卜筮的范围。由此可见，以卜筮解《易》之风，不仅在元代广为流传，而且还日益走向深入，作为其理论依据的"《易》本卜筮之书"的影响力之大，也由此可见一斑。

2. 对"《易》本卜筮之书"的反对与修正

朱子"《易》本卜筮之书"之说，虽然在元代获得了广泛的流行，但由于这一观点从表面上而言，似乎有降低《周易》崇高地位的意味，因此也遭到了一部分元代学者的抵制。他们秉持着传统的以《易》为讲天人之理的说法，拒绝接受朱子的把《易》看作卜筮之书的观点，甚至对朱子之说提出严厉批评。较早持这一观点的，为金末元初的学者李简。他明确提出，《易》之主旨在于义理，而并非卜筮。在其著作《学易记》中，他综合王弼《周易注》及潘梦旂《大易约解》的说法，阐述《周易》之性质说：

> 《易》之一书，乃圣人所用以内崇其德行、外广其事业者也。智以崇为贵，礼以卑为用。盖穷理则知崇而效天，循理则礼卑而法地，效法不失，则与天地并立而为三。天位乎上，地位乎下，圣人以《易》道行乎其中也②。

根据李氏的说法，《周易》实际上是一部"内崇德行，外广事业"之书。而其所谓"崇德行"者，即是穷究性命之理；所谓"广事业"者，即是循此性命之理而行。归根结底，《易》无非就是一个"理"字，内存此理以成己之性，外尽此理以合于《易》道，便是《易》之本质。如李氏所说的那样："盖《易》即理也，理即吾性之固存也。存犹有也，存其固有者性之成……明道曰：尽天理便是《易》。"③ 而对于朱子"《易》本卜筮之书"的看法，李氏则丝毫没有提及；其在注释《周易》的过程中，也没有对卦爻辞作占筮方面的解说。甚至有些卦爻辞本来具有占筮方面的含义，李氏在解释的时候还

---

① （元）龙仁夫《周易集传》卷二。
② （元）李简《学易记》卷七，《中国易学文献集成》第64册，第262页。
③ （元）李简《学易记》卷七，《中国易学文献集成》第64册，第262页。

尽力使其义理化。如比卦卦辞"原筮"，本谓占卜，而李氏却引程子曰："筮谓占决卜度，非谓以蓍龟也。"①　其不愿接受"《易》本卜筮之书"的态度灼然可见。

在李简之后，元代还有一些学者持有类似的观点。如王申子即提出，《周易》即是一部"性命之书"，其主旨在于"使人和顺乎天之道、己之德，使合乎义而不违"，"使人穷天下之理，尽在己之性，以达乎天命而不悖"②。而《易》之用于卜筮者，则只能算是"《易》之流"，而非"《易》之道"③。他阐述这一观点说：

> 占卜如神者则曰：某日当有某祸，某日当获某福，某数合主兄弟阋墙，某数合主夫妇参商。言之于数年之前，验之于数年之后。遂使为帝为王者，委天道于气数之适然，而不知恐惧修省；为子为弟者，委人道于命分之当然，而不修孝悌忠信。如是则不复有舜曾之为子，伊周之为臣矣。甚而如覆射④，如遁甲，如风角，启大恶不道之心，皆是术有以致之。《易》之为书，和顺道德而理于义，穷理尽性以至于命，果若是乎⑤？

此处王氏提出，如果把《易》看作卜筮之书，那么《易》便沦为了射覆、遁甲一类的占术。而通过此类占术占得的祸福，都是一定而不可易的，这就会导致人们只听任天命，而不能依理而行，甚至在某些占验的支持下行篡逆之事。这与《易》教人穷理尽性的精神，显然是完全违背的。同时，赞《易》之孔子，也没有以前知祸福的卜筮之道来看待《易》，他说："昔者夫子答子张十世可知之问，未尝一语及前知之事，岂诸人生知之圣，用《易》之道，过于孔圣乎？"⑥　因此，《易》绝非"卜筮之书"，而只能是"性命之书"，在王氏看来，这一问题是读《易》者所必须首先明确的，所谓"学

---

① （元）李简《学易记》卷一，《通志堂经解》第 3 册，第 215 页。按，本书《中国易学文献集成》影印元刻本，卷一阙蒙卦至履卦，本条材料正阙，故改用通志堂本。
② （元）王申子《大易缉说》卷十，《中国易学文献集成》第 63 册，第 88 页。
③ （元）王申子《大易缉说》卷二，《中国易学文献集成》第 62 册，第 147 页。
④ 按："覆射"疑当作"射覆"。
⑤ （元）王申子《大易缉说》卷二，《中国易学文献集成》第 62 册，第 148 页。
⑥ （元）王申子《大易缉说》卷二，《中国易学文献集成》第 62 册，第 149 页。

《易》者先审乎此，然后可以言《易》"①。与此观点相对应，对于朱子专以卜筮解《易》的方式，王氏也持反对态度。他认为，《易》中有辞、象、变、占等四种圣人之道，而朱子却"只尚其占"，显然有失于全面，所谓"谓非说《易》不可，谓说之全，则恐犹有所遗也"②。而其自己在注释《周易》的过程中，则仍以解说义理为主，对《易》在占筮方面的意义极少涉及。由此可见，其对"《易》本卜筮之书"的看法，颇为不以为然。而元代后期的学者赵汸，则从历史的角度力图说明《周易》非占筮之书。其门人詹烜所著赵氏行状曰：

> 先生尝作《序卦图说》及经文开端乾、坤、屯三卦解，大略以为羲皇设卦系辞，名之曰《易》，《系辞传》上篇所赞，皆其事也。神农、黄帝氏继作，各因羲皇之《易》别定卦序，自为一代之书。迨夏而商，其辞则世有增益，盖无不备，皆为占筮之用，《连山》、《归藏》是也。至周，文王以至德，而不免羑里之难。乃本羲皇之《易》，因其交易对待、反易相因之象，定于上下二篇。以天地之道，明君臣之义，因阴阳消长盈虚之变，以著人事进退存亡之戒。其辞之所系，必有关于此者取之，而非圣人一时自为是言也。逮周公相成王，二叔流言，召公不悦，亦有感于先王忧患故，乃即卦爻象象，取其爱恶远近、相攻相取之情，作为爻辞，与先王之书相表里。以其制作之旨，视《连山》、《归藏》少异，题曰《周易》。其书与二《易》俱掌于太史，占筮家得通用之，而义则不专主于占筮③。

赵氏认为，《易》卦乃伏羲所作，神农、黄帝因伏羲之卦画别定卦序，历经夏商，形成《连山》、《归藏》，乃专主卜筮之作。至于商末周初，文王、周公处忧患之际，因天道明人事，乃作《周易》。虽然也本于伏羲之卦，但其制作之旨主于教诫，已与前二《易》不同。在赵氏的易学著作《周易文诠》中，其亦不止一次提出："《易》之为书，无非处忧患之道矣。"④"昔者圣人作《易》而卦爻具，岂徒备卜筮之用哉？将举性命之理，一一拟议之，而顺

---

① （元）王申子《大易缉说》卷二，《中国易学文献集成》第62册，第149页。
② （元）王申子《大易缉说》卷二，《中国易学文献集成》第62册，第117页。
③ （元）詹烜《东山赵先生行状》，《全元文》第59册，第213页。
④ （元）赵汸《周易文诠》卷三，《景印文渊阁四库全书》第27册，第634页。

之不拂耳。"① 而有关卜筮的内容，在其注解中同样很少出现。

李简、王申子、赵汸等人，可以说集中代表了元代一部分学者反对"《易》本卜筮之书"的态度。除此之外，元代还有一批学者，既肯定《易》有卜筮方面的功用，又认为明义理以教人的内容，亦是《易》所不可少者，并由此提出《易》为卜筮与明理并重之书的观点，试图对朱子之说进行修正。例如，陈应润即认为"《易》之为书，非专为卜筮设"②，如泰、否等卦，其中便兼有教戒君子的意味。他说：

> 圣人于忧患之中，观世道之盛衰，君子小人之情状，故于泰、否、剥、复等卦详书之，使后世君子观时之消长，趋吉避凶，免为小人所害，非特为卜筮设也③。

在陈氏看来，泰、否、剥、复等卦，实际上讲的都是君子所处之时及其所应行之道。例如，泰卦与复卦均为君子道长，小人道消，故卦辞或曰"吉亨"，或曰"利有攸往"，都是指示君子此时所行，无往不利，无往不通；而否卦与剥卦时则小人道长，君子道消，故卦辞于此或曰"不利君子贞"，或曰"不利有攸往"，都是告诫君子不可有为。又如，既济、未济二卦之上九爻，其中亦兼有教诫君主的含义。对此陈氏说：

> 文王蒙难之时，亲见纣之沈酗失德，不知难之将至，故于未济、既济之末爻，力言饮酒濡首、不知其节之义，以为后世人君之戒。愚故曰：《易》之为书，非专为卜筮设也，明万世君臣之大义也④。

既济卦上九曰"濡其首"，未济卦上九则曰"有孚于饮酒，无咎，濡其首"，这都是圣人教诫人君不能沉湎于饮酒而不知节制，否则必将招致灾患。由此二例即可见，《易》并非专门为卜筮所作，以义理教人，亦是圣人作《易》时的目的之一。当然，对于《易》之卜筮含义，陈氏并不反对，如其在解说泰卦六五爻"帝乙归妹"时即说："帝乙，商之贤君，想归妹之时，占

① （元）赵汸《周易文诠》卷四，《景印文渊阁四库全书》第27册，第643页。
② （元）陈应润《周易爻变易蕴》卷四，《中国易学文献集成》第67册，第732页。
③ （元）陈应润《周易爻变易蕴》卷二，《中国易学文献集成》第67册，第343—344页。
④ （元）陈应润《周易爻变易蕴》卷四，《中国易学文献集成》第67册，第731—732页。

得此爻之变。"① 又如对于豫卦《象传》"先王以作乐崇德，殷荐之上帝，以配祖考"，陈氏亦释之曰："抑殷郊天祭祖之时，卜得此卦，圣人书之。"② 这些都是从卜筮的角度作出的解释，与朱子之说如出一辙。其所不能同意的，是朱子仅以《易》为卜筮之书，而"不是教人底书"③ 的说法。与陈氏观点类似的，在元代还有一些。如保八以《易》为研几之书，谓"《易》之为书，大抵为履盛满者之戒，妙在几而已"④。其注《易》于卦爻辞之下，每以"君子体而用之"明其教诫，但并不排斥卜筮。如其注需卦九二爻"需于沙，小有言，终吉"，即谓"其占当为小有言语之伤也"⑤。其态度即与陈氏接近。

总之，李简等对"《易》本卜筮之书"的拒斥，与陈应润等对这一观点的修正，在元代形成了一派在《易》之本质的认识上，有别于朱子的势力。而这一类观点的形成，归根结底还是与对朱子之说的理解有关。朱子尽管认为伏羲作《易》时只是为了卜筮，而别无他意，但这并不是说《易》中没有义理，实际上，理作为世界本原，应当无所不在，即便是在卜筮之中亦是如此，只是圣人作《易》时并未将其明白说出。如其所说："《易》以卜筮用，道理便在里面，但只未说到这处。"⑥ 正因为如此，说"《易》本卜筮之书"，也绝不是把《易》归入占验小术一类，而是说在占筮之中便自然有教人之道，亦即所谓"圣人作《易》，本是使人卜筮，以决所行之可否，而因之以教人为善"⑦。对于卜筮中含有义理这一层意思，李氏等人即未能领略，故而或指责朱子之说使《易》沦为占术，或认为朱子于《易》之义理性质认识得不够。这种情况在宋代已有，故朱子门人郑可学颇有感慨地说："今人只见说《易》为卜筮作，便群起而争之，不知圣人乃是因此立教。"⑧ 实际上，元代学者对"《易》本卜筮之书"的反对与修正，在很大程度上也是"不知圣人乃是因此立教"的结果。

---

① （元）陈应润《周易爻变易蕴》卷二，《中国易学文献集成》第67册，第349页。
② （元）陈应润《周易爻变易蕴》卷二，《中国易学文献集成》第67册，第379页。
③ （宋）黎靖德《朱子语类》卷六十七，第1658页。
④ （元）保巴《周易原旨》卷六，第207页。
⑤ （元）保巴《周易原旨》卷一，第17页。
⑥ （宋）黎靖德《朱子语类》卷六十六，第1635页。
⑦ （宋）朱熹《答张敬夫》，《晦庵先生朱文公文集》卷三十一，《朱子全书》第21册，第1350页。
⑧ （宋）黎靖德《朱子语类》卷六十六，第1627页。

二、对《周易》经传作者的讨论

考辨《周易》经传的作者，是朱子易学史研究的另一个重要部分。按照朱子的看法，《周易》经传之作者各不相同，伏羲画卦，文王作卦辞，周公作爻辞，孔子作十篇《易传》。这一观点在元代同样引起了极大的争议，一部分学者致力于继承和维护朱子之说，并对一切不同于朱子的说法进行反驳；另一部分学者则不满足于仅仅遵循朱子成说，而提出了一些不同于朱子的看法，并与维护朱子之说者进行了激烈的交锋，从而形成了在《周易》经传作者的问题上的热烈讨论。

在维护朱子这一方面，最具代表性的，莫过于元代新安学派的著名学者胡一桂。作为朱子易学在元代的正统传承者，胡氏对朱子所提出的《周易》经传作者问题极为重视，曾作有多篇专论申述朱子之说。总体而言之，其说主要集中在两个问题上：

第一，关于爻辞的作者的问题，胡氏明确提出，此问题只应以朱子之说为主，定为周公所作。其余学者所持的与朱子不同的说法，是完全错误的，不能予以采信。为此他特意选择了冯椅与李舜臣二家之异说，对其进行集中批判。冯椅之说主要认为：明夷六五爻爻辞言"箕子之明夷"，其中的"箕子"当依《经典释文》引蜀才本作"其子"，谓人君之子。而前代学者不明此义，多以此爻指商王朝之箕子，其事在文王演《易》之后，故认为文王不可能作爻辞，只能是由其后的周公所作，殊不知是因为一字之讹引起的错误看法。对冯氏的这种说法，胡一桂表示完全不能认同，他说：

> 厚斋因蜀本"其"字之误，尽疑天下之本，反改而从之，尤有所未可。前汉赵宾正蜀人，解明夷六五"箕子"为"荄兹"，则蜀本"箕"字，初未尝作"其"字。况厚斋谓父当暗世而传子，故其子亦为明夷。历考前古，惟尧舜老而舜禹摄，此乃明德相继，夏商之王，未见父在而子立者，惟桀纣可当明夷之主，其肯遽传之子乎？此冯氏见后世北齐末主、前宋徽钦，而有是说。既谓文王作爻辞，乃取此义乎？爻辞称"帝乙"、"箕子"，自是一例，况明夷"箕子"之称，又自有夫子《象传》

为之证据。《象传》"利艰贞，箕子以之"之辞，与爻辞"箕子之明夷，利贞"之辞正相应，乌可傅会蜀本一字之误，以证爻辞为非周公作哉①！

按照胡氏的观点，冯椅改"箕子"为"其子"，并以此来证明爻辞非周公所作，至少有三点问题：其一，缺乏版本依据。传世《周易》各本于此爻均作"箕子"，且《汉书》记载蜀人赵宾解此爻曰："箕子者，万物方荄兹也。"② 可见其所据之本也作"箕子"。而冯椅却依据蜀才本的一条孤证，欲改天下之本而从之，显然不妥。其二，与《象传》的记载相违背。明夷卦《象传》言"利艰贞，箕子以之"，正是指九五爻而言，由此可证九五爻爻辞本作"箕子"，而非"其子"。第三，与该爻之意不符。如果此爻爻辞依冯氏作"其子"，那此爻的含义便变成了父为君主，当明夷之时而传之子。但上古之时并无这种"父在而子立"之事，只有北齐后帝高纬于亡国之际传位于幼主高恒、北宋徽宗于金人南攻之际传位于其子钦宗，与此说相符合。可见显然是冯氏援引后世史事以傅会该爻，而妄为之说。总之，冯氏以"箕子"为"其子"，其说实难成立，由此推出的爻辞非周公所作的说法，也不足为据。

在反驳了冯椅的观点后，胡氏又对李舜臣之说进行了批评。李氏之说大略认为，爻辞中有"王用亨于岐山"、"王用亨于西山"之类的文字，前代学者以其中之"王"专指文王，故认为文王不可能自言其事，只能是由其后的周公作之。但实际上，此处之"王"只是泛指先王，与文王并无关涉，由此得出的爻辞为周公所作的说法，自然也不可信。对这一说法，胡氏也持反对态度。他提出：

> 《易》言"王用"凡五，如离之"王用出征"、益之"王用亨于帝吉"，无事可指，犹可谓之泛言。如比之"王用三驱"，安知其非指商汤祝网之事？然犹曰不言其地，未可必也。至于随之"王用亨于西山"、升之"王用亨于岐山"，岐山即西山也。岐、西固皆因兑体取象，而"王用"之辞，决非泛言。太王之前，未见有亨于岐山者，"邑于岐山之下居焉"，自太王始，就岐山称王，非太王而谁？皆有证据，非臆度想象之言③。

---

① （元）胡一桂《周易本义启蒙翼传·下篇》，《儒藏精华编》第5册，第681—682页。
② （汉）班固《汉书》卷八十八《儒林传》，中华书局，2002年，第3599页。
③ （元）胡一桂《周易本义启蒙翼传·下篇》，《儒藏精华编》第5册，第682页。

此处胡氏提出，《易》中称"王"之处，有些固然是泛指，但仅限于"无事可指"、"不言其地"者。至于"王用亨于岐山"之类，既有其地，又有其事，因此绝非泛言，只能是专指太王或文王。若是指文王者，则固然可以直接证明爻辞非文王作；若是指太王者，则太王被追封为王，其事在武王灭商之后，更能证明爻辞的作者绝非文王，而只能是周公。由此可见，李氏之说也不足信。这样，胡一桂就通过批判冯椅、李舜臣二家的异说，实现了对朱子的周公作爻辞之说的维护。

第二，关于《易传》中《文言传》的作者，胡一桂也秉承朱子之说，坚持以其为孔子所作。他之所以在十篇《易传》之中，特地挑出《文言传》来进行论述，是因为《文言传》之作者，历来争议最大。由于《文言传》的乾卦部分"元者善之长"一段文字，与《左传》中穆姜之言颇有重复，而穆姜之事在孔子出生前十余年，因此很多学者据此以为《文言传》在孔子之前便已存在，并非孔子之作。如欧阳修即说："穆姜之筮也，遇艮之随，而为随'元亨利贞'说也，在襄公之九年，后十有五年，而孔子始生，又数十年而始赞《易》。然则四德非乾之德，《文言》不为孔子之言矣。"① 胡一桂既然继承了朱子的《易传》为孔子作的看法，就必然要对这一不同观点作出回应。有鉴于此，胡氏特别作有《文言辨》一篇，极力为孔子作《文言传》的说法进行辩护。他提出，如果以孔子之前曾有人称述过《文言传》的文字，来作为判定《文言传》非孔子作的依据，那么不仅《文言传》，连《象传》、《说卦传》等，也可以看作非孔子所作。他说：

> 若果如或疑，则何止《文言》，虽《大象》亦谓之非夫子作可也。何者？八卦取象虽多，而其要者，则天、地、山、泽、雷、木、风、水、云、泉、雨、火、屯、日，皆《大象》取者。今考文王②象辞，自震雷之外，"震惊百里"即雷也。离虽取象于日，而未尝象火。周公爻辞，自巽木、渐四爻。离火离、丰。之外，虽三取雨象，亦未尝专取坎。他则未之闻焉。至夫子翼《易》，始列八物之象，而六十四卦《大象》，于是乎始各有定属。如是则夫子以前，凡引《易》者，不当有同焉者也。而《左

① （宋）欧阳修《易童子问》卷三，《欧阳修全集》第 3 册，中华书局，2001 年，第 1122 页。
② 按，"文王"原作"文言"，据《周易会通》卷一改。

传》所载卜筮之辞，多取八物之象，此皆在夫子之前，而引《易》以占者如此①。若然，则《大象》亦谓之非夫子作可也，谓夫子以前元有可也②，谓夫子作者非也……又如《国语》载司空季子为晋文公占得国之辞，又不特取诸八物，且有及于坎劳卦之说，如是则并与《说卦》亦谓之非夫子作，可乎③？

据《左传》的相关记载，《大象传》中所提到的天、地、山、泽等八卦之象，在孔子之前也已有人应用过。同时，这些八卦之象又是在文王卦辞与周公爻辞中未出现过的，不可能有别的来源，只能来自于《大象传》。与此类似，据《国语》的记载，《说卦传》中"坎为劳卦"的说法，同样曾出现在孔子以前。照此推断，则《大象传》、《说卦传》便也成为了孔子之前的作品，这显然是不能成立的。由此即可证明，前人据《左传》的记载，以为孔子之前有人引《文言传》之文，便可谓《文言传》非孔子作，这一论证并不可靠。

那么，对于《左传》与《文言传》之间存在重复的情况，又当作何解释呢？对此胡氏指出，这只可能是《左传》沿袭《文言传》。他说：

> 《春秋》，夫子笔削之经也；《左传》，《春秋经》传也。夫子系《易》，实在作《春秋》之前，绝笔于获麟，盖不特《春秋》之绝笔，亦诸经之绝笔也。左氏生夫子之后，尊信夫子《春秋》，始为之传。由此观之，谓《易》有取于《左传》乎？抑《左传》有取于《易》也？又况《左传》所载当时语，其事则仿佛，其文多出于自为。如吕相绝秦书，今观其文法，要皆左氏之笔。而穆姜为人，淫慝迷乱，安得自知其过，而有此正大之言？如"弃位而姣"等语，决知非出于其口。如是则四德之说，是左氏本《文言》语，作为穆姜之言明矣④。

胡氏认为，从诸经撰述的次序来看，孔子作《易传》在前，作《春秋》

---

① 按："在夫子之前而"，通志堂本原阙，点校本据四库本作"在夫子未作前"，疑四库本出自臆造，不足为据。今据《周易会通》卷一改。下同。
② 按："可也谓夫子以前"，原作"凡卜筮之辞已前"，据《周易会通》卷一改。
③ （元）胡一桂《易本义附录纂注·图录第十三》，《儒藏精华编》第5册，第463—464页。
④ （元）胡一桂《易本义附录纂注·图录第十三》，《儒藏精华编》第5册，第463—464页。

在后，而左丘明本之于《春秋》作《左传》，则更在其后。因此只可能是《文言传》先成，而《左传》取之。再从《左传》的文法上来看，其所记载的言语文字，大都也是左丘明自己所作，并非忠实记录前人的言语。这也能够表明《左传》中穆姜之语，乃是左丘明依《文言传》之文撰成。因此，《文言传》为孔子之作无疑，《左传》中与其雷同的部分，乃是自《文言传》而出，而非《文言传》袭《左传》。不仅如此，他还进一步把这一看法推广到《易传》的其它篇章中，从而提出：《象传》、《说卦传》中的一些说法，而曾经见之于《左传》、《国语》等典籍的，也一律是《左传》、《国语》引《象传》、《说卦传》。这在当时颇引起了一些争议，如元代后期的学者史伯璿即提出："胡氏之说不能无太过处，终不若朱子阙疑之为得也。"① 但由此也正能看出，对于朱子的《易传》为孔子所作之说，胡氏可谓是不遗余力地予以坚决维护。

与胡一桂对朱子之说的维护相对应，元代初年的另一位学者俞琰，则成为在《周易》经传作者问题上对朱子之说的反对者。其所反对的，主要是朱子的爻辞为周公所作之说。在他看来，爻辞作者的问题，应该遵从冯椅、李舜臣等人的看法，定为文王所作。他说："象辞者，'乾元亨利贞'之类是也。爻辞者，'初九潜龙勿用'之类是也。皆文王之所作也。"② 本着这一观点，他不仅对遭到胡一桂猛烈批判的冯椅、李舜臣等人之说大量引用，且称其为"足以破千古学者之惑"③，又在此基础之上，提出了文王作爻辞的另外两点证据：

其一，根据相关典籍的记载，以及《周易》占筮的一些情况，推论作爻辞者为文王。俞氏引用了相关典籍中的三条资料，来证明爻辞为文王所作。第一条是《史记》中"文王囚而演《易》"之说，在俞氏看来，此处所谓"演《易》"，即是既作卦辞，又作爻辞。他说："演《易》者，既作卦辞，又作爻辞，以敷衍《易》中之大义也。魏伯阳《参同契》云：'文王帝之宗，循而演爻辞。'盖明言文王敷衍六爻之辞也。"④ 第二条是《汉书·艺文志》

---

① （元）史伯璿《管窥外篇》卷下，《景印文渊阁四库全书》第709册，第662页。
② （元）俞琰《读易举要》卷三，《景印文渊阁四库全书》第21册，第445页。
③ （元）俞琰《读易举要》卷三，《景印文渊阁四库全书》第21册，第448页。
④ （元）俞琰《读易举要》卷三，《景印文渊阁四库全书》第21册，第445页。

在记述《周易》时所提到的"人更三圣，世历三古"。按照俞氏的看法，此处所谓"三圣"，即指伏羲、文王、孔子。而伏羲画卦于前，孔子作《易传》于后，因此卦辞与爻辞必然都为中间的文王所作。如果说周公作爻辞，则是于"三圣"中又添出一圣，与《艺文志》的记载便不符合。如俞氏所说："伏羲、文王、孔子之外，又添一周公，则为四圣矣。以三为四，岂理也哉？"① 第三条是《系辞传》中描述卦爻辞的"其辞危"与"系辞焉以尽其言"。据此可知，若以爻辞为周公作，则当时"商已亡，周已兴"②，无所谓危难，则不可以谓之"其辞危"；而若以文王仅作卦辞，不作爻辞，则卦辞总共的字数只有六百四十字，也不可以谓之"尽其言"。由此亦可见文王应是兼作卦爻辞。此外，根据朱子所定的《周易》占法，六爻皆不动者占卦辞，有动爻者则占相应的爻辞，由此也能推定卦辞和爻辞必定是同时产生于文王之手。若以文王先作卦辞，周公后作爻辞，那么文、周间以《易》占者，遇动爻便无爻辞可用，这显然很不合理，也只能是一种"不明占法者之谬论"③。

其二，"文王作爻辞"之说，并非俞氏自行杜撰，前代有不少学者已提出了这一看法。为了证明此点，俞氏特意从崔憬、郑东卿、张栻等人的易学著作中，钩稽出一些相关的说法。其中崔憬曾言"文王作卦爻之辞"④，郑东卿则说"文王所系卦爻之辞"⑤，都是明确以文王既作卦辞，又作爻辞。而张栻则在解释咸卦时说："咸六爻未尝言心，文王于四言思。"⑥ 这是说咸卦九四爻有"憧憧往来，朋从尔思"的爻辞，张栻以其为文王所言，自然也是认为爻辞为文王所作。尤其值得注意的是，俞氏还特别提出，朱子本人也曾以文王为爻辞的作者。他引朱子之语曰："文王时世变不好，古来不曾有底事都有了。他一经历这崎岖万变过来，所以说出那卦辞，如'箕子之明夷'，如'入

① （元）俞琰《读易举要》卷三，《景印文渊阁四库全书》第21册，第447页。
② （元）俞琰《读易举要》卷三，《景印文渊阁四库全书》第21册，第448页。
③ （元）俞琰《读易举要》卷三，《景印文渊阁四库全书》第21册，第445页。
④ （元）俞琰《读易举要》卷三，《景印文渊阁四库全书》第21册，第448页。又见于李鼎祚《周易集解》卷十四，齐鲁书社，2007年，第385页。
⑤ （元）俞琰《读易举要》卷三，《景印文渊阁四库全书》第21册，第448页。
⑥ （元）俞琰《读易举要》卷三，《景印文渊阁四库全书》第21册，第448页。又见于冯椅《厚斋易学》卷十八，《景印文渊阁四库全书》第16册，第344页。

于左腹，获明夷之心，于出门庭'，此若不是经历，如何说得。"① 这里的
"箕子之明夷"、"入于左腹，获明夷之心，于出门庭"，都是明夷卦爻辞，而
朱子以为文王所述，由此可见 "朱子盖亦以爻辞为文王之辞也抑明矣"②。而
周公作爻辞的观点，在俞氏看来只是朱子一时误从前人之说，所谓 "世俗相
承孔氏《正义》之说，千人一律，虽朱子亦不免疑《易》中泛言之王，以为
文王也。故其《本义》，亦以乾初九'潜龙勿用'，为周公之辞"③，实际上未
必足以采信。

　　通过以上两个方面的论述，俞琰最终证成了其文王作爻辞之说，而反对
朱子的周公作爻辞的说法。这一说法自身有一定说服力，且又有一批宋代易
学家之说作为支持，因此足以与胡一桂等人所持的朱子之说相抗衡，在元代
也产生了一定影响。

三、对朱子"读《易》当分三等"之说的不同看法

　　"读《易》当分三等"之说，是朱子通过对易学史的研究而总结出来的
一种学《易》方法。根据其看法，《周易》非一人一时之作，乃是经历了伏
羲画卦、文王作卦辞、周公作爻辞、孔子作《易传》等多个历史阶段。而产
生于不同历史时期的《周易》各个部分，其意义虽然有一定相通之处，但总
体上来讲则是异大于同的。这就要求学者在读《易》的时候，必须要将列代
圣人所作的部分当作独立的篇章，分别加以阅读理解，而不能混为一谈。对
此朱子曾总结说："今人读《易》，当分为三等：伏羲自是伏羲之《易》，文
王自是文王之《易》，孔子自是孔子之《易》。"④ 而以孔子《易》解说文王
《易》，或以文王《易》解说伏羲《易》的做法，在朱子看来是完全不可取
的，所谓 "必欲牵合作一意看不得"⑤。这一说法在当时的易学界确属创见，
在元代也同样吸引了大批学者的关注与讨论，既有支持的一派，也有反对的

---

　　① （元）俞琰《读易举要》卷三，《景印文渊阁四库全书》第21册，第448—449页。又见于黎
靖德《朱子语类》卷七十六，第1951页。
　　② （元）俞琰《读易举要》卷三，《景印文渊阁四库全书》第21册，第449页。
　　③ （元）俞琰《读易举要》卷三，《景印文渊阁四库全书》第21册，第448页。
　　④ （宋）黎靖德《朱子语类》卷六十六，第1629页。
　　⑤ （宋）黎靖德《朱子语类》卷六十六，第1622页。

一派，而以支持者较多。元代大部分朱子后学，都拥护此说。如胡一桂甚至在此基础之上，进一步推衍出了"分别四圣之象"的观点①。而鲍恂在其著作《太易钩玄》中，则以专论的形式，表达了对朱子此说的支持。其曰：

> 凡看一卦，先看卦上下两体，次看卦名义……考究得此卦名义分晓了，然后看卦辞……然后逐一爻看……又有爻辞与卦辞取义同者，有爻与卦辞取义不同者，要不可强合也。考求得六爻辞义分晓了，然后看《彖传》、《小象传》。《彖传》本是释卦辞，然有释卦外，自发明一义理来者……《小象传》释爻辞，其取义多是本爻辞上说，或有因以为戒辞者……若《大象传》乃是释伏羲卦，其辞有吉无凶，又与《彖传》、《小象传》全然不同。如此看上下经传分晓了，然后可看《系辞传》、《说卦传》之类，则意思自相浃洽。若四圣人《易》，各自做圣人《易》看②。

按照鲍氏的观点，看《易》时应先看伏羲卦象之上下二体，再看卦名，继而分别看文王卦辞、周公爻辞，此后方可看《彖传》、大小《象传》等直接解释卦爻辞的《易传》部分，至于《系辞传》、《说卦传》等总论性质的《易传》篇目，则置于最后。在这一读《易》过程中，特别要注意列代之《易》的区别，如卦辞与爻辞、《易传》与卦爻辞之间，都存在着一定差异。尽管这种差异有大有小：如《大象传》"皆孔子所自取，文王、周公所未尝有，故与卦爻之辞，绝不相关"③，与卦爻辞的区别最大；而《小象传》则多本于爻辞，而间有"出于周公爻辞之外者"④，相对而言区别较小。但其要旨则在于遇到差异时，按照各自的含义来进行理解，而不能牵合为说。总之，看《易》之法归纳起来无非一句话，即"四圣人《易》，各自做圣人《易》看"。这实际就是"读《易》当分三等"之说在元代的翻版，鲍氏对朱子此说的推崇之情，也鲜明地由此体现出来。

与鲍恂的对朱子观点的集中阐发相比，支持"读《易》当分三等"之说的其他元代学者，论述虽然未必十分全面，但也从不同角度表达了对这一观

---

① 胡一桂说见第三章第二节。
② （元）鲍恂《太易钩玄》卷中，《续修四库全书》第3册，第7—8页。
③ （元）鲍恂《太易钩玄》卷中，《续修四库全书》第3册，第7页。
④ （元）鲍恂《太易钩玄》卷中，《续修四库全书》第3册，第7页。

点的拥护。例如，俞琰即曾经提出过"文王自是文王意，孔子又自是孔子意，盖不可以经传滚为一说"①一类的说法，显然是从朱子之说传承而来；而龙仁夫则将朱子的观点运用到对《周易》经传"贞"字的解说中：

> 贞有二义，曰正，曰固。先儒并取二字释之，间有抵牾不通处。按经文主贞固义为多，如贞吉、永贞、艰贞、安贞，微异而实同。如贞凶、贞厉、贞吝，则不宜固主耳。至可贞、不可贞、勿用永贞，义尤明。参之他经，凡主占而言，如《书》我二人共贞，《周礼》祈福祥求永贞之类，义皆近。至孔子作传，忧后人以《易》占险，故象、象《传》凡释贞，必曰正，与经文训固不相妨。况《文言》"贞固足以幹事"，可谓一言蔽之②。

龙氏认为，《周易》经文"贞"本训"固"，至孔子作传时方改训"正"，二义不可混用。值得注意的是，在龙氏看来，即便是朱子，在解"贞"字时也有混用的情况。他说："《系辞》贞观、贞明、贞胜，朱子训常，亦固类也。今审定，凡经文言贞并训固，传文言贞并训正。"③可见其主张区分经传态度之坚决。总之，"读《易》当分三等"之说，与朱子的其余易学观点一道，在元代获得了大部分学者的欢迎和接受。

然而，持反对意见者在元代仍时有其人，如元代初年的黄超然，即是其代表人物。黄氏为王柏弟子，从学派归属上来看属于金华学派，本来为朱子嫡传，但他却提出，读《易》时绝不能按照朱子之法，把文王、周公之经与孔子之传截然分开，其理由即在于"传所以释经，无背驰之理"④。他说：

> 谓传异于经，愚见终不能无疑。夫后世所以得通文王、周公之经者，以有传也，使传不作，愚恐后世于经，殆不能以句也，况欲解其义哉！昔者文、周之作经，于刚柔、动静、消长、逆顺之理，皆蕴而不宣，但托之吉凶悔吝，以为占者告。孔子惧天下知事不知理，而不知经意之所从来，于是始以卦义、卦时、卦德、卦象、卦位、卦变六者，错综以著

---

① （元）俞琰《读易举要》卷一，《景印文渊阁四库全书》第21册，第408页。
② （元）龙仁夫《周易集传》卷一。
③ （元）龙仁夫《周易集传》卷一。
④ （元）黄超然《周易或问》卷一，《续修四库全书》第2册，第598页。

吉凶悔吝所以然之故。故后世得以略窥文、周之义者，得传之力也……
至周末，《易》渐流为术数巫史之学，大义芜晦，故孔子明刚柔、动静、
消长、逆顺之理，以正人心而承先圣。前后一揆，恐不得谓之经传不
同也①。

按照黄氏的看法，文王、周公作卦爻辞时，世风较为淳朴，不需要过多
的言辞，因此卦爻辞所言率皆简略，但《易》中之理却未尝不蕴于其中，只
是未尝发露而已。至于周代末年，《易》道渐衰，孔子惧怕《易》中之大义
沦丧而无闻，故作十篇《易传》，从各个角度以阐明之。然此所谓阐明，只是
就文王、周公本来蕴而未发之义加以开示，而不是抛开卦爻辞另立新说。所
以，文、周之卦爻辞与孔子之《易传》之间，是一种"前后一揆"的关系，
并无本质上的不同，读《易》时也正应该据孔子之传以通文、周之经。反之，
如果按照朱子的说法，将《周易》经传分开加以理解，那么脱离了《易传》
之经文，连句读正确与否都难以保证，更不必说想要明了其中的微言大义，
显然是不可取的。为说明这一点，黄氏还特地援引了讼卦六三爻的爻辞与
《小象传》为证。该爻爻辞曰："食旧德，贞厉，终吉，或从王事无成。"《小
象传》曰："食旧德，从上吉也。"黄氏即从而解释说：

> 六三正应上九，而九二、九四争之，"食旧德"者，犹言享其素分
> 也。三当守旧以从上九，或弃上九而从二、四，则致争矣，故曰"从上
> 吉也"。非得夫传，孰知"食旧德"之为从上哉？故不参孔子之义，无以
> 通文、周之义者，为此类也②。

从字面意思来看，六三爻爻辞中的"食旧德"意谓守其本分而不妄为，
如此则虽厉而终将得吉。但此所谓"本分"，究竟具体指什么？单凭爻辞显然
是无法理解的。这时候就需要结合《小象传》的相关解释来进行讨论。《小象
传》解"食旧德"曰："从上吉也。"此处之"上"指上九爻。由此便可得
知，六三爻所要守的"本分"，是与上九爻的正应，不能舍弃上九而从于九
二、九四。从这一例证中，即可看出，经过《小象传》的解释，爻辞的含义

---

① （元）黄超然《周易或问》卷一，《续修四库全书》第 2 册，第 598 页。
② （元）黄超然《周易或问》卷一，《续修四库全书》第 2 册，第 598 页。

才真正得以明确，若将二者分割开来，最终必将导致在解读爻辞时困难重重。因此，《易传》与经文绝不可分，朱子提出的将列代之《易》分别阅读理解的方式，自然也是不可取的。

从这一观点出发，对于朱子从"经传分离"角度对《周易》作出的一些解说，黄超然也颇感不以为然。例如，朱子解乾卦卦辞"元亨利贞"，以为文王本义是说占得此爻者大通而利于正固，而孔子作《文言传》，则将其解为君子之四德。这就是把文王之经与孔子之传，分成两个含义完全不同的部分来进行解释。而黄氏即对朱子这一解释，提出了明确的批评，他说：

> 夫传所以释经也。文王系《易》，未遑他及，"元亨利贞"，乃其首语。开帙之初，孔子即从而异之，揆之人情，殆不然也。盖窃病之矣：将以大通而利正之说为是欤，则传之旨有不然者；将以四德之说为是欤，则经之旨有不然者。唯圣人为能述圣人，经与传岂容如是其背驰哉[1]？

在黄氏看来，"元亨利贞"是《周易》经文开篇第一句，而孔子作《易传》，却于开篇第一句，便提出一种与文王完全不同的说法，实在是有不合人情之处。同时，文王之经与孔子之传的观点截然对立，也必然会导致此是则彼非的相互否定。因此，朱子的解释并不可信。正确的理解应该是："元亨利贞"的本义，即是孔子《易传》中所说的四德，而所谓大通而利于正，则是文王"取天道以明占辞"[2]，从"元亨利贞"之本义中推衍出来，亦即所谓"元亨利贞，本系四德，在占者分上而言，则为大通而宜于贞固"[3]。这样，在解释"元亨利贞"时，就必须要首先参考《易传》中的四德之说以明其本义，若抛开《易传》而孤立地看卦辞，必将导致本义不明，而将文王之引申义看作本义。总之，对于朱子经传分观之说，黄氏完全不能接受。他曾委婉地指朱子之名而斥之曰："朱子从千载绝学之后，独推文周尚占之意，诚非后儒所可及。惜乎纲领虽正，未及再修，故于传文未免异议。愚窃不自量，如精卫填海、蚊虻负山，实欲翼《本义》之缺，非敢自立门户也。"[4] 而在论及

---

① （元）黄超然《周易或问》卷一，《续修四库全书》第 2 册，第 598—599 页。
② （元）黄超然《周易或问》卷一，《续修四库全书》第 2 册，第 599 页。
③ （元）黄超然《周易或问》卷一，《续修四库全书》第 2 册，第 599 页。
④ （元）黄超然《周易或问》卷一，《续修四库全书》第 2 册，第 598 页。

乾卦九二、九五"利见大人"之同异时，其甚至说："传有明文，焉得舍传而自为邪说？使夫子之言不可信，则谁为可信者耶？"① 竟有将朱子的观点指为"邪说"的意味。由此可见，朱子的"读《易》当分三等"之说，在元代虽然颇为流行，但并未得到所有学者的一致认同，即便是在朱子后学阵营的内部，也存在着不同的声音。

四、对古《易》面貌的探讨

所谓"古《易》"，指未经后人窜乱的《周易》古本。对《周易》古本的面貌，朱子也曾从易学史的角度进行过深入研究。他通过探讨易学发展过程中学者对《周易》文本的改易，最终提出，自从汉代郑玄以来，《周易》版本已经"颇为诸儒所乱"②，并不能反映古本《周易》的面貌。因此，他在撰述《周易本义》时，便舍弃经传合一的王弼本不用，转用吕祖谦《古周易》所定的"经二卷，传十卷"③ 之本，其具体的编排为：《上经》第一，《下经》第二，《彖上传》第三，《彖下传》第四，《象上传》第五，《象下传》第六，《系辞上》第七，《系辞下》第八，《文言传》第九，《说卦传》第十，《序卦传》第十一，《杂卦传》第十二。在朱子看来，此十二卷本才是"复孔氏之旧"④ 的真正的古《易》。对于朱子的这种对古《易》面貌的认识，元代学者的看法也很不一致：有学者认为，古《易》就应当以朱子所定之本为准，不容更有异说；有学者则提出，朱子认为古《易》面貌应为经传分离，此观点大致不差，但其具体的经传排列方式与经文中的字句，还可作一些局部修正；还有学者则对朱子所推崇的经传分离之古本表示不能认同，在注《易》的时候也未予采用。

首先，在尊崇朱子方面，元代忠实的朱子后学胡一桂，仍是其代表人物。在《周易本义启蒙翼传》中，他设立了《古易》、《古易之变》、《古易之复》三个章节，用来叙述古本《周易》自变乱至复原的过程，并进而表达了对朱

---

① （元）黄超然《周易或问》卷一，《续修四库全书》第 2 册，第 599 页。
② （宋）朱熹《易本义·上经第一》，《朱子全书》第 1 册，第 30 页。
③ （宋）朱熹《易本义·上经第一》，《朱子全书》第 1 册，第 30 页。
④ （宋）朱熹《易本义·上经第一》，《朱子全书》第 1 册，第 30 页。

子所定之古《易》的推崇。一方面，胡氏提出，与前代各家所编者相比，朱子之古《易》是最具正确性的。他说：

> 吕氏微仲始为复古《易》之倡，晁氏继之，东莱吕氏复因晁氏书定为十二篇。文公《本义》，则因东莱所定本，揭十二篇以教天下，且发明象占大旨，真洗光咸池之日，为学者之一大快矣……今编次古《易》，数家孰优？曰：微仲既为之倡，东莱已暗与之合。晁氏虽无失，但省去二篇，亦未为当。今唯当以文公《本义》所从者为定，尚何容喙①！

此处"吕氏微仲"指吕大防，"晁氏"指晁以道，"东莱吕氏"则指吕祖谦，三家都各自编有古《易》。其编纂的情况是：吕大防与吕祖谦所编之本，与朱子基本相合；而晁说之所编者虽然次序不差，但将原本分为上下篇的《周易》经文、《彖传》、《象传》、《系辞传》全部合为一篇，导致最后所成之本只有八篇，与朱子的十二篇本毕竟有一定差异。因此，合于朱子的吕大防与吕祖谦之本即是正确的，而晁氏所编者则有不当之处。此处需要注意的是，吕大防与吕祖谦所编的古《易》，都出现在朱子之前，且吕祖谦之本还是朱子作《易本义》的直接依据，但胡氏却并未提及其首创之功，反而说因其有合于朱子，才能证明其正确性。这种本末倒置的论述，显然是为推尊朱子而发，目的就在于说明朱子所定之本在编纂古《易》的各家之中，是最为权威的。另一方面，胡氏又提出，凡是在解《易》过程中，不遵用朱子古《易》之本者，都属错误。他说：

> 今世儒解《易》，又复仍王弼本，而莫觉其非。是何古《易》难谐于俗，而康成、辅嗣欲速好径之心，使人骨醉魂迷而不返……由是观之，乱经本末，康成、辅嗣之罪为尚小，以其未见正于文公也；世儒之罪为尤大，以其既见正于文公，故为而叛之也②。

在胡氏看来，朱子考定了古《易》的形制后，古《易》面貌问题已告解决，此后学者在治《易》时，也都应该使用朱子之本。但仍有一些人沿用传统的王弼本，这种"故为而叛之"的行为则是不可原谅的。由此可见，朱子

---

① （元）胡一桂《周易本义启蒙翼传·中篇》，《儒藏精华编》第 5 册，第 538 页。
② （元）胡一桂《周易本义启蒙翼传·中篇》，《儒藏精华编》第 5 册，第 538 页。

之古《易》不仅应当为专门研究古《易》面貌的学者所推崇，而且还应该成为全体治《易》者共同使用的文本，任何违背这一文本的行为，都不能得到允许。

其次，在修正朱子方面，元代学者主要作出了两点努力。一是试图更改朱子所定的古《易》经传之排列次序，二是不改动次序，而对其内容作一些调整。前者以宋末元初的丁易东与俞琰之说较具有代表性。对于当时流行的经传合一之今《易》文本，他们并不满意，如俞琰即说："其合《彖》、《象》、《文言》于经，盖自康成、辅嗣以来，展转相传，学者遂不识古文本经。甚至今世考官命题，或连《彖》、《象》、爻辞为一，对大义者，志得而已，往往穿凿傅会，而经旨破碎极矣。"① 但与此同时，对于朱子所定的经传分离之古本，他们也不愿简单地遵用，而是按照自己的观点，对其排列方式进行一定的调整。如丁易东即曾据冯椅之说以改定朱子之本。他记述冯氏本的编排说：

> 上下二经外，《十翼》之序：《彖上》一，《彖下》二，《象上》三，《象下》四，《文言传》五，《说卦上》六，《说卦中》七，《说卦下》八，《序卦》九，《杂卦》十②。

总的来看，冯椅之本与朱子不同之处有二：一是从名称上来看，冯氏采用了吴仁杰的说法，将《系辞传》上下篇改名为《说卦传》之上篇与中篇，而原来的《说卦传》则改为《说卦传》下篇。二是从排列次序上来看，朱子将《文言传》排在《系辞传》上下篇之后，而冯氏则将其提至《系辞传》之前。对于冯氏的将《系辞传》改称《说卦传》的做法，丁易东并不能同意，认为"改《系辞》为《说卦》，尚有可疑"③；但其置《文言传》于《系辞传》之前，在丁氏看来则较朱子之编排更为合理。他说：

> 朱子《本义》，《文言传》在《系辞传》之后。今以《系辞》杂引诸卦爻辞，而《文言》专论乾、坤《彖》、《象》，恐不合在《系辞》后。

---

① （元）俞琰《读易举要》卷四，《景印文渊阁四库全书》第 21 册，第 455 页。
② （元）丁易东《周易象义·上经第一之一》。
③ （元）丁易东《周易象义·上经第一之一》。

故从冯氏本，继于《象传》下云①。

从《文言传》与《系辞传》的内容进行分析，《文言传》专门解释乾、坤二卦，申述二卦之《彖传》与《象传》中未尽之意，如朱子所说的那样："此篇申《彖传》、《象传》之意，以尽乾、坤二卦之蕴。"② 而《系辞传》则是杂引各卦之卦爻辞以为之解说。由此可见，《文言传》与《彖传》、《象传》的关系，显然比《系辞传》要紧密得多，理应遵循冯椅之说，将其排于《象传》之后，《系辞传》之前，因此改变了而朱子的《系辞传》在前，《文言传》在后的排列方式。

与丁易东相比，俞琰对朱子经传编排的修正幅度更大。在《周易集说》中，他将上下经之外的《易传》部分，编订为《彖传》、《爻传》、《象辞》、《文言传》、《系辞传》、《说卦传》、《序卦传》、《杂卦传》等篇。这一编次方式，对朱子所定之本的改动主要有两处：一是在《系辞传》与《文言传》的前后次序问题上，俞氏持与丁易东相同的观点，认为应当将朱子之排列加以颠倒，使《文言传》居前，《系辞传》居后。其原因在于，在俞氏看来，《系辞传》乃是《文言传》之余。他阐述自己这一看法说：

> 秀岩又谓："《系辞传》文体全与《文言传》同，疑此二传乃后人取孔子之说而汇次之，故文势节目颇与《中庸》相似。"愚亦深疑之，窃谓《系辞传》乃《文言传》之余耳，是故嵩山晁以道，以《文言传》先《系辞传》。愚今所编，盖依晁氏《古易》，置《系辞传》于《文言传》之后，分章则依朱子《本义》③。

此处俞氏所引"秀岩"之说，出自宋代学者李心传《丙子学易编》。俞氏于晚年得见李氏之书，对其说颇为欣赏，遂抄录其中可取者而归，并用以补充修订自己的易学著作④。而李氏关于《系辞传》与《文言传》之关系的

---

① （元）丁易东《周易象义·文言传第五》。
② （宋）朱熹《易本义·文言传第七》，《朱子全书》第 1 册，第 146 页。
③ （元）俞琰《俞氏易集说·周易系辞传说》，《中国易学文献集成》第 44 册，第 58—59 页。
④ 俞琰《丙子学易编跋》曰："此书系借闻德坊周家书肆所鬻者。天寒日短，老眼昏花，并日而抄其可取者。"末署其作跋的时间为泰定元年十一月十八日。见《丙子学易编》卷末，《通志堂经解》第 2 册，第 203 页。王都中《故处士俞先生行状》记载俞氏卒于泰定四年，可知确为晚年所见。见王欣夫《藏书纪事诗补正》，上海古籍出版社，1989 年，第 74 页。

论述，即受到了俞氏的推崇。李氏认为，从文体上来看，《系辞传》与《文言传》非常接近，都是引录卦爻辞而加以发明阐释，似乎是后人取孔子之说加以编次而成，与《中庸》等书类似。二者的区别在于，《文言传》总论乾、坤二卦，其说较有条理；而《系辞传》杂论其余诸卦诸爻，显得较为混乱。如此看来，《系辞传》便似乎是"《文言》之未成者"①。俞氏正是受到了李氏之说的影响，从而也把《系辞传》看作《文言传》余下的未完成部分，故在排列各篇《易传》时，转用晁以道之《古易》次序，将《系辞传》排于《文言传》之后。尽管其在《系辞传》分章问题上还是遵照了朱子《易本义》的做法，但在《系辞传》与《文言传》孰先孰后的问题上，其与丁易东同样没有遵从朱子的《系辞》在先、《文言》在后之说。

除了颠倒朱子所定古《易》文本中《系辞》与《文言》的排列顺序之外，俞氏在经传编排方面另一修正朱子之处，是将《易传》中的《象传》拆分为《象辞》与《爻传》两篇。其中《象辞》即是学者们习称的《大象传》，如"天行健，君子以自强不息"之类者。他解释这一篇名说：

> 象者，伏羲所画八卦，天、地、水、火、雷、风、山、泽之象，其辞则孔子为之也。象辞、爻辞亦皆有象，乃独以"天行健，君子以自强不息"之类为《象辞》，何也？曰：象辞、爻辞固皆有象，然又有占辞，又有象占相浑之辞，《象辞》则止乎象而已，并无吉凶悔吝之占辞，故特谓之《象辞》②。

俞氏认为，将《大象传》改称为《象辞》，是因为此六十四条《象辞》，乃是孔子据伏羲所画八卦之象所作，专为解说各卦易象，与文王所作的解一卦之辞称"彖辞"、解六爻之辞称"爻辞"类似。其区别在于，《象辞》只言易象，彖辞与爻辞中尚混有占验吉凶之辞。而所谓《爻传》，则是通常所说的《小象传》，如"潜龙勿用，阳在下也"之类。对此篇名的含义，俞氏说：

> 《爻传》者，孔子释文王爻辞，而传述其意也。"初九，潜龙勿用"，此爻辞也，文王之所作也。"潜龙勿用，阳在下也"，此《爻传》也，孔

---

① （宋）李心传《丙子学易编》，《通志堂经解》第2册，第201页。
② （元）俞琰《俞氏易集说·周易象辞说》，《中国易学文献集成》第43册，第477页。

子之所述也①。

按照俞氏的看法，之所以应该改称《小象传》为《爻传》，是因为其主要是为了解释文王爻辞而作，与解释卦下之"象辞"之语句称《象传》类似。由此来看，《象辞》与《爻传》的目的各不相同，一是为解说易象而作，一是为解说爻辞而作，二者显然不应该混为一谈。后人将其合而为一，称为《象传》，又于其中分别大小，其谬误也自不待言。而造成这种谬误的原因，主要还是在于郑玄、王弼等人的分传合经，如其所说："古《易》《爻传》自为一篇，不以附经。自费氏以此解经，而郑玄传费氏之学，始移附各卦经文之后，犹未若王弼以之分附于诸爻之下也。弼更以《象辞》置于爻辞之前，又于《象辞》之首并《爻传》之首，皆冠以'象曰'二字，于是后人以《象辞》为《大象》，爻辞为《小象》，而《爻传》则谓之《象传》，其谬甚矣。"② 以朱子为代表的宋代学者，虽然对郑、王所乱之经极力整顿，以期恢复经传分离的古《易》原貌，但于此处却依然因袭前代的错误观点，将《象辞》与《爻传》混为《象传》，未能加以分别，可以说是一个不足之处，对此俞氏曾颇为感慨地说："呜呼！《爻传》不谓之《爻传》，而谓之《象传》，自汉以来，列《易》于学宫，专置博士，而世无一人为之辩，何邪？"③ 而其去掉《象传》之名，将其内容重新分为《象辞》与《爻传》，也含有很浓厚的修正朱子古《易》文本的意味。

上述丁易东、俞琰二家，从经传排列的角度修正了朱子古《易》。除此之外，元代学者对朱子古《易》的修正，还有另外一种方式，即不改动朱子经传排列的次序，而对其内容作出一定调整。例如，吴澄即曾提出，朱子所定的古《易》文本，其中尚存在着一定的误字与错简。在他的心目中，古本《周易》应为"上下经二篇，文王、周公作；《彖》、《象》、《系辞》上下、《文言》、《说卦》、《序卦》、《杂卦传》十篇，夫子作"④，与朱子之本排列完全相同。但此本虽然在编排上已经恢复了古《易》之旧，其中却尚有一些

---

① （元）俞琰《俞氏易集说·周易爻传说》，《中国易学文献集成》第 43 册，第 577 页。
② （元）俞琰《俞氏易集说·周易爻传说》，《中国易学文献集成》第 43 册，第 577 页。
③ （元）俞琰《俞氏易集说·周易爻传说》，《中国易学文献集成》第 43 册，第 578 页。
④ （元）吴澄《四书叙录》，《临川吴文正公集》卷一，《元人文集珍本丛刊》第 3 册，第 71 页。

"文字阙衍谬误未悉正"①之处，而吴氏所做的，就是在朱子之本的基础上"重加修订"②，使其在细节上更加接近于古《易》的本来面貌。

秉持着这一原则，吴澄即对《周易》经传的内容作了大幅修改。一方面，他对《周易》中文字的讹误之处，进行了大量校正。经初步统计，其校正者多达五十余处，涵盖了删字、增字、移字、改字、并存异说等五大类型③。另一方面，他又对《易传》中《系辞传》、《文言传》、《杂卦传》等篇目的内容作出了调整，将《系辞传》中论述否九五、同人九五等十八爻的部分全部抽出，编入到《文言传》中④；又将《杂卦传》末尾的"大过，颠也。姤，遇也，柔遇刚也。渐，女归待男行也。颐，养正也。既济，定也。归妹，女之终也。未济，男之穷也。夬，决也，刚决柔也，君子道长，小人道忧也"一段文字的次序，调整为"大过，颠也。颐，养正也。既济，定也。未济，男之穷也。归妹，女之终也。渐，女归待男行也。姤，遇也，柔遇刚也。夬，决也，刚决柔也，君子道长，小人道忧也"⑤。应该说，吴氏的这一系列对《周易》文本讹误的校订，从内容上来看大都因袭自前人，创新性并不太强。如在校正文字方面，《四库全书总目》已经指出："惟此书所改，则有根据者为多……皆援引古义，具有源流，不比师心变乱。其余亦多依傍胡瑗、程子、朱子诸说，澄所自为改正者，不过数条而已。"⑥而其改易《系辞传》等《易传》的做法，也并非是如有些学者所说的那样是"发先儒所未发"⑦，在其之前，已有另外一位元代学者熊朋来在其著作中，提出了与吴氏完全相同的看法⑧。吴氏的贡献在于，他在综合前人之说的基础上，较为全面地整理了《周易》文本，且其整理是明确以补充朱子古《易》之不足为目的。这就将讨论

---

① （元）吴澄《四书叙录》，《临川吴文正公集》卷一，《元人文集珍本丛刊》第3册，第71页。
② （元）吴澄《四书叙录》，《临川吴文正公集》卷一，《元人文集珍本丛刊》第3册，第71页。
③ 具体内容可见杨自平《吴澄之〈易经〉解释与〈易〉学观》，第53—81页。
④ （元）吴澄《易纂言·文言传第七》，第503—514页。
⑤ （元）吴澄《易纂言·杂卦传第十》，第546页。
⑥ （清）永瑢等《四库全书总目》卷四，第22页。
⑦ 杨自平《吴澄之〈易经〉解释与〈易〉学观》，第45页。
⑧ （元）熊朋来《诸卦文言传》、《杂卦错简》，《熊先生经说》卷一，《通志堂经解》第16册，第608—610页。按：吴澄与熊朋来年龄相仿，据今人吴国武的考证，吴澄之学术受熊氏影响很大，因此改易《系辞传》等处的错简，很可能也是受熊氏之启发。详见《熊朋来〈经说〉初探》，《中国传统文化与元代文献国际学术研讨会会议论文集》，中华书局，2009年，第852页。

古《易》问题的重点，由篇章编排推进到了内容的考定，可以说是对朱子古《易》之说的极大深化。吴氏之外，元人校订《周易》文字者尚有不少，如王申子即认为今本《周易》有错简十二、脱简六、羡文六①。但多不如吴氏所论全面。

第三，元代尚有一批学者，并不愿采纳朱子经传分离之古《易》，而仍主张使用经传合一之本。其中一部分人沿用蔡渊之法，以抬格区分经传，张清子《周易本义附录集注》与黄超然《周易通义》皆是如此②。另一部分人则在王弼本的基础上又加以改进，从而形成了一种新的经传合一本。此方面较有特色者，当属方逢辰与胡震。方氏生活于宋末元初，其易学著作《易外传》成书于至元十九年，目前已经散佚，但其后的董真卿在《周易会通》中，记载了其书的基本情况。据董氏之记载，《易外传》的篇章编排是：

> 其书以上下经各分一二，作四卷。乾、坤象辞附入《象传》，又附入《文言传》说《彖》处，继以《大象传》；爻辞附入《小象传》，又附入《文言》于《小象》之下，凡传低一字。余六十二卦放此③。

由此段记载可以看出，方氏之书在编排上最值得注意的，是乾、坤二卦。其排列方式为：乾卦卦辞之下，首先列《彖传》，再附入《文言传》中解释《彖传》的部分，最后再接以《大象传》。爻辞方面则先列爻辞，再列《小象传》，最后将《文言传》中余下的与六爻之辞相对应的部分，附入各爻的《小象传》之下。如乾卦即是先列卦辞"元亨利贞"，再列《彖传》"大哉乾元"至"万国咸宁"，继之以《文言传》中"元者善之长也"至"云行雨施，天下平也"，而后为《大象传》"天行健，君子以自强不息"。至此卦辞的部分即排列完毕。爻辞的部分，如初九爻"潜龙勿用"，其下接以《小象传》"潜龙勿用，阳在下也"，再接以《文言传》中"潜龙勿用，阳气潜藏"等四段解说初九爻的内容。坤卦之《彖传》与《象传》，已经分别排列于所属的卦爻辞下，故只需将《文言传》仿效乾卦的做法，分别附入对应的卦爻辞后

---

① （元）王申子《大易缉说》卷二，《中国易学文献集成》第62册，第117—121页。
② 参见第四章第一节。
③ （元）董真卿《周易会通》卷首《周易经传历代因革》，《中国易学文献集成》第65册，第71页。

即可。胡震的排列方法，则与方氏完全相同。

方、胡二家为何要采用这样一种全然不同于朱子的《周易》文本呢？对这一问题，胡震没有明确的解释，但方逢辰则在其序言中说明了理由。他说：

> 或曰：子以乾之《彖》、《象》传各附经下，不僭乎？曰：古《易》经传各为一书，至汉以上、下经及《十翼》为十二篇，则已合经传为一矣。后汉郑氏惧学者未能一贯，遂以《彖》、《象》传附各卦经后；魏王氏又以《彖》、《象》传各附经下，独乾则郑氏之旧尔。乾圣人之事，全体大用，规模宏扩，非切己实下工夫，则羲、文、周、孔之心，实未易窥之。予暗室屋漏，自为进德功夫，正欲以文王、周公之辞，求伏羲之画，以孔子之传，求文王、周公之心。不得不引传各附经下，以便省察，以自求切己实践之益，非为人为之也①。

按照方氏的看法，真正的古《易》应该是经与传各自为书，至于汉代，学者们才将原本单行的《易经》与《易传》合为一书。从这一点来看，朱子所推崇的经传分别排列之本，也是经汉代人改动者，并不是所谓的古《易》，自然也未必有遵从的必要。同时，从另一个角度而言，经传相分之本纵然较为接近古《易》的本来面貌，但也有不便阅读理解之弊病，特别是容易导致经、传之旨不能贯通为一，因此郑玄、王弼等人，才会将《易传》与经文逐步进行合编。这样，经、传未合的情况，便只存在于乾、坤二卦之中。而乾、坤二卦在《周易》中的地位，却又极为重要，特别是乾卦，讲的乃是圣人进德修业之事，如果不能将经传合观，很难有切身的体会。因此，其将乾、坤二卦的经传合为一处，并非有意破坏古《易》面貌，而是为了更好地窥见圣人之心。

方逢辰与胡震所采取的这一《周易》文本，与朱子之古《易》可以说有着本质的区别。朱子在谈论古《易》问题时，一直秉持着经传分离的基本原则，在其看来，所谓的古《易》，一定是经自为经、传自为传，将经传混排一处的，都是后人的妄改。然而，方、胡二家不仅没有采纳朱子的分别经传的

---

① （元）董真卿《周易会通》卷首《周易经传历代因革》，《中国易学文献集成》第65册，第71页。

意见，反而在王弼、程颐的经传合一之本的基础上，进一步将乾卦之《彖传》、《象传》与乾、坤二卦之《文言传》拆散，编入相对应的卦爻辞下，反而加深了经传混合的程度。这种排列方式，与朱子之说截然对立，却与饱受元代朱子后学诟病的宋代李过《西溪易说》之编排大体相同①。

五、萧汉中对上下经分篇问题的讨论

《周易》六十四卦，分为上下二篇，其分法并非是均分，而是上经三十卦，下经三十四卦。对于此种分篇方法，前代学者多有讨论，但朱子似乎不甚重视，只说："以其简帙重大，故分为上下两篇。"② 元代一部分学者，对朱子的说法并不满意，并提出了自己的观点，以补充完善朱子之说。如胡炳文、胡一桂等，都有相关论述③。而最为深入者，当属萧汉中《读易考原》。

萧氏字景元，泰和人。生平不详，吴焯《绣谷亭薰习录》谓："吉安萧氏，宋元间为最盛，而《江西通志》独不载景元。"④ 可见湮没已久。所著《读易考原》，朱升谓"成于泰定年间"⑤。撰成后在元代中后期应有一定流传。元人金居敬《书春秋附录后》，谓学者赵汸"尝得庐陵萧汉中氏《易说》，以八卦分体论上下经所由分，与序卦之意，如示诸掌"⑥，可见赵氏应见过萧氏之书。明代之后，其书流传渐稀，幸而朱升将其采入自己的著作《周易旁注》中，遂附以传。按赵汸《答朱学正书》云："《东垣方》一册，如命奉纳。《萧易考原》，乏佳楮笔，未能践言。"⑦ 以文意推测，当是朱升托赵汸抄录《读易考原》而未得。不知今《周易旁注》所收录之本，是否仍是得自于赵汸。清修《四库全书》，自马裕与吴玉墀家各采得一部⑧，而据马裕进呈本抄录。翁方纲记载该本曰："此抄本，前采朱升语为之序，至其后序一

---

① 如胡一桂曾批评李氏之书曰："王弼本乾卦，存郑氏初乱古《易》之例，至此又汩乱无余矣。吁！欲速好迳之弊，一至于此乎！"见《周易本义启蒙翼传·中篇》，《儒藏精华编》第5册，第581页。

② （宋）朱熹《易本义·上经第一》，《朱子全书》第1册，第30页。

③ 胡炳文之说详见第四章第三节。

④ （清）吴焯《绣谷亭薰习录》，《丛书集成续编》第68册，第953页。

⑤ （元）朱升《周易旁注·前图下》，《续修四库全书》第4册，第269页。

⑥ （元）金居敬《书春秋附录后》，《新安文献志》卷二十五，第538页。

⑦ （元）赵汸《答朱学正书》，《全元文》第54册，第414—415页。

⑧ 吴慰祖校订《四库采进书目》，第72、84页。

篇，则他书之序，不与此书相涉也。"① 可知为抄本，实际即源于《旁注》，故《四库全书总目》即称"此本即从升书中录出别行者"②。与《续修四库全书》影印明刻本《周易旁注》相校，四库本文句小有脱误，且卷末还羼入了朱升所作《三十六宫图说》，总体而言不如《旁注》本之精。民国间刻《豫章丛书》本，据胡思敬《元三家易说跋》，乃自江南图书局藏本抄出付刻③，也属于《旁注》本一系。此外，该书约在明末清初时，还可能出现过一种增补本。《浙江采集遗书总录》载曝书亭写本一部，谓"首有杨荆南序，末一篇题曰《萧杨合易》"④，是于萧书三篇之外，又增出一篇。按《金陵通传》载："杨国士字淑家，上元诸生。性狷介，取与不苟。喜读书，善饮酒。明亡，隐居不出。尝诵《易》至六十四卦，错综互体，逐卦拟议，著为一书，附萧氏《易说》后，名《萧杨合易》。"⑤ 可知末篇为杨国士所增。曝书亭写本阮元《文选楼藏书记》尚有著录⑥，而今已不存，杨氏所增者亦不可见。

《读易考原》以讨论上下经六十四卦排列顺序为其主旨，此点前代学者已多有指出⑦。但值得注意的是，其之所以关注此问题，至少在一定程度上与朱子有关。其明确提出：

> 伊川先生始作《上下篇义》，附《易传》之后……朱文公作《周易本义》，首言简帙重大，故分上下两篇，盖不取伊川先生之说。其意若曰：二篇之分初无义，特以简帙重大而分耳。孔颖达曰："二篇文王所定。"今按，文王所作六十四卦繇辞，通不过七百一十五字，谓之简帙重大可乎？分为二，各三十二卦可也。上经止三十，下经乃三十四卦，何为而然哉？由伊川之说，则分卦有义；由文公之说，则分卦无义。谓分卦无义似不可，谓分卦有义，则又无说以定，后学将安从？且圣人先分卦而后序乎，先序卦而后分乎？伊川曰："二篇之卦既分，而后推其义而为之次。"是先分而后序也。文公曰："简帙重大，故分上下两篇。"是先

① （清）翁方纲《翁方纲纂四库提要稿》，上海科学技术文献出版社，2005 年，第 12 页。
② （清）永瑢等《四库全书总目》卷四，第 26 页。
③ 胡思敬《元三家易说跋》，《豫章丛书·经部一》，第 293 页。
④ （清）沈初等《浙江采集遗书总录·甲集》，上海古籍出版社，2010 年，第 7 页。
⑤ （清）陈作霖《金陵通传》卷二十四，成文出版社，1970 年，第 708 页。
⑥ （清）阮元《文选楼藏书记》卷五，第 357 页。
⑦ 参见朱伯崑《易学哲学史》第三卷，第 67 页。

序而后分也。然则孰是①？

萧氏认为，如按照朱子之说，则上下经分篇，只是因为内容太多，没有特殊的意义。但此说有两点疑问：一是，孔颖达谓文王分上下二篇，其时周公尚未作爻辞，而文王所作六十四卦卦辞只有七百多字，不能称为"简帙重大"。二是，如分篇无意义，则完全可以将六十四卦均分为二，何必上经三十卦，下经三十四卦？此外又衍伸出一个问题，即六十四卦是先排序再分篇，还是先分篇再排序？程子主前说，朱子主后说，二说孰是？正是在提出这些问题的基础上，萧氏才以其书三篇，从三个方面对卦序进行了讨论。

首篇"原上下经分卦第一"，主要从"分卦"的角度研究上下经分篇。萧氏提出，圣人作《易》时，是先将六十四卦分为上下二篇，再排列其次序，所谓"圣人先分卦而后序，必先名卦之所以分，始可论卦之所以序"②。其分篇之法为先分八卦，以乾、坤、坎、离四正卦为上经之主，震、巽、艮、兑四偏卦为下经之主。再将六十四卦之上下卦分而观之，得一百二十八体。其中乾、坤之体皆十六，见上经者十二，见下经者四，符合阳三阴一的易数规律。六子卦中，坎体上下经皆八，为分体之最正者，离体视坎而进退，震、艮、巽、兑又视坎离而进退。如上经离体六，视坎体退二；下经离体十，视坎体进二。上经震、艮体七，视坎体退一；下经震、艮体九，视坎体进一。上经巽、兑体四，视离退二；下经巽、兑体十二，视离进二。总之，一百二十八体分于上下经之数有其深意，乃一定而不可易者。分体之数定，则六十四卦分篇亦定。朱子以上下经分篇仅因简帙重大，并无意义，其说不确。

中篇"原上下经合卦第二"，在前篇分体说的基础上，进一步探讨了一百二十八体分于上下二篇之后，以何种规律两两相合而成一卦。其相合的情况，有二体合、一体合、不合三种，由卦之主客、阴阳等因素决定。例如，上经乾卦以二体合坤、坎、离，成泰、否、需、讼、同人、大有六卦，乃因乾、坤、坎、离为上经之主卦。而其以一体合震、兑、巽、艮，成无妄、履、小畜、大畜四卦，不仅因其在上经为客卦，还与其卦象有关。震、兑阳画在下，故与乾卦合时居于下体，巽、艮则反之。坤体于上经独不与离合，是因为离

---

① （元）朱升《周易旁注·前图下》，《续修四库全书》第4册，第272—273页。
② （元）朱升《周易旁注·前图下》，《续修四库全书》第4册，第271页。

体阴画居中，与上经阳体不合。由此进一步论述六十四卦分上下二篇的原理。

末篇"原上下经卦序第三"，以二体相合成卦的情况，探讨六十四卦次序。上下经各分三节。上经除乾、坤外，自屯至比一节，坎卦用事，故诸卦皆有坎体。自师至豫一节（内师、比二卦与前段重复），乃乾坤交而旁生六子之象，故除泰、否外，诸卦皆以乾、坤与六子交而成。自随至大过一节，上经之兑、巽、艮、震四客卦渐盛，可自行相合而成卦，不必倚靠主卦，表示客盛主衰。下经自咸至益一节，除晋、明夷之外，皆为乾、坤、坎、离四客卦倚兑、巽、艮、震四主卦而成。自夬至鼎一节，乃兑、巽二主卦用事，故八卦皆有此二体。自震至小过一节，乃兑、巽、艮、震四主卦用事，故诸卦皆有此四体。各节之中，卦象之前后次序亦有其义。如屯至比一节，乃坎卦依次与震、艮、乾、坤相合而成，表示三男先出用事，乾为主而坤从之，又与下段乾坤交六子相承接。等等。

总的来看，萧氏之说的最大特点在于，以组成一卦的上下二体为基础，由此展开对六十四卦分篇和次序的研究。其说应是从程子《上下篇义》中，"有乾者皆在上篇"、"有坤者皆在下篇"的说法得到启示。由此在前人的卦名说与卦象说之外，开辟出一条讨论卦序的新思路，也成为元代反对朱子"简帙重大"说的代表。朱升称其"闳奥精粹，贯通神圣，诚古今之绝学也"[1]，清初刁包则谓"其书不过落落数纸，而闳奥粹精，贯通理数，其考据之精核，指陈之周密，有深当于心者"[2]，皆给予了较高的评价。

结　　语

从以上四个方面的叙述中，可以看出，朱子在易学史观方面的一系列论述，在元代学者间引起了较为强烈的反响，特别是对于"《易》本卜筮之书"、"读《易》当分三等"等较有特色的观点，元代学者的讨论更显热烈，也取得了引人瞩目的成就。归纳起来，其成就大致包括以下三点：

---

① （元）朱升《周易旁注·前图下》，《续修四库全书》第 4 册，第 269 页。
② （清）刁包《易酌》卷首《周易上下经分卦考义》，《景印文渊阁四库全书》第 39 册，第 182 页。

其一，通过元代一部分朱子后学的传承与维护，朱子易学史观方面的主要观点，得到了进一步的确立和巩固，在元代更加广泛地流传开来，成为元代占据主导地位的学说。上文所论述的朱子易学史观的主要观点，在元代都有学者予以继承。他们一方面积极阐发朱子观点的优越性与合理性，以此来促使更多人在治《易》过程中对其加以采用；另一方面，又对当时出现的各种异说加以坚决驳斥，力图消除其对朱子观点所造成的冲击。通过这两方面的努力，朱子易学史观方面的相关学说的认同度，在元代便有了大幅提高。以"《易》本卜筮之书"为例，朱子当初提出这一看法的时候，反对的声音可以说不绝于耳，甚至连张栻、吕祖谦等朱子学术上的挚友，对其观点都表示不能认同。但到了元代，这一情况就有了较为明显的改观。除了如王申子、李简等这种"纯是宗程"①的学者之外，大部分人对朱子之说都或多或少地予以接受，并在其注释《周易》的过程中加以采用。这显然是与元代学者对朱子的推阐，有着密不可分的关系。

其二，在维护朱子的基础上，元代学者还在一定程度上丰富与发展了朱子的学说，使其显得观点更加合理、内容更加充实，细节也更加清晰。例如，在"《易》本卜筮之书"的问题上，元代学者即提出了许多以卜筮解《易》的新体例；在古《易》面貌问题上，元代学者既对朱子之经传编排作了调整，又对朱子未能顾及的文字讹误进行了校正。尽管对于元代学者在这一方面的讨论，后人有着不同的看法，如吴澄将《系辞传》中的部分内容调整到《文言传》的做法，甚至受到全祖望与四库馆臣的严厉批评，指其为"武断之失"②、"悍然臆断，不可以为训"③。但从学术史的角度来看，这些论述也表明了元代学者对朱子易学史观的相应观点，并非消极地固守，而是积极地试图从各个方面将其进一步推向完善。纵然其说可能未必非常完善，但总不失为一种有益的尝试。

其三，除了对朱子之说进行维护和发展之外，元代还有一部分学者对朱

---

① （元）吴澄《答田副使第三书》，《临川吴文正公集》卷三，《元人文集珍本丛刊》第 3 册，第 113 页。

② （清）全祖望《读吴草庐易纂言》，《鲒埼亭集外编》卷二十七，《全祖望集汇校集注》，上海古籍出版社，2000 年，第 1266 页。

③ （清）永瑢等《四库全书总目》卷四，第 22 页。

子的观点并不接受，甚至提出反对意见。如李简、王申子对于"《易》本卜筮之书"，俞琰对于《周易》爻辞的作者，黄超然对于"读《易》当分三等"，方逢辰、胡震对于古《易》面貌问题，萧汉中对于上下经分篇问题，均发表了与朱子不同的看法。这些不同于朱子的观点的出现，虽然有些也失之偏颇，但大都有理有据，能够自成一家之言，充分体现出了元代学者不盲从朱子而独立思考的精神，在后世也引起了一定的影响。例如，明代熊过即接受了俞琰的爻辞为文王所作的观点，并在其著作《周易象旨决录》中引俞氏之说以证成之①。同时，俞氏对朱子所定古《易》编排方式的修正，也受到了清代学者钱曾的推崇，认为其说是"发先儒未发之秘，决千古未决之疑"②。而黄超然的"传所以释经，无背驰之理"的看法，又成为了明代王夫之等人"四圣一揆"③之说的先导。其在易学史上的价值，也是较为值得重视的。

---

① （明）熊过《周易象旨决录》卷六，《景印文渊阁四库全书》第31册，第620—621页。

② （清）钱曾《读书敏求记校证》卷一之上，上海古籍出版社，2007年，第9页。

③ （明）王夫之《周易内传发例》，《船山全书》第1册，岳麓书社，1988年，第683页。

第七章　元代学者对程朱易学的折中

元代学者对朱子易学的研究，还包括另一项较为值得注意的内容，即是将朱子与程子的易学加以折中。这种折中程朱的风气，发源于南宋后期①，而其真正发展壮大，则在元代。一方面，元代一部分书坊，开始积极编辑刊刻合会程朱二家易说的书籍。如翠岩精舍曾于延祐元年（1314）刻《程朱二先生周易传义》十卷，碧湾书堂于后至元二年（1336）刻《程朱二先生周易传义》十卷，虞氏务本堂则于至正六年（1346）刻《周易程朱传义音训》十卷。这些坊刻本从体例上来看，大都只是简单地将程朱之易学著作进行合编。如碧湾书堂本《程朱二先生周易传义》，以程颐的经传合编本为基础，卷首依次列程颐《易传序》、《易序》、《上下篇义》，朱子《五赞》、《易图》，经文注释方面先列程氏《易传》，再列朱子《本义》，间有注明字音者，则系于程氏《易传》之下。《系辞传》以下程子无注者，则采吕祖谦《系辞精义》及程子文集中的相关部分以补足之。全书之末，再附以朱子《筮仪》。务本堂所刻《周易程朱传义音训》，则是在碧湾书堂本的基础上，又编入吕祖谦所撰《古易音训》②。这类著作究其实质，只是在文本上将程朱的著作合刊，并非在思想内容上真正地折中程朱学说，其学术价值并不太高。另一方面，一批元代学者则开始积极地从事于撰述会通程朱的易学著作，如赵采《周易程朱传义折衷》、梁寅《周易参义》、董真卿《周易会通》、吴存《程朱易传本义折衷》、郑玉《程朱易契》、汪克宽《周易程朱传义音考》、唐元《易传义大意》等，均是这一类型的著作。这类著作撰述的目的，不是为了提供一个汇编程朱二家易学著作的资料文本，而是力图熔程朱之学于一炉，从形式与内

---

① 参见第一章第二节。
② 参考顾永新《经学文献的衍生和通俗化》，第321—329页。

容两方面实现程朱易学的真正贯通。从朱子易学的角度来看，这意味着元代学者在治朱子《易》的过程中，尽管大部分人仍持独尊朱子或以朱子为主的原则，严格划分其与程子易学的界限，但也有一些学者把程子放在与朱子相同的高度上，认为通过将程朱易学进行折中，可以最大限度地发挥二者的优势，补充二者之不足，从而推动易学研究向前发展。因此，这种折中程朱易学之风，可以说是元代学者研究朱子易学的一个新动向。以下即以存世的赵采、梁寅、董真卿三家著作，来论述元代学者折中程朱易学的基本情况。

第一节 赵采对程朱二家的择善而从

一、赵采生平与《周易程朱传义折衷》的版本

赵采，字德亮，号隆斋，潼川人。其生卒年代未详。明代前期陈真晟所见《周易程朱传义折衷》之刊本标为宋人[①]，而成书于嘉靖年间的《全蜀艺文志》[②]，以及万历年间的《蜀中广记》[③]，则以赵氏为元人。由此可见，关于赵氏的生活年代，早在明代就有不同的说法，但大致应在宋末元初，故而朱彝尊在《经义考》中，将其与同为宋元之际的程龙、丁易东、汪标等人排列于一处。其生平事迹亦多不可考。宋末元初的马廷鸾曾作《题赵德亮诗论后》，但文中称之为"庐山赵德亮"[④]，与赵采之里籍不符，恐未必为一人。朱彝尊《经义考》中曾收录程钜夫所作《题家人经传衍义后》，文中未署该书的撰人姓氏，但称"德亮"，朱彝尊即据此而怀疑此书之作者可能为赵采。但细究程氏之文的内容，其中有一段说："抑以风自火出之象推之，风以动化言，火以家宅言，盖曰化天下必自一家始也。炉鞲之说固善，若曰火自风出

---

① 陈氏《与东白张元祯编修书》曰："承李金宪惠《周易折衷》一部，至舟阅之，乃宋赵采所述者也。"见《布衣陈先生存稿》卷五，《续修四库全书》第1330册，第381页。
② （明）杨慎《全蜀艺文志》卷三十一，线装书局，2003年，第826页。
③ （明）曹学佺《蜀中广记》卷九十一，《景印文渊阁四库全书》第592册，第489页。
④ （宋）马廷鸾《题赵德亮诗论后》，《全宋文》第354册，第6页。

乃可。德亮谓为何如?"① 由此可推断出，此书在解说家人卦时，似乎是认为其有熔炉冶炼之象，但今本《周易程朱传义折衷》则并无此说，若以此二书均为赵氏撰，恐不应有如此之大的差异，因此朱彝尊之猜测亦未必能成立。总之，关于赵采生平各方面，大体仍无可考。

作为其传世的唯一著作，《周易程朱传义折衷》大约成书于赵氏晚年。在本书自序中，赵氏曾说："愚虽衰老，愿就有道而正焉。"② 可见成书之时，赵氏的年龄已经很大。但此书撰成之后，却因其流传不广，在元代易学界未能引起太大的影响，元代的几部较为著名的纂疏体易学著作，如胡一桂《易本义附录纂注》、熊良辅《周易本义集成》、董真卿《周易会通》等，均未引用过该书，其余学者亦未见提及。明初《文渊阁书目》未见著录，《永乐大典》亦未收。然陈真晟记其曾见该书之刊本一部，且有"某人为序之，某人为校正之，某等乐为刊行之若干人者，皆当世名人"③，可见在当时有一定流传。其后朱睦㮮《万卷堂书目》④、祁承爜《澹生堂藏书目》⑤、黄虞稷《千顷堂书目》⑥ 皆有著录，《全蜀艺文志》且录其序文，盖皆见其书。清代之后流传渐稀，今通行者仅为《四库全书》本。据《四库采进书目》载，其时采进者有二部：一为马裕家藏本，三十卷六册；一为吴玉墀家藏本，三十三卷八册⑦，亦即《绣谷亭薰习录》所载者⑧。翁方纲载吴氏家藏本有"绣谷亭续藏书"、"曹溶"、"钽菜翁"诸印，可知在归于吴氏之前，乃曹溶旧藏⑨。《四库全书》即据吴氏家藏本收录⑩。今台湾"国家图书馆"藏有抄本一部，经目验，该本正为三十三卷八册，半页九行二十字，卷端题"周易程朱二先生传

① （清）朱彝尊撰，林庆彰等主编《经义考新校》卷六十九，第1288页。程氏原文见《程钜夫集》卷二十四，吉林文史出版社，2009年，第310页。
② （元）赵采《周易程朱传义折衷原序》，《周易程朱传义折衷》卷首，《景印文渊阁四库全书》第23册，第3页。
③ （明）陈真晟《与东白张元祯编修书》，《布衣陈先生存稿》卷五，《续修四库全书》第1330册，第381页。
④ （明）朱睦㮮《万卷堂书目》卷一，《明代书目题跋丛刊》，第1067页。
⑤ （明）祁承爜《澹生堂藏书目·经部·易》，上海古籍出版社，2015年，第259页。
⑥ （清）黄虞稷《千顷堂书目》卷一，第15页。
⑦ 吴慰祖校订《四库采进书目》，第71、84页。
⑧ （清）吴焯《绣谷亭薰习录》，《丛书集成续编》第68册，第974页。
⑨ （清）翁方纲《翁方纲纂四库提要稿》，第10页。
⑩ （清）永瑢等《四库全书总目》卷四，第23页。

义折衷卷第某，后学隆斋赵采述"，卷前有赵氏自序，序文首页钤"翰林院印"满汉文大方印，疑此即是曹溶、吴玉墀旧藏的四库底本。其文字有与四库本相合之处，如卷前赵氏序文"上经取三卦而陈之，用一九也。下经取六卦而陈之，用二也"，据文意，"用二也"之"二"下，当有"九"字，《全蜀艺文志》所引者即有①，而抄本与四库本皆脱，这也可以在一定程度上，证成二者之关系。此抄本脱误很多，馆臣在抄入四库时，做了不少校勘工作。《四库全书考证》著录校正脱文九则②，皆此抄本所脱者。然此著录的仅是很少的一部分，实际的校改远不止此。

此外，宁波天一阁博物馆还藏有清抄本一部。经目验，此本同样为三十三卷八册，行款与卷端所题，与台湾藏抄本亦同，应是同出一源。卷中钤有"运甓斋藏书印"、"子相"、"陈劢之印"等，可知乃陈劢旧藏。卷前抄录《四库全书简明目录》之著录，末题"光绪十八年立夏前一日，运甓斋录，时年八十有八"。次页又以工楷抄录《简明目录》，末题："道光癸卯岁闰七月廿又六夕灯下，时积雨连朝，斋头闷坐，偶阅《简明书目》，忆余家旧有是书抄本，因录此冠诸简端，庶开卷知其大略云。子相甫识。前数日方观藏怀恪碑拓本，故下笔略有颜书笔意。虽大小悬殊，而畦径彷佛也。"后归冯贞群③，最后进入天一阁。全书通篇朱笔圈点，并有朱墨笔校勘。清代可能还有一些传抄之本，如杭世骏有《周易程朱传义折衷跋》④，盖亦曾有收藏，然其本今多已不传。

二、经文说解上对程朱二家的采择

与同类著作相比，《周易程朱传义折衷》有着自身鲜明的特色，即在经文说解与易学观点的采择上，都秉持了对程朱二家择善而从的原则，这首先即体现在其对二家解《易》文字的选取之中。从《周易程朱传义折衷》的体例

---

① （明）杨慎《全蜀艺文志》卷三十一，第 827 页。
② （清）王太岳等《钦定四库全书考证》卷二，《景印文渊阁四库全书》第 1497 册，第 63—64 页。
③ 骆兆平《伏跗室书藏记》，宁波出版社，2012 年，第 58 页。
④ （清）杭世骏《周易程朱传义折衷跋》，《杭世骏集》卷二十六，浙江古籍出版社，2015 年，第 385 页。

来看，其折中程朱的基本方式是"节录程子《易传》、朱子《本义》之说，益以语录诸书，列之于前，而各以己说附于后"①，大致仍是将程朱之易说合为一书。但其合会二家之具体做法，却绝非如坊间刻本那样，将程朱之说不加分别地一概收入，而是对二家之说进行考辨、比较，然后收入其所认为最为合理的某种说法；若二家之说都不甚完满，则取别家之说或自立新说，来实现对二家的补充与修正。具体而言之，其对程朱易说的采择可分为六种形式：

其一，采朱子《易本义》以驳程子《易传》。例如，噬嗑卦九四爻"噬乾胏，得金矢"，程子将"金矢"解为刚直之道，而朱子则引《周礼》"狱讼入钧金束矢而后听之"以解之，认为代表治狱者得听讼之情。对于这两种不同的说法，赵氏即提出应以朱子《本义》为准。他说：

> 此爻乾体为金，离体为矢，故有此象。伊川云："金取刚，矢取直，九四得刚直之道。"愚谓金矢乃狱讼者所入之物，不在九四身上。朱文公引《周礼》"钧金束矢"，当矣。金取其刚而不可变，矢取其直而不可返，皆圣人禁民狱讼之深意。得者，得其情也②。

此处赵氏明确表示，所谓"金矢"就应指"钧金束矢"，说的是有狱讼者先纳金矢于官，然后官为之听断，并非言九四爻之德。因此，在对"金矢"一词的注解上，朱子《本义》显然比程氏《易传》更为准确。又如，在解说无妄卦六三爻"无妄之灾，或系之牛，行人之得，邑人之灾"时，赵氏更是明确提出，《易传》的解释不如《本义》明白通晓。其说曰：

> 六三匪正，故无故得灾。譬有人系牛于此，舍而之他，行路之人见其无主，掠之而去，彼系牛者回，责牛于邑人。夫邑人未尝窃牛也，而受偿牛之责，是无妄之灾也，此便是匪正有眚处。程《传》糊涂，不若《本义》分晓③。

关于此句爻辞的含义，程子将"或"字解为"设或"，谓设或有人系牛

---

① （清）永瑢等《四库全书总目》卷四，第23页。
② （元）赵采《周易程朱传义折衷》卷十二，《景印文渊阁四库全书》第23册，第159页。
③ （元）赵采《周易程朱传义折衷》卷十四，《景印文渊阁四库全书》第23册，第185页。

于此，行人得之为有得，邑人失之则为有灾。由此可见，有得必有失，有福必有祸，通过不合于正理的妄行所获得的非分之福，不仅不能长久保有，且灾祸也将随之而至，所谓"妄得之福，灾亦随之；妄得之得，失亦称之。固不足以为得也"①。此种解释固亦可通，但其中却存在着一个很显著的问题：爻辞中分明说行人得牛、邑人获灾，亦即得与失并非指同一个人；而程子的"有得必有失"之说，得者与失者又显然同为一人，此点该如何解释呢？对此程子提出，"行人"、"邑人"之说，只是为了表达得失祸福相倚之意，并非是把得牛与获灾者分为二人，如其所说："行人、邑人，但言有得则有失，非以为彼己也。"② 总体来看，程子的解说可谓颇为迂曲穿凿，相比之下，朱子在《易本义》中则直截地将其解为"行人牵牛以去，而居者反遭诘捕之扰"③，简洁明确，词意畅达，明显较程子之说为优。因此赵氏在解说此爻时，便选取了朱子《本义》之说，而将《易传》之说批为"糊涂"，未加收录。

其二，采朱子语录之说而舍《易传》与《本义》。例如，在注释屯卦《彖传》"雷雨之动满盈"时，赵氏即用语录中的相关说法，对程子《易传》之说展开了批评：

> "雷雨之动满盈"，伊川云："阴阳始交，则艰屯未能通畅，及其和洽，则成雷雨，满盈天地间。"朱文公以"满盈只是那郁塞底意思"，此说甚长。盖满盈未便是和洽，雷雨已动，欲作未作，满盈郁塞在此，俄顷和洽，即成雨也，到得成雨便是解④。

按照程子的理解，"雷雨之动满盈"是形容阴阳合洽而成雷雨，充满于天地之间，亦即是屯塞已解之时；而朱子则在语录中提出，"满盈"乃是指阴阳郁塞不通，仍未离于屯难之时。对这两种截然不同的说法，赵氏即认为语录之说"甚长"，并在其基础上作了进一步阐释。此即是取语录而驳《易传》之例。另有一些情况下，赵氏在采用语录的时候，不仅不取《易传》，且连朱子《易本义》中的说法也一并舍弃。例如，对于乾卦《文言传》中"乾元

---

① （宋）程颐《周易程氏传》卷二，《二程集》第 825 页。
② （宋）程颐《周易程氏传》卷二，《二程集》第 825 页。
③ （宋）朱熹《易本义·上经第一》，《朱子全书》第 1 册，第 53 页。
④ （元）赵采《周易程朱传义折衷》卷三，《景印文渊阁四库全书》第 23 册，第 41 页。

者，始而亨者也。利贞者，性情也"，赵氏即只引朱子语录曰："利贞者，性情也，是乾之性情。始而亨时，是乾之发作处，共是一个性情；到那利贞处，一个有一个性情。百谷草木皆有个性情了，元亨方是他开花结子时，到这利贞时，方见得他底性情。就这上看乾之性情，便见得这是那利贞诚之复。"①而未列程子《易传》与朱子《本义》。这大概是因为《易传》与《本义》在此处的注释都太过简略而缺乏深度，如《易传》对此两句分别注释说："既始则必亨，不亨则息矣。""乾之性情也。既始而亨，非利贞，其能不息乎？"②而《本义》亦仅说："始则必亨，理势然矣。""收敛归藏，乃见性情之实。"③都不如语录中"理一分殊"之说显得深刻而详尽。因此，赵氏于此处索性将《易传》与《本义》之说一概略去，只以语录之说对其进行解释。

其三，取程子《易传》而不取《本义》、语录。如对于井卦《象传》"木上有水，井"，程子和朱子的解说出现了歧异。程子认为，"木上有水"说的是以木制器皿汲水而出于井；而根据语录的记载，朱子对程子的这种说法并不能认同，并从而作出了"木穿水中"与"津润上行"两种新的解释。此处赵氏即对朱子的说法表示不以为然，他先引用了程子《易传》对此句《周易》传文的注解，而后在其下加按语曰：

> "木上有水，井。"文公云："巽在坎下，便是木在下面，涨得水上来。如桶中盛得两斗水，若将大一斗之木沈在水底，则木上之水亦涨一斗，便是此义。又如草木生津润皆上行，直至树末，便是'木上有水，井'之义。"以愚观之，若说涨水上来，岂止用木为然，其它器物沈下水底，水亦涨起。且草木生津润，于井义皆无干涉。程《传》亦自稳当④。

在赵氏看来，朱子在语录中对此句《象传》作的两种解释，都有不妥之处。若将其解为"木穿水中"，即将一块木头沉入水中而使水面上涨，则不论任何器物沉入水底，水面都会上涨，并非必须要用木头。圣人作《象传》，每卦所取的都是世间万物中最为典型而不可移易之象，不会出现这种模棱两可

① （元）赵采《周易程朱传义折衷》卷一，《景印文渊阁四库全书》第23册，第22—23页。
② （宋）程颐《周易程氏传》卷一，《二程集》第703—704页。
③ （宋）朱熹《易本义·文言传第七》，《朱子全书》第1册，第149页。
④ （元）赵采《周易程朱传义折衷》卷二十五，《景印文渊阁四库全书》第23册，第340页。

的情况。若将其解为"津润上行",如草木之水分自根上行至梢,则其说虽巧,但却与井卦之含义全无关涉,显然也很难成立。由此赵氏便最终作出判断:程子《易传》中木器汲水之说,是较为"稳当"的,而朱子之说则不足取。需要指出的是,赵氏对朱子之说的批评,也存在着一定的缺陷,因为前一种"木穿水中"之说可能并非朱子之本意。今本《朱子语类》在朱子此段论说之下,又附以林学履之注曰:"后亲问先生,先生云:不曾说木在下面涨得水来,这个话是别人说,不是义理如此。"[1] 可见其说未必真的出自朱子之口。赵氏当时大约是未见语录之善本,遂将其当作朱子的看法而加以批评,实际并不合适。但对于另一种"津润上行"之说,赵氏的批评则是没有问题的,因为其说不仅见于语录,还载于《易本义》,可以确定是朱子之说无疑。而通过这一批判朱子而拥护程子的例证,也可以看出赵氏并不偏主朱子之说,若朱子有误,其同样会像对待程子之误那样明确指出,严加批评。

其四,采别家之说而不用程朱。赵氏之书虽然名为《周易程朱传义折衷》,但实际并非仅取程朱二家,前代别家之说中较为合理者也有收录。经初步统计,《折衷》中所录的别家之说,大致包括王弼、孔颖达、胡瑗、吕祖谦、杨万里、李过、张载、郭雍、苏轼、杨时、朱震等十余家,其中不乏有舍弃程朱而取别家之例。例如,在解释离卦九四爻"突如其来如,焚如,死如,弃如"时,赵氏即称赞吕祖谦之说曰:

> 此一爻东莱得之。谓九四处近君之位,圣人于此一爻,严其义,峻其辞,正天下之大分,明君臣之大闲。谓九四大臣,苟侵君位,突然而来,则受莫大之罪。焚者,古之极刑[2]。

此处赵氏所引吕祖谦之说,出自吕氏《丽泽论说集录》中的《易说》部分,其说"焚如"之意,与程朱有着明显的不同。程子将"焚如"解为九四爻上侵六五之君,其气焰之盛,有如火焚;朱子则以"自焚"解"焚如",谓九四爻侵凌六五,其结果必至于自焚。而吕祖谦之意,则以为"焚如"当指古代之焚刑,若九四以大臣而侵君位,终将遭受作为极刑的焚刑。对于这

---

① (宋)黎靖德《朱子语类》卷七十三,第1845页。
② (元)赵采《周易程朱传义折衷》卷十六,《景印文渊阁四库全书》第23册,第216页。

三种不同的说法，赵氏即认为吕氏之说最为得之，并在其基础上补充说："按：古有焚刑。刑人之丧，不居兆域，不序昭穆，焚而弃之。"① 这样，吕祖谦之说的正确性就得到了进一步的证实，而程朱之说则被赵氏所抛弃。

其五，兼采程朱或又兼别家之说。兼采程朱二家之说者，如在评断程朱对姤卦卦辞"女壮，勿用取女"的解释时，赵氏即提出：

> 此卦朱文公云："不是说阴渐长为女壮，乃是一阴遇五阳，是不正当底女人。"此说固是。然程子谓"姤虽一阴甚微，然有渐长之道，是以戒也"，二义互观可也②。

对于此卦卦辞的含义，程子以为一阴爻生于五阳爻之下，阴虽微弱，但有渐长而消阳之势，是女之渐壮而男之渐弱；朱子则认为程子之说未是，所谓"女壮"是指姤卦一阴爻可敌五阳爻，乃"女德不贞而壮之甚也"③。而在赵氏看来，这两种说法虽然不尽相同，但都从一个侧面揭示出了"女壮"的意义，完全可以"二义互观"。在采用程朱二家之说的基础上又兼用别家之说者，如对于中孚卦初九"虞吉，有他不燕"，赵氏即解释说：

> 虞训度，训防，训专。程朱二先生以虞为度，王辅嗣以为专，愚敢合三训而释之。中孚之初，在于度所宜信，而系心专一。初与四，正应也，初之信四，此宜在所专一者也。然阴阳相孚，必从其近。三近也，与初同体者也，初之说三，情也，岂可不用其防乎？故《易》戒之曰"虞吉"，谓初当专信乎四，而不失其正应，则吉。若说三而从之，则为有他而不能燕安矣④。

在解说此句爻辞的含义时，程朱均以"虞"为"度"，谓度其可信而信之则吉；王弼则训"虞"为"专"，谓于其可信者专一信之则吉。赵氏则一方面兼采此两种说法，另一方面又加以自己的以"虞"为"防"的观点，合会三家之说，对此爻作出了解释。其说谓初九与六四为正应，初九当虞度六

---

① （元）赵采《周易程朱传义折衷》卷十六，《景印文渊阁四库全书》第23册，第216页。
② （元）赵采《周易程朱传义折衷》卷二十三，《景印文渊阁四库全书》第23册，第309页。
③ （宋）朱熹《易本义·下经第二》，《朱子全书》第1册，第70页。
④ （元）赵采《周易程朱传义折衷》卷三十二，《景印文渊阁四库全书》第23册，第424页。

四之可信而专一信之，同时要防范其感悦于六三的不正之情，如此则能得吉。这种兼采多家的方式，使得最后形成的说解显得更为全面，更具有包容性，也令赵氏之《折衷》在很大程度上摆脱了仅取程朱之说的局限。

其六，自立新说并批判程朱与前代之说。除了对程朱与前代学者的说法进行撷取之外，在此前的各种解说均不能令其满意的情况下，赵氏也会提出自己的看法，并对别家之说的错误之处予以辨正。其辨正的对象与方式，也显得灵活多样、不拘一格。例如，在谈到同人六二爻"同人于宗，吝"时，赵氏即对程子之说提出了质疑：

> 伊川解此爻，谓二与五为正应，故曰"同人于宗"。同于所系应，有所偏倚，在同人之道为私狭，故可吝。如此却与《象辞》相反，《象》以柔应乾曰同人，正喜二五相应，不当有吝。看来"于宗"不必指九五，况"于野"、"于门"，皆不指为某爻，何独于"于宗"而指五耶？盖二以柔居柔，恐知有亲而不知有疏，知有近而不知有远，故戒其如此①。

关于此爻的含义，程子用六二与九五相应来进行解说，谓处同人之时，当以大同之道广泛地同于天下之人，而六二却只同于相应之九五，未免有偏私狭隘之失。针对这种说法，赵氏即指出，《象传》分明言"柔得位得中而应乎乾，曰同人"，是以六二与九五相应为吉，若将其解为偏主宗党，则与《象传》抵牾；且同人初九言"同人于门"，卦辞言"同人于野"，程子都未以应爻解之，为何唯独于"同人于宗"取应爻呢？由此赵氏便得出结论："同人于宗"并非如程子所说的那样指九五，而只是代表六二爻以阴爻居阴位，恐其有偏祖亲族之失，故对其加以警示告诫。此是对程朱二家中的一家明确提出批评之例，在另一些情况之下，赵氏则对程朱之说都表示了不满。如对于大有上九"自天祐之，吉无不利"，赵氏即批评程朱之说曰：

> 此爻伊川、文公言五有文明之德，上能降志以应之。六五是人君了，更有谁为之上？除是太上皇方可。今只当用夫子《系辞》释之。盖大有之上九，六五之妙用也。子曰："天之所助者顺，人之所助者信，履信思乎顺，又以尚贤也。"夫六五之用藏矣，而其效之见于上者乃如此，非至

---

① （元）赵采《周易程朱传义折衷》卷八，《景印文渊阁四库全书》第23册，第107页。

圣绝识，讵能表出之哉[1]？

在解说此爻含义的时候，程朱的看法大致相似，都以上九为刚明之贤人，能够下从于六五之君则为吉。但赵氏却认为此说不通，因为六五已为人君之象，则除了太上皇之外，不当再有位居其上者，否则便有僭越的嫌疑。因此，赵氏便以《系辞传》中的相关说法为基础，提出了一种与程朱均不同的说法。在其看来，六五与上九之间是体与用的关系，六五为体，上九为用。上九爻辞所说的"自天祐之，吉无不利"，实际并非指上九自身，而是说六五之德见之于上九者，有如此之功效，如其所说的那样："此言六五之君实尽此，而言于上九者，非上九之才能得此也。"[2] 这样，赵氏即同时批驳了程朱二家之说。除此之外，赵氏在对程朱之说提出反对意见的时候，有时还会一并批判前代别家之说。如在解说中孚上九"翰音登于天，贞凶"时，其即指责王弼与程朱之说都显得"意皆未活"。他说：

> 王辅嗣以为："翰，高飞也，音飞而实不从。"伊川云："羽翰之音，声闻于天，贞固如此而不知变，凶可知矣。"文公直以为鸡非登天之物，意皆未活。盖鸡曰翰音者，谓鸡鸣必鼓其翼，故曰翰音。鸡知时而鸣，未尝失信，《周礼》鸡人"夜呼旦以叫百官"，亦取孚信之义。然鸡虽善鸣而不失信，而其声不长，不能如鹤之声闻于天，纵声登天，亦何可长乎？此言上九虽刚而处高，信之感人，不能及远，乃欲大有为则凶，与"亢龙有悔"同义[3]。

王弼认为，"翰音登于天"指徒有虚名远扬而无其实；程子则在王弼之说的基础上进一步提出，上九知进而不知止，有如翰音上闻于天；朱子则径直以"鸡"解释"翰音"，认为鸡非能登天，若登天则必有凶咎。面对着三种不尽相同的说法，赵氏即指出，这些说法都不能令人满意，"翰音登于天"的真实含义是，鸡虽守时而鸣，从不失信，但其声短浅，不能登天，纵然登于天，亦不可长久。以此来比喻上九虽有孚信，而不能感人于久远，若欲以此

---

① （元）赵采《周易程朱传义折衷》卷八，《景印文渊阁四库全书》第 23 册，第 115—116 页。
② （元）赵采《周易程朱传义折衷》卷八，《景印文渊阁四库全书》第 23 册，第 116 页。
③ （元）赵采《周易程朱传义折衷》卷三十二，《景印文渊阁四库全书》第 23 册，第 427—428 页。

之才大有作为，则必然致凶。在赵氏看来，这种解释虽然不符合于以上三家的任何一家，但却显得词义通达无碍，比诸家之说都更为合理，因此完全可以用此说来取代前代的说法。

以上六个方面，即是赵采在解说经文时对程朱之说进行选择与去取的基本情况。由这些叙述可以看出，对于程朱二家对《周易》经传的解释，赵氏基本秉持了以是非定去取的态度，程子较优则取程子，朱子较优则取朱子，二说均有可采之处则兼取之，均不可通则皆不取，可以说对二家中的任何一家都没有偏袒之意。而其对程朱之说的择善而从，也首先从这经文说解的选择上表现出来。

三、易学基本问题上对程朱二家的选取

除了对《周易》经传内容的具体疏解外，在涉及《易》之性质、《易》之来源、古《易》面貌、解《易》方法等易学基本问题时，赵氏也同样以择善而从的原则为基础，对程朱之说中较优的部分进行选择，取其所长，弃其所短，力图通过兼收二家之长处，最终形成较为完满的观点。

第一，关于《易》书之性质的问题。朱子与程子的看法各不相同，在朱子看来，《易》本为卜筮之书，并非是为了讲义理而作；而程子却提出，《易》之为书乃是"将以顺性命之理，通幽明之故，尽事物之情，而示开物成务之道"①，是纯粹的义理之作。在这一问题上，总体而言，赵氏的态度较为倾向于程子一方，不过他并不否认《易》有一定的卜筮功用，对程子一味以天理人事言《易》，最终使《易》趋于僵化的情况，也表示过一定的不满。如对于乾卦之九三爻，其即说："盖乾一卦，人君、圣人、君子皆可用，彼此互相备，所以夫子于九三、九四，却说学者进德修业，如何都把做圣人说？伊川言君德已著，所以文公云：如此则千百年只有舜禹用得此爻。"② 然而如果不讲义理，而单纯地强调《易》之卜筮意义，便会使得《易》中之辞显得空泛而难以把握。在注释讼卦九五爻"讼元吉"时，其即明确表达了自己的

---

① （宋）程颐《易传序》，《二程集》第 689 页。
② （元）赵采《周易程朱传义折衷》卷一，《景印文渊阁四库全书》第 23 册，第 9 页。

这一看法：

> "九五，讼元吉。"文公云："此爻便似乾之利见大人，有占而无象。
> 爻便是象，讼元吉，九五便是。"说得好，但恐学者无捉摸。夫以九五刚
> 健中正，为天下立心、立极、立道之主，在河图洛书为居中之五，在
> 《洪范》为皇极。以大君言之，位居天下之中正，道有天下之中正，德全
> 天下之中正，不勉不思，从容中道，所以为听讼之主而元吉者也。凡天
> 下之不中者，于是而取中；凡天下之不正者，于是而取正；凡天下之不
> 叶于极者，于此而会极。忿者消，欲者窒，夺者止，争者息，欺者信，
> 伪者实，陂者平，高者下，抑者扬。物理民情，莫不由是取正，而各得
> 其所正焉，此争讼之所以元吉也。"讼元吉"，辞约而旨远，学者所当沈
> 潜而深玩也①。

朱子认为，"讼元吉"就是一条占辞，谓占得此爻者有争讼之事，必然获
吉。对此说法，赵氏一方面在一定程度上承认朱子"说得好"，另一方面却提
出"学者无捉摸"。而其需要"捉摸"者，究竟为何物呢？在赵氏看来，即
是此爻辞中所蕴藏的"中道"之义理。此中道以河图洛书言之，则为中央之
五；以《尚书·洪范篇》言之，则为居中之"皇极"；以人言之，则为道、
德、位均居天下之中正的君主。世间一切不中不正者，均应视此中道而取中
正。这样，九五爻便不再是讲争讼者之吉凶，反而成为了发明"中道"之辞。
学者们应当"沈潜而深玩"的，正是《易》中的这一层义理的含义。由此，
赵氏便实际上抛弃了朱子的"《易》为卜筮之书"之说，而遵从程子的观点，
将《易》看作"忧世之书"②、"通变之书"③等讲义理的典籍。

第二，关于《易》之来源的问题。赵氏选取了朱子的《易》源于河图洛
书之说，但也对其作了一定的调整与改动。在卷前序文中，其即明确提出：
"《大传》曰：'河出图，洛出书，圣人则之。'河图洛书为天地自然之文，象

① （元）赵采《周易程朱传义折衷》卷四，《景印文渊阁四库全书》第23册，第63页。
② （元）赵采《周易程朱传义折衷》卷三十三，《景印文渊阁四库全书》第23册，第445页。
③ （元）赵采《周易程朱传义折衷》卷十七："《易》之书大率取通变为义。"《景印文渊阁四库全书》第23册，第231页。

数之大原也。"① 可见尽管今本《周易程朱传义折衷》并未登载任何易图，但赵氏对河洛图式为《周易》象数之源与伏羲画卦之依据的观点，显然是深信不疑的。由于程子不言河图洛书，而朱子则对其极为推崇，因此赵氏这种尊信河洛图式的思想，明显是来源于朱子。然而，在对伏羲则河图洛书以画卦的具体方式进行解说时，赵氏则与朱子出现了分歧。按照朱子的看法，伏羲得之于河图洛书者，大约只是自太极而分为两仪、四象、八卦的"一分为二"之理，如其所说的那样："盖以河图洛书论之：太极者，虚其中之象也；两仪者，阴阳奇耦之象也；四象者，河图之一合六、二合七、三合八、四合九，洛书之一含九、二含八、三含七、四含六也；八卦者，河图四正四隅之位，洛书四实四虚之数也。"② 伏羲通过观察河图洛书，对此理"超然而默契于其心"③，于是便以此理为依据，先画一阴爻一阳爻，再于每爻之上又画一阴一阳，如此层层画去，最终得出六十四卦。由此可见，朱子心目中的伏羲则河图洛书而画卦，是说河图洛书给伏羲提供了画卦的理论基础，至于具体的画卦过程，则仍当遵循《先天六十四卦横图》中的加一倍法，并非是河图洛书中直接存在八卦之象。而赵氏对朱子的这一说法，则未加采纳，而是自出胸臆，提出了一种新的观点：

> 二图之象皆九位，故伏羲则之，画为长短之九画，成乾、坤二卦之小成。由乾、坤而八卦，八卦而六十四卦。以左右交互而观，则两卦得十八画，二九也。是为先天图，邵子所谓交易之易也。文王则之，变伏羲之卦次，分上下之二经，上经卦三十，下经三十四。以一反一覆而观，除八正卦外，五十六卦只成二十八卦，上经得十八卦，下经亦得十八卦，二九也。是为后天《易》，程子所谓变易之易也④。

此处赵氏指出，所谓伏羲则河图洛书以画卦，乃是则其位数。由于河图洛书均为九位，故圣人则之，以画三长画之乾与六短画之坤，由乾、坤相交

---

① （元）赵采《周易程朱传义折衷原序》，《周易程朱传义折衷》卷首，《景印文渊阁四库全书》第23册，第2页。
② （宋）朱熹《与郭冲晦》，《晦庵先生朱文公文集》卷三十七，《朱子全书》第21册，第1637页。
③ （宋）朱熹《易学启蒙》卷二，《朱子全书》第1册，第217页。
④ （元）赵采《周易程朱传义折衷原序》，《周易程朱传义折衷》卷首，《景印文渊阁四库全书》第23册，第2页。

而生八卦，八卦再相重而为六十四卦。这种说法实际上是把朱子的河图洛书说与后天八卦次序说糅合在一起，来解释伏羲画卦的方式，而朱子大力提倡的加一倍法，则被赵氏看成六十四卦画定之后的某种排列规律，而非画卦之源。具体而言之：一方面，将六十四卦以先天横图的方式进行排列，则左右相对的两卦，其爻数相加均为十八。如最右边的乾卦与最左边的坤卦相对，乾卦六阳爻为六画，坤卦六阴爻为十二画，相加为十八画；紧贴着乾卦的为夬卦，其卦五阳一阴为七画，相对的剥卦五阴一阳为十一画，相加也得十八画。其余皆然。另一方面，今本《周易》上下经的排列，上经三十卦，下经三十四卦，其中除了乾、坤等八正卦之外，其余五十六卦可以通过将卦象进行倒转而形成与之相对的一卦，这样五十六卦便可合为二十八卦。以此进行考察，上经三十卦中，包含六正卦与十二对反对卦，共计十八卦；下经三十四卦中，包含两正卦与十六对反对卦，也为十八卦。通过这两种方式而导出的数字十八，恰好是河图洛书之九数的一倍。在赵氏看来，这才是"加一倍法"的真正含义，如其所说的那样："此上下经所以皆寓用九之意，岂出于圣人之智巧，皆倚天地自然之法象，而加一倍焉耳。"① 这样，赵氏便在采用朱子的河图洛书为《易》之源头的观点的同时，又抛弃了其"一分为二"的画卦方式，从而实现了对朱子之说的扬弃。

第三，关于古《易》的问题。赵氏分别选择了程朱二家说法中的某些部分，来对其进行论述。对于古《易》之形成、基本面貌与变乱的过程，赵氏大致遵从了朱子之说。他先采用朱子的"四圣作《易》说"，将《周易》形成的过程描述为"《易》卦皆本伏羲所画"，"彖辞文王所作，爻辞周公所作"，"吾夫子晚年好《易》，读之韦编三绝，而为之传"②；同时又在朱子之说的基础上提出，古《易》之经传排列，除了上下二篇《经》之外，《易传》的部分，其次序应该是"上《彖》、下《彖》、上《象》、下《象》、上《系》、下《系》、《文言》、《说》、《杂》、《序卦》"③。而对于古《易》之变

---

① （元）赵采《周易程朱传义折衷原序》，《周易程朱传义折衷》卷首，《景印文渊阁四库全书》第 23 册，第 3 页。

② （元）赵采《周易程朱传义折衷》卷一，《景印文渊阁四库全书》第 23 册，第 4 页。

③ （元）赵采《周易程朱传义折衷》卷一，《景印文渊阁四库全书》第 23 册，第 4 页。按："杂"、"序"二字疑误倒。

乱，赵氏则在比较了晁说之与朱子的说法之后，提出应以朱子之说为准。其说曰：

> 愚按：晁氏云："先儒谓费直专以《彖》、《象》、《文言》参解《易》爻，以《彖》、《象》、《文言》杂入卦中者，自费氏始。费氏初变乱古制时，犹若今乾、坤，《彖》、《象》系卦之末，而卒大乱于王弼。"其说盖原于孔疏，而吕氏不取焉。朱文公则谓："先儒虽言费氏以《彖》、《象》、《文言》参解《易》爻，初不言其分传附经，至谓郑康成始合《彖》、《象》于经，则见于《魏志》甚明。"又孔疏谓王弼以《象》本释经文，宜相附近，故分爻之象辞，各附其当爻下者，则为得之①。

依照晁说之的看法，汉代之费直在注解《周易》时，便将原本与经相分离的《彖传》、《象传》、《文言传》等部分搀入经中，附于各卦之后，从而首开古《易》变乱之门。但赵氏却对此种"原于孔疏"的观点颇不以为然，并引用朱子的说法反驳说，所谓费直以诸篇《易传》参解经文，前代虽有此说，但所谓"参解"，并不一定是把《易传》编入经文中。何况此前的各种典籍，并没有明确记载费氏"分传附经"者，足见其说不可信。相比之下，《三国志》中则明言"郑玄合《彖》、《象》于经者，欲使学者寻省易了也"②。因此，古《易》变乱之始，应该从朱子之说将其定为郑玄。由此可见，在探讨古本《周易》的各方面情况时，赵氏的基本态度是以采用朱子之说为主。

然而，尽管赵氏认同朱子的古《易》之说，但在具体注释《周易》的过程中，却并没有采取朱子所定的经传相分的古《易》文本，反而转以程子的经传混排之本为基础，且效仿程子的做法，对于《系辞传》以下诸篇《易传》都未加注释，如《四库全书总目》所描述的那样："其书用注疏本……所注仅上下经，殆以程子所传，不及《系辞》以下欤？"③ 不仅如此，对于朱子所坚持的应当按照古《易》之次序，将文、周之经与孔子之传分别解释的做法，赵氏实际也不甚认同，反而更倾向于程子的"以传解经"之说。如在总论乾卦大意时，其即提出：

---

① （元）赵采《周易程朱传义折衷》卷一，《景印文渊阁四库全书》第23册，第11—12页。
② （晋）陈寿《三国志》卷四《三少帝纪》，中华书局，2002年，第136页。
③ （清）永瑢等《四库全书总目》卷四，第23页。

　　文王以卦词发挥乾之四德，不过四字而已；周公以爻词发明处乾之道，不过六十二字而已。而夫子之作为《彖》、《象》、《文言》以释之者，反复变化，无虑数百言。《彖》之释四德者一，《文言》之释四德者凡二，或以天德言，或以人事言。《象》之释六爻者一，《文言》之释六爻者凡四，或以位言，或以气言，或以物言，或以人言。何其纤且悉如此……大抵乾之一卦，以天德明圣人之事，精粗一原，显微无间。论六爻而不及四德之妙，则无以见天德之寓于人；论四德而不及六爻之变，则无以见人事之参于乾。四德者，六爻之大造化也；六爻者，四德之大运用也。合文王、夫子之言而求之，则可见矣①。

　　此处赵氏提出，文王所作乾卦卦辞，只有"元亨利贞"四字，基本上只是讲乾卦之天德，而孔子作《易传》，在解释此四字时则既言天德，又言人事。周公所作六爻爻辞，发明的是人之"处乾之道"，属于人事的部分，而孔子《易传》却在言人事的同时又发明其中蕴藏的天德，所谓"《象》之所释者，皆以人事当之，而《文言》又设二章，明用九之天则"②。这样，乾卦的"精粗一原，显微无间"的特性，才能够较为明确地表现出来。而如果不参考《易传》，便无法看出卦辞之天德中亦有人事，爻辞之人事中亦有天德，只有"合文王、夫子之言而求之"，才能真正理解乾卦的深刻含义。这样来看，《周易》经传之间，实际上存在着密切的联系，不能将二者截然分开，而应该积极地利用《易传》去挖掘经文的内涵。这与朱子所提倡的"分别四圣之《易》"的观点，显然了不相似。总之，在古《易》问题上，赵氏的态度大体可总结为：认同朱子对古《易》面貌及其产生与流传历史的考证，但在解《易》过程中，却转而依据程子的经传混排之本及其"以传解经"的精神，并未采纳朱子的古《易》文本与"经传相分"之说。这种对程朱二家之说的有取有舍，同样也是赵氏在折衷程朱时择善而从的一处具体表现。

　　第四，关于注解《周易》之方式。赵氏兼取朱子的以象数解《易》与程子的以义理解《易》的两种思路，并在此基础上对二家之说都有较大推进。在其看来，象数与义理均是《易》中应有之义，二者不应偏废，而前代学者

---

① （元）赵采《周易程朱传义折衷》卷一，《景印文渊阁四库全书》第23册，第25—26页。
② （元）赵采《周易程朱传义折衷》卷一，《景印文渊阁四库全书》第23册，第26页。

多不明此理，而只是专主其一，这是《易》道晦而不明的一个重要原因，如其所说的那样："《易》该象、数、理。未作之前，其体因象数而立；既作之后，其理因象数而显……《易》更三圣，而象数义理始备。自夫子殁千数百年，论《易》者各据己见，泥象数者流于诡怪，说义理者沦于空寂，而圣人忧患作《易》之旨昧矣。"①那么，如何能够正确地揭示《易》之主旨呢？对此赵氏提出，莫过于将朱子之象数与程子之义理结合起来。他说：

> 至宋，有康节邵子推明羲文之卦画，而象数之学著；有伊川程子推衍夫子之意，而卦画之理明。洎武夷朱文公作《本义》，厘正上下经、《十翼》而还其旧，作《启蒙》，本邵子而发先天。虽《本义》专主卜筮，然于门人问答，又以为"《易》中先儒旧说，皆不可废，但互体、五行、纳甲、飞伏之类，未及致思耳"。故愚以为今时学者之读《易》，当由邵、程、朱三先生之说沂而上之，以会羲、文、周、孔之心，庶几可与言《易》矣②。

在宋代的诸多易学家中，赵氏认为应当以邵、程、朱三家为最胜。其中邵雍以其先后天诸图式与解说，反复推演伏羲之卦画，成为象数一派的代表人物；程子则凭借其对卦爻之义理内涵的详尽解读，成为义理一派的代表人物；朱子一方面在《易学启蒙》中充分继承了邵氏的先天象数之学，另一方面又通过《易本义》考定了古《易》的形制，并涉及了一些以互体、飞伏等象数方法解《易》的内容，因此也属于象数派。但这三家之中，邵雍并没有专门的易学著作，如赵氏所言"邵子无《易》解，其说仅见于《观物篇》"③，而其先天之学又在很大程度上被朱子所吸收，因此取朱子之说，便足以兼该邵氏而代表象数之学。再加以代表义理的程子之说，就能够实现象数义理的互通，从而揭示《易》之主旨。由此而言，兼采朱子所长的象数之学与程子所长的义理之学，可以说是赵氏解《易》过程中所贯彻的主要思路。

① （元）赵采《周易程朱传义折衷原序》，《周易程朱传义折衷》卷首，《景印文渊阁四库全书》第23册，第2—3页。
② （元）赵采《周易程朱传义折衷原序》，《周易程朱传义折衷》卷首，《景印文渊阁四库全书》第23册，第3页。
③ （元）赵采《周易程朱传义折衷原序》，《周易程朱传义折衷》卷首，《景印文渊阁四库全书》第23册，第3页。

　　然而，需要指出的是，此处赵氏所说的兼采二家，只是从宏观上继承程朱的义理与象数两种解《易》方式，而并非在实际解说《周易》文句时一味墨守二家的说法。恰恰相反，其在注《易》的过程中，对朱子的象数之说与程子的义理之说都有较大的发展。对于朱子而言，赵氏提出，其对《周易》经传的解说，虽然已包含了一些象数的要素，但究竟还有不少"未及致思"之处，因此便"窃取先儒象数变互"①，来对朱子的象数之学作进一步的引申。例如，在解释履卦六三"眇能视，跛能履，履虎尾，咥人凶，武人为于大君"时，其即说：

　　　　愚按：文公谓："此爻'武人为于大君'，必有此象，但六三阴柔，不见得有武人之象处，不可晓。"以愚观之，九二、六三、九四互离，六三、九四、九五互巽。离为目、为甲胄，巽为股，下卦兑为毁折，是离目而兑毁之，眇也。巽股而兑折之，跛也。甲胄则为武人。又兑西方金，亦武人之象。此三所以言"眇"、"跛"、"武人"也②。

　　朱子认为，本爻爻辞中"武人为于大君"一语，决非凭空而发，必然是爻有此象，方有此说，但却未能具体考得其易象。赵氏则在其基础上对易象作出解说：本卦九二至九四互离为目，六三至九五互巽为股，下卦兑为毁折以毁之，则为目眇股跛之象。又离为甲胄，兑为西方金，为武人之象。这就以互体之法，实现了对朱子象数之学的补充与发展，如当今学者所称赞的那样："取象有法，足成朱子之'不可晓'，极是。"③ 而其取以补足朱子之易象者，又多以宋代朱震之说为主。如上文所引的赵氏对履卦六三爻之解说，即与朱震之说大体类似。又如在解释恒卦九四"田无禽"之象时，赵氏说："四，泰初九之变也。初往为四，二遂成巽，巽为鸡，禽也。二在地上，田也。然二之所应在五，则巽禽为五有矣。四虽阳德，处非其所，欲待二至，则巽二之禽不应，欲与初相易，则巽伏而不见禽，是田无禽之象也。"④ 而朱震《汉上易传》则曰："九四本泰之初九，初往之四，二成巽，巽为鸡。二在

---

　　① （元）赵采《周易程朱传义折衷原序》，《周易程朱传义折衷》卷首，《景印文渊阁四库全书》第 23 册，第 3 页。

　　② （元）赵采《周易程朱传义折衷》卷六，《景印文渊阁四库全书》第 23 册，第 86 页。

　　③ 潘雨廷《读易提要》，第 295 页。

　　④ （元）赵采《周易程朱传义折衷》卷十七，《景印文渊阁四库全书》第 23 册，第 230 页。

地上，田也。二应五，则巽禽为五有矣。九四处非其位，待之于上，则初不至，与初相易，则巽伏而不见，四安得禽哉?"① 两相比较，赵氏之说甚至连字句都与朱震基本相同，明显是沿袭自朱震。对于朱震的一味纠缠象数，朱子本不甚认同，甚至目其为支离破碎的"百衲襖"，但赵氏却大量地取其说法来补充朱子。这显然是在不拘门户、择善而从的思想指引下，对朱子象数之学的发展。

与对朱子象数之学的推阐类似，对于程子的义理之学，赵氏也有不少发挥之处。如对于蛊卦九二"幹母之蛊，不可贞"，赵氏即在引用了程子的注解之后，又提出自己的补充意见：

> 愚按：此爻朱文公谓程《传》说得是，东莱又发明程意，以为伊川晚年更练世变，故见得到此。但"幹母之蛊"，幹亦是能植立方不蛊坏，只植立而得中，不要过刚。若一向巽顺将承，如郑庄公从其母之请，以致共叔段之乱，亦不得。此又不可不知也②。

所谓"幹母之蛊"，在程子看来，乃是其子辅佐承助母亲的事务的意思。与"幹父之蛊"不同，在处理母亲之事务时，当"以柔巽辅导之"，而不能"伸己阳刚之道，遽然矫拂"③。程子的这种说法，得到了朱子与吕祖谦的一致赞同，赵氏亦对其表示大体同意。但与此同时，其却特别补充了一点："幹母之蛊"之"幹"字，谓如木之植立而枝叶附之，亦即是心有所主的意思。由此而言，子幹母事时虽应以柔顺为主，但亦不可全无原则，只一味顺承母意。如郑庄公按照其母武姜的意愿，将郑国的一个大都邑"京"封给其弟段，导致其渐生异心而起兵作乱，最终被郑庄公打败而出奔于共，即是因丧失原则而招致祸患的例证。这就从义理的角度对程子之说进行了完善。

在对程子之义理与朱子之象数均实现了较大发展的同时，赵氏又将这些经过阐发的二家之说结合起来，以达到象数与义理兼备的目的。如对于中孚九二"鸣鹤在阴，其子和之，我有好爵，吾与尔靡之"，赵氏即注释说：

---

① （宋）朱震《汉上易传》卷四，《儒藏精华编》第 3 册，第 773 页。
② （元）赵采《周易程朱传义折衷》卷十，《景印文渊阁四库全书》第 23 册，第 139—140 页。
③ （宋）程颐《周易程氏传》卷二，《二程集》第 791 页。

愚曰：此卦文公谓是大画底离，离为飞鸟。又云：中孚、小过都有飞鸟之象，中孚是个卵象。又按《说卦》，《荀爽九家集解》谓震为鹄，鹄，古鹤字。九二互震，鹤也；二为阴，鸣鹤在阴也。子谓五也，五互艮，艮为少子。巽为命，五出命者也。我，五也；尔，二也。好爵只当作孟子天爵说。此卦只是一个孚信，天下事惟是信，则人无不感，无不同，无不好。九二居中，以孚感五，如鹤鸣子和，无不相应。九五居中，以孚感二，如我爵尔縻，无不相与。二五孚信感应，莫非出于中心之自然，岂可以伪为哉？故曰"中心愿也"。夫子于《系辞》又以为君子居其室之象，何也？以九居二，刚得中而在内也。言孚诚感人之远，其要只在慎独。故《中庸》论诚而曰："戒慎乎其所不睹。"与此同义。此孔门之学也[①]。

在此爻的易象方面，朱子以全体取象之法来对其作出解释：中孚卦初与二、五与上均为阳爻，三、四则为阴爻，如果将两爻并为一爻来看，恰好为离卦。离为飞鸟，故九二言"鹤"。又中孚卦全体内实外虚，有鸟卵之象，所谓"鸣鹤"亦有取于此。赵氏则在朱子的基础上又作出补充说：中孚卦九二至六四互震卦，而《九家易》以震为鹄，鹄即古鹤字，二又为阴位，故言"鸣鹤在阴"。二与五相应，而六三至九五互艮卦，艮为少子，故言"其子和之"。对于此爻的义理内涵，程子将其解释为心怀孚诚，足以感物。而赵氏一方面提出"此卦只是一个孚信"，对程子的孚诚感物之说详加推阐，另一方面又引《中庸》为据，将"慎独"与孚信结合起来，进一步丰富程子之说的内容。这样，这一段解说便明显表现出前一半阐发朱子之象数，后一半阐发程子之义理的态势，合而观之，即足以兼包程朱二家，贯通象数义理。

在探讨易学中的一系列基本问题的过程中，赵氏仍保持了其一贯的对程朱二家择善而从的态度。对于《易》之性质，赵氏倾向于程子的"《易》为义理之书"之书，而不用朱子的"《易》本卜筮之书"；对于《易》之来源，赵氏赞同朱子的伏羲据河图洛书以作《易》之说，但不取其"一分为二"的画卦之法；对于古《易》问题，赵氏既承认朱子所考定的古《易》文本，又在实际解《易》的过程中倒向了程子的经传混排、以传解经；对于解《易》的方式问题，赵氏则在原则上提出兼取朱子之象数与程子之义理，在具体解

[①]　（元）赵采《周易程朱传义折衷》卷三十二，《景印文渊阁四库全书》第 23 册，第 425 页。

说卦爻辞时又对二家的不足之处，作了大量的补充与阐发。这种是则取之，非则弃之，缺略则补之的折中方式，正是赵氏对程朱二家的无所偏主、唯善是从的态度的集中体现。

结　　语

作为元代一系列折中程朱之说的著作中的一种，赵采《周易程朱传义折衷》以其自身显著的特点，在众多同类著作中独树一帜，也为折中程朱之风在元代的发展，作出了自己的贡献。总的来看，其贡献可以归纳为以下三点：

其一，就折中程朱的原则与方式而言，赵氏秉持着对程朱二家之说尊信而不盲从的态度，从经文说解与易学观点两个层面，对二家进行损益去取，从而开辟了一条对程朱"择善而从"的折中途径。此前学者大都出于并尊程朱的目的，在折中程朱时将二家的相关学说全部汇集于一处，而不作任何的选择与考辨。相比之下，赵氏则在收集二家之说的基础上，又对其加以比较拣选，并参以前代别家之说与自己的意见，最终确定一种相对合理的说法定为结论。如前代学者所总结的那样："其载程、朱二子之说，于《传》、《义》各有删节，又采语录诸书，与合刻程《传》、朱《义》者不同。"[1] 这样形成的著作，便不像董楷《周易传义附录》与《程朱二先生周易传义》等坊间刻本那样"辑而未作"[2]，仅具备汇编程朱之说的资料价值，而是真正达到了采二家之长、去二家之短的目的，可以说是一种极富学术性与创新性的思路，也开创了元代折中程朱的新局面。

其二，就其对程朱之说的修正与发展而言，赵氏在折中程朱的过程中，并没有拘守二家之说，而是对其中的错误加以批评修正，对其缺略加以足成发挥，这就使其著作在折中程朱的同时，又兼具了补充辨正程朱的学术价值。对于赵氏之书的这一特点，前代学者已有所察觉。如在补充程朱方面，清代杭世骏即抓住赵氏书中阐发"用九"的一系列说法，认为"其说可以补《语

① （清）翁方纲《翁方纲纂四库提要稿》，第10页。
② 潘雨廷《读易提要》，第246页。

类》中问答之所不及"①。尽管其由此而得出的赵氏为"紫阳之冢嫡"的看法并不太确切，但其所指出的赵氏之书有能够补朱子之不足者，则是非常正确的。而在辨正程朱方面，前代学者的关注则表现为对赵氏的批判，如明代陈真晟即对其人其书极力诋毁之，谓"不知赵采是何等人，乃敢妄谬如此，获罪于程朱二先生处不可尽数，一言以蔽之，可谓小人而无忌惮之甚者也"，甚至还提出要"速将此板付之烈火，毋令后人再见"②。这种空前严厉的批评，正可从反面说明赵氏对程朱之说作了较大的修正，而赵氏著作的学术价值，也由此鲜明地体现出来。

其三，就其贯通象数与义理的方面而言，由于赵氏折中程朱的一个重要方面是兼取二家之解《易》思路，既发挥朱子之象数，又阐明程子之义理，这就使其著作表现出"象理兼备"的特色，并没有出现空谈义理或纠缠于象数的情况。这种通过折中程朱而实现的象数义理之融合，可以说是元代会通象理的一次重要尝试，同时也因其较为成功地解决了象数派与义理派的分歧，而在后世获得了一致好评。如《四库全书总目》即称赞之曰："其书虽以宋学为宗，而兼及于象数变互，尚颇存古义，非竟暖暖姝姝守一先生之言也。"③ 潘雨廷先生亦说："夫赵氏之说，有其象焉，因象而通理，理皆有本，则各家之说，莫不可同，折中《传》、《义》，游刃有余。故已究宋理而未悟汉象之妙者，此书大可为之阶梯。"④ 可见其在贯通象数义理方面，也取得了较为显著的成就。

第二节　梁寅对程朱的诠释与阐发

一、《周易参义》版本考述

梁寅（1303—1389），字孟敬，号石门先生，新喻人。其生平事迹，今本

---

① （清）杭世骏《周易程朱传义折衷跋》，《杭世骏集》卷二十六，第385页。

② （明）陈真晟《与东白张元祯编修书》，《布衣陈先生存稿》卷五，《续修四库全书》第1330册，第381页。

③ （清）永瑢等《四库全书总目》卷四，第23页。

④ 潘雨廷《读易提要》，第296页。

《石门集》卷首《石门先生行状》有详细记载。梁氏一生著作甚丰，尤其在经学方面颇有成就，于各经均有著述，时人目为"梁五经"，而其在易学方面的代表著作，便是以折中程朱二家为主要目的的《周易参义》。

《周易参义》的撰述时间，据卷前梁寅自序署"今天子即位之九年为至元六年"①，可知当在后至元六年（1340）。梁序又云："始缮录成编，总十二卷，将以行于四方，谀之君子，以俟详订。"②似成书后随即付刻。民国间北平图书馆曾藏有八卷残本一部，著录为元刻，存《象上传》至《杂卦传》，乃归安姚觐元旧藏③。今存台湾，已影印入《原国立北平图书馆甲库善本丛书》。《中国古籍总目》又著录明初刻本二部，分藏上海图书馆与国家图书馆④。经目验，上图藏本六册，为经二篇、传十篇之全本，卷中有"明善堂览书画印"、"结一庐藏书印"、"安乐堂藏书记"、"徐乃昌读"等钤印，可知乃怡府旧藏，后归朱学勤者。《结一庐书目》曾有著录，惟将其定为元刻本⑤。《象下传》卷末刻有题记三行："此书之成，固多率谬。有道君子，或览其非，望加批抹。使幸而获改，拜教多矣。寅谨告。"国图藏本为残本，仅存上、下经与《杂卦传》三卷二册，上经乾卦九二爻之前阙。钤"宋存书室"、"彦合珍玩"、"孔昭咏印"、"少复"等印，可知乃孔昭咏、杨绍和等旧藏。此三本均为半页十二行二十一字，细黑口，四周单边，双鱼尾。版心题篇名与页数，下小字题字数。尽管其篇章重合者仅《杂卦传》一篇，但通过叠相比较，仍可窥得彼此关系。今见上图藏本，上经复卦六二爻下注曰："休之言美也，而亦有好善之意□□□言其心休休焉，乃好善之人也。""意"下阙三字，而国图藏本亦阙，是国图与上图藏本当为一本。又上图藏本于《系辞上传》"易简而天下之理得"一段下注曰："易简之工夫，至于如是，则天下之理□□□□□□□无一之不得矣。""理"下阙七字，原北平图书馆藏八卷残本亦阙⑥，是上图与北平本也为一本。由此可推知，此三本实际上是同一个版本。其板框断裂与文字漫漶之处多能相合，也可为证。其刊刻时间，似以定

① （元）梁寅《叙》，《周易参义》卷首，《通志堂经解》第 4 册，第 381 页。
② （元）梁寅《叙》，《周易参义》卷首，《通志堂经解》第 4 册，第 381 页。
③ ［日］仓石武四郎《旧京书影》，人民文学出版社，2011 年，第 17 页。
④ 中国古籍总目编纂委员会《中国古籍总目·经部》，第 96 页。
⑤ （清）朱学勤《结一庐书目》卷一，《丛书集成续编》第 68 册，第 1052 页。
⑥ （元）梁寅《周易参义·系辞上传第五》，《原国立北平图书馆甲库善本丛书》第 3 册，第 394 页。

为明初较妥。因卷中阙文颇多，除上文所举之外，仅《系辞上传》即尚有多处。如"是故吉凶者失得之象也"一段，"人之失得忧虞□□□乎《易》"，"虞"下脱三字①；"夫乾其静也专"一段，"用之动则直遂"、"用之动则开辟"下各脱十三字②。如此本为元代初刻本，似乎不应有如此之多的脱漏。日本学者阿部隆一，即将北平本改定为明初刻③。

明初刻本之后，《周易参义》的另一个较为重要的刻本，为清刻《通志堂经解》本。此本具体翻刻自何本，难以确指，但其源头大致可追溯至明刻。上文所举明刻本诸多阙文，通志堂本大都亦阙。其中一部分于阙文处仍留有空格，如复卦六二爻即是④。另有一部分文字仍阙，而未留空，此应是后人见上下文意可通，遂删去空格而接写之。此外还有少数几处，通志堂本文字多于明刻者，但很明显为后来拟补。如上文所举"人之失得忧虞□□□乎《易》"，通志堂本于"虞"下补"有以"二字，但仍阙一字⑤。按下文云"《易》之吉凶失得，有以应乎人"，可见此"有以"二字实为据下文拟补，并无其他版本依据。以上删去空格与拟补文字，似非通志堂本所为，而是出自某个源自明刻的传刻或传抄本，由此可见通志堂本并非直接出自明刻。按《传是楼书目》著录《参义》抄本二册⑥，或与之有关。

通志堂本在清代影响力颇大，学者读梁氏书，多据此本。今国家图书馆即藏有一部经翁同书批注的通志堂本，卷末题"庚申十二月廿五日阅毕，是日立春"，可知当批于咸丰十年（1860）。又录顾炎武《日知录》论《周易》经传分合一则，末云："案梁氏此书，一用朱子《本义》定正旧式，极可宝重，因识于此，使学者知其本于考亭云。"卷中朱墨批注殆满，有录前人说解者，有翁氏自作解说者，也有评述梁氏之说者。如蒙卦上九爻下，翁氏于地脚批云："《象传》利用御寇，上下顺也。《本义》谓御寇以刚，上下皆得其道。程《传》云：上不为过刚，下得击去其蒙。其义皆未晰。梁氏谓上顺于

---

① （元）梁寅《周易参义·系辞上传第五》，《原国立北平图书馆甲库善本丛书》第3册，第394页。

② （元）梁寅《周易参义·系辞上传第五》，《原国立北平图书馆甲库善本丛书》第3册，第398—399页。

③ ［日］阿部隆一《北平图书馆原藏宋金元版经部解题》，第4页。

④ （元）梁寅《周易参义·上经第一》，《通志堂经解》第4册，第394页。

⑤ （元）梁寅《周易参义·系辞上传第五》，《通志堂经解》第4册，第437页。

⑥ （清）徐乾学《传是楼书目》卷一，《续修四库全书》第920册，第639页。

君，下顺于民，望文生义。朱氏轼云：下谓九二，上谓上九。方释上九爻词，何故无及九二乎？窃谓坎为寇盗象，艮止为御寇象。以上御下，声罪致讨，名正言顺，故曰上下顺也。"可见其于此书用功之勤。清修《四库全书》，用浙江巡抚采进本①，实际也是通志堂本。其阙文较通志堂本又少，如上文明刻本"人之失得忧虞□□□乎《易》"，通志堂本已补"有以"二字，四库本又补"验"字②。又如复卦六二爻三字阙文，明刻本与通志堂本皆阙，而四库本则补以"焉秦誓"三字③。但通志堂本《象上传》临卦"至于八月有凶"一段，下空三行，似是阙文④，四库本则标注"阙"⑤，二者正相一致。按上图藏明刻本，此段后并无空行，其下即接排观卦"大观在上"一段，可见此处梁氏可能本来即无注。四库本从通志堂本误标阙文，正可见其从彼而出之实。

此外，《参义》尚有明抄本二部传世。其一为天一阁红格抄本，今藏上海图书馆。经目验，该本十二卷四册，半页十一行二十一字，较明刻少一行。卷前有《周易参义叙》，《象下传》卷末有题记。凡明刻阙文之处，此本大都亦阙，如复卦六二爻三字阙文，此本注曰"原模糊"。此外尚有讹误脱漏处甚多，如下经卷端题"周易下经第一"，"一"明显当作"二"。《系辞上传》"范围天地之化而不过"一段，"圣人又以"下阙二字，按明刻作"兼通"⑥，并无阙文。总体而言，当是自明刻出，而抄不甚精。卷中有一些朱笔校勘之处，如下经损卦卦辞下"而礼必使诸饮食也"，"使"字朱笔校改为"始"，与明刻合，但也只校正了一小部分问题。另一部亦为红格抄本，今藏辽宁图书馆。该本卷数行款与上图藏抄本同，卷前亦有梁氏自序。卷中钤"周元亮抄本"、"周雪客家藏书"、"商丘宋筠兰挥氏"、"燕越胡茨村氏藏书"、"大兴朱氏竹君藏书"、"晋江黄氏父子藏书"等印⑦。按罗振玉《贞松堂秘藏旧抄

---

① （清）永瑢等《四库全书总目》卷四，第 27 页。
② （元）梁寅《周易参义》卷七，《景印文渊阁四库全书》第 27 册，第 364 页。
③ （元）梁寅《周易参义》卷一，《景印文渊阁四库全书》第 27 册，第 233 页。
④ （元）梁寅《周易参义·象上传第一》，《通志堂经解》第 4 册，第 418 页。
⑤ （元）梁寅《周易参义》卷三，《景印文渊阁四库全书》第 27 册，第 308 页。
⑥ （元）梁寅《周易参义·系辞上传第五》，《原国立北平图书馆甲库善本丛书》第 3 册，第 397 页。
⑦ 谷毓《周易参义》，《图书馆学刊》2011 年第 8 期。"晋江黄氏"之"黄"误作"莫"，据所附书影改。

善本目录》载："《周易参义》四本，明梁寅，周亮工、宋兰挥、朱竹君藏，明红格钞本。"① 当即是此本，可知还曾经罗氏收藏。经目验，此本亦出自明刻本，卷中讹误同样较多，部分与上图藏抄本相合，或二本有一定关系。

二、对程朱之说的"义疏"式诠释

据梁氏自序，《周易参义》成于元顺帝后至元六年（1340），此时梁氏仅三十七岁，但已在阅读程朱易学著作的时候，深刻地体会到二家"释经意殊"② 的问题。在他看来，程朱之说虽然一主于义理，一主于象占，从表面上看起来似乎有较大的差距，但推其本而言之，不同之中又未尝没有可同之理。他说："程子论天人以明《易》之理，朱子推象占以究《易》之用，非故为异也。其详略相因，精粗相贯，固待乎学者之自得也。"③ 在这一认识的基础上，梁氏"融会二家，合以为一"④，从而撰成《周易参义》。与同类著作相比，梁氏之书的最大特点是：在经文的解说方面，不再通过转录程朱易学著作之原文的方式来注释《周易》经传，而是用自己的说法，对程朱之说加以重新诠释，由此形成的著作，便在注释《周易》本文的同时，兼有了疏通程朱二家易说的作用，因而也被梁氏称为"程朱之义疏"⑤。在易学思想的挖掘方面，则将重点放在对朱子占筮之学与程子义理之学的阐发上。这种对程朱之说的诠释与阐发，在形式和内容上都显得较为新颖，也代表了元代学者折中程朱易学的另一种独特的思路。

作为一种"义疏"式的著作，《周易参义》首先要解决的一个问题，便是以何种方式对程朱之说加以重新解读，使其达到既注经文，又解程朱之传

---

① 罗振玉《贞松堂秘藏旧钞善本书目》，《罗振玉学术论著集》第 7 集，上海古籍出版社，2010年，第 362 页。

② （元）梁寅《梁氏书庄记》，《新喻梁石门先生集》卷一，《北京图书馆古籍珍本丛刊》第 96 册，第 338 页。

③ （元）梁寅《叙》，《周易参义》卷首，《通志堂经解》第 4 册，第 381 页。

④ （元）梁寅《梁氏书庄记》，《新喻梁石门先生集》卷一，《北京图书馆古籍珍本丛刊》第 96 册，第 338 页。

⑤ （元）梁寅《叙》，《周易参义》卷首，《通志堂经解》第 4 册，第 381 页。

的目的。在这一方面，梁氏可谓作出了大量的努力。他秉持着"参酌二家，旁采诸说，僭附己意"①的原则，以自己的看法，对程朱二家的说法进行了整合、调和、概括、规范、疏释、纠正、阐发等一系列加工。这种对程朱之说的多样化诠释，便成为其在折中程朱过程中的第一个较为显著的特点。

首先，在整合二家之说上，梁氏主要做了两方面的工作。一种情况是将程子或朱子散见于各处的说法，加以搜集整理，并连缀成文。例如，在注解《系辞上传》"参伍以变"一节时，梁氏即说：

> 此言尚象之事，而变则象之未定者也。夫求数之始，或三数而变，或五数而变，参之伍之，更相反覆，以不齐而要其齐。此所谓变也，数之未定者也。究而极之，则以六对九，以七对八，乃左右相交而错其数；六上生七为阳，九下生八为阴，乃上下相生而综其数。此所谓数也，变之已定者也。是故通三揲两手之策，即参伍以通其变也。既通其变，则阴阳之老少于是可见，而天地之文遂成矣。然仅一画，则未成六爻，动静未见，故止谓之文。文者，象之未定也。究七八九六之数，即错综以极其数也。既极其数，则卦爻之动静于是可见，而天下之象遂定矣②。

这一段解说，梁氏并未标明出自何人，但若对其进行详细考察，便可发现其大致均为朱子之说，只是有的出自《易本义》，有的来源于朱子文集与语录。具体而言之，"此言尚象之事，而变则象之未定者也"、"通三揲两手之策"、"究七八九六之数"，都是节录自《易本义》③；"或三数而变，或五数而变，参之伍之，更相反覆，以不齐而要其齐"，基本取朱子文集中的相关解说④。"究而极之，则以六对九，以七对八，乃左右相交而错其数；六上生七为阳，九下生八为阴，乃上下相生而综其数"，则是融《本义》与语录之说为一体。《本义》在解释"错综"的时候，只以左右上下言之，曰："错者，交而互之，一左一右之谓也；综者，总而挈之，一低一昂之谓也。"⑤而没有具体举四象之数来加以说明。语录则引入四象之数而说之曰："错综其数，便只

① （元）梁寅《叙》，《周易参义》卷首，《通志堂经解》第4册，第381页。
② （元）梁寅《周易参义·系辞上传第五》，《通志堂经解》第4册，第441页。
③ （宋）朱熹《易本义·系辞上传第五》，《朱子全书》第1册，第132页。
④ （宋）朱熹《答王伯礼》，《晦庵先生朱文公文集》卷五十四，《朱子全书》第23册，第2569页。
⑤ （宋）朱熹《易本义·系辞上传第五》，《朱子全书》第1册，第132页。

是七八九六。六对九，七对八，便是东西相错；六上生七为阳，九下生八为阴，便是上下为综。"①梁氏于此即兼取《本义》中的左右为错、上下为综之说，与《语类》中的七八九六相对相生之说，将其合而为一。其余部分的论说，亦大体本之于朱子而略加引申，用以足成文意。当然，这并不是说梁氏在此处全无自己的看法，如其言"文者，象之未定也"，就似乎未见于朱子诸书。但总体来看，梁氏这里所做的主要仍是将朱子的多处论述会合在一起，以形成一个较为简明统一的说法。此即是整合一家之说之例。

梁氏整合程朱二家的另一种情况是，将程朱二家之说加以结合，汇为一说。如对于师卦六五"田有禽，利执言，无咎。长子帅师，弟子舆尸，贞凶"，梁氏注释说：

> 六五以阴居尊，以柔道服天下者也。故其用师也，不为贪暴，而但为应兵。"田有禽"，寇敌之为害者也。"利执言"，则奉辞以攘除其害也。用兵如是，无咎矣。然将非其人，亦败也。故以长子帅师，而以弟子参之，则亦不免于舆尸。长子，老成之将也。弟子者，不经事之少年也。人君委任失人，以致伤败，虽有言可执，而得其正，能无凶乎②？

在对此爻的解说上，程朱二家最为明显的差异有两处：一是对于"利执言"，程子训"言"为"言辞"，则"执言"为"奉辞以诛之"或"明其罪而讨之"之意③；朱子则以"言"为无意义的语词，如此"利执言"即为"利以搏执"之意④。此处梁氏即采程子之说，将"利执言"解为"奉辞以攘除其害"。二是对于"弟子舆尸"，程子解"舆尸"为"众主"，谓兴师时以弟子而众主之，必致凶祸；朱子则认为"舆尸"当为载尸而归之意，谓兴师时若委任小人，必将遭到挫败，运载尸首以归。此处梁氏则又转用朱子之说，用"委任失人，以致伤败"来对其进行解释。由此可见，尽管梁氏的此段论述同样没有标明出处，但详加分析便可看出，此无疑是选取程朱之说中的某些部分汇集而成者，也代表了梁氏整合程朱的另一种形式。

---

① （宋）黎靖德《朱子语类》卷七十五，第1921页。
② （元）梁寅《周易参义·上经第一》，《通志堂经解》第4册，第385页。
③ （宋）程颐《周易程氏传》卷一，《二程集》第736页。
④ （宋）朱熹《易本义·上经第一》，《朱子全书》第1册，第38页。

其次，在调和程朱方面，与整合二家之说不同，梁氏此处所做的并不是兼取程朱的多种说法合为一说，而是力图论证二者原本歧异的说法有互通之处，可以并行不悖。例如，对于鼎卦九四"其形渥"一语，梁氏即解释说：

> "其形渥"，程子言覆败而赧汗也。朱子作"其刑剭①"，言当加之以重刑也。其义虽异，而皆可以见其凶矣②。

按照程子的看法，"其形渥"可以以本字解之，谓九四爻居大臣之位，任天下之事，但却信用小人，最终导致覆败，不胜羞愧而至于赧颜汗下。而朱子则取晁说之的说法，将"形渥"改为"刑剭"，并解释成九四因不胜其任而受重刑。这两种说法相差悬绝，本来难以调和，但梁氏却在其中找到了共通之处：不管是赧汗之象还是重刑之象，表示的都是凶祸之意。因此二家对文字的具体说解虽有不同，但核心思想却是一致的，未尝不可以并存。这就实现了对程朱不同说法的调和。

再次，在概括程朱之说方面，尽管梁氏自称其著作为"程朱之义疏"，但实际上并非将程朱的所有说法都进行详细分疏，恰恰相反，有时对于程朱解释得较为繁冗的某些部分，梁氏反而会对其加以一定的概括与精简。例如，临卦初九"咸临贞吉"，程朱二家的解释有着明显的不同。程子训"咸"为"感"，谓初九之阳感动于六四之阴而临之。朱子则在《易本义》中将"咸"解释成"皆"与"遍"，以为"咸临"说的是初九之阳爻遍临上四支阴爻。尽管其在语录中曾一度对程子的说法表示过认同，但终究还是认为其说"觉得牵强些"③，而不愿苟从。此处梁氏即从程子之义，以初九与六四相感应立说，但他却没有全用程子的原文，而是以寥寥数语概括之曰：

> 咸临者，以阳感动于阴而临之也。初与四应，初阳而得正，四阴而得正，阳感动于阴，而能以正，其吉宜也④。

对于这一爻的含义，程子原本有一段颇为冗长的解说："咸，感也。阳长

---

① 按："刑"原作"刦"，国家图书馆藏明刻本作"形"，皆非。今据《易本义》改，《朱子全书》第1册，第76页。
② （元）梁寅《周易参义·下经第二》，《通志堂经解》第4册，第407页。
③ （宋）黎靖德《朱子语类》卷七十，第1776页。
④ （元）梁寅《周易参义·上经第一》，《通志堂经解》第4册，第391页。

之时，感动于阴，四应于初，感之者也，比它卦相应尤重。四近君之位，初
得正位，与四感应，是以正道为当位所信任，得行其志，获乎上而得其正
道，是以吉也。他卦初上爻不言得位失位，盖初终之义为重也，临则以初得
位居正为重。凡言贞吉，有既正且吉者，有得正则吉者，有贞固守之则吉者，
各随其事也。"① 其核心内容，无非是说初与四感应而得正位，故梁氏即因之
而作出如上概括。经过了梁氏的这一概括，程子之说就显得重点更加突出，
训释更加明确，可以说从另一个角度实现了对其的诠释。

其四，在规范程朱之说方面，此处梁氏所针对的主要是出自语录中的程
朱二家之言论。由于语录中所记载的程朱之说多为口语，因而其叙述的逻辑
性和条理性都较差，遣词用句也显得较为随意。在这种情况下，梁氏即通过
调整逻辑与词句，实现对其表述的规范。如师卦上六"大君有命，开国承家，
小人勿用"，梁氏在注释的时候，即选用了《朱子语类》中的相关说法，如其
所说的那样："斯义也，朱子实发之，而与《本义》之言异，故述之于此。"②
但他并没有将《语类》之文原封不动地搬到此处，而是对其作了很多调整。
据《语类》记载，朱子在谈到此爻时原本说："'开国承家，小人勿用'，旧
时说只作论功行赏之时，不可及小人，今思量看理去不得。他既一例有功，
如何不及他得？看来'开国承家'一句，是公共得底，未分别君子小人在，
'小人勿用'，则是勿更用他与之谋议经画尔。汉光武能用此义，自定天下之
后，一例论功行封，其所以用之在左右者，则邓禹、耿弇、贾复数人，他不
与焉。因问：古之论功行封，真个是裂土地与之守，非如后世虚带爵邑，若
使小人参其间，则诚有弊病。曰：势不容不封他得，但圣人别有以处之，未
见得如何。如舜封象，则使吏治其国。若是小人，亦自有以处之也。"③ 而经
过了梁氏的规范，这段朱子的论述就变成了以下的形式：

> 师旅之兴，人才非一概，或以忠勤，或以勇力，或以才干，或以谋
> 略，其封赏之行，固无不及也。至于董正治官，任以庶政，则惟贤是用，
> 不复计其功矣。故戒之曰：小人则勿用。如汉光武中兴，其功臣无不封

① （宋）程颐《周易程氏传》卷二，《二程集》第 795 页。
② （元）梁寅《周易参义·上经第一》，《通志堂经解》第 4 册，第 385 页。
③ （宋）黎靖德《朱子语类》卷七十，第 1753 页。

者，而得与于政，惟邓禹、耿弇、贾复三四公，他皆不任焉，盖合于此爻之义也。或曰：小人任事，不可也，而有土有民，独可哉？曰：赏者，公道也。彼有功而不赏，得为公乎？且大恶如象，而以亲当封，舜不敢废也，而以功当封者，圣人其敢废之邪？圣人于此，惟当别有处之之道耳，而废其功则不可也①。

两相比较之下，梁氏对朱子语录所作的改造便可较为清晰地呈现出来。如对于"看来'开国承家'一句，是公共得底，未分别君子小人在"，梁氏即将其改为"封赏之行，固无不及"；而"'小人勿用'，则是勿更用他与之谋议经画尔"，则被转换成了"至于董正治官，任以庶政，则惟贤是用，不复计其功矣"。这样，朱子原文中存在的大量口语化的表述，就在梁氏的改造之下成为了比较规范的书面语言，也更加适合出现在正式的易学著作中。

其五，在疏解程朱二家之说方面，作为一种"义疏"式的著作，对所要注释的程朱之说进行字词解释与文意疏通，可以说是《周易参义》所要完成的一项重要任务。因此梁氏在这一方面，也做了很多工作，有时其甚至直接引用程朱易学著作中的文字，对其中的重点内容加以解说。如对于复卦《彖传》"复其见天地之心乎"，即说："此一句之义，程朱备矣，今惟引其文而释之。"② 现将其注释朱子的部分摘录于下：

> 朱子曰："积阴之下，一阳复生，天地之心几于灭息，而至此乃复可见。"其言几于灭息者，天地之心非真有灭息也，以其不可见，而有似于灭息尔。又曰："在人则为静极而动，恶极而善。"所为静极而动，即圣人动静之复也；恶极而善，即常人昏迷之复也。其引邵子之诗曰"冬至子之半，天心无改移"者，盖冬至在十一月之半，而又在于夜半子时。然夜半以前，已属子时，则夜半乃子时之半也。数每从此始，而略不差移，此所以见天心也。又曰"一阳初动处，万物未生时"者，此乃指欲动未动之间而言之，即所谓子之半也。又曰"玄酒味方淡，大音声正希"者，一阳初动，而万物未生，无声臭气味之可见，如祭祀之明水，其味

---

① （元）梁寅《周易参义·上经第一》，《通志堂经解》第4册，第385页。
② （元）梁寅《周易参义·彖上传第一》，《通志堂经解》第4册，第419页。

至淡薄，如清庙之朱绂，其音甚希疏。此皆所以赞复之妙也，故又结之曰"此言如不信，更请问庖牺"①。

在此段文字中，梁氏即对朱子《易本义》中一些较为深刻、不易理解的部分，作了详细的解说。例如，对于"天地之心几于灭息"，梁氏即解释说，因为"天地之心"即是阴阳之理或生生之理，气有灭息而理无灭息，因此所谓"几于灭息"，只是说十月纯阴之时，阳气潜藏，天地之心无由得见，而似乎灭息。又如，对于"在人则为静极而动，恶极而善"，梁氏指出，二者虽然都是讲人心之复，但其中又有不同。常人之心有善有恶，其心之复表现为在物欲昏蔽之中，忽有恻隐、羞恶、是非之心，此即"恶极为善"，为常人之复；圣人之心则纯善无恶，其所谓心之复，乃是至静之中忽有一念之动，此即"静极为动"，为圣人之复。其余对朱子所引邵雍之说的注释，也与此类似。这种先引程朱原文，再疏之于后的方式，颇有注疏体著作的特色，而《周易参义》作为一种"义疏"式著作的性质，也由此表现得更为明确。

其六，在纠正程朱之说方面，尽管梁氏对程朱二家之易说颇为推崇，但与此同时，他也并不完全秉承程朱之说，而是对他认为的一些错谬，在《周易参义》中作出修改。在某些情况下，梁氏直接指明程朱之说中不合理的部分，并明确予以改正。如对于震卦《象传》"震惊百里，惊远而惧迩也，出可以守宗庙社稷，以为祭主也"，梁氏即提出：

> 程子、朱子皆云："迩也"之下，脱"不丧匕鬯"一句。然传释卦爻之辞，多或举上句而兼释下句，窃疑此亦但举"震惊百里"一句，而所谓"惊远惧迩"者，乃兼"不丧匕鬯"而释之也。盖"震惊百里"者，惊远也；"不丧匕鬯"者，惧迩也。若有国者，当震惊之时，虽其祸之尚远，而能心怀畏惧，视之已如近灾焉，则可以不失其所守矣。故传既释卦辞，又推言主器之义曰："出可以守宗庙社稷，以为祭主也。"言慎守如是，则可以继世而主祭矣②。

对于《象传》的此句文字，程朱二家的看法比较一致，都认为"惊远而

---

① （元）梁寅《周易参义·象上传第一》，《通志堂经解》第4册，第419页。
② （元）梁寅《周易参义·象下传第二》，《通志堂经解》第4册，第424页。

惧迩也"之下，当有"不丧匕鬯"一句。其原因在于：《象传》解卦辞的体例，都是先举一句卦辞，而后释之于下。震卦卦辞曰："震来虩虩，笑言哑哑，震惊百里，不丧匕鬯。"此四句卦辞，前三句《象传》均已举出而释之，只缺"不丧匕鬯"一句，似乎很可能是原本有之而今本脱去。而若将此句补于"惊远而惧迩也"之后，便能够形成以"惊远而惧迩"释"震惊百里"，以"出可以守宗庙社稷，以为祭主"释"不丧匕鬯"的态势，似乎也显得较为合理。而梁氏则认为，此处未必如程朱所说的那样有脱文的情况，理由是《象传》的体例固然为引卦辞而释之，但并非每句都加以援引，举上句以概下句的情况也很常见。若以此种情况而言，则本段《象传》的文字便可以分析成：为首的"震惊百里"一句，含摄"不丧匕鬯"，而其下的"惊远而惧迩"，则是兼此二句卦辞而释之，"惊远"释"震惊百里"，"惧迩"释"不丧匕鬯"。最后的"出可以守宗庙社稷，以为祭主"，则是在解释卦辞的基础上又引申其义。这样不仅亦能解通《象传》，且其说还较程朱二家在没有充分依据的情况下，便欲凭空补入一句文字的做法，显得更为合理。此即是梁氏明确纠正程朱说法之例，但这种情况相对较少，更多的时候，梁氏对于其所不满意的程朱之说，并不指出其问题所在，而是径直用自己的说法对其加以替换。如贲卦六五"贲于丘园，束帛戋戋，吝，终吉"，其即注曰：

> 六五当贲饰之时，居至尊之位，宜征集丘园之贤，以共成文明之治者也。然阴性吝啬，其贲饰于丘园之贤者，止于束帛之戋戋而已。束帛，薄物也；戋戋，浅小之意也。将招致贤才，而物薄如是，可羞吝矣。然贤人者，不以币帛为悦，而以恭敬为悦也。如六五之虚中待贤，则币帛虽微，而贤者亦进矣，此其所以终吉欤[①]。

此爻程子以六五受贲饰于上九为说，谓上九居一卦之上，有丘园之象，六五能如束帛般受其裁制，则虽吝而终将得吉。朱子则对程子之说颇不认同，并且提出，所谓"贲于丘园"，指六五有敦本务实之象，而"束帛戋戋"则言其过于俭省而至于鄙吝，然亦终能由此获吉。对于这两种解说，梁氏都不甚满意，故转而采取了另一种不同的说法，即将"贲于丘园"解为六五求居

---

① （元）梁寅《周易参义·上经第一》，《通志堂经解》第4册，第393页。

于丘园之贤人而任用之，而"束帛戋戋"则谓其用以求贤的币帛之礼过于菲薄，如是则虽可羞吝，但六五虚中，有求贤之诚，故终能得贤而获吉。此说并非由梁氏首创，而是早在唐代之前就已经出现并颇为流行，孔颖达《周易正义》即曾引用这种"用束帛招聘丘园，以俭约待贤"的说法，并称之曰："诸家注《易》，多为此解。"① 梁氏正是采用了这种较为传统的说法，以代替他所不同意的程朱之说，但却并没有将他的这一取舍予以说明，可以说是一种对程朱之说的隐性修正。《周易参义》中存在着的诸多纠正程朱之处，大都属于这一种情况。

最后，在阐发程朱之说方面，梁氏也有一定贡献。他在《周易参义》中对《周易》经传作出的解说，大部分是在取程朱之说的基础上，又引申出大量为原说所无的内容，用以丰富二家之说，实现对《周易》经传更为全面深入的疏解。例如，在注释观卦九五爻"观我生，君子无咎"时，梁氏对此句爻辞文字层面上的释义，与程朱并无区别，都是将其解释成九五自观其身所行者为君子之道，则得无咎。但与此同时，梁氏却又由此阐发出一层程朱所未曾言及的含义，即此爻所言者仅为人君与君子之事，而非圣人之事。其说曰：

> 爻辞如此，所以戒于凡为人君、为君子者，非言圣人之事也。若以圣人居九五者言之，则当如《象辞》所言"下观而化"，其德犹天也，而岂止为君子乎？岂但无咎而已乎②？

观卦之《象传》曰："观，盥而不荐，有孚颙若，下观而化也。"在梁氏看来，此说的是圣人在上，诚敬之至，有如祭祀时盥手而未荐之时，下民仰望之，不待其布施政教而自化，如其所说："圣人能积其诚敬，则天下之民得之于观感而自化，初未尝以智力之私为之也。"③ 此是圣人教化天下之道，其德至大如天，不止如九五仅得君子之无咎而已。因此，九五爻辞所言，必非圣人之道。这种对程朱之说中未尽之意的深入挖掘阐发，同样在梁氏的诠释中占有很大的比重。

---

① （魏）王弼注，（唐）孔颖达疏《周易正义》卷三，第107—108页。
② （元）梁寅《周易参义·上经第一》，《通志堂经解》第4册，第392页。
③ （元）梁寅《周易参义·象上传第一》，《通志堂经解》第4册，第418页。

以上七个方面，即是梁寅"义疏"程朱之说的主要方式。梁氏对程朱二家易说的诠解，其中既有整合连缀、概括精简、解释疑难、规范文字等较为基础的工作，也有辨析异同、纠正谬误、引申阐发等深入探析程朱易学的部分，可谓既全面，又深刻。这种对程朱之说的多样化诠释，也使得梁氏折中程朱的方式摆脱了旧有的模式，由罗列程朱易解原文并加以按语，转变成在自己的疏释中融会程朱二家。这种对折中程朱形式的创新，可以说是梁氏一个较为明显的贡献。

三、对占筮与义理内涵的双重阐发

除了形式上的创新，在折中程朱二家易学思想方面，梁氏的做法也颇具特色。与同类著作的观点相类似，梁氏同样认为，程朱易学各有所长，程子所长在义理，朱子所长在象数，所谓"程子作《易传》，《易》之义始大明，朱子作《本义》，《易》之象占始益著"①，折中时即应该将二家所长的这两方面加以结合。而具体来看，这种折中象数义理的观点，在《周易参义》中又表现为对朱子象数之学中占筮部分的重点阐释，与对程子义理的广泛推衍，即通过对《周易》中占筮与义理两方面内涵的"义疏"，来实现对程朱易学思想的折中。

梁氏认为，占筮与义理各有合于《易》道的一个方面。在其看来，《易》本身即是一种体用兼备的著作，其体即是天地之道、万物之理，而其用则是卜筮。他说：

> 圣人之《易》，为天下而作，亦为天下而用也。盖上古之世，风气未开，大朴未散，斯民迷于吉凶之途，而莫知所趋，故圣人为之作《易》而教之占，以开明其心志，成就其事业。而其为书也，大而天地之化，小而动植之宜，远而四海之治，近而一身之修，其为道尽寓于卦爻之中，而无一或遗者，此所谓"冒天下之道"也。然又曰"如斯而已"者，见道之止于是而无他也……呜呼！吾于《易》之全体大用，见圣人之为天

---

① （元）梁寅《易传》，《新喻梁石门先生集》卷六，《北京图书馆古籍珍本丛刊》第96册，第432页。

下者至矣①。

按照梁氏的看法，圣人拟天地以作《易》，因而天地之道自然寓于《易》书之中，如其所言："圣人之作《易》与天地准，而天地之道皆备于《易》。"② 从这一点来看，"道"可以说是《易》书的一个天然组成部分。同时，从另一个角度来看，《易》书又足以兼该一切至极之道，所谓"道之在天下，无一物之有间也，而该其道者惟《易》书"③。天地间大小远近，虽莫不有道，但终究不出于《易》卦之外，所以《系辞传》说"如斯而已"，即是言《易》外无道。因此，"道"又是《易》的一个极为重要而不可或缺的部分。此"道"即是《易》之体，但这并不意味着《易》即如程子所说的那样，是纯粹的讲义理之书。事实上，圣人起初作《易》的直接目的，仍是为了教民将其用之于卜筮，以趋吉避凶，亦即其所说的"民眩于事，而泯泯梦梦，莫明吉凶，圣人则教民卜筮，以导其用焉"④。由此可见，占筮作为《易》之用，同样是《易》中应有之义，只讲《易》之道而不谈占筮，则不能揭示《易》之"全体大用"，其最终结果便会如梁氏所说的那样："或言《易》不主卜筮者，则自谓见《易》之大也，而不知适以小乎《易》也。"⑤总之，《易》既有义理之体，又有卜筮之用。而前代学者多不明此点，是以其说多偏于一隅，不能完备。如汉代易学中，"丁将军宽作《易说》三万言，则训诂之学兴"⑥，即是只重文字训释与大义阐发，不讲卜筮之学；而"焦延寿述阴阳灾异，则穿凿之说起"⑦，又抛弃义理而仅言卜筮，最终沦为占验之小术。要避免这种"其高也或沦于空虚，其卑也或泥于象数"⑧的弊病，最佳的途径便是选取程子之义理与朱子之占筮而加以发挥。因为"程子之《易》，

① （元）梁寅《周易参义·系辞上传第五》，《通志堂经解》第4册，第442页。
② （元）梁寅《周易参义·系辞上传第五》，《通志堂经解》第4册，第436页。
③ （元）梁寅《周易参义·系辞上传第五》，《通志堂经解》第4册，第441页。
④ （元）梁寅《周易参义·系辞上传第五》，《通志堂经解》第4册，第442页。
⑤ （元）梁寅《周易参义·系辞上传第五》，《通志堂经解》第4册，第442页。
⑥ （元）梁寅《易传》，《新喻梁石门先生集》卷六，《北京图书馆古籍珍本丛刊》第96册，第432页。
⑦ （元）梁寅《易传》，《新喻梁石门先生集》卷六，《北京图书馆古籍珍本丛刊》第96册，第432页。
⑧ （元）梁寅《叙》，《周易参义》卷首，《通志堂经解》第4册，第381页。

发挥孔子之《十翼》者也；朱子之《易》，则推三圣教人卜筮之旨者也"①，恰好各自阐发了《易》之体用中的一个方面。这样，梁氏即阐明了其对义理与占筮之学进行"义疏"的原因，为其折衷程朱思想的具体做法提供了理论依据。

本着这一折中程朱易学思想的思路，梁氏即对于义理与占筮两个方面的内容，展开了大量的疏解阐发。首先，对于朱子的占筮之学，梁氏所做的工作主要包括两点：一是从解《易》方法上，说明朱子"以占筮言《易》"之说的合理性与优越性。在《周易》开篇的乾卦，其即提出：

> 夫《易》者，洁静精微之教也。故其取象皆假托其物，而未涉于事，包含其意，而各随所用。然乾纯阳之卦，而取象于龙，则其意多为圣人而发者，故夫子于《文言》皆以圣人事明之。今观之六爻，则象之所示，占之所决，夫人可用也，独圣人乎？如初九之"潜龙勿用"，在圣人则方居侧微也，在君子则遁世无闷也，在学者则养正于蒙也，在吾民则耕凿出入也，在商贾则韫椟深藏也。以是而推其用，何不可哉？朱子以象占言《易》，而不欲以事论，惧人之泥而失之也②。

按照梁氏的看法，《易》中的卦爻辞如朱子所说的那样，是"假托说"、"包含说"③、"空说个道理"④，并非有其实事，因此若以占筮推之，则人人可用。以乾卦而言，尽管其为纯阳之卦，讲圣人之事的成分较多，但常人占得，亦未尝不可用。如初九爻爻辞"潜龙勿用"，在圣人为侧微而未可自用；而若君子占得之，则当避世隐居而心无忧烦；学者占得之，则当于未学的蒙昧之时先养其正道；百姓占得之，则当日出而作，日入而息，耕而食，凿而饮，守其民风之淳朴；商贾占得之，则当敛藏宝器，而不能轻以示人。这种不拘泥于实事而无所不通的解说方式，在梁氏看来正是以占筮言《易》的最大优势所在，因此其才会特地于六十四卦之首的乾卦，首先表明其对此种解《易》方法的赞同。

---

① （元）梁寅《易传》，《新喻梁石门先生集》卷六，《北京图书馆古籍珍本丛刊》第 96 册，第 432 页。
② （元）梁寅《周易参义·上经第一》，《通志堂经解》第 4 册，第 381 页。
③ （宋）黎靖德《朱子语类》卷六十七，第 1647 页。
④ （宋）黎靖德《朱子语类》卷六十七，第 1658 页。

梁氏阐发朱子占筮之学的另一点是，在注释卦爻辞的过程中，对其在占筮方面的含义进行深入挖掘，用以对朱子之说进行补充。如对益六三"益之用凶事，无咎，有孚中行，告公用圭"，梁氏即说：

> 六三不中正，而与上九之阳刚为应，如人受横逆侵加，而困心衡虑以反于善者，故为益之以凶事，而可以无咎也。若有其孚诚而合于中道，则又可以告于公上，而用圭以通信矣。盖又为朝觐聘问之吉占也①。

关于此爻朱子解释说："六三阴柔，不中不正，不当得益者也，然当益下之时，居下之上，故有益之以凶事者。盖警戒震动，乃所以益之也。占者如此，然后可以无咎。又戒以有孚中行，而告公用圭也。用圭所以通信。"②虽然就文字而言与梁氏有一定差距，但其释义则是大体相似的。较为显著的一点区别在于，梁氏依据爻辞中"告公用圭"一语，又指出一项朱子未曾言及的占筮方面的意义，即此爻又为"朝觐聘问之吉占"。这种将爻辞指为兼占某一具体事件的解说方法，朱子自己也常有运用。如解卦九二"田获三狐"，朱子即以其为"卜田之吉占"③；益卦六二"王用享于帝吉"，朱子则将其看作"卜郊之吉占"④。梁氏正是推广了朱子的这一方式，将其用之于对本爻的解说，从而补充朱子之缺失。又如，对于否卦九四"有命无咎，畴离祉"，梁氏解释说：

> 九四者，否过中而泰复来之时也，故言"有命无咎，畴离祉"，谓天运循环，既往而复，而畴类三阳，皆获其福庆。然占者为君子则如是，若小人则未免于咎也⑤。

此爻的占筮意义，朱子谓"其占为有命无咎，而畴类三阳皆获其福"⑥，只是从无咎而获福的角度作出的解说。而梁氏则补充说，尽管爻辞如此，然亦必占者为君子方得无咎，若占者为小人，则所得之占恰好与爻辞相反，当

---

① （元）梁寅《周易参义・下经第二》，《通志堂经解》第4册，第403页。
② （宋）朱熹《易本义・下经第二》，《朱子全书》第1册，第68页。
③ （宋）朱熹《易本义・下经第二》，《朱子全书》第1册，第67页。
④ （宋）朱熹《易本义・下经第二》，《朱子全书》第1册，第68页。
⑤ （元）梁寅《周易参义・上经第一》，《通志堂经解》第4册，第387—388页。
⑥ （宋）朱熹《易本义・上经第一》，《朱子全书》第1册，第42—43页。

不免于有咎。这是一种以占者自身之德来判定吉凶的占验方法，此法朱子亦早有应用，在《易本义》中，朱子曾不止一次地指出，只有占者之德与所占得之爻相应，方能据爻辞以断吉凶，所谓"占者必有此德乃应其占"[①]。梁氏也正是采纳了朱子的这一观点，从而完善了此爻在占筮上的含义。总之，在解《易》方法上，梁氏阐明了朱子的"以象占言《易》"之说；在注释卦爻辞的实践中，梁氏又以朱子之说为基础，对某些卦爻辞的占筮含义作了进一步的解说，以补充朱子所未备。

其次，对于程子的义理之学，梁氏的关注程度较朱子的占筮之学似乎还要更高一些。今所见《周易参义》对各卦各爻的疏解，其中几乎都有发挥义理的部分，其发挥的方式，一方面是从人事方面对《周易》卦爻辞进行引申，来推阐程子的未尽之意。例如，在解说遁卦卦辞"遁，亨，小利贞"时，即说：

> 卦之为遁，以阴方盛长，而阳退以避之也。以人事言之，则小人道长，君子亦当退避也。退则其身虽穷，其道自亨，不然则道不能行，身虽亨而道塞矣，况身亦不能以亨乎？然人臣之义，有当遁者焉，有不当遁者焉。"遁亨"者，阴侵阳而当遁也，其君子之在下位者欤？"小利贞"者，以刚当位而与时行，不当遁也，其大臣之任安危者欤？夫在下位者，当小人之进，则见几而作，不俟终日可也，而可迟回顾恋，以罹其祸哉？若大臣之义，则君在与在，君亡与亡，虽欲遁，亦安得而遁也[②]？

此卦朱子从占筮的角度对其进行解说，谓占得此卦者为君子而能遁，则有亨道，若小人得此卦，则当守正而不侵害君子[③]。对此说法，梁氏完全没有采用。而程子则以人事言之，认为此卦代表小人道长、君子遁藏之时。君子处此时，当退藏其身而不屈其道，故身虽遁而道则亨，是为"遁亨"。同时，此时小人虽然得势，然未至于极盛，君子于此尚可小有作为，是为"小利

---

① （宋）朱熹《易本义·上经第一》，《朱子全书》第1册，第44页。
② （元）梁寅《周易参义·下经第二》，《通志堂经解》第4册，第398页。
③ （宋）朱熹《易本义·下经第二》，《朱子全书》第1册，第61页。

贞"①。梁氏所取的，显然是程子的这一义理之说。但他却并没有局限于程子的君子小人之说，而是在此基础上更进一步，将其具体指为人臣处遁时之道。按其看法，当小人日进之时，君子若处于下位，未受国家之爵禄与君主之重托，则可以遁去而获亨；若国之重臣，身系一国之安危，只能秉持着与君国共存亡的态度，以"小贞吉"之道"随时消息以弭其患而图其治"②，绝无当遁之理。这就对程子的义理之说作了较明显的补充与推进。

另一方面，梁氏还经常采用程子的以史证《易》之法，以具体的历史事件与人物来说明抽象的卦爻辞，从而更好地发挥其中的义理内涵。如对于随卦九四"随有获，贞凶，有孚在道以明，何咎"，梁氏认为，此句爻辞从字面意义上来讲，说的是九四有求于九五而无不获，然九四为臣，九五为君，臣求于君，其义不顺，即便所求者为其所当得者，亦不免于凶。欲免于凶，只能"积孚诚以释其疑，尽臣道以致其忠，明几微以保其身"③，如此则得无咎。这一解释与程子之说实际颇有一定差距，特别是在"随有获"句的释义上，梁氏谓九四有获于九五，而程子则谓九四有获于天下之心，二说并不一致。但在义理引申方面，梁氏却继承了程子以史证《易》的传统，以史事对其展开了丰富的阐发。他分别以韩信与萧何两个历史人物的不同遭遇，来阐明"随有获"与"有孚在道以明"的含义。韩信为汉代开国功臣，在汉高祖刘邦战败项羽、平定天下的过程中，可以说起了极其重要的作用，其功绩自不可抹杀。但他却自恃功高，贪求不已，刘邦虽然对其要求每每都能加以满足，而猜忌之心却渐生于胸。此后韩信终究未能免于杀身之祸，正是缘于其贪求过甚之故。此即是因"随有获"而致凶的实例。相比之下，萧何亦从高祖征战多年而颇有战功，但他则不似韩信般多有所求，反而在高祖每次加以封赏的时候均辞而不受，并以家财与子弟从军，以示无二。是故高祖对其终身不疑，其亦得以保其富贵以终。这就是按照"有孚在道以明"的原则行事，而最终免于过咎的例证④。这样，随卦九四爻爻辞中的教戒含义，便通过梁氏对史事的引证，而更加充分地表现出来。

---

① （宋）程颐《周易程氏传》卷三，《二程集》，第865—866页。
② （元）梁寅《周易参义·下经第二》，《通志堂经解》第4册，第398页。
③ （元）梁寅《周易参义·上经第一》，《通志堂经解》第4册，第390页。
④ （元）梁寅《周易参义·上经第一》，《通志堂经解》第4册，第390页。

最后，在解说卦爻辞的时候，梁氏还经常将占筮与义理结合起来，来同时揭示出卦爻辞在这两方面的含义。例如，对于坤卦六二爻"直方大，不习无不利"，梁氏注曰：

> 坤六二以三才言之，则得地之道；以二体言之，则居下之中；以一爻言之，则阴居阴位。其视诸爻至为纯粹者，故有直方大之三德焉。占者有是德，则不待学习，而自无不利；无是德，则虽习亦不利也。不习云者，谓无计较，无睹当，其德其利，皆自然也。然坤贤人之德也，其不习而利，岂真不习乎？其德内直外方，而又盛大，在人言之，则真积力久而有得者也。故其不习者，未始不由于习。此爻之辞，但以成德者言之耳①。

从占筮的角度而言，此句爻辞说的是占者若能有六二之"直"、"方"、"大"三德，则不待学习而无所不利，反之，若无其德而占得此爻，则虽学习亦不利。而从义理的角度来看，此爻所说的"不习"，又并非真的完全不须学习，而是说学者于圣人之道用力既久，豁然贯通，达到内直外方而又盛大的境界，至此方能不待计较，而一言一动莫不中矩。由此可见，"不习"亦是由学习而得。这两种解《易》的角度，分别来源于程子和朱子，彼此之间本来有较大的差距，但梁氏在解说坤卦六二爻时，却兼采之而将其融为一体。其对占筮与义理之学的重视，以及其力图通过阐发卦爻辞中占筮与义理的双重含义，来实现合会程朱的意图，也由此明显地表现出来。

总的来看，在折中程朱易学思想方面，梁氏《周易参义》的最大特点，即是突出朱子易学中的占筮之学与程子易学中的义理之学，对其加以结合与阐发。这一做法与元代的同类著作相比，可以说有着极大的不同。元代大多数折中程朱的著作，对于程子固然都以取其义理之学为主，但对于朱子，则并不限于仅取其占筮之学，而是对其在象数、易图、古《易》等各个方面的学说，都有大量借鉴与发挥。相比之下，梁氏则除了占筮而外，对朱子其余易说并未表现出太多的兴趣。像赵采那样广泛地采用前代象数学方法，来补充朱子论象之未备的情况，在梁氏书中并没有出现。对于朱子所推崇的各种

---

① （元）梁寅《周易参义·上经第一》，《通志堂经解》第 4 册，第 382 页。

易图，梁氏虽然接受，但也只是本之于朱子之说而略言其义。而元代流行的改作、新作易图，或据朱子之原图而展开大量阐发的现象，同样也不见于梁氏之书。其余如朱子提倡的古《易》文本，梁氏虽然遵用之，但亦未对其意义作进一步挖掘。由此可见，这些内容都不是梁氏所关注的重点。只有占筮之学，在梁氏看来才是朱子易学思想中最为重要的部分，可以与程子的义理之学等同看待。而在此思想指导之下所产生的《周易参义》，便也具备了对占筮与义理兼容并取、双重阐发的特色。

结　　语

尽管《周易参义》在宗旨上仍是以合会程朱为主，与同类著作并无区别，但在具体实践过程中，其对程朱之易说与易学思想的折中，却有着很多别出心裁的独到之处，从而凸显出其学术价值。具体而言之，可以包括以下两点：

其一，就其对程朱易说的折中而言，《周易参义》打破了传统的引录程朱易解的做法，而代之以自己的对程朱之说的多样化诠释，从而开创了一种"义疏"式的折中程朱的新形式，并使其在折中程朱之外，兼具了注释程朱的价值。自《周易传义附录》以来，宋元时期出现的折中程朱类的易学著作，绝大多数都要把二家易说之原文收入其中。虽然其所收录的数量多寡不一，如《周易传义附录》与《周易会通》等力求全面，《周易程朱传义折衷》则有所别择而非一概全收，但并未出现将程朱之说完全排除在外的情况。而《周易参义》出于以上数种著作之后，却没有沿袭此种已几乎成为定规的思路，而是另辟蹊径，用自己所撰的"程朱之义疏"去取代程朱解《易》之文字。这显然是对折中程朱方式的一次重大变革，在元代同类著作中极为引人瞩目。同时，这种"义疏"式的折中，还使得梁氏在注释程朱二家之说方面取得了颇为值得注意的成就。明代初年蔡清著《周易蒙引》，对朱子《易本义》作"茧丝牛毛"[1] 般细致入微的疏解，其中采录梁氏《参义》多达一百余处，可见其诠释之重要性。

---

① （清）黄宗羲《明儒学案》卷四十六，中华书局，2008 年，第 1094 页。

其二，就其对程朱易学思想的折中而言，《周易参义》于朱子独取其卜筮之学，将其与程子的义理之学相结合，而不及图书象数之说，从而开辟了一条以义理为体，占筮为用的合会程朱之思路。此前大多数折中程朱的著作，在元代流行的象数之学影响下，都倾向于把象数当作朱子易学中的主要内容之一来加以阐释。这虽然在一定程度上推进了元代象数之学的发展，但与朱子的不忘象亦不泥于象的宗旨，毕竟不甚符合。相比之下，梁氏则略其象数，而将关注的重点转向占筮，通过阐述其与义理之学体用一源的关系，来实现对程朱易学的贯通。这不仅与朱子本人的"《易》以卜筮用，道理便在里面"[①]的说法较为符合，而且也使其释经之文字避免了过分纠缠象数之失，而表现出平正简明的特点，如《四库全书总目》所称赞的那样："其诠释经义，平易近人，言理而不涉虚无，言象而不涉附会，大都本日用常行之事，以示进退得失之机，故简切详明，迥异他家之繆辀。"[②]因此，其将卜筮与义理相结合，可以说确实抓住了程朱易学的一个契合之处，而后世学者"未究乎卦象"[③]的批评，其实并不足为梁氏之病。

第三节　董真卿在折中程朱基础上的全面会通

一、《周易会通》的刊刻

董真卿，字季真，鄱阳人。父董鼎，字季亨，号深山先生。其自言学术渊源曰："赖族兄介轩梦程，亲受学于勉斋黄氏、槃涧董氏，故再传而鼎获私淑焉。"[④]可知其与董梦程为同辈，而从其学，乃朱子三传。其生卒年史传无载，按其所作《书蔡氏传辑录纂注序》末署至大元年（1308），仍然在世。

---

① （宋）黎靖德《朱子语类》卷六十六，第 1635 页。
② （清）永瑢等《四库全书总目》卷四，第 27 页。
③ 潘雨廷《读易提要》，第 298 页。
④ （元）董鼎《书蔡氏传辑录纂注序》，《全元文》第 35 册，第 223 页。

而董真卿序谓"及悼弃薁孤之三年，会圣天子兴贤"①，应该指延祐元年
（1314）开科举之事。以此推之，则董鼎约卒于至大四年（1311）。吴澄谓其
寿六十八②，可知约生于淳祐四年（1244）。

董鼎与元代江浙一带朱子学者多有交往。胡炳文曾作有《送董深山》诗
二首③，如此深山为董鼎，则可见二人曾有往来。而与其关系最深者，则当属
胡一桂。胡一桂之父胡方平学于董梦程，与董鼎之学出于一源，且年龄亦大
致相仿。今传《双湖先生文集》中，有董深山《送胡廷芳之武彝》一诗。尽
管其书中诗文多有伪造者，但此诗言"痴儿撰屦戒治装"④，似与董真卿随胡
一桂入闽之事相合，还是较为可信。此外胡一桂有《十七史纂古今通要》十
七卷，仅至五代而止。后集宋、金事三卷，《天禄琳琅书目》著录元刻，以为
董鼎续纂⑤，张金吾旧藏影元抄本亦然⑥。此则不能无疑，因今《中华再造善
本》影印国家图书馆藏元刻本，后集卷端卷末均未题撰人。但总的来看，二
人应交情甚笃，故有董鼎遣其子真卿从胡一桂求学之事。

董真卿，字季真。生卒年不详，仅据董寿民记载，知道其生辰为八月二
十日⑦。其从学于胡一桂的时间，约在大德八年（1304）。此点董氏曾经不止
一次提及，如在《周易会通》卷前自序中，其即言："大德甲辰，先父深山府
君命真卿从先师新安双湖胡先生读《易》武夷山中。"⑧《书传辑录纂注序》
亦谓："大德甲辰，命真卿从双湖胡先生一桂、退斋熊先生禾，读《易》武夷
山中。"⑨ 胡一桂曾作《至日建中次季真韵》曰："尽日劳劳烟雨里，此行谁
识是耶非。翩然芒屩相随处，正见梅花欲放时。太极便堪窥易蕴，黄钟初可

---

①　（元）董真卿《书传辑录纂注序》，《全元文》第39册，第594页。

②　（元）吴澄《书传辑录纂注后序》，《临川吴文正公集》卷十一，《元人文集珍本丛刊》第3
册，第232页。

③　（元）胡炳文《送董深山》，《云峰胡先生文集·前编》，《北京图书馆古籍珍本丛刊》第93
册，第576页。

④　（元）董鼎《送胡廷芳之武彝》，《双湖先生文集》卷五，《续修四库全书》第1322册，第
577页。

⑤　（清）于敏中等《天禄琳琅书目》卷五，第151页。

⑥　（清）张金吾《爱日精庐藏书志》卷二十，第270页。

⑦　（元）董寿民《次季真见寿季真八月廿日生与其故内同月日其长子廿一日生其妾复有子》，
《元懒翁诗集》卷下，《续修四库全书》第1323册，第81页。

⑧　（元）董真卿《周易经传集程朱解附录纂注序》，《周易会通》卷首，《中国易学文献集成》
第65册，第2页。

⑨　（元）董真卿《书传辑录纂注序》，《全元文》第39册，第594页。

验葭飞。天心子半无移改，细玩尧夫至日诗。"① 可能即作于此时。董氏此行，除了向胡一桂、熊禾求学外，另一目的是谋刊其父之著作。次年，《孝经大义》在熊禾的帮助下刊成，故熊禾在序文中言："余友胡庭芳挈其高第董真卿访予云谷山中，手携《孝经大义》一书，取而阅之，则其家君深山先生董君季亨父所辑也……族兄明仲敬为刊之书塾。"② 此后董真卿又拟刻《书传辑录纂注》，并在胡一桂的介绍下结识陈栎，托其删改。陈氏记其事曰：

> 去年婺源胡双湖数相勉将蔡氏《书传》编《附录纂疏》，勉从其言，成得三分之一。继而海口董养晦又挟双湖书来，欲借所编采入其叔父董深山所编中。以不见深山所编，拒之不发。今夏养晦之来，携乃叔所编四册见示，遂亦发数篇授之。盖深山之子季真将携入闽板行甚坚，彼中已有刊主矣。近季真贻书，尽发全书共十一册来，诿以删定。但其所编多泛滥不切，自家议论尤泛，使人不满。其书先已经王葵初及双湖删之矣。葵初丙午生，好见识，遂因其已删者而痛删之③。

由此可知，陈栎虽然一开始不愿意将自己所著的《书集传纂疏》交于董真卿，使其采入董鼎书中，且对董鼎之书颇为不满，但在董真卿以全稿见示后，还是为其删改了很多，并加入己说。故《送董季真入闽刊书序》谓："季真乃肯以其先君子全书赐教，予始竭精疲神，会合以成一书。季真不远二百余里来见，板行之谋甚坚，为留旬有五日。"④ 此序约作于延祐二年（1315），因序文中提及"双湖不禄"，而胡一桂正卒于是年。陈氏祭文云"十月下旬，董君走伻，报公捐馆"⑤，所谓"董君"盖即董真卿，有可能董氏来报丧与求删定父书，为一时之事。徐明善《送董季真入建刊蔡氏书传通释序》谓"且后岁丁巳"⑥，按丁巳为延祐四年（1317），可知徐序作于延祐二年，与陈序

---

① （元）胡一桂《至日建中次季真韵》，《双湖先生文集》卷四，《续修四库全书》第1322册，第573页。
② （元）熊禾《孝经大义序》，《孝经大义》卷首，《通志堂经解》第14册，第399页。
③ （元）陈栎《与高四叔翁》，《陈定宇先生文集》卷十，《元人文集珍本丛刊》第4册，第392页。
④ （元）陈栎《送董季真入闽刊书序》，《陈定宇先生文集》卷二，《元人文集珍本丛刊》第4册，第281页。
⑤ （元）陈栎《祭胡双湖文》，《陈定宇先生文集》卷十四，《元人文集珍本丛刊》第4册，第441页。
⑥ （元）徐明善《送董季真入建刊蔡氏书传通释序》，《全元文》第17册，第206页。

亦能相合。

约在延祐五年（1318），《书传辑录纂注》于福建刻成①。至此，董鼎的两部著作已经全部在闽刊刻，而董真卿也与福建学界建立了良好的关系，便于寻得刊主②。故在天历元年（1328）撰成《周易会通》后，即由其子僎于元统二年（1334）"负笈闽关，谋绣诸梓"③。此行董真卿可能也随往，并在回程时作诗以纪行。其诗未见流传，但董寿民和诗尚存④，可见其欣喜之情。今日本东洋文库藏后至元二年（1336）翠岩精舍刻本，共十六册，半页十一行十九字，小字双行二十二字。细黑口，双鱼尾。卷前《周易会通总目》后有牌记"至元二年丙子翠岩精舍新刊"⑤。日本学者阿部隆一认为，此本即是董僎往闽谋刻的初刻本，也是本书目前所知存世最早之本。

翠岩精舍本之后，《中国古籍总目》又著录国家图书馆、中科院、国家博物馆、北京文物局、上海图书馆等处藏元刻本多部，又上海图书馆与日本国会图书馆藏明洪武二十一年（1388）建安务本堂本⑥。此外台湾还藏有务本堂本二部，其一为民国间北平图书馆旧藏，已影印入《原国立北平图书馆甲库善本丛书》；另一部为清宫旧藏，《天禄琳琅书目后编》有著录⑦。值得注意的是，以上所记元、明二刻，至少有一部分并非是截然二本。今以国图藏瞿氏铁琴铜剑楼旧藏元刻本（下称"国图本"），与原北平图书馆藏明务本堂本（下称"北平本"）相比较，二本漫漶断板之处很多都能相合。如卷九第三十一、三十二页，二本同样有比较明显的两道横贯板片的断裂。其主要区别在于，北平本在卷前《周易会通总目》后，有牌记"洪武戊辰年建安务本

---

① （元）董真卿《书传辑录纂注序》，《全元文》第 39 册，第 594 页。

② 按，除董鼎所作二书外，董真卿还曾在闽刻过其他著作。徐明善《送董季真入建刊蔡氏书传通释序》谓"季真既走建阳，刊《孝经注》、《小学》，快睹矣"（《全元文》第 17 册，第 206 页）。此《小学》，可能指《字训注解》。陈栎《字训注解跋》谓"延祐乙巳春，介轩从子季真来见……季真谋会梓板行"（《陈定宇先生文集》卷三，《元人文集珍本丛刊》第 4 册，第 297 页）。按，延祐无乙巳，疑"延祐"为"大德"之误。乙巳为大德九年，此时董真卿正谋刻《孝经大义》，因并此书而刻之。

③ （元）董僎《记》，《周易会通》卷首，《中国易学文献集成》第 65 册，第 8 页。

④ （元）董寿民《季真入闽刊易回途有纪行廿三诗索和次韵》，《元懒翁诗集》卷上，《续修四库全书》第 1323 册，第 76—78 页。

⑤ ［日］阿部隆一《日本国见在宋元版本志经部》，《阿部隆一遗稿集》第 1 卷，第 258—259 页。

⑥ 中国古籍总目编纂委员会《中国古籍总目·经部》，第 92 页。

⑦ （清）彭元瑞等《天禄琳琅书目后编》卷八，上海古籍出版社，2007 年，第 573—574 页。参见刘蔷《天禄琳琅知见书录》，第 284—285 页。

堂重刊"，而元刻则无。据此推断，或是北平本在国图本的板片上补刻了牌记，或是国图本将牌记挖去付印，而板片不过是同一套而已①。比较起来，又以补刻牌记的可能性为大。今观国图本于卷十二"《易》有四象，所以示也"一段下，引胡一桂语云"首揭夫《易》何为者也□句"，"也"下空一格②。而北平本则于空白处补"一"字③。这可能是北平本修版时补入，不应是国图本挖去。可知国图本当为较早的印本，而北平本则为修版后印。日本国会图书馆藏本，《总目》末亦无牌记，但以别纸粘补④，当是原有牌记，书贾割去以充元刻，与上文所述修版重印的情况尚有不同。国图本与北平本所用的此套板片，当是自翠岩精舍本翻刻，且刻颇佳，瞿镛即称之曰："笔画清劲，雅近颜柳，元刊中致佳本也。"⑤ 但也有一些问题。如上文所举卷十二"《易》有四象，所以示也"一段，引胡一桂语曰："第三个是故，言圣人以此斋戒。此即卜筮以用卜筮也。第五个是故，再提起易有太极，论生仪象卦之法，亦揲蓍求卦之事。"自"第三"直接跳至"第五"，明显有误。按《周易传义大全》，其间尚有"第四个是故，分言阖户为坤，辟户为乾，以明画卦布爻之法"一句⑥，此本即脱。

至于清代，《周易会通》较重要的版本为《通志堂经解》本。此本不知出于何本，但似乎并非源自国图本与北平本。与此二本相比，通志堂本中有一些阙误。如卷十二"八卦定吉凶，吉凶生大业"下，通志堂本引项氏曰："自太极以至末章为第四节，极言圣人制作之本然。制作之本有三：易有太极以下六句，言成器之所以立。天生神物以下四者，为《易》书之所由作。"⑦ 按国图本与北平本，"以下六句"下，尚有"言爻象之所由生，法象莫大乎天地以下六句"十八字⑧，通志堂本即脱。又卷七恒卦九三爻，通志堂本引冯椅注，"九三过刚而不中，其究为躁卦"至"是以不恒其德也"之间，有约二

---

① 参见阿部隆一《"中华民国国立故宫博物院"藏北平图书馆宋金元版解题》，第6页。
② （元）董真卿《周易会通》卷十二，《中国易学文献集成》第66册，第584页。
③ （元）董真卿《周易会通》卷十二，《原国立北平图书馆甲库善本丛书》第3册，第328页。
④ ［日］阿部隆一《日本国见在宋元版本志经部》，《阿部隆一遗稿集》第1卷，第260页。
⑤ （清）瞿镛《铁琴铜剑楼藏书目录》卷一，第41页。
⑥ （明）胡广等《周易传义大全》卷二十二，《景印文渊阁四库全书》第28册，第644页。
⑦ （元）董真卿《周易会通》卷十二，《通志堂经解》第4册，第295页。
⑧ （元）董真卿《周易会通》卷十二，《中国易学文献集成》第66册，第580页。《原国立北平图书馆甲库善本丛书》第3册，第327页。

十二字空白，似为表示脱文①。然国图本与北平本，"其究为躁卦"下即接
"是以不恒其德也"，并无空白②。按冯椅《厚斋易学》，此处确无脱文③，可
知通志堂本有误。清修《四库全书》本谓用内府藏本④，但以上所举两处通
志堂本脱误，四库本皆同，可知实仍是从通志堂本抄出。

二、经传编排方面对程朱的合会

董真卿作为董鼎之子、胡一桂门人，无论是家学还是师承方面，均可称
朱学嫡传。但尽管如此，其却并未墨守朱子之说，反而本着并尊程朱二家的
精神，撰成了一部以合会程朱易学为宗旨的著作《周易会通》（一名《周易
经传集程朱解附录纂注》）。推究起来，这与董氏所处的时代背景、学术渊源，
有着密切的联系。从时代背景来看，董氏所生活的年代，比胡一桂、胡炳文、
陈栎等人至少要晚二三十年，宋末元初在新安学派中盛行一时的独尊朱子的
学风，此时已渐趋衰落，固守朱子的态度逐渐出现松动。而元朝政府在这一
时期出台的科考程式中，明确规定《易》兼用程朱二家，这在客观上又显著
提高了程子易学的地位。董氏既为新安学派传人，同时大概亦曾对科举有所
关注⑤，这种学风的转变与科举制度的影响，必然会体现在其治学的过程中。
从学术渊源来看，董真卿之父董鼎，虽然学尊朱子，但却并不主朱子之言而
尽废别家。其所著《书传辑录纂注》，被后世学者称为"采拾诸家极博，不守
一师之说"⑥，实际上是尊朱派中较为开明者，也因此被较为保守的陈栎批评
为"所编多泛滥不切，自家议论尤泛，使人不满"⑦。而董真卿之师胡一桂，

---

① （元）董真卿《周易会通》卷七，《通志堂经解》第 4 册，第 248 页。
② （元）董真卿《周易会通》卷七，《中国易学文献集成》第 66 册，第 22 页。《原国立北平图
书馆甲库善本丛书》第 3 册，第 200 页。
③ （宋）冯椅《厚斋易学》卷十八，《景印文渊阁四库全书》第 16 册，第 352 页。
④ （清）永瑢等《四库全书总目》卷四，第 26 页。
⑤ 按，徐明善《送董季真入建刊蔡氏书传通释序》曰："且后岁丁巳，又三岁庚申，又三岁癸
亥，所谓先后岁庚者，是三科，四方学者，吾邑友朋，或季真，必有资《通释》取高科者。"（《全元
文》第 17 册，第 206—207 页）。此所言者虽为《尚书》之学而非易学，然亦可见董氏当时似乎有意
于科举。
⑥ （清）黄宗羲原著《宋元学案》卷八十九，第 2972 页。
⑦ （元）陈栎《与高四叔翁》，《陈定宇先生文集》卷十，《元人文集珍本丛刊》第 4 册，第 392 页。

晚年对朱学的态度亦趋向于宽松，其著作中成书较晚的后定本《易本义附录纂注》与《周易本义启蒙翼传》、《诗集传辑录纂疏》诸书，其中都存在着大量不同于朱子的见解。这同样曾招致陈栎的担忧，甚至就《诗集传辑录纂疏》亲自致信胡一桂，劝其对异说"勇于删削，只存其稳当者，稍涉奇异，不契公论，则弃去之"①。由此可见，虽然从表面上来看，董氏之学确实源于朱子，但实际上其所传之于父师者，更多的是一种较为开通的朱子之学，与陈栎等人坚决捍卫朱子门户的态度还是有很明显的区别。正是在这两方面因素共同作用之下，董氏才在治《易》的过程中，实现了由独尊朱子向程朱并尊的转变，并在此基础上提出了已困扰学者多年的程朱之说不能统一的问题："二子之书，并行于今，天下万世师尊之无异辞矣。但其经文体统，《传》、《义》主张，各有攸当，不能合为一书，读《易》者犹病焉。"② 其撰写《周易会通》，主要也是为了对这一问题试图加以解决。

然而，在折中程朱的思路与方式上，《周易会通》却表现出了显然有别于同类著作的会通特色。其不再将关注的重点，仅仅放在对程朱学说的合会上，而是本着搜集、整理、折中、阐发并重的思路，进一步收罗与程朱易说可互相发明的前代诸家之说，并将其加以最为彻底的合编。由此形成的著作，便可以达到"使读者开卷瞭焉，于古《易》今《易》之所由分合，先圣后圣之经传所宜区别，程子朱子之《传》、《义》各有攸当，其于天地万物万事之象与理，可以一览而得之"③ 的目的，可以说是一种"集大成"④ 式的合会。基于这一思路所撰成的《周易会通》，在形式与内容两个方面，便具备了一些自身所独有的特点。

《周易会通》对程朱二家的折中，始于对程朱所采用的不同经传编排方式的合会。宋元时期，程子和朱子所据的《周易》文本不同，是困扰当时主张折中程朱的学者的一个很大的问题，对于这一问题，董真卿有非常清晰的认识，在《周易会通》的序言中，即明确指出：

---

① （元）陈栎《又答双湖书》，《陈定宇先生文集》卷十，《元人文集珍本丛刊》第4册，第380页。

② （元）董真卿《周易经传集程朱解附录纂注序》，《周易会通》卷首，《中国易学文献集成》第65册，第2页。

③ （元）董真卿《周易经传集程朱解附录纂注序》，《周易会通》卷首，《中国易学文献集成》第65册，第6页。

④ （明）杨士奇《易会通》，《东里续集》卷十六，《景印文渊阁四库全书》第1238册，第579页。

今《易》则自费直、郑玄，以孔子《彖》、《象》之传，附释正经之末。而参解文王、周公《彖》、《象》经文之间，并附《文言》，则始于王弼。程《传》主理义而仍其旧。古《易》则自吕微仲、晁以道始复而未尽，吕伯恭复分羲文周公上下经六十四卦为经二篇，而以孔子《十翼》为传十篇，各自为卷，以合于古。《本义》主象占而用其本①。

程朱二家在文本上的最大区别在于：程子《易传》用王弼本，其编排以经传合一为主，《彖传》、《象传》、《文言传》均混于经文之中，只有《系辞传》以下无经可附者，方才单独成篇。而朱子《本义》则用吕祖谦所定的《古周易》本，其编排的特色为经传相分，上下两篇经文与十篇《易传》均独立成篇，绝无混杂。二者之间存在着很大的差距，难于融通，所谓"不能合为一书"，首要的困难便是来自于这种"经文体统"②的不同。前代学者中虽然也有人力图解决这一问题，如董楷的《周易传义附录》，采用了"据王弼本分为高下字行，以别四圣二贤之《易》"③的办法，亦即是说，仍以程子所据的王弼本为基础，只是将《彖传》、《象传》等部分低于经文一格排列，以示区别，由此来达到"不敢离析程《传》，又不敢尽失朱夫子之意"④的目的。但这一办法，在董氏看来也并非十分完善。其原因不仅在于此编排方式实际仍然是以程子为主，没有从实质上改变经传混排的情况，而且从另一个角度来看，程子所据之王弼本中，尚有《系辞》、《说卦》、《序卦》、《杂卦》四篇《易传》不与经文相混，也就无法采用这种以高下分别经传的方式，这也就是董真卿所说的"不能尽行于《系辞》诸篇"⑤。因此，董楷之书在学界流传开来之后，"不旋踵有废其例者"⑥，并不能令董真卿满意。那么，应当

---

① （元）董真卿《周易经传集程朱解附录纂注序》，《周易会通》卷首，《中国易学文献集成》第65册，第1—2页。
② （元）董真卿《周易经传集程朱解附录纂注序》，《周易会通》卷首，《中国易学文献集成》第65册，第2页。
③ （元）董真卿《周易经传集程朱解附录纂注序》，《周易会通》卷首，《中国易学文献集成》第65册，第2页。
④ （宋）董楷《周易程朱先生传义附录》卷首《周易程朱氏说凡例》。
⑤ （元）董真卿《周易经传集程朱解附录纂注序》，《周易会通》卷首，《中国易学文献集成》第65册，第2页。
⑥ （元）董真卿《周易经传集程朱解附录纂注序》，《周易会通》卷首，《中国易学文献集成》第65册，第2—3页。

采取一种什么样的形式，才能使得程朱二家所据的《周易》文本合而为一呢？董氏经过长期的思考，提出了一种"相统而不相杂"①的新编排方法。其描述这种方法说：

> 四圣之《易》，伏羲卦画，文王卦辞，周公爻辞，此三圣人者谓之经。今于各卦之首，标以"经"字。孔子《大象传》、《彖传》、《小象传》、《文言传》，有经可附者，附各卦之后。其总论一书之大体凡例，无经可附，如《系辞上传》、《系辞下传》、《说卦传》、《序卦传》、《杂卦传》，则以附于六十四卦之后，各于篇题仍存传名，并作白字，庶几不与正文相混②。

由此可见，董氏的经传编排方式是：每卦之下先列卦象、卦辞、爻辞，此为"经"的部分；再于其下依次列出此卦的《大象传》、《彖传》、《小象传》、《文言传》，作为"传"的部分。如对于乾卦，其排列的次序即如下表所示：

表7-1　《周易会通》乾卦经传编排示意表

	卦象	☰
经	卦辞	元亨利贞
	爻辞	自"初九潜龙勿用"至"用九见群龙无首吉"
传	大象传	天行健，君子以自强不息
	彖传	自"大哉乾元"至"万国咸宁"
	小象传	自"潜龙勿用阳在下也"至"用九天德不可为首也"
	文言传	自"元者善之长也"至"其唯圣人乎"

其余六十三卦的排列，与乾卦大体相同。《易》中之经文与"有经可附"的传文的部分，即作如此形式编排。至于"无经可附"的《系辞传》以下，则仍按照王弼本的方式，自成一篇，依次排列于六十四卦之后。通过这一折中，便使得《周易》文本的编排，既在总体上保持了王弼本经传合一的面貌，又在各卦之中体现出朱子经传分离的特色。按照董氏自己的说法，这一全新

---

① （清）永瑢等《四库全书总目》卷四，第26页。
② （元）董真卿《周易会通凡例》，《周易会通》卷首，《中国易学文献集成》第65册，第9页。

的《周易》文本并非其自行杜撰，而是有朱子之说为其依据。一方面，董氏提出，其将《易传》合于经文，与朱子尊重古《易》面貌、主张经传分离的态度并不违背。他说：

> 夫朱子之所以宗晁、吕者，不过欲使学者分别四圣之《易》，以求之古耳。若一切例以古人著书，经传必各自为卷，窃意解经者之谦德，兼竹简刀篆之烦而然。若以孔子之传，附羲、文、周公之经，亦犹程朱子之《传》、《义》，附四圣之书尔，固未见其不可也①。

在董氏看来，古《易》之所以经传各自成卷，是因为作《易传》者自居谦退，不愿使自己的传文与经文并列，并不是说经传不能并列。另一方面，古时主要的书写工具为竹简与刀具，若将经传合一，则一卷之中要刻写大量文字，显得较为困难，若在书写工具改善的今日，将经传合而书之，固亦无妨。由此可见，古《易》经传分离的面貌，并非一定要为后世学者所拘守。而朱子在注《易》的时候，之所以要采用经传分离的古《易》文本，也只是希望能借此令学者明白四圣之《易》的旨意有所不同，不能混为一谈，而并非认为其文本不能合一。况且程朱子之《易传》、《本义》，尚且附于《周易》经传而行，并没有脱离《周易》而自成一书，那么以孔子所作之《易传》，附于伏羲、文王、周公所作的《易经》，又有何不可之处？这种以程朱《传》、《义》之附于《易》，来证明《易传》可附于《易经》的论证方法，可以说颇为有力，也常为后世主张经传合一的学者所遵用，如清代黄宗炎即说："后世注经之儒，亦将一人之私言附诸经传之下，未有非之者，而乃以移孔言附文、周为非。"② 与董氏之说可谓如出一辙。另一方面，其又提出，其将《大象传》、《彖传》、《小象传》、《文言传》编入经文，而将《系辞传》、《说卦传》、《序卦传》、《杂卦传》附于六十四卦之后，这种编排方式与朱子的"附经"、"叶韵"之说，也有契合之处。所谓"附经"，指《本义》"系辞上传"题下，朱子注曰："以其通论一经之大体凡例，故无经可附，而自分

---

① （元）董真卿《周易经传集程朱解附录纂注序》，《周易会通》卷首，《中国易学文献集成》第65册，第3页。

② （清）黄宗炎《周易寻门余论》卷上，《易学象数论》，第342页。

上下云。"① 而所谓"叶韵",则指朱子在《本义》与《语类》中多次提出,各篇《易传》均有押韵的情况,如对于《文言传》其即说:"《文言》上不必大故求道理,看来只是协韵说将去。"② 董氏即据此两点而指出:

> 律以今《易》乾卦义例,其合传之经,则《彖》、《象》、《文言》混而不分,其附经之传,则卦象、象、爻糅而无序。今特标列而次第之,于羲、文、周公之经,孔子之传,初不相杂而相统,有经可附者附之,无经可附者,则总附于六十四卦之后。亦岂非朱子之意,而程子之《传》,可合而观之矣。苟如是读之,则周公之爻辞、孔子之《彖》、《象》、《文言》,与夫《系辞》以后四篇,莫不各有声韵音律,焕乎会通,又何以为读《易》者之病哉③?

按照董氏的看法,朱子将《系辞传》看作"无经可附"者,也就说明只有《系辞传》以下四篇不能合于经文的《易传》,才需要单独成篇,而《彖传》、《象传》等"有经可附"者,固然可以附于经中。只是在具体操作方式上,程子所用的王弼本,尚存在着很明显的不足之处。如乾卦以下六十三卦,经文与传文交叉排列,编排显得极为混乱。而乾卦部分虽然经传分别排列,但其既不标出《彖传》、《象传》、《文言传》等《易传》之名,导致各篇《易传》"混而不分",又在排列次序上以《彖传》为先,大小《象传》次之,《文言》最后,致使其次第"糅而无序",也不能说特别完善。因此,董氏便以相对合理的王弼本乾卦之编排为基础,而针对其存在的两点问题作出相应的调整。对于传文混淆的问题,其即在各篇《易传》之首均标出传名,以相区别;对于排列次序不妥的问题,其则据《系辞下传》中"《易》者象也"、"象者材也"、"爻者效天下之动也"的论述,将《大象传》移至诸篇《易传》之首。这样从《周易》全书来看,经与传固然是合一的,但若从各卦来看,则又显得经传相分,读之各有声韵,蔚然成章,并没有混杂之弊。同时,各卦之中经与传的关系,还明确形成了"孔子《大象传》所以释伏羲六画卦义,

---

① (宋)朱熹《易本义·系辞上传第五》,《朱子全书》第1册,第123页。
② (宋)黎靖德《朱子语类》卷六十九,第1710页。
③ (元)董真卿《周易经传集程朱解附录纂注序》,《周易会通》卷首,《中国易学文献集成》第65册,第3—4页。

《彖传》所以释文王卦下之辞，《小象传》所以释周公爻下之辞，而《文言传》又总释一卦之义"① 的态势，又达到了以经统传的目的。因此，在经传编排的具体形式上，其做法也有朱子之说为其依据，并非肆意妄改。

除了援引朱子之说，来为其经传编排方式进行辩护之外，董氏还试图通过描述历史上《周易》经传的分合情况，来对其折衷程朱《周易》文本的行为作出解释，并希望在一定程度上弥补因折衷而带来的古《易》面貌淆乱的问题。为此，其在《周易会通》中，即特别了设立《周易经传历代因革》一章，著录了自"伏羲氏《易》"以下二十八家之《易》。而这二十八家，除去羲、文、周、孔之经传本文，其余二十四家，除少数不易辨别者之外，大部分实际无非两个系统，一是经传分离的古《易》系统，二是经传混杂的今《易》系统。现据《因革》章之记载，将此两个系统的经传编排情况分别列表于下：

表 7 - 2　《因革》所录古《易》系统表

作者与著作	经传编排	说明
商瞿《易》 田何《易》 施孟梁丘《易》	上下经，十翼，共十二篇。	商瞿受《易》孔子，传至田何，又传至施、孟、梁丘，为古《易》。
胡旦《周易演圣通论》	彖一，大象二，小象三，乾文言四，坤文言五，上系六，下系七，说卦八，序卦九，杂卦十。	彖传合为一篇，象传分为大象、小象二篇，文言分为乾文言、坤文言二篇。
胡瑗《易传》	上彖一，下彖二，大象三，小象四，文言五，上系六，下系七，说卦八，序卦九，杂卦十。	象传分为大象、小象二篇。
吕大防《周易古经》	上经第一，下经第二，上彖第三，下彖第四，上象第五，下象第六，系辞上第七，系辞下第八，文言第九，说卦第十，序卦第十一，杂卦第十二。	次序与吕祖谦及朱子之本相同，仅标目略有不同。
邵雍《古周易》	与晁说之《古周易》同。	

---

① （元）董真卿《周易会通凡例》，《周易会通》卷首，《中国易学文献集成》第 65 册，第 9—10 页。

续表

作者与著作	经传编排	说明
晁说之《古周易》	卦爻第一，彖第二，象第三，文言第四，系辞第五，说卦第六，序卦第七，杂卦第八。	卦爻、彖传、象传、系辞，均不分上下。文言传置于系辞传之前。
程迥《古易考》	上篇，下篇，彖上，彖下，象上，象下，文言，系辞上，系辞下，说卦，序卦，杂卦。	文言传置于系辞传之前。
吕祖谦《古周易》	周易上经第一，周易下经第二，周易彖上传第一，周易彖下传第二，周易象上传第三，周易象下传第四，周易系辞上传第五，周易系辞下传第六，周易文言传第七，周易说卦传第八，周易序卦传第九，周易杂卦传第十。	
朱熹《易本义》	与吕祖谦《古周易》同。	
冯椅《易辑》（包括《易辑注》、《易辑传》、《易外传》）	彖上赞，彖下赞，象上赞，象下赞，说卦上，说卦中，说卦下，文言，序卦，杂卦。	将原系辞上传与系辞下传改为"说卦上"、"说卦中"，将原说卦传改为"说卦下"。又改"彖"、"象"为"赞"。《易辑传》为经传混排之本。

表 7 - 3　《因革》所录今《易》系统表①

作者与著作	经传排列	说明
费氏《易》	经文：卦辞，爻辞。彖传，象传（总称为"传"）。	将彖传与象传附入六十四卦之后，与卦爻辞分别排列。去掉"彖传"、"象传"等篇目，总称"传"。
郑玄《易》	经文：卦辞，爻辞，彖传，象传。	将彖传、象传与卦爻辞连排，于彖传加"彖曰"，象传加"象曰"，以相区别。
王弼《易注》	经文：卦辞，彖传，大象传，爻辞（附小象传），文言传。传文：系辞传上，系辞传下，说卦传，序卦传，杂卦传。	除乾卦保持郑玄《易》之面貌外，坤卦以下六十三卦，将彖传与大象传提至爻辞之前，小象传拆散，附于每爻爻辞之后。又附入文言传。程子用其本。

---

① 以上二表据《周易会通》卷首《周易经传历代因革》整理，《中国易学文献集成》第 65 册，第 45—71 页。

续表

作者与著作	经传排列	说明
李鼎祚《周易集解》	经文：序卦传，卦辞，象传，大象传，爻辞（附小象传），文言传。传文：与王弼本同。	在王弼本基础上，又将序卦传拆散，附于各卦之首。程子《易传》与其有相似之处。
程颐《易传》	经文：卦辞，象传，大象传，爻辞（附小象传），文言传。传文：无。	以王弼本为基础，将系辞、序卦、说卦、杂卦的相关内容合入经文中，故系辞传以下无注。
林栗《周易经传集解》	经文：序卦传，卦辞，象传，大象传，杂卦传，爻辞（附小象传）。传文：系辞传上，系辞传下，文言传，说卦传，序卦传，杂卦传。	除乾、坤二卦保持王弼本面貌之外，其余六十二卦，均将序卦传与杂卦传拆散，附入其中。传文部分的序卦传、杂卦传为白文。
李过《西溪易说》	经文：卦辞，象传（附文言传释卦辞之文字），大象传，爻辞（附小象传与文言传释爻辞之文字）。传文：无。	在王弼本基础上，将文言传拆散，附于象传与小象传之下。王弼本乾卦原本保持郑玄本之面貌，李氏亦改之。系辞传以下无注。
蔡渊《周易经传训解》	经文：卦辞，大象传，象传，爻辞（附小象传。）传文：系辞传，文言传，说卦传，序卦传，杂卦传。	将大象传提至象传之前，文言传不合于经，自成一篇。凡传文皆低于经文一字，以相区别。
方逢辰《易外传》	与李过本相同。	

　　上表所录的反映古今《易》书文本流变的二十余家，可以说构成了董氏《因革》部分的主体内容。当然，董氏此处所力图揭示的并不仅限于此，还包括古今之《易》的授受源流及思想传承，因此其在此章中，也著录了一些与《周易》经传变迁关系不大的著作。例如，《焦氏易林》只将六十四卦变为四千零九十六卦而解之，根本不涉及经传编排的问题，而董氏却仍对其加以著录，这是因为其以爻变与卜筮解《易》，在思想上上承伏羲、下启朱子，是朱子古《易》派传授中不可缺少的一环。而李翱《易诠》，其体例是"先说八卦，次列六十四卦，并《杂卦》"①，看不出在文本上是倾向于古《易》还是

①　（元）董真卿《周易经传历代因革》，《周易会通》卷首，《中国易学文献集成》第65册，第59页。

今《易》，且其书至元代时恐已亡佚，董氏也未必能对其编排与内容了解得太清楚。其之所以著录此书，可能是由于李翱为韩愈之弟子，而韩愈则为宋元理学家所公认的理学先驱，含有一定的明道统之所自的意味。但除了这有限的几种之外，《因革》部分的绝大多数著录，仍都是偏重于描述古《易》与今《易》文本变化的情况。有学者对其评论说："所及尚未广，仅重视经传之编次。"① 这一说法是较符合《因革》的实际情况的。

在这一描述的过程中，董氏即对其折中程朱二家所据《周易》文本的行为，展开了一些辩解。一方面，其在叙述古《易》变乱与复原的历史的过程中，附带表明了其支持朱子所定之古《易》的态度，与其不得不改易经传编排的苦衷，如在"施孟梁丘《易》"之下，其即注曰：

> 商瞿受《易》孔子，传至田何，又传至施、孟、梁丘为最著，乃古《易》也，故专列此数家。又转而至费直，则今《易》权舆矣。若是，则施、孟、梁丘之后，正古今《易》因革之一会也。寥寥千数百载，至程朱子而又为古今《易》因革之一会焉。今既合二子之书，故不得不酌其宜而通之。此愚《经传集解》之所由编集，而古今《易》之所以不可不区别也②。

从传承上来看，自商瞿至施、孟、梁丘，所传者均为经传相分之古《易》，至于费直则合传于经，首开今《易》之先河。因此，由施、孟、梁丘而至费直，可谓是古今《易》书文本的第一个大的因革。至于宋代，程子沿用今《易》文本，而朱子改从古《易》文本，又为《易》书文本的一个大的因革。董氏在此处特别指出，对于这种从古《易》变乱为今《易》，再从今《易》复原为古《易》的过程，其是完全清楚的。其之所以没有遵用朱子所复之古本，完全是出于合会程朱二家之说的需要，可以说是一种不得已的行为，并不是由于不了解这一变迁历史，而误认为古《易》与今《易》无需区别，更不是有意要在古《易》已复之后，再对其进行淆乱。本着这一态度，董氏即对朱子之后出现的几家不同的《周易》文本，作了一些批评。如对于

---

① 潘雨廷《读易提要》，第 293 页。
② （元）董真卿《周易经传历代因革》，《周易会通》卷首，《中国易学文献集成》第 65 册，第 53 页。

李过《西溪易说》，其即引胡一桂之说曰："王弼本乾卦，存郑氏初乱古《易》之例，至此又汩乱无余缊矣。"① 而对于冯椅《易辑》，其则据朱子之说，以辨其将《系辞上》、《系辞下》改为《说卦上》、《说卦中》之错误②。由此可见，其仍然认为朱子所定之古《易》是最为正确之本，其折中乃是在承认朱子之本的前提下而作出的一种权宜之策，与其余以朱子之古《易》为不足据而蓄意更改者，可以说有着本质的区别。

另一方面，董氏还试图通过《因革》这一章的内容，使学者了解程朱所据《周易》文本的本来面貌及其渊源，以此来弥补因其折中而导致的在文本方面既不同于程、又不同于朱的混乱局面。对此董氏提出：

> 朱子以伏羲《易》、文王《易》、孔子《易》，当分为三等，又曰："《易》自伏羲至伊川，自成四样。"因而推之，由伏羲始画八卦以来，历代圣贤经传注解，其所因所革，何啻三等四样之不同哉？姑据师授及所闻见，叙其大概，列于是编之首。非唯使读《易》者不惑于古今之同异，具知程朱子之因革，则于愚所更定者，庶无大过矣③。

在这一段文字中，董氏即指明了其作《因革》一章的另一个用意。按其说法，《因革》一章所收录的二十八家之《易》，主要目的即在于以此来明确"程朱子之因革"，亦即二家所据古今《易》书文本的基本面貌与形成过程。如程子所据之今《易》，乃是自费直初变古本，郑玄承之而又有所改易，至于王弼方改为今本；而古《易》自费直淆乱之后，至宋代历经胡旦、胡瑗等多家，最后方才定于朱子之手。这样，学者们通过阅读《因革》一章，就可以获得对朱子之古《易》与程子之今《易》的全面认识，董氏尽管在正文部分中改变了经传排列方式，也不会造成程朱原本的湮没，更不会带来古《易》与今《易》淆乱的问题，这也就是其所说的"于愚所更定者，庶无大过矣"。总之，董氏在《周易会通》中特别设立《因革》一章，虽然从表面上来讲是

---

① （元）董真卿《周易经传历代因革》，《周易会通》卷首，《中国易学文献集成》第 65 册，第 70 页。

② （元）董真卿《周易经传历代因革》，《周易会通》卷首，《中国易学文献集成》第 65 册，第 70—71 页。

③ （元）董真卿《周易经传历代因革》，《周易会通》卷首，《中国易学文献集成》第 65 册，第 45 页。

为了"反映出《周易》经传变迁的经过"①，但究其实质，仍然是希望借此来消弭其改易经传编排而带来的诸多问题，特别是力图将破坏朱子古《易》面貌的影响降至最低限度。

然而，尽管董氏如此苦心孤诣地对自己折中程朱《周易》文本的行为，从各个方面作出种种辩解，但其改易朱子古《易》的事实毕竟是客观的，且其编排也并非全无可议，因此也不可避免地招致了一些学者对其的批评。在《周易会通》面世之后不久，便有史伯璿、吴师道两位元代学者，就其经传排列分别提出了不同的看法。其中史伯璿主要是就其在折中的过程中拆分大小《象传》的做法，提出了一点疑问。其说曰：

> 董真卿所以移《大象传》置《彖传》前者，其意盖谓卦是伏羲所画，卦辞是文王所系，爻辞是周公所系。夫子《大象传》是说伏羲《易》，《彖传》是说文王《易》，《小象传》是说周公《易》，故次序当如是。愚谓如此立说，未为无理。但董氏序说《十翼》次序，既依《本义》，以《象传》置《彖传》后，而于各卦，又移《大象传》置《彖传》前，前后不免相反，不知何说。以夫子传有大小，若分大小为二，则《大象》自有上下，《小象》亦自有上下，又成四传，如此则夫子乃十三翼邪？恐未为的当，更详之②。

史氏认为，董氏将《象传》拆分为《大象传》与《小象传》，并在排列次序上，以《大象传》置于《彖传》之先，《小象传》居于《彖传》之后。这大概是由于《大象传》解伏羲卦画，《彖传》解文王卦辞，《小象传》解周公爻辞，故作如此排列，可谓有其一定道理。但问题在于，朱子所定的《易传》篇目与次序，《象传》仅分上下，不分大小，且统一排于《彖传》之后。对于朱子之说，董氏本是认同的，而此处的编排却显然与之抵牾。特别是在分篇问题上，若既按董氏之说分大小，又按朱子之说分上下，则《大象传》与《小象传》又各有上下二篇，是一篇《象传》被分成了四篇。这样计算起来，董氏《周易会通》中《易传》部分的数量，竟然达到十三篇之多，更加

---

① 许维萍《董真卿〈周易会通〉在"复古〈易〉运动"中的意义》，《元代经学国际研讨会论文集》，第326页。
② （元）史伯璿《管窥外篇》卷下，《景印文渊阁四库全书》第709册，第660—661页。

不合于通行的"十翼"之说。因此，在这一点上，董氏的说法恐有"未为的当"之处。值得注意的是，这里史氏对董氏折中程朱、改易古《易》的行为，并未提出批评，只是认为在合传于经的过程中，应该尽量保持经传之本来次序，不要出现自相矛盾的情况，其态度相对而言还显得较为开明。

与史伯璿相比，吴师道对董氏的批判，就显得严厉了许多。他将批判的矛头，直接指向了董氏对古《易》的变乱，从而提出：

> 羲、文、周、孔，因时立教，变通作用不同，固难执《彖》狥卦，执《象》狥爻，以求其必合。复古者，正欲救学者支离牵合之弊，非若程朱《传》、《义》，专解经旨，可相附也。以今董氏所编乾卦观之，即郑氏附《彖》、《象》之旧，但移"天行健，君子以自强不息"一句，置《象传》之上，其后《文言》，则亦王弼之旧。自坤以下，则又改弼之例，而从郑氏耳。去"彖曰"、"象曰"，而加以"大象传"、"彖传"、"小象传"字，部位如故，而改立标帜，其得失又何相远哉[1]?

在此段文字中，吴氏集中批驳了董氏在折中程朱之本时出现的两点问题：其一是在为自己合会经传的行为进行辩护时，董氏曾经提出一个理由，认为程子《易传》与朱子《本义》，如今都附于《周易》本文而行世，以此推论，则以孔子之《易传》附于伏羲、文王、周公之经文，似乎也并无不可。对此吴氏即针锋相对地指出，程朱之《传》、《义》与羲、文、周、孔之《易》不同。前者专为解说《周易》经传而作，固然可以附经而行，而后者的目的则在于因时设教，如伏羲以卜筮为教，而孔子则以义理为教，作用各有不同，不能强合。因此，董氏的论证是无法成立的。其二是在折中文本的具体方式上，董氏虽然声称自己的做法是既达到了合传于经的目的，又兼顾了经传相分的需要，但究其实质，无非是在郑玄本的基础上，将《大象传》移置《象传》之前，又把郑本之"象曰"、"象曰"改为"大象传"、"彖传"、"小象传"而已。这种"部位如故，而改立标帜"的编排方法，在变乱古《易》方面与郑玄之失所去无几，根本达不到其所说的使经传既能相合、又有区别的目的。在吴氏看来，程朱《传》、《义》本无可折中之道，所谓"朱子《本

义》自与程《传》体段不同，而程《传》发明之义理，虽自为一经可也，不当强求其通"①，而董氏却必欲合之，最终只能导致古《易》面貌更大程度的淆乱。总之，董氏对程朱《周易》文本的折中，虽然较有特色，但却并未能得到当时与后世的大多数学者的认同。

三、对程朱与前代诸家之说的收集与条理

在完成了对程朱所据《周易》文本的折中后，董真卿又展开了对程朱易说的合会。他秉持着"合程、朱《传》、《义》之全，采诸家注释之要"②的目的，将程子《易传》与朱子《本义》原文，程朱论《易》的一切文字语录，以及可以羽翼程朱的前代诸家之解，加以搜集整理，并按照其所拟定的凡例合为一书。由此形成的《周易会通》，即在合会程朱之说方面体现出资料采集的拓展与编排的有条不紊的特点。

董氏的工作，首先从采录程朱论《易》之文字开始。在这一方面，其主要是对于程朱散见于各处的易说，进行尽可能的搜集，以求最大限度地集合二家之说。其具体的搜集方式，大致包括以下三点：

其一，程子《易传》不注《系辞传》以下诸篇，对此董氏采取了"以《经说》补之"③的办法。这里所说的《经说》，指《河南程氏经说》中的《易解》部分，这一做法大致应是沿袭自董楷《周易传义附录》。尽管这一部分仅包括了十余条程子的解说，且全部集中在《系辞传》部分，但却是程氏著述中除了《易传》之外，唯一一种独立成篇的解《易》文字，且其说大都不见于程子的其他著作中。因此，以此来补充程《传》，既在体例上显得较为一致，又达到了将程子这一部分易说加以收录的目的。值得注意的是，此处董氏并没有像一些元代坊间刻本那样，用吕祖谦所编之《周易系辞精义》去补充程子，这大概是因为《系辞精义》中不专录程子，而是并及周敦颐、张载等其余十几家之说，且其中所收录的程子之说，尚有很大一部分是来自于

---

① （元）吴师道《与刘生论易书》，《吴师道集》卷十一，第224页。
② （元）董僎《记》，《周易会通》卷首，《中国易学文献集成》第65册，第8页。
③ （元）董真卿《周易经传集程朱解附录纂注序》，《周易会通》卷首，《中国易学文献集成》第65册，第4—5页。

《易传》及文集、语录之中，与董氏之书的体例并不一致，故而为其所不取。有前代学者曾以董氏不用《系辞精义》为理由，来论证《系辞精义》为伪书，非吕祖谦所作①。但董氏在《因革》部分著录吕祖谦的著作时，明确提及其有"《系辞精义》二卷"②，而并未指其为伪书，前人之说恐未必然。

其二，对于程朱二家语录，董氏主要从董楷《周易传义附录》与胡一桂《易本义附录纂注》中加以采录。其中程子语录"尽用天台董氏所纂"③，可以说是以《周易传义附录》一家为主；而朱子语录则"除董《录》外，多用先师胡先生所编"④，亦即兼采《传义附录》与《附录纂注》。例如，复卦《象传》"复其见天地之心乎"，董氏即于此下采录五条程子语录：

> "复其见天地之心"，一言以蔽之，天地以生物为心。陈氏拾遗。
>
> 复者，反本也。本有而去之，今来复，乃见天地之心也，乃天理也。此贤人之事也。拾遗。
>
> 复卦非天地之心，复则见天地之心。圣人无一作"未尝"。复，故未尝见其心。语录。
>
> 人说"复其见天地之心"，皆以谓至静能见天地之心，非也。复之卦下面一画便是动也，安得谓之静？自古儒者皆言静见天地之心，唯某言动而见天地之心。或曰："莫是于动上求静否？"曰："固是，然最难。"安节。
>
> 或曰："先生于喜怒哀乐未发之前，下动字，下静字？"曰："谓之静则可，然静中须有物始得，这里便一作"最"。是难处，学者莫若且先理会得敬，能敬则自知此矣。"⑤

以上董氏于《会通》中所引的这五条程子语录，从内容到排列顺序，均

---

① 如瞿镛即认为："天台董氏《传义附录》、鄱阳董氏《周易会通》，皆采文集、语录以补其阙，而不及《精义》。"见《铁琴铜剑楼藏书目录》卷一，第19页。姜海军亦赞同其说，谓"可谓确论"，见《程颐易学研究》，北京师范大学出版社，2010年，第85页。

② （元）董真卿《周易经传历代因革》，《周易会通》卷首，《中国易学文献集成》第65册，第66页。

③ （元）董真卿《周易会通凡例》，《周易会通》卷首，《中国易学文献集成》第65册，第10页。

④ （元）董真卿《周易会通凡例》，《周易会通》卷首，《中国易学文献集成》第65册，第11页。

⑤ （元）董真卿《周易会通》卷五，《中国易学文献集成》第65册，第667页。

同于《周易传义附录》①，当是从彼采入，而初定本《易本义附录纂注》仅采其中第三条②。尽管董氏所用者，为《纂注》之重订本，但重订本主要增入的是历代诸家解说，对于程子语录，未必有大量扩充。且董氏明言"先师凡两著《本义附录纂疏》，程《传》仅撮其要于诸儒之列，而天台本则未及见也"③，是胡一桂未见到过《周易传义附录》，董氏自不可能从胡书援引。而大有九三"公用亨于天子，小人弗克"，董氏则其下引三条朱子语录：

> 古文无"享"字，"亨"、"享"、"烹"只④通用。如"公用亨于天子"，解作"亨"字便不是。学蒙。

> "亨"、"享"二字，据《说文》本是一字，故《易》中多互用。如"王用亨于岐山"，亦当为"享"，如"王用享于帝"之云也。字画音韵是经中浅事，故先儒得其大者多不留意，然不知此等处不理会，却枉费了无限辞说牵补，而卒不得其本义，亦甚害事也。

> 此"亨"字已有左氏所引可证，如随之"王用亨于西山"，亦是祭享之享无疑⑤。

此三条语录中，《附录》仅引第二条⑥，初定本《纂注》则引第一条与第三条⑦，董氏即合二家所引而共得三条。由于《周易传义附录》与《易本义附录纂注》对程朱语录的采择都极为丰富，因此董氏以此二家作为其采录的基础，便保证了百分之九十以上的程朱语录，都能够汇集到《周易会通》之中。

其三，在《附录》与《纂注》之外，董氏又遍览程朱之著作以及"其他纂录之文"，从中"采其未备者增益之"⑧。这里所谓的"未备"，情况又各有不同。有的是本来即为程朱论《易》之文字，而《附录》与《纂注》失载

---

① （宋）董鼎《周易程朱先生传义附录》卷七。
② （元）胡一桂《易本义附录纂注·象上传第一》，《儒藏精华编》第 5 册，第 287 页。
③ （元）董真卿《周易经传集程朱解附录纂注序》，《周易会通》卷首，《中国易学文献集成》第 65 册，第 3 页。
④ 按："烹只"，原作"亨六"，据《易本义附录纂注·上经第一》改。
⑤ （元）董真卿《周易会通》卷四，《中国易学文献集成》第 65 册，第 519—520 页。
⑥ （宋）董鼎《周易程朱先生传义附录》卷四。
⑦ （元）胡一桂《易本义附录纂注·上经第一》，《儒藏精华编》第 5 册，第 179 页。
⑧ （元）董真卿《周易会通凡例》，《周易会通》卷首，《中国易学文献集成》第 65 册，第 11 页。

者。如豫六二"介于石，不终日，贞吉"，董氏引用了三条程子语与一条朱子语。其中程子语包括"先见则吉可知，不见故致凶"，"介如石，理素定也，理素定，故见几而作，何俟终日哉"，"理素定，然后能见几而作，不明乎理，何几之能见"；朱子语则为"介于石，言两石相磨而出火之意，言介然之顷，不待终日，而便见得此道理"①。这四条语录中，程子三条见《周易传义附录》②，而朱子一条，则《附录》与初定本《纂注》均未收录，应为董氏补入。有些则并非是程朱为注《易》而作，但可以与其易说相发明者。如泰卦九二"包荒，用冯河"，董氏引朱子语曰："冯河，徒涉。"③ 此本为朱子《论语集注》中之文字，乃是注《论语》而非注《易》者，但此处恰好能以此来解释爻辞中"冯河"之意，故董氏取之。这一增益既补充了不见于《附录》与《纂注》的程朱易说，又将搜集的范围扩大到程朱的其他著作之中，可以说真正实现了对二家之说巨细靡遗的收录。

以上三点，即是董氏在搜集程朱易说时所采取的主要方式。通过这些途径，《周易会通》所搜集的程朱之说，无论是从数量上还是从范围上来看，都要超出《周易传义附录》与《易本义附录纂注》，真正达到了其"合程朱《传》、《义》之全"的目的。当然，这并不意味着《会通》对程朱之说无一遗漏，未收入其中者仍然时时有之。例如，朱子曾论需卦曰："后世策士之言，只说出奇应变，圣人不恁地，合当需时便需。"④ 此条语录见于《朱子语类》与《文公易说》，却然未见于《会通》。这种情况的出现，一方面是由于董氏在搜集的过程中，也对二家语录作了一定的比较与去取，如其所说的那样："是书以程朱二家为主，故凡语录诸书，应有与《易经》相关者，悉加搜辑。然其间岂无有录者之详略工拙，议论之先后异同，审定去取，以备参考。"⑤ 另一方面，也不排除董氏在合编程朱之说时，有搜集未备或疏漏的情况。但总体而言，董氏对程朱易说的收录，仍是宋元时期最为完备的。

在对程朱之说作了全面搜集之之后，董氏又对能够发明程朱的"诸家之

---

① （元）董真卿《周易会通》卷四，《中国易学文献集成》第 65 册，第 547 页。
② （宋）董鼎《周易程朱先生传义附录》卷五。
③ （元）董真卿《周易会通》卷三，《中国易学文献集成》第 65 册，第 474 页。
④ （宋）黎靖德《朱子语类》卷七十，第 1748 页。又见于朱鉴《晦庵先生朱文公易说》卷三。
⑤ （元）董真卿《周易会通凡例》，《周易会通》卷首，《中国易学文献集成》第 65 册，第 11—12 页。

解"展开了广泛收纳。在这一方面，董氏主要以其师胡一桂《易本义附录纂注》之重订本为基础，又"以平日所闻父师者增益之"，选择其中"议论之优长，理象之的当"① 者加以补充，并在卷前列出其采用的"古今名贤"共计一百九十六家，具体内容见下。

表7-4　《古今名贤》所录诸家易说表②

序号	作者	书名与卷数	序号	作者	书名与卷数
1	商瞿		2	子夏	子夏易解十卷
3	左丘明		4	新城董公	
5	田何		6	施雠	
7	孟喜	（章句十卷）	8	梁丘贺	
9	焦赣	焦氏易林十六卷	10	京房	京氏易传
11	扬雄	（太玄经十卷）	12	费直	（周易注四卷）
13	马融	周易章句十卷	14	郑玄	周易注九卷
15	许慎	周易异义	16	荀爽	周易章句十卷九家易解十卷
17	宋衷	周易五卷	18	王弼	周易注六卷略例一卷
19	董遇	周易注十卷	20	姚信	周易注十卷
21	虞翻	易注九卷	22	陆绩	易注十卷
23	向秀	（周易义）	24	杜预	
25	侯果	（周易集解等引其说）	26	蜀才	（周易注十卷）
27	郭璞	（洞林三卷）	28	韩康伯	（周易系辞注三卷）
29	陆德明	周易释文一卷文句义疏二十卷大义二卷	30	孔颖达	周易正义十四卷
31	李鼎祚	周易集解十卷	32	东乡助	周易物象释疑一卷
33	一行	周易传十二卷	34	韩愈	
35	郭京	周易举正三卷	36	李翱	易诠七卷
37	陆希声	易传十卷	38	刘瓛	（周易乾坤义一卷四德例一卷系辞义疏二卷）
39	陈皋	易论十卷	40	句微	易广疏三十卷
41	陈抟	易龙图一卷	42	胡旦	周易演圣通论十六卷

① （元）董真卿《周易会通凡例》，《周易会通》卷首，《中国易学文献集成》第65册，第13页。
② 此表据董真卿《周易会通》卷首《古今名贤》整理，《中国易学文献集成》第65册，第26—44页。董氏原文多有仅载姓氏而不载著作者，其中部分注明"见《因革》"，则据《历代因革》著录。其余可考者予以考出，以括号相标识，其不可考者仍其旧。

续表

序号	作者	书名与卷数	序号	作者	书名与卷数
43	胡瑗	周易口义十卷系辞说卦二卷	44	阮氏	
45	孙复		46	石介	周易口义十卷
47	刘牧	易解十二卷卦德通论一卷钩隐图一卷	48	欧阳修	易童子问三卷
49	钱藻		50	刘彝	易注一部
51	于弇	（易义）	52	王安石	易解十四卷
53	王逢	易传十卷	54	周敦颐	（太极图说通书）
55	邵雍	皇极经世十二卷叙篇系述二卷观物外篇六卷	56	张载	易说三卷
57	司马光	易说一卷系辞二卷	58	苏轼	毗陵易传十一卷
59	房审权	周易义海一百卷	60	刘敞	
61	吕大防	周易古经一卷	62	晁说之	古周易八卷太极传一卷因说一卷太极外传一卷玄星纪谱一卷
63	吕大临	易解一卷	64	尹焞	
65	游酢	易说	66	杨时	易说
67	郭忠孝	易解二卷四学渊源三卷	68	张汝明	易索十三卷
69	张汝弼	周易解义十卷	70	龚原	易续解义十七卷
71	耿南仲	周易讲义十卷	72	林疑独等	十先生易解十二卷
73	李元量	（十先生易解之一）	74	刘槩	（系辞解）
75	路纯中	（十先生易解之一）	76	郑正夫	（十先生易解之一）
77	阎彦升	（十先生易解之一）	78	李彦章等	四李先生周易全解十卷
79	李士表	（四李先生之一）	80	朱震	汉上易传十一卷
81	蔡攸	徽宗朝进七易	82	邵伯温	观物二篇解二卷辨惑一卷
83	祁宽		84	郭雍	易说十一卷
85	张根	易解义九卷等	86	郑汝谐	易翼传二卷
87	凌唐佐	周易集解六卷	88	李开	易解三十卷
89	陆秉	周易意学十卷	90	李仁父	（古周易八篇）

续表

序号	作者	书名与卷数	序号	作者	书名与卷数
91	杨绘	（易索蕴）	92	郑湘乡	（艺圃折衷六卷）
93	王师心	（易说）	94	王湘卿	
95	李光	（读易详说十卷）	96	都絜	周易变体十六卷
97	丘程		98	郑东卿	大易约解九卷易说二卷
99	洪迈	（容斋随笔）	100	刘翔	易解六卷
101	郑刚中	易窥余十五卷	102	吴黼	周易详解四十卷
103	闾丘昕	二五君臣论	104	胡宏	易外传一卷
105	兰廷瑞	渔樵易解十二卷	106	王大宝	周易证义十卷
107	薛氏		108	李椿年	易解八卷疑问一卷
109	晁公武	易故训传十八卷	110	李衡	周易义海撮要十二卷
111	程迥	古易考一卷古易章句十卷古易占法并图一卷外编一卷易说一卷语录一卷	112	曾穜	大易粹言七十三卷
113	李舜臣	周易本传十三卷	114	冯当可	易论三卷
115	王宗传	童溪易传三十二卷	116	杨万里	诚斋易传二十卷
117	王炎	读易笔记十卷	118	吴仁杰	易图说三卷古易一卷
119	张栻	易说十一卷	120	吕祖谦	古易一卷音训二卷系辞精义二卷
121	林栗	经传集解三十二卷等	122	蔡元定	（易学启蒙相关部分）
123	黄榦		124	董铢	
125	陈埴	木钟集	126	李闳祖	
127	张洽		128	袁枢	（易学索隐等）
129	潘柄	周易集义六十四卷	130	蔡渊	周易经传训解等
131	蔡沉	皇极内篇	132	刘爚	经说
133	李过	易说十二卷	134	冯椅	易辑五十卷
135	毛璞	易传十一卷	136	赵汝腾	
137	赵汝楳	（周易辑闻六卷易序丛书十卷）	138	易祓	周易总义
139	钱时	周易释传二十卷	140	饶鲁	易说
141	徐几	易辑	142	冯去非	周易二篇通故图说，易象通义
143	姚小彭	（周易外传）	144	黄以翼	易说

续表

序号	作者	书名与卷数	序号	作者	书名与卷数
145	魏了翁	周易集义六十四卷	146	真德秀	读书记
147	刘弥邵	易藁	148	朱鉴	文公易说二十三卷
149	税与权	（易学启蒙小传一卷）	150	洪咨夔	
151	项安世	周易玩辞十六卷	152	柴中行	系辞以后集解
153	赵秉文	（易丛说十卷）	154	潘梦旂	易解
155	杨文焕	五十家易解四十二卷	156	陈友文	大易集传精义六十四卷读易纲领三卷
157	史绳祖	（学斋占毕四卷）	158	翁泳	思斋口义
159	董楷	周易传义附录	160	徐直方	易解六卷
161	孙奕	示儿编	162	沈贵珤	
163	丘富国	易全解	164	张彭老	
165	卢氏		166	单氏	
167	雷氏		168	史氏	
169	冷氏		170	龙氏	
171	蓝氏		172	李氏	
173	方逢辰	易外传五卷	174	谢枋得	易说
175	许衡	读易私言	176	傅立	易学纂言十八卷
177	胡方平	易学启蒙通释	178	胡次焱	易说
179	胡允	四道发明	180	齐梦龙	周易附说卦变图
181	程钜夫		182	程直方	四圣一心，启蒙翼传
183	程龙	补程子三分易图，弄环余说，筮法	184	王希旦	易学摘编
185	熊禾	易说（数段）	186	胡一桂	易本义附录纂注，周易本义启蒙翼传
187	徐之祥	玩易详说	188	张清子	易本义附录集注十一卷
189	汪深	易占例	190	胡炳文	周易本义通释
191	余芑舒	读易偶记	192	牟应龙	九经音考
193	吴澄	易纂言	194	龙仁夫	周易集传
195	郑原善	补沈毅斋正蒙解	196	程珙	易说

董氏所引一百九十六家之具体情况，即如上表所示。此前曾有学者对董氏引用诸家的情况进行统计，得出的数字为三百一十五家①，与本文的结论有着较大的差距，其原因在于其在统计时所依据的并不仅仅是《古今名贤》的记载，还包括《周易会通》卷首的《程子门人》、《朱子门人》两个部分。这两个部分的著录包括一百余名程朱弟子，若将其计入，则最后的数字自然会有较大的增长。但实际上，这种统计方法并不十分恰当，因为《程子门人》与《朱子门人》中所记录的程朱弟子，绝大多数都没有自己的著作行世，仅在程朱语录中存其名氏，因而《周易会通》中并没有这些人的解说。其中偶有几人有与朱子问答之语，而为《会通》所收录者，如祁宽、尹焞、蔡元定、黄榦、董铢等，已为董氏载入《古今名贤》中。由此可见，只有排除掉《程子门人》与《朱子门人》，仅据《古今名贤》部分来进行计算，得出的结果才较为符合《周易会通》的真实情况。

应该说，这一百九十六家前代之说，并非每一家都是由董氏目验原书而从中直接摘录出者，其中很大一部分当是转载自其他集解类著作，而尤以源自《易本义附录纂注》者为最多。例如，在注释大有初九"无交害，匪咎，艰则无咎"时，董氏引用了蔡氏与徐氏二家之说②，而今传初定本《易本义附录纂注》于大有初九之下，所引者亦正是此二家，且内容也完全相同③。可见，此处《会通》即是从《纂注》所转引。又如，噬嗑六二"噬肤灭鼻无咎"之下，董氏所引者有冯椅、李过二家。此二家之说虽不见于今本《纂注》，但在其下董氏又引用了一条同样为今本《纂注》所无的胡一桂之说，其中即对冯椅与李过之说作出了评价④。可见在已佚的《易本义附录纂注》重定本中，此二说必然存在，而董氏亦即由彼处转引。但尽管如此，董氏对前代易说的这种收集，仍具有较为鲜明的特色，其特色大致可归纳为以下五点：

其一，收录各家的数量较多。在《周易会通》中，董氏引录前人之说的数量达到了空前的一百九十六家，就引书数而言可谓前无古人。在董氏之前

① 许维萍《董真卿〈周易会通〉在"复古〈易〉运动"中的意义》，《元代经学国际研讨会论文集》，第319页。
② （元）董真卿《周易会通》卷四，《中国易学文献集成》第65册，第518页。
③ （元）胡一桂《易本义附录纂注·上经第一》，《儒藏精华编》第5册，第179页。
④ （元）董真卿《周易会通》卷五，《中国易学文献集成》第65册，第615页。

或同时，较为著名的集解类易学著作，如房审权《周易义海》所引者约百家，李衡《周易义海撮要》约七十余家，冯椅《厚斋易学》约四五十家，李简《学易记》六十四家，熊良辅《周易本义集成》八十四家，张清子《易本义附录集注》近百家，都要少于《周易会通》。而出于董氏之后者，如叶良佩《周易义丛》、王邦柱等《易经会通》，均引一百七十余家，也没有超越董氏的数量。当然，董氏此处所谓的一百九十六家，也包含一定的水分。如张彭老、冷氏、蓝氏等，都是仅引一次便计为一种，不无充数之嫌。又如商瞿、施雠、孟喜、梁丘贺等人，其书早佚，并无佚文可引，仅于《因革》中存其篇目与授受情况，而董氏亦将其计入所引各家之说中，也并非十分严谨。但即便是排除这些成分，《周易会通》也仍能称得上易学史上引书数量最多的著作之一。

其二，注重征引元人之说。董氏所引的这一百九十六家解说中，出自元代的大约占了二十余家。这些著作大体上可分为三类：一是董氏乡贤所著者，如傅立、齐梦龙、王希旦、徐之祥、汪深、余苞舒、程珙，均为德兴人，胡允为乐平人，而郑原善则曾为官于德兴。德兴、乐平与董氏所在的鄱阳，在元代均属饶州路，彼此居处既近，交往亦多，如齐梦龙即曾经为董真卿之父董鼎作《字说》[1]，因此，这一批元代的乡邦文献，即受到了董氏的很大重视。二是元代新安与福建地区的朱子学者之说，如胡方平、胡次焱、程直方、程龙、胡一桂、胡炳文，均为婺源人，熊禾与张清子则均为福建人。由于董氏之师胡一桂为新安学派的代表人物，而董氏为了求学与刊刻父书，亦曾数次入闽，与福建朱子学者的接触较多，因此元代新安与福建学者对《周易》的解说，亦受到董氏的关注。三是元代较为著名、流传较广的易学著作，如许衡、吴澄之说，在元代都为显学，且董氏还曾经拜会过吴澄[2]，对其说可能有一些心得。这二十余家元人之说，可以说在一定程度上代表了元代前中期易学发展的面貌，而董氏对其的援引，也反映出其并非一味拘守宋儒之说，对当代的研究成果也给予了充分的重视。这一点在元代的易学著作中，是显得颇为与众不同的，也是《周易会通》较突出的一个特色。

---

[1] （元）董真卿《周易会通》卷九，《中国易学文献集成》第66册，第275页。

[2] 吴澄《书传辑录纂注后序》曰："真卿来游京师，出父书以示。"见《临川吴文正公集》卷十一，《元人文集珍本丛刊》第3册，第232页。可见董氏与吴澄曾有交往。

其三，引文的来源较为多样。董氏在引用各家之说时，并未将目光仅集中在易学著作上，而是广泛搜集各类典籍，从中寻找能与程朱易义相发明的内容。在这一思想指导下，《周易会通》所引诸说，就有一部分来源于其他经注、史志、笔记、文集之中。例如，左丘明之说来源于《左传》，杜预之说来源于《春秋左传集解》，就都是采自其他经注；而新城董公之说源自《汉书·高帝纪》，刘敞之说引自《宋史》本传，则是来自史书。其余如史绳祖《学斋占毕》、孙奕《示儿编》、洪迈《容斋随笔》、陈埴《木钟集》皆杂论经史，真德秀《读书记》泛论性理，郑原善《补正蒙解》则意在补沈贵瑶《正蒙解》之阙。对于这些并非为易学专著的著作，董氏亦颇为关注，并从中选出部分论《易》之文字加以收录。尽管这些自易学著作之外搜集而来的解说，在《会通》中所占的比重并不太大，但由此却可以看出在辑录前代之说时，董氏的视野是比较开阔的，而这也进一步加强了《周易会通》在引用各家之说方面的广博程度。

其四，引录的内容较为全面。为了最大限度地羽翼程朱、会通众说，董氏在采录诸家之说时，秉持了力求完备的态度，广泛地采取学者从各个角度作出的解说。约略而言之，其所采者包括了校勘文字、注释字音字义、解说文意、阐明象数与义理、兼论他卦他爻、通论《易》之义例、评价别家之说等多个方面，可以说涵盖了前代《周易》注释的绝大部分内容。以师卦六五爻"田有禽，利执言，无咎，长子帅师，弟子舆尸，贞凶"为例，在此爻下，董氏引用了六条前人的解说，其具体内容如下：

> 郭氏京曰："利执之"，"之"字误作"言"字。按：定本"之"字行书，遂误。
>
> 冯氏椅曰：田猎以除田之害，故谓之田。二在地之中，田之象。爻画偶，开口之象，故为执言。禹之征苗，启之伐有扈，胤之征羲和，自虞夏以来，其伐有罪必执言，不但鸣条以后也。
>
> 新城董公曰：兵出无名，事故不成，名其为贼，敌乃可服。
>
> 林氏曰：《易》于取之小者以弋为象，取之大者以田为象，取之尤大者以狩为象。
>
> 双湖先生曰：按：卦取田象凡五：师、比五，恒四，解二，巽四。

师以坎为害田之豕，六五用师以猎之也。比亦因坎象，乃师反体，故取
"三驱"象，下四阴则所得之禽，上一阴则所失之禽也。解二"获三
狐"，亦有坎。巽四"获三品"，则有离，离为雉。独恒四"无禽"，以
其于坎、离皆无取耳。详见各卦爻下。长子指九二，自二至四互震象。
弟子指六三，自初至三，坎体方成，坎为震弟象。自坤六五言，故称长
子、弟子，母主事也。或问：郭京谓"言"乃"之"字之误。曰：亦未
见得。或谓当作"吉无咎"，与卦辞叶，卦言二，爻言五也。似反胜之。

龙氏仁夫曰：此田狩美占，多禽如此，宜执取之，而其占为无咎①。

此处所引六条解说中，郭京之说为校勘文字；冯椅既讲"田"与"执
言"之象，又以史事明其理；新城董公之说，有可以发明"利执言"之含
义之处；林栗通论"弋"、"田"、"狩"之象；胡一桂既总论师、比等五卦之
"田"象，又释本卦六五爻辞中的"长子"、"弟子"之象，并评价郭京之说；
龙仁夫则主要从占筮角度阐发本爻的意义。这些说法的侧重点并不一致，但
都不同程度地揭示了爻辞在某一方面的含义，也大都为程朱所未曾言及。因
此尽管其内容较多，但董氏还是将其全部收入《会通》之中。其收集各家之
说的全面性，由此即可见一斑。

其五，较少门户之见。董氏对前代诸家的采择，虽然意在证成程朱之说，
但其却没有像同类著作那样拘守门户，而是秉持着一种较为开放的态度，
对"理之所聚而不可遗，理之可行而无所碍"② 的一切解说，莫不加以收录。
一方面，对于分别拥护程子与朱子的两派说法，其大都能较为持平地加以选
取。如临卦初九"咸临"，程子训"咸"为"感"，而朱子训为"遍"，此下
董氏即录有四条别家之说：

蔡氏曰：咸，皆也。初与二皆临乎柔，故曰"咸临"。

冯氏椅曰：以卦义言之，以大临小，初九、九二临四阴也。以爻位
言之，以上临下，六四、六五临初九、九二者也。惟其正应而阴阳相感，
故交相为临，而谓之"咸"，言其交相感而交相临也。

---

① （元）董真卿《周易会通》卷三，《中国易学文献集成》第 65 册，第 423 页。
② （元）董真卿《周易会通凡例》，《周易会通》卷首，《中国易学文献集成》第 65 册，第 14 页。

双湖先生曰：王弼已训"咸"为"感"，诸儒因之。然而以二阳方长，乃区区感四、五二阴，与之相临，置三、上不问，不亦狭乎？故不若训"遍"与"皆"义，见得阳道广大公溥，而且于立卦命爻之义皆得也。

李氏舜臣曰：山泽通气，故山上有泽，其卦为咸。而泽上有地，爻亦谓之"咸"，阴阳之气相感也①。

这四家的说法中，蔡渊以"咸"为"皆"，与朱子说大体相近；冯椅则从爻象相应的角度，提出当以"感"解"咸"，其说同于程子；胡一桂通过比较分析上述两种说法，最后得出朱子之说为优的观点；而李舜臣的解释，则又倒向了程子之说。四家中拥护程朱者各占二家，显得较为平均，可见董氏并没有因为自己身为朱子后学的缘故，就在采录各家之说时尊朱而抑程。另一方面，对于与程朱学派不同，或解说有异的一些说法，董氏亦多有采用。今所见《周易会通》所收的一百九十六家前人之说中，不乏有"苏轼、朱震、林栗之书，为朱子所不取者"②，或者"林黄中、袁机仲之说，双湖诋为惑世诬民者"③。且从各家之说的具体内容来看，董氏也并非只选择同于程朱之说，与程朱有歧异者，甚至明确反对程朱之说者，也往往有所采纳。如在解释大畜六五"豮豕之牙，吉"时，董氏即分别引用项安世与刘翔之说曰："《埤雅》云：以杙系豕也。胡翼之《易传》正用其说。今按：牿以制牛，则牙以制豕可知。""牙如崇牙之牙，所以系物者。"④ 这两种以"系豕之物"解释"牙"的说法，显然与程朱径直解为牙齿者不同。而在贲卦卦辞之下，董氏则引余芑舒曰："《本义》说卦变，专取两爻相比而相易，故多失正意，贲与涣其最著者，要当随地而观耳。至于损、益，亦是卦变，以其不可用相比相易之例，遂止曰卦体，疑皆未然也。"⑤ 更是直接对朱子卦变说展开批评。当然，这并不代表着董氏完全放弃了其推尊程朱的立场，在《会通》收录的各家之中，明显背离程朱的说法毕竟还是少数，且董氏对于一些异端之说的采择，

① （元）董真卿《周易会通》卷五，《中国易学文献集成》第65册，第590页。
② （清）永瑢等《四库全书总目》卷四，第26页。
③ （清）纳兰成德《鄱阳董氏周易会通序》，《通志堂集》卷十一，第222页。
④ （元）董真卿《周易会通》卷六，《中国易学文献集成》第65册，第702页。
⑤ （元）董真卿《周易会通》卷五，《中国易学文献集成》第65册，第626页。

也显得比较谨慎。如朱震、林栗等人的象数之说，曾经遭到朱子的抨击，因此董氏在引录时，对其讨论象数的部分便撷取得很少。但尽管如此，这种兼收博采的行为，仍不失为一种较大的突破，也被后世学者称为"能泯门户之见"①，"视胡一桂之排斥杨万里《易传》，不肯录其一字者，所见之广狭，谓之青出于蓝可也"②。

通过以上所述的搜集程朱易说与广收百家之解这两个方面，董氏的资料收集工作已经基本完成，在此基础之上，其即着手进行其折中程朱的最后一项内容，即是将这些收集来的资料设法编订于一处。通过较为全面细致的思考，董氏分别从以下三个方面入手，来部勒如此繁复的资料：

其一，在整体编排上，采用经过其改良的"纂疏体"。作为元代最为流行的解经体例之一，在董氏之前，较为完备的纂疏体著作已出现了不少，如董真卿之父董鼎的《书传辑录纂注》，以及董氏之师胡一桂的《易本义附录纂注》、《诗集传辑录纂疏》，均采用了纂疏体。董氏在从其父师问学的过程中，对纂疏体的容纳资料较多、包容性较强的特点，应有较深刻的认识。因此其在汇编程朱与诸家之说时，便也以纂疏体为主而略加损益，由此形成的整体编排方式如下：

表7-5 《周易会通》整体编排示意表

次序	标目	内容
1	音训	吕祖谦《古易音训》全文
2	集解	程子《易传》、朱子《本义》全文，以"程子曰"、"朱子曰"相区分。有需补充吕氏《音训》者，附于程《传》之末。
3	附录	程朱语录全文，以"程子语"、"朱子语"相区分。
4	纂注	所搜集的诸家之解，以"某氏曰"相区分，同姓者标出其名。

与传统的纂疏体相比较，董氏的调整主要集中在两个方面：一是将吕祖谦的《古易音训》作为独立的一个部分编入书中。按照董氏的解释，这一做法是其鉴于朱子对《音训》的推崇而创立者，如其所说的那样："东莱吕氏《音训》，朱子所深取，见《古易序》中。文公孙鉴跋之云：'先公著述，经传悉加音训，而于《易》独否者，以有东莱先生此书也。'惜刊《本义》者

① （清）周中孚《郑堂读书记补逸》卷二，第1227页。
② （清）永瑢等《四库全书总目》卷四，第26页。

不曾附入，遂使此书几至无传。今得善本，悉附经文，间有未备者，仍存程《传》之末。"① 而董氏的这一创新，在当时也引起了一定的影响，如虞氏务本堂于至正六年所刻《周易程朱传义音训》，即增入了《音训》的内容，这在一定程度上，可能即是效仿董氏的做法。二是于"集解"与"附录"中，将程朱之《易传》、《本义》，以及二家之语录并列编排。在此之前，一般意义上的纂疏类著作，在解经的部分都是以朱子为主，程子的著作与语录只能归入"纂注"类，与其余诸家之解排于一处，而不能与朱子并排。董氏则出于并尊二家的目的，将程子之说提至与朱子等同的高度，这一编排方式应该是有取于董楷的《周易传义附录》。经过了这两方面的调整，纂疏体的结构变得更为完善合理，内容更为充实，同时其功用也从独尊朱子变为会通程朱，可以说实现了较大的发展。

其二，在程朱语录与诸家之解的编排上，董氏也分别提出了凡例。一方面，对于二家语录之排列顺序，董氏作出了较为明确的规定，即"大约各以顺经文为序，杂碎之说居先，通论经文者次之，旁及他爻他卦，及朱子语中论程《传》、《本义》处又次之"②。例如，在困卦九二爻"困于酒食，朱绂方来，利用享祀，征凶无咎"之下，董氏引用了五条朱子语录，其排列如下文所示：

> 问"朱绂方来，利用享祀"。曰："以之事君则君应之，以之事神则神应之。"辉。
>
> 祭祀、享祀，想只说个祭祀，无那自家活人，却享他人祭之说。渊。
>
> 问："困二、五皆利用祭祀，是如何？"曰："他得中正，又似取无应而心专一底意思。"渊。
>
> 朱绂、赤绂，若如伊川说，使书传中说臣下皆是赤绂则可，《诗》中却有"朱绂斯皇"一句，是说方叔，于理又似不甚通。熹之精力只推得到这里。渊。
>
> 问："'困于酒食'，《本义》作厌饫于所欲，是如何？"曰："此是困于好底事。在困之时，有困于好事者，有困于不好事者。此爻是好爻，当困时则是困于好事。如'感时花溅泪，恨别鸟惊心'，花鸟好娱戏底

---

① （元）董真卿《周易会通凡例》，《周易会通》卷首，《中国易学文献集成》第65册，第10页。
② （元）董真卿《周易会通凡例》，《周易会通》卷首，《中国易学文献集成》第65册，第11页。

物，这时却发人不好底意思，是因好物困也。酒食厌饫，亦是如此。"渊①。

此五条语录中，第一条专解本爻爻辞中"朱绂方来，利用享祀"的含义，第二、三条兼论困卦九五"利用祭祀"之意，第四条评论程子之说，第五条解释《本义》之说。其次序完全遵照凡例之规定，显得有条不紊。同时，董氏又在所引的各条程朱语录之下，分别标注了记录该条语录的门人姓名，如上文所引语录后"辉"、"渊"等即是。这主要是为了使读者明了"此语之为谁记，此说之为谁问"②，对各条语录的出处有更为清晰的认识，避免出现"其间有只存一问字，多至数十百言，而先生答之曰'然'，曰'得之'，曰'此说是'之类者，竟不知其为何人"③的情况。另一方面，对于诸家之解，董氏的排列方式是"顺经文而次序之，旁及他爻他卦者次之，总论数节数卦者又次之"④。如临卦六三"甘临，无攸利，既忧之，无咎"，董氏即引诸家之说如下：

> 冯氏椅曰：兑为和说，为口舌，甘言之象也。
>
> 虞氏曰：兑为口，坤为土作甘，兑口衔坤，故曰"甘临"。失位乘阳，故"无攸利"。无应故"忧"，动成泰故"无咎"。
>
> 蔡氏曰：爻柔而位不正，兑体而迫于刚，故以甘说邪佞而临乎二也。然刚长以正，又岂甘说邪佞之所利也？能顺刚长之正理，忧惧知变，不为甘说之态，虽咎亦不长也。
>
> 丘氏曰：此爻见君子得时，小人媚说取容之状。
>
> 李氏舜臣曰：象以"八月有凶"警君子，爻以"既忧无咎"戒小人。《易》于君子小人之际，用意深矣。
>
> 耿氏曰：节之九五，以中正为甘则吉；临之六三，以不正为甘则无攸利。
>
> 余氏曰：兑本说也，其终多变而为咨为嗟，所谓乐之所至，哀亦至焉。临、节之三，萃之上可见也⑤。

① （元）董真卿《周易会通》卷九，《中国易学文献集成》第66册，第220页。
② （元）董真卿《周易会通凡例》，《周易会通》卷首，《中国易学文献集成》第65册，第12页。
③ （元）董真卿《周易会通凡例》，《周易会通》卷首，《中国易学文献集成》第65册，第13页。
④ （元）董真卿《周易会通凡例》，《周易会通》卷首，《中国易学文献集成》第65册，第13页。
⑤ （元）董真卿《周易会通》卷五，《中国易学文献集成》第65册，第591—592页。

以上这七家纂疏，排在第一位的冯椅之说主要解释爻辞中"甘"字之象，其后的虞翻之说则通论爻辞之象，蔡渊以卦体、卦象通解爻辞之意，丘氏则论述爻辞中蕴涵的人事。其排列基本遵循了由爻辞中一字之象到全句之象，再到全句之意，最后阐发义理的次序，此即董氏所谓的"顺经文而次序之"。在丘氏之后，李舜臣将本爻爻辞与本卦的卦辞结合起来论述，而耿氏则以节卦九五爻爻辞与本爻进行对比，此即"旁及他卦他爻者"。排在最后的余氏则兼论临、节、萃三卦中的兑卦之象，这就是"总论数节数卦者"。需要指出的是，这一编排方法存在着一个弊病，即一味注重内容上的次序，而忽视了各家学说出现的时代先后，如上文中魏晋时期的虞翻，即排在了南宋时期的冯椅之后，显然不太合适。但除了这一点之外，董氏的排列还是显得井然有序。这种对程朱语录与诸家之解的编排问题的重视，可以说是董氏之书的一个特色。此前的一些同类著作，在此方面多显得较为随意，明确制定编排凡例的更是少之又少，与之相比，《周易会通》无疑具备较强的规范性与条理性。

其三，对于一些无法排入正文的内容，董氏参酌《周易传义附录》等前代典籍，分别于全书卷首和卷末设置相关的部分加以收录。今本《周易会通》中，卷首包括七个部分，而卷末则为两个部分。现将其内容以表格的形式列之于下：

表7-6　《周易会通》卷首卷末内容示意表

卷首	姓氏	程子门人二十余家，朱子门人百余家，古今名贤一百九十六家
	因革	自"包羲氏易"至"方氏易"共二十八家
	程子序	易程子传序，易程子序（附上下篇义，均加附录纂注）
	程子说易纲领	程子语录中通论性质之说
	朱子说易纲领	朱子语录中通论性质之说
	朱子序	古易朱子后序，易学启蒙序（均加附录纂注）
	朱子易图	《易本义》卷首九图（均加附录纂注）
	双湖易图	《易本义附录纂注》卷末四图（并录胡氏解说）
卷末	朱子启蒙五赞	《易学启蒙》所附之《五赞》（加附录纂注）
	朱子筮仪	《易本义》所附之《筮仪》（加附录纂注）

由上表可以看出，董氏于卷首和卷末所收录者，大致包括两类：一是原本属于附录性质的内容。如程子《易传序》、《易序》、《上下篇义》，原附程子《易传》；朱子《易学启蒙序》、《易图》、《五赞》、《筮仪》分别附于《本

义》、《启蒙》，《古易朱子后序》附于吕祖谦《古周易》；胡一桂之《易图》则附于《易本义附录纂注》。二是一些具有提纲挈领之功效而不能拆分的内容。如《姓氏》著录程朱门人与其所采录的历代学者的姓名、传略、著作等内容，便于读者查考；《因革》主要辑录历史上出现的能够反映古《易》与今《易》发展的资料，以反映易学流变大势；《程子说易纲领》、《朱子说易纲领》，则针对程朱语录、文集中的一些"总论一经之大体凡例，及杂举众说，与自言著述，难以分附各处"①的内容，加以收集载录。这些内容在合会程朱的过程中既不可缺少，又不能纳入正文，便只能编入卷首卷末。这一编排方法实际并不起于董氏，如董楷之《周易传义附录》，即已"前列《图说》、《纲领》，后附《五赞》、《筮仪》"②，而董鼎《书传辑录纂注》，也将《朱子说书纲领》、《辑录所载朱子门人姓氏》、《纂注引用诸家姓氏》等部分编入卷首。董氏正是仿效这些著作的做法，将正文之外的各项内容集中于全书首末，而这也使得《周易会通》的编排显得更为合理完善。

总而言之，在对程朱与诸家易说的搜集整理方面，董氏可谓下了极大的苦功。他在《周易传义附录》与《易本义附录纂注》的基础上，通过遍览程朱著作与百家之说，最终将绝大部分程朱论《易》之文字，与诸家有助于发明程朱《易》义的解说，以一种较为规范的形式编于一处。由此形成的《周易会通》，便成为了元代折中程朱类著作中，资料最为丰富、条理最为清晰的一部著作，可谓真正达到了其"合程朱传义之全，采诸家著述之要"的初衷。

结　　语

作为元代折中程朱易说最负盛名的著作，《周易会通》以其会通之全面、资料之充实、体例之完备等一系列较为显著的特色，在合会程朱易学方面取得了较大的成就，也对后世易学的发展产生了深远的影响。其成就与影响可以总结为以下三点：

---

① （元）董真卿《周易会通凡例》，《周易会通》卷首，《中国易学文献集成》第65册，第11页。
② （清）吴寿旸《拜经楼藏书题跋记》卷一，上海古籍出版社，2007年，第3页。

第一，首次展开对程朱所据《周易》文本进行合编的尝试，在此基础上推动程朱易学的折中走向深入。尽管后世学者在谈到董氏的这一折中时，大都因其破坏了朱子古《易》而持否定的态度，如清代四库馆臣即说："惟其变易经文，则不免失先儒谨严之意，可不必曲为之词耳。"① 然而，如果从合会程朱的角度而言，则此尝试可以说有着极为重要的意义。作为折中程朱过程中最为基本的问题，如何合会程朱所据的不同文本，长期以来一直没有得到学者的重视。学者们对此问题的一般处理方式，只是简单地以二家中的一家文本为主，如赵采《周易程朱传义折衷》即以程子为主，董鼎《周易传义附录》在程子的基础上略作调整，而梁寅《周易参义》则以朱子为主。这种偏重内容而忽略文本的做法，既达不到全面折中程朱的目的，且文本上的扞格，还会转而影响到二家内容上的贯通。董氏则秉持着对程朱全面会通的思路，以敏锐的学术眼光发现这一问题，并在长期思考的基础上，提出了一种能令经传"相统而不相杂"的新编排方法，以此来实现对程朱《易》著文本的折中。同时又通过梳理古今《周易》文本变化的源流，力图弥补由此而产生的古《易》变乱问题。虽然其编排仍存在着种种不尽完满之处，但他提出的在文本上折中程朱的主张与方式，无疑具有着很高的创新性，也标志着对程朱的折中由单一的内容折中，走向了易学思想与文本兼顾的新阶段。

第二，开辟了通过广收程朱与诸家之说来会通二家的新思路。董氏对程朱易说的折中，既不像赵采那样在二家之说间择善而从，也不像梁寅那样将二家之说融合为一，而是主张将程朱二家论《易》之全部文字，以及可以与之相发明的一切前代之说，尽可能全面地收集起来编于一处，则通达之处便会自然呈现出来，不需要人为加以折中。为说明这一点，他特别引用了朱子对"会通"二字的解释："会便是四边合聚来处，通便是空处行得去处。会而不通，则窒碍而不可行；通而不会，亦不知许多曲直错杂处。"② 在其看来，"会"即是资料的全面会聚，"通"即是由此而实现的程朱二家的互通。正是由于秉持了这种独具一格的以"会"求"通"的思路，其在《周易会通》中才一反同类著作多加以自己的评断的做法，一概以程朱之说与前代诸家之解

① （清）永瑢等《四库全书总目》卷四，第 26 页。
② （元）董真卿《周易会通凡例》，《周易会通》卷首，《中国易学文献集成》第 65 册，第 14 页。

...

为主，董氏所自作之按语不过二三十条。这一折中思路虽然有众说泛滥、无所取正之弊，如吴师道所指责的那样"祗以汩乱，何有于发明"①，但其优势则在于较为客观地提供了多种不同的解说，供读者自行选择，而并非要以一种统一的说法来限制学者的思想，可以说是元代各种折中方式中较为开放的一种，也是董氏在合会程朱问题上作出的一个较大的贡献。

第三，保存了丰富的易学资料。作为一部集程朱与前代一百九十六家易说于一体的鸿篇巨制，《周易会通》的资料价值受到了后世学者的普遍重视，并纷纷从不同的角度对其表示推崇和加以利用。例如，明代初年的学者杨士奇即对《会通》的广征博引极为赞赏，认为"五经先儒所论著者，《易》最多，而精义悉具此书。至于经传古今之辨，先儒传授之详，披卷了然，可为《易》书集大成者也"②。而明初官修的《周易大全》，则主要是以《会通》为底本增纂而成③。此外，尚有一些学者看到了《会通》所引资料在辑佚方面的价值，而从其中辑出一些散佚已久的重要典籍，如吕祖谦《古易音训》，目前最为通行的清嘉庆七年刊本，即是宋咸熙从《会通》中采出者。直至今日，学者们在考察宋元易学佚著及其思想时，仍在很大程度上要倚重于《周易会通》的丰富资料。

总的来看，董真卿作为朱子后学，能够勇于突破独尊朱子的风气，主张程朱并重、兼采诸家，这在当时要冒相当大的学术风险。故董氏曾郑重其事地以《易》筮之，得师之坤④，九二爻变。依朱子筮法，一爻变者以本卦变爻占。师卦九二爻曰："在师中，吉，无咎，王三锡命。"乃吉占，方决意为之。对于董氏个人而言，此自属难能可贵，但从学术传承的渊源来看，自胡方平、胡一桂最终传至董真卿，尊朱的程度实际上一直在不断降低，其治学越来越体现出开放包容的态势。从这一角度而言，《周易会通》的出现，也可以说是朱子易学在元代发展的必然。

---

① （元）吴师道《与刘生论易书》，《吴师道集》卷十一，第224页。
② （明）杨士奇《易会通》，《东里续集》卷十六，《景印文渊阁四库全书》第1238册，第579页。
③ 陈恒嵩《〈五经大全〉纂修研究》，第83页。
④ （元）董僎《记》，《周易会通》卷首，《中国易学文献集成》第65册，第7页。

结论　传承与革新：元代朱子易学研究的主线与价值

一、朱子易学在元代的传承

作为易学史上一个承前启后的阶段，元代可谓是朱子易学实现其自身发展壮大，并最终成为主流学术与官方学术的关键时期。其在元代广泛流传的途径与动力，就官方的力量而言，主要得益于元朝政府对理学的尊崇与提倡，特别是延祐开科，直接激发了士人学习包括朱子易学在内的程朱理学的热情。就学术传承而言，则主要包括三个方面：

一是家学与师徒传授。此方面最负盛名者，无疑当为胡方平、胡一桂、董真卿一派。其学上接董梦程、沈贵珤等朱门后学，至胡方平、胡一桂父子以家学相授受，而董真卿则兼其父董鼎与其师胡一桂之学而有之。此外胡炳文传《易》于其父胡斗元，从其受《易》者又有金震祖、徐骧①、徐晟②、程光道③，以及陈伯珪、伯理兄弟④。其掌明经书院时，汪克宽、朱升曾从之学⑤。汪克宽后著有《周易程朱传义音考》，朱升则有《周易旁注》，其易学或与胡炳文有一定关系。但比较起来，胡炳文一派的影响力，显然不如胡一

---

① （明）程瞳《新安学系录》卷十六，黄山书社，2006 年，第 299、303 页。

② （元）胡炳文《初斋记》："泰山徐晟字子初，受《易》于予。"《云峰胡先生文集》卷二，《元人文集珍本丛刊》第 4 册，第 175 页。

③ （元）胡炳文《静春斋记》："济南程光道学《易》于予。"《云峰胡先生文集》卷二，《元人文集珍本丛刊》第 4 册，第 177 页。

④ （元）陈伯珪《呈云峰先生上元桃花误道歌》末小注："弟伯理，同受《易》云峰先生。"《云峰胡先生文集》卷九，《元人文集珍本丛刊》第 4 册，第 221 页。

⑤ （明）程美《明经书院录》卷二。参见史甄陶《家学、经学和朱子学》，第 98 页。

桂一派之大。其余师徒传授者尚有：熊良辅"早师同邑遥溪熊凯学《易》，复得《易》传于凯友进贤龚焕"①，凯、焕师饶应中，应中学于饶鲁，饶鲁则师朱子弟子黄榦。吴澄学于程若庸，其学亦出于饶鲁，同时其弟子鲍恂亦"受《易》于草庐"②。胡震"少读《易》于国正何先生子举、编修刘先生均堂，长饶先生鲁之门"③，也是自饶鲁传《易》。程荣秀曾"从山屋许氏受《周易》"④，"山屋许氏"乃许月卿，亦曾从学于董梦程。熊禾早年学于其从伯父熊庆胄与族叔父熊节，二人均为朱子后学，后又问学于朱子再传弟子徐几⑤，徐几精于《易》，熊禾当是从其传朱子易学。丘富国为"徐进斋门人"⑥，其易学应来自于徐几，同时其弟子中，又有郑仪孙、张复、张谅得其易学之传⑦。等等。

　　以上的这些学者，无论是家学还是师承，其易学的源头都能追溯到朱子，可谓得朱子易学原委之正，成为朱子易学在元代流传过程中的一股中坚力量。在以朱子易学相授受的过程中，他们不可避免地要对朱子的易学著作与观点提出自己的见解，这就推动了研究朱子易学的风潮在元代的发展。此外，还有一批学者，其学术传承的谱系不如以上学者清晰，有些甚至是学出多门，但其易学亦与朱子有着千丝万缕的联系。如上文所述之朱升，除了约在至治元年（1321）前后求学于明经书院之外，其于约于延祐二年（1315）十七岁时，即师从著名新安理学家陈栎⑧。陈氏之学可追溯至朱子门人滕璘、滕珙，且其本身即通易学，著有《东阜老人百一易略》，因此，朱升当在一定程度上受到陈氏之朱子易学的影响。但朱氏还曾于至正三年（1343），与赵汸同时问学于黄泽⑨，则其易学又与黄氏有一定关系。此外朱升之舅为汪淮（字师

①　（清）黄宗羲原著《宋元学案》卷八十三，第 2831 页。
②　（清）黄宗羲原著《宋元学案》卷九十二，第 3074 页。
③　（元）胡震《周易衍义原序》，《周易衍义》卷首，《景印文渊阁四库全书》第 23 册，第 449 页。
④　（清）黄宗羲原著《宋元学案》卷八十九，第 2985 页。
⑤　朱鸿林《元儒熊禾的传记问题》，《中国近世儒学实质的思辨与习学》，第 24—25 页。此外还有学者认为，熊禾可能从学于金履祥，见第四章结语。
⑥　（元）俞琰《读易举要》卷四，《景印文渊阁四库全书》第 21 册，第 470 页。
⑦　（清）李清馥《闽中理学渊源考》卷三十八《丘行可先生富国学派》，第 507—508 页。
⑧　（元）朱升《祭先师金斋谕先生文》，《朱枫林集》卷八，黄山书社，2014 年，第 129 页。
⑨　（明）朱同《朱学士升传》，《新安文献志》卷七十六，第 1854 页。

鲁)①，而淮约在大德十一年（1307），还曾向胡一桂执弟子礼而学《易》②。其学术传承颇为复杂。另一位元代著名易学家张理师从于杜本③，而杜本则先从学于某位简姓隐士，受《皇极经世》之学，后又从熊朋来、吴澄等人讲学，且对吴澄易学推崇有加，曾说："先天之学，伏羲而下有邵子。邵子已大段发露明白，蔡元定窥见端倪。近世吴文正公独尝留意。听吴公言，不知夜漏之既旦也。"④ 可见张理之易学在一定程度上应该与吴澄一系所传的朱子易学有所联系，但不能称得上有直接的师承关系。这一批学者所传的，虽然不是正统的朱子易学，但都不同程度地受到朱子易学的影响，其在易学研究中，也会对朱子的学说发表很多看法，从而在一定程度上促进朱子易学的研究。

二是朋友讲习。这此种传播方式的影响力，虽不如师徒传授之大，但也是一股不可忽视的力量。较为著名者，如胡一桂曾至少三次访熊禾于武夷山，与其讨论易学，"推象数之源，极义理之归"⑤。可见，胡氏所传之朱子易学，除了来自其父，还有赖于与熊禾的讲论。另一位新安理学家陈栎，则与胡一桂、胡炳文都有交往，今所见三人往来书信，讨论的很多问题都集中在朱子易学身上。如陈栎曾致书胡炳文，就朱子《易本义》中二条注文提出疑问，胡炳文回信详加解答⑥，陈栎得信后，又答书表示赞同胡炳文之说⑦；同时陈氏亦曾致书胡一桂，讨论其父胡方平《易学启蒙通释》中揲蓍之说⑧。陈栎、胡一桂、胡炳文、熊禾均为元代研究朱子易学的名家，他们的讨论对推进朱子易学研究的深入，可以说有着极为显著的意义。又如玉井阳氏五世传朱子易学，曾与元代另一位易学家王申子进行过辩论。由于王氏《大易缉说》不专尊朱子，阳氏"特编二帙"与王氏论难，其中很多论述都是援朱子之说为

---

① （元）朱升《善复堂铭》，《朱枫林集》卷七，第112—113页。

② （元）胡一桂《赠师鲁学易序》，《新安文粹》卷二，《四库全书存目丛书》集部第292册，第434页。

③ （清）黄宗羲原著《宋元学案》卷九十二，第3091页。

④ （元）危素《元故徵君杜公伯原父墓碑》，《全元文》第48册，第455页。

⑤ （元）熊禾《送胡庭芳序》，《重刊熊勿轩先生文集》卷一，《宋集珍本丛刊》第91册，第220页。

⑥ （元）胡炳文《答定宇陈先生栎》之五，《云峰胡先生文集》卷一，《元人文集珍本丛刊》第4册，第169页。

⑦ （元）陈栎《答胡云峰书》，《陈定宇先生文集》卷十，《元人文集珍本丛刊》第4册，第381页。

⑧ （元）陈栎《与胡双湖书》，《陈定宇先生文集》卷十，《元人文集珍本丛刊》第4册，第378页。

据。如王氏认为太极乃理气象数之混沦未分，玉井即"举晦庵之说"以难之云："太极者，象数未形，而其理已具之称。且有理而后有气，有气而后有象，有象而后有数，当是时，两仪且未有，安有所谓五与十哉？朱子曰：虚五与十者，太极也。此亦犹大衍虚一以象太极之说，非谓五与十为太极也。"①王氏对此说法并不接受，又撰文以捍卫自己的观点，并将其写入《大易缉说》之中。这次以朋辈之间论难的方式出现的正统朱子易学与异说之间的交锋，也对朱子易学的研究起到了很大的促进作用。而宋元之交的学者俞琰，其最初接触朱子易学，是"幼承父师面命，首读朱子《本义》，次读程《传》"，对朱子易说较为尊信；但此后在与朋友的讲论中，却渐渐对朱子易说产生了怀疑，如俞氏自己所说的那样："长与朋友讲明，则又有程朱二公所未言者，于心盖不能无疑。"②据俞氏的记载，与其讲论者有"西蜀荀在川，新安王太古，括苍叶西庄，番易齐节初"③。王太古即王埜翁，曾与朱子易学的重要传人许月卿有往来④。其说以九宫图为河图，以五行生成图为洛书⑤，又认为"先天方图未可面南看"⑥，遂反而刊之，都与朱子之说相悖。齐节初即齐梦龙，其说乃是"彖辞与彖传混为一说，爻辞与爻传亦混为一说"⑦，亦与朱子分别经传之旨不同。正是在与这些非正统朱子学者的讨论中，俞氏才开始转变其尊朱的态度。其易学著作《周易集说》、《读易举要》等，虽然仍是以朱子易学为主，但已有很多不同于朱子，甚至反驳朱子之处，这同样标志着对朱子易学的研究在朋友讲习的过程中，正日益走向深入。

　　三是读书自悟。例如，元代早期的学者李简，其学《易》首先自王弼《周易注》与曾穜《大易粹言》入手，《粹言》集二程、张载、杨时、游酢、郭忠孝、郭雍七家之说，李简据此而学到的，大约只是北宋的义理派易学。此后李氏举家迁往东平，此时方得见"胡安定、王荆公、南轩、晦庵、诚斋

---

①　（元）王申子《大易缉说》卷一，《中国易学文献集成》第 62 册，第 58 页。
②　（元）俞琰《周易集说序》，《俞氏易集说》卷首，《中国易学文献集成》第 43 册，第 4 页。
③　（元）俞琰《周易集说后序》，《俞氏易集说》卷末，《中国易学文献集成》第 44 册，第 422 页。
④　（元）方回《王太古埜翁墓志铭》，《新安文献志》卷七十一，第 1736 页。
⑤　参见方回《王太古埜翁墓志铭》文后王幼凤续志，《新安文献志》卷七十一，第 1737—1739 页。
⑥　（元）俞琰《读易举要》卷四，《景印文渊阁四库全书》第 21 册，第 470 页。
⑦　（元）俞琰《读易举要》卷四，《景印文渊阁四库全书》第 21 册，第 470 页。

诸先生全书"①，开始接触到朱子易学。今其所著《学易记》中所包含的朱子易学的成分，可能就是在此时通过研究朱子易学著作而逐步形成的。虽然李氏在学《易》的过程中，也曾与朋友进行过讨论，如其所说："岁在壬寅春三月，予自泰山之莱芜，挈家迁东平，时张中庸、刘佚庵二先生与王仲徽辈，方聚诸家《易》解而节取之，一相见遂得厕于讲席之末，前后数载，凡读六七过，其书始成……大抵张与王意在省文，刘之设心，务归一说。"② 但参与讨论的学者中，张特立以通程子《易》闻名于金末③，刘肃曾集各家之说作《读易备忘》④，二人均非朱子易学学者。王仲徽则为道士范圆曦之弟子⑤，大概属于道教易学家。朱子易学在他们的讨论中，不太可能占据主要地位。因此李氏之朱子易学，仍当以其读书而自行体会者居多。又如宋末元初的丁易东，其学并无师承，以至《宋元学案》都未有著录，同时与其有交往的刘辰翁、姚燧等人，也并不以朱子易学名家。因此，丁氏对朱子易学的了解，也应该是来自于其读书思考。从其学《易》的过程来看，丁氏早年接触到朱子易学，就是从读朱子之易学著作开始，如其所说的那样："予少而学《易》，得王辅嗣之《注》焉，得子程子之《传》焉，得子朱子之《本义》焉。"⑥ 其后在阅读的过程中，发现朱子之《易》有不足于象数之弊："其于象数也，虽于《易学启蒙》述其大概，而《本义》一书，尚多阙疑。"⑦ 因此才会产生以象解《易》的念头。可见，丁氏象数易学一定程度上是建立在对朱子易著的阅读与反思的基础上，是丁氏"思之思之而又思之"⑧ 的结果。这些建立在阅读朱子易学典籍上的体悟和反思，直接推动了一系列新的研究成果的出现，其对元代学者研习朱子易学的促进作用，也可以由此反映出来。

需要指出的是，以上三条途径，虽然对于不同的学者而言有主次之别，

① （元）李简《学易记序》，《学易记》卷首，《中国易学文献集成》第 63 册，第 111 页。
② （元）李简《学易记序》，《学易记》卷首，《中国易学文献集成》第 63 册，第 109—110 页。
③ （明）宋濂等《元史》卷一百九十九《隐逸》，第 4476 页。
④ （明）宋濂等《元史》卷一百六十，第 3764 页。
⑤ （金）元好问《范炼师真赞》，《元好问全集》，山西古籍出版社，2004 年，第 799 页。
⑥ （元）丁易东《周易象义自序》，《周易象义》卷首。
⑦ （元）丁易东《周易象义又序》，《周易象义》卷首。
⑧ （元）丁易东《原衍序》，《大衍索隐》卷一，《景印文渊阁四库全书》第 806 册，第 319 页。

但并非彼此隔绝，而是相互交织，互为助益。正是通过这三种途径，朱子易学在元代大规模地流传开来，学者对朱子易学的接触机会因之而进一步增多，认识进一步加深。其对朱子易学的深入研究，也在这一基础上得以充分展开。

二、朱子易学在元代的学派与地域特征

在传习与研究朱子易学过程中，元代学者因其所处地域与所属学派，而在发展程度、学术取向等方面，体现出一些彼此不尽相同的特征。就地域而言，一个较为突出的现象是，北方学者的研究要明显落后于南方。尽管赵复早在元太宗窝阔台八年（1236）就北上传播理学，但朱子易学似乎并非其传播重点。与赵氏同时的姚枢，约在窝阔台十三年（1241）在今河南辉县一带，主持刻印理学书籍，其中有"自版《小学书》、《语孟或问》、《家礼》，俾杨中书版《四书》、田和卿版《尚书》、《诗折衷》、《易程传》、《书蔡传》、《春秋胡传》，皆于燕。又以《小学书》流布未广，教弟子杨古为沈氏活版，与《近思录》、东莱经史说诸书散之四方"[1]。而朱子《本义》、《启蒙》，是不包括在其中的。当时北方地区得理学书籍甚难，时人谓"是时干戈未宁，六经板本，中原绝少，学者皆自抄写以成书。其后朱子论语孟子《集注》、大学中庸《章句》传至北方，学者传授，版本至者尚寡，犹不能无事手录"[2]。元初大儒许衡约在蒙古乃马真后元年（1242）往见姚枢，"得伊川《易传》，晦庵《论孟集注》、中庸大学《章句》、《或问》、《小学》等书，读之深有默契于中，遂一一手写以还。"[3] 仍然有赖于抄写。在此背景下，朱子易学著作在北方的流传必然较稀，其影响力也远不如注疏与程子《易传》。此方面例证甚多，如元初河北信都学者李简，约在乃马真后元年到东平后，方得见朱子《易》著。而朱子的易学思想，除易图外，对其并没有太多影响。郝经同样对易图问题比较感兴趣，但也称道王弼、孔颖达说："魏正始间，王弼以二汉之学为之注，唐世以为至当，而孔颖达为之疏，学者至今宗之，殆亦专门之学

---

① （元）姚燧《中书左丞姚文献公神道碑》，《姚燧集》卷十五，第216页。
② （元）虞集《跋济宁李璋所刻九经四书》，《全元文》第26册，第332页。
③ （元）耶律有尚《考岁略》，《许衡集》附录一，第201页。

也。"甚至指"诮王弼，蔑《正义》"者为"厚诬妄訾，悖理伤道"①。李治在其著作《敬斋古今黈》中，载录了不少易说，但大部分都是讨论程《传》与注疏者，涉及朱说者不仅较少，且颇不以其说为然。如其论占筮曰：

> 晦庵语录论《周易》，多说占得此爻，为君子之行则吉，为小人之行则凶。是有近于儿童之说。《易》三百八十四爻，何者不然？《系辞》所谓"吉凶者贞胜者也"，又云"惧以始终，其要无咎"，岂有为小人之行而获吉者耶？晦庵议论，必不出此，此等直传闻之误②。

"为君子之行则吉，为小人之行则凶"，实际上也就是《易本义》中屡屡提到的"占者有其德，则其占如是"之意③，朱子曾总结为"《易》以卜筮设教"④，是其"《易》本卜筮之书"说的一个重要组成部分。但李治却将其视为"儿童之说"、"传闻之误"，可见其对朱子此说的内涵，并没有太深刻的理解。甚至都未必曾见朱子易著全书，而只从语录中窥其一斑。元初朱子易学在北方的发展迟缓，也由此可见。尽管这一状况后来可能有一定程度的改善，但总的来看，终元之世，北方地区都没有出现过特别知名的朱子易学学者。大部分人仅将其作为宋《易》之一家，在著作中参用。如保八为康里人，入元居于洛阳，曾在浙西一带生活十年，与方回、牟𪩘、任士林等交好⑤，理应受南方学术的影响。其易学著作《周易原旨》、《易源奥义》中，在卜筮、易图等方面，也能看出一些受朱子影响之处。但总体而言，其说乃杂糅象数义理，乃至术数道家等诸说而成，并不专主一家。真定人侯克中，曾著《大易通义》，其书主于"因理以测象"，以为"刊华食实，莫首于理，理以载道，原《易》以求，则为得之"。袁桷称其为"程子之忠臣，倣文公以入夫邵子之室"⑥，当是理象兼通而较重义理之作，也与朱子没有太大关系。京兆石伯元，乃萧㪺、同恕再传，约生活在元末明初。其易学自河洛图式而入，

---

① （元）郝经《周易外传序》，《郝文忠公陵川文集》卷二十九，《儒藏精华编》第245册上，第508页。
② （元）李治《敬斋古今黈》卷一，中华书局，2006年，第13页。
③ （宋）朱熹《易本义·上经第一》，《朱子全书》第1册，第33页。
④ （宋）黎靖德《朱子语类》卷六十六，第1621页。
⑤ （清）陆心源《皕宋楼藏书志》卷三，《续修四库全书》第928册，第36—39页。
⑥ （元）袁桷《大易通义序》，《袁桷集》卷二十一，第347页。

著有《周易演说》。王祎称"《演说》之书，石君以为继程子而作，然非惟诸儒之传注有所不取，而于程子朱子之说，有不合焉，亦不恤也"①，同样不泥于朱子。

与北方相比，南方地区由于具备较为深厚的理学传统与未曾中断的学派传承，故朱子易学的发展程度，要大大领先于北方。但各个地区与学派的发展程度与价值取向也不尽相同，以下分别述之。

总的来看，元代南方朱子易学各派中最负盛名者，当属新安一派。按照传统的观点，此派是对朱子较为尊崇者，但实际情况并非如此简单。如胡方平、胡一桂父子一系，早期以尊朱为主，到胡一桂晚年，尊朱的立场即开始松动，至于其门人董真卿，则彻底改变了独尊朱子的态度，转为程朱并尊，兼采诸家。与胡一桂大约同时的胡炳文、陈栎二人，在尊朱问题上甚至较胡氏更为坚定，但至其门人一辈，也开始发生变化。如从学于陈栎的朱升，著有《周易旁注》，一方面由博返约，含有对烦琐的纂疏体著作的反动的意味②，另一方面，其说也多有不同于朱子之处。如《周易旁注》注蒙卦初六"发蒙，利用刑人，用说桎梏，以往吝"，就没有采用朱子"痛惩而暂舍之"的说法，而谓"不羞愧徵艾而遽以出往"③，反而有类于吴澄之说。另一位与朱升同时求学于明经书院的学者汪克宽，则著有《周易程朱传义音考》，似乎也转入了合会程朱一派。又与朱升同时问学于黄泽的赵汸，其著作《周易文诠》"主于略数言理"④，偏重义理，而不尊朱子以卜筮解《易》的思路。另有德兴地区一批学者，从一开始即对朱子之说不甚尊崇。如与胡一桂、陈栎、王希旦并称宿儒四家的余芑舒，著有《读易偶记》。《周易会通》中引其说数十条，即不尽同朱子，特别是指朱子卦变"专取两爻相比而相易，故多失正意"⑤，直接对朱子提出批评。董真卿之所以敢于倡为合会程朱之说，一定程度上也与其出于德兴，传其父董鼎之学有关。即便是与胡一桂、胡炳文等同居婺源的学者中，也有王埜翁这样一类多立异说者，以至于其书进上朝廷时，

---

① （明）王祎《周易演说序》，《王忠文公集》卷四，中华书局，1985年，第108—109页。
② 参见刘成群《元代徽州理学家群体与新安理学的传承发展》，第152—153页。
③ （元）朱升《周易旁注·上经》，《续修四库全书》第4册，第355页。
④ （清）永瑢等《四库全书总目》卷四，第27页。
⑤ （元）董真卿《周易会通》卷五，《中国易学文献集成》第65册，第626页。

"其时尚程朱易说,皆骇所闻见。"① 总之,墨守朱子只是元代前中期一部分新安学者的思想特征,不尽从朱说的实际颇不乏其人,特别是至于元代后期,尊朱的色彩越来越淡漠。有学者谓:"第二代新安理学家虽然依旧是以宗朱为主旨,但是他们的学术已经融入了新的因素,他们的易学研究各具特色……第二代学者转益多师,视野更加开阔,门户之见也变得相对淡薄,这也是导致他们的易学研究形成不同特色的因素之一。"② 洵得其实。

新安学派之外,元代另一较具规模的朱子易学群体集中在福建地区。这一派学者中,大部分为福建本地人,如丘富国、张清子、熊禾、郑仪孙、黄镇成等皆是,也有少部分流寓或求学于闽者。如谢枋得晚年即隐居在福建,而张理本为江西清江人,而"从杜本于武夷"③,其后还曾任福州勉斋书院山长④,进福建儒学副提举。尽管朱子在福建出生及长期生活,但号称"领袖朱门"的西山蔡氏一派,却被后人评为"其律吕象数之学盖得之其家庭之传"⑤,实际上是保有相当程度的学术独立性。而元代福建学者,特别是初期的丘富国、张清子、熊禾等人,又多为此派后学,故其独立性表现得更加明显。现存元代福建学者的易学著作,没有一部是如胡一桂初定本《易本义附录纂注》那样谨守朱子藩篱者,而是或如张清子《周易本义附录集注》之注释《本义》而多与其不同,或如熊禾《勿轩易学启蒙图传通义》之发明朱说。此外,西山蔡氏一派重视图书象数的传统,也被元代福建学者继承下来。如丘富国门人郑仪孙有《易图说》⑥。谢枋得在福建时,曾传《易三图》于吴蟾、虞集、袁桷等元代著名学者多闻其说⑦。黄镇成著有《周易通义》,其书虽佚,但曾为张理《易象图说》作序,称赞其"当续邵子朱子之图,而自为一家"⑧,可见其也较为关注易图。而这些学者对易图的推阐,同样与朱子有明显的差异。

---

① (明)程敏政《新安文献志》卷七十一,第 1739 页。
② 常桂兰、刘成群《元代新安理学的易学思想》,《内蒙古农业大学学报(社会科学版)》2009 年第 6 期。
③ (明)秦镛《崇祯清江县志》卷七,《四库全书存目丛书》史部第 212 册,第 285 页。
④ (元)贡师泰《勉斋书院记》,《贡师泰集》卷七,《贡氏三家集》,第 312 页。
⑤ (清)黄宗羲原著《宋元学案》卷六十二,第 1978 页。
⑥ (清)朱彝尊撰,林庆彰等主编《经义考新校》卷三十八,第 676—677 页。
⑦ 参见金生杨《谢枋得所传易图考》,《周易研究》2005 年第 5 期。
⑧ (元)黄镇成《易象图说序》,《易象图说》卷首,《中国易学文献集成》第 67 册,第 3 页。

金华朱学始自黄榦，其后经由何基、王柏、金履祥、许谦"北山四先生"递传，在元代一度颇具影响。尽管其后走向衰落，但还是出现了一些治《易》的学者，而其宗旨亦不甚相同。如吴师道与许谦相交三十年，为元代金华一派的代表人物之一，其易学著作《易杂记》已佚，但《读易杂记后题》一文尚存。文曰："至宋而邵子阐伏羲之秘，程子衍周、孔之文，朱子又发明《易》专为卜筮作，融会义理、象数之旨，说者无以复加矣。所宜虚心潜玩，以求圣贤之心，不当横生己意，喜新好奇，穿凿破碎，务以求多为也。其有名为祖程、朱，而夸多骋博，援引丛杂，自相矛盾不之顾。又有摭前人之所已言，以为己出，架屋下之屋，不自为嫌。若是者盖不胜其纷纷焉，果何益于《易》哉？"① 可见是主张尊朱者。故其在《与刘生论易书》中，才会对董真卿《周易会通》提出严厉批评。且谓"董氏自云学有渊源，而师新安胡一桂氏，自言得胡为多……而又习见近日《易通》、《四书通》等作"②，所谓《易通》，以下文《四书通》推之，当是指胡炳文《周易本义通释》，则吴氏对胡一桂、胡炳文之作也颇有微辞。而学于王柏的黄超然，著有《周易通义》等书，今观其书，在理气问题、经传关系等诸多问题上，都不从朱说。故而尽管其也推崇朱子，但其著作更多的是"羽翼程朱，开明后进"、"发程朱《传》、《义》未尽之意"③，而非一味惟朱是从，其立场与吴师道即大为不同。总的来看，元代金华一派，在易学问题上也并非全部纯宗朱子。

由黄榦门人饶鲁开创的双峰学派，在元代有一批较具影响力的传人，其在易学方面最为知名者，当属吴澄无疑。吴澄门人中，有鲍恂、李路、李岳、舒庆远、乐顺④等从其治《易》，不列于门人而曾向其问学者更多，如解观、解蒙兄弟与赵宜中等，都是在易学上有所成就，且曾以《易》中举者⑤。饶鲁另有门人饶应中，传熊凯、龚焕，再传熊良辅，因熊氏有《周易本义集成》传世，亦有一定影响。又宋末元初学者胡震，曾经从学于饶鲁，也可归入此派。此派学者的核心人物多为江西人，如吴澄为崇仁人，熊良辅、胡震都为

---

① （元）吴师道《读易杂记后题》，《吴师道集》卷十七，第405页。
② （元）吴师道《与刘生论易书》，《吴师道集》卷十一，第225页。
③ （清）朱彝尊撰，林庆彰等主编《经义考新校》卷四十，第720页。
④ （元）吴澄《送乐顺序》，《临川吴文正公集》卷十七，《元人文集珍本丛刊》第3册，第328页。
⑤ 以上诸人情况，除注明者外，皆参见本书第二章。

南昌人，解氏兄弟则为吉水人。有元一代，江西易学发展颇为兴盛，有易学著作传世者除上述诸人外，尚有涂溍生、曾贯、萧汉中、龙仁夫、雷思齐、梁寅等，与双峰一派也有着或多或少的联系。双峰学派的一大特色，即是不尽同于朱子，与吴澄同样问学于饶鲁门人程若庸的程钜夫，称饶氏之学与朱子的关系是"共派而分流，异出而同归"①，可见元代双峰学派的学者，对其自身特色有着较为清晰的认识。反映在易学方面，最具代表性的吴澄，对朱子易学的大部分根本性的观点都予以接受，且与持异说之田泽等竭力论辩，但在具体解说方面却并不拘于朱子，可以说只是宏观地继承了朱子解《易》的主旨，而融会贯通，自成一家。其余如熊良辅之采诸家之善而集注《本义》，梁寅之折中程朱，胡震以义理为基础的博取百家与兼包象占②，都与朱子有显著的不同。甚至如涂溍生、解蒙、曾贯等一批科举导向的著作，也非一味敷衍朱子之说。其"不尽同于朱子"③的学派特征，表现得颇为明显。

此外，元代四川地区的易学也有一定发展。较具代表性者，如撰有《周易程朱传义折衷》的赵采为潼川人，而《大易缉说》的作者王申子则为邛州人，后寓居湖南慈利天门山。又蜀人范大性寄居江州路，著有《易辑略》，王彦弼为之刊行④，吴澄《易纂言》中引其说数条。黄泽原籍资州，至其父辈迁居九江⑤，也与蜀学也有一定渊源。其余蜀地作者的易学著作还有一些，但多亡佚无存。尽管元代蜀地治《易》学者多侨居在外，但其学术还是表现出一些独有的特色。特别是王申子，自云其父曾举南宋蜀学的代表人物魏了翁之语以训之。所举之语如"须从诸经字字看过，思所以自得，不可只从前贤言语上做工夫"，"近时讲性理者，几于舍六经而观语录，甚者将程朱语录而编之，若策括策套。此其于吾身心，不知果何益乎"等⑥，大抵是说治学当直接求之于圣人所定之经，不当舍经而徒执程朱之传。魏氏之说对王申子影响

---

① （元）程钜夫《双峰先生文集序》，《程钜夫集》卷十四，第 159 页。
② 参见谢辉《〈周易衍义〉与义理易学在元代的发展》，《元代文献与文化研究》第 3 辑，中华书局，2015 年，第 70—81 页。
③ （清）黄宗羲原著《宋元学案》卷八十三，第 2812 页。
④ （元）吴澄《大元少中大夫江州路总管赠太中大夫秘书大监轻车都尉太原郡侯王安定公墓碑》，《临川吴文正公集》卷三十三，《元人文集珍本丛刊》第 3 册，第 560 页。
⑤ （元）赵汸《黄楚望先生行状》，《全元文》第 54 册，第 370 页。
⑥ （元）王申子《大易缉说》卷二，《中国易学文献集成》第 62 册，第 179 页。

很大，其所著《大易缉说》，即多自出机杼，不泥朱子之说，故后人称其"出于心解理会，非因仍蹈袭者比"①。黄泽的思想，亦与王申子接近。史称其"尝以为去圣久远，经籍残阙，传注家率多傅会，近世儒者又各以才识求之，故议论虽多，而经旨愈晦"②，因识其弊而主张"以经证经"③、"既看传注了，须要换却精神心术"④，故今人称其学"突破了自宋末以来因循守旧、诵习程朱之说而谨守勿变之习，而主张自出所见"⑤。当然，蜀中也有五世传朱子易学的玉井阳氏，对朱子之说较为维护。但总的来看，王申子、黄泽此种直指本源、不泥传注的治学方式，一定程度上更能够代表元代蜀地易学的特色。

以上所举各地各派，仅是约略而言之。元代尚有不少学者，从学术谱系来讲，不能列入诸派之中，但并不妨碍其治《易》有得。如吴郡俞琰，其易学与朱子有密切关系，但无所师承，故《宋元学案》只能将其泛泛地列入"朱学续传"中。其余如武陵丁易东、天台陈应润等，也大致都是此种情况。另一方面，元代治《易》学者交往密切，如胡一桂、董真卿曾多次入闽访学，即是较为典型的事例。另有一部分学者可能未曾会面，但对彼此的学术也有所了解。如吴澄即通过为王申子刊刻《大易缉说》的田泽了解到王氏之说，还曾为黄泽《易学滥觞》作序，而王氏、黄氏、吴氏书中又都提到了丁易东。这种密切的学术交流，也会进一步消弭各学派之间的差距。至于元代中后期，一些学出多门的学者，甚至已经不太容易确指其属于哪一学派。如上文曾言及的汪克宽，从地域与从学于明经书院这一点来看，当属新安一派，但其祖父汪华为饶鲁门人，汪氏本人还曾从学于饶鲁门人吴迁，则又应属双峰一派⑥。从这一点来看，元代易学虽然有南北差距与学派差别，但门户之见已经相对转淡，并非迥然不同、截然隔绝者。特别是在朱子易学研究方面，元代不论何地何派学者，多数都表现出一种较为一致的趋势，即并不深泥其说。

---

① （清）纳兰成德《王巽卿大易缉说序》，《大易缉说》卷首，《中国易学文献集成》第62册，第6页。
② （明）宋濂等《元史》卷一百八十九，第4323页。
③ （元）赵汸《黄楚望先生行状》，《全元文》第54册，379页。
④ （元）赵汸《春秋师说》卷下，《中华再造善本》影印元至正二十四年休宁商山义塾刻明弘治六年高恕重修本，国家图书馆出版社，2006年。
⑤ 金生杨《黄泽易学探微》，《地方文化研究辑刊》第5辑，巴蜀书社，2012年，第89页。
⑥ （明）吴国英《环谷汪先生克宽行状》，《新安文献志》卷七十二，第1767—1771页。

他们或者继承朱子的治《易》精神，或者选用若干具体的解《易》方法和解说，或者在朱子的基础上引申推广，或者对朱说加以批评改造，或折中程朱。一言以蔽之，对朱子易学的革新，才是元人研究之主流，而前人所说的"笃守朱熹义"[1]，反而只是少数学者的行为。

三、元代朱子易学研究的价值与影响

通观有元一代之易学，对朱子易学的关注，可谓贯穿始终，波及各个方面。此前学者的认识，大都限于注释朱子易学著作或折中程朱等狭义的内容，但如从广义的角度来看，对朱子易学观点的研究，几乎存在于元代一切易学论著之中，无论是象数、义理、易图、卜筮，甚至道教易学，都有朱子易学的内容。元代学者研究朱子易学的热情之高，角度之多，程度之深，远远超越前代。在某种意义上而言，朱子易学在元代已经成为了易学研究的中心，在易学史上也产生了较为显著的影响。

就朱子易学著作的研究而言，元代一批学者采用纂疏体，对朱子散见于文集、语录中的大量有关易学之论说进行搜罗，并将其与朱子的易学著作编订于一处，形成了朱子易学文献的集成。如胡一桂《易本义附录纂注》、董真卿《周易会通》，都曾在此方面作出努力。这一辑录的工作，前代学者如董鼎、朱鉴等人，虽然亦曾有所致力，但无论是在搜集的全面性和编排的条理性上，都要逊于元代学者。这些工作不仅可以全面反映朱子易学的全貌，而且为后人研究朱子易学奠定了基础。同时，元代学者还采用集注、通释等形式，对朱子易学著作进行注释，注释的内容既有训释字音字义，也有对文句的疏通和大意的概说，还包括对朱子之说的一些疑难之处的辨析与阐明，其详尽与精细的程度也大大超过前人。这种文献方面的基础工作，集中了朱子在易学方面的大部分资料，扫除了阅读理解朱子易学著述的障碍，成为后世了解朱子易学的津梁和阶梯。可以说为朱子易学在当时与后世的流行与传播，作出了建基性的贡献。此外，元代集中出现的一批折中程朱的成果，还在一定程度上阐明了朱子易学与程子的渊源。今人已经指出："朱熹对《易传》也

---

[1]　朱伯崑《易学哲学史》第三卷，第4页。

很推重，《本义》在字义、句文的解释上多取自《易传》，以致读《本义》往往必须参考《易传》，宋末至清代流行《传》、《义》合刻的本子，这也是一个原因。"① 而要研究朱子对程子的所因所革，《周易程朱传义折衷》、《周易会通》等元人之作，无疑是需要参考的重要资料。

就朱子易学学说的研究而言，元代学者将朱子易学中的一些较有特色的观点和方法，如"《易》为卜筮之书"、"分别四圣之《易》"、"《易》必有象"、"太极理本论"等，从朱子的易学著作与其他大量论《易》之文字中提炼出来，并围绕这些核心问题展开重点研究，明确其地位，剖析其内容，论证其合理性。正是经过了元代学者的这些努力，朱子易学学说才以其完整清晰的面貌，展现在后世学者的面前。直至今日，学者们在对其含义进行分析时，仍要常常借鉴元代学者的看法。另一方面，元代学者又从不同的角度，对朱子易学的各部分内容，提出了广泛而深入的质疑。这些质疑遍布朱子易学的方方面面，如河图洛书与先后天诸图是否可信，卦变法是否合理，《易》是否真的为卜筮之书，四圣之《易》是否能够截然区分等等，都有学者加以指摘。现在看来，这些质疑有很多都切中要害，如对于朱子所极为重视的河图洛书与先后天诸图，元代一部分学者将其指为邵雍之杜撰而不予采信，这一观点经过清代学者的进一步论证，已经成为当前易学界的共识。通过这些深入研究，朱子易学中较重要的学说得到了突显，其说法中的一些薄弱与缺陷之处，也在元代学者的质疑中暴露出来，为后人对朱子之说的正确认识、批判继承开辟了道路。

除了对朱子易学本身产生影响外，元代学者在研究朱子易学的同时，还促成了一系列较为新颖的观点的诞生。如在象数之学方面，吴澄制定了极为详细周密的主卦卦变法，胡一桂、熊禾首次提出以先天六十四卦方圆图解说互体法的主张，丁易东创造了以"合数"与"乘数"推演大衍数之法，许衡、刘因对朱子筮法的"静变往来之数"进行了详细计算，张理首创以所谓的"龙图"变河图洛书之说，雷思齐则在批判朱子图书之说的基础上，制成了新式的"河图四十征误之图"。在义理之学方面，吴澄提出了对后世影响极大的"太极阴阳不离"的观点；郝经凭借"太极为道器之枢纽"之说，在历

---

① 王铁《宋代易学》，第 211 页。

代诸多太极说中独树一帜；许衡则以其"长中有消，消中有长"的阴阳螺旋上升的理论，对阴阳消长问题作出了贡献。此外如黄超然所主张的"传无背经之理"之说，熊朋来、吴澄对朱子所定《周易》文本的修订，董真卿通过将程朱之《周易》文本折中而得出的新的经传排列方式，也都显得较有特色。这些观点多为前人所未曾言及，具有高度的独创性，对易学与理学也产生了较大的影响。如其在象数方面的一系列创新，使得象数之学成为元代易学中成就最大、特点最为突出的一个部分，可谓直接推动了元代象数易学的发展，对于明清两代的象数之学也有较大的促进作用。而其在义理方面提出的多种新见解，则不仅成为元代发展相对滞后的理学中的几个为数不多的亮点，还在某种意义上开启了后世理学的新思潮，如明代兴起的理气一元论，其源头即能追溯到吴澄的"太极阴阳不离"之说①。这些对易学与理学影响巨大的新观点的出现，即是元代学者研究朱子易学的结果。

此外，元人之朱子易学研究，对易学发展的走向也产生了影响。一方面，其促进了义理象数的合流。宋代易学中，义理、象数二途有着比较明晰的区别，尽管其融合的趋势从南宋后期就已开始，但其最终实现合流，则在元代，而朱子易学即在其中发挥了重要作用。正是在朱子的影响下，李简、胡震等一批义理派学者才开始将易图纳入自己的著作中，有学者总结之曰："由于朱学的深刻影响，元人讲义理的易学著作往往也兼象数而言之，这是南宋以来治《易》学风的一种延续，体现了元代易学研究的趋势。"② 是颇为恰当的。另一方面，其还弘扬了中国学术传统中求真求实的学风，开启了明清学者辨正朱子的先河。元代学者对朱子易学的理论、观点、方法，并没有一味株守，而是既有传承，又有革新，在继承其较合理、精辟的易学成果的同时，也对其错误作出批评，由此便形成了一种不盲从朱子而唯善是从的治《易》风气。如当今学者所总结的那样："朱子的学说尚未被教条化、权威化，学术界从宋代继承下来求真求实的学风依然存在。"③ 元人的这种治学的风气，与其辨正

---

　　① 见徐远和《理学与元代社会》，第 113 页。参考陈来《元明理学的"去实体化"转向及其理论后果》，《中国文化研究》2003 年夏之卷。

　　② 梁韦弦《宋易在元代的发展》，《周易研究》1992 年第 3 期。

　　③ 夏传才《元代经学的社会历史背景和程朱之学的发展》，《元代经学国际研讨会论文集》，第 144 页。

朱子的具体论说，对后世学者有着很大的启发。受其影响，明清学者在对朱子易学进行研究时，大都能不囿于朱子之说，而在元人的基础上进一步对朱子加以辨正。例如，明代以蔡清、韩邦奇为代表的一部分学者，在注释朱子的易学著作时，对朱子之说即并非一概遵从，而是"敢于有所非议"①，这在一定程度上就是导源于元代胡一桂、董真卿等人。而清代黄宗羲、胡渭、毛奇龄等人，则从汉学的角度出发，对朱子的图书象数之说加以猛烈批驳，这更是与元代学者在此方面对朱子的批判有直接的先后承袭的关系。由此可见，对于后世的求真求实、辨正朱子之风而言，元代学者的研究可以说是其形成过程中不可或缺的一环。

　　总而言之，元代是朱子易学研究走向繁荣和深入的时代。元代学者围绕着传承与革新这两条主线，对朱子易学进行了大量研究，取得了引人注目的丰厚成果。元代易学对朱子易学的传承与革新，也作为易学、理学、朱子学中的一个重要组成部分，在我国学术史上产生了深远的影响。

---

　　① 朱伯崑《易学哲学史》第三卷，第78页。

主要参考文献

一、原始文献

1. 元代易学典籍

（元）胡方平《易学启蒙通释》，《儒藏精华编》第 5 册，北京大学出版社，2014 年。

（元）胡一桂《易本义附录纂注》，《儒藏精华编》第 5 册。

（元）胡一桂《周易本义启蒙翼传》，《儒藏精华编》第 5 册。

（元）胡炳文《周易本义通释》，《儒藏精华编》第 6 册，北京大学出版社，2014 年。

（元）吴澄撰，王新春等导读《易纂言导读》，齐鲁书社，2006 年。

（元）吴澄《易纂言外翼》，《中国易学文献集成》第 59 册影印元刻本，国家图书馆出版社，2013 年。

（元）保巴《周易原旨·易源奥义》，中华书局，2009 年。

（元）张清子《周易本义附录集注》，《日本宫内厅书陵部所藏宋元版汉籍丛刊》第 2 册，上海古籍出版社，2012 年。

（元）俞琰《俞氏易集说》，《中国易学文献集成》第 43—44 册影印《通志堂经解》本。

（元）俞琰《读易举要》，《景印文渊阁四库全书》第 21 册，台湾商务印书馆股份有限公司，2008 年。

（元）俞琰《易外别传》，《景印文渊阁四库全书》第 1061 册。

（元）胡震《周易衍义》，《景印文渊阁四库全书》第 23 册。

（元）赵采《周易程朱传义折衷》，《景印文渊阁四库全书》第 23 册。

（元）黄泽《易学滥觞》，《景印文渊阁四库全书》第 24 册。

（元）解蒙《易精蕴大义》，《景印文渊阁四库全书》第 25 册。

（元）曾贯《易学变通》，《景印文渊阁四库全书》第 26 册。

（元）钱义方《周易图说》，《景印文渊阁四库全书》第 26 册。

（元）赵汸《周易文诠》，《景印文渊阁四库全书》第 27 册。

（元）雷思齐《易图通变》，《中国易学文献集成》第 50 册影印《通志堂经解》本。

（元）雷思齐《易筮通变》，《中国易学文献集成》第 50 册影印《道藏》本。

（元）王申子《大易缉说》，《中国易学文献集成》第 62—63 册影印《通志堂经解》本。

（元）李简《学易记》，《中国易学文献集成》第 63—64 册影印元刻本。

（元）董真卿《周易会通》，《中国易学文献集成》第 65—66 册影印元刻本。

（元）张理《易象图说》，《中国易学文献集成》第 67 册影印《通志堂经解》本。

（元）陈应润《周易爻变易蕴》，《中国易学文献集成》第 67 册影印《续刻台州丛书》本。

（元）丁易东《周易象义》，《中华再造善本》影印元刻本，北京图书馆出版社，2004 年。

（元）丁易东《大衍索隐》，《景印文渊阁四库全书》第 806 册。

（元）熊良辅《周易本义集成》，《通志堂经解》第 4 册，江苏广陵古籍刻印社，1996 年。

（元）龙仁夫《周易集传》，《中华再造善本》影印清影元抄本，国家图书馆出版社，2013 年。

（元）梁寅《周易参义》，《通志堂经解》第 4 册。

（元）熊禾《勿轩易学启蒙图传通义》，《续修四库全书》第 2 册，上海古籍出版社，2002 年。

（元）黄超然《周易通义·发例·识蒙·或问》，《续修四库全书》第 2 册。

（元）鲍恂《太易钩玄》，《续修四库全书》第 3 册。

（元）朱升《周易旁注》，《续修四库全书》第 4 册。

（元）涂溍生《周易经疑》，《续修四库全书》第 4 册。

（元）涂溍生《周易经义》，《中华再造善本》影印元刻本，北京图书馆出版社，2004 年。

2. 其他时期易学典籍

（魏）王弼注，（唐）孔颖达疏《周易正义》，北京大学出版社，2004 年。

（宋）程颐《周易程氏传》，《二程集》，中华书局，2004 年。

（宋）杨万里《诚斋先生易传》，《儒藏精华编》第 4 册，北京大学出版社，2009 年。

（宋）朱震《汉上易传》，《儒藏精华编》第 3 册，北京大学出版社，2009 年。

（宋）朱熹《易本义》，《朱子全书》第 1 册，上海古籍出版社、安徽教育出版社，2002 年。

（宋）朱熹《易学启蒙》，《朱子全书》第 1 册。

（宋）沈该《易小传》，《通志堂经解》第 1 册。

（宋）都絜《易变体义》，《景印文渊阁四库全书》第 11 册。

（宋）林栗《周易经传集解》，《景印文渊阁四库全书》第 12 册。

（宋）冯椅《厚斋易学》，《景印文渊阁四库全书》第 16 册。

（宋）曾穜《大易粹言》，"中央图书馆"影印宋刻本，1991 年。

（宋）王宗传《童溪王先生易传》，《中华再造善本》影印宋刻本，北京图书馆出版社，2002 年。

（宋）朱鉴《晦庵先生朱文公易说》，《中华再造善本》影印元刻本，北京图书馆出版社，2004 年。

（宋）董楷《周易程朱先生传义附录》，《中华再造善本》影印元延祐二年圆沙书院刻本，北京图书馆出版社，2004 年。

（宋）项安世《周易玩辞》，《通志堂经解》第 2 册。

（宋）李心传《丙子学易编》，《通志堂经解》第 2 册。

（宋）税与权《易学启蒙小传》，《通志堂经解》第 2 册。

（宋）朱元升《三易备遗》，《景印文渊阁四库全书》第 20 册。

（明）胡广《周易传义大全》，《景印文渊阁四库全书》第 28 册。

（明）谢子方《易义主意》，北京大学图书馆藏明正统十一年海虞魏佑刻本。

（明）蔡清《易经蒙引》，《儒藏精华编》第 6 册。

（明）叶良佩《周易义丛》，《续修四库全书》第 7 册。

（明）来知德《周易集注》，上海书店，1988 年。

（明）王夫之《周易内传》，《船山全书》第 1 册，岳麓书社，1988 年。

（明）熊过《周易象旨决录》，《景印文渊阁四库全书》第 31 册。

（清）刁包《易酌》，《景印文渊阁四库全书》第 39 册。

（清）毛奇龄《仲氏易》，《景印文渊阁四库全书》第 41 册。

（清）毛奇龄《毛奇龄易著四种》，中华书局，2009 年。

（清）乔莱《易俟》，《景印文渊阁四库全书》第 42 册。

（清）黄宗羲《易学象数论》，中华书局，2010 年。

（清）黄宗炎《周易寻门余论》，中华书局，2010 年。

（清）胡渭《易图明辨》，中华书局，2008 年。

（清）钱澄之《田间易学》，黄山书社，1998年。

（清）查慎行《周易玩辞集解》，《查慎行集》，浙江古籍出版社，2014年。

（清）李光地《周易折中》，巴蜀书社，2006年。

（清）胡煦《周易函书约注》，中华书局，2008年。

3. 书目题跋

（宋）晁公武《郡斋读书志校证》，上海古籍出版社，1990年。

（宋）尤袤《遂初堂书目》，中华书局，1985年。

（宋）陈振孙《直斋书录解题》，上海古籍出版社，2005年。

（元）马端临《文献通考经籍考》，华东师范大学出版社，1985年。

（明）杨士奇《文渊阁书目》，《明代书目题跋丛刊》，书目文献出版社，1994年。

（明）董其昌《玄赏斋书目》，《明代书目题跋丛刊》。

（明）朱睦㮮《万卷堂书目》，《明代书目题跋丛刊》。

（明）祁承㸁《澹生堂藏书目》，上海古籍出版社，2015年。

（清）黄虞稷《千顷堂书目》，上海古籍出版社，2001年。

（清）徐乾学《传是楼书目》，《续修四库全书》第920册。

（清）钱谦益《绛云楼书目》，《稿抄本明清藏书目三种》，北京图书馆出版社，
2003年。

（清）范邦甸《天一阁书目》，上海古籍出版社，2010年。

（清）朱彝尊《竹垞行笈书目》，上海古籍出版社，2010年。

（清）朱彝尊《曝书亭序跋》，上海古籍出版社，2010年。

（清）永瑢等《四库全书总目》，中华书局，2003年。

江庆柏等整理《四库全书荟要总目提要》，人民文学出版社，2009年。

（清）钱曾《读书敏求记校证》，上海古籍出版社，2007年。

（清）于敏中等《天禄琳琅书目》，上海古籍出版社，2007年。

（清）吴寿旸《拜经楼藏书题跋记》，上海古籍出版社，2007年。

（清）黄丕烈《黄丕烈藏书题跋集》，上海古籍出版社，2013年。

（清）莫友芝撰，傅增湘订补《藏园订补郘亭知见传本书目》，中华书局，2009年。

（清）沈初等《浙江采集遗书总录》，上海古籍出版社，2010年。

（清）阮元《文选楼藏书记》，上海古籍出版社，2009年。

（清）朱彝尊撰，林庆彰等主编《经义考新校》，上海古籍出版社，2010年。

（清）张金吾《爱日精庐藏书志》，中华书局，2012年。

（清）汪士钟《艺芸书舍宋元本书目》，中华书局，1985年。

（清）翁方纲《通志堂经解目录》，中华书局，1985 年。

（清）翁方纲《翁方纲纂四库提要稿》，上海科学技术文献出版社，2005 年。

（清）沈德寿《抱经楼藏书志》，中华书局，1990 年。

（清）周中孚《郑堂读书记》，上海书店，2009 年。

（清）丁丙《八千卷楼书目》，《续修四库全书》第 921 册。

（清）丁丙《善本书室藏书志》，《续修四库全书》第 927 册。

（清）陆心源《皕宋楼藏书志》，《续修四库全书》第 928 册。

（清）陆心源著，冯惠民整理《仪顾堂书目题跋汇编》，中华书局，2009 年。

（清）莫友芝《持静斋藏书记要》，上海古籍出版社，2009 年。

（清）瞿镛《铁琴铜剑楼藏书目录》，上海古籍出版社，2000 年。

（清）朱学勤《结一庐书目》，《丛书集成续编》第 68 册，上海书店，1994 年。

（清）吴焯《绣谷亭薰习录》，《丛书集成续编》第 68 册。

（清）陈树杓《带经堂书目》，《中国著名藏书家书目汇刊·明清卷》第 28 册，商务印书馆，2005 年。

（清）周星诒《传忠堂书目》，《丛书集成续编》第 71 册。

（清）耿文光《万卷精华楼藏书记》，上海古籍出版社，2016 年。

（清）邵懿辰《增订四库全书简明目录标注》，上海古籍出版社，2000 年。

尊经阁文库编《尊经阁文库汉籍分类目录》，1934 年铅印本。

四川省图书馆编《四川省图书馆馆藏古籍目录·经部》，四川省图书馆油印本，1958 年。

吴慰祖校订《四库进呈书目》，商务印书馆，1960 年。

［日］阿部隆一《中国访书志》，汲古书院，1976 年。

静嘉堂文库编《静嘉堂文库汉籍分类目录》，大立出版社，1980 年。

中山大学图书馆编《中山大学图书馆古籍善本书录》，中山大学图书馆，1982 年。

"国立中央图书馆"特藏组编辑《"国立中央图书馆"善本题跋真迹》，"国立中央图书馆"，1982 年。

［日］阿部隆一《阿部隆一遗稿集》，汲古书院，1985 年。

李盛铎《木犀轩藏书题记及书录》，北京大学出版社，1985 年。

王欣夫《藏书纪事诗补正》，上海古籍出版社，1989 年。

崔富章《四库提要补正》，杭州大学出版社，1990 年。

中国科学院图书馆整理《续修四库全书总目提要·经部》，中华书局，1993 年。

缪荃孙等《嘉业堂藏书志》，复旦大学出版社，1997 年。

栾贵明《永乐大典索引》，作家出版社，1997年。

阳海清《中南、西南地区省、市图书馆馆藏古籍稿本提要》，华中理工大学出版社，1998年。

中国古籍善本书目编辑委员会《中国古籍善本书目·经部》，上海古籍出版社，1998年。

叶德辉《书林清话》，北京燕山出版社，1999年。

香港中文大学图书馆编《香港中文大学古籍善本书录》，香港中文大学出版社，1999年。

北京大学图书馆编《北京大学图书馆藏古籍善本书目》，北京大学出版社，1999年。

杨武泉《四库全书总目辨误》，上海古籍出版社，2001年。

胡玉缙《续四库提要三种》，上海书店，2002年。

南京国学图书馆编《盋山书影》，北京图书馆出版社，2003年。

清华大学图书馆编《清华大学图书馆藏善本书目》，清华大学出版社，2003年。

翁连溪《中国古籍善本总目》，线装书局，2005年。

［法］伯希和《梵蒂冈图书馆所藏汉籍目录》，中华书局，2006年。

杜泽逊《四库存目标注》，上海古籍出版社，2007年。

严绍璗《日藏汉籍善本书录》，中华书局，2007年。

张钧衡《适园藏书志》，《海王村古籍书目题跋丛刊》第6册，中国书店，2008年。

张元济《涵芬楼烬余书录》，《张元济全集》第8卷，商务印书馆，2009年。

傅增湘《藏园群书经眼录》，中华书局，2009年。

王国维《罗振玉藏书目录》，《王国维全集》第2册，浙江教育出版社、广东教育出版社，2009年。

马宁《江苏第二批国家珍贵古籍名录》，凤凰出版社，2010年。

沈津《中国珍稀古籍善本书录》，广西师范大学出版社，2010年。

［日］仓石武四郎《旧京书影》，人民文学出版社，2011年。

中国古籍总目编纂委员会《中国古籍总目·经部》，中华书局、上海古籍出版社2012年。

傅斯年图书馆善本书志编纂小组《傅斯年图书馆善本书志·经部》，"中央研究院"历史语言研究所，2013年。

宫内省图书寮编《图书寮汉籍善本书目》，国家图书馆出版社，2013年。

陈海燕《过云楼藏书目书图录》，凤凰出版社，2014年。

南江涛选编《日藏珍稀中文古籍书影》，国家图书馆出版社，2014年。

［日］涩江全善、森立之等《经籍访古志》，上海古籍出版社，2014 年。

［日］长泽规矩也《静盦汉籍解题长编》，上海远东出版社，2015 年。

天一阁博物馆编《天一阁博物馆藏古籍善本书目》，国家图书馆出版社，2016 年。

［日］河田罴《静嘉堂秘籍志》，上海古籍出版社，2016 年。

刘蔷《天禄琳琅知见书录》，北京大学出版社，2017 年。

陈先行、郭立暄《上海图书馆善本题跋辑录》，上海辞书出版社，2017 年。

4. 相关资料

杨伯峻《春秋左传注》，中华书局，2005 年。

（宋）王应麟《韩鲁齐三家诗考》，《中华再造善本》影印元刻本，北京图书馆出版社，2006 年。

（元）王充耘《书义主意》，《四库未收书辑刊》第 10 辑第 1 册，北京出版社，1997 年。

（元）胡一中《定正洪范集说》，《续修四库全书》第 55 册。

（元）赵汸《春秋师说》，《中华再造善本》影印元至正二十四年休宁商山义塾刻明弘治六年高忠重修本，国家图书馆出版社，2006 年。

（元）董鼎《孝经大义》，《通志堂经解》第 14 册。

（元）熊朋来《熊先生经说》，《通志堂经解》第 16 册。

（清）钟文烝《春秋穀梁传补注》，中华书局，2009 年。

（清）皮锡瑞《经学通论》，中华书局，2003 年。

（清）皮锡瑞《经学历史》，中华书局，2004 年。

（汉）班固《汉书》，中华书局，2002 年。

（晋）陈寿《三国志》，中华书局，2002 年。

（宋）佚名《南宋馆阁续录》，中华书局，1998 年。

（宋）欧阳忞《舆地广记》，四川大学出版社，2003 年。

（宋）陈耆卿《嘉定赤城志》，《宋元方志丛刊》第 7 册，中华书局，1990 年。

（宋）杨潜《绍熙云间志》，《续修四库全书》第 687 册。

（宋）刘宰《京口耆旧传校证》，江苏大学出版社，2016 年。

（元）佚名撰，王瑞来笺证《宋季三朝政要笺证》，中华书局，2010 年。

（元）徐东《运使复斋郭公言行录》，《续修四库全书》第 550 册。

（元）郝经《续后汉书》，中华书局，1985 年。

（明）宋濂等《元史》，中华书局，1976 年。

（明）胡广《太祖实录》，"中央研究院"历史语言研究所，1962 年。

（明）李贤等《明一统志》，《景印文渊阁四库全书》第 473 册。

（明）程敏政《新安文献志》，黄山书社，2004 年。

（明）程曈《新安学系录》，黄山书社，2006 年。

（明）张鸣凤《桂胜》，中华书局，2016 年。

（明）金贲亨《台学源流》，《续修四库全书》第 515 册。

（明）程美《明经书院录》，台湾"国家图书馆"藏明正德十年刻本。

（明）林庭㭿《嘉靖江西通志》，《四库全书存目丛书》史部第 183 册，齐鲁书社，1996 年。

（明）范涞修，章潢纂《万历新修南昌府志》，书目文献出版社，1985 年。

（明）汤日昭《万历温州府志》，《四库全书存目丛书》史部第 211 册。

（明）管大勋修，刘松纂《隆庆临江府志》，《天一阁藏明代方志选刊》，上海古籍书店，1962 年。

（明）张士镐等《嘉靖广信府志》，《四库全书存目丛书》史部第 186 册。

（明）方越贡《崇祯松江府志》，书目文献出版社，1991 年。

（明）秦镛《崇祯清江县志》，《四库全书存目丛书》史部第 212 册。

（明）黄仲昭《八闽通志》，福建人民出版社，2006 年。

（明）曹学佺《蜀中广记》，《景印文渊阁四库全书》第 592 册。

（清）张廷玉等《明史》，中华书局，1974 年。

（清）黄宗羲原著《宋元学案》，中华书局，2007 年。

（清）李清馥《闽中理学渊源考》，凤凰出版社，2011 年。

（清）夏炘《明翰林学士当涂陶主敬先生年谱》，《北京图书馆藏珍本年谱丛刊》第 37 册，北京图书馆出版社，1999 年。

（清）胡朝贺《明经胡氏七哲集传》，国家图书馆藏清咸丰五年刻本

（清）冉棠修、沈澜等纂《泰和县志》，国家图书馆藏清乾隆十八年刻本。

（清）文廷式辑《寿昌乘》，《宋元方志丛刊》第 8 册。

（清）董萼荣、梅毓翰《同治乐平县志》，国家图书馆藏清同治九年翥山书院刻本。

（汉）杨雄著，郑万耕校释《太玄校释》，北京师范大学出版社，1989 年。

（宋）朱熹《太极图说解》，《朱子全书》第 13 册。

（宋）黎靖德《朱子语类》，中华书局，2004 年。

（宋）周密《癸辛杂识》，中华书局，2004 年。

（元）史伯璿《管窥外篇》，《景印文渊阁四库全书》第 709 册。

（元）程端礼《程氏家塾读书分年日程》，黄山书社，1992 年。

（元）李治《敬斋古今黇》，中华书局，2006 年。

（元）俞琰《书斋夜话》，《宛委别藏》第 72 册，江苏古籍出版社，1988 年。

（元）陶宗仪《南村辍耕录》，中华书局，2004 年。

（明）解缙等《永乐大典》，中华书局，1986 年。

（明）李日华《味水轩日记》，上海远东出版社，1996 年。

（清）王懋竑《读书记疑》，《续修四库全书》第 1146 册。

（清）王懋竑《白田杂著》，《景印文渊阁四库全书》第 859 册。

（清）袁栋《书隐丛说》《续修四库全书》第 1137 册。

（清）顾炎武著，黄汝成集释《日知录集释》，上海古籍出版社，2006 年。

（清）赵翼《陔余丛考》，商务印书馆，1957 年。

（清）周星誉、周星诒《鸥堂日记·窳横日记》，河北教育出版社，2001 年。

（宋）周敦颐《周敦颐集》，中华书局，2009 年。

（宋）欧阳修《欧阳修全集》，中华书局，2001 年。

（宋）朱熹《晦庵先生朱文公文集》，《朱子全书》第 23 册。

（宋）张载《张载集》，中华书局，2006 年。

（宋）邵雍《邵雍集》，中华书局，2010 年。

（宋）陆游《陆游集》，中华书局，1976 年。

（宋）陆九渊《陆九渊集》，中华书局，2008 年。

（宋）度正《性善堂稿》，《景印文渊阁四库全书》第 1170 册。

（宋）李曾伯《可斋杂稿》，《景印文渊阁四库全书》第 1179 册。

（宋）阳枋《字溪集》，《景印文渊阁四库全书》第 1183 册。

（宋）楼钥《楼钥集》，浙江古籍出版社，2010 年。

（宋）杨简《杨简全集》，浙江大学出版社，2015 年。

（宋）陈宓《复斋先生龙图陈公文集》，《续修四库全书》第 1319 册。

（宋）舒岳祥《阆风集》，民国四年《嘉业堂丛书》本。

（宋）何基《何北山先生遗集》，《续修四库全书》第 1320 册。

（宋）魏天应《论学绳尺》，《景印文渊阁四库全书》第 1358 册。

（金）元好问《元好问全集》，山西古籍出版社，2004 年。

（元）姚燧《姚燧集》，人民文学出版社，2011 年。

（元）刘因《刘因集》，人民出版社，2017 年。

（元）郝经《郝文忠公陵川文集》，《儒藏精华编》第 245 册，北京大学出版社，2016 年。

（元）戴表元《戴表元集》，吉林文史出版社，2008 年。

（元）吴师道《吴师道集》，吉林文史出版社，2008 年。

（元）胡祇遹《胡祇遹集》，吉林文史出版社，2008 年。

（元）欧阳玄《欧阳玄集》，吉林文史出版社，2009 年。

（元）程钜夫《程钜夫集》，吉林文史出版社，2009 年。

（元）戴良《戴良集》，吉林文史出版社，2009 年。

（元）许衡《许衡集》，吉林文史出版社，2010 年。

（元）贡师泰等《贡氏三家集》，吉林文史出版社，2010 年。

（元）袁桷《袁桷集》，吉林文史出版社，2010 年。

（元）吴澄《临川吴文正公集》，《元人文集珍本丛刊》第 3 册，新文丰出版公司，1985 年。

（元）胡炳文《云峰先生文集》，《元人文集珍本丛刊》第 4 册。

（元）陈栎《陈定宇先生文集》，《元人文集珍本丛刊》第 4 册。

（元）熊禾《重刊熊勿轩先生文集》，《宋集珍本丛刊》第 91 册，线装书局，2004 年。

（元）邓文原《邓文原集》，浙江人民美术出版社，2016 年。

（元）胡一桂《双湖先生文集》，《续修四库全书》第 1322 册。

（元）家铉翁《则堂集》，《景印文渊阁四库全书》第 1189 册。

（元）刘崧《槎翁诗集》，《景印文渊阁四库全书》第 1227 册。

（元）许谦《许谦集》，浙江古籍出版社，2015 年。

（元）刘贞《新刊类编历举三场文选》，日本静嘉堂文库藏元刻本。

（元）周勇《皇元大科三场文选》，日本内阁文库藏元刻本。

（元）佚名《新刊类编历举三场文选》，国家图书馆藏元刻本。

（元）陈普《石堂先生遗集》，《北京图书馆古籍珍本丛刊》第 86 册，书目文献出版社，1998 年。

（元）梁寅《新喻梁石门先生集》，《北京图书馆古籍珍本丛刊》第 96 册。

（元）董寿民《元懒翁诗集》，《续修四库全书》第 1323 册。

（元）梁寅《策要》，《宛委别藏》第 72 册。

（元）朱升《朱枫林集》，黄山书社，2014 年。

（元）陈绎曾《陈绎曾集辑校》，人民文学出版社，2017 年。

（明）徐一夔《始丰稿校注》，浙江古籍出版社，2008 年。

（明）王祎《王忠文公集》，中华书局，1985 年。

（明）解缙《文毅集》，《景印文渊阁四库全书》第 1236 册。

（明）杨士奇《东里集》，《景印文渊阁四库全书》第 1238—1239 册。

（明）陈真晟《布衣陈先生存稿》，《续修四库全书》第 1330 册。

（明）尹昌隆《尹讷菴先生遗稿》，《四库全书存目丛书》集部第 26 册。

（明）桑悦《思玄集》，《四库全书存目丛书》集部第 39 册。

（明）金德玹《新安文粹》，《四库全书存目丛书》集部第 292 册。

（明）杨慎《全蜀艺文志》，线装书局，2003 年。

（清）全祖望《全祖望集汇校集注》上海古籍出版社，2008 年。

（清）方孝标《方孝标集》，黄山书社，2007 年。

（清）纳兰性德《通志堂集》，华东师范大学出版社，2008 年。

（清）阮元《揅经室集》，中华书局，1993 年。

（清）杭世骏《杭世骏集》，浙江古籍出版社，2015 年。

（清）姚鼐《惜抱轩诗文集》，上海古籍出版社，1992 年。

杨钟羲《雪桥诗话全编》，人民文学出版社，2011 年。

李修生主编《全元文》，凤凰出版社，2004 年。

曾枣庄、刘琳主编《全宋文》，上海辞书出版社、安徽教育出版社，2006 年。

二、研究论著

1. 著作

钱穆《朱子新学案》，巴蜀书社，1987 年。

俞兆鹏《谢枋得年谱》，江西教育出版社，1989 年。

束景南《朱熹佚文辑考》，江苏古籍出版社，1991 年。

徐远和《理学与元代社会》，人民出版社，1992 年。

钱基博《中国文学史》，中华书局，1993 年。

张立文《朱熹思想研究》，中国社会科学出版社，1994 年。

朱伯崑《易学哲学史》，华夏出版社，1995 年。

徐志锐《宋明易学概论》，辽宁古籍出版社，1997 年。

林忠军《象数易学发展史》第 2 卷，齐鲁书社，1998 年。

蒙培元《理学范畴系统》，人民出版社，1998 年。

陈来《朱子哲学研究》，华东师范大学出版社，2000 年。

束景南《朱熹年谱长编》，华东师范大学出版社，2001 年。

潘雨廷《读易提要》，上海古籍出版社，2003 年。

蔡方鹿《朱熹经学与中国经学》，人民出版社，2004年。

杨柱才《道学宗主——周敦颐哲学思想研究》，人民出版社，2004年。

方旭东《尊德性与道问学——吴澄哲学思想研究》，人民出版社，2005年。

王铁《宋代易学》，上海古籍出版社，2005年。

林淑玲《陆心源及其〈皕宋楼藏书志〉史部宋刊本研究》，花木兰文化工作坊，2005年。

朱鸿林《中国近世儒学实质的思辨与习学》，北京大学出版社，2005年。

侯外庐等《宋明理学史》，人民出版社，2005年。

章伟文《宋元道教易学初探》，巴蜀书社，2005年。

王伊同《王伊同学术论文集》，中华书局，2006年。

郭彧《易图讲座》，华夏出版社，2007年。

陈荣捷《朱学论集》，华东师范大学出版社，2007年。

陈来《朱子书信编年考证（增订本）》，三联书店，2007年。

金生杨《汉唐巴蜀易学研究》，巴蜀书社，2007年。

杨国荣《王学通论》，华东师范大学出版社，2008年。

白寿彝《周易本义考》，《白寿彝文集》第7卷，河南大学出版社，2008年。

陈高华等《元代文化史》，广东教育出版社，2009年。

陈恒嵩《〈五经大全〉纂修研究》，花木兰文化出版社，2009年。

张西平《东西流水终相逢》，三联书店，2010年。

姜海军《程颐易学研究》，北京师范大学出版社，2010年。

李治安《元代行省制度》，中华书局，2011年。

邱鸣皋《舒岳祥年谱》，上海古籍出版社，2012年。

萧启庆《元代进士辑考》，"中央研究院"历史语言研究所，2012年。

余来明《元代科举与文学》，武汉大学出版社，2013年。

史甄陶《家学、经学和朱子学》，华东师范大学出版社，2013年

［韩］吴锡源《韩国儒学的义理思想》，复旦大学出版社，2014年。

顾永新《经学文献的衍生与通俗化》，北京大学出版社，2014年。

廖名春《〈周易〉经传与易学史新论（修订版）》，中国人民大学出版社，2014年。

林庆彰《明代经学研究论集》，华东师范大学出版社，2015年。

刘成群《元代徽州理学家群体与新安理学的传承发展》，中华书局，2015年。

沈仁国《元朝进士集证》，中华书局，2016年。

王风《朱熹易学散论》，商务印书馆，2017年。

2. 论文

龚道运《元儒郝经之朱子学》，《朱学论丛》，文史哲出版社，1985 年。

梁韦弦《宋易在元代的发展》，《周易研究》1992 年第 3 期。

章伟文《略析吴澄的易学象数思想》，《周易研究》1998 年第 2 期。

夏传才《元代经学的社会历史背景和程朱之学的发展》，《元代经学国际研讨会论文集》，"中央研究院"中国文哲研究所筹备处，2000 年。

钟彩钧《胡方平、一桂父子对朱子易学的诠释》，《元代经学国际研讨会论文集》。

许华峰《论陈栎〈书解折衷〉与〈书蔡氏传纂疏〉对〈书集传〉的态度》，《元代经学国际研讨会论文集》。

魏崇武《金代理学发展初探》，《历史研究》2000 年第 3 期。

王忠阁《理学统治地位的确立与元中期学风的转变》，《殷都学刊》2000 年第 1 期。

赵华富《元代新安理学家宏扬朱子学的学术活动》，《安徽大学学报》2000 年第 6 期。

周晓光《论元末明初新安理学家赵汸》，《孔子研究》2000 年第 2 期。

李霞《论新安理学的形成、演变及其阶段性特征》，《中国哲学史》2003 年第 1 期。

陈来《元明理学的"去实体化"转向及其理论后果》，《中国文化研究》2003 年夏之卷。

王风《朱熹新道统说之形成及其与易学之关系》，《哲学研究》2004 年第 11 期。

郭彧《俞琰卦变说辨析》，《象数精解》，巴蜀书社，2004 年。

王新春《吴澄理学视野之下的易学天人之学》，《周易研究》2005 年第 6 期。

金生杨《谢枋得所传易图考》，《周易研究》2005 年第 5 期。

魏崇武《论家铉翁的思想特征——兼论其北上传学的学术史意义》，《西南民族大学学报（人文社科版）》2006 年第 3 期。

李佳明《元代朱子学发展初探》，《问学集》第 15 期，淡江大学中国文学研究所，2008 年。

吴国武《熊朋来〈经说〉初探》，《中国传统文化与元代文献国际学术研讨会会议论文集》，中华书局，2009 年。

常桂兰、刘成群《元代新安理学的易学思想》，《内蒙古农业大学学报（社会科学版）》2009 年第 6 期。

郭振香《论胡炳文对朱熹〈周易本义〉的推明与发挥》，《安徽大学学报（哲学社会科学版）》2010 年第 2 期。

李育富《胡方平〈易学启蒙通释〉刍议》，《周易研究》2012 年第 1 期。

金生杨《黄泽易学探微》，《地方文化研究辑刊》第 5 辑，巴蜀书社，2012 年。

谷建《胡方平生平及著作考订》，《儒家典籍与思想研究》第 5 辑，北京大学出版社，2013 年。

谷建《胡一桂〈双湖先生文集〉小考》，《儒家典籍与思想研究》第 6 辑，北京大学出版社，2014 年。

姜龙翔《元涂溍生〈周易经疑〉拟题之部析探》，《高雄师大国文学报》第 20 期，2014 年。

3. 学位论文

杨自平《吴澄的易经解释与易学观》，中央大学博士论文，2000 年。

许维萍《宋元易学的复古运动》，东吴大学博士论文，2001 年。

王峰《朱熹易学研究》，中国社会科学院博士论文，2004 年。

李秋丽《胡一桂易学思想研究》，山东大学博士论文，2006 年。

廖颖《元人诸经纂疏研究》，华东师范大学硕士论文，2006 年。

苏惠慧《元代新安理学研究》，安徽师范大学硕士论文，2006 年。

张国洪《吴澄的象数义理之学》，山东大学博士论文，2006 年。

黄义华《吴澄"合会朱陆"的思想研究》，首都师范大学硕士论文，2007 年。

刘云超《元代易学家王申子易学哲学新探》，山东大学博士论文，2008 年。

雷喜斌《朱熹易学思想研究》，福建师范大学博士论文，2009 年。

张克宾《朱熹易学思想研究》，山东大学博士论文，2010 年。

李育富《元代婺源胡氏易学研究》，厦门大学博士论文，2011 年。

赖文婷《朱熹〈周易本义〉之元代研究述略》，福建师范大学硕士论文，2013 年。

莫建强《〈周易本义附录集注〉文献学研究》，北京大学硕士论文，2013 年。

后　记

　　本书在本人博士学位论文《元代易学对朱子易学的传承与革新》（北京师范大学 2011 年）的基础上修订而成。论文原为五章，今增订为七章。主要的修改包括两个方面：一是增补。如第一章第二节《南宋时期的朱子易学》、第二章《科举与朱子易学在元代的发展》、第三章第二节《胡一桂两注〈易本义〉及其思想变化》、第四章第一节《"广朱子之说"的〈周易本义附录集注〉》等章节，以及对《周易本义启蒙翼传》、《周易本义通释》、《易学启蒙图传通义》、《周易参义》、《周易会通》等书的版本考察，均为新增。二是篇章分合与次序调整。如论文第二章原为《元代学者对朱子易学著作的注释与阐发》，本书将其中有关胡方平、胡一桂的内容拆分出去，纳入第三章《从胡方平到胡一桂：朱子易学在元代的家族传承与思想转变》，其余则构成第四章《元代学者对朱子易学著作的研究》的部分内容。又如论文第一章第二节《研究朱子易学之风在元代兴盛的原因》，今改写为《朱子易学在元代的传承》，置于结论部分。此外，还利用近年来陆续出版的《中国易学文献集成》、《中华再造善本》、《儒藏精华编》等大型丛书收录的质量较佳之本，对原论文中的参考文献作全面更新。

　　本书之撰写，如从我进入博士研究生阶段的 2008 年计算，至今已逾十年。其间所遇困难不一，多赖师友帮助，得以一一解决。其中尤其要感谢的师长有二位：

　　第一位是北京师范大学周少川教授。周师为我博士研究生阶段的导师，在本书的写作过程中，给予了导向性的重要指导与帮助。令我记忆犹新者有两点：一是，要有问题意识，研究工作应该致力于提出一个集中的、明确的、有价值的问题，并将其解决，而非面面俱到，涉及问题很多，但研究都不深入，亦不能形成合力。正是在周师的指导下，我才推翻了此前选定的"元代易学研究"与"元代象数易学研究"等一些题目，最终选定元代朱子易学作为研究对象。二是，要观点鲜明、理论突出，史料需服务于观点，而不能漫衍无归，反而将观点淹没。我之前每喜对资料广征博引，凡有一点关系者都要引用，以自炫博赡。特别是对一些繁复的象数体例与易图，常作连篇累牍的解说，而不能提炼出任何观点。此弊至今不能尽改，但经周师指点，理论性已有所增强。此两点教导，令我受益至今。

第二位是北京外国语大学张西平教授。2013年，我由国家图书馆古籍馆调动至北京外国语大学中国海外汉学研究中心（今国际中国文化研究院）。张师时任中心主任，对我备加关心。除了帮助我开辟新的研究方向，还鼓励我巩固和深化原有的成果，并以之申请课题。张师对法国来华传教士白晋《易经稿》有深入研究，常以易学问题与我探讨，或提供给我有关《周易》的域外资料，使我颇受启发。而对我影响尤深者，则在于其不畏艰难的态度与工作的勤奋。本书的增补修订过程中，曾有一段时间工作颇为繁忙，而研究又恰遭遇瓶颈，进展缓慢，心绪不宁者累日。张师得知，即劝慰我云，凡研究价值大者难度必大，否则人皆可以为之。并举其每日凌晨四点起床写论文事以相勉。我遇事多有畏难情绪，小有不顺，即欲弃去。本书得以顺利完成，与张师的关怀和勉励是分不开的。

此外，内蒙古师范大学阎崇东，北京师范大学邓瑞全、邱居里、向燕南、张涛、张升、汪高鑫等各位老师，也均曾给予我极大帮助。其中阎崇东教授在我本科学习阶段，指引我初识学术门径；邓瑞全教授作为我硕士阶段的导师，在学习与生活上对我多有关心；邱居里教授则在授课的过程中，多阐明治学与为人之理，令我至今谨记，不敢须臾忘之。我曾供职过的国家图书馆古籍馆，诸位师长多以金石碑版、版本目录等学相指点，而与我年纪相仿的同仁，则或以学问相切磋，或协助查找资料。我到北外之后，本院现任院长梁燕教授、副院长顾钧教授，以及我校特聘长青学者任大援教授，亦对我关爱有加，帮助我解决工作生活中的各种困难，为研究的顺利开展提供条件。特别需要提及的是，在我的博士论文撰写完成之后，周少川老师特地邀请了中国社会科学院陈祖武、施丁二位前辈学者，参加博士毕业论文答辩会。二位先生意在提携后进，颇多奖掖之语，鼓励我将研究继续下去。师友之恩，难于缕陈，谨在此并致谢意。

责任编辑：邵永忠

封面设计：黄桂月

图书在版编目（CIP）数据

元代朱子易学研究史／谢辉 著 . —北京：人民出版社，2020.5

ISBN 978 – 7 – 01 – 021675 – 1

Ⅰ . ①元… Ⅱ . ①谢… Ⅲ . ①朱熹（1130—1200）—哲学思想—思想评论
②《周易》—研究 Ⅳ . ①B244.75②B221.5

中国版本图书馆 CIP 数据核字（2019）第 301257 号

元代朱子易学研究史

YUANDAI ZHUZI YIXUE YANJIUSHI

谢 辉 著

人民出版社出版发行

（100706 北京市东城区隆福寺街 99 号）

北京盛通印刷股份有限公司印刷 新华书店经销

2020 年 5 月第 1 版 2020 年 5 月北京第 1 次印刷

开本：710 毫米 ×1000 毫米 1/16 印张：35.5

字数：570 千字

ISBN 978 – 7 – 01 – 021675 – 1 定价：100.00 元

邮购地址 100706 北京市东城区隆福寺街 99 号

人民东方图书销售中心 电话（010）65250042 65289539